《丙》一彩色圖版

乙 3208＋乙 3209＋乙 3210＋乙 3214＋乙 7680 彩色圖版，由史語所前賢、
林宏明教授、作者共同綴合。

出土文獻譯注研析叢刊

殷墟 YH127 坑賓組甲骨新研

張惟捷 著

蔡序

　　民國 17 年中央研究院創設歷史語言研究所，隨即進行的安陽殷墟科學發掘，引起當時中外學界的轟動。民國 24 年 5 月，法國漢學家伯希和與美國記者顧立雅（Herrlee Glessner Creel，後成為芝加哥大學知名教授）兩人先後造訪安陽西北岡考古現場，表達出國際間對此工作的重視。在這些挖掘成果中，史語所於民國 25 年挖掘出的 YH127 坑甲骨最受矚目。這一批材料緣何重要？主要是因為在此之前，各種私人著錄甲骨在數量上相當有限，且來源大多出於私家盜掘，無論質與量都無法與 YH127 坑內容相比。這批材料具有極為高度的學術價值，然而自民國 26 年對日戰爭爆發，隨著史語所在這長達數十年時間中多次被迫遷移，導致此批珍貴古物遭受到程度不等的破壞，大大限制了學者對其著手整理的可能性。

　　史語所前賢於兵馬倥傯的 1948~1953 年間，盡力將這一批甲骨付梓，收錄於《殷虛文字乙編》上、中、下三冊。由於其中所收錄多為碎片，張秉權先生又費了四十年的精力對其進行復原整理與相關研究，他的主要整理成果公布於《殷虛文字丙編》，以及《殷虛文字丙編補遺》（見本所「考古資料數位典藏資料庫」）。庫房管理者劉淵臨先生退休後交出其代管的完整拓片，以及一些未曾發表的小版碎片，後史語所於 1995 年又將這一批材料整理公布，出版為《殷虛文字乙編補遺》一書及新版《殷虛文字乙編》上中下三冊。YH127 坑有字資料之公布，至此階段已告一段落。

　　目前學界可見以這一批材料為主要研究對象有：劉學順於中國社會科學院研究生院歷史系完成《YH127 坑賓組卜辭研究》（1998 年）、魏慈德於政治大學完成《殷墟 YH127 坑甲骨卜辭研究》（2001 年，修訂後又於花木蘭文化出版社出版）；以及本書的前身，張惟捷君博士論文《殷墟 YH127 坑賓組刻辭整理與研究》，是我所知以 YH127 坑出土甲骨內容做研究之第三本博士論文。此論文經過兩年來的整理，內容上做了不少修訂，並取出作者所做《丙編》目驗拓片將另外出版，更名此書為《殷墟 YH127 坑賓組甲骨新研》。本人身為張君指導教授，感覺有必要在序中略為介紹

此書的幾項特點，茲就以下五點加以說明：

第一、歷來對 YH127 坑甲骨遷徙、破壞的這段歷史多散見於各處記載，尚未有專文加以申說，其書在第一章便將相關資料彙整，藉由鉤稽史實，釐清 YH127 坑甲骨損壞之過程，為還原此重要過程原貌做出可喜的嘗試，有助於中國近代學術史的研究參考。

第二、其書第二、三章中進行了對《丙編》、《乙編》絕大部分賓組刻辭的釋文、修訂，根據作者表示，單以《丙編》而言便對張秉權舊釋做了數百處的修訂；在第五章則對史語所藏龜腹甲做了科學性的尺寸與相關檢驗，這些工作藉由實際目驗，有別於前人透過拓本的方式，具有很高的學術價值。

第三、其書透過整理排譜，補充前人對本坑刻辭時代聯繫之認識。作者根據前人舊說之基礎，著手對幾項重大戰爭事類做了梳理，結合近期的綴合成果，以及作者自身的判斷，將武丁中期的幾個重大戰役做了重新排譜，提供學者不同面向的參考材料。

第四、除了前面所言，此書的第二、三章釋文部分，相對于博士論文，在這兩年重新整理中進行了大量的增補與修改，並追蹤這兩年內的新綴合發表，將相關成果收錄於此書中，幾無遺漏。

第五、與作者原博論不同之處不少，其中一點值得注意，即本書於第五章之中新增加了一節，乃關於人為的「龜首刮痕」與「齒縫刮痕」之探討，這也是作者長期觀察甲骨實物所獲得的心得，此點似未曾受到學者注意，應可為商人整治龜腹甲及其用途的議題帶來新的思考。

　　回首過往，早期胡厚宣先生於《甲骨學商史論叢初集》提出〈甲骨四方風名考證〉、〈卜辭下乙說〉一文，聲動學界，即利用史語所這一批材料而提出的新論點；以及張秉權先生發表所〈甲骨文所見人地同名考〉、〈論成套卜辭〉，並於《殷虛文字丙編》序中指出卜辭的咸為成湯之說，卓具見地，皆是善用 YH127 坑所掘這一批甲骨，對其深入研究而得到的成果。基於此坑材料的出土，直接促使這些甲骨學上的重大發現產生，提升學術上全面的認識。然受到歷史的種種影響，YH127 坑出土甲骨內容雖豐富，

目前顯然仍未完全研究透徹，仍然存在著許多尚需深入研究的議題。本人認為，有志於甲骨學者若願意透入更多的時間與精力，繼續以此坑材料為研究對象，未來一定可以獲得可預期的好成績，超越前賢，為甲骨學與殷商史做出卓越的貢獻。而張君的此書，即為此階段對 YH127 坑研究值得推薦的一部著作。

蔡哲茂

2013 年 8 月 14 日謹序於南港史語所

目次

蔡序／蔡哲茂 I

目次 I

提要 I

凡例 I

第一章 緒論 1

第一節 研究緣起與目的 1

第二節 研究範圍 14

第三節 研究方法與應用 28

第四節 各章寫作方式 53

第二章 《殷虛文字丙編》所收 YH127 坑賓組卜辭釋文、整理與研究 57

第三章 《殷虛文字乙編》所收 YH127 坑賓組卜辭釋文、整理與研究 169

第四章 YH127 坑賓組刻辭分類研究 301

第一節 戰爭對象分類排譜 303

第二節 祭祀對象分類研究 366

第三節 傷疾事件分類研究 453

第五章 YH127 坑賓組腹甲尺寸、鑽鑿與貢入記事研究 477

第一節 YH127 坑龜腹甲尺寸分析與比例還原 477

第二節 YH127 坑賓組字甲鑽鑿型態與排列佈局 499

第三節 貢入記事刻辭分類研究 523

第四節 首甲人為刮痕現象略探 546

第六章　結語 553

第七章　參考文獻 557

附錄 575

後記 635

提要

　　由於採取科學挖掘、出土狀況完整，以及蘊藏數量巨大，殷墟 YH127 坑甲骨被視為近代中國最具代表性的考古挖掘成果之一，其價值無可估量，其刻辭字體類型以賓組為主，所佔比例極高，學者素習知。本書即基於此點，藉由直接目驗甲骨，著手對本坑賓組卜辭作較為全面性的梳理。

　　首先在第一節「研究緣起」部份，探討 YH127 坑甲骨學術價值，並分析安陽挖掘過後直至國府遷台，數十年間此批甲骨曾發生過的幾次播遷及損傷，略述其因受損而必須進行的綴合作業。接下來論述並定位研究方法，試圖建立一個中心的概念，分別說明本書課題之所以建立之理由。其次，演述此研究方法的新概念，有助於獲得甲骨學上獨特的成果。

　　第二、三章部份，筆者將建立格式，透過實際目驗實物作出釋文，並以之為章節內容主體，將《丙編》全部、《乙編》大部分 YH127 坑賓組卜辭盡量完整地作文字、分類、鑽鑿類型、校定之記錄，尤其是文字釋文部分力求合理，並斟酌舊說，以利學者使用及檢索。

　　第四章部分，則是對 YH127 坑賓組刻辭進行分類研究，主要分為三部分，首先的戰爭對象分類排譜是將本坑賓組中記錄的重要戰爭逐一加以羅列整理排譜，並對各主要戰事作綜合比較，在時間先後上加以分列，以明順序。第二部分則是以卜辭中受祭者為綱目，配合所使用的各種祭祀方式作適當的整理。第三部分是對本坑賓組可見所有與傷疾、病痛相關的記載，依序作分析討論，其中大部分著重在確切可知某器官傷疾的探討，透過此節的討論可提供中國古代醫療史相關的參考材料。

　　第五章，第一部分是針對本坑龜版物理型態相關問題的探討，以尺寸列表與還原整龜比例為主要兩個重心。第二部分則是試圖透過對整體鑽鑿排列型態的觀察，找出其中具有相通性且富價值的問題。其中對甲橋刻辭分類研究部分，以及「首甲人為刮痕現象略探」的問題均作了相關探討。

　　第六章是結語，總結本書中心問題以及各章重點，在此作總括結論。附錄是本書撰寫過程中製作的各式表格，供學者參照。由於篇幅的限制，原發表於筆者博士論文附錄的丙編目驗摹本，擬另書出版，在此不予收錄。

Synopsis

Owing to adopting the scientific excavation, undamaged condition of unearth, and mammoth amount of storage, Oracle Bones of YH127 in Yin Ruins 殷墟 YH127 坑甲骨 is regarded as one of the most representative achievement of excavation in modern China. Its value is inestimable. With the very high proportion, Bin zu 賓組 is the most part of its style of the characters. Based on this point, with viewing and examining oracle bones, this thesis is an overall regulation to the Bin zu buci 賓組卜辭.

The first chapter "Research Origin", it focuses on the academic value of Jiagu of YH127 in Yin Ruins, and the fact of difficult arrangement caused by the incessant damages.

In the second and third chapter, by witnessing and examining real objects, all of Binbian 《丙編》 and most of Yibian 《乙編》, with the Bin zu buci of YH127 in Yin Ruins, are arranged as completely as possible for the use of scholars to inspect and review.

In chapter four, in accordance with the vast first-hand data, author investigated the Bin zu buci of YH127 in Yin Ruins and made the research of classification. It mainly contains "War", Worship", and "Wound or illness". Through the discussion of this chapter, it provides the reference materials to the Chinese ancient relevant history.

In chapter five, besides the general records of the Buci, author explored the more important aspect; for instance, the size of oracle bones, drilling 鑽鑿, and writing-record inscriptions 記事刻辭 etc. By means of the study of the Bin zu buci of YH127 in Yin Ruins in this chapter, it will enable us to get more comprehension about its variant categorization and relationship of time.

Chapter six is a conclusion. Due to space limitations, the appendix of my PhD thesis that including some articles,and the description and simulation to the Oracle of Binbian--by way of personally witnessing and examining in the writing process of chapter two--will be published for another book, this is not included here.

凡例

一

釋文楷定方式：本書所做之釋文以嚴式為原則，但對學界已通用的一些習慣性釋文採用寬式，例如如前辭之「鼎」，一律楷定為「貞」、占辭之「固」，一律楷定為「占」等；在一般嚴式釋文中，必要時以括號（）註記寬式釋文，如「卑」註記（擒）、「取」註記（得）等。少數尚無定論之字，則盡量楷定、摹寫原形、直接插入拓片或暫用一家之說，並註明其出處。

二

缺字處理：缺一字作「□」，不知缺字字數或是否有缺字作「☑」，不能確識之字加[ ]框；本書一般不據他版同文例擬補缺文，以避混淆。

三

舊著錄號碼處理：本書所用甲骨資料絕大部分出自《殷虛文字乙編》、《殷虛文字丙編》二部，由於《甲骨文合集材料來源表》（北京市：中國社會科學出版社，1999 年）提供簡便的版號對照，本書中除第二、三章【著錄號】外，一般不註明其《合集》編號，以節篇幅。文中大部分表格所載版號以 B 表《丙》、以 Y 表《乙》、以 YB 表《乙補》、以 H 表《合》，並逕以阿拉伯數字記錄版號。

四

綴合體例：第二、三章各版「綴合情形」部分，依綴合時間順序①、②、③羅列之，若有綴合本書未及記錄，大多屬於史語所人員舊綴（未誌綴者）第二、三章綴合出處簡稱：（綴集）＝《甲骨綴合集》；（綴續）＝《甲骨綴合續集》；（拼）＝《甲骨拼合集》；（拼續）＝《甲骨拼合續集》；（彙）＝《甲骨綴合彙編》；（醉）＝《醉古集》；（契）＝《契合集》；（先）＝大陸社科院歷史所「先秦史網站」，如（先 2393）則代表網址位於
http://www.xianqin.org/blog/archives/2393.html
其餘若文中未註明綴合者，一般皆為早期史語所人員所綴。

五

稱謂與紀年：本書涉及前人學者稱謂，一律不加「先生」之類敬稱，以統一格式，敬請諒察。隨頁附註部分所有引用出版品之出版紀年，皆根據該書出版項版權頁，標誌民國或西元紀年。其餘正文及參考書目部分敘述國內研究成果一律以民國紀年繫之。

第一章

緒論

第一節　研究緣起與目的

壹　前言

　　商代甲骨文的出土、辨識以及受到收藏，迄今已逾百年，[1] 在最初的十餘年間，學者手上、坊間流傳的甲骨，都是當地農民或其他民眾，為了不同的目的（大半是利益所趨），在未經明確記錄的時間及地點挖掘所獲的，單單羅振玉於一九一〇年派遣古董商人祝繼先、秋良臣至河南「大索於洹水之陽」，一歲之間，得到兩萬片甲骨，「汰其贋作，得尤異者三千餘」。[2] 第二年，派羅振常、范兆昌復至小屯蒐購，又得到超過萬餘版，這些甲骨後來大部分編入其《殷虛書契前編》、《殷虛書契後編》、《殷虛書契菁華》之中。當然，關於這類訪購所得的甲骨，可想而知不會留下多少可供研究者探查其具體出土地、時間、坑層等詳細資訊的線索，這是早期甲骨出土的現實情況。

　　一九二八年，由傅斯年主導的中央研究院歷史語言研究所（以下簡稱

---

[1] 關於百年來甲骨學的進展及事蹟，論著極多，讀者可參見其中較具代表性的著作如董作賓：《甲骨學——五十年》（臺北市：藝文印書館，1955 年 7 月）、董作賓、嚴一萍：《甲骨學六十年》（臺北市：藝文印書館，1965 年）、胡厚宣：《五十年甲骨文發現的總結》（上海市：商務印書館，1951 年 3 月）、裘錫圭：〈殷虛甲骨文研究概況〉，《文史叢稿——上古思想、民俗與古文字學史》（上海市：上海遠東出版社，1996 年 10 月），頁 231-241、張秉權：《甲骨文與甲骨學》（臺北市：國立編譯館，1988 年 9 月）第二章部分、王宇信：《甲骨學一百年》（北京市：社會科學文獻出版社，1999 年 9 月）、社科院考古所：《殷墟的發現與研究》（北京市：中國社會科學院考古研究所，2001 年 2 月）前二章部分、宋鎮豪、劉源：《甲骨學殷商史研究》（福州市：福建人民出版社，2006 年 3 月）第二章部分等，以明其梗概；其他本書並不俱引，以節篇幅。

[2] 此事最初載於甘孺：《永豐鄉人行年錄》，頁 38，轉引自王汎森：〈什麼可以成為歷史證據——近代中國新舊史料觀點的衝突〉，《中國近代思想與學術的系譜》（臺北市：聯經出版社，2005 年 11 月），頁 356。

「史語所」)在廣州中山大學成立籌備處,同年八月,即派遣董作賓前往安陽對甲骨現狀進行訪查。當時之所以選定殷墟作為創所後首要研究目標之一,實有因由,傅斯年曾為文痛陳殷墟古物在當時不斷遭受破壞性挖掘,將有大害於未來學術發展,緊接著指出:

> 吾等挖掘之原起與工作之宗旨……然近代的考古學更有其他重大之問題,不專注意於文字彝器之端。就殷墟論,吾等已確知其年代,同時並知其地銅器石器並出,……如將此年代確知之墟中所出器物,為之審定,則其他陶片雜器,可以比較而得其先後,是殷墟知識不啻為其他古墟知識作度量也。又如商周生活狀態,需先知其居室;商周民族之人類學的意義,需先量其骨骼。獸骨何種,葬式何類。陶片與其他古代文化區有何關係。故吾人雖知河南省內棄置三十年從不過問之殷墟,已有更無遺留之號(羅振玉說),仍頗思一察其實在情形。[3]

由此可知,欲在數十年民間無系統地大肆挖掘之下,試圖以科學方法保留殷墟之原貌,以求獲取新知,而不僅限於獲取甲骨及傳統所謂「有價值」的古物,是史語所選擇殷墟進行考察的主要考量。

從一九二八年十月起,董作賓帶領研究人員開始試圖進行科學挖掘,至一九三七年六月為止,史語所在安陽殷墟總計進行過十五次挖掘,[4] 成果十分豐碩,近年大陸學界對此有以下的評語:

> 1928-1937 年的發掘,碩果累累,不僅發掘到大量的甲骨文和各種文化遺物,而且還發現了殷代的宮殿宗廟遺址和殷代王陵。在短短

---

[3] 傅斯年:〈本所發掘安陽殷墟之經過——敬告河南人士及他地人士之關心文化學術事業者〉,載《傅斯年全集》第三卷(長沙市:湖南教育出版社,2003 年 9 月),頁 97。按,此文乃為平息當時河南某些當地人士對安陽挖掘施行阻撓所作,清楚明白地表達了史語所選擇殷墟挖掘之目的;王汎森指出此刻意阻撓的事件相當程度地反映了民國以來新舊史料觀點的衝突,詳見氏著:〈什麼可以成為歷史證據——近代中國新舊史料觀點的衝突〉,《中國近代思想與學術的系譜》,頁 355-376。

[4] 除第一次挖掘主要由董作賓主持外,第二次挖掘開始轉由李濟主持田野工作,董氏分研出土文字部分,至十五次皆然;梁思永主要主持工作時間在第十次至第十二次西北岡挖掘。

的十年間取得如此輝煌的成果是難得的，同時還對洹水兩岸的一些
遺址進行了發掘和試掘，對遺址的分佈狀況有了初步瞭解。[5]

這是相當客觀的一段小結。而在這近十年的挖掘，其中就整批性質的甲骨
所得而言，尤以一九三六年六月於小屯北地的YH127坑出土最為驚人，
董作賓在《殷虛文字乙編・序》中指出，根據出土登記號，這批甲骨數量
大約總數在17096版上下，[6] 也因此，這批甲骨從此成為海內外學人目光
焦點所在，雖然傅斯年、李濟皆曾多次強調過出土遺物之價值不能僅以有
無文字為標準，[7] 但事實上由於數量的眾多，以及科學挖掘的可信度，
YH127坑甲骨自其出土伊始，便受到各界極度的注目，直至今日近八十
年，無論在量或質上，仍是最具份量的發現。

從各個角度來看，YH127坑甲骨都該早在幾十年中，被學者從各層
面研究得十分透徹才是，然而事實上並不如此，目前可見的學界關於本坑
整體、綜合性的分析研究反而不多，造成如此現象最主要的因素，其實在
於此批甲骨本身由於頻繁運輸以及戰爭之因素，致使產生了嚴重的損壞、
脫裂，其中尤以戰爭的負面影響最大，直接使得古物遭逢浩劫，加重損害
的嚴重性，最終導致後來的研究者受阻於殘破待綴的碎甲之中，不能有效
率地利用這批科學挖掘物進行深入研究，造成學術推進的困難；鑑於
YH127坑甲骨破損情形關係到本書研究目的與條件之成立，這裡有必要
對其受損經過略作交待。

貳　YH127坑甲骨遭遇的損害

接下來，我們將要討論YH127坑甲骨在出土之後，漫長的遷移過程
中所受到的損傷，鉤稽史實中相關部分來加以敘述，以明本坑甲骨碎裂的

---

[5] 社科院考古所：《殷墟的發現與研究》，前言 xxv。

[6] 董作賓：《殷墟文字乙編・序》（臺北市：中央研究院歷史語言研究所，1994年6月），
頁 4-5。

[7] 傅斯年：〈本所發掘安陽殷墟之經過——敬告河南人士及他地人士之關心文化學術事業
者〉，頁 104；李濟：《安陽》第三、四章（石家莊市：河北教育出版社，2001年5月）。

源由，以及今日加以整理之重點何在。首先，這些甲骨的破損，其實早在出土之前以及挖掘當時便已造成了，胡厚宣曾對其出土前損壞源由作了一些推測；[8] 而石璋如回憶一九三六年六月十三日當發現了本坑甲骨，眾人試圖進行初步挖掘的情況：

> 這樣一大批重要的東西，無論如何不能不起出來，在地裏放著太危險了，於是決定把它取出，為著使的起著順利而能保持原版不破起見，先用水灑在上面，使其下滲，下面的土鬆軟了就容易起出。但是這些龜版非常不結實，一取就破，原因是許多層疊壓著，而且是相互交錯，有的是正面向上，有的是背面向上，要保存這一版完整，另一版必受損傷。乃採一種折中的辦法，即以一版一層為主，雖然起破了它們還是一版。只好再包裝方面想辦法……明知道將來綴合起來，比現在的挖和包，更為困難，但沒有充分的時間使你仔細的考慮，用更好的方法。[9]

這是目前我們可以見到，關於 YH127 坑甲骨最早甫出土破損情況的第一手資料，此時研究人員尚未萌生停止揭挖，將整坑做成「灰土柱」直接搬離的想法，仍在灰坑表面作初步挖掘，其進度不到兩天，因此此時損傷的甲骨應該很少；雖然少，卻是這些甲骨出土之後第一次受到的不可避免之破壞。

後來在決定全坑裝箱後，又有一次規模較小的破損，是在此灰土柱之外挖出的一筐字甲：

> 到了下午全部工作完成，在打洞的時候又挖出字甲一大筐，西南部所出的字很不結實，一觸即破，可能原來受水浸蝕的關係。[10]

---

8 胡氏指出本坑出土時已全甲、碎甲並見，根據坑內情況判斷應與甲骨傾入角度與灰坑用途（廢棄）有關，參氏著：〈紀念殷墟甲骨文 90 周年，想到 127 坑〉，《文物天地》第六期（1989 年）。

9 石璋如：《遺址的發現與發掘・丁編》上，中國考古報告集之二（臺北市：中央研究院歷史語言研究所，1992 年），頁 76-77。

10 石璋如：《遺址的發現與發掘・丁編》上，頁 80。

此筐字甲是否亦置入木箱內，還是另外搬運，並未見載。總之，花了很大功夫將灰土柱裝箱之後，下一步即是將其運送到安陽火車站，研究人員們為避免古物遭受路面顛簸的破壞，排除了車拉、滾運等方式，選擇商請李姓仕紳代為辦理，以眾人扛轎的形式試著運送木箱。不過，當他們在二十二日上午，結合六十四位腳夫的力氣開始「抬槓」時，發生了這樣的事：

> 講清楚後，一聲鑼，各就各位；二聲鑼，槓上肩；三聲鑼，喀喳一聲，大槓斷了一根，箱仍未動。李氏云：「沒有辦法」，工人們紛紛散去。我們告訴李氏雖然你未運走，但你已盡力，你的損失，如槓折需賠，買繩，運料等，我們都承認。盼了多天的運輸工作，結果如此，大家傷心。[11]

可見本坑重量驚人，不知斷槓引起的震動對甲骨堆有否損傷。值得注意的是，由於起運之前在箱內有填入並夯實填土，避免碰撞，導致此時過重導致必須重新開箱淘土，史語所人員請來木匠開箱，並將上層（實為坑底）厚約十至十五公分上下的填土與坑土淘出，鋸短木板後再重新裝箱，此時這批淘出的「甲骨含量不如上層多」的土則未見記載下落，當然肯定是與本坑分離了，裡頭可能即參雜了一些目前流落在外的著錄／未著錄龜甲。[12]

藉由減輕重量並改良挑運方式，使此箱甲骨終能在第二天被運至安陽火車站，且自此處開始，到南京的一路上，看管者（李景聃、魏善臣）皆謹慎以對，故抵達南京史語所後，看箱檢視，整坑的甲骨仍保當時重新裝箱後的舊貌，未被震壞。[13]

接下來史語所安排人力，花費了數月時間，揭下一層層疊積的字甲卜

---

[11] 石璋如：《遺址的發現與發掘・丁編》上，頁 85。

[12] 石璋如：《遺址的發現與發掘・丁編》上，頁 86-88；淘去的土量高度乃根據鋸去木板高度（10cm）推斷而知。按，坑外甲骨有少數能與本坑綴合者，最早胡厚宣在〈戰後殷虛出土的新大龜七版〉已述及，原本當皆 YH127 坑之物，疑其中絕大部分源自此時所流出，淘土作業主要由木匠、工人執行，可能由於研究人員不察且當夜局勢不穩（有槍戰），遂令這批淘土部分所藏甲骨在此工作過程中流至民間。胡文見氏著：〈戰後殷虛出土的新大龜七版〉，1947 年 2 月至 4 月上海《中央日報・文物周刊》二十二至三十一期（摘自胡振宇〈胡厚宣先生著作選目〉）

[13] 石璋如：《遺址的發現與發掘・丁編》上，頁 89。

骨，大約一萬二千餘片，並作了最基本的處理。董作賓記載當時情況：

> 到京之後，箱子經過了翻轉，打開來時，是坑底朝天，於是一層層
> 小心的把龜板取起，完整的，一板裝一紙盒，這情形等於先從原坑
> 的最下層作起，原來是龜甲的正面向下，現在都向上了。整理的期
> 間，我們為的要保留一個甲骨文字在地下埋藏的真象，所以曾聘請
> 一個石工，作了一個白石的標本（這標本在南京淪陷期間遺失了。）
> 經過三個多月的仔細工作，纔清理完竣這一坑甲骨文字，每一層每
> 一塊，都繪入圖中，誌其位置和方向。[14]

此漢白玉標本於中日戰爭中由當地受託看管的銀行人員埋入地下，今藏於
北京國家博物館。然而初步整理告一段落，隨即要進行更進一步的研究工
作時，中日戰爭爆發。戰亂往往打亂既定的步調，尤其對學者之研究工作，
以及古物的保存狀況，都是很大的考驗。出土甫滿一年，中日戰爭即起，
董作賓沈重地指出：

> 不幸的是還未及上膠，黏兒，編號，而抗戰開始，於是在匆忙之中，
> 帶著紙盒，裝入木箱，首先運到長沙，又運到桂林，轉到昆明，直
> 待至民二十九年，研究所遷到龍頭村的時候，纔由高去尋、胡厚宣
> 兩君把這後三次出土的甲骨文字一一編號登記。那時候限於工作地
> 點的逼窄，局促在一個屋簷之下，實在無法做排列黏兒的工作，於
> 是把原在一盒的碎片編為一號，以便將來傳拓時再為黏兒；但是紙
> 盒經過三年的潮濕，萬里的震盪，多已霉爛破壞，因而相互混雜，
> 不易分辨。說起來真是罪過，在南京整理時那樣細心，每盒都是一
> 個完整的龜版，至少有三百盒，現在經過屢次搬運，已黏兒完好的，
> 也都四分五裂，七零八落了；直到在四川李莊時拓印編輯，仍然不
> 能恢復完整之舊；這使我極感不安！希望讀此書者，原諒它是國家
> 多難時的產兒，自己再下番拼合的工夫，好在所缺的只是無字部

---

14 董作賓：《殷墟文字乙編・序》，頁 3；亦見石璋如：《遺址的發現與發掘・丁編》上，
　　頁 89。另見「石璋如口述錄音」，轉引自徐自學：〈南京與甲骨文〉，載《紀念殷墟 127
　　甲骨坑南京室內發掘 70 周年論文集》（北京市：文物出版社，2008 年 10 月），頁 4-6。

分，有字的殘片，已盡量收入乙編中了。[15]

戰爭爆發後，由於倉促間一系列的千里播遷，著實給這批珍貴古物帶來相當程度的損傷。首先是到長沙，隨即運往桂林，關於抗戰開始的前三年這段匆促遷離的過程，石璋如回憶道：

> 二十六年對日抗戰開始，急促裝箱西運，而長沙、而桂林、而昆明。二十九年秋，滇緬路吃緊，研究所準備遷往四川南溪。……由南京裝甲骨的紙盒，經過三年潮濕，萬里震盪，不但紙盒霉爛了，上盒的甲骨有墜入下盒的情形，也有脫盒而出，流入箱中的個體，只好有號條的，按號條編；無號條按盒號編，編號的工作是在走廊上隔成的小屋中緊急進行，根本沒有空間和時間允許綴合。[16]

在幾年後發表的文章中，他又對這個混亂的階段作了些描述：

> 廿九年因滇緬路吃緊，由昆明遷往四川的前夕，……由於三年多以來，堆存受潮，運輸震盪，開箱之後，但見紙盒爛腐、甲骨混成一堆。號條也都腐爛無用，不但不能分層，連與YH127坑以外的甲骨分坑也感困難。[17]

可見當時囿於大環境的困厄，尤其是日軍步步緊逼所帶來的壓力，此批珍貴古物在保存上已不可避免產生破壞，不只是裂損析分，尚有霉菌的侵蝕，這些都讓甲骨本身及其刻辭的原貌，面臨嚴重的威脅。

董氏提到的一九四〇年，由高去尋、胡厚宣在昆明龍頭村才開始對此批甲骨（已於民國二十五年底分揭完畢）編號之事，亦見董作賓〈殷虛文字乙編・序〉，以及石璋如口述回憶。其實由後來《丙編》的新綴合以及其他相關成果，可知很多綴合的出土號碼相差極遠，例如筆者亦參與綴合

---

[15] 董作賓：《殷虛文字乙編・序》，頁3。

[16] 石璋如：《遺址的發現與發掘・丁編》上，頁90。

[17] 石璋如：〈殷虛地上建築復原第八例兼論乙十一後期及其有關基墟與YH251、330卜辭〉，載《歷史語言研究所集刊》第七十本第四份（1999年12月），頁790。又，此事亦見於石氏的口述，記載雷同，參陳存恭、陳仲玉、任育德：《石璋如先生訪問紀錄》（臺北市：中央研究院近代史研究所，2002年4月），頁221-222。

的丙二八四，其出土號可以從 13.0.670（乙 507）到 13.0.1098（乙補 306），
再到 13.0.11603（乙 5104），整整跨越一萬號。據此可推知這些甲骨從南
京一路遷移到龍頭的過程中，許多原本同版受到震盪而損傷，到高、胡二
人編號時，已經分落不同箱、盒中了。[18] 張政烺對這段時期甲骨遷移導致
編號失落的情況也有回憶：

> ……何況 H127 坑發現的當天，在兩小時不到的時間內已取出四千
> 餘片甲骨，顯然現場來不及編號、繪圖，再加上室內挖掘的具體操
> 作人員不見得每件揭取後立即編號，揭取下來堆放在紙盒裏，過後
> 再編號也是有的，這就難免不發生錯誤。抗戰期間，史語所大轉移
> 時，對甲骨的保護措施并不理想，我到昆明看到破損很嚴重，原來
> 有的編號已失落，有的甲骨已散作若干塊，甚至有的當初就沒編
> 號，而是在昆明補上去的。這些客觀存在的事實，在某種程度上對
> 科學整理和分析 H127 坑甲骨及深入細緻研究帶來一定難度。[19]

當時之混亂由此可見一斑。高、胡二先生於一九四〇年為 YH127 坑龜甲
作的編號，是由 13.0.1 至 13.0.17756；而後抗戰勝利，史語所又長途遷回
南京，先前由雲南龍頭、李莊到南京的這段長時間與距離，想必導致甲骨
再次遭遇損傷，「搬運震動的結果，有小塊之甲骨從大塊脫落，或是編號
被磨滅而成為無號的甲骨。」以致於到了南京，所內指派王文林、魏善臣
對史語所挖掘甲骨重新編號，YH127 坑龜甲的編號竟成長至 13.0.18064，
多出（脫落）三零八片，[20] 顯示損傷的造成實不可避免。

　　到底多次的裝箱搬運對古物具有多大的破壞力？石璋如在〈兩片迷途
歸宗的字甲〉文中提及的一段內容可資理解：

---

[18] 原本由出土號碼的鄰近來推斷綴合的可能性，是可行的，這也是編目出土號的目的之
一，見魏慈德：《殷墟 YH127 坑甲骨卜辭研究》（臺北市：政治大學中文所博士論文，
2001 年。指導教授：蔡哲茂），頁 29；然而因戰爭、長途遷徙而導致的碎損，致使編
號失去一部份功能，甚至必須二次編目，則不是任何研究人員所能逆知的。

[19] 張政烺：〈我在史語所的十年〉，《新學術之路——中央研究院歷史語言研究所七十周
年紀念文集》下冊（臺北市：中研院史語所，1998 年 6 月），頁 538。

[20] 鍾柏生：《殷虛文字乙編補遺・前言》（臺北市：中研院歷史語言研究所，1995 年 5
月），i。

……所謂乙 5379 者未被拓墨，即可推知其脫離母體的時間當在由
平遷滬，由滬遷京的旅途中，其間推車、汽車、火車、輾轉運輸，
上下出存，箱子不知翻動了若干百個轉身，尤其是裝卸工人，把箱
子扛在肩上，到了地點向下一摔，這一摔，威力無比，箱中器物不
震碎而倖免者幾稀，如果不遷運，根本就沒有這個問題，追根究底
這批慘債，應該記在日本軍閥的帳上，它不侵華，就不會有此問題
發生了。[21]

雖然此段描述的是一到六次挖掘甲骨的運輸過程，而非本坑文物，但
想必兩者裝卸方式不會相去太遠，歷經數次此般裝卸，無怪既使包裹於棉
布、棉花中的甲骨仍受損壞如斯。此外據石璋如回憶，由雲南龍頭裝箱上
貨車遷至四川過程中，多部貨車一路搖晃經過深山峻谷，其中便有一輛載
運史語所物品的貨車翻落乾涸河谷，數十木箱散落四方，李濟因此事緊急
聯絡石氏探詢車內所在物品為何；[22] 雖然後來由其他記錄中瞭解這些貨
物皆屬紙質檔案，幸不致損壞，[23] 但可從這件事看到當時環境對這些脆
弱文物的負面影響實在很大。

中日八年戰後，本坑甲骨終得隨同其他古物運回南京，在此受到妥善
安置，得到了一段短暫但安全的保護。整體來看，抗戰勝利後史語所結束
四川李莊的日子，搬遷至南京的過程，較無壓力且順利，而古物的損傷亦
較少，除了不再需要擔心敵人戰火的攻擊外，所內同人為搬遷盡的心力也
起了很大作用。[24]

然而好事多磨，隨即由於國共戰事之延燒，史語所藏古物便隨著國府
撤退，分作兩批，分別於一九四八年十二月二十二日由海軍中鼎號以及一
九四九年一月六日由招商局海滬輪承載運輸。第一批由李濟、李光宇押運

[21] 石璋如：〈兩片迷途歸宗的字甲〉，《大陸雜誌》第 72 卷第 6 期（臺北市：大陸雜誌社，
1986 年 2 月），頁 4。

[22] 陳存恭、陳仲玉、任育德：《石璋如先生訪問紀錄》，頁 227-229。

[23] 此事發生於四川綿陽，參程振粵：〈我國歷史文物三度播遷的一頁珍貴史料〉，《傳記
文學》第十一卷第五期（臺北市：傳記文學出版社，1967 年 11 月），頁 56。

[24] 李孝定：〈我與史語所〉，《新學術之路——中央研究院歷史語言研究所七十周年紀念
文集》下冊，頁 911-913。同事亦見氏著：《逝者如斯》（臺北市：東大圖書，1996 年
4 月），頁 57-58。

一百二十箱,第二批由董同龢、周法高、王叔岷押運八百五十六箱,隨同故宮、央博等單位的其他文物離開南京,一路東渡到了臺灣。關於這段歷史,當時同處一艦,負責押運故宮方面文物的那志良曾如此回憶第一批運臺時的情景:

> 中鼎輪在十二月二十二日清晨,由南京開出,走在長江之中,還覺得平穩,一到海上,頓覺搖晃不定。這個運輸艦是登陸艇改裝的,它是平底,我們想想看,那些平底的木船,在波浪中一起一伏、搖搖擺擺的樣子,便可以想像得到,這支登陸艇是如何搖擺了。白天還好,除了有些暈船之外,並沒有什麼特殊感覺,到了夜間,風聲、濤浪聲,已使人驚心動魄,而艙裡的箱子,又沒有繫緊,船向左邊一歪,箱子就溜向左邊;船向右邊一歪,箱子又溜向右邊,轟隆轟隆之聲,甚是刺耳。而海軍司令又託這個艦長帶了一條大狗,狗也不能適應這個環境,一直在吠叫不已,使人感覺到這是不是世界末日到了?[25]

　　鑑於前幾次遷移受損的經驗,並思考那些裝運脆弱甲骨的木箱衝撞竟日的景況,吾人亦應對這段自南京渡海至臺灣過程中,由於倉促裝箱與巨大的顛簸過程,給這批甲骨帶來的再一次損害程度保持悲觀態度。第二批文物遭遇風浪依然,不過條件稍佳。抵臺後,史語所藏品首先被安置於桃園楊梅鎮,後來為了學者的需求及較佳的研究環境,在一九五四年轉移到了臺北南港,至今六十年不再遷徙,終於等到了「研究者的春天」來臨。

　　值得一提的是,即使在這樣一個相對安穩的環境中,沒有了現實人為導致的烽煙戰禍,想不到大自然無可預期的破壞還是隨時降臨。一九七七年與一九八四年,南港中研院旁的一條小河「四分溪」,隨著風雨而暴漲,發生了兩次大水災。由於當時史語所文物陳列館尚未建成,水災(尤以第

---

[25] 那志良:〈復員後的故宮博物院〉,《傳記文學》第三十八卷第二期(臺北市:傳記文學出版社,1981年2月),頁99;杭立武亦對此事稍有述及,見王萍、官曼莉:《杭立武先生訪問記錄》(臺北市:中研院近史所,1990年6月),頁29-33;那氏所述回憶較為含蓄,關於當時中鼎號遭遇風浪的混亂狀況,另可參:
http://vip.book.sina.com.cn/book/chapter_80707_54551.html

一次為鉅）導致了中研院各所的諸多設備、圖書受到嚴重損傷，史語所甲骨等許多古物亦受到了大小不一的損害。[26]

本人在親驗整理 YH127 坑甲骨時，也曾多次見到染成淡藍色的龜版，例如丙七六、丙九八、丙一二六、丙二四九、乙 3301 等數十件。庫房人員告知這是由於當時水淹濕盛放的木盒，使得墊放龜版的靛藍棉布暈開，導致染色產生，這種染色改變了龜版原始出土色澤，是很有破壞性的，對甲質、辨字、展覽都有負面影響；並且因為當時災情慘重，很多泥沙隨同洪水淹入庫房，據聞有少數開放性擺設的甲骨受到掩蓋，可能隨著後來的清理而不小心丟棄了。可見即使排除了戰爭人禍，大自然天災對古物的威脅也是相當可怕的，必須審慎以對。如此珍貴、重要的研究資料歷經多年來各式劫難，目前安置於臺北南港史語所文物陳列館三樓庫房內，處於恆溫、恆濕、恆光、防火、防水的保護中，相信未來不會再遭逢受損的危機。

總之，除了水災之外，來臺後由多災多難中轉向安定，是一個令人欣喜的大勢。在這種相對良好條件下，對本坑甲骨所做的第一個重要綜合性整理工作「《殷虛文字丙編》之編纂」於一九五七年至一九七二年間終於順利完成了。針對受損的甲骨致使研究工作受到限制與阻礙，張秉權曾感慨地指出：

> 儘管從事工作的人，不辭艱苦，辛勤搜索，想使那些碎甲恢復到原來的完整程度，但是事實上，在當時的客觀環境的限制下，那是無法辦到的事情。原來那些完整的甲骨，在幾經播遷之後，不但已是四分五裂，七零八落，而且也分裝在十幾個不同的箱子裡了。至於那些在出土以前，原已破碎的甲骨（現在已復原），自然更不必說，不會在一起的。[27]

他所表示的是遷臺以前整體的受損情形，致使學者欲對這批珍貴材料作詳

---

[26] 關於四分溪水災造成史語所的損害，一些側面可參見張秉權：〈學習甲骨文的日子〉、陳仲玉：〈史語所遷南港的第一倉庫〉，皆載《新學術之路——中央研究院歷史語言研究所七十周年紀念文集》下冊，頁 929、1014。

[27] 張秉權：《殷虛文字丙編·序》（臺北市：中央研究院歷史語言研究所，1957 年），頁 1。

盡的研究，亦有支離破碎的困擾；因此他以恢復甲骨原貌為主要著手項目的《丙編》出版，稱得上是學界對 YH127 坑甲骨最具代表性的較早綜合研究成果。事實上，如果此坑甲骨不受到如此長時間、多次的損傷，《丙編》的出版想必在心無旁騖之下，可以推前十數年，甚至數十年，都是很有可能的，不必等到原始材料出土後近四十年才與學界見面；而同樣是張秉權，在一九八一年發表的一篇文章，更是學者受到材料受損之阻礙導致推遲了研究成果的最佳體現。他曾在整理乙編甲骨的過程中，意外發現殷代紡織品（可能是棉布）之遺存，其以此為主題發表了一篇專文，並在文前特別指出：

> 正因為那些碎甲上面沒有文字，所以當初在清理之際，沒有將它們上面的灰沙泥土，完全剔除淨盡，也因而保留了這一些殘餘的材料。它們的出土地點是在 YH127 坑；時間是民國二十五年六月。我發現那些紡織碎片，已是民國六十四年了。從民國二十五年到六十四年，中間經過了整整四十年，何以這些紡織碎片要等到四十年後才被發現？這，大概與甲骨文研究的方法和風氣，有很大的關係。[28]

該篇文章中，他提到前人對刻辭的重視大於一切，是這些紡織碎片受到忽略的主要原因；其實長期的戰爭與搬遷，使得材料毀損並且難以公開，何嘗也不是延遲新發現的主因？張先生在此文中其實亦已約略透露類似觀點，只是沒有明白提出而已。

參　結語

　　因此，從上文一系列的敘述可以得知，長時間以來 YH127 坑甲骨實物的非自然破損實際上導致了整體研究的長期推遲，今後吾人勢必透過對實物的重新整理，逐步加強對本坑甲骨進行綜合性質之探討，承繼《丙編》的工作成績，包含持續綴合、卜辭分類、對分類後「內容」的深入分析等

---

[28] 張秉權：〈小屯殷虛出土龜甲上所粘附的紡織品〉，《中央研究院國際漢學會議論文集——慶祝中華民國七十周年‧歷史考古組》上冊（1981 年 10 月 10 日），頁 145。

等，都是切要之務，這也是本書所力求的方向與研究目的。就博士論文而言，在筆者之前，魏慈德先生便曾秉持類似的觀點，針對 YH127 坑甲骨的整理進行了很具學術價值之工作，他在著作中指出：

> 要把出土的甲骨變成歷史，其實是很困難的，最大的問題在於出土甲骨的殘缺不全，這個殘缺包括了甲骨本身的殘缺和卜辭記事的殘缺。甲骨本身的殘缺來自於考古發掘的破壞，而卜辭記事的殘缺則包括我們對卜辭了解的限制以及卜辭記事的不完整。
>
> ……就甲骨學來說，這第一步的工作首先是要將斷離的甲骨給拼合起來。甲骨出土後很少有仍呈現著整龜整骨的原貌，大半是殘破且沾滿汙泥。其破碎的原因除了發掘的破壞外，還有丟入坑中時的撞擊以及原先未入土前就已破碎等等。而若不能將破碎的甲骨拼接起來的話，在處理卜辭時所能利用的線索就會相對的減少。……第二步的工作可分為分類和釋讀。分類的方式有許多種，可以透過鑽鑿、貞人、卜用龜或用骨的習慣來分類，也可透過字體來分類，包括字的大小、行款不同，圓轉或尖折特性，或是用詞習慣等，更可藉由聯係不同版上的人名來作分類，然分類的最後目的仍不外乎要知道甲骨的時代。釋讀則是正確了解卜辭的前題，這一方面除了要具備相當的古文字學知識外，還要對甲骨卜辭本身的刻款方向、辭例、用語，有相當的了解才行。作好以上二個工作，才能夠正確的釋讀和完善的分類，也才能進一步的利用甲骨來研究商代歷史。[29]

這裡提到第一步工作的性質同大環境和考古專業有密切關係，也正由於大環境的顛沛，這批甲骨出土後的第一步工作以及保存、運送進行的並不順利，至於第二步的工作，也就是分類和釋讀，由於諸多外在因素影響，全面性的整理並未徹底施行，而這也是本書對本坑賓組卜辭所亟欲進行的研究目標，故希望能透過上述這兩方向的工作，賡續前人研究所得成果，為甲骨學乃至中國古史研究提供更多有價值的舊出土、「新」資料。

---

[29] 魏慈德：《殷墟 YH127 坑甲骨卜辭研究》，頁 1-2。

第二節　研究範圍

　　本書擬藉由「原始材料」、「相關資料」、「網路資源」的蒐集、整合與區別，界定本書研究範圍。原始材料指 YH127 坑甲骨圖版原始出版品、綴合出版品且未做深入討論者，相關資料指相關殷商史學術論著、YH127 坑甲骨綴合出版品具有深入論述者。以下便依此標準，配合出版時間順序逐一簡述之。

壹　原始材料

一　《殷虛文字乙編》

　　本書在系列上，屬於史語所的中國考古報告集之二：《河南安陽殷虛遺址之一・小屯》第二本，共三巨冊，前後花費六年完成出版，時間上橫跨一九四九年國府遷臺前後，因此下輯在二十世紀中期的大陸地區較難見到，一九五六年中國科學院考古研究所有拍照影印出版，列為特刊第四號。[30]

　　《殷虛文字乙編》（以下簡稱《乙編》）是史語所第十三至十五次安陽挖掘，所獲大部分有字甲骨之著錄，採用墨拓的方式，將甲骨加以影存。董作賓是《乙編》編輯工作最主要的負責人，而屈萬里、李孝定、張秉權三位先生為編纂此書付出很大的精力，單就YH127 坑便作了相當多的綴合工作，[31]，這是值得重視的成就。

　　董作賓透過對YH127 坑甲骨的初步整理與研究，於《殷虛文字乙編・序》中發表了兩篇相關的文章，前篇是對於此坑甲骨類型、性質、外觀、記事刻辭等作的綜合論述短文；後者是〈揭穿了文武丁時代卜辭的謎〉，此文藉由貞人、稱為、祭法等等認知，將後來學界習稱之師組卜辭、子卜辭劃歸為第四期的「文武丁時代卜辭」，並著重指出殷虛五期中「新、舊派」的存在。其實關於此種類似觀點，董氏時常提出，其五期斷代學說早

---

[30] 宋鎮豪、劉源：《甲骨學殷商史研究》，頁 120。

[31] 張秉權：《殷虛文字丙編・序》，頁 1。

見於民國二十一年發表之〈甲骨文斷代研究例〉一文中。[32] 按，董氏「新舊派」觀念在學術界中頗引起爭議，一時從者甚眾，非者亦夥，甚至其本人亦對此說的成立不抱完全期待。[33] 從另一個角度思考，這或許亦為《乙編》之發行增添了更多的學術議題，對真理知識的推進也是好的。

　　《乙編》自一九四八至一九五三年始完全出版齊全，到了一九九〇年代，已歷四十年未再版，於是在民國八十二年（1993）再版重印。頗引人關注。其重印之因由：

> 《乙編》初印之時，外在環境條件的不足，出版之後，不論紙質、印刷、裝訂均不如人意，今日針對這三項不足，盡力予以改善。再版所根據之底本乃所內僅存之原拓本，此拓本及照片遭蟲蠹或字跡模糊之處，經修補、重照之後再製版付印。是故雖言「再版」，其實應是「重印」。本書體例完全依據舊《乙編》而不加任何更動。唯有必須更正的錯誤才予以更正。[34]

舊版錯誤在新版中大多已更正完畢，尤其新版印刷精美，拓本的細節能充分體現，較舊版具有更高的研究價值。

二　《殷虛文字綴合》[35]

　　《殷虛文字綴合》（以下簡稱《殷合》）於一九五五年四月出版，曾毅公、郭若愚、李學勤所著，是書乃針對《甲編》、《乙編》所收甲骨進行全面性綴合工作，共得 482 版，其中《乙編》綴合有 370 組，這些成果後來

---

[32] 董作賓：〈甲骨文斷代研究例〉，《中央研究院歷史語言研究所專刊之五十附冊》（臺北市：中研院史語所，1965 年重刊）。

[33] 如陳夢家所著：〈甲骨斷代學〉，載《燕京學報》（1951 年）、日本貝塚茂樹、伊藤道治所著：〈甲骨文斷代研究法的再檢討——以董氏的文武丁時代之卜辭為中心〉，（載京都大學《東方學報》第 23 冊，1953 年）等文，率皆對董氏分期斷代與新舊派的看法提出異議。而董氏在〈今日之甲骨學〉，載《董作賓先生全集》甲編（臺北市：藝文印書館，1977 年）中，亦表明了一種不確定之立場。

[34] 鍾柏生：《殷虛文字乙編・再版說明》。

[35] 郭若愚、曾毅公、李學勤：《殷虛文字綴合》（北京市：科學出版社，1955 年 4 月）。

大部分為《甲骨文合集》所繼續沿用。

本書所做之綴合，全依靠拓本而作，故雖然成果眾多，誤綴的例子頗不少，屈萬里、嚴一萍便曾對之有過負面的批評。[36] 也由於此書性質與《丙編》相當類似，張秉權便曾經對之表示關注：

> 去年冬天董彥堂師在香港替本所購得一部《殷虛文字綴合編》，那是根據拓本而綴合的。我曾經把它和我的底稿校核一遍，除了其中有一小部分實物不合者而外，大部分都跟我所復合的相同。不過它所復原的程度，比較起來，不如本編來得完整，綴合的圖版也沒有本編那麼多。譬如本輯的圖版，大部分是綴合編所沒有的，那是因為它對於乙編的綴合，限於上中兩輯的緣故。但是也有一小部分，是我從前所未拼合的，所以他對本編的編著，還是有所裨益的。[37]

張氏這段話對《殷合》表示了一定程度的肯定，其中提到《殷合》材料之所限於《乙編》的上、中二輯，李學勤在近年的文章中對此曾提到：

> 《乙編》分上中下三輯，上輯和中輯的出書已經到了 1949 年。出版後看得到的人很少，當時正是解放戰爭，不能普遍發行。《乙編》的下輯還沒有來得及印刷，已經解放了。1948 年底，史語所遷往臺灣，這批甲骨材料印成的書，就留在大陸了。特別是《乙編》，解放後不好公開賣，1950 年成立中國科學院，這批書就在科學院內部賣。我那個時候自學甲骨文，聽說了這個事，經過人介紹，就買了一部《乙編》的上輯和中輯。……下輯傳到北京之後，1958 年考古所把它影印出版，但我們 1953 年編好的《殷虛文字綴合》已經在 1955 年印行了，趕不及使用下輯的甲骨材料。你想想，我們只是根據一部分材料，《殷虛文字乙編》有三本，我們只有兩本，材料不全。[38]

---

[36] 屈萬里：《殷虛文字甲編考釋・序》（臺北市：中央研究院歷史語言研究所，1992 年 3 月），頁 2、嚴一萍：《甲骨綴合新編・序》；劉學順曾逐一駁斥其說，參氏著：《YH127 坑賓組卜辭研究》，頁 7-9。

[37] 張秉權：《殷虛文字丙編・序》，頁 12-13。

[38] 康香閣：〈再訪李學勤先生──治學經歷（1955-1976）〉，《邯鄲學院學報》第 20 卷第

可見研究材料的欠缺，在當時有其獨特時代因素，不可厚非；此段史實足資治近代學術史者參考。

三　《殷虛文字丙編》[39]

《殷虛文字丙編》（以下簡稱《丙編》）是史語所張秉權先生所編著，針對史語所在安陽小屯科學挖掘所得甲骨所整理而成的著作，總共分成上中下三部，各部又分上下兩本，共計六本。與《甲編》、《乙編》的不同在於：本書乃是張先生特別整理出《乙編》所載型態與辭例上較為完整的甲骨，試加與碎片綴合使之更加完整，而後編號收入其中的一部作品，是故其亦以為可稱此書「殷虛文字乙編甲骨復原選集」。[40]

《丙編》的編輯體例是這樣的：每版甲骨以拓本作為著錄主體，亦有少數黑白照片（為了彰顯硃墨書），並在拓本前附上張氏所摹的描圖紙摹本，摹本並非描上原字形，而是直接對甲骨文字進行了楷定的工作，並且詳細地記錄拼合的組號並加以界劃。其編排亦重視同文與成套關係，方便學者比較研究。

由於《丙編》原本即是綴合《乙編》的一個成果，因此它的綴合可信度便十分引人關注，張秉權表示：

> 不過在丙編中，拼兌錯誤的拓本是決不會有的，因為它們是復原甲骨的重拓本，是百分之百的可靠與可信，這一點，可請讀者放心。[41]

和《殷虛文字綴合》以及其他無法比對實物的綴合成果來比較，《丙編》

---

1 期，2010 年 3 月，頁 6-7。文中李學勤亦對《殷合》、《丙編》做出比較評價，讀者可參看。

[39] 張秉權：《殷墟文字丙編》上輯（一）（臺北市：中央研究院歷史語言研究所，1957 年）；上輯（二），1959 年；中輯（一），1962 年；中輯（二），1965 年；下輯（一），1967 年；下輯（二），1972 年。

[40] 見張秉權：《殷虛文字丙編·序》，頁 1。按，《丙編》收片標準以「完整」為主要考量，往往收錄在前冊的甲骨，因為張氏發現又可加以綴合，使之更加完整，故加綴後以新標號收在後冊中，而形成《丙編》「自重」的問題。關於此點，請參見文末附錄〈丙編自重表〉。

[41] 張秉權：《殷虛文字丙編·序》，頁 12。

的綴合奠基於可以對甲骨實物目驗與手勘,正確性當然是非常的高;不過其中亦能找到啟人疑竇或確實誤綴的例子,如裘錫圭便曾根據拓本上的卜兆指出「丙三六(合 9522)上的殘片當要拼在丙三五(合 9521)上才對」,[42] 雖經蔡哲茂先生目驗實物已證實張秉權綴合正確,裘說有誤,[43] 不過以下仍可另舉二例:

(一)

丙二四三(已新加綴乙 7681＋乙補 440＋乙補 1447＋乙補 1557),張氏另有據實物與乙 4407＋乙 4844＋乙 5372＋乙 5377＋乙 5773＋乙 5832＋乙 6080＋乙補 1475＋乙補 4661＋乙補 5500＋乙補 5504＋乙補 5552＋乙補 531(反)＋乙補 1459(反)的綴合,從齒縫、尺寸與辭例上看來,是一組明顯的誤綴。

(二)

丙二九六,其中乙 2652 厚薄、顏色、辭例與大小比例與互綴他版不合,已經確認為誤綴。

　　這些例子說明了即使面對實物,再有經驗的研究者也會有犯錯的空間,所謂「百分之百的可信」只能作為一種信念,是學者的高度自我期許。不過嚴格說來,《丙編》綴合成就仍是極大,少數誤綴瑕不掩瑜,只顯示了甲骨綴合的難度確實很高。

四　《甲骨文合集》[44]

　　《甲骨文合集》(以下簡稱《合集》)是一部由郭沫若主編、胡厚宣總編輯的「集大成」甲骨文著錄書,共十三巨冊,一九七九至一九八二年由

---

[42] 裘錫圭:〈釋殷卜辭中的卒與裸〉,《中原文物》1990 年第三期,頁 3。丁驌、白玉崢亦曾懷疑丙五六二綴合之正確性,如其言乃據該版左尾甲較右尾甲碩大等等因素;然查驗實物後亦已排除其誤綴之可能。後一例見白玉崢:〈東薇堂讀契記(三)讀後〉,《中國文字》新十九期,魏慈德已言及,見《殷墟 YH127 坑甲骨卜辭研究》,頁 37。

[43] 裘說之所以有誤,與舊版《乙編》拓印不清關係很大,此點蒙林宏明先生指出。

[44] 郭沫若主編、胡厚宣總編:《甲骨文合集》(北京市:中華書局,1979-1982 年 12 月),中華書局 2001 年再版,學界咸以為新版印刷不如舊;此導致舊版《合集》如今一套難求。

中華書局出齊；其子系列書《甲骨文合集釋文》[45] 四冊、《甲骨文合集材料來源表》[46] 三冊、《甲骨文合集補編》[47] 七冊在其後分別出版。由於《合集》在內容、體例、方便、份量上的特殊性，近三十年來早已為學者熟知，並大量使用，相關討論以汗牛充棟形容並不為過，這裡便不再詳述其優缺點，僅引用近年學者對其所做一段簡介作為介紹，以節省篇幅。

> 《合集》的優點，舉其大端，有如下六點。一曰匯總，盡可能將從前著錄書所收及海內外所藏甲骨及拓片熔為一爐，並汰除偽刻、殘缺過甚者，共收甲骨拓本、照片、摹本 41956 片。二曰校重，編輯過程中校出重片 6000 片，重複次數在 14000 以上。三曰綴合，不但採用已有綴合成果，還新綴 2000 多碎片成 1600 餘版。四曰換片，有的以拓本代替摹本，有的以清晰拓本代替模糊、殘缺不全者。甲骨反面臼部有字的，也與正面歸在一處。五曰分期，按董作賓五期法進行分類，並把𠂤組、子組、午組卜辭集中附於一期之後。六曰分類，共分為階級和國家、社會生產、科學文化和其他四大類，下設 22 小類……在分類時，還注意將內容相同的「同文卜辭」或「成套卜辭」集中起來，有利於殘辭互補。[48]

五　《殷虛文字乙編補遺》[49]

本書（以下簡稱《乙補》）在系列上，亦屬於史語所的中國考古報告集之二：《河南安陽殷虛遺址之一・小屯》第二本，出版於民國八十四年（1995），即《乙編》重印後一年。內容基本上收錄了《乙編》未收的絕大部分有字、部分無字（有兆序）殘片，以利進一步的研究、綴合，其拓片號到 7441，共計一巨冊。關於此書，這裡援引編者鍾柏生的前言，以

---

[45] 胡厚宣主編：《甲骨文合集釋文》（北京市：中國社會科學出版社，1999 年 8 月）

[46] 胡厚宣主編：《甲骨文合集材料來源表》（北京市：中國社會科學出版社，1999 年 8 月）。

[47] 中國社科院歷史研究所編：《甲骨文合集補編》（北京市：語文出版社，1999 年 7 月）

[48] 胡厚宣：《甲骨文合集・序》；王貴民：《一部大型的甲骨文資料彙編——〈甲骨文合集〉》；載宋鎮豪、劉源：《甲骨學殷商史研究》，頁 128。

[49] 鍾柏生：《殷虛文字乙編補遺》（臺北市：中央研究院歷史語言研究所，1995 年 5 月）。

明其編輯理念：

> 原本考古出土的資料凡是有價值者，不論其價值大小都當整理後
> 發表，何況甲骨。第十三次發掘出土甲骨有其特殊性，完整的龜
> 版相當多，雖然本書中的拓片，每版甲骨文字不多，但從綴合的
> 工作而言，卻是十分重要。一版完整甲骨的價值自然遠超過殘缺
> 不全的甲骨。本書出版後，甲骨學者自然多了一份重要的參考資
> 料。本書取用的拓本是本所僅存的一套原拓本，甲骨出土越久，
> 因天然的腐蝕，字跡必不如剛出土的清晰，因此早期原拓本的出
> 版，在研究甲骨的學者而言更具其重要性。[50]

其中提到此「僅存的一套原拓本」，是劉淵臨所拓，並保管至退休未曾發
表；鍾氏取此原拓再行整理。[51] 十餘年來，海內外學人已藉由《乙補》
綴合了數量眾多的甲骨，相當程度還原了這些科學挖掘古物的原貌，這是
此書最重要的價值所在。

除此之外，書末收錄了「《殷虛文字乙編》與《殷虛文字丙編》拓本
編號對照表」、「《殷虛文字丙編》與《殷虛文字乙編》拓本編號對照表」、
「《殷虛文字丙編》與《殷虛文字乙編補遺》拓本編號對照表」、「《殷虛文
字乙編補遺》與《殷虛文字丙編》拓本編號對照表」四表，頗有利於學者
檢索使用。

貳　相關資料

一　陳夢家：《殷墟卜辭綜述》[52]

《殷墟卜辭綜述》是一部全面性介紹，並深入討論近一甲子以來甲骨
學研究歷程及其相關各問題的代表性著作，陳夢家在此書前言中指出寫作

---

[50] 鍾柏生：《殷虛文字乙編補遺・前言》，i。

[51] 此拓本來源蒙蔡哲茂師告知。

[52] 陳夢家：《殷墟卜辭綜述》（北京市：中華書局，2004 年 4 月再版）。

宗旨，在於「將前人可以成立之說加以整理，根據現有的新材料加以補充修正，按照我們今日的理解對於甲骨刻辭的某些類別的材料加以解釋」，即顯示此書內涵不僅止於泛論紹介，毋寧說具有一種承先啟後之特質，且立論詳密具科學性，在其出版的時代（1956）很快地在學術界產生大的影響，不過也由於影響較大，在當時的政治氛圍下多少為作者帶來了較為負面的批評。

此書共分二十章，共有總論、文字、文法、斷代（上下）、年代、曆法天象、方國地理、政治區域、先公舊臣、先王先妣、廟號（上下）、親屬、百官、農業及其他、宗教、身份等，其中眼光獨到，具有學術代表性的章節當屬第五章「斷代」部分，在這部分中陳氏對子組、午組、𠂤組卜辭的提出、分類及相關探討，頗下了一番工夫，並藉由此研究促使學者得以進一步反思董作賓提出之「文武丁卜辭」學說之合理性，乃是本書重要的價值，也已成為今日學術史中不可略過的一環。

二　島邦男：《殷墟卜辭研究》[53]

島氏此書，在出版年代以及章節編次、內容安排上，與《殷墟卜辭綜述》當時堪稱中外雙璧，[54] 同樣是綜合性質的甲骨學研究書籍，試圖進行較大規模整理的工作，具有很高的學術價值。柯昌濟為之序，云：「余讀其半，認為其研究細密，條分縷析，舉例互參，提綱挈領，為前此所未有，蓋以科學方法治理此學者」，蓋非虛譽。

此書尤重於祭祀部分，不過由於部分研究方法的合理性有待商榷，導致目前學界對其關於商代祭祀的細部成果多未引為定論，如其在五祀的研究上過於簡化、公式化等等問題，引起不少學者質疑；[55] 這是較為可惜的地方。

---

[53] 島邦男著，濮茅左、顧偉良譯：《殷墟卜辭研究》（上海市：上海古籍出版社，2006年8月）。

[54] 二著作時代性相近，同樣出版於二十世紀五〇年代，《殷墟卜辭綜述》出版於一九五六年，《殷墟卜辭研究》出版於一九五八年。

[55] 參宋鎮豪、劉源：《甲骨學殷商史研究》，頁334-339。

三　嚴一萍：《殷虛第十三次發掘所得卜甲綴合集》[56]

作者嚴一萍，曾編有《甲骨綴合新編》，收錄了《乙編》以外包含嚴氏本人的重要綴合成果。而關於 YH127 坑的綴合，則收錄於《殷虛第十三次發掘所得卜甲綴合集》（民國八十年）中，此書共綴合 225 版，皆與《丙編》不同，可見其用力之勤。

不過相對而言，本書與《殷合》所綴，重出的比例很高，單就背甲而言便重見了五十三組之多，[57] 若從整體看來，完全相重或部分相重的則多達 147 版，並在一些細節上考量欠週，並非其弟子所稱述的一部完美作品；[58] 這些意見頗值得注意。

四　蔡哲茂：《甲骨綴合集》、《甲骨綴合續集》[59]

此二書為中研院史語所蔡哲茂研究員分別於一九九九年、二〇〇四年出版的著作，專門收錄作者歷年來發表在各期刊論文上的甲骨綴合，前書收錄三百六十一組，後書收錄一百八十五組，共計五百四十六組，作者並對每則綴合進行細節說明，若其中有值得進一步討論者，則更為之作深入考訂。關於前書的價值，裘錫圭曾指出：

> 蔡先生的綴合工作，主要是以《甲骨文合集》所收的甲骨為對象的。……所以，《甲骨綴合集》不但對蔡先生自己的甲骨綴合成果來說是一部集大成的著作，就是對迄今為止整個學術界的甲骨綴合成果來說也是一部集大成的著作。[60]

關於後書，李學勤則指出：

---

[56] 嚴一萍：《殷虛第十三次發掘所得卜甲綴合集》（臺北市：藝文印書館，1989 年 6 月）。

[57] 宋雅萍：《殷墟 YH127 坑背甲刻辭研究》（臺北市：政治大學中文所碩士論文，2008 年 5 月。指導教授：蔡哲茂、林宏明），頁 12-13。

[58] 劉學順：《YH127 坑賓組卜辭研究》，頁 11。

[59] 蔡哲茂：《甲骨綴合集》（臺北市：樂學書局，1999 年 9 月）、《甲骨綴合續集》（臺北市：文津出版社，2004 年 8 月）。

[60] 見蔡哲茂：《甲骨綴合集・裘序》。

自王國維以來，許多學者都從事過拼綴甲骨，而在今天，能集前人大成，又不斷有新的創獲者，自應推崇蔡哲茂先生。……我在 1950 年前後開始學習甲骨，就是由綴合《殷虛文字甲、乙編》著手的，出於自身經驗，知道一版一片的拼綴，無不需要長時間的觀察涵泳，得來絕非易事。繹讀蔡哲茂先生的新著，滿目琳瑯，不是將十餘萬片甲骨爛熟胸中，是難於做到的。這樣的功力和識見，又委實令人敬佩。

綴合對甲骨本身而言，是復原，對學者研究來講，則是創造。許多斷片殘辭，分離去看，沒有多少意義可說，經過綴合，頓生光怪，珍貴重要的內容得以顯現。在蔡哲茂先生這部《甲骨綴合續集》中，典型的例子很多，此處試拈取一二。（下略）[61]

從裘、李二氏的介紹中，可以知道蔡先生此二著作確實具有很高的學術價值，值得學者引用參考。

五 劉學順：《YH127 坑賓組卜辭研究》[62]

本書是大陸學者劉學順於一九九八年發表的博士論文，全文分作三大章，首章談論 YH127 坑卜辭的各項問題，從發現、整理、著錄、綴合，到地層與時代，作了綜合的分析。第二章則針對其中賓組卜辭作事類分析，以及與坑外賓組卜辭的比較等等。第三章則試圖透過卜辭的整理，將一些重要史事進行排譜，以求彰顯本坑賓組的時代性質。

劉文對本坑甲骨嘗試作排譜的工作，有其開創性價值，全書亦多有創獲。不過或許是篇幅所限以及材料統整不夠充分，其書所引辭例往往未盡全，這使得他所提出的一些論點便不容易站住腳，頗為可惜；相關討論可參見本書第四章前言部分。

---

[61] 見蔡哲茂：《甲骨綴合續集・李序》。

[62] 劉學順：《YH127 坑賓組卜辭研究》（中國社會科學院歷史研究所博士論文，1998 年 5 月。指導教授：胡厚宣、李學勤、齊文心）。

六　魏慈德：《殷墟 YH127 坑甲骨卜辭研究》

本書為政治大學中文所魏慈德先生於二〇〇一年的博士畢業論文，指導教授為蔡哲茂。魏先生目前任教於臺灣花蓮東華大學中文系，研究專門項目為中國古文字、古代史與思想史。此論文主軸即在於綜合整理YH127坑甲骨，對本坑甲骨歷來的綴合情形作了徹底梳理，尤其論文第二章第二節「一二七坑甲骨和其他著錄甲骨綴合的現象」部分，由於內容特殊，近來頗受海內外學人稱引。此外，將本坑中師組、賓組、子組、午組等各組類甲骨，依組別分別進行內容探討，細密詳盡，極具學術價值。[63]

關於賓組卜辭部分，魏文主要研究焦點在於「排譜」的部分，也就是試圖整理出YH127坑甲骨的一個絕對時代，他主要的研究方法是藉由夏含夷發表的「微細斷代法」概念，[64] 加以運用擴大，並佔了魏文主要的論述篇幅；其路徑與本書主要研究方向有所不同，這是讀者應該注意的。

七　孫俊：《殷墟甲骨文賓組卜辭用字情況的初步考察》[65]

本書是孫俊於二〇〇五年發表的碩士論文，其中針對賓組用字的一些特色作了分析，如「異體字使用的情況」、「用不同的字表示同一個詞的情況」、「表意字一形多用的情況」、「不同類別用字情況的差異」等等，析分章節各自論述。

此論文對這些文字現象除了列舉之外，亦提出看法，頗見其心得，尤其其中談到「異體字使用」部分，對卜辭用字來說是很重要的課題，本書有對其章節中整理的「異體分工」部分另作討論，散見於二、三章相關說明部分。雖然此論文章節安排合理，掌握問題意識，可惜篇幅方面稍短，一些問題無法在文章中見到進一步的深入論析，這是應該被指出的。

---

[63] 此書已於二〇一一年九月由花木蘭出版社正式出版，收入「中國語言文字研究輯刊」第 5、6 冊。

[64] 夏含夷：〈殷墟卜辭的微細斷代法——以武丁時代的一次戰役為例〉，《甲骨文發現一百週年學術研討會》（臺北市：中研院史語所，1999 年 5 月）；後收入氏著：《古史異觀》（上海市：上海古籍出版社，2005 年 11 月）。

[65] 孫俊：《殷墟甲骨文賓組卜辭用字情況的初步考察》（北京市：北京大學中國文學系碩士論文，2005 年 5 月。指導教授：沈培）。

八 宋雅萍：《殷墟YH127坑背甲刻辭研究》[66]

本書為政治大學中文所宋雅萍女士二〇〇八年的碩士畢業論文，指導教授為蔡哲茂、林宏明，乃近年來少見之專治龜甲背甲型態與相關問題的研究專著。其中內容主要在分組分類的概念上，對YH127坑出土的賓組、子組、圓體類、劣體類背甲作整理。釐清前人著錄中許多對背甲的誤綴，並整合多位學者的努力，呈現目前學界最新也是最完整的綴合成果。同時並著力分析本坑背甲的文例、內容、卜兆習慣以及行文的規律等等。

其書填補了甲骨學中「背甲」一塊傳統上較不被重視的領域，頗具學術價值；二〇一〇年政治大學中文所黃庭頎女士亦以背甲為主題，完成了《殷虛文字乙編背甲刻辭內容研究》碩士論文，指導教授為蔡哲茂，此論文著重在刻辭內容，於性質與討論範圍上可與宋書互補，亦有一定貢獻。

九 林宏明：《醉古集》[67]

林宏明是臺灣地區除了蔡哲茂先生以外，目前為止綴合甲骨成果最豐碩的人，尤其以青年學者來說更是如此，其綴合成果並廣獲海內外學人稱譽，已被視為新一代整理甲骨最有心得的學者之一。

此書乃將林氏歷年來散見在各期刊的綴合，共計382組集合一處，並作適當的修訂、說明，所得的綜合成果；其中綴合內容包羅萬象，尤其以YH127坑、《屯南》此二類甲骨的綴合引人注目，且釋文及考釋部分亦間有卓見，對學術的發展貢獻良多。林氏以此書籍榮獲二〇一二年中央研究院優秀年輕學者研究著作獎。

十 黃天樹：《甲骨拼合集》、《甲骨拼合續集》[68]

此二書為北京首都師範大學黃天樹教授主編，集合近年來本身以及門

[66] 宋雅萍：《殷墟YH127坑背甲刻辭研究》（臺北市：政治大學中國文學系碩士論文，2008年5月。指導教授：蔡哲茂、林宏明）。

[67] 林宏明：《醉古集——甲骨的綴合與研究》（臺北市：臺灣書房，2008年9月）。

[68] 黃天樹：《甲骨拼合集》（北京市：學苑出版社，2010年8月）；《甲骨拼合續集》（北京市：學苑出版社，2011年12月）。

下學生的 326 則、269 則新綴合成果，合為二書，每一組綴合並附介紹說明。《拼集》文末附有黃氏談論甲骨型態的三篇專文，以及「《甲骨文合集》同文表」、「《甲骨拼合集》索引表」、「2004～2010 年甲骨新綴號碼表」；《拼續》附有「《甲骨拼合續集》索引表」、「2004～2011 年甲骨新綴號碼表」、「殷代卜辭分組分類表」，頗利學者檢索使用。

以《拼集》為例，由於注意學界最新成果，故此書避免了重複綴合的情形產生，且其「2004～2010 年甲骨新綴號碼表」一表，接續蔡哲茂《甲骨綴合續集》的「《甲骨文合集》綴合號碼表」，將二○○四年八月以後，二○一○年七月之前學界對《合集》以及《花東》、《屯南》、《懷特》等著錄的新綴合成果做成一表，對綴合、研究者翻檢來說帶來相當大的便利，有其價值。

參　網路資源

一　中央研究院歷史語言研究所「考古資料數位典藏系統」

此系統為史語所國家型計畫「史語所數位知識總體經營計畫」的產物之一，對學者檢索史語所藏出土遺物各式資料極為便利。本計畫主持人為李宗焜研究員，其聯繫考古、拓片、文獻、少數民族文物、明清檔案之設想十分細密，並且實際上系統設計嚴密，富於使用價值。下面是本計畫的發想初衷：

> 這些珍貴的資料是本所傅斯年所長掌理所務時代，秉持著「上窮碧落下黃泉，動手動腳找材料」的精神，結合當時傑出的年輕學者們，積極從事考古發掘、商購舊藏、搶救文物、田野蒐集等方式，將這些得來不易的一手材料，匯聚於本所。這些文物資料，有許多物件本身，堪稱「世界級」的人類文化共同資產，……近年來，因應資訊的發展，網際網路技術的成熟，實體的素材，走出深鎖的庫房，轉化成為虛擬的知識元素，不僅成為可能，也成為學術研究者的渴望。再者，整體國家文化的認同與知識品質的提昇，需靠科普教育

的實施，而藉由基礎工程的執行，投入資深、專門的研究人力，深入分析各類珍藏文物，再以科學技術，創造淺顯易懂的知識呈現介面，將成為科普教育的最佳教材與教案。[69]

此系統的「遺物資料庫」（屬於「數位典藏資料庫」群之一），利於學者快速檢索所藏甲骨，並提供甲骨的正面彩照、各式編號、各式考古資訊、綴合情形（不完整）等資料。尤其是查閱編號，本書於之亦頗受惠，對核對校實來說十分方便。可惜目前開放院外可檢索之版本無法調閱大型彩圖，且資料、號碼有新增減改正皆無專門人員修訂，僅能對院內版本作資料修正，例如目前院外檢索得到的甲骨往往近年已有新加綴，但系統呈現仍為舊況，是稍微可惜之處。

二　香港中文大學中國古籍研究中心「漢達文庫」

漢達文庫是一個大型的古代文獻數位化資料庫，由香港中文大學中國文化研究所「中國古籍研究中心」創建，其中包含甲骨、金文、竹帛、傳世文獻、類書等中國古代文化資料，其數據量巨大，且便於檢索，學界頗受其惠。其中甲骨文庫簡述如下：

> 收錄當今海內外七種主要大型甲骨書籍，共計卜辭 53,834 片。研究計劃分兩期進行，歷時五載，合共整理、校勘約近 100 萬字甲骨卜辭，並悉數輸入電腦，建立以甲骨文字形為系統的，並具有多項類目功能檢索的甲骨文資料庫。……附有標準字庫，收錄 13 冊《甲骨文合集釋文》及《英國所藏甲骨集》等 7 種海外所藏甲骨卜辭資料，重新整理、校勘，乃互聯網上最完備之甲骨文全文檢索資料庫。[70]

雖然此文庫具有檢索快速、方便、所收較多、甲骨字體（需另行安裝）精

---

[69] 載 http://dahcr.ihp.sinica.edu.tw/main.php；此系統為一般民眾皆可使用的公開網站，網址為 http://archeodata.sinica.edu.tw/allindex.html

[70] 漢達文庫主頁見 http://www.chant.org/，引文見 http://www.cuhk.edu.hk/ics/rccat/。事實上其所屬甲骨文庫前身「甲骨文全文資料庫」早於一九九六年便已創制，不過近年捨棄造字檔（Fonts）的方式，採取貼圖顯示，始完全避免了不同電腦上空漏字的缺憾。

確等優點，不過並非免費對外開放，必須透過單位或個人付費才能使用，且海外使用者付費方式較為不便，值得注意。

三 大陸社會科學院歷史研究所「甲骨文與殷商史研究中心網站」

此網站為大陸社科院歷史所先秦史研究室屬「甲骨文與殷商史研究中心」設置之網路單位，主要性質在於發佈近期學術訊息、動態，並提供海內外學者發表論述的一個平臺。在全站架構之下分為甲骨學、殷商史、金文、兩周史、三代考古等學術類區，其中的「甲骨學」區下有「甲骨綴合」分區，目前是全世界即時收錄甲骨新綴合成果最全面的網站，學者於綴合每有所獲便寄往該網站，求得公開發表。本書第二、三章諸多綴合成果引用於此，皆註明（先），見下章前言。另外此站發表不少學者「首發」，然尚未正式印刷出版的高質量文章，本書亦有徵引，可見相關學者對此網站評價很高。[71]

第三節　研究方法與應用

壹　研究方法

一　研究方法的承繼

所謂近代「甲骨學」的發軔，與當時學界對中國古史的研究態度變化是息息相關的。清末民初，國事衰微，然地不愛寶，許多重要古代文獻陸續出土見世，其中殷商甲骨的出現給傳統小學、史學界予重大思想衝擊，許多素治國學的學人囿於所學，無法接受此「騰空而出」的新材料，甚至有終身不願一顧者；不過亦有不少學者抱持開放胸懷，對之呈現高度興

---

[71] 網站主頁見 http://www.xianqin.org/blog，「甲骨綴合」分區點擊「甲骨學」該區塊即可選進。

致，如孫詒讓、羅振玉、王國維等。就王國維而言，其於一九二五年任教於清華大學國學院，任四大導師之一，其間在授課講義《古史新證》中，對於過去僅憑傳世文獻之不足，今人梳理古史所應採取的新方法，提出了以下著名觀點：

> 吾輩生於今日，幸於紙上材料之外，更得地下之新材料。由此種材料，我輩因得據以補正紙上之材料，亦得證明古書之某部分全為實錄，即百家不雅馴之言，亦無不表示一面之事實。此二重證據法惟在今日始得為之，雖古書之未得證明者不能加以否定，而其已得證明者不能不加以肯定可斷言也。[72]

其實此「二重證據法」概念早在他和羅振玉於民國三年發表的《流沙墜簡》書中即見端倪。[73] 長期以來，王氏便運用這種嶄新的研究方法開始進行一系列對古代文獻與出土資料之重新探索，在極大程度上衝擊了傳統文史學界對古史的陳舊態度，使學者開始重新思索，傳統治學上寸手不離文獻的研究方法，在面對現今新時代對學術迥然不同以往的新規格、新要求之下，是否早已顯得不合時宜？

　　值得注意的是，研究方法體現在王國維身上，呈現的是明顯的繼承與創新，他的學問延續乾嘉遺緒，舊學根底深厚，固不待言；然而王氏偉大之處，即在於能揉合舊學與新知，不偏廢一方，並以此指導治學方向，對受到西學衝擊更鉅的後學來說，他所昭示的學範與方法，確實是深具影響力的。[74]

　　隨著時代的演進以及學術思想的融合與新生，近代以來根基於王氏學

---

[72] 王國維：《古史新證》（北京市：清華大學出版社，1994 年 12 月）。

[73] 王氏運用傳統國學知識考證出土漢簡的內容，其成果極受海內外推崇。關於此治學方示的具體初步呈現，可參氏著：〈流沙墜簡・序〉、〈流沙墜簡・後序〉，皆載《觀堂集林》（石家莊市：河北教育出版社，2003 年 11 月），頁 406-415。一九一六年，氏著〈毛公鼎考釋序〉亦陳述了舊學知識對出土器物研究之重要性，見同書，頁 145-146。

[74] 就學術來說，王國維確實做到了極好的承繼與創新；然就個人而言，其本身無法自脫於舊時代傳統文化之籠罩，面臨世代新局，困淵不出，遂產生遺憾之事，令世人常喟嘆。參見陳寅恪：〈王觀堂先生輓詞（并序）〉，《陳寅恪集》詩集（北京市：三聯書局，2009 年 9 月），頁 12-13。

說之上的新思想，逐漸成熟，以饒宗頤先生為例，他根據二重證據法的原始理念，加以分析，提出了所謂的「三重證據法」，他認為出土資料中的文字材料，顯然有別於一般傳世文獻與考古遺物，具有獨立的學術價值；且現今考古學昌明的時代，考古遺物即使沒有文字留存，仍能在許多方面帶給研究者新發現，具備於今獨鉅的價值。[75]

饒氏深知出土資料對今日學術界科學研究之重要性，並以敏銳眼光析分考古資料為二類，其貢獻自不待言。然平心而論，饒氏「三重證據法」特別強調二重證據法中的「出土資料」，並將之析分為「無文字的考古遺物」、「有文字的考古資料」二者，作為各自獨立的方法論，其實究其本質，並沒有過於特別的改變。[76] 因此就大方向來說，學者研究古文字與古代史，目前為止主要秉持的研究方法仍然以不偏廢「傳世文獻」、「出土材料」兩者為主，力求綜合對二者知識之掌握，乃是當今研究古文字與古代史最重要的關鍵。

由是可知，近代以來凡從事相關學術研究，若不熟悉或刻意繞開二重證據法揭示的時代意義，必無法對古文字及古代史獲得進一步有價值的研究成果。純粹就考釋古文字的方法論而言，林素清便曾指出：

> 至于古文字學的方法，綜合前賢的經驗，和個人考釋古文字的心得，我認為基本上可分為兩個層次。首先，針對個別的單字先作考慮，唐蘭所提出的對照法、偏旁分析法、推勘法和歷史考證法，都是可行的。只是所用的材料應力求完備，不僅要作縱的比較，也要作橫的比較，狹隘的只注意一時一地的文字資料是不夠的。晚期的

---

[75] 饒宗頤：〈談三重法證據——十干與立主〉，《饒宗頤二十世紀學術文集・卷 1・史溯》（臺北市：新文豐出版社，2003 年）按，王國維後，學界頗有以創造三重證據法著名者，如葉舒憲增補「人類學」作為第三重證據、江林昌認為「三重證據法」指的是「二重證據法」再加史學理論、黃現璠在二重證據法的基礎上，結合「口述史料」等等；甚至是四重、五重證據法，都是已經曾被提出討論的。部分相關問題可參看劉光勝：〈史學：在主觀與客觀之間——從顧頡剛難題到層累說的變型〉，《學術探索》2009 年第 6 期，其註釋部分亦有涉及。

[76] 饒氏對其三重證據法的進一步闡發，可參見氏著，沈建華編：〈古史重建與地域擴張問題〉，《饒宗頤・新出土文獻論證》（上海市：上海古籍出版社，2005 年 9 月），頁 67-74。

> 文字構形有時往往可以用來說明較早的文字現象，因此，考釋甲骨
> 文，也許能在戰國文字中找到答案。……總之，古文字學者對于出
> 土材料的掌握愈全面，對于文獻愈熟悉，語文的訓練愈扎實，就愈
> 能夠在古文字學的領域中有良好的表現。萬變不離其宗，王國維的
> 「二重證據法」仍然具有顛撲不破的價值，應當奉為圭臬，而多學
> 科的整合，也是絕對必要的。[77]

可見即使在今日，二重證據法仍然是吾人治學上必須秉持的主要方法依
據，只有同樣重視出土與傳世的材料，以受過訓練的眼光加以運用，並力
求結合多學科之間的互動，例如已經在進行的碳 14 光譜比對同坑文物以
及現代天文學分析月象年代等相關研究，[78] 才能充分有效地使用舊資
料，創造新價值。

　　除此之外，身處現今這個急速數位化的新時代，由現代科學領軍前行
的電子化浪潮以排山倒海之姿向各個學科席捲而來，就現實作業上的研究
方法來說，相較於過去的書案紙筆，研究者也必須因應數位化的來臨，不
能故步自封，以求從新科技之中得到進行研究的更多的便利與更高的效
率；而這些，乃是一種今日學者所必須新認識的研究方法與能力，電子數
位化就是其一。

二　研究方法的創新

（一）針對文字資訊的數位化

　　關於數位資訊的運用問題，古文字學界多年來已頗多關注，就臺灣而
言，成功大學便曾針對甲骨文與資訊科技結合的問題召開研討會，進行嚴
肅的討論；[79] 裘錫圭在十年前亦再提出呼籲，他對此發表了文章，強調
古文字學理應試圖在各方面加以電子化，并運用新科技進行編纂各式資料

---

[77] 林素清：〈古文字學的省思〉，《學術史與方法學的省思》（臺北市：中研院史語所，2000
　　年 12 月），頁 465-467。

[78] 參見王宇信、楊升南編：《甲骨學一百年》（北京市：社會科學文獻出版社），第五章
　　第六節第三小節「最新科技手段的利用」，頁 190-193。

[79] 參見《甲骨學與資訊科學學術研討會論文集》（臺南市：成功大學，1992 年 4 月）。

總籍，這些是具有學術迫切性質的；[80] 這也是學者對現代古文字學的新研究趨勢，所應該具備的認知與準備。本書即秉持此概念，於第二章、第三章部分將《丙編》全部、《乙編》大部分的卜辭釋文，作了完整的數位化處理，並計畫在未來提供這些文檔，提供學界整理、排比以及檢閱上的便捷。

（二）針對卜辭組類的新安排

一九三三年，董彥堂先生發表了從十種標準來判別卜辭分期歸屬的新方法，並由之創立了所謂的「五期斷代」，也就是「一期：盤庚、小辛、小乙、武丁」、「二期：祖庚、祖甲」、「三期：廩辛、康丁」、「四期：武乙、文丁」、「五期：帝乙、帝辛」的體系。由於其研究方式較具系統，且相對當時一些其他的研究，具有較高的實證性質，因此其說一出，除了學界靡然從之外，更奠定了董氏屹立不搖的權威地位。他對這個學說的自負，可由下面文字中看出：

> 研究方法之確立，實為斷代例中五期與十標準之擬定，並世學人，均完全接受之而不疑。如吳子馨之殷墟書契前編解詁、郭鼎堂之殷契粹編、于思泊之殷契駢枝、唐立庵之天壤閣甲骨文存考釋，皆採用之。尤以胡厚宣之甲骨學商史論叢應用最廣，收穫亦多。胡君先後數年間，以斷代分期之法，研究甲骨所得，成論文五十四篇，可云成績最卓越者。[81]

確實，此說居學界指導地位數十年，不僅限於古文字學，甚至對中國上古史、文化史的重建都產生過輕重不一的影響，的確在一段很長的時間中——尤其在臺灣地區——被許多人奉為研究的方箴。然而幾乎在當時此說提出沒多久，對他的異議就已經被提出，並且在大陸地區引起廣泛討論，並逐漸獲得更多的注意。隨著研究者的逐漸增多與研究層面日益深邃，董氏

---

[80] 裘錫圭：〈推動古文字學發展的當務之急〉，《學術史與方法學的省思》。

[81] 董作賓：〈今日之甲骨學〉，《董作賓先生全集》甲編（臺北市：藝文印書館，1977 年），頁 1090。

的五期學說乃漸漸地受到新說的修正與取代。[82]

此處不擬專文討論過於繁瑣的分類分期相關問題，必須點出的只是：隨著時代的前進，研究方法的逐步突破，目前關於甲骨分期斷代的觀念早已在很大程度上擺脫了董氏五期舊說，進步到以字體為唯一標準的分類觀念了。本書在第二、三章的釋文中，對卜辭所做的分類，主要是依據吉林大學崎川隆副教授於二〇〇九年所發表的博士論文《賓組甲骨文字體分類研究》，以其所分析的新類組為主要分類標準，並配合記錄黃天樹（1991）的分類，以便學者研究。希望透過最新的研究成果，讓 YH127 坑賓組卜辭的組類、內容能夠在許多層面上更獲得彰顯，更有使用價值；關於本書對分類法的運用問題，請參見本章本節第參部分。

（三）針對旁涉細節的再省視

傳統以來，甲骨研究的焦點多放在刻辭字義、形式、內容的角度上，也就是說，透過對文字的觀察進行較深入的研究，是大多數學者最主要的關照重點。本書於第四章部分，同樣也是基於分析內容的考量，對本坑賓組卜辭作了內涵上的綜合探討。不過由於甲骨文字的原始性質與出土特色，其中許多的細節，諸如釋讀文字之方式、坑位地層之辨別、工具材質的討論等等各式各樣的議題，其實個別來看都具有很高的研究價值，儘管這些資料不如刻辭般直觀顯眼，卻也從各方面透露出知識隱藏的光輝。

就如前文所述及張秉權對甲骨上殘留的紡織品進行研究分析，此成果便足以證明早在商代即有棉布的紡織與使用了，且更顯示出當時即有部分的棄置甲骨是先以布料包裹後，再行投入坑中的；如此對細節的研究，至少在紡織工業史、人類學上都有新的貢獻，更何況是古文字與古代史學？

本人欠缺專業考古學素養，無法從考古角度對此出土批材料作深入探討，僅能秉持此種重視細節的新觀念方法，對 YH127 坑賓組卜辭的一些早期較受忽略的議題進行觀照，其中有第五章對「鑽鑿型態」細節的再省察，以及本節要討論的卜辭中習見「正反互足」例研究等面向。以下第貳部分便針對此問題試作具體的討論。

---

[82] 早期批判董說最具代表性的人物為陳夢家，詳見後文討論。

貳　卜辭正反互足現象略說

一　正反互足例略說

在研究YH127坑龜甲過程中，反面刻辭的一種特殊類型屢屢引起筆者注意，此類非記事性質的刻辭部分以「干支卜某」的前辭型態獨立存在，部分則是命辭、占辭，不一而足，他們在同面附近沒有相應的命、驗辭，其對應者皆位於正面相對位置；凡此現象於本坑龜甲賓組刻辭或坑外典賓類牛胛骨刻辭均十分常見。[83] 關於本坑龜版上此類卜辭刻寫類型，較早有李達良曾作較專門之研究，近年來則是林宏明對其進行進一步的申論，[84] 他針對此類刻辭型態的特色做了說明，並對其長期來受到忽略的因由做了簡要的敘述：

> 既然甲骨研究者已經掌握卜辭有「正反互足」的情況，為什麼還將之分開處理呢？究其原因，筆者認為，這是因為卜辭一般刻得簡略，而且經常有省略部分刻辭的情況，讓引用者誤以為卜辭的不完整是簡省的結果，而未意識到另一部分可能在龜甲的反面；另一方面則是因為卜辭多數是殘缺的，有時一版不完整的龜版或卜骨，因為尚有殘缺，對於正反的卜辭其間的相互關係就先存著保留的態度。[85]

其說可信，並總結性地指出了今日研究正反互足現象，將會帶來以下數種成果，即「有助確定干支所屬的月份」、「有助於判斷占辭、驗辭的歸屬」、「有助於判斷卜辭的先後」、「有助於判斷綴合關係的依據」、「有助於避免

---

[83] 有時此類補刻不在反面施行，卻直接接刻於正面原辭的前端，如合 6567 便是一個例子。此版右邊第二條卜辭「貞：乎取呂（金）」，從字距、字體大小上來看，此五字為一時所刻，而「貞」字前有「丁亥卜亘」前辭，此四字字距短、字體稍小，當為後來補刻之辭。此類補刻方式雖與龜甲正反互足用意並無二致，不過在數量上仍屬罕見。

[84] 李達良：《龜版文例研究》（香港：中文大學聯合書院中文系，1972 年 7 月），頁 69-79。其主要內容已節錄於林宏明：〈「正反互足例」對釋讀卜辭的重要性〉，《第八屆中國訓詁學全國學術研討會論文集》（新竹市：玄奘大學，2007 年 5 月）。

[85] 林宏明：〈「正反互足例」對釋讀卜辭的重要性〉，《第八屆中國訓詁學全國學術研討會論文集》（新竹市：玄奘大學，2007 年 5 月），頁 134。

釋讀的錯誤」、「有助於補足殘斷的卜辭」等等，這些對深入的研究都是很重要的。最近何會亦對賓組卜辭的「正反相承例」（即本書所謂正反互足）作了較為系統性的整理，透過正反的「卜兆、序數、兆語→卜辭」、「前辭、占辭、驗辭→命辭」觀察，進一步提供了許多有價值的學術資料。[86]

從研究方法來看，對正反互足的探討正是今日研究者追求新問題，以及不肯輕易放過細節之心態的具體呈現。秉持此新概念重新省視舊的甲骨釋文書籍，則必然會感到不足；故本書在第二、三章對《丙編》、《乙編》所作的釋文乃採取新方法對各條正面卜辭盡力結合其反面互足來釋出，[87]並先藉此小節，以「反面前辭」為例略述本書認知、選擇正反互足卜辭的前提與方法，以及結合正反互足釋文後，所創造出新釋例的價值與意義。

二 確認正反互足卜辭的方法──以反面前辭為例

此類正反互足究竟如何確認與正面位置相應之卜辭屬於同組關係？首先，我們必須鑑別其位置上的關連性，因為無論內容上關連性如何，若原本其處於正反的位置並非相對，則正反兩方卜辭的聯繫性在先決條件上就會引起質疑。本書在此暫以《丙編》作為主要研究資料。

（一）

根據對拓本與實物逐版比對之後，發現在所有具有「前辭」正反互足現象的 71 版丙編龜甲當中，僅有兩版（丙二四八、丙四三〇）的反面前辭在位置上無法與正面刻辭完全對應，其餘 69 版皆具極為清楚的位置對應關係，在此略舉四版為例：

---

[86] 何會：《殷墟賓組卜辭正反相承例研究》（北京市：首都師範大學文學院碩士論文，2009年。指導教授：黃天樹）。

[87] 由於條件的限制，第二、三章處理正反互足例僅取所有的反面前辭、大部分的反面占辭以及部分的驗辭；至於反面命辭部分由於釋讀牽涉問題較繁雜，本書暫不予處理。

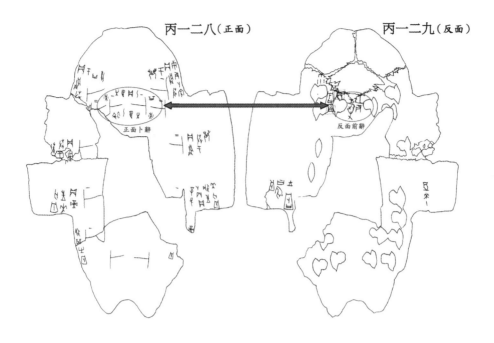

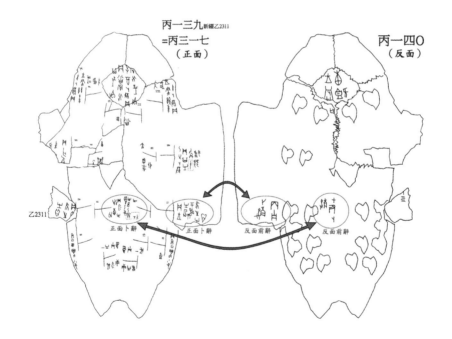

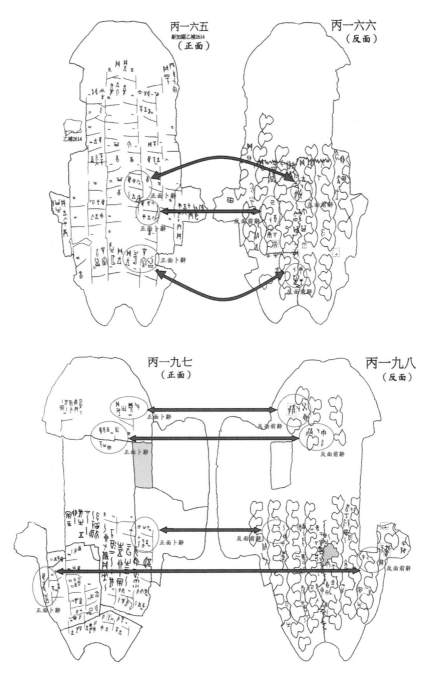

以上四例正反位置對應十分清楚，顯然是占卜者刻意為之。由此直觀分析，可以確知此正反卜辭的物理性（位置）關係確實是存在的。

（二）

檢查此 69 版龜甲，其中共計有九十四條獨立存在的反面前辭，其正

面對應之卜辭皆僅有命辭（少數帶有占辭），目前尚未見到正反互足位置對應之正面是帶有前辭的完整卜辭，在九十四條例子中皆然。這一方面充分顯示了正、反面二者確實彼此聯繫，一方面也透露出此反面前辭在性質上很可能是種「後刻」的「補述」，也就是基於某種原因，正面習見不帶前辭之卜辭其中有一些被選擇於反面相對位置補刻上了前辭，以求記述之完備。

關於反面前辭是否是「補刻」的問題，這裡可以提供一條例子作說明。乙 3334 是一版尚稱完整的大龜，其正面中間部分由上到下有主要三組卜辭，皆無前辭，其前辭皆見於反面乙 3335。觀察反面前辭的書寫詞序，最上面的「戊午卜內」由左而右契刻，中間的「辛酉卜敵」由右而左契刻，下方的「庚申卜[爭]」由右向左契刻，三者皆對應到正面卜辭的書寫詞序，可以順利地接讀下去。同樣的例子非常多，此現象說明當時刻手對卜辭位置的對應已有充分注意，清楚地顯示出反面刻辭的「補述性質」。

（三）

針對反面前辭具備的時間特質，筆者審視了此九十四條資料中的相對正面命辭帶有干支者（通常是「翌干支」類型），發現其中具有絕對的時間連續性。也就是說，反面前辭干支較早，正面命辭干支稍後，所見一律如此。兩組干支所橫跨的時間絕大部分不超過一旬（最遠是三旬，見丙一九七釋文 D），例如：

1 ｛壬辰卜爭｝貞：翌乙未其燎。／翌乙未昜卒燎。（丙一二八）
2 ｛甲辰卜敵｝翌乙巳㞢祖乙宰㞢[牝] ／貞：昜㞢牝。叀（惟）牡。
　　（丙一三九＝丙三一七）
3 貞：翌癸丑其雨。／｛辛亥卜內｝翌甲寅其雨。（丙一五三）
4 ｛甲寅卜爭｝翌乙卯王入不㘡。／其㘡。（丙一六五）
5 ｛庚申卜敵｝翌辛酉㞢祖宰。用。（丙一九七）
6 ｛癸酉卜□｝貞：翌乙亥㞢于唐三伐三宰。（丙二〇五）

此六例分別為前後四日、二日、三日（四日）、二日、二日、三日，其餘例多不煩另舉，由此可見此類正反互足卜辭的時間關係，和一般刻於同面的卜辭是完全一致的。

（四）

　　正面命辭若卜問祭祀祖先之事，則此類反面互足前辭干支皆與之對應，未有例外，如：

　　7 ｛壬［申］卜賓｝貞：㞢于示壬妻。妣庚宰。隹羽牡。（丙二〇五）

　　8 ｛乙卯卜亙｝貞：［昜］氜用㐱舞于父乙。（丙五一三）

　　9 ｛乙未卜㱿｝㞢于父乙。（丙一〇六）

　　10 ｛甲辰卜□｝貞：㞢于上甲三宰告我匚羍（達）。／貞：一宰于上甲告我匚羍（達）。／十㲋于上甲。（丙一一四）

此類當日占問的組合較少，是因為大量都以「｛壬子卜賓｝貞：來甲寅㞢于上甲。十牛。」（丙四三一）的方式來表現，為未來（來、翌）作占卜，故辭例較少可以想見，然可見的數例都顯示出天干上的對應關係，這顯然應該是可以被理解並接受的。

三　聯繫反面前辭的新價值

　　透過上面四種方式的分析，我們可以確切認定此類反面前辭與其正面對應的命、占辭是一組不可分割的正反互足卜辭，或可具體稱此種前辭為「反面補刻前辭」。前面提到，以往甲骨學者在作釋文或分析工作時，往往對此種正反互足例略而不談，或僅作單面之楷定而不續探討，今既已明其性質，若有適當的研究機緣，學者應可根據此認識進一步「完成」其正反面整組卜辭。

　　以本書第二章為例，由於「前辭」記錄了卜事之干支與貞人，故本書據此重新整理《丙編》卜辭，單單聯繫反面前辭便補足了 69 版、共 94 組卜辭的干支，使許多原本較為重要卻缺乏時間繫連的事件得到了確切的干支，得以與相關月份結合，例如丙三九〇有辭曰：

　　11 貞：及今四月雨。／弗其及今四月雨。

此條卜辭分類上屬於典賓類（過渡二類），《合集釋文》、《摹釋總集》亦僅楷定如此，今根據正反面對應位置以及反面占辭亦處於相對位置等因素，補入前辭「丁丑卜爭」，則知此四月有丁丑日。又如丙五五〇，辭：

　　12 ☑來娃（艱）自西。／貞：亡來娃（艱）自西。

舊釋文僅止此，今亦據反面互足同時補足「庚子卜㱿」與「九月」，則全

組卜辭同時具備了時間、地點方位、貞人、事件等因素，提升了研究價值；這些都是很好的例子。

除此之外，亦可藉此與同版原有干支之卜辭排出時序，如丙二六一，數條卜辭皆署干支，為一系列與「雀」、「王族」有關的戰事，其中「貞：犬追亙。有及。／犬追亙。亡其及。」一事，據反面補刻補足「丁巳卜㱿」。排列干支，可知此史事在時間上應置於同版他事之前，由此亦可知其和「雀」的「追亙」（見丙三〇五，干支是戊午）是幾乎同時進行的，讓我們對此類武丁時重要戎事獲得更多的瞭解。

若以反面占辭為例，我們在干支以外也能獲得更多卜辭之資訊，如丙五，僅有一組對貞：

13. 庚子卜爭貞：西使旨亡囚（憂）。屮（贊）。／庚子卜爭貞：西使旨其有囚（憂）。

單就正面卜辭我們不容易推知商王為何卜問西使旨亡囚，及其屮（王事）的細節，然配合反面占辭「王占曰：其惟丁[引]戋（𡙟）」，則可瞭解到商王關心的其實是擔任西使的「旨」在對某方的戰爭事件上的成果與預期時間；如此，相對便補足了一條卜辭的完整性。

諸如此類，都是藉由確認反面前辭後，還原完整正反互足卜辭所得到的新認識，此處只略舉一二，相信學者能在《丙編》之外找到更多此類辭例，為補足完整卜辭釋文做出更多成果。以下是筆者針對《丙編》中正反互足例，在聯繫反面前辭所獲成果的基礎上，進一步辨別、聯繫反面占辭（以及部分的驗辭）所做整理的「《丙編》卜辭正反互足例一覽表」，其中共得 161 版，正反互足例 254 條；請讀者配合第二章參看。[88]

編號	《丙編》拓片號	正反互足釋文號	編號	《丙編》拓片號	正反互足釋文號	編號	《丙編》拓片號	正反互足釋文號
1	5	A	61	239	CI	121	448	BC
2	8	A	62	241	D	122	450	EF
3	16	A	63	243	BDF	123	457	E
4	18	A	64	245	AB	124	459	A

[88] 由於條件所限，本表以反面前辭、占辭的正反互足現象為主，未對反面命辭的部分做整理。釋文若僅有一條，逕以 A 誌之。

5	26	E	65	247	A	125	464	A
6	28	AB	66	249	D	126	467	A
7	30	AB	67	251	CD	127	475	B
8	32	HK	68	255	A	128	485	E
9	41	AG	69	257	D	129	489	A
10	43	B	70	259	C	130	492	AC
11	45	A	71	261	G	131	496	AC
12	47	AF	72	265	C	132	500	A
13	53	BD	73	267	B	133	504	A
14	57	F	74	271	E	134	508	AB
15	61	B	75	273	A	135	510	CE
16	65	ABC	76	276	CD	136	513	ADFIJ
17	67	CD	77	280	B	137	515	F
18	76	AB	78	284	AB	138	517	A
19	78	C	79	286	A	139	519	B
20	81	B	80	293	C	140	521	DH
21	83	D	81	296	F	141	523	AC
22	86	D	82	304	G	142	529	C
23	96	CEGH	83	307	B	143	533	A
24	98	CDG	84	311	BCL	144	535	BC
25	100	FH	85	313	D	145	538	A
26	104	D	86	319	AB	146	542	A
27	106	EF	87	324	AF	147	546	ABC
28	114	F	88	326	B	148	550	BD
29	122	CD	89	328	CD	149	555	F
30	128	BD	90	332	AH	150	560	A
31	130	A	91	338	AB	151	568	A
32	132	AB	92	342	ABI	152	570	AB
33	134	AB	93	347	ABC	153	572	AB
34	137	A	94	349	BCDP	154	581	A
35	139	CDF	95	354	A	155	583	B
36	141	F	96	358	A	156	587	A
37	149	ABE	97	360	A	157	589	B

38	153	BF	98	362	B	158	595	A
39	155	C	99	368	A	159	601	D
40	157	A	100	371	A	160	603	AC
41	161	B	101	373	AB	161	605	BC
42	163	B	102	379	C			
43	165	FGI	103	381	AC			
44	180	B	104	383	A			
45	197	ADFH	105	390	C			
46	199	CF	106	392	DJ			
47	201	BGJ	107	400	H			
48	205	BDH	108	407	J			
49	207	CDE	109	409	A			
50	209	C	110	413	CJK			
51	212	A	111	415	AB			
52	214	A	112	417	AD			
53	217	C	113	423	E			
54	219	BC	114	427	AB			
55	221	A	115	429	B			
56	223	C	116	431	H			
57	225	A	117	436	AGH			
58	227	AB	118	438	B			
59	229	B	119	440	B			
60	233	ADE	120	446	A			

參　YH127 坑賓組字體分期分類之界定

　　殷墟甲骨文的分期分類，最早完備此概念是由董彥堂先生首發其軔。民國二十二年在他著名的〈殷墟甲骨文斷代研究例〉一文中，董氏提出了從十種標準，也就是世系、稱謂、貞人、坑位、方國、人物、事類、文法、字形、書體，來判別卜辭分期歸屬的新方法，並由之創立了所謂的「五期斷代」，透過新方法將甲骨文字分別歸居入「一期：盤庚、小辛、小乙、

武丁」、「二期：祖庚、祖甲」、「三期：廩辛、康丁」、「四期：武乙、文丁」、「五期：帝乙、帝辛」的體系當中。[89] 他認為此新研究方法的價值在於：

> 現在，只是粗略的分為五期，先樹立起來這五個時期的檔架，等待
> 架上各期的史檔填滿了之後，再作進一步的工作；那時，更可以從
> 卜旬、甲子、曆法諸方面，去細分每一個帝王的時代了。[90]

眾所周知，在上世紀的早期，學者們對甲骨文字時代歸屬之問題尚未投以足夠之關注，仍未建立起一套稍可信賴的分期分類理論可供參考，而董先生「五期斷代」的新說由於其研究方式較具系統，且相對當時一些其他的研究，具有較高的實證性質，在當時環境條件下具有開創性與指標性，是故學界頓時靡然從之，儼然形成一不可或移的權威學說，這確是有其時代背景的。

然而由於董氏分期法的一些顯眼的爭議點，尤其是所謂的「文武丁卜辭」，引起學者的關注與異議，關於其說修正、改良的從事頗不乏其人，在當時——國府遷臺前後——質疑董說最具代表性的人物是陳夢家，以及日本學者貝塚茂樹與伊藤道治；後來二十餘年此議題仍是討論的焦點。以下略引陳劍對此時期學界對卜辭分期熱切探討的介述：

> 20 世紀 50 年代，陳夢家先生根據「卜人」（即「貞人」）聯繫和字
> 體特徵，將所謂「文武丁卜辭」分為𠂤組、午組、子組等幾組不同
> 的卜辭，從發掘坑位和卜辭關係上論證了其時代應屬武丁時期。日
> 本學者貝塚茂樹也較早地注意到了所謂「文武丁卜辭」問題。他在
> 1946 年印行的《中國古代史學的發展》中分析了兩個「貞人集團」，
> 稱為「五貞人集團」和「子卜貞卜辭」，分別相當於陳夢家的「𠂤組」
> 和「子組」，並也已經將它們列於武丁時代。此後有眾多學者從卜
> 辭的共版關係、考古的層位關係等方面，反覆論證了這幾組卜辭應

---

[89] 董氏此完整五期斷代觀念，奠基於其在一九三一年發表的〈大龜四版考釋〉一文中提到的「貞人說」與「斷代研究的八事」，〈殷墟甲骨文斷代研究例〉一文是總結兩年來的心得。〈大龜四版考釋〉一文原載《安陽發掘報告》第三期，已收入《董作賓先生全集》甲編（臺北市：藝文印書館，1977 年），頁 599-618。

[90] 董作賓：〈殷墟甲骨文斷代研究例〉，頁 3。

屬於武丁時期的觀點。1973 年小屯南地甲骨出土，𠂤組、午組卜辭
出土於早期地層，為這個觀點提供了確證。目前學術界對這一問題
的看法已經基本一致了。[91]

由此可知，將卜辭分組的概念乃是從對董氏五期斷代的反省，進一步推展
所得的新界定與方法。本書亦接受𠂤組、午組、子組與這裡未提到的歷組
卜辭皆應提前至武丁時期的觀念，但所謂「目前學術界對這一問題的看法
已經基本一致」，恐尚未完全如此，無論在大陸或臺灣，基於某些因素，
有些學者仍秉持五期斷代法為甲骨分期圭臬，對於貝塚茂樹以來的分組分
類觀念頗有排斥隔閡，吾人應對此學術現狀作省察與體諒。

　　由於本書主題並非探討分期分類相關議題，故在此不準備一一列舉並
詳細討論歷年來關於分組分類的各種討論、研究與爭議。這裡要介紹的是
近年來兩部著作，分別是李學勤、彭裕商的《殷墟甲骨分期研究》[92]與黃
天樹的《殷墟王卜辭的分類與斷代》[93]，兩部書都是由彭、黃兩先生於同
一年的博士畢業論文所改編，二書進行分類工作的方式秉持以字體為主要
判斷依據的中心思想，顯然受到林澐影響，所得成果相形精密並符合科學
性；[94]且因研究材料大抵相同，二書在分類範疇的劃分上其實不約而同相
當近似，所得許多研究結論即使有異亦相去不遠，同樣代表了二十世紀末
期甲骨斷代分類研究的最高點，因此隨即在分組分類的概念上形成了學術
界公認的「標準」，長期影響海內外相關研究甚大甚深。

　　不過，對於YH127 坑的賓組卜辭研究來說，二氏的分類方式由於選

---

[91] 陳劍：《甲骨金文考釋論集》（北京市：線裝書局，2007 年 4 月），頁 321。

[92] 李學勤、彭裕商：《殷墟甲骨分期研究》（上海市：上海古籍出版社，1996 年 12 月）；
　　彭氏：《殷墟甲骨斷代》（成都市：四川大學博士論文，1988 年。指導教授：徐中舒），
　　後由北京中國社會科學出版社出版，1994 年。

[93] 黃天樹：《殷墟王卜辭的分類與斷代》簡體版（北京市：科學出版社，2007 年 10 月）；
　　北京大學博士論文，1988 年。指導教授：裘錫圭。臺北文津書局出版，繁體版，1991
　　年。

[94] 在陳夢家（1956）、李學勤（1957）之後，林澐曾對卜辭斷代問題發表數篇文章，表
　　示可參照考古類型學的研究方法，強調「應視字體為卜辭分類最主要標準」這樣的觀
　　念，參氏著：〈小屯南地發掘與殷墟甲骨斷代〉、〈甲骨斷代商榷〉等文，俱載於《林
　　澐學術文集》（北京市：中國大百科全書出版社，1998 年 12 月）。

材之涵蓋面較為廣大，一般使用的賓一（賓一A）、典賓（賓一B）等組類在實際處理本坑文字上便產生了些空疏與出入，無法完美地概括大部分的本坑賓組卜辭。二○○九年，吉林大學崎川隆先生提出其博士論文《賓組甲骨文字字體分類研究》，[95] 這是學術界從黃天樹、李學勤、彭裕商以來，近二十年極少數專門討論甲骨文字分期分類的專著。此書專門探討賓組卜辭的分類問題，收集所有可見的著錄材料，以《甲骨文合集》為中心，分析賓組文字的字跡、字體特徵、行款形式、字排分布形態等等細微特質，[96]藉這類研究使傳統上所認知的師賓間類卜辭、賓一、典賓、賓三類卜辭得以獲得更合理、細緻的分類處理。[97]

根據了上述各種新標準，崎川隆將傳統分組分類型態更加析分，尤其在師賓間類卜辭中作了六項區分；並省視傳統每一小類中一些具有較特別型態，兼賅前後組別特色之卜辭類型，設置了「過渡類」，以較為細緻、合理的角度來照顧這些型態上可以獨立出來的卜辭。這裡便附上崎川氏賓組分類框架對照表，[98] 以供參考。

---

[95] 崎川隆：《賓組甲骨文字字體分類研究》（長春市：吉林大學古籍研究所博士論文，2009年。指導教授：吳振武）。

[96] 此論文在字跡分析部分，頗受張世超對甲骨字跡研究的啟發影響。可參張世超：《殷墟甲骨字跡研究——𠂤組卜辭篇》（長春市：東北師範大學出版，2002年11月）而卜辭的「字排」分類概念，在此論文之外，亦可見崎川氏新文：〈「字排特徵」的觀察對殷墟甲骨文字體分類研究的重要性〉，《古文字研究》第二十八輯（北京市：中華書局，2010年10月），有補充說明。

[97] 本書在傳統分組分類劃分上，主要採用黃天樹《殷墟王卜辭的分類與斷代》提出之術語，其中師賓間類、賓一類、典賓類、賓三類可與李學勤、彭裕商《殷墟甲骨分期研究》提出之師賓間組、賓組一A類、賓組一B類、賓組二類相對應。

[98] 崎川隆：《賓組甲骨文字字體分類研究》，凡例。

各家宾组分类框架以及类型称呼对照表

本文			黄天树 （1991）	彭裕商 （1994）	林沄 （1984）
大分类框架	小分类框架				
师宾间大类	典型师宾间类		师宾间A类	师宾间组	师宾间组
	非典型师宾间类	A	师宾间B类		
		B			
		C	宾组戌类		
		D			
		E			
宾一大类	过渡①类		宾一类	宾组一A类	
	典型宾一类				
	过渡②类				
典宾大类	典型典宾类		典宾类	宾组一B类	
	过渡③类				
宾三大类	典型宾三类		宾组宾出类 （宾组三类）	宾组二类	
	非典型宾三类	A			
		B	事何类		

就甲骨現實情況來省察，崎川氏從傳統典賓類卜辭中分出的「過渡 2 類」卜辭，基本上便是絕大部份 YH127 坑賓組卜辭的專屬類別，這從實際省察甲骨與對照其分類表可以得知。他為過渡 2 類所下的定義是：

> 本類型是在字體、組合、字排、佈局等要素上，具備賓一類和典賓類雙方成分，代表由賓一類向典賓類過渡狀態的一個類型。[99]

此段文字恰當地描述出過渡 2 類卜辭所具有的揉合、兼備之特色。他藉由考古類型學的新方法，以相對細緻的研究態度將過渡 2 類由傳統賓一及典賓卜辭中分類出來，確實解決了長久以來困擾研究者的一個難題，也就是說：過去的學者在研究YH127 坑賓組卜辭時，往往會面臨到發現其字體特徵與大部份坑外典賓類卜辭存在細微分別的問題。學者會查覺，YH127

坑賓組卜辭除了很少部份典型賓一、過渡 1 類特徵明顯，能與傳統賓一類卜辭連接上，以及少數師賓間類的較早期卜辭之外，佔總量最大一部份的這些卜辭，若要將之強行置於傳統典賓類的框架下進行歸納，從字體、事類、龜骨差異等等各方面看來，都並不是十分妥貼。因此崎川隆所提出的這個新分類，指出YH127 坑賓組卜辭絕大部份皆應歸於此類，[100] 應該是合理且可受檢驗的。

針對過渡 2 類的成立，崎川隆在文中透過比較，認為否定辭「不」字字首橫劃的有無是分辨典型典賓與過渡 2 類的重要關鍵，這些顯然是他在觀察了大量甲骨之後，分辨一般典賓胛骨及 YH127 坑賓組龜版所得到的結論。魏慈德便曾對此現象提出看法：

> 而在「不」字部分，在 127 坑卜辭中「不」字幾乎全作無上橫的「𣅀」、「𣅀」形，僅有極少數的「不」字作有上橫的「不」。作有上橫的例子有四例……（引者按，見丙三、丙二二一、丙二六七、丙三九二）

> 丙三的「子不」為人名，丙二二一的「不多𣅀（烈）」從其對貞卜辭看來也是個名詞詞組，在這一坑卜辭中許多專有的人名，都有比較固定的寫法，不會變換字形，如「王亥」和「南庚」這兩個人名，……所以「子不」的不作「不」，也可看成是一個人名的專屬寫法，不會因為時代的早晚而改變。因此在 127 坑卜辭中真正把否定詞「不」寫成「不」的，只有丙二六七和丙三九二這二版。因其數量太少，故無法用來分期。因此「辛」、「翌」、「不」這三個字的字體，在 127 坑卜辭中是無法用來分期的。[101]

此說引《丙編》立論，影響崎川隆分類觀念甚大，因此在俱引上同引文後，他進一步指出：

---

[100] 崎川隆：《賓組甲骨文字字體分類研究》，頁 209-210。

[101] 魏慈德：《殷墟 YH127 坑甲骨卜辭研究》，頁 247-248。其中關於賓組人名「子不」寫法問題，可參見拙作：〈賓組卜辭文字「異體分工」現象再探〉，《第二十二屆中國文字學國際學術發表會論文集》（臺中市：逢甲大學中文系，2011 年 4 月 29 日），有進一步討論。

　　從上引魏文中我們可以知道，在YH127坑中基本沒有黃先生所說的
「典賓類」中「不」作𠀐的刻辭。而「不」作𠀐的刻辭相當於本書
所說的「典型典賓類」，這就意味著，在YH127坑中基本沒有出土
屬於本書劃出的「典型典賓類」的甲骨片。如此，本書根據字體特
徵等劃出的過渡 2 類和典型典賓類之間的區別，恰好可以跟出土坑
位的相照應。這一事實進一步有力地證實了本書把黃先生所說的
「典賓類」再細分為過渡 2 類和典型典賓類兩類的作法是合理的。[102]

他的意思即指 YH127 坑中大都屬於過渡 2 類的刻辭，且並無典型典賓類
的刻辭。雖然透過其分析，已經可以肯定過渡 2 類屬於本坑中的大宗，但
所謂沒有出土典型典賓類甲骨，這從對「不」字的觀察看來仍有斟酌餘地。

　　究竟 YH127 坑賓組卜辭中否定副詞「不」字首有橫劃者是否真如魏
說，少到無法作為分類判準？魏慈德舉出數例，其中僅兩版共五條刻辭中
的「𠀐」，被認為確實作為否定副詞使用；實際上這是漏舉，整個《乙編》、
《丙編》中，否定副詞「不」字首有橫劃者雖然不多見，但也非絕無僅有，
除了上引丙二六七和丙三九二之外，至少還有丙五一一𠀐、乙 1556＋乙
1757𠀐、乙 4486𠀐、乙 4604𠀐、乙 4533＋乙 4789＋乙 5714𠀐、乙 4443
＋乙 5245＋乙 6119＋乙補 4219＋乙補 4312𠀐、乙 6755𠀐、乙 7130𠀐、乙
7964𠀐諸版，可以作為字例，這些都是龜版較完整的卜辭，其餘散見者亦
不少，在此不俱引。

　　誠然，此類卜辭數量和一般過渡 2 類比起來是較為稀少的，但是正因
為其稀少，且「不」字之用法特徵十分明確，不容淆亂，因此筆者認為這
些卜辭都應該歸類到崎川隆「典型典賓類」之中，以嚴格釐清分類之界限；[103]
而這種字體細微差異的現象，其實亦彰顯了過渡 2 類卜辭早於傳統典賓，
具有實際過渡性質的特色。若要徹底針對此點進行論述，所需花費的篇幅
勢必不少，故本書在此僅作重點分析。

　　從「𠤎——𠀐」字的變化出發，以本坑少數賓組卜辭帶有典型典賓特
色的這樣一個現象來看，研究者可以很自然地察覺到本坑賓組卜辭的時代

---

[102] 崎川隆：《賓組甲骨文字字體分類研究》，頁 210。

[103] 根據此一觀念，有理由相信這些使用字首橫劃「不」字的卜辭，契刻時間與同坑其他
　　　過渡 2 類比起來是比較晚的，依此可對這幾版卜辭的事類作進一步時代性的梳理。

性較具早期色彩，尤其從師賓間、賓一類卜辭同出一坑的情況來觀察更是如此。也就是說，和習見多刻於卜骨上的傳統典賓類相比，YH127 所有過渡 2 類與典型典賓類卜辭（數量很少），很可能是相對稍早時期同一批刻手的作品。崎川隆因之將過渡 2 類卜辭置於典賓類之前、賓一大類中。他認為：

> 這些特殊字體是本類型所獨有，多為粗大字契刻，字體組合與典賓類極其相近，由此可以推測很有可能是典賓類刻手早期的作品。因此，這些字體甚至也可以列入典賓類早期。可是如果採取這樣的作法，就無法明確劃出本類和典賓類之間的界線，使構建分類體系難以實現。考慮到這一點，在本書的分類框架中，只有在完全具備典賓特點時才將其視為典賓類，若是其中夾雜非典賓因素的話，就把他歸入過渡 2 類。[104]

他的觀察應該是正確的。其實本坑甲骨的時代性從卜辭中未記載帚好、帚妌的死亡、祭祀事項，且未記載對土方、𭃃方的戰爭，即可略見其早。而除了透過字體、字排、同出他組及事類比較之外，關於過渡 2 類的時代性，我們還能藉由考古坑位、坑層記錄來作省察。考古學者鄒衡由殷墟考古所見來判斷，早期便認為 YH127 坑可以被視作殷墟文化二期中眾多出土灰坑時代性最早的一個，他指出：

> 第十三次發掘的YH127，出土甲骨 17096 片，十之八九是賓組卜辭，十分之一是子組、午組和其他。按該坑最上層中，包括我們所定的第三期葬坑YM164，再下層為YH117；再下層為YH121，再下層才是YH127。可見YH127 的年代最早。此外，在坑內的甲骨堆中，雜夾有一片CaI（或CbI）式陶簋口緣片也可參考。[105]

這是由實際坑層狀況所做的分析，十分具有說服力。後來在一九八六年《考古》期刊發表的一篇文章中，劉一曼等人對鄒氏的看法又有肯定及一些補

---

[104] 崎川隆：《賓組甲骨文字字體分類研究》，頁 135-136。

[105] 鄒衡：《夏商周考古學論文集》（北京市：文物出版社，1980 年 10 月），頁 85，注 7；筆者對引文中原文再引處有刪削。

充，並指出單就本坑雜夾之陶簋，觀察其口沿，其時代可能能夠上推至殷墟文化一期。[106] 一九九六年，李學勤、彭裕商對前人學者的說法亦有繼承與加強，在文章中他們特別由三方面「地域環境，地層關係，所出器物」綜合角度來論述本坑時代性的較早，表示「絕對年代大致屬武丁中期」。[107]

從上面所述各種考察結果來看，崎川隆將過渡 2 類歸於典型賓一之後、典型典賓之前，屬於武丁中期之物，應該是可以被充分信從的結論。

誠如黃天樹所言，從分期斷代的角度看，「字體分類宜粗不宜細，便於掌握」；[108] 但不論其他類型，單就YH127 坑賓組卜辭來看，崎川隆所作的新分類方式確實能夠更適切地符合現實情形，故本書中所有的釋文，皆同時記錄黃氏、崎川二先生之分類，以利學者使用。不過從另一方面來看便須指出，崎川隆分組分類理論的提出是奠基於他對甲骨文著錄（《甲骨文合集》為主）所下的全面整理工夫，費力甚大，故收穫亦豐。但是就《乙》、《丙》二編收在《合集》之中的碎版來看，筆者發現崎川氏似乎較少利用近人新綴合的成果來作分類，而是支離地針對碎片作判別，如此便將產生同一版、同一文字類形，但卻得出複數分類結論（跨越大類）的怪現象。本書在研究過程中從其〈賓組甲骨文字體分類總表〉發現數十條這種例子，這裡僅舉二例：

（一）乙 584＋乙 719，前者其歸為典型賓三類，後者其歸為賓一大類，而此二片實為左右尾甲相綴合，字體亦相同，應同歸於賓一大類。

（二）乙 1398＋乙 774＋乙 1044＋乙 639＋乙 640＋乙 771＋乙 1209＋乙 1723＋乙補 251＋乙補 245＋乙 860＋乙 1084＋乙 637 這組綴合，乙 1398 其歸為典型典賓類，乙 637＋乙 860＋乙 1084 其歸為賓一大類，其餘皆歸於典型賓一類；但若仔細從字體來觀察，其字形特色相近，且典型賓一類特徵突出，皆應歸於典型賓一類。

其實這種分類產生歧異的現象，主要是因為本坑甲骨太過破碎的緣故，致使學者往往顧此而失彼，若不能或無法兼顧參考近人綴合成果，則

---

[106] 劉一曼、郭振祿、溫明榮：〈考古發掘與卜辭斷代〉，《考古》第 6 期（北京市：科學出版社，1986 年），頁 551。

[107] 李學勤、彭裕商：《殷墟甲骨分期研究》，頁 118-121。前二家說法俱節錄於此。

[108] 黃天樹：《甲骨拼合集・序》，頁 4。

往往會發生類似的誤失。就如同崎川隆於論文中曾加以探討的楊郁彥《甲骨文合集分組分類總表》，[109] 其中分類方法依循黃、彭說法，材料亦同樣依據《合集》，針對各版各片作分別的歸類工作，雖然可見作者心血，可惜幾全未顧及到近人已綴合的成果，且限於研究方法不夠細膩，忽視重片的存在，導致全書在分類的合理性上產生諸多矛盾，降低了該書的使用價值。[110] 而崎川隆的分類法乃出於新創，援引考古學知識，並非沿用前人而不變，且一定程度上已注意到參考綴合的重要性，在甲骨分類學的貢獻上實遠逾楊書，倘若能夠對前揭有爭議的綴合分類再作進一步整理，則小疵必不掩大醇也。此外，對於少數劃歸入過渡 2 類中（傳統典賓）的字體特異之刻辭，如多出現於 15cm 以下長度的小龜版，內容以貞卜四方受年為主的一類具有獨特字體之辭例，見丙一〇、丙二七八、乙 3925 等等，[111] 若能夠為之另設一些亞類，彰顯其特質，可能在整體分類上將更為合理。

最後，談一下 YH127 坑外一些字體可歸類至過渡 2 類的甲骨。若秉持著嚴格的分類角度來對目前流傳著錄的賓組卜辭進行檢視，會發現其實過渡 2 類卜甲乃不僅存於 YH127 坑之中，在一些傳拓舊藏之中也見得著。以下略舉一些例子：

一　懷 0235

這是一版小龜的左下尾甲，根據其主要特徵字「不」、其他字形及腹甲材質，可以將之歸為過渡 2 類。

二　懷 0303

（一）周弗其罕[犬]☑

---

[109] 楊郁彥：《甲骨文合集分組分類總表》（臺北市：藝文印書館，2005 年 10 月）。

[110] 崎川隆：《賓組甲骨文字字體分類研究》，頁 11-22。

[111] 此類專用小龜貞卜四方受年的同文卜辭，不僅在字體上呈現稍異於傳統賓一、典賓的風格，在行款上亦有其固定型態，且就目前所見其干支皆為「甲午」，東南西北四方受年分別由「徝、亘、韋、宁」四貞人主持，十分特別，值得獨立加以探討，分別見於乙 3287、合 9738、丙二七八、乙 3925；此外丙十的「甲午卜離貞：亞受年」顯然也可歸與同組。

（二）貞我☒

釋文（一）同文例見丙 223＝丙 442，字形亦屬過渡 2 類，刻辭位置亦同，疑為同時一事多卜，而本版未同入 YH127 坑。

三　合 5992（前 6-12-1）

特徵字是賓和不，刻於骨版上。

四　合 13344（歷拓 7220）

特徵字是散和不，刻於骨版上，「鳳」字刻法亦近過渡 2 類，崎川將之歸入過渡 1 類，似可斟酌。

五　合 6273、6274、6280、6289（龜 1.11.13、歷拓 8652、鐵 192.3、鄴三下 49.5 倒）

此系列字體近似過渡 2 類，占卜主題在於對呂方的戰爭。前面提到對呂方的戰爭不見於武丁中期以前的卜辭，絕大多數集中在稍後期的典型典賓類（肜骨）中呈現，而由合 6273 這一系列的字體與多用龜版的情形看來，YH127 坑過渡 2 類刻手書寫習慣的延續與傳承，是顯而易見的。

六　合 6405、6417（粹 1098、後上 17.5）

此系列的情形與上組類似，占卜主題集中於對土方的戰爭，而字體卻接近過渡 2 類。

　　限於篇幅，這裡僅舉出此六組例子。關於這些卜辭與 YH127 坑的刻手、事類以及時代系聯問題，都是值得學者關注的問題。根據過渡 2 類的分類標準，目前可以找到 127 坑外的例子雖然不甚多，但它們所顯示的現象或許值得在未來作更深入的專題探究。

第四節　各章寫作方式

　　除了文末參考書目與附錄以外，全書分作六大章，在這裡，我將對本書寫作的原則及各章寫作方式作一概述。

　　第一章部份，秉持學位論文寫作規範，在第一節「研究緣起」部份，首先是探討 YH127 坑甲骨學術價值，並分析安陽挖掘過後直至國府遷臺，中間數十年間 YH127 坑甲骨曾發生過的幾次播遷及損傷，略述其因受損而必須進行的綴合作業。在此節中，筆者鉤稽史料，拼綴出當時時代背景下整體人、物流徙的大貌，以明今日對此批甲骨工作進展之所以困難的源由。第二節的「研究回顧」部份，是以著作為主體，略述數十年來學者所對本書課題曾作過的任何直接、間接相關研究。前者以五大著作為中心，後者舉出十部論著，提供研究者若欲進一步瞭解本書主題的研讀方便。

　　第三節部份，我將先論述並定位本書的研究方法，試圖建立一個中心的概念，分別說明本書課題之所以建立之理由，以利論文的進行。其次，演述此研究方法的新概念，能在甲骨學上獲得什麼不同的成果；在此便以「正反互足例」略作論述。第三，由於分組分類的界定與本書主旨息息相關，我將結合黃天樹、彭裕商、崎川隆的卜辭分類概念，作一綜合整理，並討論為何本書兼採新舊兩種分類概念進行分組，以及崎川氏分類一些值得討論的問題。

　　最後即本節，試秉持簡明扼要概念來說明各章節的寫作方式、宗旨，藉以完備論文寫作規範，並方便學者檢閱。

　　第二章部份，筆者將建立格式，透過實際目驗實物作出釋文，並以之為章節內容主體，將《丙編》所收YH127 坑賓組卜辭盡量完整地作文字、分類、鑽鑿類型、校定之記錄，尤其是文字釋文部分力求合理，以利學者使用及檢索。而關於文字釋文部分，透過本章與第三章的寫作，得出許多與舊釋不同的新見，[112] 在此試舉一例，略以說明本書已達成的部分成果

---

[112] 對本坑甲骨刻辭作釋文整理的著作不少，除了針對《合集》一併進行釋文的姚孝遂編《殷墟甲骨刻辭摹釋總集》、胡厚宣編《甲骨文合集釋文》、曹錦炎、沈建華編《甲骨文校釋總集》（在《合集》之外對《合補》、《屯南》、《懷特》等進行補充釋文），及僅對《丙編》作釋文索引的高嶋謙一編《殷虛文字丙編通檢》（上述諸書出版項均

以及綜合此成果預期能得到之學術目標。

　　以丙一四三（合 7426）為例，此版正面文字較少，且拓印尚稱清晰，在釋讀上較無疑慮，張秉權釋文、《摹釋總集》、《合集釋文》大體皆釋作「A. ☑人。B. 貞：興再曹。乎歸。／☑乎歸。」[113] 不過在反面（丙一四四）的釋讀上，由於鑽鑿過多、漫漶太甚、拓印印刷技術等問題，遂產生了許多的歧異；以下分別討論之。

（一）張秉權釋文辭 2「貞王虫**歲**不若」，《摹釋總集》、《合集釋文》、《校釋總集》同之，事實上在該「**歲**」字下方類似「不」字的刻痕，拓本不清楚，目驗實際是「祖乙」二字，而右側的「若」上方本有一不字，據此本條不變其原本對貞形式「貞：王虫**歲**祖乙。若。／不若」，更因此為先王祖乙的祭祀方式補充了一條新材料。

（二）張秉權釋文辭 5「王占曰吉其乎」，《摹釋總集》、《合集釋文》、《校釋總集》同之，事實上本辭乃前引辭 2「貞王虫**歲**不若」的占辭，「乎」字據目驗應作「虫」，此「王占曰吉其虫」不應與辭 2 分割開，如此則補足了一條幾乎完整的卜辭，三種舊釋皆應修正。

（三）張秉權釋文辭 11「允征」，「征」字《摹釋總集》、《合集釋文》、《校釋總集》已分別改釋「循」、「徝」、「徙」，目驗結果無誤，故本書據改「徙」，由於此條屬於右側「貞：門品☑」的驗辭，如此據改便提供了關於「品」與「徙」的關連新思考。

（四）張秉權釋文辭 9「牛矢」，《摹釋總集》、《合集釋文》同之，前者加註矢字「？」表示可疑；此字《校釋總集》已改釋「畀」，按據筆者目驗，所謂的「矢」字有寬簇，改釋「畀」是正確的；在此可能與貢物有關。

（五）張秉權釋文辭 3「不若」右側缺「不隹」二字，《摹釋總集》亦缺

見文末參考書目）外，最早可見的研究出版品應屬日本赤塚忠、加藤常賢、松丸道雄合著：《小屯殷虛文字乙編釋文》（東京市：大安株式會社，1959 年 6 月）；此書罕見，雖易於翻檢，然囿於拓片限制，導致與後來的釋文工具書相同，皆存在諸多誤釋、缺釋，使用上必須注意。

[113] 為避煩冗，此處個別文字釋文若無主要差異，便以本書釋文方式表述，不再為同字另造新體；《摹釋總集》、《合集釋文》表不知缺字字數的「……」，皆以本書「☑」表述之。

釋、《合集釋文》已補釋，今據目驗確認應補之，得到「隹之乎犬。／不隹☒」的一條對貞；此條釋文《校釋總集》已正確補上。

類似的修正釋讀，在本書第二、三章中還有極多，無法一一列舉，藉由這種寫作方式能提供大量可信的「新」辭例，希望有助古文字學的研究推展。

第三章寫作方式同第二章大體相類，但有以下諸項的不同：首先是文本的不同，即此章整理對象為未收入《丙編》的《乙編》YH127坑材料；再來是取材範圍的不同，即前章乃針對《丙編》中所有YH127坑賓組甲骨作研究，而限於甲骨實物的破碎程度，以及文字資料的多寡等因素，[114] 本章僅針對文字部分較多的材料作整理，而大部分僅存兆序、兆語、干支、單字、片語的碎甲或整甲本章將不予收錄。最後是基於前二者因素，導致的內容詳略之不同，因此本章不全等同於「《乙編》釋文總集」，即使加入前章亦然，「相對完整的文字辭例」是收入本章最主要的標準，請學者略加注意。

第四章部分，則是對YH127坑賓組刻辭進行分類研究，主要分為三部分，也就是戰爭對象分類排譜、祭祀對象分類研究以及傷疾事件分類研究。戰爭對象分類排譜是將本坑賓組中記錄的重要戰爭逐一加以羅列整理，並依據各條件、理由試將之以時間順序排出，除了對個別戰事的各條卜辭試加排譜，最後也對各主要戰事作綜合比較，在時間先後上加以分列，以明順序。

祭祀對象分類研究則是以卜辭中受祭者為綱目，分為四大部分，配合所使用的各種祭祀方式作適當的整理、列表，並針對部分辭例進行較深入的討論。傷疾事件分類研究是對本坑賓組可見所有與傷疾、病痛相關的記載，依序作分析討論，其中大部分著重在確切可知某器官傷疾的探討，透過此節的討論可提供中國古代醫療史相關的參考材料。

第五章部分，主要分為三小節，第一部份「YH127坑賓組字甲尺寸分析與比例還原」是針對本坑龜版物理型態相關問題的探討，以尺寸列表與還原整龜比例為主要兩個重心。第二部分「YH127坑賓組字甲鑽鑿型

---

[114] 《丙編》所收材料除了版面完整以外，文字部分亦經過挑選，故沒有文字資料的多寡的問題。

態與排列佈局」則是試圖透過對整體鑽鑿排列型態的觀察，找出其中具有相通性且富價值的問題。最後是貢入記事刻辭分類部分，則是關注於大部分位在左甲橋反面的「某入數目」記事刻辭，以其具有的獨特時間性質對同批甲骨作整理與排譜，尤其是對「雀入二百五十」此組辭例作了較多論述。希望透過本章的處理能對 YH127 坑賓組卜辭諸事類與時代關係獲得更多的瞭解。

第六章是結語，總結本書中心問題以及各章重點，在此作總括的結論。附錄則收入本書撰寫過程中製作的各式表格，有四：「YH127 坑賓組人物氏族地名表」、「YH127 坑賓組女性人物表」、「YH127 坑賓組傷疾（含「夢」）相關事類表」、「《殷虛文字丙編》自重表」，俱附於此以供檢索。

第二章

《殷虛文字丙編》所收 YH127 坑賓組卜辭釋文、整理與研究

本章內容即針對張秉權《殷虛文字丙編》一書六冊，所收綴合賓組卜甲之刻辭，進行楷定釋文；並比照原書與實物校訂異同；記錄整理過程中具學術價值之細節與研究所得。由於篇幅較繁，以下先對本章書寫格式與體例作說明。

一、凡甲骨正反皆收入《丙編》者，在本章中均錄於同一條內，並註明「正面／反面釋文」，以節省篇幅。各版所載卜辭，盡量以張秉權《丙編》已作之楷定順序為主要標準，以方便讀者檢索對照；且為免與《丙編》舊釋阿拉伯數字條目淆混，本釋文改以英文字母為條目。

二、若明顯屬於正反對貞、選貞之卜辭，或同屬一事之占辭、驗辭，由於卜問中心事項相同，本釋文皆將之列於同條之中，不再一一分列；「正反互足」部分，亦將之引入正面對應卜辭釋文中，以標號｛｝註明，以利檢索。[1] 刻辭性質屬於「記事」方面者，於辭末標誌「wr」（writing-record inscriptions）以註明之。

三、本書以嚴式釋文為主，其餘皆據文首「凡例」一、二項。另，釋文中所有用作有無義之「有、亡」、作名詞詞頭之「有」、一律楷定如字；其餘作祭名、氏族名、地名者，一律作原型「㞢」。

四、關於「**著錄號**」部分，首先標明《丙編》版號，另於括弧處註明 R 號（Registered Number，史語所數位典藏系統號碼）／H 號（《甲骨文合集》號碼），以利檢索；關於「史語所數位典藏系統」可參前章第二節「參、網路資源」。

五、關於「**字體分類**」部分，採黃天樹（H）以及崎川隆（K）二氏之標

---

[1] 關於「正反互足」例，請參見本書第一章第三節第貳小節。由於條件的限制，本章、第三章處理正反互足例僅取所有的反面前辭、大部分的反面占辭以及部分的驗辭，並參考何會（2009）加以補充；至於反面命辭部分由於釋讀牽涉問題較繁雜，本書暫不予處理。

準，以「／」號分列前後，其中黃氏標準之判定以魏慈德〈一二七坑賓組卜辭同版事類表〉與筆者自行之判別為準；崎川隆之分類採其博士論文《賓組甲骨文字體分類研究》已整理之部分與筆者自行之判別。若僅知其中一類之劃分，則在分類後註明（H）或（K）以辨別之。[2]

六、關於「**鑽鑿分佈**」部分，依照第五章第二節「鑽鑿型態與排列佈局」所提出標準進行記錄，其中前項表示單獨鑽鑿構成型態，後項表示單側腹甲鑽鑿排列類型，見第五章第二節說明；各版若有出版後新綴情形則於「**綴合情形**」欄加以記錄，體例參見文首「凡例」第四。[3]

七、關於「**釋文**」部分，本書先對《丙編》作直接摹寫，再與甲骨原版進行校對改定，故本書釋文皆已經過核檢實物至少一次，大部分目驗兩次，少部分三次以上。[4] 筆者博士論文中原載「校正」一欄，系搭配《丙編》摹本（張秉權所做與筆者所摹對勘）所設，今配合本書體例刪去之，並將少部分移至「**相關說明**」欄，以供參考。

---

[2] 關於崎川隆分類，某些卜辭無法確切地歸入較細緻的類別中，本書處理方式如下：「在對既沒有出現特徵性字體、也沒有出現字排與佈局信息的片子進行分類時，我們只能用大分類框架把他們分為師賓間、賓一、典賓、賓三四個大類，不再進行細分。」崎川隆：《賓組甲骨文字字體分類研究》，頁 122。

[3] 本坑綴合成果繁多，且發表於各式期刊，檢索較不便；在此主要根據蔡哲茂：〈《甲骨文合集》綴合號碼表〉、〈《甲骨文合集》未收綴合號碼表〉（二表錄於氏著《甲骨綴合集》，前表有增訂錄於《甲骨綴合續集》）、蔡哲茂：《甲骨綴合彙編》；林宏明：《醉古集》、《契合集》；黃天樹等：《甲骨拼合集》；大陸社科院歷史所先秦史網站 http://www.xianqin.org/blog/ 等作整理，大部分發表出處可參蔡、林書以及於先秦史網站檢索；其中若有誤記、漏記情況概由本人負責。此外，史語所庫房數十年來由董作賓、張秉權主持，庶務由劉淵臨處理，在此段較長時間中除了三位先生各自綴合碎甲之外，尚有透過助理協助、獨自進行綴合工作；不過在這段時期中助理人員的成果幾乎未曾見乎記錄，這是本坑甲骨許多綴合成果實際執行者從缺的一大原因。

[4] 本書重點在於「文字」部分的摹寫與校正，故雖對拓本上模糊的卜兆、兆序、兆語亦有校定，但大部分不加以記錄，以避繁雜。另外，此摹寫、校正與釋文中許多部分得到復旦大學陳劍教授透過萬亮先生代轉的來函提點，在很大程度上幫助提昇了本書素質，在文中凡引用此函陳說皆以「＊」號標誌之，幷謹致謝忱於此。

【著錄號】：丙一、二（R43986／H6834）
【字體分類】：賓一／過渡 1 類.賓一類
【鑽鑿分佈】：Z1a／3-5
【正面釋文】：

A. 壬子卜爭貞：自今日我𢪙（翦）𠙹。
　　貞：自五日我弗其𢪙（翦）𠙹。[5]

B. 癸丑卜爭貞：自今至于丁巳我𢪙
　　（翦）𠙹。
　　癸丑卜爭貞：自今至于丁巳我弗其
　　𢪙（翦）𠙹。
　　王占曰：丁巳我毋其𢪙（翦）。于
　　來甲子𢪙（翦）。
　　旬又一日癸亥。車弗𢪙（翦）。之
　　夕𡊃（向）甲子，允𢪙（翦）。[6]

C. 庚申卜王貞：余伐不。
　　庚申卜王貞：余弜伐不。

D. 庚申卜王貞：余伐不。三月。
　　庚□卜王貞：余弜伐不。

E. [庚]申卜[王]貞：[雀]隻缶。
　　雀弗其隻缶。

F. 庚申卜王貞：雀弗隻缶。

G. 辛酉卜㱿：翌壬戌不至。

H. 癸亥卜㱿貞：翌乙丑多臣𢪙（翦）缶。
　　翌乙丑多臣弗其𢪙（翦）缶。

I. 癸亥卜㱿貞：我使𢪙（翦）缶。
　　癸亥卜㱿貞：我使毋其𢪙（翦）缶。

J. 乙丑卜㱿貞：子商弗其隻先。

K. 丙寅卜爭：乎龍。敦侯專求权。

L. 貞：狀弗其𠄞（贊）王事。

【反面釋文】：

A. 丁酉卜㱿貞：我亡𣬉（髳）。

B. 丁酉卜㱿貞☒[不]☒𠙹（?）☒☒

C. 㱿。wr
【相關說明】：

一、「𠙹」為武丁中期一主要敵方，相關探討參本書第四章第一節。按此字張秉權釋為「胄」，司禮義從之，高嶋謙一改釋為「囷」，讀為「You」，[7] 均以為字從「由」，此從字形上來看不可信，今據原字改，不另作楷定。

二、正面釋文 B「車」字拓本似有重文號，實為舊辭「己」未削淨；反面署辭，「㱿」左從「攴」之又，誤向左上滑刻，未削正。

【著錄號】：丙三、四（R43987／H7352）
【字體分類】：賓一.典賓／賓一類（典型）
【鑽鑿分佈】：Z1a／3-5
【正面釋文】：

A. □□卜㱿貞☒罕☒
　　貞：罕弗其☒

B. 己未卜㱿貞：我于雉入𠂤（次）。
　　貞：弜于雉𠂤（次）。[8]

C. 貞：王于龔[𠂤（次）]。
　　弜于龔𠂤（次）。

D. [于]斬 。
　　弜于。

E. 王往。
　　弜隹王。

F. 叀（惟）王。

---

[5] 「翦」字從陳劍釋，參氏著：〈甲骨金文𢪙字補釋〉，《甲骨金文考釋論集》（北京市：線裝書局，2007 年 4 月），頁 99-106。

[6] 𡊃釋作「向」，從裘錫圭說，參氏著〈釋殷墟卜辭中的𡊃、𡊅等字〉，《第二屆國際中國古文字學研討會論文集》（香港：香港中文大學中國語言及文學系，1993 年 10 月）。

[7] Ken-ichi Takashima and Paul L-M. Serruys. *Studies of Fascicle Three of Inscription from the Yin Ruins Volume I,I*《殷墟文字丙編研究》上冊(Taipei: Institute of History and Philology, Academia Sinica, 2010), p91.

[8] 「𠂤」釋作「次」，從劉釗說，參氏著〈卜辭所見殷代的軍事活動〉，《古文字研究》第十六輯（北京市：中華書局，1989 年 9 月），頁 131。

　　弜隹。
G. 叀（惟）王往。
　　弜隹王往。
H. 叀（惟）子不乎陷。
　　弜隹子不乎。
I. 叀（惟）子商乎。
　　弜隹子商乎。
J. 今夕雨。
　　今夕不其☐
K. 貞：我其有囚（憂）。
　　貞：我亡囚（憂）。
L. 己未卜爭貞：王亥求（咎）我。
　　貞：王亥不我求（咎）。
【反面釋文】：
A. 于妣己[御]。
　　弜于妣☐
B. 翌辛酉其出☐
　　其啟。
C. 奠☐ wr
【相關說明】：
反面釋文 A，「御」字殘甚，僅餘「卩」
之上半少許與一些刻畫；此字舊釋
「御」應是從文例推知。

【著錄號】：丙五、六（R43988／H5637）
【字體分類】：賓一.典賓／賓一類（典型）
【鑽鑿分佈】：Z1a／3-3（4）◎
【正面釋文】：
庚子卜爭貞：西使旨亡囚（憂）。屮
（贊）。
庚子卜爭貞：西使旨其有囚。一二三四五
{王占曰：其隹丁[引]戔（翦）。} 9
【反面釋文】：
A. 王占曰：其隹丁[引]戔（翦）。
B. 帚杞來。wr
C. 弜入廿。wr

【相關說明】：
反面釋文 C「入廿」似合文。

【著錄號】：丙七（R44897／H466）
【字體分類】：賓一／過渡 2 類
【鑽鑿分佈】：1-2
【釋文】：
丙辰卜古貞：其蚑羌。
貞：于庚申伐羌。一二三四五

【著錄號】：丙八、九（R44295／H9950）
【字體分類】：典賓／過渡 2 類
【鑽鑿分佈】：Z1a／1-2
【正面釋文】：
丙辰卜㱿貞：我受黍年。
丙辰卜㱿貞：我弗其受黍年。四月。
{王占曰：吉。受有年。}
【反面釋文】：
王占曰：吉。受有年。

【著錄號】：丙一〇、一一（R44282／H9788）
【字體分類】：典賓／過渡 2 類
【鑽鑿分佈】：Z1a／1-2
【正面釋文】：
甲午卜隻（禽）貞：亞受年。
甲午卜隻（禽）貞：不其受年。
【反面釋文】：
㱿。wr

【著錄號】：丙一二、一三（R43989／H6482）
【字體分類】：典賓／過渡 2 類
【鑽鑿分佈】：Z1a／3-4◎
【正面釋文】：
A. 辛酉卜㱿貞：今（朝）王比望乘
　　伐下厃，受有又。
　　辛酉卜㱿貞：今（朝）王弜比望
　　乘伐下厃，弗其受有又。10

---

9 「屮」釋作「贊」，從蔡哲茂說，參氏著
　〈釋殷卜辭的屮（贊）字〉，《東華人文
　學報》第十期（花蓮市：東華大學人文
　社會科學學院，2007 年 1 月）。

10 「（朝）」釋「朝」，從張宇衛申論宋華強說，
　參氏著：〈再探甲骨、金文「朝」字及其
　相關字形〉，《臺大中文學報》第三十七
　期（2012 年 6 月）。

B. 貞：屮犬于父庚，卯羊。

C. 貞：祝以之疾齒。鼎（當）。蜎
（蠲）。[11]

D. 辛酉卜𣪊貞☒
王𢒸比沚𢦵。

E. 辛酉卜𣪊貞：王叀（惟）☒沚𢦵☒
辛酉卜𣪊貞：王𢒸叀（惟）沚𢦵比。

F. 疾齒蜎（蠲）。
不其蜎（蠲）。[12]

【反面釋文】：

A. 隹父甲。
☒甲。

B. 隹☒
不隹父庚。

C. 不☐父☐

D. 各入二在𧆨。wr

【著錄號】：丙一四、一五（R43990／H6483）
【字體分類】：典賓／過渡 2 類

---

[11] 此類「▩」字或釋「祝」、或釋「祼」，
未有定論。近來王子揚根據莫伯峰一則
綴合指出該字確為「祝」的一種異體；
其說可信，本書從之。參氏著：〈甲骨文
從"示"從"丮"的"祝"字袪疑〉，
《甲骨文字形類組差異現象研究》（北京
市：首都師範大學文學院博士論文，2011
年。指導教授：黃天樹），頁 223-229。
另，這裡「鼎」字並非假借為「貞」，這
從字形與用法可以清楚看出；頗疑此類
「鼎」與習見貞問「有鼎」相同，應讀
為丁，即「當」，表適當義，與周初利簋
銘文「歲鼎」用法相同，見張政烺：〈利
簋釋文〉，《張政烺文集・甲骨金文與商
周史研究》（北京市：中華書局，2012
年 4 月），頁 218-219，有很好的論述。

[12] 「蜎」字從蔡哲茂釋，具有「治癒、康
復」義，參吳匡、蔡哲茂：〈釋肙（蜎）〉，
載周鳳五、林素清編：《古文字學論文
集》（臺北市：國立編譯館，1999 年）。

【鑽鑿分佈】：Z1a／3-4◎
【正面釋文】：

A. 辛酉卜☐貞：今𦥠（朝）王比望乘
伐下厃，受有又。
辛酉卜𣪊貞：今𦥠（朝）王𢒸比望
乘伐下厃，弗其受有又。

B. 貞：屮犬于父庚，卯羊。

C. 貞：祝以之疾齒。鼎（當）。蜎（蠲）。

D. 辛酉卜𣪊貞：王比沚𢦵。
辛酉卜𣪊貞：王𢒸比沚𢦵。

E. 辛酉卜𣪊貞：王叀（惟）沚𢦵比。
辛酉卜𣪊貞：王𢒸叀（惟）沚𢦵比。

F. 疾齒蜎（蠲）。
不其蜎（蠲）。

【反面釋文】：

A. 隹父甲。
不隹父甲。

B. 隹父庚。
不隹父庚。

C. 隹父辛。
不隹父辛。

D. 隹父乙。
不隹父乙。

【相關說明】：
甲骨脆弱無法翻面。

【著錄號】：丙一六、一七（R24978／H6484）
【字體分類】：典賓／過渡 2 類
【鑽鑿分佈】：Z1a／3-4◎
【正面釋文】：

A. 辛酉卜𣪊貞：今𦥠（朝）王比望乘
伐下厃，受有又。
辛酉卜𣪊貞：今𦥠（朝）王𢒸比望
乘☐下厃，弗☐受有又。
{王☐曰☒其有𤙈（異）。其隹戊
有𤙈（異）。不吉。}

B. 貞：屮犬于父庚，卯羊。

C. 貞：祝以之疾齒。鼎（當）。蜎（蠲）。

D. 辛酉卜𣪊貞：王比沚𢦵。
辛酉卜𣪊貞：王𢒸比沚𢦵。

E. 辛酉卜𣪊貞：王叀（惟）沚𢦵比。
辛酉卜𣪊貞：王𢒸叀（惟）沚𢦵比。

F. 疾齒蝸（蠲）。
　不其蝸（蠲）。
【反面釋文】：
A. 隹□□
　不隹父甲。
B. 隹父庚。
　不隹父庚。
C. 隹父辛。
　不隹父辛。
D. 隹父乙。
　不隹父乙。
E. 王□曰☑其有𠬝（異）。其隹戊有𠬝
　（異）。不吉。
【相關說明】：
本版文字缺筆情形甚多，如「望」、「乘」、「弗」、「沚」、「戜」等字，此由與同套卜辭對勘可知。

【著錄號】：丙一八、一九（R43991／H6485）
【字體分類】：典賓／過渡 2 類
【鑽鑿分佈】：Z1ab／3-4◎
【正面釋文】：
A. 辛酉卜㱿貞：今𡆥（朝）王比望乘
　伐下厃，受有又。
　辛酉卜㱿貞：今𡆥（朝）王㫚比望
　乘伐下厃，弗其受有又。
　{王占曰：丁丑其有𠬝（異）。不
　吉。其隹甲有[𠬝]（異）。吉。其隹
　[辛]有𠬝（異）。亦不吉。}
B. 貞：出犬于父庚，卯羊。
C. 貞：祝以之疾齒。鼎（當）。蝸（蠲）。
D. 辛酉卜㱿貞：王比戜。
E. 辛酉卜㱿貞：王叀（惟）沚戜比。
F. 疾齒蝸（蠲）。
【反面釋文】：
A. 隹父甲。
B. 隹父庚。
　不隹父庚。
C. 隹父辛。
　不隹□辛。
D. 王占曰：丁丑其有𠬝（異），不吉。
　其隹甲有[𠬝]（異），吉。其隹[辛]

有𠬝（異），亦不吉。
【著錄號】：丙二〇、二一（R43992／H6486）
【字體分類】：典賓／過渡 2 類
【鑽鑿分佈】：Z1ab／3-4◎
【正面釋文】：
A. 辛酉卜㱿貞：今𡆥（朝）王比望乘
　伐下厃，受有又。
　辛酉卜㱿貞：今𡆥（朝）王㫚比望
　乘□下厃，弗□受有又。
B. 貞：出犬于父庚，卯羊。
C. 貞：祝以之疾齒。鼎（當）。蝸（蠲）。
D. 貞：王比沚戜。
　貞：王㫚比沚戜。
E. 辛酉卜㱿貞：王叀（惟）沚戜比。
　辛酉卜㱿貞：王㫚叀（惟）沚戜比。
F. 疾齒蝸（蠲）。
【反面釋文】：
A. 隹父甲。
　□隹□甲。
B. 隹父庚。
　不隹父庚。
C. 隹父辛。
　不隹父辛。
D. 不□□□
E. [各]入二在𡊄。wr
【相關說明】：
甲骨脆弱，不可翻面。

【著錄號】：丙二二、二三（R44853／H32）
【綴合情形】：新加綴乙補 1653＋乙補
6022＝林宏明綴（醉 33）
【字體分類】：典賓／過渡 1 類.過渡 2 類
【鑽鑿分佈】：Z1a／3（2）-2◎
【正面釋文】：
A. 乙卯卜㱿貞：王比望乘伐下厃，受
　出又。
　乙卯卜㱿貞：王㫚比望乘伐下厃，
　弗其受又。
B. 貞：王比望乘。
　貞：王㫚比望乘。
C. 庚申卜㱿貞：乍賓。

庚申卜㱿貞：昜乍賓。

D. 貞：王叀（惟）沚馘比伐□□
　貞：王昜比沚馘伐巴方。

E. 叀（惟）馘比。
　昜隹比馘。

F. 丁巳卜㱿貞：王教眾伐于莧方，受
　出又。
　丁巳卜㱿貞：王昜教眾莧方，弗其
　受出又。

G. 王叀（惟）出祐（循）。
　王昜隹出祐（循）。

【反面釋文】：

我入□wr

【相關說明】：

一、本版字體主要是過渡 2 類，但如正
　面釋文 B、E、G 則顯然具有較早
　過渡 1 類特色，顯示出二者（刻手）
　時代存在重疊的現象。

二、釋文 C「賓」又作「巳（祀）賓」，
　疑是與作邑相關的一種祭祀活動，又
　稱「乍大賓」，參合 6498（粹 1113）、
　丙一四三等較完整之同文辭例。

三、反面右，「我」字下有「入」字左
　殘筆，舊未釋，今補之。

【著錄號】：丙二四（R43993／H6476）
【綴合情形】：新加綴京津 1266
【字體分類】：過渡 2 類（K）
【鑽鑿分佈】：3-4◎
【釋文】：

A. 辛酉卜爭貞：王比望乘伐下厃。
　[辛]酉卜爭貞：王昜隹望乘比。

B. □望□伐□

C. 叀（惟）馘比。
　□隹□比□

D. 王叀（惟）望乘比。
　王昜隹望乘比。

E. 王叀（惟）馘比伐。
　王昜比沚馘伐。

F. 王叀（惟）沚馘比。
　昜比馘。

G. 叀（惟）乘比。

昜隹乘比。

H. 貞：王叀（惟）沚馘比。
　王昜隹馘比。

I. 貞：王叀（惟）人（夷）叺正。
　貞：王[昜隹]人（夷）正。

J. 貞：王叀（惟）龍方伐。
　王昜隹龍方伐。

K. 王叀（惟）沚馘比。
　王昜隹馘比。

【相關說明】：

本版為成套卜辭第一版，收入胡厚宣
〈戰後殷虛出土的新大龜七版〉中的
第三組，完整全拓見於《戰後京津新
獲甲骨集》1266 號（合 6476），張秉
權《考釋》中亦有插圖（頁 49），本釋
文亦參之補釋。[13]

【著錄號】：丙二五（R43994／H6474）
【綴合情形】：新綴無號甲骨
【字體分類】：典賓／過渡 2 類
【鑽鑿分佈】：3-4
【釋文】：

A. 貞：王比馘伐巴，帝受又。
　貞：王昜比馘伐巴。

B. 今朝（朝）不其來。

C. 王昜比鬼。

D. □歸。朝（朝），母來，余其比。
　□歸□

【相關說明】：

釋文 B，舊釋「今不其來」，檢今字下
有「朝」字殘筆，今補之。

【著錄號】：丙二六、二七（R43995／H6475）
【字體分類】：典賓／過渡 2 類
【鑽鑿分佈】：Z1a／3-4
【正面釋文】：

A. 貞：王比沚馘伐巴。
　王昜比沚馘伐巴。

B. 翌乙巳出祖乙。

13 參魏慈德：《殷墟 YH127 坑甲骨卜辭研
　究》，頁 43。

C. 貞：降。

D. 貞：牛（？）于☐

E. 王往出。／王易往出。
　　｛王占曰：有役（異）。｝

【反面釋文】：

A. 貞：屮祖辛五伐，卯三宰。

B. 疾身，御高妣己，蜎（蠲）。

C. 屮母己☐☐🈶屮☐卯宰。

D. 貞：王叀（惟）人（夷）正。
　　王易隹人（夷）。

E. 王占曰：有戠（異）。

F. 殼。wr

【相關說明】：

一、反面釋文 B，「疾身御△妣己蜎」，
　　△字舊秉權釋「不」，然目驗之應
　　作「高」，其△下之橫劃褪色且稍
　　殘，但細看仍能辨識。反面辭 4，
　　「正」字下千里路側，似留墨跡三
　　四字，但殘甚無可辨。

二、反面釋文 E「戠」字從戈，可讀
　　為占辭習見之「有異」，字不作
　　役，辭例罕見。

【著錄號】：丙二八、二九（R41285／H3946）

【字體分類】：典賓／過渡 2 類

【鑽鑿分佈】：Z1a／1-1

【正面釋文】：

A. 戊寅卜殼貞：沚戜其來。
　　貞：戜不其來。
　　｛王占曰：戜其出，叀（惟）庚。
　　其先戜至。｝

B. 戊寅卜殼貞：雷其來。／雷不其來。
　　｛王占曰：🈶其出，叀（惟）丁。
　　丁不出，[🈶]其有疾，弗其同（興）。｝

【反面釋文】：

A. 王占曰：戜其出，叀（惟）庚。其
　　先戜至。

B. 王占曰：🈶其出，叀（惟）丁。丁
　　不出，[🈶]其有疾，弗其同（興）。

【相關說明】：

　　人名「🈶」字，舊多釋「鳳」，然
根據字形比對、卜辭、金文用例來看，

此字上半部所從實應釋「同」，並非
「凡」字，甲骨金文中舊所謂「凡」
字其實大多應當改釋為「同」，如習語
「肩凡有疾」應改釋為「肩同（興）
有疾」，看王子揚（2011）；此字下半
部亦非隹、鳥，而是「爵」字變形，
可參劉釗（2006）。[14]

　　🈶在西周金文中亦見於何尊「有
🈶于天」、師克盨「有🈶于周邦」、毛
公鼎「🈶勤天命」等，唐蘭認為「當
讀為勞，勞與爵音近」；馬承源認為「假
借為恪，爵、恪古音相同」；李學勤認
為「我們所討論的這個字，在文獻裡也
是一個從『必』聲的字，就是『毖』……
因此，何尊的『有毖于天』也就是『有
勞于天』了」。[15] 此三說或較為缺乏文
獻證據，或於字形分析有誤。裘錫圭
指出此字即訓功訓勞的「庸」本字，
或從「同」作為聲符。張富海引伸其
說，謂金文「舜（庸）」既表動勞，「舜
（庸）堇（勤）大命」猶《書・堯典》
「汝能庸命」之「庸命」。裘、張說可
信；[16] 從本版看來，此字早在何尊（成

[14] 參見王子揚：〈甲骨文舊釋"凡"之字絕大
　　多數當釋為"同"——兼談"凡"、"同"
　　之別〉，收入氏著：《甲骨文字形類組差異
　　現象研究》，頁 170-200；劉釗：《古文字
　　構形學》（福州市：福建人民出版社，2006
　　年 1 月），頁 62。

[15] 唐說見：〈西周青銅器銘文分代史徵〉（北
　　京市：中華書局，1986 年），頁 76；馬
　　說見：〈何尊〉，《商周青銅器銘文選》（北
　　京市：文物出版社，1986 年），頁 21；
　　李說見：〈何尊新釋〉，《中原文物》第一
　　期（1981 年），頁 39。

[16] 裘錫圭：〈甲骨文中的幾種樂器名稱——
　　釋「雍」「豐」「鞀」〉，《中華文史論叢》
　　第二輯（1980）、張富海：〈讀新出西周
　　金文偶識〉，《古文字研究》第二十八輯

王五年）二百五十多年前便使用著。

【著錄號】丙三○、三一（R41286／H3947）
【字體分類】典賓／過渡 2 類
【鑽鑿分佈】Z1a／1-1
【正面釋文】

A. 戊寅卜敵貞：沚䎷其來。
　 沚䎷不其來。{王占曰：䎷其出，
　 叀（惟）庚。其先䎷至。}
B. 戊寅卜敵貞：雷𡇡其來。
　 貞：𡇡不其來。{王占曰：𡇡其出，
　 叀（惟）丁。
　 不出，其有疾，弗其同（興）。}

【反面釋文】

A. 王占曰：䎷其出，叀（惟）庚。其
　 先䎷至。
B. 王占曰：𡇡其出，其叀（惟）丁。
　 不出，其有疾，弗其同（興）。

【著錄號】丙三二、三三（R43996／H914）
【字體分類】典賓／過渡 2 類
【鑽鑿分佈】Z1a／3-6
【正面釋文】

A. 癸亥卜敵貞：御于祖丁。
B. 酓祖丁十伐十宰。
　 易酓祖丁。
C. 王入。
　 易入。
D. 今日王入。
E. 貞：不蝠酓十祖乙。
F. ▣賓貞：翌乙亥不雨，易日。
G. 父乙蛊（害）王。
　 貞：父乙弗蛊（害）□。
H. {丙子卜□} 貞：王冏蜎（蠾）。
I. 食來。
　 不其來。
J. 亞以來。

父乙來。
K. 貞：在北事（使）有隻羌。
　 {壬戌卜□} 貞：在北事（使）亡
　 其隻羌。
　 {王占曰：其自東有來。}
L. 癸丑卜爭貞：䎷往來亡田（憂）。
　 貞：䎷往來其有田（憂）。
　 王占曰：亡田（憂）。

【反面釋文】

A. 征（延）亓。
B. 易于祖乙。
C. 乎子商爵出祖。
D. 亓來。
　 不其來。
E. 子商有疾。
F. 不佳奇（孽）。
G. 丙子卜□。
H. 登父乙十羌。
　 易登。
I. 壬戌卜□。
J. 王占曰：其自東有來。
K. 至商。
L. 同祖乙。
M. 臣大入一。wr

【著錄號】丙三四（R43997／H9520）
【字體分類】典賓／賓一類
【鑽鑿分佈】1-2
【釋文】

A. 甲辰卜敵貞：王易卒入。于利入。
　 甲辰卜敵貞：王入。
B. 甲辰卜敵貞：王賓翌日。
　 貞：王咸酒登。易賓翌日。
C. 乙卯卜敵貞：王立（涖）黍。
　 貞：王易立（涖）黍。

【著錄號】丙三五（R43998／H9521）
【字體分類】典賓／賓一類
【鑽鑿分佈】1-2
【釋文】

A. 甲辰卜敵貞：王賓翌日。
　 貞：王咸酒登。易賓翌日。

（北京市：中華書局，2008 年）；二說
引自陳斯鵬等：《新見金文字編》（福州
市：福建人民出版社，2012 年 5 月），
頁 82。

B. 乙卯卜㱿貞：王立（涖）黍，若。
　貞：王易立（涖）黍。

【著錄號】：丙三六（R43999／H9522）
【字體分類】：典賓／賓一類
【鑽鑿分佈】：1-2
【釋文】：
A. 甲辰卜㱿貞：王易卒入。于秢（艾）入。
　□辰卜㱿貞：王入。
B. 貞：王卒賓翌日。
　貞：王咸酒登。易賓翌日上甲。
C. 貞：王立（涖）黍，若。
　貞：王易立（涖）黍。

【著錄號】：丙三七（R44000／H9523）
【字體分類】：典賓／賓一類
【鑽鑿分佈】：1-2
【釋文】：
A. 甲辰卜㱿貞：王易卒入。于秢（艾）入。
　甲辰卜㱿貞：王入。
B. 貞：王賓翌日。
　貞：王咸酒登。易賓翌日。
C. 乙卯卜㱿貞：王立（涖）黍。
　貞：王易立（涖）黍。

【著錄號】：丙三八（R44270／H9524）
【綴合情形】：新綴無號碎甲＝丙三八五
【字體分類】：典賓／賓一類
【鑽鑿分佈】：1-2
【釋文】：
A. 甲辰卜㱿貞：王易卒入。于秢（艾）入。
　甲辰□㱿貞：王入。
B. 貞：王卒賓翌日。
　貞：王咸酒登。易賓翌□
C. 乙卯卜□貞：王[立（涖）黍]。
　貞：王易立（涖）黍。

【著錄號】：丙三九、四〇（R44271／H1402）
【綴合情形】：新加無號碎甲兩片＋乙補 1635＋乙補 1708＝林宏明綴（醉

260）
【字體分類】：典賓／過渡 2 類
【鑽鑿分佈】：Z1ab／3-4◎
【正面釋文】：
A. 甲辰卜㱿貞：翌乙巳出于父乙宰。用。
B. 貞：咸賓于帝。
　貞：咸不賓于帝。
C. 貞：大甲賓于咸。
　貞：大甲不賓于咸。
D. 甲辰卜㱿貞：下乙賓于咸。
　貞：下乙不賓于咸。
E. 貞：大□賓于帝。
　貞：大甲不賓于帝。
F. 貞：下乙□于帝。
　貞：下乙不賓于帝。
【反面釋文】：
A. 貞：乍其來。兹蜗（蠲）正。
B. □廿。wr

【著錄號】：丙四一、四二（R44272／H248）
【綴合情形】：新加乙補 2089＋乙補 5853＝林宏明綴（醉 326）
【字體分類】：典賓／過渡 2 類
【鑽鑿分佈】：Z1a／3-5
【正面釋文】：
A. 貞：収（廾）人乎伐㝷（薛）。
　易乎伐㝷（薛）。
　﹛王占曰：吉。我允其來。﹜
B. 弜豖于戔。
C. 貞：祖乙膌（乂）王。
　貞：祖乙弗其膌（乂）□
D. 貞：祖乙膌（乂）王。
　貞：祖乙弗其膌（乂）王。
E. 丙子卜㱿貞：今來羌率用。
　丙子卜㱿貞：今來羌易用。
F. 貞：咸允左王。
　貞：咸弗左王。
G. 壬戌卜爭貞：旨伐㝷（薛），戋（翦）。
　貞：弗其戋（翦）。
　﹛王占曰：吉。戋（翦）。隹甲不隹丁。﹜
H. 翌乙酉出伐自咸，若。

翌乙酉出伐于五示：上甲、咸、大
丁、大甲、祖乙。

I. 今來羌率用。

J. 今來羌率用。

K. 出于妣己。
　　易出于妣己。

L. 戊寅卜古貞：我永。

M. 貞：我永。

【反面釋文】：

A. 王占曰：吉。𢥚（藑）。我允其來。

B. 王占曰：吉。𢥚（藑）。隹甲不隹丁。

C. 出于母庚。

D. 易取。

E. 我來卅。wr

【相關說明】：

一、甲骨脆弱，不可翻面。陳劍*告知
　　反面釋文 A 有「藑」殘字，今從之。

二、此版可聯繫多組同事類辭例，見
　　丙二二九相關說明。

【著錄號】：丙四三、四四（R44279／H1822）

【字體分類】：賓一／過渡 2 類

【鑽鑿分佈】：Z1a／2-3

【正面釋文】：

A. 貞：其雨。

B. 貞：多子逐□魯（陷）。
　　貞：不其魯（陷）。
　　｛王占曰⊘｝

C. 貞：隹南庚。
　　貞：不隹南庚。

D. 貞：隹羌甲。
　　貞：不隹羌甲。

E. 貞：隹祖庚。
　　貞：不隹祖庚。

F. 貞：隹學戉。
　　貞：不隹學戉。

G. 貞：隹咸戉。
　　不隹咸戉。

H. 出于父甲。
　　易出。

【反面釋文】：

A. 王占曰⊘

B. 𣪊。wr

C. 賈入十。wr

【相關說明】：

一、正面釋文B，「多子逐△魯」，△字
　　殘泐，舊漏釋，細省之下部似從口，
　　從對貞「不其魯」來看，△字應是
　　獸名。按，釋文H「父甲」，張秉權
　　〈考證〉認為是武丁的伯父輩兔
　　（陽）甲，可從；釋文E「祖庚」，
　　學者或以為大庚、南庚，待考。[17]

二、甲骨脆弱，不可翻面。

【著錄號】：丙四五、四六（R44273／H270）

【字體分類】：典賓／過渡 2 類

【鑽鑿分佈】：Z1a／2-4

【正面釋文】：

A. ⊘九[簋]?不禦。
　　｛王占曰：吉。易禦。｝

B. 壬寅卜𣪊貞：興方以羌用。自上甲
　　至下乙。

【反面釋文】：

A. 王占曰：吉。易禦。

B. 逆入十。wr

【相關說明】：

甲骨脆弱，不可翻面。

【著錄號】：丙四七、四八（R44274／H721）

【字體分類】：典賓／過渡 2 類

【鑽鑿分佈】：Z1a／3-4◎

【正面釋文】：

A. 貞：翌乙卯酒我雍伐于宁（寢）。
　　貞：翌乙卯易酒我雍伐于宁（寢）。
　　｛王占曰：𩰫酒惟有咎，亡□□｝

---

[17] 張說見《殷虛文字丙編》上輯（一）考
釋，頁 77；「祖庚」諸說可參蔡哲茂：〈論
《尚書·無逸》：「其在祖甲，不義惟王」
之祖甲指太甲〉，《甲骨文發現一百周年
學術研討會論文集》（臺北市：中央研
究院歷史語言研究所、臺灣師範大學，
1988 年 5 月）。

乙卯允酒。明雀（陰）。

B. 棘于西南帝介，卯。
　　昜棘西南。

C. 出艮于妣庚。
　　昜出艮于妣庚。

D. 出艮于妣庚（蟲）。
　　昜出。

E. 宰判（物）。
　　昜。

F. 癸酉卜賓貞：翌乙亥酒雍伐于□
　　貞：翌乙亥昜酒雍伐□
　　｛王占曰：魚酒惟有咎□｝

G. 來乙未出祖乙。
　　昜出。

H. 貞：翌乙亥酒雍伐于宜（寢）。
　　貞：翌乙亥□

I. 于羌甲御凷。
　　昜于羌甲御。

J. 御凷南庚。
　　昜于南庚。

K. 貞：其亡來齒。
　　貞：其亡來齒。

【反面釋文】：

A. 王占曰：魚酒惟有咎，亡□

B. 王占曰：魚酒惟有咎□

【相關說明】：
反面釋文 B「出」下有殘筆，應是「咎」字。

【著錄號】：丙四九、五〇（R44275／H1656）
【綴合情形】：
①：（＋乙 2501＝丙六二九）＝張秉權綴
②：（①＋乙 2349（13.0.4728）＝張惟捷綴（彙 1014）
【字體分類】：典賓／過渡 2 類
【鑽鑿分佈】：Z1a／3-6
【正面釋文】：

A. 壬申卜爭貞：父乙 先（先）羌甲。
　　壬申卜爭貞：父乙弗先（先）羌甲。

B. 父乙 先（先）祖乙。

C. 父乙 先（先）南庚。
　　父乙弗先（先）南庚。

【反面釋文】：

A. 貞：御[于]父乙。
　　昜御于父乙。

B. 御于父乙。

C. 御于父乙。

D. 爭。wr

【相關說明】：
　　正面釋文 C，張秉權指出可見削刮去的兆數「九」，而目驗「南」字較大，似有以字體蓋去刮消痕跡之意。

　　先舊或釋「蹟」，現據卜辭多見某 A 先王「先」某 B 先王受某祭之例，知先字可能是先的異體。[18]

【著錄號】：丙五一、五二（R44276／H272）
【字體分類】：典賓／過渡 2 類
【鑽鑿分佈】：Z1a／3-6
【正面釋文】：

A. 貞：令若歸。

B. 于父乙求，有勹。
　　昜于父乙求，有勹。

C. 貞：王夢惟囚（憂）。
　　貞：王夢不惟囚（憂）。

D. 丙寅卜賓貞：于祖辛御。

E. 貞：于祖辛御。
　　昜□

【反面釋文】：

A. 貞：乎龍以羌。
　　昜乎龍以羌。

B. 貞：不蟲。
　　其蟲。

C. 貞：徝（循）出于祖乙。
　　昜徝（循）出于祖乙。

D. 出父一牛。
　　昜一牛。

E. 二牛。
　　昜二牛。

F. 出祖丁。
　　昜出。

18　參蔡哲茂：《甲骨綴合續集》第四七六組說明，頁 189。

G. ☑不☑

H. ☑于妣庚。

I. 貞：王[夢]祖☐☐余御隹☑
   王占☑

J. 隹隻（禽）[十]豕。

K. 爭。wr

【相關說明】：

一、正面釋文 A，「若」，據目驗缺刻右
   側一手，應是因為太過靠側邊，甲
   版傾斜難下筆之故。此字陳劍*來
   函指出疑為「𤔲」（《類纂》頁 482）
   所从（方向相反），亦有可能。

二、反面右上甲橋旁，有「不」字；下
   左，「余」字上有從「攴」殘字，
   舊未釋，今皆補之。

【著錄號】：丙五三、五四（R44277／H766）

【綴合情形】：＋R38325（乙 4645＋
乙 4653）＝蔡哲茂綴（先 1558）

【字體分類】：賓一.典賓／過渡 2 類

【鑽鑿分佈】：Z1a／3-6

【正面釋文】：

A. 癸未卜㱿貞：王屮臤，若。
   王屮臤，不若。

B. 甲申卜㱿貞：屮髟☑
   ｛王占曰：吉。余☑｝

C. 辛卯卜㱿貞：父乙蚩（害）。
   貞：父乙弗蚩（害）王。
   王占曰：父蚩（害）隹不徝（循）。

D. 貞：乎比虎（暴）侯。
   ｛王占☑｝

E. 乎比侯。
   易乎比。
   易乎比。

【反面釋文】：

A. 王占曰：吉。余☑
   王占☑

B. 貞：今日王入。
   貞：王辛入。

C. 貞：若。
   貞：弗若。

【著錄號】：丙五五、五六（R44544／H6460）

【綴合情形】：加綴乙補 6889＋乙補
404＝丙六二五

【字體分類】：賓一／典型賓一類

【鑽鑿分佈】：Z1a／1-2

【正面釋文】：

A. 辛亥卜㱿貞：王叀（惟）易伯姦比。
   辛亥卜㱿貞：王易隹易伯姦比。

B. 貞：王叀（惟）侯告比征人（夷）。
   六月
   貞：王易隹侯告比。

C. 己巳卜㱿貞：我受年。
   貞：我不其受年。

【反面釋文】：

A. 乎雀往于帛。
   易乎雀往于帛。

B. [唐]來十。wr

【著錄號】：丙五七、五八（R44278／
H11484）

【綴合情形】：＋（乙 3349＋乙 3879）
＝林宏明綴（契 382）

【字體分類】：典賓／過渡 2 類

【鑽鑿分佈】：Z1a／3-4◎

【正面釋文】：

A. 己丑卜賓貞：翌乙[酒]黍登于祖乙。
   王占曰：有求（咎）。不其雨。
   六日甲午夕月有食。乙未酒。多工
   率𢓊（遭）遭（譴）。

B. 己丑卜賓：易酒登。

C. 貞：征唐。
   弗其征唐。

D. 貞：龏。
   弗其龏。

E. 屮㞢妣己㲋。
   易屮妣己。

F. 癸酉卜㱿貞：屮于妣己㞢。㲋（禱）十。
   癸酉卜㱿☑于☑
   ｛王[占]曰：叀（惟）[唐（庚）]☑｝

G. ☑于妣庚。
   易屮于妣庚。

H. 于高妣己。

弜于。

【反面釋文】：

A. [豕]入□wr

B. 王[占]曰：叀（惟）[唐（庚）]☑

【相關說明】：

一、正面釋文 F，「癸酉□瓠☑妣及十」，妣字刻痕有重疊現象，目驗之，右「匕」深刻，左「匕」淺細，似乎是先刻左「匕」，因故旋重刻右「匕」於其上直接覆蓋之。反面釋文 A「豕」，據殘筆判斷有改釋「彖」的可能。

二、張秉權在本條考釋中指出，此版所載月食應從董作賓觀點，歸入其《殷曆譜》的「盤庚 26 年 3 月 16 日」，亦即屬於武丁以前之物。筆者認為，且不論本版缺乏月份記錄的問題，透過目前較新的研究所得，諸如字體分類、親屬聯繫、YH127 坑使用時間等證據來看，董說甚值商榷，仍有討論空間。

【著錄號】：丙五九、六〇（R44280／H11483）

【字體分類】：賓一／過渡 2 類

【鑽鑿分佈】：Z1a／1-2

【正面釋文】：

A. [癸]未卜賓貞：翌甲申易日。
　　翌甲申不其易日。
　　之夕月有食。甲陰不雨。

B. 翌己亥不其易日。
　　☑易日

【反面釋文】：

之夕月有食☑

【相關說明】：

正面釋文 B「己」字目驗有點劃，可能是刮削殘痕。

【著錄號】：丙六一、六二（R44281／H11423）

【字體分類】：典賓／過渡 2 類

【鑽鑿分佈】：Z13a／3-5

【正面釋文】：

A. ☑乘☑
　　□□卜☑（朝）王弜□望乘比。

B. 癸未卜賓貞：茲雨隹降囚（憂）。
　　癸未卜賓貞：茲雨不隹降囚（憂）。
　　十一月。
　　〔王占曰：吉□降囚（憂）。〕

C. 甲申卜賓貞：雩祊亡貝。
　　貞：雩祊其有貝。

【反面釋文】：

A. 王占曰：吉□降囚（憂）。

B. 帚娘示三。wr

C. 瓠。wr

【相關說明】：

一、正面釋文 A「乘」字右字似「旨」，其「匕」之手向左，但呈一半圓，本疑為誤刻；陳劍*指出為（朝）字，當是。

二、正面釋文 A 兩「乘」字上部皆有宀型刻畫，然皆殘去。

【著錄號】：丙六三、六四（R24982／H12051）

【字體分類】：賓一.典賓／過渡 2 類

【鑽鑿分佈】：Z1a／2-4

【正面釋文】：

A. 翌癸未燎五牛。
　　翌癸未弜燎五牛。

B. 甲辰卜佛貞：今日其雨。
　　甲辰卜佛貞：今日不其雨。

C. 甲辰卜佛貞：翌乙巳其雨。
　　貞：翌乙巳不其雨。

D. 貞：翌丁未其雨。
　　貞：翌丁未不其雨。

E. 貞：乎求先取（得）。
　　乎求先从（比）東取（得）。

【反面釋文】：

A. 其屮匸（報）于祖乙[隹]□不隹囚（憂）
　　屮于祖乙☑

B. 貞：燎牛。

C. 乎取燎一牛。
　　二牛。

三牛。
D. 戔來十。wr
E. 㱿。wr
【相關說明】：
反面釋文 A，「祖乙」右側（鑽鑿上方）有殘泐字痕，目驗似「卩」。

【著錄號】：丙六五、六六（R41291／H14129）
【綴合情形】：
①：＋乙補 357＝劉淵臨綴（彙 586）
②：（①＋乙補 4950）＝林宏明綴（醉 169）
【字體分類】：賓一／過渡 2 類
【鑽鑿分佈】：Z1a
【正面釋文】：
A. 壬申卜古貞：帝令雨。
{貞：帝不其令雨。}
B. 貞：及今二月雷。
{王占曰：帝隹今二月令雷。其隹丙不吉。雪（習?）。隹庚其□吉。}
C. 丁未卜韋貞：王往比之。
{貞：王勿往比□}
D. 貞：王勿往𠂤（次）弔。[19]
【反面釋文】：
A. 貞：帝不其令雨。
B. 王占曰：帝隹今二月令雷。其隹丙不吉。雪（習?）。隹庚其□吉。
C. 貞：弗其吉。
D. 王占曰：其[于]今二[月]雷。
E. 王占曰：吉。▨今二月▨
F. 貞：有収（廾）于龐（𪋻）。
G. [庚]午卜古貞：乎𢦏（肇）王女。來。
H. 貞□卜▨
I. 貞：王勿往比□
J. 𣎳入二在声（鹿）。wr
K. 㱿。wr
【相關說明】：
一、本版朱書未刻處甚多，且所刻之字與其墨書並非完全一致。如反面釋文 B「王占曰帝隹」，「隹」字覆蓋墨書為「其」，可以識別；新綴之乙補 358（357 反）有「今二月」朱書，亦未刻。
二、反面釋文 C「貞弗其」應與右上「吉」連讀。反面釋文 D「其乎」之「乎」，可能應為「于」，如此本辭應與右下卜辭連讀：「王占曰吉。其于今二月雷」。
三、反面釋文 B「隹庚其」字下似有从有「口」之字；釋文 G「庚午」之「庚」殘泐太甚不能確識。反面釋文 F「貞：㞢左于龐」，「左」字應為「廾」；反面釋文 I「王勿其往从之」，「其」字實為「往」字上半；反面各例皆據目驗改、補之。
四、正、反面釋文B為正反互足例，貞問主題是關於春雷、春雨的問題。其中「羽」字一般釋雪，蔡哲茂指出從整體文意上以及二月的時間點來看，釋雪的可能性較低，或應以釋「習」，指襲卜而言。[20] 本書以為由現實情況來判斷，殷曆二月華北平原降雪並非少見，且此辭顯然是在春雷未臨前所做的占卜，此處直釋為「丙日會降雪，不吉」應該也是很合理的，似不必改易舊說。

【著錄號】：丙六七、六八（R44283／H10171）

---

[19] 此辭所次之地舊誤摹作𢀛，經目驗實為「弔」之異體，在這裡作地名用，參蔡哲茂：〈史語所藏一版復原完整龜背甲的新研究——《丙》65＋《乙補》357＋《乙補》4950〉，《孔德成先生學術與薪傳研討會論文集》（臺北市：臺灣大學文學院，2009 年 12 月），頁 211-213。

[20] 蔡哲茂：〈史語所藏一版復原完整龜背甲的新研究——《丙》65＋《乙補》357＋《乙補》4950〉，頁 215-216。

【綴合情形】：
①：（丙六七＋乙 7872＝丙六二七）＝
　　張秉權綴
②：〔①＋（考文 14＋15＋16＋22＋26
　　＋28＋36＋40＋46＋49）〕＝合
　　10171 綴
③：（乙 8000＋乙補 6530）＝林宏明
　　綴（醉 347）
④：（②＋③）＝蔡哲茂綴（醉 347）
【字體分類】：賓一．典賓／過渡 2 類
【鑽鑿分佈】：Z1a／3-6
【正面釋文】：
A. 甲辰卜賓貞：乎同丘。
B. 貞：叀（惟）佣乎同丘。
C. {癸卯卜內}貞：乎尋冊。貞：易𥂋
　　乎尋冊。
D. 丙辰卜賓貞：峀各化𢀛（𡚸）𢆷。
　　貞：峀各化弗其𢀛（𡚸）𢆷。
　　{王占曰：叀（惟）[既]。}
E. 戊申卜爭貞：帝其降我艱。一月。
　　戊申卜爭貞：帝不我降艱。
F. 貞：乎般往田（畋?）。不𤔲（遭）
　　鬼曰。
【反面釋文】：
A. 癸卯卜內。
B. 王占曰：叀（惟）[既]。
C. ☒帚杞☒
D. 易入十。wr
【相關說明】：
一、正面釋文 F 所謂田字筆畫漫漶，可
　　能為從攴之「畋」；此條蒙蔡師哲
　　茂告知。
二、反面釋文 C 左上有殘字，似為貞
　　人「爭」署辭。

【著錄號】：丙六九、七〇（R44284／H6654）
【字體分類】：賓一／過渡 2 類
【鑽鑿分佈】：Z1a／1-2
【正面釋文】：
辛酉卜賓貞：峀各化𢀛（𡚸）𢆷。
貞：峀各化弗其𢀛（𡚸）𢆷。

【反面釋文】：
奠來十。wr

【著錄號】：丙七一、七二（R44285／H14209）
【字體分類】：賓一／典型賓一類
【鑽鑿分佈】：Z1a／1-2
【正面釋文】：
A. 丙辰卜㲿貞：帝隹其冬（終）茲邑。
　　貞：帝弗冬（終）茲邑。十二月
B. 翌庚申㹖于黃奭。
C. 貞：我舞。雨。
【反面釋文】：
雀入百五十。wr

【著錄號】：丙七三、七四（R24985／H14210）
【字體分類】：賓一／典型賓一類
【鑽鑿分佈】：Z1a／1-2
【正面釋文】：
A. 丙辰卜㲿貞：帝隹其冬（終）茲邑。
　　貞：帝弗冬（終）茲邑。
B. 翌庚申㹖于黃奭。
C. 貞：我舞。雨。
【反面釋文】：
雀入百五十。wr
【相關說明】：
丙 71、73 為成套卜辭。

【著錄號】：丙七五（R44286／H575）
【字體分類】：賓一／過渡 2 類
【鑽鑿分佈】：1-1
【釋文】：
A. 丙申卜爭：翌戊戌㹖于黃奭。
　　翌戊戌易㹖于黃奭。
B. 貞：亘𡎐妾（隸）。
　　貞：亘弗其𡎐妾（隸）。

【著錄號】：丙七六、七七（R44287／H6771）
【字體分類】：賓一／過渡 2 類
【鑽鑿分佈】：Z1a／1-2
【正面釋文】：
A. 丁未卜爭貞：峀各化受又。

丁未卜爭貞：𢀛各化弗其受又。
{王占曰：隹戊𢦏（翦）。}

B. 貞：方其𢦏（翦）我事（使）。
貞：方弗𢦏（翦）我事（使）。
{王占曰：吉。隹其亡[工]言。（惟）其徝（循）。}

C. 貞：我事（使）其𢦏（翦）方。
我事（使）弗其𢦏（翦）方。

C. 貞：卬亡𡆥（憂）。
卬其□𡆥（憂）。

D. 往西多𦃃[以]王伐。

【反面釋文】：

A. 王占曰：隹戊𢦏（翦）。

B. 王占曰：吉。隹其亡[工]言。叀（惟）其徝（循）。

【相關說明】：

一、版上殘有水染靛藍。

二、此版與丙七八為成套。按，正面釋文 D 在本坑中另見乙 5395「辛酉卜內貞：往西多𦃃其／不其以王伐」，二者屬同文例，且乙 5395 亦載「乙卯卜爭貞：旨𢦏／弗其𢦏羅」事，乙卯、辛酉與本版丁未鄰旬，賓組卜辭中曾見稱「旨」為「西使旨」（見丙五），由此看來正面釋文 B、C 之「我使𢦏方」，或有可能與「旨𢦏羅」為一事。

三、甲骨脆弱，不可翻面。

【著錄號】：丙七八、七九（R44288／H9472）

【綴合情形】：加綴乙補 2205＋無號碎甲＝丙三八六

【字體分類】：賓一／過渡 2 類

【鑽鑿分佈】：Z1a／3-2（3）◎

【正面釋文】：

A. 丁未卜𣪘貞：𢀛各化受又。
丁未卜𣪘貞：𢀛各化弗其受又。

B. 貞：𢀛各化亡𡆥（憂）。
其有𡆥（憂）。

C. 貞：方其𢦏（翦）我事（使）。
貞：方弗𢦏（翦）我事（使）。
{王占曰：隹匄。舌叀（惟）𡰥（徒）。不𡰥（徒）□}

D. 往西多𦃃以伐。

E. 貞：我事（使）其𢦏（翦）方。
貞：我事（使）弗其𢦏（翦）□

F. 貞：我事（使）工。
貞：我事（使）亡其工。

G. 令尹乍大田。
𢎕令尹乍大田。

【反面釋文】：

A. 王占曰：隹匄。舌叀（惟）𡰥（徒）。不𡰥（徒）□

B. □以□ wr

【相關說明】：

一、正面釋文G「大田」，張政烺認為本辭「田」字作𠀠田，從「∨」，不應釋田，或為「甽／畎」字初文；裘錫圭從之，並進一步指出該字非甽，可能是「甫」字異體。[21] 今按：從乙丙二編拓本來看，該字上部從「∨」的可能性不大，《合集》轉印後該痕似較清晰，而目驗該對貞二字均無「∨」痕，可能是早期拓印時誤拓泐痕產生的誤解。[22]

二、反面釋文 A「叀」字下半部已殘，拓本可見之刻畫屬末字，即「不𡰥」下字之殘痕。

【著錄號】：丙八○（R44289／H10656）

【字體分類】：賓一／過渡 1 類

【釋文】：

貞：我其𩰫（陷麋）。𡴘（擒）。
己卯卜𣪘貞：弗其𡴘（擒）。

---

[21] 張說見氏著：〈卜辭「𠀠田」及其相關諸問題〉，《張政烺文史論集》（北京市：中華書局，2004 年 4 月），頁 414-415；裘說見氏著：〈甲骨文中所見的商代農業〉，《古文字論集》，頁 183。

[22] 此則意見經整理，已收錄於拙作：〈古文字「龜」、「㘸」、「𠂤」、「甶」論辨〉，《北市大語文學報》第九期（2012 年 12 月）。

【著錄號】：丙八一、八二（R44290／H9525）

【字體分類】：典賓／過渡 2 類

【鑽鑿分佈】：Z1a／1-2

【正面釋文】：

A. 庚戌卜𣪊貞：王立（蒞）黍。受年。
　　貞：王弜立（蒞）黍。弗其受年。

B. 貞：畫來牛。
　　｛戊午卜𣪊｝貞：畫弗其來牛。

【反面釋文】：

戊午卜𣪊。wr

【著錄號】：丙八三、八四（R44291／H5775）

【字體分類】：賓一.典賓／過渡 2 類

【鑽鑿分佈】：Z1a／3-5

【正面釋文】：

A. 癸卯卜爭貞：王令三百射。弗告[于]
　　示。王𡇐隹之。
　　貞：王𡇐不隹之。弗告三百射。

B. 貞：王肩蜎（蠲）。
　　王肩不其蜎（蠲）。

C. 至于庚寅蚊。酒既若。
　　弜至庚蚊。不若。

D. 癸丑卜𣪊貞：旨𢾾（翦）屮蠱□／
　　旨弗其𢾾（翦）屮蠱[羅]。
　　｛王占曰：𢾾（翦）隹庚。不隹庚，
　　重（惟）丙。｝

E. 𠁩各化𢾾（翦）。
　　𠁩各化弗其𢾾（翦）。

F. 貞：鼂有鹿。

G. 乎多馬逐鹿。隻。

【反面釋文】：

A. 戊子卜爭：己丑雨。

B. 王占曰：𢾾（翦）隹庚。不隹庚，
　　重（惟）丙。

C. 帚妗。wr

D. 畫來□wr

【相關說明】：

一、正面釋文 A「弗告△示」之「△」，
　　目驗有橫畫，似應改作「于」；舊
　　釋「十」應誤。

二、反面釋文 A「爭」字，下半部不
　　見拓本，是因刻痕受泥土填滿，

故拓本難辨。

【著錄號】：丙八五（R44292／H9002）

【字體分類】：賓一／典型賓一類

【鑽鑿分佈】：1-2

【釋文】：

乙丑卜賓貞：𦥑（蠱）以㛰。

貞：𦥑（蠱）不其以㛰。

【相關說明】：

本版龜甲色澤溫潤似象牙。

【著錄號】：丙八六、八七（R44293／H10344）

【字體分類】：賓一／典型師賓間類

【鑽鑿分佈】：Z13a／3-5

【正面釋文】：

A. 戊戌卜□𡇦□

B. 癸丑卜𣪊：隹兄丁。
　　癸丑卜𣪊：不隹兄丁。

C. 王隻鹿。
　　不其隻。
　　允隻。

D. 貞：𢍌（擒）麋。
　　貞：弗其𢍌（擒）麋。
　　｛允隻麋四百五十一｝

E. 王隻兕。
　　王弗其隻兕。

F. 甲寅卜貞：燎丁屮上（社）。

G. 屮宰。屮一人。

H. 屮重（惟）犬。屮羊。屮一人星。

【反面釋文】：

A. 辛卯卜𣪊貞：王入于商。
　　辛卯卜𣪊貞：王弜入于商。

B. 丁亥[卜]：屮一牛。

C. 今日其雨。
　　今日□

D. 允隻麋四百五十一。

E. □隻不□

F. □亡𡇩（憂）。

G. 雀亡𡇩（憂）。

H. 子商亡𡇩（憂）。

I. 丁亥卜：屮一牛星。

【相關說明】：

一、本版左側受壓，較為殘碎。反面釋
文B，「丁亥卜」，卜字下有「出」
殘泐；反面釋文I，「出一」下刻痕
似為「牛」字，舊未摹，今皆補之。

二、「兕」為野水牛，舊多以為犀牛，
非是；參雷煥章、張之傑說。[23]

【著錄號】：丙八八、八九（R44294／H10345）

【字體分類】：賓一／過渡2類

【鑽鑿分佈】：Z1a／1-2

【正面釋文】：

A. 丙申卜爭貞：王夢佳囚（憂）。
丙申卜爭貞：王夢不佳囚（憂）。

B. 丙申卜爭貞：王其逐麋。冓。

C. 丙申卜爭貞：王步。

【反面釋文】：

A. 貞：[亡] 蚩（害）。
王有蚩（害）。

B. 奠來五。wr

【相關說明】：

本版與丙二九一在使用上應屬同時，
丙二九一有「丙申卜𣪊貞：我其逐麋。
隻」，且同屬「奠來五」一批貢入，故
在事類、時間上皆可繫聯。

【著錄號】：丙九○、九一（R44296／H585）

【字體分類】：賓一／過渡1類

【鑽鑿分佈】：Z1a／3-5

【正面釋文】：

A. 丁巳卜：弃多宔（隸）[干]奇。
丁巳卜：㫃弃多宔（隸）[于]奇。

B. 丁巳卜王：余𢓊（午）肜。
丁巳卜王：余㫃𢓊（午）肜。

C. 戊午卜：小臣妝。十月。
戊午卜：小臣不其妝。癸酉𠧧（向）
甲戌。女（毋）□[妝?]。

D. 戊午卜：出姅庚。

E. 戊午卜：我受年。

【反面釋文】：

雀入□wr

【相關說明】：

正面釋文A「弃」字作𢍌形，象以抬
輿承載女子之貌；殷墟出土物中確有
木製抬輿，共四件，均已殘缺，其長
1.7公尺，寬0.6公尺，高0.2公尺左
右，學者認為「柄甚短，是為直接肩
扛之用」，可參。[24]

【著錄號】：丙九二

非賓組卜辭。

【著錄號】：丙九三（R44298／H14201）

【字體分類】：賓一／典型賓一類

【鑽鑿分佈】：2-3

【釋文】：

A. 戊辰卜爭貞：其雨。
貞：不雨。

B. 庚午卜內：屯乎步。八月。

C. 庚午卜內貞：王乍邑。帝若。八月。
庚午卜內貞：王㫃乍邑在茲。帝若。

【相關說明】：

釋文A，「貞不雨」，不字下有一豎筆，
疑是原「雨」字刻此，因避凹痕，故
僅刻一筆。

【著錄號】：丙九四、九五（R44299／H7103）

【字體分類】：典賓／過渡2類

【鑽鑿分佈】：Z13ab／1-2

【正面釋文】：

癸酉卜岳貞：有來自西。八月。
□亡其來自西。

---

[23] 雷煥章：〈兕試釋〉，《中國文字》新八
期（臺北市：藝文印書館，1983年10
月），頁108-110；張之傑：〈甲骨文牛
字解〉，《科學史通訊》第十八期，國際
科學史與科學哲學聯合會科學史組中
華民國委員會出版，1998年。

[24] 梁思永、高去尋：《侯家莊第二本・1001
號大墓》上冊（臺北市：中央研究院歷
史語言研究所，1962年），頁65。

【反面釋文】：
A. 帚丙示四。wr
B. [視]入九以。wr

【著錄號】：丙九六、九七（R44300／H376）
【字體分類】：賓一.典賓／過渡 2 類
【鑽鑿分佈】：Z1a／3-6
【正面釋文】：
A. 乙丑卜㱿貞：甲子皀（向）乙丑，王夢牧石麋，不隹囚（憂），隹又（祐）。
貞：甲子皀（向）乙丑，王夢牧石麋，不隹囚（憂），隹又（祐）。
B. 貞：于來乙巳[𠦪]（禱）。
貞：勿于來乙巳[𠦪]（禱）。
C. 貞：王㞢三羌于宜。不有若。
{王占曰：吉。若。}
D. 貞：乎登次入人。
E. 庚子卜㱿貞：帚媟冥（娩）妨。
貞：帚媟冥（娩）不其妨。
{王占曰：其隹甲冥（娩）□}
F. 庚申卜古貞：王使人于陮，若。
王勿使人于陮，不若。
王占曰：吉。若。
G. 貞：我受黍年。
不其受黍年。
{王占曰：吉。我▨}
H. 王隹有不若。
王不隹有不若。
{王占曰：吉。余亡不若。}
I. 來乙未勿禱。
J. 貞：□夢□□乎余御𡆥。
貞：王有夢。不隹乎余𡆥。
K. 翌乙亥啟。
翌乙亥不其啟。
L. 貞：王其疾𡆥。
M. 貞：今般取于宬。王用若。
N. 乙巳卜㱿貞：有□身。蜎（蠲）
乙巳卜㱿貞：有疾身。不其蜎（蠲）。
O. 王占曰：鷹其言（舌）辪。隹辛令。
P. 勿乎竝㞢。
【反面釋文】：
A. 貞：今乙未亡𢀛（害）。
王占▨𢀛（害）。
B. 翌辛丑勿隹燎𡆥。
貞：于翌辛丑燎。
王占曰：吉。我▨
C. 貞：見庚其隹丁引吉。
D. 王占曰：其隹甲冥（娩）□。
E. 王夢不隹有囚（憂）。
F. 翌庚子燎。
翌庚子勿燎。
G. 令[報（？）]御大兕。
勿令。
H. 御于祖辛。
I. 貞：勿于▨
J. 不[人] ▨
K. 王夢[示]竝立[示十]。
L. 王占曰：吉。余亡不若。
M. 畫入二在高。wr
N. 爭。wr
【相關說明】：
此反面甚為殘泐，反面釋文 F「翌庚子勿燎」之燎字，其右上有殘字刻劃；反面釋文 C「貞：見庚其隹丁引吉」，「隹丁」二字據陳劍*來函改。

【著錄號】：丙九八、九九（R44301／H10613）
【字體分類】：賓一／典型賓一類
【鑽鑿分佈】：Z1a／2（3）-5
【正面釋文】：
A. 丁巳卜㱿貞：告𡆥于祖歲祼。
B. ▨祖乙鳴（鳴（?））不蝠（?）。
C. 翌癸卯狩。𠬪（擒）。
翌癸卯勿狩。
{王占曰：玆鬼卜。隹▨}
D. {己未卜賓}貞：王不祼。示左。
貞：示弗左。王不祼。
E. 示左王。
示弗左。
F. 貞：多介嚚。
介嚚。
G. 貞：生五月陮至。
{王占曰：吉。陮至。其隹辛。}
H. 丁巳卜賓貞：祼于祖乙。告王𡆥。

貞：㲃毓裸于祖乙告ᕰ。

I. 㞢祖乙。告王ᕰ。
   㲃㞢祼祖乙。

J. 貞：乎取黍。
   貞：㲃乎取。

【反面釋文】：

A. 甲午卜賓：丙不☒
   王占曰：吉。

B. 王占曰：吉。陜至。其隹辛。

C. 翌乙卯㞢祖乙。用。
   㞢于祖乙。

D. 己未卜賓。

E. 王占曰：茲鬼卜。隹☒

F. 賈入□wr

【相關說明】：

甲骨脆弱，不可翻面。部分受水染靛藍。

【著錄號】：丙一〇〇、一〇一（R44302 ／H11006）

【字體分類】：典賓／過渡 2 類

【鑽鑿分佈】：Z1a／2-3（4） ◎

【正面釋文】：

A. 丙戌卜㱿貞：燎王亥圭。
   貞：㲃圭。燎十牛。

B. 丙戌卜㱿貞：翌丁亥我狩寧。
   貞：翌丁亥㲃狩寧。

C. 丁亥卜爭貞：王夢隹齒。

D. 貞：方其□我☒

E. 乎𡚁多子。

F. ｛戊戌卜㱿｝貞：王其舞。若。
   貞：王㲃舞。

G. 丙午卜□貞：引疫𤬐自旨。
   貞□旨□自疫。

H. 戊午卜爭貞：先敗（得）。
   ｛王占曰：敗（得）。隹□｝

【反面釋文】：

A. 戊戌卜㱿。

B. 貞：其有[埶]。[生]。

C. 王占曰：敗（得）。隹□

D. 王占曰☒

E. 孔入五。wr

【相關說明】：

一、正面釋文B在丁亥日「狩寧」，張秉權在考證中指出與丙五九四丁亥「焚寧」同指一事，可信。張政烺認為：「耕田和打獵本來是兩回事，在焚山燒澤這一點上統一了，許多獵區終於不免變成農田」，裘錫圭對之亦有詳細的考證，可參看。[25]

二、正面釋文 G 是位於後、尾甲交界的左右對貞卜辭，從文字契刻位置與語序來判斷，「引」字下應無缺文，且作動詞用，以「疫𤬐」為雙賓語，可進一步推知左側對貞「貞」、「旨」下缺字應分別為「引」、「𤬐」。引疫𤬐自旨、引旨𤬐自疫，可能表示將此二地／氏族生產的某農物作某種相對性處理。

三、反面釋文B，「貞其有[埶][生]」，後二字舊釋「南之」，然皆頗漫漶；陳劍*認為即裘錫圭根據羅振玉意見指出之「兩手持木植于土上」的「埶」字，這顯然是對的。[26]

【著錄號】：丙一〇二、一〇三（R44303 ／H10408）

【字體分類】：典賓／賓一類

【鑽鑿分佈】：Z1a／2-3（4） ◎

【正面釋文】：

A. 翌癸卯其焚□㷇（擒）。
   翌癸卯㲃焚。／癸卯允焚，隻兕十一、豕十五、虎□兔廿。

---

[25] 張說見：〈卜辭裒田及其相關諸問題〉，《考古學報》（1973 年 1 月），頁 106-107；裘說見〈甲骨文中所見的商代農業〉，《古文字論集》（北京市：中華書局，1992 年），頁 168-169。

[26] 裘錫圭：〈釋殷墟甲骨文裏的「遠」「㦰」（邇）及有關諸字〉，《古文字論集》，頁 1-10。

B. 貞：于甲辰焚。
　　曷于甲。

C. 貞：出祖乙十伐。卯三牛。

D. 戊午卜賓貞：王夢隹我妣。
　　☑我妣☑

E. 貞：出于學戊。
　　曷歯出于學戊。

F. ☑祖辛。
　　□曷出祖辛。

G. ☑其☑來☑
　　｛☑來☑｝

H. 己未卜賓貞：出☒。

【反面釋文】：

A. ☑來☑

B. ☑隹己□其☑

C. 賈入□　wr

【著錄號】：丙一〇四、一〇五（R44304
／H3458）

【字體分類】：賓一.典賓／賓一類

【鑽鑿分佈】：Z1a／2-3

【正面釋文】：

A. 不征（延）雨。

B. 貞：翌己未王步。

C. 庚申卜歆貞：我有乍☒（憂）。
　　庚申卜歆貞：我亡乍☒（憂）。

D. ｛庚申卜歆｝貞：王自余入。
　　辛酉：王□自余入。

E. 王夢不隹☒（憂）。
　　不隹☒（憂）。

F. 貞：黃尹咎王。
　　貞：黃尹弗咎王。

G. 貞：燎于河。

【反面釋文】：

A. 庚申卜歆。

B. 奠來五在襄。wr

【相關說明】：
反面釋文 B「五」下有痕，無法辨認
屬泐痕還是殘辭。

【著錄號】：丙一〇六、一〇七（R44305
／H456）

【綴合情形】：加綴乙 3327＋乙 6928

＝丙五〇二

【字體分類】：典賓／過渡 2 類

【鑽鑿分佈】：Z1a／2-4

【正面釋文】：

A. 甲午卜爭貞：翌乙未用羌。用。之
　　日隺（陰）。
　　貞：翌乙未用羌。
　　甲午卜爭貞：翌乙未曷歯用羌。

B. 乙未卜賓貞：以武㝱。
　　貞：弗其[以]武㝱。

C. 出于唐子。伐。

D. 貞：乎取𡉻伐。

E. ｛甲午卜爭｝貞：燎于土（社）。

F. ｛乙未卜歆｝出于父乙。

G. 貞：王夢隹☒（憂）。
　　不隹☒（憂）。

H. 貞：王其疾目。
　　貞：王弗疾目。

【反面釋文】：

A. 甲午卜爭。

B. 乙未卜歆。

C. 方帝。
　　曷方帝。

D. 乎目于河。有來。
　　亡其來。
　　王占曰：有咎。其☑

E. 貞：今其言□
　　曷卒。

【相關說明】：
左甲橋新綴「其」「㝱」，本條應有「以」
字；反面釋文 F，「貞今其言」，「今」
下應有字，目驗均已殘去不能識。

【著錄號】：丙一〇八、一〇九（R44306
／H14208）

【字體分類】：典賓／過渡 2 類

【鑽鑿分佈】：Z1a／2-3

【正面釋文】：

A. 貞：[今]□取以。
　　曷隹弘令。

B. 貞：帝疾唐邑。
　　貞：帝弗疾唐邑。

【反面釋文】：

畫气（乞）四十。wr

【相關說明】：

關於反面釋文「气」字做為記事刻辭的實詞用法，季旭昇曾指出這類記事刻辭中的「气」字應表示「給予、致送」之意，方稚松根據其觀點為進一步申論這類「气」字，既具有給予義，也具有求取義；這些顯然都是正確的。[27] 對此辭的英譯，司禮義釋為"Hua three times made it（gifts of）thirty"，高嶋謙一已指其誤，另將「畫乞」譯為"Hua was requisitioned（to supply）"，較為可信。[28]

【著錄號】：丙一一〇、一一一（R44307／H6033）

【字體分類】：賓一／過渡 2 類

【鑽鑿分佈】：Z1a／2-4

【正面釋文】：

A. ☑王叀首。

B. 丙戌卜韋貞：令役往于兔。
　　丙戌卜韋貞：弜令役往于兔。

C. 王耴（聽）隹☑
　　王耴（聽）不隹田（憂）。

【反面釋文】：

A. 貞：翌庚辰王弜往叀首。
　　翌庚辰王往叀首。

B. 貞：王夢瑴。隹田（憂）。
　　貞：王夢瑴。不隹田（憂）。[29]

---

[27] 季文見：〈說气〉，《中國文字》新 26 期（臺北市：藝文印書館，2000 年 12 月）；方說見：《殷墟甲骨文五種記事刻辭研究》（北京市：線裝書局，2009 年 12 月），頁 70-71。

[28] Ken-ichi Takashima and Paul L-M. Serruys. *Studies of Fascicle Three of Inscription from the Yin Ruins Volume I,I*《殷墟文字丙編研究》上冊，p272.

[29] 「珏」釋戚，讀為「瑴」，見陳劍：〈說殷墟甲骨文中的「玉戚」〉，《中央研

【相關說明】：

反面釋文 A，「王」字下、「往」字上有「弜」，殘泐，今補之。

【著錄號】：丙一一二、一一三（R44308／H14735）

【字體分類】：賓一.典賓／賓一類

【鑽鑿分佈】：Z1a／3-3（4）◎

【正面釋文】：

A. 甲申卜爭貞：燎于王亥。其瑴。
　　甲申卜爭貞：弜瑴。

B. 翌戊子焚于西。

C. 燎□牛□日。

D. 王往馬。

E. 貞：求。

F. 貞：燎于王亥十牛。
　　貞：弜十牛。

G. 貞：弜蔨三牛。
　　貞：燎十牛。

H. □王亥□牛。

I. ☑亡田（憂）。
　　☑其☑

【反面釋文】：

A. 貞：屮于父乙。

B. 屮于母庚。
　　弜屮母庚。

C. 奠來二。wr

【著錄號】：丙一一四、一一五（R44309／H6664）

【字體分類】：賓一／過渡 1 類

【鑽鑿分佈】：Z1a／3-5（6）

【正面釋文】：

A. 甲申卜□貞：隹□乙[降]齒。
　　□□卜殷貞：不隹□乙[降]齒。

B. 乙酉卜爭貞：隹父乙降齒。
　　貞：不隹父乙降齒。

C. 辛亥卜王貞：酓父乙百宰。十一月。

D. 戊午卜爭貞：叀（惟）王自往鬵（陷

糜）。十二月。

E. 甲辰卜爭貞：我伐馬方。帝受我又。一月。

F. ｛甲辰卜□｝貞：出于上甲三宰。
告我匚（報）衛（達）。[30]
貞：一宰于上甲。告我匚（報）衛（達）。
十狨于上甲。[31]

G. 出于示壬。

H. □不隻。

【反面釋文】：

A. 貞：龍亡囚（憂）。

B. 出于下乙十牛。

C. 出于咸。

D. 甲辰卜□。

【相關說明】：

一、正面釋文A，「甲申卜□貞隹□乙△齒」，△字在「乙」下，尚存少許，應為「降」，舊未釋，今補之。[32]

二、反面釋文 B，有殘字，全句應作「出于下乙十牛」，今校正之。

【著錄號】：丙一一六（R44310／H14732）

---

[30] 衛即「奉」字，釋「達」，表「到」、「逃」義，從李旼姈說，參氏著《甲骨文字構形研究》（臺北市：政治大學中國文學系博士論文，2005 年 7 月。指導教授：蔡哲茂），頁 229-232。此字學界一般從趙平安〈戰國文字的「旋」與甲骨文「奉」為一字說〉一文觀點釋「逸」，李氏於論文中有很好的反證與金、戰文證據，學者可參。

[31] 「告我匚衛」，當指承放神主的宗祊遺失，參裘錫圭：〈甲骨卜辭中關於俘虜和奴隸逃亡的史料〉，《裘錫圭學術文集》第五冊（上海市：復旦大學出版社，2012 年 6 月），頁 12-13。

[32] 關於本版「齒」字，應與災字有密切關係，可參拙作：〈試論卜辭中用作憂患義之齒字〉。

【字體分類】：賓一／典型賓一類

【釋文】：

A. 辛未卜內貞：日叀（惟）羊。六月。

B. 有來。

C. □之□雨。

D. 出于王亥。

E. 辛未卜㱿：王叀（惟）出匚（報）。
酒于王亥。
辛未卜㱿：今來甲戌酒王亥。

F. 丙子卜內貞：翌丁丑王步于壴（鼓）。
丙子卜內貞：翌丁丑王昜步。

G. 丙子卜內：翌丁丑其雨。
翌丁丑不雨。

【著錄號】：丙一一七、一一八（R44311／H672）

【綴合情形】：

① ：（乙 2508＋乙 3094）＝曾毅公綴

② ：〔①＋（乙 2452＋乙 2631＋乙 3064＋乙 3357＋乙 7258＋乙 8064＋乙 8479）〕＝張秉權綴

③ ：（②＋乙 2862＋北圖 5246）＝桂瓊英綴

④ ：（③－乙 2862）＝合 672 綴

⑤ ：（③＋北圖 5207＋歷拓 4704＋歷拓 8074）＝合集材料來源表綴

⑥ ：〔⑤＋（乙 713＋乙 2462）〕＝嚴一萍綴（彙 541）

【字體分類】：賓一／典型賓一類

【鑽鑿分佈】：Z1a／3-5（6）

【正面釋文】：

A. 甲午卜爭貞：賈其有囚（憂）。
貞：賈亡囚（憂）。

B. 貞：酒于河。匚（報）。

C. 貞：乎雀酒于河五十□
昜五十牛于河。
酒五十牛于河。

D. 貞：翌乙未酒咸。
翌□未□咸宰用。

E. 乙未卜㱿貞：酒各。
乙未卜㱿貞：各。

易酒各。

F. 貞：亡來艱。
　乙未卜㱿貞：其有來艱。

G. 貞：翌丁酉征（延）出于大丁。
　翌丁酉易出于大丁。

H. 貞：翌癸卯帝其令風。
　翌癸卯帝不令風。夕雀（陰）。

I. 癸卯卜㱿：翌甲辰酒大甲。
　貞：甲辰易酒大甲。

J. 貞：秦（禱）年于大甲十宰。祖乙十宰。

K. 秦（禱）雨于上甲。宰。

L. 貞：出于上甲十牛。

M. 乙巳卜㱿：易宰。

N. 貞：酒王亥。

O. 出于王亥[妾]。

P. 翌辛亥出于王亥四十牛。

Q. 翌乙卯子沐酒。
　貞：翌乙卯酒沐。

R. 貞：乎子沐祝一牛[于]父甲。

S. 翌乙卯酒。子釁祈。

T. 貞：叀（惟）王鄉（向）。

U. 彡夕二羊二豕。宜三羊三豕。
　彡夕一羊一豕。二羊二豕。

V. 貞：祈祀今秦（秋）。
　貞□

W. 貞：子□出□

X. 貞：彡。其酒祼。

Y. 自咸告。

Z. 出于咸。大丁。大甲。大庚。大戊。
　中丁。祖乙。祖辛。祖丁。一牛。
　卯（蚊?）羊。

A2. 祈賓（宗?）

B2. 來辛亥燎于王亥五十牛。
　五十牛于王亥。

C2. 出于河我女。
　酒河卅牛以我女。

【反面釋文】：
□夕雀（陰）。
【相關說明】：
正面釋文 A，「貞賈亡田」，「賈」字左
旁目驗有「出」字殘痕，已削去，「亡」

字也是在削痕上重刻的，推測原刻
「其」字。

【著錄號】：丙一一九（R44312／H6959）
【字體分類】：賓一.典賓／典型賓一類
【釋文】：
A. 辛巳卜㱿貞：乎雀敦桑。
B. 辛巳卜㱿貞：乎雀敦壴。
C. 辛巳卜㱿貞：雀取（得）亘我（宜）。
　辛巳卜㱿貞：雀弗其取（得）亘我
　（宜）。
D. 辛巳卜㱿貞：乎雀伐哭。
　辛巳卜㱿貞：易乎雀伐哭。
E. [乙]未卜㱿貞：𡊄戈。[33]
F. 辛巳□
【相關說明】：
一、釋文 C，「辛巳」下據目驗補「卜」
　字。
二、成套卜辭第二版。釋文 E「𡊄戈」，
　對貞部分殘碎漫漶，從 H6939 辭
　例來看，當是貞問戈是否「𡊄亘」
　之事，屬於相反互貞。賓組的「戈」
　或稱師戈（合 5817），或稱戈任（合
　3929），顯然是商王倚重的重要臣
　屬。

【著錄號】：丙一二○、一二一（R44313
／H190）
【字體分類】：賓一.典賓／典型賓一類
【鑽鑿分佈】：Z1a／3-5
【正面釋文】：
A. 乙未卜爭貞：來辛亥酒萑匚（報）
　于祖辛。
　來辛亥叀（惟）萑匚（報）酒于祖辛。
B. 萑征（延）蚊。

---

[33] 𡊄字在此可讀為「趄」，前人已有說法，
　最近宋雅萍整理並提出新說，見氏著：
　〈說甲骨文、金文的「敢」字〉，《2010
　年出土文獻研究視野與方法研討會論
　文集》（臺北市：政治大學中文系，2010
　年 6 月）。

不隹征（延）**蚊**。

C. 壬戌卜㱿貞：出于祖□
　　出于祖乙五宰。
　　三宰。

D. 出一牛□祖乙。
　　叀（惟）伐酒于祖乙。

E. 貞：🐂于🐷。
　　🐂易于🐷。

F. 丁丑卜賓貞：足隻羌。九月。
　　貞：足不其隻羌。

G. 今日易齛出祖丁宰。

H. 貞：王其逐兕，隻。弗各兕。隻豕。
　　弗其隻兕。

I. 貞：以□

【反面釋文】：

A. 翌丁亥酒大丁。
　　易酒大丁。

B. 乎人入于雀。
　　乎人不入于雀。

C. 曰雀取乎[人]□
　　易曰雀取。

D. 雀入卅。wr

【相關說明】：

一、正面釋文 E「🐷」字為地名，故
　　變異形體。

二、反面釋文 C「易」字下有「曰」
　　殘泐，今據目補。

【著錄號】：丙一二二、一二三（R44314
／H418）

【字體分類】：賓一.典賓／過渡 2 類

【鑽鑿分佈】：Z1a／3-3（4）◎

【正面釋文】：

A. 貞：其泟于妀。
　　庚子卜內：易于妀。

B. 庚戌卜㱿貞：于河出匸（報）。
　　庚戌卜㱿貞：易于河出匸（報）。
　　三月。

C. ｛壬戌卜爭｝貞：王祼鼎。出伐。
　　王祼。易出伐。

D. 庚申卜㱿貞：燎于兜（稷）。
　　貞：于黃奭燎。
　　｛王占曰：己雨。｝

E. 貞：方帝一羌二犬。卯一牛。
　　貞：易方帝。

【反面釋文】：

A. 壬戌卜爭。

B. 王占曰：己雨。

C. □入□wr

【相關說明】：

正面釋文 B「河」字，原先刻水形太
偏右，重新刻於稍左，原刻處未削除
便直接刻「可」形，以致明顯重疊。

【著錄號】：丙一二四、一二五（R44315
／H1027）

【綴合情形】：新加乙補 4919＝林宏明
綴（醉 350）

【字體分類】：賓一／過渡 1 類

【鑽鑿分佈】：Z1a／3-5

【正面釋文】：

A. 癸卯卜㱿：出于河三羌。卯三牛。
　　燎一牛。
　　癸卯卜㱿：燎河一牛。出三羌。卯
　　三牛。

B. 癸卯卜王：出于祖乙二牛。用。

C. 癸卯卜王：秦（禱）于大甲。

D. 癸□用□
　　癸□

E. 丁巳卜爭貞：降。酉千牛。
　　不其降。酉千牛。千人。

F. 丁□卜□
　　不□降□

G. 戊午卜㱿：我宰囜。戋（戩）。一月。

H. 戊午卜㱿貞：我其乎宰囜。戋
　　（戩）。

I. 己未卜㱿貞：缶其蕎我旅。
　　己未卜㱿貞：缶不我蕎旅。

J. 己未卜㱿貞：缶其來見。一月。
　　己未卜㱿貞：缶不其來見王。

K. 己未卜㱿貞：王夢血。隹囗。
　　己未卜㱿貞：王夢血。不隹。

【反面釋文】：

我來十。wr

【相關說明】：

一、正面釋文 K「血」，據趙鵬〈《殷虛

文字丙編》釋文校補十則〉改釋。
二、正面釋文 A 屬於替換語序占問同件事情，非對貞。

【著錄號】：丙一二六、一二七（R44316／H9504）
【綴合情形】：
①：＋乙 4982＝史語所綴
②：（①＋乙補 6091）＝林宏明綴（醉 197）
【字體分類】：賓一.典賓／過渡 2 類
【鑽鑿分佈】：Z1a／3-6
【正面釋文】：
A. 甲午卜㱿貞：翌乙未㞢于祖乙。
貞：翌乙未[勿]㞢于祖乙。
B. 貞：乎省専牛。
C. 丙申卜古貞：乎見[illegible]并芻。𢀛（擒）。
丙申卜古貞：乎見[illegible]并芻。弗其𢀛（擒）。
D. 丙午卜賓貞：王往出田。若。
E. 丙辰卜爭貞：乎耤于唯。受有年。
F. 貞：乎𩫖（啚）帚（歸）田。
勿乎𩫖（啚）帚（歸）田。
G. 貞：妣己蚩（害）王。
貞：妣己弗蚩（害）王。
H. 貞：有由自示。
貞：亡由自示。
【反面釋文】：
A. 王占▨
B. 帚羊。wr
C. 般入四。wr
【相關說明】：
一、正面釋文C「[illegible]」字釋為「并」，F「𩫖」字釋為「啚」，見陳劍、筆者考釋。[34]

[34] 陳劍：〈殷墟卜辭的分期分類對甲骨文字考釋的重要性〉，《甲骨金文考釋論集》，頁 404-406；拙作：〈賓組卜辭文字「異體分工」現象再探〉，《第二十二屆中國文字學國際學術發表會論文集》，釋「啚」。

二、版面受染靛藍十分嚴重。

【著錄號】：丙一二八、一二九（R44317／H152）
【字體分類】：典賓／過渡 2 類
【鑽鑿分佈】：Z1a／3-3（4）◎
【正面釋文】：
A. 庚辰卜賓貞：朕芻于鬥。
貞：朕芻于丘剢。一二
B. 辛巳卜內貞：般往來亡囚（憂）。
般其有囚（憂）。
｛王占曰：亡囚（憂）。｝
C. 貞：[illegible]（琮）往來亡囚（憂）。
[illegible]（琮）□有囚（憂）。[35]
D. ｛壬辰卜爭｝貞：翌乙未其燎。
翌乙未勿卒燎。
｛王占曰：雨。｝
【反面釋文】：
A. 壬辰卜爭貞。
B. 王占曰：雨。
C. 王占曰：亡囚（憂）。
D. 奠來十。wr
【相關說明】：
反面釋文 A「壬辰卜爭」後疑有「貞」字、反面釋文 B「王占」後有「曰」字，皆甚泐，拓本不可見，今據目驗補之。

【著錄號】：丙一三〇、一三一（R44318／H4259）
【綴合情形】：新加綴乙補 1791＝林宏明綴（契 274）
【字體分類】：賓一／過渡 2 類
【鑽鑿分佈】：Z1a／1-2
【正面釋文】：
戊午卜古貞：般往來亡囚（憂）。
貞：般往來其有囚（憂）。
｛王占曰：吉。亡□囚（憂）。｝

[35] 「琮」字從陳劍釋，參氏著〈釋「琮」及相關諸字〉，《甲骨金文考釋論集》，頁 273-316。

【反面釋文】：
王占曰：吉。亡[囚]（憂）。
【相關說明】：
一、正面舊釋「其」字，據目驗無上二橫筆、左右兩豎過近，且僅見一斜筆，故當改釋「亡」。
二、乙補 1791 為反面，其正面無字未拓。

【著錄號】：丙一三二、一三三（R44319／H506）
【綴合情形】：新加綴乙 1990＝林宏明綴（醉 31）
【字體分類】：賓一.典賓／典型賓一類
【鑽鑿分佈】：Z1a／3-3（4）◎
【正面釋文】：
A. □寅卜貞：般亡不若。不□（達）羌。一二三
般其□（達）羌。
其□（達）。
{王占曰□亡囚（憂）。}
B. 貞：龍亡不若。不□（達）羌。一二三
□龍其□（達）。
其□（達）。
{□占曰：吉。}
【反面釋文】：
A. □占曰：吉。
B. 王占曰□亡囚（憂）。
C. 奠來十。wr

【著錄號】：丙一三四、一三五（R44320／H6648）
【字體分類】：賓一.典賓／過渡 2 類
【鑽鑿分佈】：Z1a／3-6
【正面釋文】：
A. 乙丑卜古貞□𢦏（翦）。
乙丑卜古貞：旨弗其𢦏（翦）。
{王占曰：叀（惟）既。}
B. 庚寅卜㱿貞：□化各𢦏（翦）□（角）𦤎。
貞：□化各弗其𢦏（翦）。
{王占曰：叀（惟）既。}
C. 貞：王亡□（害）。[36]
王占曰：叀（惟）既。
三日戊子允既。𢦏（翦）𢦔方。
【反面釋文】：
A. 王占曰：叀（惟）既。
B. 王占曰：叀（惟）既。
C. [帚]□來。
D. 㞢□。
E. 畫來廿。wr
【相關說明】：
一、本版與彙 470（合 6650＋合 4181）事類相近，惟占卜時日不同，且彙 470「翦𢦔方」主語為□化各，與本版不同。
二、張秉權已指出，本版有新兆覆舊兆的現象，見正面右上粗筆六覆在細筆六上，九、十蓋在一、二之上，右一、二蓋在削痕之上，今據目驗誌之。另，兆序二、三間未削去之辭 5「𢦏」字，疑因釋文 D 後刻，位置重疊，遂重刻一字於右甲橋中側，顯然當時忘記削去原字。
三、反面釋文D「□」字，蔡哲茂先生認為字形上很可能是象以手持「不求人」來抓癢、搔背，或即「背」的象意字，可參。[37]

【著錄號】：丙一三六（R44321／H4179）

---

[36] 此類的「害」字，似應讀《尚書．多士》：「今惟我周王丕靈承帝事，有命曰割殷」中之「割」，表示攻取之義；見趙鵬：〈讀契劄記五則〉第二則，發表於上海復旦大學出土文獻與古文字研究中心網站，http://www.guwenzi.com/SrcShow.asp?Src_ID=1207，2010 年 7 月 5 日。

[37] 蔡哲茂：〈甲骨文字考釋兩則〉，《新出土文獻與古代文明研究》（上海市：上海大學出版社，2004 年 4 月），頁 330-335。

【綴合情形】：新加乙補 3136＝林宏明綴（契 229）

【字體分類】：典賓／過渡 2 類

【釋文】：

A. 丁未卜爭貞：峀各化亡𡆥（憂）。

B. 貞：峀各化亡𡆥（憂）。

【相關說明】：

辭 2「亡」字旁原有「𡆥」字殘筆，今林氏據之以補綴。

【著錄號】：丙一三七、一三八（R44322／H4178）

【綴合情形】：新加（乙 2289＋乙 3268＋乙 3923＋乙補 675＋乙補 2074＋乙補 2750＋乙補 6328＋乙補 6735）＝史語所綴

【字體分類】：賓一／賓一類

【鑽鑿分佈】：Z1a／2-3

【正面釋文】：

A. 辛未卜賓貞：曰峀各化來。

　　貞：易曰峀各化來。

　　｛王占曰：叀（惟）來。｝

B. 貞：不其若。

【反面釋文】：

A. 王占曰：叀（惟）來。

B.［雀］（？）入五十。wr

【著錄號】：丙一三九、一四〇（R44407／H6653）

【綴合情形】：新加綴乙 2311＝丙三一七（合 6653 加綴、彙 235）

【字體分類】：典賓／典型賓一類

【鑽鑿分佈】：Z1a／2-3◎

【正面釋文】：

A. 甲午卜㱿貞：王奏茲玉。咸左。

　　甲午卜㱿貞：王奏茲玉。咸弗左。

B. 乙未卜㱿貞：其有冓帚好䊪（僭）。

　　貞：亡冓帚好䊪（僭）。

C. ｛丙子卜㱿｝貞：王㞢匸（報）于蔑。隹之㞢心。

　　貞：不隹之㞢心。

D. 辛酉卜㱿貞：峀各化𢦏（翦）舁（角）。

㱿貞：峀各化弗其𢦏（翦）舁（角）。

　　｛王占曰：叀（惟）既。｝

E. 令戒徒卯。

　　叀（惟）藺令。

F. ｛甲辰卜㱿｝翌乙巳㞢祖乙宰㞢［牝］

　　貞：易㞢牝。叀（惟）牡。

G. 翌庚子㞢伐。

　　翌庚子易㞢伐。

H. 貞：祖丁若小子。𥁐（殂）。

　　祖丁弗若小子。

【反面釋文】：

A. 王占曰：叀（惟）既。

B. 丙子卜㱿。

C. 甲辰卜㱿。

D. □來四。wr

【相關說明】：

正面釋文 C「心」字，舊釋「祭」，今據左甲橋新綴改。

【著錄號】：丙一四一、一四二（R44323／H6016）

【字體分類】：賓一／過渡 2 類

【鑽鑿分佈】：Z1a／3-4（5）◎

【正面釋文】：

A. 己丑卜爭貞：王其㣇。

　　貞：易㣇。

B. 貞：御于妣庚。

C. 貞：其乎麥犬（豕）从北。

D. 戊戌卜爭貞：王歸堇（禱）玉。

　　其伐。

E. 其㞢硟。敗（得）。

F. 庚申卜爭貞：旨其伐有蠱羅。

　　旨弗其伐有蠱羅。

　　｛［王占曰］：吉。其伐隹丁。｝

G. 貞：雍芻于𤓍（秋）。

　　貞：雍芻易于𤓍（秋）。

H. 王從［硪］□

I. 翌□

　　翌□易□

【反面釋文】：

A. 貞：目其㤠（瘳）疾。

　　貞：目不㤠（瘳）疾。

B. [王占曰]：吉。其伐隹丁。

C. 庚入十。wr

【相關說明】：

正面釋文 H 王下之字，陳劍指出當是地名，非「黾」字，甚是；本書暫楷定為「碗」，可參《類纂》頁 848。

【著錄號】：丙一四三、一四四（R44324／H7426）

【字體分類】：賓一（？）／過渡 2 類

【鑽鑿分佈】：Z1a／3-6

【正面釋文】：

A. ☑人。

B. 貞：興再曹。乎歸。

☑乎歸。

【反面釋文】：

A. 貞☑

B. 貞：王⽣竣祖乙。若。

不若。

王占曰：吉。其⽣。

C. 隹之乎犬。

不隹☑

D. □茲于□[圍]

E. 貞：王以之☑

貞：乎及以。

王占曰：其昜以。

F. [牛界]☑

G. 貞：門品☑

允徝（循）☑

H. 取☑

【相關說明】：

一、反面釋文 B 舊釋「王⽣竣不若」，「不」據目驗改「祖乙」；「王占曰吉其乎」，「乎」據目驗改「⽣」；反面釋文 G「允征」，「征」據目驗改「徝」。

二、反面釋文 B「不若」右側，據目驗補「不隹」二字；「占曰」上（中縫上），據目驗補「王」字。

【著錄號】：丙一四五、一四六（R44325／H13506）

【字體分類】：典賓／過渡 2 類

【鑽鑿分佈】：Z1a／2-4

【正面釋文】：

A. 乙巳卜☑

貞：王昜乍邑。

B. ☑貞：令望䇂歸。

貞：昜令䇂望歸。

C. 貞：令侯☑

昜令侯☑

【反面釋文】：

畫入三。wr

【相關說明】：

反面據目驗補「入」字。

【著錄號】：丙一四七、一四八（R44327／H14206）

【綴合情形】：新加乙 7075＝鄭慧生綴（彙 254）

【字體分類】：賓一／過渡 2 類

【鑽鑿分佈】：Z1a／3-6

【正面釋文】：

A. 壬子卜爭貞：我其乍邑。帝弗左。若。三月。

B. 癸丑卜爭貞：昜乍邑。帝若。

C. 癸丑卜爭貞：我宅茲邑。大賓。帝若。三月。

癸丑卜爭貞：帝弗若。

【反面釋文】：

王省比（從）西。

昜比（從）西。

【著錄號】：丙一四九、一五〇（R44326／H5658）

【字體分類】：典賓.賓一／過渡 2 類

【鑽鑿分佈】：Z1a／3-6

【正面釋文】：

A. 甲子卜㱿貞：妥以巫。

{甲子卜㱿}貞：妥不其以巫。

王占曰：不吉。其以齒。

B. {甲子卜爭}貞：伐□巫。

C. 隹☑

不隹。

D. ⽣河。

昜⽣。

E. 丙寅卜爭貞：今十一月帝令雨。
　　貞：今十一月帝不其令雨。
　　｛王占曰：令☐｝
F. 大敓敦𠂤（次）。
　　昜卒敓敦𠂤（次）。
G. 羌甲求（咎）王。
　　南庚求（咎）王。
H. 翌己巳燎一牛。
I. 貞：征（延）雨。
　　不其征（延）雨。
J. 丙☐卜☐貞☐叀（惟）引乎田。
【反面釋文】：
A. 甲子卜㱿。
B. 甲子卜爭。
C. 乎☐
D. 乍冊西。
E. 王占曰：令☐
F. 燎東黃鷹。
　　出父乙。
G. 乎隹御事。

【著錄號】：丙一五一、一五二（R44328
／H12324）
【綴合情形】：
①：（乙補 1474＋乙補 1487 倒）＝蔡
　　哲茂綴
②：（①＋乙補 587＋乙補 1472＋乙
　　1861）＝林宏明綴（醉 26）
【字體分類】：賓一／過渡 2 類
【鑽鑿分佈】：Z1a／2-4
【正面釋文】：
A. 丁巳卜亘貞：自今至于庚中其雨。
　　貞：自今丁巳至于庚申不雨。
B. 戊午卜㱿貞：翌庚申其雨。
　　貞：翌庚申不雨。
【反面釋文】：
A. 老以五十。wr
B. 爭。wr
【相關說明】：
一、正面釋文 A 左辭「貞」字下有殘
　　筆，顯然是「自」字先刻下兩筆
　　後，改換到左上所留之殘痕。

二、乙 1161＋乙 1717＋乙 1471 為《殷
　　墟文字綴合》所綴，收入本組以及
　　合 12324。新加綴之乙 1861，從實
　　物來看疑不合綴。

【著錄號】：丙一五三、一五四（R44329
／H16131）
【字體分類】：賓一？／過渡 2 類
【鑽鑿分佈】：Z1a／2-4
【正面釋文】：
A. 貞：使隻（禽）。
B. 其雨。
　　不雨。
　　｛王占曰：其夕雨。夙明。｝
C. 昜乎☐
D. 🐚☐
E. 王其伐，若。
　　乙丑允伐。右卯暨左卯。隹人（夷）牛。
F. 貞：翌癸丑其雨。
　　｛辛亥卜內｝翌甲寅其雨。
　　｛☐占曰：癸其雨。三日癸丑允雨。｝
【反面釋文】：
A. 王占曰：其夕雨。夙明。
B. 辛亥卜內。
C. ☐占曰：癸其雨。三日癸丑允雨。
D. 賈入☐wr
【相關說明】：
反面釋文 D「賈入☐」，入字據目驗
補之。

【著錄號】：丙一五五、一五六（R44330
／H667）
【字體分類】：典賓／過渡 2 類
【鑽鑿分佈】：Z1a／3-6
【正面釋文】：
A. 辛未卜㱿貞：𡨄（憯）告于祖乙。
　　辛未卜㱿貞：昜𡨄（憯）告于祖乙。[38]
B. 壬寅卜爭貞：弘屮（贊）王事。

---

[38] 𡨄字從陳劍說，讀為「憯」，具有「速」
　　義，參氏著：〈釋「琛」及相關諸字〉，
　　《甲骨金文考釋論集》，頁 273-316。

壬寅卜爭貞：弘弗其屮（贊）王事。

C. 壬寅卜㱿貞：自今至于丙午雨。
　　壬寅卜㱿貞：自今至于丙午不其雨。
　　{王占曰：隹今夕癸見丁。}

D. 癸卯卜㱿貞：乎弘往于𩵋。比𢆷（速）。
　　癸卯卜㱿貞：弜乎弘往。比𢆷（速）于𩵋。[39]

E. 辛亥卜亘貞：御帚于有妻。
　　弜御帚于有妻。

【反面釋文】：

A. 貞：乎比卬取屯于□（宙（？））。
　　貞：弜乎比卬。

B. 王其比取。
　　弜比取。

C. 王往囗
　　弜往于□

D. 貞：肩同有□
　　貞：弗其肩。

E. 王敦。
　　弜敦。

F. 令𣏌𢎫[顑]□
　　□令𣏌𢎫

G. 王占曰：隹今夕癸見丁。

H. 帚妌來。wr

I. 王魚。
　　弜魚。

J. 王囗

K. 戔來五。wr

L. 㱿。wr

【相關說明】：

一、正面辭 D「𩵋」字，似可隸「𩵋」。反面釋文 F「顑」从䀠从頁，較漫漶，今據字排歸入該釋。

二、正面中下稍左，兆序「三」刻於「小

告」削痕上，惟「小」未削去。

三、甲骨脆弱，不可翻面。

【著錄號】：丙一五七、一五八（R44331／H9177）

【字體分類】：典賓／過渡 2 類

【鑽鑿分佈】：Z1a／2-4

【正面釋文】：

A. 貞：今丙戌𦰩姓。有从雨。
　　貞：姓。亡其从雨。
　　{王占曰：隹□丁不雨。戊雨。}

B. 叀（惟）己丑奏。
　　弜隹今己。

C. 舞岳。屮。
　　弜舞岳。

D. 于翌庚奏。
　　弜于庚。

E. 甲辰卜㱿貞：奚來白馬。
　　甲辰卜㱿貞：奚不其來白馬。
　　王占曰：吉。其來。

【反面釋文】：

A. 貞：之。
　　囗

B. 王占曰：隹[翌]丁不雨。戊雨。

C. 庚寅有从雨。

D. [史]

E. 爭。wr

F. 𦰩[來五] wr

【相關說明】：

一、反面釋文 A「貞之」、F「𦰩」，皆粗筆朱字未刻；A 右側相對位置亦有二字殘墨，然除「貞」字外皆已難辨。

二、反面釋文 B「隹」下「丁」上有殘筆、F「𦰩」下有殘筆，皆據目驗補之。

【著錄號】：丙一五九、一六〇（R44332／H6477）

【綴合情形】：新加綴乙 1191＋乙 1192＋乙 2973＋乙 6864

【字體分類】：賓一／過渡 2 類

【鑽鑿分佈】：Z1a／4（3）-7

---

[39] 此字據辭例，當釋「速」，在此辭中應為人名；見蔡哲茂：〈釋殷卜辭的「速」字〉，《第五屆中國文字學會全國學術研討會論文集》（臺北市：國立政治大學，1994 年 5 月）。

【正面釋文】：

A. 癸丑卜亘貞：王从（比）奚伐巴。

B. 癸丑卜亘貞：王叀（惟）望乘从（比）伐下厃。

C. 丙辰卜亘貞：御身□南庚▨

D. 子賓出疢▨

E. 貞：疢于咸。

F. 貞：王往于㣇京。
   貞：王弜往于㣇京。

G. 貞：乎逐从萬。隻。
   王占曰：其乎逐。隻。

H. 貞：王出取。若。
   貞：王出取。不若。

I. 貞：往于㣇京。
   貞：王弜步于㣇京。

J. 貞：□隹□咎。

【反面釋文】：

A. 其出令般。
   弜令。

B. 乎子畫涉。
   弜乎子畫涉。

C. 翌乙酉王往宷。亡▨

D. 王弜比奚▨
   王弜比望乘伐下▨

E. 乎涉。
   令子徙涉。
   弜令子徙涉。

F. 其▨

G. 叀（惟）百。

H. 貞：登伐。燎。
   弜燎。

I. 貞▨

J. 翌日▨

K. 出于祖[庚]七▨

L. 貞：翌乙酉[王]往宷[首]。若。
   弜往。不若。

M. 若。

【相關說明】：

一、反面釋文 D「弜比」下有「望」字，據目驗補之；同辭「奚」據目驗改釋「乘」。反面釋文 J「翌于庚」，據目驗疑應改釋「翌日貞」。反面

釋文 L「不」字右有「若」，今補之。

二、反面釋文「乎／弜乎子畫涉」、「令／弜令子徙涉」，應即卜問是否呼令子畫、子徙等多子族族長涉越河川，去進行某些工作。根據近年考古學者研究，盤庚遷殷後，前期商人主要定居於洹水以北，由於一些地理環境因素的限制，最遲至武丁早期或小辛、小乙時期便將定居點遷移至南岸，並於同時沿洹水西岸由北而南開始修建宮殿宗廟等大型建築；[40] 由考古證據與當時時間關係來判斷，武丁本人理應於未即位之前於洹北商城居住相當長一段時間，因此賓組卜辭當中存在著許多關於洹北地區舊王城記錄的可能性是很大的，尤其是此類關於貞問武丁及其臣屬「涉」事宜的卜辭，其中許多或與洹北舊地有關，只不過往往被命辭的省略特性所略去主要內容；值得學者注意。

【著錄號】：丙一六一、一六二（R44442／H1772）

【綴合情形】：新加綴乙1968＋乙1969＋乙1970＋乙1973＋乙7492＋乙補1656＝丙三九四

【字體分類】：賓一.典賓／過渡 2 類

【鑽鑿分佈】：Z1a／2-3

【正面釋文】：

A. 御肱于祖□
   弜于祖辛御。

B. 庚申卜㱿貞：昔祖丁不黍。
   庚申卜㱿貞：昔祖丁不黍。隹南庚蚩（害）。
   不隹南庚蚩（害）。
   ｛王占曰：南庚蚩（害）。祖丁蚩

---

40 參鄭振香：〈論殷墟的發展過程〉，《石璋如院士百歲祝壽論文集》（臺北市：南天書局，2002 年 4 月）。

（害）。大示。祖乙。祖辛。羌甲䖵（害）。}
C. 庚申卜㱿貞：乎逐[鹿]。
D. 壬辰卜韋貞：御▨羌甲。
【反面釋文】：
A. 㞢于兄戊。
B. 王占曰：南庚䖵（害）。祖丁䖵（害）。大示。祖乙。祖辛。羌甲䖵（害）。
C. 袁（擐）入五十。wr
D. 賓。wr
【相關說明】：
一、正面釋文 B「不黍」，其義費解，或以為誤／重刻，疑非。其完整句型作「某先王（不黍）。隹某先王害」，表達的是過去「祖丁不黍」這件事，是否是南庚所「害」，這顯示了「某先王不黍」在商人心中是一件負面、不好的事件。
二、反面釋文 C 原釋「卒入五十」之「卒」，據趙鵬女士指正應為「袁（擐）」字，目驗無誤，今據之改。
三、釋文 B 其正反互足占辭的「大示。祖乙。祖辛。羌甲害」，應該釋為「大示之中的祖乙、祖辛、羌甲所為害」，此處的羌甲包含在武丁時認知的大示之中，例與合 22911「于五示告。丁、祖乙、祖丁、羌甲、祖辛」、屯南 2342「告于父丁、小乙、祖丁、羌甲、祖辛」相近，顯示羌甲、南庚這一系與武丁之間具有的密切關係。陳劍*指出此辭似應讀作「不（頭部一橫筆尚存）[隹（唯）]南庚*害祖丁，叀（?）（頭部尚存）大示祖乙、祖辛、羌甲害」，亦可備一說。

【著錄號】：丙一六三、一六四（R44333／H10601）
【字體分類】：賓一?／賓一類
【鑽鑿分佈】：Z1a／2-3
【正面釋文】：
A. 貞：父乙弗䖵（害）王。
B. ▨王往狩。
　 勿往狩。
　 {王占曰：不。}
【反面釋文】：
A. 王占曰：不。
B. 𧆞入百廿。wr

【著錄號】：丙一六五、一六六（R44334／H7772）
【綴合情形】：新加綴乙補 2614＝林宏明綴（醉 38）
【字體分類】：典賓／典型賓一類
【鑽鑿分佈】：Z1a／3-5
【正面釋文】：
A. 貞：王复。
　 貞：勿王复。
B. 今辛未王夕步。
　 今未勿夕步。
C. 丙午卜賓貞：𦊝。
D. 不𠭰。
　 其𠭰。
E. 貞：翌辛亥王入。
　 翌辛亥王勿入。
F. {甲寅卜爭}翌乙卯王入不𠭰。
　 其𠭰。
G. {己酉卜}翌庚戌王入。
　 翌庚戌王勿入。
H. 庚戌卜內貞：王入于商。亡乍𡆥（憂）。
　 貞：王入于商。其有乍𡆥（憂）。
I. {庚戌卜爭}貞：王㞢匚（報）在賓。㞢（念）。
　 貞：王㞢匚（報）在賓。勿㞢（念）。
【反面釋文】：
A. 貞：卯。
　 勿卯。
B. 貞：王歸。
　 王勿歸。叀（惟）乎。
C. 乎酒登。
D. 貞：示。
　 勿示。
E. 令戊田▨
　 勿乎□田。
F. 己酉卜。

G. 于翌庚御王。
　　弜□

H. 甲寅卜爭貞：今日其雨。
　　不其雨。

I. 甲寅卜爭。

J. 庚戌卜爭。

K. 貞：㞢羌甲。

【相關說明】：
正面釋文 I「㣿（念）」字，從語法位置與型態來看，是一種可控制或聯繫主觀意願的行為或意念。合 9471 有「貞：念自（師）般龜」，師般是賓組卜辭習見人士，這裡的龜（應當是指龜甲）與「念」此行為應有關連。

【著錄號】：丙一六七、一六八（R44335／H9774）
【字體分類】：賓一.典賓／過渡 1 類
【鑽鑿分佈】：Z1a／2-3
【正面釋文】：

A. 炆于洱。
　　弜炆于洱。

B. 壬子卜�：敕于丘商。
　　弜敕于丘商。

C. 貞：用二小宰于𡆥。
　　貞：弜用小宰于𡆥。

D. 癸丑卜㲕貞：菁受年。
　　貞：菁不其受年。

E. 貞：褰受年。
　　貞：褰不其受年。

F. 貞：旬（荀）受年。
　　貞：旬（荀）不其受年。

G. 㞢犬于黃奭。卯三牛。
　　弜㞢犬□

H. 叀（惟）豚。卯三牛。
　　弜㞢豚□

【反面釋文】：
雀入龜五百。wr

【相關說明】：
反面「入」字後的該字，舊楷定作「黿」，按據目驗，字頭兩豎筆之左筆為蟲蛀痕，並非筆畫；此字應釋為「龜」，與

合 8996「龜」構形上為繁簡關係。本人博論釋為「卜龜」二字合文，恐非。

【著錄號】：丙一六九、一七〇（R44336／H9668）
【字體分類】：賓一／過渡 2 類
【鑽鑿分佈】：Z1a／3-4
【正面釋文】：

A. 丙寅卜爭貞：今來歲我受年。
　　□寅卜爭貞：今歲我不其受年在𡚱。十二月。

B. 貞：今辛亥王□出。若。

C. 貞：不𡆥。

【反面釋文】：

A. 貞：畀兔。
　　王占曰：吉。[其]□兔。

B. 曰兔來。
　　弜曰兔來。

C. [爭] wr

D. ☑不☑

【相關說明】：
反面釋文 D「不」字據目驗補之。

【著錄號】：丙一七一（R44337／H6572）
【字體分類】：賓一／過渡 1 類
【鑽鑿分佈】：2-3
【釋文】：

A. 辛巳卜爭貞：基方□戎。

B. 癸未卜內貞：子商�（翦）基方缶。
　　癸未卜內貞：子商弗其𢑌（翦）基方缶。

C. 癸未卜內貞：子商有保。四月。
　　癸未卜內貞：子商亡其保。

D. 戊戌卜內[貞]：乎雀方敕一牛。
　　戊戌卜內貞：敕三牛。

E. 戊戌卜內：乎雀敕于出日。于入日宰。

【相關說明】：
釋文 C「有保／亡其保」亦見丙三〇五，該版載亘、𤑃的戰役，而此處於同日卜問子商是否翦基方缶，可見這裡的「保」與戰爭有關，當用其本義，

表示保護、保存一類的意思。

【著錄號】：丙一七二、一七三（R44338／H590）

【字體分類】：賓一／賓一類

【鑽鑿分佈】：Z1a／3-6

【正面釋文】：

A. 戊申卜賓貞：[殷]亡田（憂）。
　　戊申卜賓貞：卜（外）亡田（憂）。

B. 貞：[亡]田（憂）。
　　☑有田（憂）。

C. 貞：兆以。
　　☑其以。

D. 貞：周弗亡田（憂）。
　　貞：周弗其有☐

E. 王☑若☑父☑七月

【反面釋文】：

A. [戊]申卜㱿：叀（惟）丁。
　　王占曰：其[有]田（憂）。叀（惟）丁。

B. 王占曰☑

【相關說明】：

　　張秉權在考證指出此版有誤刻，今略做討論：正面釋文A位置左右對貞，然皆卜問「亡田」，文例少見。本條原刻「戊申卜賓甲貞卜亡田」，據其「貞」字刻於刮痕之上的現象看，可能「甲」、「卜」二字屬於較早契刻，應削卻未削，故容易造成讀辭者之混淆。另一種可能是，該辭「甲」字屬於已殘段不見的右首甲殘辭，而「卜」字讀「外」，如此「殷亡憂／外亡憂」對貞，顯示出商人以大邑商為中心的地理觀念，參黃天樹意見；[41] 本書從後說。

　　另，釋文D「弗」當為人名，其字彎曲處作銳角而非習見之直豎，可能是卜辭異體分工的現象。[42]

---

[41] 黃天樹：《甲骨拼合集》，頁 378，注 2。

[42] 可參孫俊：《殷墟甲骨文賓組卜辭用字情況的初步考察》（北京市：北京大學中文系碩士學位論文，2005 年），頁 7-21。

【著錄號】：丙一七四（R44339／H4855）

【字體分類】：典賓／過渡 2 類

【鑽鑿分佈】：1-2

【釋文】：

貞：楇肩元沚。

貞：楇弗其肩元沚。一二三四五

【相關說明】：

「肩元」又見合 16435，東文研 159 有「戊午卜古貞：☑楇肩告☑」，知楇、沚均為人／氏族名，肩釋為「克」，此處的「元」應做動詞用，其意待考。

【著錄號】：丙一七五、一七六（R44340／H13750）

【綴合情形】：新加乙補 617＝林宏明綴（醉 248）

【字體分類】：賓一.典賓／過渡 2 類

【鑽鑿分佈】：Z1a／2-3

【正面釋文】：

☐寅卜古貞：𡰪（尻）其有疾。

貞：𡰪（尻）亡疾。

【反面釋文】：

貞：祖乙蚩（害）王。

☑弗蚩（害）王。

王占曰：吉。昜余蚩（害）。

【著錄號】：丙一七七（R44341／H6945）

【字體分類】：賓一.典賓／典型賓一類

【鑽鑿分佈】：Z1a／2-3

【釋文】：

A. 壬午卜㱿貞：亘允其𢿢（翦）鼓。八月。
　　壬午卜㱿貞：亘弗𢿢（翦）鼓。

B. 兄丁蚩（害）王。
　　貞☐丁☐蚩（害）☐

C. 兄丁蚩（害）亘。
　　兄☐弗蚩（害）亘。

D. 癸未卜：燎黃尹一豭一羊。卯二牛。曶五十牛。

E. 乎我人先于轡。
　　昜乎我人先于轡。

F. ☑褱入不隹丁。

G. 壬寅卜爭▨
H. 乙巳卜㱿貞：㞢于祖乙一牛。用。

【相關說明】：
釋文 H「乙」字旁有一豎筆，非字，應屬誤刻。

【著錄號】： 丙一七八、一七九（R44342／H267）
【綴合情形】： 新加乙 5991＝林宏明綴（醉 160）
【字體分類】： 賓一／過渡 2 類
【鑽鑿分佈】： Z1a／2-3
【正面釋文】：
A. 辛丑卜賓貞：旃暨㱿以羌。
　貞：旃暨㱿不其以羌。
B. 王其取祖乙㲋。若。
　▨若。
【反面釋文】：
A. 王往田。陷鹿。
　不陷。
B. 𢀛入百。wr
C. 爭。wr
【相關說明】：
此版刻辭時間段在二月左右，參下章乙 3212（R24979）的相關說明。

【著錄號】： 丙一八〇、一八一（R44343／H10049）
【綴合情形】： 新加乙補 2498＝林宏明綴（醉 346）
【字體分類】： 典賓／過渡 2 類
【鑽鑿分佈】： Z1a／2-3
【正面釋文】：
A. 貞：[肩]隹咎。
　貞：[肩]不隹咎。
B. ｛丙寅卜爭｝受㞢年。
C. 貞：牛由。
　牛亡其□
D. 貞：王賓羌甲日。
　貞：王勿賓羌甲日。
【反面釋文】：
A. 貞：燎。
B. 丙寅卜爭。

【著錄號】： 丙一八二、一八三（R44344／H924）
【綴合情形】： 新加綴乙 2004＋乙 2510＋乙 6783＋乙 6850＋乙 7282＋乙補 628＋乙補 1679＋乙補 2242
【字體分類】： 典賓／過渡 2 類
【鑽鑿分佈】： Z1a／3-4（5）◎
【正面釋文】：
A. 壬辰卜㱿貞：帚良有子。
　貞：帚良□其子。
　｛▨[之]▨良□有子。隹□其▨不吉□有▨｝
B. 貞：㞢奭羌于多妣。
C. 己亥卜賓貞：帚好▨毓□㞢于父乙。
D. 壬辰卜㱿貞：乎子賓御有母于父乙，[illegible]宰。𠕋𠬝三，[illegible]五，宰。
　貞：乎子賓御有母于父乙，[illegible]小宰。𠕋𠬝三，[illegible]五，宰。
E. 貞：上甲叀（惟）王匚（報）用。五伐。十小宰。用。
F. 翌乙未乎子賓祝父，[illegible]小宰。𠕋𠬝三，[illegible]五，宰。求蜎正。
G. 上甲叀（惟）宰用。
　貞：勿宰。
H. 乙巳卜㱿貞：乎子賓㞢于有祖宰。
　貞：勿乎子賓㞢于有祖宰。
I. 貞：乎帚[illegible]于父乙宰。𠕋三宰，㞢𠬝。
【反面釋文】：
A. □帚□（？）于妣癸𠬝[illegible]。
　□勿□帚于□癸▨
B. □帚于妣癸𠬝[illegible]。卯宰。
C. 王其㞢。用入禽。
　王勿用。
D. ▨[之]▨良□有子。隹□其▨不吉□有▨
【相關說明】：
此版脆弱，反面僅匆促目驗，無法精細重釋。

【著錄號】：丙一八四（R44679／H14659）
【字體分類】：賓一／賓一類
【鑽鑿分佈】：5-5（6）
【釋文】：

A. 貞：燎于兇（稷）。
　　燎于兇（稷）一牛。
　　叀（惟）小宰。
　　宰。
　　弜燎于兇（稷）。
B. 卅牛于黃尹。
C. 屮于蔑。
D. 弜燎于▨
E. 屮于屮示。／弜屮。

【相關說明】：

　　此龜尺寸在歷來所見卜用有字龜腹甲中最大，陳夢家指出：「乙 4330 是一塊最大的龜腹甲，長 44 釐米，寬約 35 釐米，背有鑿孔 204。此版曾經伍獻文先生研究，他參考葛萊Gray氏《大英博物館龜類誌》證明這大龜和現在產在馬來半島的龜類是同種。」[43] 此龜學名為Testudo emys Schleg-Mull.，目前仍存在於緬甸、馬來西亞、印度尼西亞及中國南部地區，由於其體型龐大，一般稱呼此種屬為「象龜」屬。[44]

　　另，張秉權已指出本版紋路與一般龜版在角度上稍有不同，據目驗其紋路似有人工推磨之可能。

---

[43] 陳夢家：《殷墟卜辭綜述》，頁 8。
[44] 關於此龜的相關生物性探討，可參伍獻文：〈武丁大龜之腹甲〉，《中央研究院動植物研究所集刊》十四卷 1-6 期（1943）、宋鎮豪：〈再談殷墟卜用甲骨的來源〉，《殷都學刊》第二期（1999 年 4 月）蔡貴花、張賢哲：〈保育類龜板品種之鑑定〉，J Chin Med 12(2): 119-128,（2001）、〈龜板的鑒別方法〉（http://www.zhzyw.org/zycs/zyjb/101231623F5JB59G8EIAHB2.html）

【著錄號】：丙一八五（R44345／H96）
【字體分類】：賓一／典型賓一類
【鑽鑿分佈】：1-2
【釋文】：

A. 庚午卜賓貞：戋以𨝸彔。
　　貞：戋弗其以𨝸彔。
B. 于九▨
　　弜于九山燎。

【相關說明】：

本版背面無刻字，然據目驗右側甲橋略有墨書「▨五十」之跡，今誌之。

【著錄號】：丙一八六（R44346／H2422）
【字體分類】：典賓／賓一類
【鑽鑿分佈】：1-2
【釋文】：

庚子卜永貞：姒己聞。
貞：姒己弗聞。

【著錄號】：丙一八七、一八八（R44347／H697）
【字體分類】：賓一.典賓／典型賓一類
【鑽鑿分佈】：Z1a／2-4
【正面釋文】：

A. 屮于姒甲。十旻。
　　五旻。
　　六旻。
B. 隹姒己。
　　隹姒甲。
C. 貞：乎比虢（暴）侯。

【反面釋文】：

貞：奉[屯]。
王占曰：奉。

【著錄號】：丙一八九（R44348／H3333）
【字體分類】：賓一／過渡 2 類
【鑽鑿分佈】：1-2
【釋文】：

丙申卜永貞：乎賓侯。
貞：弜乎賓侯。

【相關說明】：

本版反面承黃庭頎學妹告知左甲橋有

署辭「永」，然目驗頗不清晰，今誌之。

【著錄號】：丙一九〇（R44349／H13931）
【綴合情形】：新加乙 4703＋北圖 5241＝合 13931 綴
【字體分類】：賓一.典賓／賓一類
【鑽鑿分佈】：1-2
【釋文】：
A. 庚申卜爭貞：帚好不祉（延）有疾。
□帚好其祉（延）有疾。
B. 癸未卜㱿貞：帚姘有子。
貞：帚姘毋其有子。

【著錄號】：丙一九一、一九二（R44350／H7851）
【字體分類】：典賓／過渡 2 類
【鑽鑿分佈】：Z13a／1-2
【正面釋文】：
A. 己丑卜賓貞：隹□人。
貞：不隹□人。
B. 隹之[人]。
不隹之人。
【反面釋文】：
賈□十。wr
【相關說明】：
此版「□」字缺中央之方形，屬於異體分工之範疇，學者已多言及。相關現象可參孫俊碩士論文。[45]

【著錄號】：丙一九三、一九四（R44351／H18860）
【字體分類】：典賓／過渡 2 類
【鑽鑿分佈】：Z1a／1-2
【正面釋文】：
辛巳卜賓貞：其曰之。
貞：不曰之。
【反面釋文】：
奠來十。wr

[45] 孫俊：《殷墟甲骨文賓組卜辭用字情況的初步考察》（北京市：北京大學中文系碩士學位論文，2005 年），頁 12。

【著錄號】：丙一九五、一九六（R44352／H14929）
【字體分類】：賓一／過渡 2 類
【鑽鑿分佈】：Z1a／1-2
【正面釋文】：
王㞢□（報）。毚。
不其毚。
【反面釋文】：
雀入二百五十。wr
【相關說明】：
一、正面正問「毚」字左兆序「四」有五劃，疑為應削除卻未削者。
二、此「毚」字作矢、豕分離形，並非用作牲物名，此由文例可知；疑在此具有「符合、適當」義，見乙 5347（R44657）討論。

【著錄號】：丙一九七、一九八（R44353／H903）
【字體分類】：賓一.典賓／典型賓一類
【鑽鑿分佈】：Z1a／3-6
【正面釋文】：
A. ｛癸卯卜㱿｝貞：我用𡚸孚。
B. 丁未卜㱿貞：酒彳（升）。伐十，十宰。
C. 乙卯卜㱿貞：來乙亥酒下乙。十伐㞢五。卯十宰。
㠯䖒隹乙亥酒下乙。十伐㞢五，卯十宰。
二旬㞢一日乙亥。不酒。雨。五月。
D. ｛乙卯卜□｝來甲申㞢于大甲。
E. 翌丁酉㞢于祖丁。
F. ｛辛□卜㱿｝翌辛丑㞢祖辛。
G. 翌乙巳㞢祖乙。
H. ｛庚申卜㱿｝翌辛酉㞢祖宰。用。
I. 祖。
J. 御父乙。
K. 父乙隹伐求。
父乙不隹伐求。
L. 今日夕用。正。
M. 兔（陽）甲𧊒（害）王。
N. 父庚𧊒（害）王。
父庚弗𧊒（害）王。

O. 父辛蚩（害）王。
　父辛弗蚩（害）王。
【反面釋文】：
A. 癸卯卜敵。
B. 于來乙卯出祖乙。
C. 鴈（？）羊二。
D. 乙卯卜。
E. 三旬來甲申☒
F. 叀（惟）乙亥酒。
　易酓乙亥酒。
G. 出犬于咸戊。
　學戊。
H. 于娥御狀。
　□于娥。
I. 翌丁易出祖丁。
　祖丁。
J. 于妣己骺（孽）☒
K. 史（使）[人]。叀（惟）白豕。
L. 出于下乙。
　易出。
　祖乙。
M. 二牛。
　宰又一牛。
N. 辛□卜敵。
O. 庚申卜敵。
P. 子商入。wr
【相關說明】：
一、反面釋文 H「于」字據刻痕似應改
　　釋「出」、反面釋文 L「下乙」上
　　有「出于」二字，同辭「下乙」應
　　改釋「祖乙」，均據目驗改。反面
　　釋文 M「宰」字右有「一牛」二字，
　　據趙鵬〈《殷虛文字丙編》釋文校
　　補十則〉補釋。
二、反面釋文 L「祖乙」在千里路右側，
　　「出于下乙。／易出」在左側，兩
　　者應卜同事，如釋文 I 卜問出祭祖
　　丁，見於左右兩側，是相同的情形。
三、本版有重要同文卜辭，參 R44666
　　（乙 721＋乙 5495＋乙 6408）處
　　討論。
四、本版中有祖乙、下乙、小乙（父乙）

同存，或有據之謂祖乙、下乙非一
人；按下乙見正面釋文 C，本辭字
體肥厚寬大，與他辭不同，顯然是
刻意為之，且從刻辭位置看來，此
條文字必後於其他諸辭而刻，故知
「下乙」、「祖乙」非同時契寫，二
者仍應視為一人，即殷中宗祖乙。

【著錄號】：丙一九九、二〇〇（R44354
／H14207）
【字體分類】：賓一.典賓／過渡 2 類
【鑽鑿分佈】：Z1a／3-6
【正面釋文】：
A. 出于母庚。
　易出☒
B. 庚酒河。
　易庚酒河。
C. 沈五牛，燎三牛，卯五牛。
　{丙申卜敵}易沈五牛，燎三牛，
　卯五牛。
D. 旨以。
　弗其以。
E. 貞：舞岳有雨。
　貞：岳亡其雨。
F. 癸丑卜□貞：我乍邑。帝弗又（左）若。
　癸丑卜□貞：易乍邑。帝若。
　{王占曰：□其有役（異）。辛。
　八日庚申，允有役（異）。千[用]。}
【反面釋文】：
A. 丙申卜敵。
B. 己未卜爭貞：我[立豕（？）]帝☒
　己未卜爭☒若。
C. 七日咸王往出。
　易往。
D. 王占□[啟]其有役（異）。辛。
　八日庚申，允有役（異）。千[啟]。
E. 壹入二。wr
F. 爭。wr
【相關說明】：
一、正面釋文 F「若」，刻於削除未淨
　　之「出」字上，仍能辨識。
二、反面釋文 B 舊釋「又矢」二字，
　　目驗難以辨識，下字似「豕」，上

字似「立」或「豕」；反面釋文 D
「啟」字舊釋「用」，似从又从舟，
因字處斷痕上無法肯定；同辭「其」
上之字，據刻痕判斷，似非𠬝（異）
字。

三、反面釋文 D「啟」字蒙陳劍*指正；
按，此辭貞問相關「啟」的某些事
類是否會帶來／產生異象，後來果
然產生了「千啟」的異象，由此可
知「啟」應為一習見之事／現象，
不過「千啟」則令商人感到驚異；
此「千」亦有可能為「人」字，或
與時稱有關。

【著錄號】：丙二〇一、二〇二（R44355
／H11018）
【綴合情形】：
①：＋乙 4084＝鄭慧生綴
②：（①＋乙補 2471）＝林宏明綴（醉
307）
【字體分類】：賓一.典賓／典型賓一類
【鑽鑿分佈】：Z1a／3-6
【正面釋文】：
A. 己巳卜爭貞：方女于敦。
貞：方女昜于敦。
B. ｛丁卯卜㱿｝貞：𡊄以大。
𡊄弗其以大。
C. 乎取大。
令逆取大。以。
𡊄弗其以。
D. 乎伐取。
◿伐取。
E. 貞：我馬有虐。隹𡆥（憂）。
貞：我馬有虐。不隹□
F. 貞：其有戎。隹我𡆥（憂）。
貞：其有戎。不隹我𡆥（憂）。
G. ｛戊辰卜爭｝王有夢。隹𡆥（憂）。
王有夢。不隹𡆥（憂）。
H. 貞：王聑（聽）隹𡆥（憂）。
貞：聑（聽）不隹𡆥（憂）。
I. 貞：王目蜎（蠲）。
｛下上蜎（蠲）隹有𧍙（害）。｝

J. ｛庚午卜㱿｝王肱隹有𧍙（害）。
K. 乎丩肱。
L. 燎于土（社）。方帝。
M. 叀（惟）疢（疾）人。
N. 貞：屮于大甲。
O. 貞：今日屮于祖丁。
昜屮祖丁。
P. 隹娥。
不隹。
Q. 御賓于有妣。
昜賓于有妣。

【反面釋文】：
A. 貞：燎□羊。[昜]臽用。
B. 収（廾）隹乎[昜]牝。
C. 丁卯卜㱿。
D. 貞：今日王出。
王占曰：昜出。
E. 下上蜎隹有𧍙（害）。
F. 戊辰卜爭。
G. 庚午卜㱿。
H. 庚午卜㱿。
I. 貞：雨。
不其雨。

【相關說明】：
一、反面釋文 C 據目補天干「丁」。
二、正面釋文 A「方女于／昜于敦」之
「于」，意為「往」，作動詞用，在
卜辭中十分罕見，裘錫圭指出商代
卜辭中體現的「于」字大多已虛化
為介詞用法，可參看。[46] 另，此
版同時記錄商王對「目」、「聽」、
「肱」疾傷的貞問，頗為特別。

---

[46] 裘錫圭：〈談談殷墟甲骨卜辭中的
「于」〉，載余靄芹、柯蔚南主編：《羅杰
瑞先生七秩晉三壽慶論文集》（香港：中
文大學中國文化研究所吳多泰中國語文
研究中心，2010 年）；另載復旦大學出
土文獻與古文字研究中心網站：
http://www.gwz.fudan.edu.cn/SrcShow.as
p?Src_ID=1227

三、反面釋文E作為正面釋文I的驗辭
用，屬於正反互足，見蔡哲茂先
生：〈讀契札記十則〉第三則「丙
二〇二的釋讀」。[47] 另，釋文B「卅
隹乎易牝」，據陳劍*指出：「"*共
隹呼易牝"，"易"應即"九江納
錫大圭"、"禹錫玄圭告厥成功"
一類用法之"易／錫"，下對上之
貢納，猶"*共隹所呼令入錫之
牝"」，其說精闢可從。

【著錄號】：丙二〇三、二〇四（R44356
／H776）
【綴合情形】：
①：（乙 7618＋乙 7619＋乙 7620）＝
林宏明綴（醉 153）
②：（①＋丙二〇三）＝蔡哲茂綴（綴
續 517）
【字體分類】：賓一／典型賓一類
【鑽鑿分佈】：Z1a／3-5
【正面釋文】：
A. 己丑卜𠤳貞：王夢隹祖乙。
貞：王夢不隹祖乙。
B. 己丑卜𠤳貞：𣏚于丘商。
貞：易𥁋𣏚于丘商。
C. 翌辛卯出于祖辛。
D. 翌辛出于祖辛一牛。
貞：出于祖辛三宰。
E. 貞：于祖辛出。
出于祖乙。
F. 壬辰卜𠤳：出于示壬宰。
出于示壬二牛。
G. 甲午卜爭：于河。
甲午卜爭：易于河。
H. □午□𠤳□反□三𠦪□
□午□𠤳□易□
I. 壬寅卜𠤳貞：河𧍙（害）王。

壬寅卜𠤳貞：河弗𧍙（害）王。
J. 壬寅卜𠤳貞：不雨。隹茲商有乍囚
（憂）。
貞：不雨。不隹茲商有乍囚（憂）。
K. 癸卯卜𠤳：翌甲辰出于上甲十牛。
☑翌甲辰出于上甲□牛。
L. ☑爭☑
【反面釋文】：
出姚辛一宰。

【著錄號】：丙二〇五、二〇六（R44357
／H938）
【綴合情形】：
①：＋乙補 1771（乙 2126）＝史語所綴
②：（①＋乙 1881）＝Stanley L.Mickel
綴（彙 258）
【字體分類】：典賓／過渡 2 類
【鑽鑿分佈】：Z1a／2-4
【正面釋文】：
A. 于□告。
B. {癸酉卜□}貞：翌乙亥出于唐三
伐三宰。
C. 貞：告于祖乙。
易告于祖。
D. {壬[申]卜賓}貞：出于示壬妻姚
庚宰。隹刃（勿）牝。
E. 貞：乎取𡥈臣‖。
‖。
F. □狀不𤔫（殙）。十月。
貞：狀其𤔫（殙）。
G. 甲辰卜𠤳貞：出宰于父乙。
H. 貞：黃𦥑（孽）。隹有𧍙（害）。
{戊申卜賓}貞：黃𦥑（孽）。不隹
有𧍙。
{王占曰：有𧍙（害）。隹高□甲。
七日□彭在姚☑}
【反面釋文】：
A. 貞：不出。
其出。
B. 王占曰：有咎。豕七。
C. 叀（惟）犬[出]羊。
D. 三豕。

47 蔡哲茂：〈讀契札記十則〉，《2008 年全
球視野下的中國文字研究國際研討會
論文集》(上海市：華東師範大學，2008
年 11 月)。

E. 昜𥃩出于昌。
昜于昌。

F. 壬[申]卜賓。

G. 癸酉卜□

H. 戊申卜賓。

I. 乎逐。叀（惟）隻。
不其隻。

J. 御于妣庚。酓⿱又十[恭]又五。

K. 王占曰：有𧒽（害）。佳高□甲。
七日□彭在妣□

L. 良子弘入五。wr

M. □好示五。wr

N. 賓。wr

【相關說明】：

一、反面釋文 N「賓」字應獨立成辭；
反面釋文 C「叀」字右有殘筆；I
右側有「叀獲」二字，今據目驗補
之。

二、正面釋文 E「乎取𠭯（蔡）臣‖」，
或疑‖應為二十，然卜辭中‖字多
用為人／地名，見合 4817 等，且
二十分別刻作兩豎筆極罕見，是為
區別。

三、反面釋文C、D位置相對，事類應
相關，可能是選貞；而反面釋文B
則應該是這系列貞問的占辭。其文
「王占曰：有咎。豕七」便是最後
用牲的判斷。張秉權將此辭「七」
誤釋為「甲」而無說，高嶋謙一進
一步引伸，顯然是有問題的。[48]

【著錄號】：丙二〇七、二〇八（R44358
／H11497）

【字體分類】：典賓／賓一類

【鑽鑿分佈】：Z1a／3-3◎

【正面釋文】：

A. 丁亥卜䎗貞：翌庚寅出于大庚。

B. 貞：翌辛卯出于祖辛。

C. 丙申卜䎗貞：來乙巳酒下乙。
王占曰：酒隹有咎。其有𠬝（異）。
｛乙巳夕有𠬝（異）于西。｝
乙巳酒。明雨。伐。既雨。咸伐亦
雨。蚊卯。鳥星（倏晴）[49]。

D. 丙午卜爭貞：來甲寅酒大甲。
｛九日甲寅。不酒，雨。｝

E. 出于上甲。
｛己丑。出于上甲一伐。卯十小宰。｝

【反面釋文】：

A. 己丑。出于上甲一伐。卯十小宰。

B. 九日甲寅。不酒，雨。

C. 乙巳夕有𠬝（異）于西。

【相關說明】：

本版有六處卜兆，惟右上卜兆之兆序一
是粗刻塗硃。關於正面此版「乙巳酒，
明雨，伐既雨，咸伐亦雨」，應該將「咸」
字視作修飾「伐」的連接詞，具有「臨
時具有表示兩件事情先後相繼關係的
作用」，才能做出合理的釋讀，全辭表
示「乙巳這天舉行了酒祭，天明時下了
雨。伐祭進行時雨停了。伐祭結束後，
又下了雨」；[50] 由於「咸」若作為虛詞，
一般表示的是終竟、動作完結的副詞意
涵，此處其連詞用法是較罕見的。

此反面填硃，色彩仍爛然可觀。

【著錄號】：丙二〇九、二一〇（R44359
／H11498）

【綴合情形】：＋乙 7663＝合 11498 綴

---

48 其釋'That there is a hex/affliction will
be(on)a jia day', 參 Ken-ichi Takashima
and Paul L-M. Serruys. *Studies of Fascicle
Three of Inscription from the Yin Ruins
Volume I,I*《殷墟文字丙編研究》上冊，
p417.

49 「倏晴」，依李學勤釋。見氏著：〈論殷
墟卜辭的「星」〉，《鄭州大學學報》第四
期（1981 年）、又見《夏商周年代學札
記》（瀋陽市：遼寧大學出版社，1999
年 10 月），頁 65-66。

50 參張玉金：《甲骨文虛詞辭典》（北京市：
中華書局，1994 年 3 月），頁 240-241。

【字體分類】：典賓／賓一類
【鑽鑿分佈】：Z1a／3-3◎
【正面釋文】：

A. 翌庚寅出于大□
B. 翌辛□出□
C. 丙申卜㱿貞：來乙巳酒下乙。
　　王占曰：酒隹有咎。其有𢍏（異）。
　　｛乙巳夕有𢍏（異）于西。｝
　　乙巳，明雨，伐既雨，咸伐亦雨。
　　蚊，鳥星（倏晴）。
D. □于上甲。
E. 丙午卜㱿貞：王聑（聽）隹𡆥（憂）。
　　王聑（聽）不隹𡆥（憂）。
F. 丙午卜㱿貞：三羌多妣。

【反面釋文】：
乙巳夕有𢍏（異）于西。

【相關說明】：
一、據兆序，本版與丙二〇七顯然是
　　成套卜辭，但本版另有新占之二
　　事（多妣、王聽），其兆序皆一卜。
二、此反面硃色亦濃。

【著錄號】：丙二一一（R44400／H6943）
【綴合情形】：新加乙 2915＋
13.0.13632＋無號碎甲＝丙三〇六
【字體分類】：賓一.典賓／典型賓一類
【鑽鑿分佈】：3-6
【釋文】：

A. 丁未□王貞：余隻貙。六月。
B. 壬申卜㱿貞：亘戎其𢧜（翦）我。
　　壬申卜㱿貞：亘戎不我𢧜（翦）。
　　七月。
C. 貞：盦其取。
　　貞：盦弗其取。
D. 癸酉卜㱿貞：亯亡在亘。
　　癸酉卜㱿貞：亯由。
E. 癸酉卜㱿貞：令多奠礻（庇）爾（邇）
　　墉。[51]

F. 癸□卜□貞□其□
G. 甲戌卜㱿貞：我馬及戎。
　　貞：弗其及戎。
H. 己酉卜㱿貞：乎囲（葬）𠂤侯。
　　貞：昜乎囲（葬）𠂤侯。[52]
I. 辛亥卜爭貞：今來乙卯出于咸十牛。
J. 于下乙出。
K. 辛酉卜㱿貞：乙丑其雨。不隹我𡆥
　　（憂）。
　　貞：乙丑其雨。隹我𡆥（憂）。
L. 辛酉卜㱿：自今至于乙丑不雨。
　　辛酉卜㱿貞：自今至于乙丑其雨。
　　壬戌雨，乙丑不雀（陰），不雨。

【相關說明】：
釋文 I「今來乙卯」之「來」字被削去
但不乾淨，H「酉」作「奠」，均應屬
誤刻例。

【著錄號】：丙二一二、二一三（R44360
／H14199）
【字體分類】：典賓／過渡 2 類
【鑽鑿分佈】：Z1a
【正面釋文】：

A. ｛癸丑卜賓｝貞：𢎺（據?）弗其
　　肩同有疾。
　　□肩□[出疾]。
　　｛王占曰：吉。據（？）肩同。｝
B. 貞□／貞：昜□
C. 貞：王夢隹大甲。

究所集刊》第六十四本第三分（民國
82 年）。

[52] 「囲」字為「𡇠」之省；「𡇠」字釋「葬」，
從胡厚宣說，見氏著：〈釋𡇠〉，《甲骨學
商史論叢》初集第 4 冊（成都市：齊魯
大學國學研究所，1944 年 3 月），頁 7 下。
蔡哲茂補述胡文並整理新說，見氏著：
〈說甲骨文葬字及其相關問題〉，《第二
屆國際古文字學研討會論文集（續編）》
（香港：香港中文大學中國語言及文學
系，1995 年）。

[51] 「礻」字釋「庇」，見裘錫圭：〈說殷墟
卜辭的「奠」——試論商人處置服屬者
的一種方法〉，《中央研究院歷史語言研

貞：王夢不隹大甲。
D. 己未□□貞：旨□千。若于帝。又。
貞：旨□不□若于帝。又。
{[王]□□吉□旨徝（循）□娶若□帝☐}

【反面釋文】：

A. 癸丑卜賓。
B. 王占曰：吉。（擄?）肩同。
C. 𩁹于東。卯[十牛]。
𠬝𩁹于東。
D. [王]□□吉□旨徝（循）□娶若□帝☐
E. 帚杞來。

【相關說明】：

一、反面釋文 C 有「十牛」二字，已漫漶難辨；反面釋文 D「娶」字左有「帝」字，旨字右有兩殘字「王、吉」，今皆據目驗補之。
二、本反面下半部卜辭皆塗硃。

【著錄號】：丙二一四、二一五（R44361／H14211）
【字體分類】：賓一?／過渡 2 類
【鑽鑿分佈】：Z1a

【正面釋文】：

戊戌卜爭貞：帝㽣（疾）茲邑。
貞：帝弗㽣（疾）茲邑。
{王☐有來𦞅（孽）□[邑]人㞢（振）☐}

【反面釋文】：

王☐有來𦞅（孽）□[邑]人㞢（振）☐

【相關說明】：

一、反面「人」字，目驗似有上下二橫劃，原本疑為「亟」字；後根據細檢該字殘朱於刻痕中之分佈，確定原釋「人」應無誤。
二、右甲橋有人工鑽治的四小孔，應是用作繫綁左右斷片之用途。

【著錄號】：丙二一六（R44362＋R38487／H14295）

【綴合情形】：

①：（京 428＋乙 4548）＝胡厚宣綴
②：（①＋乙 5161）＝郭若愚綴
③：〔（②＋（乙 4794＋乙 4876）〕＝曾毅公、李學勤綴
④：〔③＋（乙 4883＋乙 6533）〕＝嚴一萍綴
⑤：（④＋北圖 5252）＝曾毅公綴
⑥：（③＋乙 4872）＝《甲骨文合集材料來源表》綴
⑦：（丙二一六＋乙 3814）＝史語所綴
⑧：〔⑤＋⑥＋⑦＋（乙 4882＋乙 4890＋乙 5012）〕＝林宏明綴（醉 73）

【字體分類】：賓一／過渡 1 類
【鑽鑿分佈】：3-4

【釋文】：

A. 辛亥內貞：今一月帝令雨。
辛亥卜內貞：今一月不其令雨。
四日甲寅夕（向）乙卯。帝允令雨。
B. 辛亥卜內貞：帝（禘）于北方曰夗。風曰。𠦪（禱）年。一月
C. 辛亥卜內貞：帝（禘）于南方曰𢒠。風人（夷）。𠦪（禱）年。
D. 貞：帝（禘）于東方曰析。風曰劦。𠦪（禱）年。
E. 貞：帝于西方曰彝。風曰。𠦪（禱）年。
F. 辛亥卜內：生二月𢦏有聞。
𢦏亡其聞。
G. 癸□□內貞□亡不若。
貞：其有不若。
H. 貞：其有不若。一月
I. 貞：隹吝。一月
J. 王其往逐麠□麋☐
王其往逐麠于麋。不其隻。

【相關說明】：

一、丙編僅載本版下半部綴合，今據林宏明《醉古集》復原綴合情形。
二、卜辭中無角之鹿形字作、、等，羅振玉最早指出：「然麑之為字，明明從鹿，會合鹿兒之誼，正是鹿子矣。卜辭以有角無角別

鹿母子，故卜辭中傑字似鹿無角，緣是亦得知為麑字矣。」[53] 前人多從此說。然從捕獲數量、考古證據以及構字原理來判斷，此獸當改釋「麞」為宜。按，德日進、楊鍾健在《安陽殷虛之哺乳動物群》文中早已提到古代殷墟鹿類族群出土有三大類族群：

「（甲）Pseudaxis hortulorum Sw. 鹿（乙）Hydropotes inermis Sw. 獐（丙）Elaphurus menziesianus Sow. 梅氏四不像鹿」其中 Hydropotes inermis Sw. 即「獐」屬，其出土數量據〈安陽殷虛之哺乳動物群補遺〉一文研究，乃在一百以上。[54] 雖不及四不像鹿（按：即「麋」）之出土千餘，然已屬頗高的數目，與其餘出土不到一百的兔、虎相比，恰符合卜辭中顯示對麞的較高獵獲比例；此外由其構形上來看，其無角的特徵也無法作為「鹿子」的絕對證據，「麞」（俗稱獐子）無論牝牡亦皆不生角，可知此處的改釋應該是沒有問題的。

【著錄號】：丙二一七、二一八（R44363／H1901）
【綴合情形】：
①：＋乙 5484＝鄭慧生綴（彙 239）
②：（①＋乙 6660）＝何會綴（先 2667）
【字體分類】：賓一／過渡 2 類

53 羅振玉：《增訂殷虛書契考釋》中，29 頁下。

54 德日進、楊鍾健：《安陽殷虛之哺乳動物群》，《中國古生物誌》丙種第十二號第一冊（國立北平研究院地質學研究所，1936 年 6 月），頁 6；楊鍾健、劉東生：〈安陽殷墟之哺乳動物群補遺〉，載《中國考古學報》第四冊，1949 年 12 月。

【鑽鑿分佈】：Z1a／3-3◎
【正面釋文】：
A. 乙巳卜賓貞：祼于父乙。
　　乙巳卜賓貞：㝢卒屮祼于父乙。
B. 貞：今日出于父乙一牛。
　　貞：今日出于父乙宰。
C. 壬□卜內貞：甘□敗（得）□
　　｛王占曰：其[敗]（得）。｝
D. 貞：祖丁蚩（害）王。
　　貞：不隹祖丁蚩（害）王。
E. 隹祖丁蚩（害）王。
　　祖丁弗蚩（害）王。
【反面釋文】：
王占曰：其[敗]（得）]。

【著錄號】：丙二一九、二二○（R44364／H2273＋H2832）
【綴合情形】：
①：＋（乙 900＋乙 7156＋乙 7169）＝鄭慧生綴（彙 237）
②：（①＋乙 2299＋乙補 794＋乙補 795＋乙補 5733）＝史語所綴
【字體分類】：典賓／過渡 2 類
【鑽鑿分佈】：Z1a／3-?
【正面釋文】：
A. 己未卜爭貞：來甲子酒彡。正。十月。
　　貞：𣆪甲子酒彡。弗其正。
B. ｛辛未卜賓｝貞：于父乙賓。
　　㝢于父乙賓。
C. ｛己卯卜□｝□辰不其易日。
D. □若囧。
　　貞：帝弗若囧。
E. 屖（歪?）御帚□
　　㝢御帚。蜎（蠾）。
F. 乍㝱。
G. 于彡㝱。
　　㝢彡㝱。
【反面釋文】：
A. 己卯卜□
B. 貞：翌庚辰其雨。
　　翌庚辰不雨。
C. 辛未卜賓。

D. 壬[申]卜亘。

E. 王弗若。

F. 庚申：王夢☒子商屯☒

G. □□□[殻]貞：彡鬼。王占曰☒

H. 貞：翌辛酉力（叒）。正。
　　翌□酉力（叒）□□正。

I. 爭。　wr

J. 屮以五☒ wr

【相關說明】：

一、反面釋文 G「鬼」字，《合集釋文》
　　其實已正確釋出，惜前面幾字拓本
　　漫漶，今補正之。此辭「貞：彡鬼」，
　　應與正面相對位置「于彡禳。／彡
　　彡禳」的對貞有關，「鬼」在此處
　　疑作為祭中的人牲用。

二、反面釋文 H「力」字，在此疑用為
　　「叒」，指叒祭而言，在賓組卜辭
　　中這種用法罕見；本版正面釋文 A
　　「來甲子酒肜。正。／弗其正」，
　　與辛酉日干支差三天，「肜」、「叒」
　　同屬二期後五種祭祀，此二辭或即
　　同時所卜，事亦相關。合 1210「王
　　于叒酒于上甲」，可見叒祭可包含
　　酒祭（或用酒之儀式）。

三、乙 2299 左上新補小片為無號碎甲。

【著錄號】：丙二二一、二二二（R44365
+R44505／H14315＋1076）

【綴合情形】：

①：＋丙五四六、五四七＝林宏明綴
　　（契 381）

②：（①＋乙補 4875）＝林宏明綴（契
　　381）

【字體分類】：典賓／過渡 2 類

【鑽鑿分佈】：Z1a／3-6

【正面釋文】：

A. 貞：正祖乙。
　　｛王占曰：吉。正。｝

B. 貞：不隹妣己。

C. 貞：燎東西。南。卯黃（小）牛。
　　燎于東西。屮伐。卯南，黃牛。

D. 貞：其不多　瓢。

E. 貞：桒（禱）于祖乙五牛□十☒

F. 貞：乎取酒蚑人眔（暨）夫以。
　　｛丙申卜賓｝貞：弗其[以]☒
　　｛王占曰：吉。｝

G. 貞：菁眔（暨）永隻鹿。
　　｛丙午□殻｝貞：菁眔（暨）永不
　　其隻鹿。
　　｛王占曰：隻一。｝
　　允隻。

H. 辛酉卜□□父乙蚩（害）子賓。
　　貞：不隹父乙蚩（害）。
　　｛王占曰：隹父乙蚩（害）。｝

I. 乙亥卜賓貞：合叀桒（禱）。御于祖
　　乙。

J. 乙亥卜賓貞：御于祖乙三牛。
　　貞：五牛。
　　貞：十牛。

K. 丙子卜賓貞：毛（礫）于祖乙四牛。

L. 貞：六牛。
　　貞：易六牛。

【反面釋文】：

A. 貞：王疾。
　　不。

B. 王占曰：吉。正。

C. 貞：燎于東。

D. 今乙巳易告于庚（唐）。
　　今乙巳告于庚（唐）。

E. 貞：圆虐。亡由。
　　貞：王圆[虐]。隹[有由]。

F. 貞：☒五。牛十。

G. 丙申卜賓。

H. 貞：乎取。

I. 王占曰：吉。

J. 丙午□殻。

K. 王占曰：隻一。

L. 貞：于河屮匚（報）。

M. 貞：王祝三[南]于南庚。曰之。

N. 貞：屮二宰于祖乙。
　　□宰。／十宰[于]祖乙。

O. 王占曰：隹父乙蚩（害）。

P. 一。／二。／三。

Q. 𣦾入一。wr

R. 爭。wr

【相關說明】：

一、反面釋文 O（丙五四六）「乙」上有「父」字殘筆；E（丙五四七）「𧆠」左有殘筆，疑為「御」字、F「牛」下有「十」字。今皆據目驗補之。

二、此版多處可見削除未淨的舊刻辭，如正面釋文 I、J 之下皆有；可資留意。另，釋文 I「𡧑」，即賓組習見人物「卓」，此處刻作歷組卜辭習見字形，值得注意。𡧑下字為「夆」，舊釋「大」，非。

三、正面釋文 K，「毛」字與「力」字易混，張秉權〈考證〉即將此辭釋作「咎于祖乙」，誤；應從于省吾釋為「磔」。

四、正面釋文 C「南」字在本辭中用作祭祀物品，一般而言學界多將之視作祭牲，指豚子、畜子「穀」；[55] 不過于省吾已據合 40430：「燎于王亥五牛。新南」，指出牲類無言新舊之理，此南必為邕黍之類農物。今補充一例，即乙 4694（4693

反），辭云：「㞢于大甲。祖乙。祖辛。叀（惟）新南」（此例由於較模糊，《類纂》未收）。本書認為，從卜辭中從未有一例以「新、舊」修飾動物、牲畜的現象來看，此類的「南」很明顯不是某種動物，並且亦不應僅根據對「卯」此用牲法的粗淺認識便認定此法只能用在動物身上。

然而，于氏根據卜辭中「新、舊」多用修飾農作物的例子，並配合部分傳世文獻的釋讀，就認為唐蘭所說「南」應讀為「穀」，恐怕亦未必可信。除了農物外，「新」亦可修飾組織（新射）、場所（新束、新寢、新宗）、樂器（新庸、新鼓、新竽）等，若無確切辭例可證明「南」的農物屬性，目前似仍應存疑。

五、崎川隆據正面釋文 D 之「不」字歸類為典型典賓類。

【著錄號】：丙二二三、二二四（R44366／H14755）

【綴合情形】：新加綴丙二八九＝丙四四二

【字體分類】：賓一／典型賓一類

【鑽鑿分佈】：Z1a／3-5

【正面釋文】：

A. 貞：戜亡𡆥（憂）在衣（？）。
貞：戜其有𡆥（憂）。
癸未卜賓貞：戜亡𡆥（憂）。

B. 貞：㞢于父乙。
易觶于父乙。

C. 貞：翌丁卯奏舞。有雨。
翌丁卯易。亡其雨。
〔王占曰：隹丁▨〕

D. 燎于大甲三猳三▨

E. 貞：有從雨。

F. 貞：㹟王亥十牛。

G. 貞：于東。

H. 癸未卜賓貞：周禽犬征（延）灁（湄）。
周弗其禽。

---

[55] 卜辭中用作牲名的「南」，唐蘭以為即「𠱑」字，當讀為「穀」；郭沫若引伸唐說，改釋為「穀」，指畜子；饒宗頤、嚴一萍、李孝定、張秉權、《詁林》按語等皆從郭說；于省吾則從唐說，仍以為釋「穀」為上。諸說見《甲骨文字詁林》（北京市：中華書局，1999 年 12 月）第四冊，頁 2859-2872。按，賓組中此字刻法一般與表方位意的「南」字形有異，有學者便據之認為並非南字，然而從屯南刻辭中表方位意之南字亦作此體（中有豎劃，如屯 2377 等）來看，賓組中此字形體不同應該是異體分工的一種顯現。

I. 貞：▨（肩）允其取女。

【反面釋文】：

A. 王占曰：隹丁▨

B. 不其咎（當）。

　　允不。[56]

C. 屮犬。啟。

D. 于五日隹有从。

　　亡其从。

E. 于龔受以。

F. 于河。

　　昜于河。

G. ▨▨卜㱿。

H. 王占▨[其]乙。

I. 王隹屮祖丁。

J. 畫來十。wr

【相關說明】：

一、正面釋文 C「貞翌丁卯奏舞雨」，
　　雨字上有「屮」字，據目驗補之。

二、反面右側甲橋下有「（干支）卜㱿」
　　四字，殘泐難識，今據目驗補之。

【著錄號】：丙二二五、二二六（R44367
／H1779）

【綴合情形】：新加乙 2585＋乙補 1713
＋乙補 6109＋無號碎甲

【字體分類】：賓一？／過渡 2 類

【鑽鑿分佈】：Z1a

【正面釋文】：

貞：祖辛宿于父乙。

{▨申卜亘} 貞：祖辛不宿于父乙。

{▨占曰：祖辛不宿于父乙。}

【反面釋文】：

A. ▨申卜亘。

B. ▨占曰：祖辛不宿于父乙。

C. 貞：乎帚好屮▨。

　　昜乎帚好屮▨

---

56 田獵卜辭中的「咎」字，據葛亮引述陳
　　劍的意見，論證其應有「當」、「遇」義，
　　可從。參葛亮：《甲骨文田獵動詞研究》
　　（上海市：復旦大學碩士論文，2010
　　年 7 月。指導教授：陳劍），頁 104-111。

D. 㱿。wr

E. 老以五十。wr

【著錄號】：丙二二七、二二八（R44368
／H226）

【綴合情形】：新加乙 1475＋乙 1588
＋乙補 1636＋乙補 1962＋乙補 5214

【字體分類】：典賓／過渡 2 類

【鑽鑿分佈】：Z1a／3-6

【正面釋文】：

A. 癸酉卜㱿貞：父乙之賓。自羌甲至
　　于父辛家父乙。

　　癸酉卜㱿貞：自羌甲▨于▨辛▨
　　[父乙]。

　　{王占曰：吉。}

B. 壬辰▨其▨五十羌。

　　▨豕不其來五十羌。

　　{五十其吉。

　　五十其不吉。巳（改）吉。}

C. 貞：乎往于河。不若。

【反面釋文】：

A. 貞：王隹庚。昜巳（改）。

　　隹庚不吉。隹巳（改）吉。

B. 王占曰：吉。

C. 五十其吉。

　　五十其不吉。巳（改）吉。

D. 貞：王不▨

　　[貞]不隹▨

E. 王占曰：吉。

F. 爭。wr

【相關說明】：

一、正面釋文 A 為大字硃書，契刻位
　　置下原有舊兆序，均削去，但仍
　　能辨識。

二、反面釋文 C 舊釋「其不入祀入」，
　　今據目驗改「其不吉巳（改）吉」。

【著錄號】：丙二二九、二三〇（R44484
／H947）

【綴合情形】：

①：＋（乙 1027＋乙 2874＋乙 6821
　　＋乙 7427＋乙 7485＋乙 7626＋乙
　　8147＝丙四九八）

②：（①＋乙 7583）＝林宏明綴（醉 158）

【字體分類】：典賓?／過渡 2 類

【鑽鑿分佈】：Z1a／3-5◎

【正面釋文】：

A. 貞：自上甲虫伐。
　　弜自上甲虫伐。

B. 戊午卜內貞：若贊（贊若）。
　　貞：贊不若。
　　｛王占曰：不其[𠃌]（孚）。｝

C. 貞：弜畐告于祖辛。
　　貞：弜告于祖辛。

D. 壬戌卜爭貞：旨伐奇（薛）。𢦏（翦）。
　　貞：弜乎伐奇（薛）。

E. 乙酉□內貞：乎馬逐。[及]。
　　乙酉卜內貞：弗其及。

F. 翌乙酉□

【反面釋文】：

A. 虫于唐子。
　　弜虫。

B. 王占曰：不其[𠃌]（孚）。

C. 亡其雨。
　　□棘河。

D. 貞：虫。
　　弜虫。

E. 貞□

【相關說明】

　　正面釋文 D「壬戌卜爭貞：旨伐薛」事，與丙四一同文，二組使用時間應重疊，疑釋文 A「自上甲虫伐」的貞問與丙四一正面釋文 H 亦屬一事。

　　同樣是伐薛，乙 5253 有「辛酉卜古貞：旨𢦏奇伯𥤊」，干支相連，應為一事；𥤊為此薛伯的私名，丙四一三有「旨𢦏亏。／旨弗其𢦏𥤊」的對貞，又有「弓豽于戔」的貞問，與丙四一同，可知此數版之間應為同時所卜。這幾版的「薛」字構形均有小異，值得進一步探討。

【著錄號】：丙二三一、二三二（R44395／H944）

【綴合情形】：新加綴丙二九八＋乙 641＋乙 7052＋乙 7394＋反乙 7443＋乙補 2183＋乙補 6282＋反乙補 6242＝R44395

【字體分類】：典賓／過渡 2 類

【鑽鑿分佈】：Z1a／3-3◎

【正面釋文】：

A. 來甲戌虫伐自上甲。
　　貞：弜虫。

B. 令陝。
　　□更（惟）象令。

C. 貞：□陝比冟侯歸。不𥄉。
　　貞：更（惟）象令比冟侯歸。

【反面釋文】：

A. 貞：來。

B. 貞：其事。
　　貞：不其事。
　　王占□事□

【著錄號】：丙二三三、二三四（R44413／H904）

【綴合情形】：新加綴乙 1031＋乙 3153＋乙補 2898＋乙補 6516＋乙補 6668＝丙三三〇

【字體分類】：賓一／典型賓一類

【鑽鑿分佈】：Z1a／2-2

【正面釋文】：

A. 甲申卜賓貞：乎耤生。
　　貞：不其生。
　　｛王占曰：丙其雨。生。｝

B. 貞：虫于妣己㐁𡥀。
　　弜虫㐁于妣己。

C. 虫妾于妣己。

D. ｛戊子卜爭｝貞：乍其來。
　　乍不其來。

E. ｛丙戌卜㱿｝來甲午虫伐上甲十。

F. 辛巳卜㱿貞：酒我匚（報）大甲祖乙十伐十宰。

G. 癸未卜貞：其□

【反面釋文】：

A. 丙戌卜㱿。

B. 戊子卜爭。

C. 王占曰：丙其雨。生。

【相關說明】

一、正面釋文 D「乍不其來」,「其」
　　字右有殘筆。

二、反面釋文 C「生」字,舊釋「之」,
　　今據目驗改。

【著錄號】:丙二三五、二三六（R44369
／H902）

【綴合情形】:新加綴乙 5833

【字體分類】:賓一.典賓／典型賓一類

【鑽鑿分佈】:Z1a／3-5

【正面釋文】:

A. 己卯卜㱿貞:不其雨。
　　己卯卜㱿貞:雨。
　　王占:其雨隹壬。
　　壬午允雨。

B. 貞:王囧允隹有蚩（害）。
　　有囧。

C. ▢其▢[言]▢雨在瀧。
　　王:不雨在瀧。

D. 庚辰▢黃尹▢我。
　　貞:黃▢弗▢我。
　　▢尹。

E. 辛亥卜㱿貞:令比弘。
　　貞:令豎弗其比弘。

F. 出于上甲。
　　昜于上甲。

G. 貞:出于大甲。伐十又五。
　　翌甲寅出伐于大甲。
　　甲寅▢。

H. 王从魯（陷）。
　　土从龍東魯（陷）。

I. 貞:今十三月不其雨。

J. 貞:出于祖丁。

【反面釋文】:

A. 貞:不隹帝咎王。
　　王占▢隹咎。

B. 上甲▢

C. 竹入十。wr

【相關說明】

正面釋文 E「令」,據「弗其」屬於占
卜者所不能控制的否定用法來看,在此

疑作某種身份指稱用;「令豎」,如同「犬
罟」、「戌何」,是職稱＋私名的形式。
乙 4693 有「己亥卜爭貞:令弗其隻執
亘」辭,對比同版「乙巳卜爭貞:雀弗
其隻亘」,可知此「令」亦應視為稱謂
或私名,與本版的「令」或即一人。

【著錄號】:丙二三七、二三八（R44370
／H14198）

【綴合情形】:

①:＋乙 5782＝史語所綴

②:（①＋乙補 5155＝林宏明綴）（醉
　　299）

【字體分類】:典賓／賓一類

【鑽鑿分佈】:Z13a／3-5

【正面釋文】:

A. 翌辛昜出祖辛。

B. 貞:雨。
　　其▢

C. 辛丑卜㱿:乎比來取。兄（祝）以。
　　辛▢卜㱿:弗其以。

D. 辛丑卜㱿貞:帝若王。
　　貞:帝弗若王。

【反面釋文】:

A. 王从[向]涉延（延）于[河]。
　　昜征（延）于▢。

B. 王▢

【相關說明】

反面辭 A「向」字左下有「延」字稍
殘泐,今據目驗補之。

【著錄號】:丙二三九、二四〇（R44482
／H13647）

【綴合情形】:新加綴丙四九四＋乙補
6531＝R44482

【字體分類】:賓一／過渡 2 類

【鑽鑿分佈】:Z1a／3-5

【正面釋文】:

A. 貞:隹之。
　　貞:不隹之。

B. 貞:帚曰。
　　帚昜曰。

C. 〔丁巳卜賓〕疾齒隹有𧎔（害）。
　　疾齒不隹有𧎔（害）。

D. 隹□乙□
　　不隹父乙。

E. 㞢于□

F. 丁丑卜古□

G. 戊寅卜古貞：燎岳□

H. 戊寅卜亘貞：王若。

I. 耵（聽）𡆥（憂）。
　　〔王占曰：吉。㞢隹𡆥（憂）。〕

J. □〔王〕□〔㞢〕□

K. 于高妣己。

【反面釋文】：

A. 貞：㞢子不□
　　貞：〔㞢子〕

B. 㞢羌于黃尹。
　　㞢㞢羌于黃尹。

C. 貞：于□
　　貞□

D. 丁巳卜賓。

E. 貞：示□若。
　　貞：示弗若。
　　王占曰：妣〔子〕王□若气□

F. 㞢于妣庚。

G. □酉𠬝十小宰。

H. 王占曰：吉。㞢隹𡆥（憂）。

I. □戌卜敵。

J. 貞：不□
　　隹□

【相關說明】

反面釋文 G（丙四九五）舊釋「御十小宰」，「御」應作「𠬝」；右下有「于母□」；反面右上，有「㞢□于□」等，皆磨泐不清。今據目驗改、補。

【著錄號】：丙二四一、二四二（R44545／H1773）

【綴合情形】：新加綴乙 3881＋乙 3883＋乙補 2784＝丙六二三

【字體分類】：典賓／過渡 2 類

【鑽鑿分佈】：Z1a／3-5

【正面釋文】：

A. 庚申卜敵貞：翌辛酉㞢于□□

　　貞：翌辛酉㞢于祖辛。

B. 王耵（聽）隹有𧎔（害）。
　　不隹有𧎔（害）。

C. 貞：㞢于父乙。

D. 〔甲子卜爭〕帚𡛥不其妫。

E. 貞：御帚𡛥。

F. 貞：翌庚辰卒亦㞢羌甲。

【反面釋文】：

A. 貞□□羊□卒□

B. □隹□

C. 不隹□

D. 貞：翌辛酉㞢于祖辛宰。
　　叀（惟）小宰。

E. 尋御帚于蜎甲。
　　㞢尋御□

F. 甲子卜爭。

G. 㞢𥄕㞢于蔑。
　　㞢㞢于蔑。王不□

H. 乙丑卜貞：燎于河。
　　㞢燎于河。

【相關說明】：

反面釋文 E「蜎甲」，舊以為某不知名先王，本書透過整理，以為先妣的可能性較大，詳見第四章「祭祀對象分類研究—女性先祖—蜎甲」的討論。

【著錄號】：丙二四三、二四四（R44371／H641）

【綴合情形】：

① ：＋（乙 7681＋乙補 1447）＝史語所綴

② ：（①＋乙補 1557）＝林宏明綴（醉27）

③ ：（②＋乙補 440）＝蔡哲茂綴（先1478）

【字體分類】：典賓／過渡 2 類

【鑽鑿分佈】：Z1a

【正面釋文】：

A. 丙寅卜敵貞：今來歲我不其受年。

B. 戊辰卜韋：來甲戌其雨。
　　〔王占曰：雀（陰）。〕

C. 癸丑卜亘貞：臣𤘩（得）。

癸丑卜亘貞：臣不其🅱️（得）。
王占曰：其🅱️（得）隹甲乙。
甲戌，臣涉。舟征（延）🅰️（匿?）
弗告。旬又五日丁亥，卒。十二月。
D. 疾。
　貞：王弗疾。
　｛王占曰：其御☒其隹易日☒其隹
　☒｝
E. 貞：于羌甲御。克徒（除）疾。
F. 乙亥卜古貞：帚嬊🅰️（娩）妌。
　｛王占曰：其隹庚引吉。妌。｝
G. ☒🅱️（得）☒
【反面釋文】：
A. 王占曰：雀（陰）。
B. 貞：☐出母庚。
C. 王占曰：其隹庚引吉。妌。
D. 王占曰：其御。其隹易日☒其隹☒
E. ☒🅱️（得）☒
F. ☒御☐庚☒
G. 爭。wr
【相關說明】：
一、反面釋文 C「其隹庚吉妌☒」，吉
　　字上有「引」字，已殘泐，今補之。
二、本版張秉權另有據實物與乙4407
　　＋乙4844＋乙5372＋乙5377＋乙
　　5773＋乙5832＋乙6080＋乙補
　　1475＋乙補4661＋乙補5500＋乙
　　補5504＋乙補5552＋乙補531
　　（反）＋乙補1459（反）新綴，
　　經蔡哲茂師檢視為誤綴。另本版分
　　類誤入典型典賓，今據字體與坑位
　　特色改入過渡 2 類，它皆仿此不另
　　註明。

【著錄號】：丙二四五、二四六（R44372
／H14003）
【綴合情形】：新加綴乙2390
【字體分類】：典賓／過渡 2 類
【鑽鑿分佈】：Z1ab
【正面釋文】：
A. 戊辰卜𠭯貞：帚好🅰️（娩）妌。
　戊辰卜𠭯貞：帚好🅰️（娩），不其

妌。五月。
　｛王占曰：其隹庚妌。｝
　丙子夕🅱️（向）丁丑。🅰️（娩）妌。
B. ｛壬[申]卜賓｝貞☒酒☒
　乎☒于☒不☒
C. 妥以。
　弗其以。
D. 大丁🅱️（害）我。
　大丁不我🅱️（害）。
E. 貞☒甲☒我
【反面釋文】：
A. 王占曰：其隹庚妌。
B. 壬[申]卜賓]。
C. 畫來廿。wr

【著錄號】：丙二四七、二四八（R41287
／H14002）
【字體分類】：賓一／過渡 2 類
【鑽鑿分佈】：Z1a
【正面釋文】：
甲申卜𠭯貞：帚好🅰️（娩）妌。
甲申卜𠭯貞：帚好🅰️（娩）不其妌。
王占曰：其隹丁🅰️（娩）妌，其隹庚🅰️
（娩）引吉。｛其隹壬戌不吉。｝
三旬又一日甲寅🅰️（娩），不妌，隹女。
（正問驗辭）
三旬又一日甲寅🅰️（娩），允不妌，隹
女。（反問驗辭）
【反面釋文】：
A. 貞：易見（獻）。不其母庚。
B. 其有不若。
　帚[亡]不若。
C. 甲申卜𠭯。
D. 卒☐臣十。
　弗其卒。
E. 貞：不☒
　[隹]乙☒
F. 王占曰：其隹丁🅰️（娩）妌，其庚
　引吉。其隹壬戌不吉。
【相關說明】：
一、反面釋文 D「卒」下有殘字，不
　　可識；E 右側有殘字，不可識；

反面右下有「隹?乙」二字。今皆據目驗補之。

二、本版可見許多消除未淨之字，如正面「帚好㝠」之「㝠」旁亦有㝠字、「隹女」之「女」右旁有一直豎、「寅」字旁有「帚」字、「允」字旁亦有「允」字；然字體皆較細小

【著錄號】：丙二四九、二五〇（R44373／H6948）

【字體分類】：典賓.賓一／典型賓一類

【鑽鑿分佈】：Z1a

【正面釋文】：

A. 辛丑卜㱿貞：王夢㫃。隹又。

B. 壬寅卜㱿貞：帚好㝠（娩）妨。
貞：帚好㝠（娩）不其妨。
壬辰𠙶（向）癸巳㝠（娩）。隹女。

C. 癸卯卜㱿貞：乎雀衒伐亘。𢦏（翦）。十二月。
弜乎雀衒伐亘。弗其𢦏（翦）。
弜⧄雀⧄

D. ｛甲辰卜賓｝貞：翌丁未王步。

E. 丁未卜㱿貞：⧄日𠦪（禱）于⧄祖乙⧄辛一[牛]⧄

F. 于妣庚㞢⧄

G. 弜⧄于⧄

H. 辛亥卜㱿：鼓以。

I. ⧄貞⧄先⧄

【反面釋文】：

甲辰卜賓。

【相關說明】：

一、正面釋文E「祖乙」右之「辛亥」，目驗似應改為「辛一[牛]」。

二、此版染有靛藍甚多，為水災當時留下之遺痕，參本書第一章第二節「貳 YH127坑甲骨遭遇的損害」。

【著錄號】：丙二五一、二五二（R44415／H709）

【綴合情形】：新加綴乙738＋乙1056＋乙1337＋乙1364＋乙2054＋乙2145＋乙2316＋乙2334＋乙7070＋乙7099＋乙7212＋乙補386＋乙補536＋乙補558＋乙補560＋乙補1063＋乙補1106＋乙補1790＋乙補6108＝丙三三四

【字體分類】：賓一.典賓／典型賓一類.過渡2類

【鑽鑿分佈】：Z1a／3-6

【正面釋文】：

A. 貞：有疾身。隹有𧊒（害）。

B. 庚戌卜亘貞：王其疾肩。
庚戌卜亘貞：王弗疾肩。
王占曰：弜疾。

C. 貞：帚好肩同（興）有疾。
貞：帚弗其肩同（興）有疾。
｛王占曰：吉。肩同。｝

D. 貞：帚蜎（蠲）。
不其蜎（蠲）。
｛王占曰：吉。气[蜎]（蠲）。｝

E. 貞：乎子賓卬父乙。𠕋𠬝㚔。卯宰。
乎子賓卬父乙。
貞：弜乎子賓卬父乙。

F. 于□己□／弜于妣己。

G. 貞：十□于祖辛。
弜十𠬝于祖辛。

H. 貞：四𠬝于祖辛。
弜四𠬝于祖辛。

I. 貞：㞢于祖辛。

J. 貞：于羌甲御。
弜于羌甲御。

【反面釋文】：

A. 燎妣庚三宰。
隹三□㞢⧄

B. 貞⧄

C. ⧄之御⧄亡⧄

D. 貞：子⧄㞢于⧄

E. 貞：□好蜎（蠲）⧄
不⧄蜎（蠲）。

F. 于祖辛。
□于祖辛。

G. 屯御于妣庚⧄
弜屯于妣庚一羌。弗⧄

H. 王⧄𡇒⧄
貞：王𡇒⧄至（？）⧄

I. [刅（勿）]（？）帚[入]（？）于父

乙御一牛。

J. 于父御。

K. 貞：今夕雨（？）。其彗（雪）。
　　翌丁求（咎）彗（雪）。

L. 王占曰：吉。肩同。

M. 貞：出于祖丁。
　　勿出于祖丁。

N. 王占曰：吉。气[蜎]（蠲）。

O. □入二在高。wr

P. 爭。wr

【相關說明】：

一、反面釋文 A「三宰」右有「曰（？）
　　貞」二字殘筆；同辭舊釋「貞」字，
　　應為「庚」，字前有殘泐「妣」字，
　　張秉權舊釋分為二條 1、3，應合
　　併；O 舊釋「龍」，應改釋「高」；
　　J 左側有三不明字殘筆；I 舊釋
　　「羌」，應改釋「牛」，同辭舊釋「龍」
　　字，字體漫漶，應存疑；反面張秉
　　權舊釋辭 11「弗」與辭 13「至（？）」
　　中間有殘字；最右上有「隹」字未
　　釋；以上各條皆據目驗改、補之。

二、本版缺筆字不少，如正面釋文 B、
　　C「疾」、D「蜎」等等。

三、正面釋文 A「身」字中構件，略
　　似「止」或「子」形，以前者為
　　近似，但不能完全肯定。

四、反面釋文N「气蜎」為陳劍*指出，
　　甚碻，如此則補足一組正反互足
　　例；該「蜎」字已十分漫漶，但仍
　　能看出字痕。本條「貞：帚蜎。／
　　不其蜎。／王占曰：吉。气蜎」意
　　指貞問婦（應指婦好）的病況是否
　　（能否）痊癒，而王親自占卜顯示
　　吉利，最終將痊癒；釋卜辭「气」
　　的虛詞用法大多為「最終、終究」，
　　參見沈培說法。[57]

---

[57] 沈培：〈申論殷墟甲骨文「气」字的虛詞
　　用法〉，《北京大學中國古文獻研究中心
　　集刊》第三輯（北京市：北京大學出版

【著錄號】： 丙二五三、二五四（R44374
／H2652）

【字體分類】： 典賓／過渡 2 類

【鑽鑿分佈】： Z1a

【正面釋文】：

A. 貞：帚好[子] 蜎（蠲）。
　　貞：帚☒从之蜎（蠲）。

B. 貞：乎帚𡤚（達）。其有敗（得）。
　　貞：乎帚𡤚（達）。亡敗（得）。

【反面釋文】：

A. ☒[曰]☒

B. 妻☒

C. [帚𡤚（達）]☒

D. [勿]☒[出]☒曰（憂）☒

【相關說明】：

正面釋文 A 舊釋「子」字，甚殘泐，
經檢視亦可能為「勿」字 B「帚」疑用
為「歸」。今皆暫誌之。

【著錄號】： 丙二五五、二五六（R44375
／H12311）

【綴合情形】： 新加綴乙 4897＝嚴一萍
綴（彙 472）

【字體分類】： 典賓／典型賓一類

【鑽鑿分佈】： Z1a／ 1-2

【正面釋文】：

A. 戊戌卜㱿貞：自今至于壬寅雨。
　　貞：自今至于壬[寅]□雨。
　　｛王占曰：庚[雨]☒ ｝

B. 貞：令𡤚允子何。
　　勿令𡤚允子何。

C. 貞：御帚好于母□

【反面釋文】：

王占曰：庚[雨]☒

【著錄號】： 丙二五七、二五八（R44376
／H454）

【綴合情形】：

①：＋（乙 666＋乙 668＋乙補 280）
　　＝張秉權綴

②：（①＋乙補 342）＝林宏明綴（醉 32）

社，2002 年 10 月）。

【字體分類】：典賓／過渡 2 類
【鑽鑿分佈】：Z1a／3-5
【正面釋文】：
A. 辛未卜㱿貞：帚妌冥（娩）妫。王占曰：其隹庚冥（娩）妫。庚戌冥（娩）妫。三月。
辛□卜㱿貞□妌冥□其妫。
B. 隹母庚𧊒（害）子賓。
隹雚𧊒（害）子賓。
C. 貞▨㞢▨隹𡆥（憂）。貞▨㞢▨
D. □卯□賓貞：今夕用羌。
｛庚戌卜賓｝貞：㝱隹今日用羌。
E. ｛辛□卜□｝貞：于翌甲辰用羌。
允用羌。
㝱于翌甲辰用羌。三月。
允用羌。
F. 㞢于祖辛。
【反面釋文】：
A. 庚戌卜賓。
B. 辛□卜□。
C. 隹▨
不隹▨
D. 隹□乙。
不□父□
E. 壬戌卜古貞▨
F. 貞：[心]▨
▨心▨
G. 貞：不隹□戌▨
H. 貞：今酉用于妣己。
I. 不隹▨
J. 王疾▨隹妣▨
貞：不隹▨
【相關說明】：
一、反面張舊釋 2「王」字殘甚，疑誤；D「隹」字下有「△乙」字，「△」字漫漶不可識。同辭上方有「辛□卜」三字稍殘；A 下方乙 533 處，有三殘字；H「貞」字左有殘字，均漫漶不可識。
各條皆據目驗補、誌之。
二、反面釋文 F 左辭該字釋「心」為陳劍*指出，按，此字與右辭「心」字內俱有部件，不知能否逕釋心；釋文 G（張秉權釋文 11）的「𠆢」，似應下接「戊」字，可能與盡戊有關。

【著錄號】：丙二五九、二六〇（R44378／H7076）
【綴合情形】：新加綴乙 6670＋無號碎甲＝丙六二一
【字體分類】：典賓／典型賓一類
【鑽鑿分佈】：Z1a／3-6
【正面釋文】：
A. 戊午卜㱿貞：戎及受。
戊午卜㱿貞：弗其及受。
B. 戊午卜內貞：乎射弗羌。
C. ｛甲子卜㱿｝貞：亘隻。
D. 己巳卜爭：畫乎來。
E. 有來自南。以龜。
不其以。
F. 貞：今辛㞢于上甲。
今辛亥㝱㞢于上甲。
今辛㞢于上甲。用。
G. 其先征（延）。
其先𤫊（琮）。
其先雀𢦔（翦）。
H. 雀克入卤邑。
雀弗其克入。
I. 雀𢦔（翦）卤。
雀弗其𢦔（翦）。
J. 曰雀㝱伐（㝱曰雀伐）。
曰雀伐。
K. 貞：我𢦔（翦）枂。
弗其𢦔（翦）枂。
貞：我弗其𢦔（翦）𤞷。其枂。
L. 貞：不其𢦚（肇）妹。
貞：允其𢦚（肇）妹。
M. 癸丑□□貞▨其隻▨隹▨隻▨執▨
癸丑卜㱿▨兕▨其隻▨
N. 甲寅卜爭貞：曰雀來复。
貞：㝱曰雀來复。
O. 貞：雀𣪊壴（鼓）。
P. 今□子▨

【反面釋文】:
A. 甲子卜㱿。
B. 翌甲申其雨。
不雨。
C. 今壬㢴𠦪(禱)。
D. 癸丑▨
E. 我𢦏(翦)□令□敦𢦏(翦)𤞷。
不其𢦏(翦)。
F. □入□wr

【相關說明】:
正面釋文B「弗」字異構,此「射弗」似與丙一七二「周弗」為一人。釋文O「𠬝」字疑為「爰」字異體,多見於商人對被商敵國侵略的對象所做的某種行為,與「援助」有關。

【著錄號】:丙二六一、二六二(R44379/H6946)
【字體分類】:賓一.典賓/典型賓一類
【鑽鑿分佈】:Z1a/3-5
【正面釋文】:
A. 戊午□賓貞:乎雀往于𣏟。
戊午卜賓貞:㢴乎雀往于𣏟。
B. 己未卜爭貞:黃尹𡗗(害)王。
己未卜爭貞:黃尹弗𡗗(害)王。
C. 庚申卜㱿貞:乎王族彸(延)从𧰼。
庚申卜㱿貞:㢴乎王族彸(延)从𧰼。
D. 甲子卜爭:雀弗其乎王族。
雀其乎王族來。
E. 貞:乎雀[圍]目。
F. 貞:乎王[族]▨
貞:㢴▨
G. {丁巳卜㱿}貞:犬追亘。有及。
犬追亘。亡其及。
H. 丁卯卜爭貞:乎雀▩(助)戎𣐈。
九月。[58]

[58] 此條之「𣐈」,為敵方名,在此不用為時稱之「夙」;同條「▩」字,從楊安釋,參氏著:〈「助」、「叀」考辨〉,《中國文字》新三十七期(臺北市:藝文印書館,2011年12月)

【反面釋文】:
A. 丁巳卜㱿。
B. □自力(?)□wr

【相關說明】:
反面釋文B應為記錄卜甲來源的刻辭,與丙三〇四「自之」位置相同,且二版事類、時間關係重疊,二詞有關。此「力?」陳劍*認為實所謂下危之「危」(本書釋「戹」),可備一說。

【著錄號】:丙二六三(R44380/H7768)
【字體分類】:賓一/典型賓一類
【鑽鑿分佈】:3-5
【釋文】:
A. 甲子▨
貞▨
B. 王▨有▨
王▨亡▨
C. 王聑(聽)㢴㱙(孽)。
王聑(聽)㱙(孽)。
D. 癸酉卜㱿貞:雀叀(惟)今日𢦔(戎?)。
癸酉卜㱿貞:雀于翌甲戌𢦔(戎?)。
E. 癸巳卜㱿貞:今日其雨。
癸巳卜㱿貞:今日不雨。
允不。

【相關說明】:
釋文D「雀」字刻於削除未淨的「叀」字上,可知「叀」字先提前誤刻。

【著錄號】:丙二六四(R44381/H536)
【字體分類】:賓一/過渡1類
【鑽鑿分佈】:3-5
【釋文】:
A. 辛卯卜爭:㢴乎取奠女子。
辛卯卜爭:乎取奠女子。
▨乎取奠女子。
B. 辛卯卜爭貞:甲酒燎。

http://www.gwz.fudan.edu.cn/SrcShow.asp?Src_ID=1477(2011年4月26日)

C. 辛卯卜內貞：王有乍田（憂）。
　辛卯卜爭貞：王亡乍田（憂）。

D. 庚子卜㱿貞：令子商先涉羌于河。
　庚子卜㱿貞：易令子商先涉羌河。

E. 辛丑卜爭貞：取子**卬**。
　辛丑卜爭貞：易取子**卬**。

F. ☑七月。

【相關說明】：
釋文 C 對貞，貞人分別為內與爭，從字形來看刻手亦有別，這顯示傳統「賓一」大類的劃分有再加以細分的可能性，故崎川隆氏改置之於「過渡 1 類」。

【著錄號】：丙二六五、二六六（R44382／H10299）
【字體分類】：賓一／典型賓一類
【鑽鑿分佈】：Z1a／2-4
【正面釋文】：

A. 貞：王其逐鹿。陷。
　貞☑其☑鹿。

B. 隹南庚**蚩**（害）王。
　不隹南庚**蚩**（害）王。

C. ｛丙戌卜☑｝貞：王圖隹有**蚩**（害）。
　貞：王圖不隹有**蚩**（害）。

D. 貞☑父☑

【反面釋文】：

A. 丙戌卜☑

B. 壬寅卜：癸雨。
　允雨。

【著錄號】：丙二六七、二六八（R44383／H2530）
【字體分類】：典賓／典型典賓
【鑽鑿分佈】：Z1a／2-3
【正面釋文】：

A. 乙卯卜永貞：隹母丙**蚩**（害）。
　貞：不隹母丙**蚩**（害）。

B. 貞：母丙允有蠱。
　貞：母丙亡蠱。
　｛王占曰：母丙有蠱。于☑｝

【反面釋文】：

A. 王占曰：母丙有蠱。于☑

B. 帚井示百。wr

C. 我以千。wr

D. 㱿。wr

【相關說明】：
一、正面釋文 A「不」字字首有橫劃。
二、反面釋文 A「母」字頭部有羌形分支，似屬誤刻。

【著錄號】：丙二六九、二七〇（R44384／H5439）
【綴合情形】：新加綴乙 2439＋乙 2472＋乙 3461＋乙 7475＋乙 7540＋乙補 1845＋乙補 2090＋乙補 6258＋乙補 6893（反）＋無號碎甲
【字體分類】：賓一.典賓／典型賓一類
【鑽鑿分佈】：Z1a／3-5◎
【正面釋文】：

A. 癸亥卜爭貞：畄各化亡田（憂）。屮（贊）王事。
　☑貞：畄☑化☑田（憂）☑
　貞：畄各化亡田（憂）。屮（贊）王事。十月。
　畄各化其有田（憂）。

B. 貞：王入亡田（憂）。
　其有田（憂）。

C. 甲子卜㱿貞：今夕舟至。
　今夕不至。

D. 貞：王往于狱。
　易往于狱。

E. 貞：今出于羌甲。
　☑于南庚。

F. 貞：于黃

【反面釋文】：
𡿯來四在襄。wr

【相關說明】：
一、左上遙綴「☑貞畄☑化☑田☑」，為張秉權綴合之無號碎甲。
二、反面「𡿯來四在△」，△字張秉權受泐痕影響誤釋，應釋「襄」，今據目驗改。

【著錄號】：丙二七一、二七二（R44443／H150）
【綴合情形】：新加綴乙 1927＋乙 2101

＋乙 7168＋乙補 504＋乙補 1623＝丙三九六

【字體分類】：典賓？／過渡 2 類
【鑽鑿分佈】：Z1a／2-3（2） ◎
【正面釋文】：
A. 雍芻于蒙。
　雍芻昜于蒙。
B. 雍芻于黽。
　雍芻昜于黽。
C. 雍芻于莧。
D. 雍芻于雇。
　昜于雇。
E. 呇各化☐
　{辛卯卜皶}弗其凷（贊）王事。
　{王占曰：隹其凷（贊）王事。隹其☐辈（達）☐斌。}
F. 貞：其入。凷匸（報）。示若。
　貞：昜凷匸（報）。

【反面釋文】：
A. 辛卯卜皶。
B. 王占曰：隹其凷（贊）王事。隹其☐辈（達）☐斌。
C. 貞：凷祖乙。
D. 奠來一在☐

【相關說明】：
一、正面釋文 A「蒙」為地名，疑為兔字異體。
二、反面釋文 B 舊釋「包事」二字，應為「凷（贊）王事」三字，今據目驗改之。
三、反面釋文 B 為正面釋文 E 的正反互足占辭，從本版卜問「某芻于某」事來看，此處的「辈」修飾對象很可能即為芻人；按「辈（達）芻」賓組習見，或僅以「辈」代全稱，表示逃跑的芻人。斌，李孝定以為即「戒」字異體，卜辭中多用來表達警戒之意，若從其說則本辭表達出「呇各化將會完成商王交付的任務，（抓回）逃跑的（芻人），保持戒備」的意涵。不過近來李學勤亦指出「斌」是一種職務名稱，近似

「虎臣」一類警備近臣的看法，如此本辭「斌」亦可以人、地名的角度來思考；[59] 詳情仍待進一步探討。

【著錄號】：丙二七三、二七四（R29571／H6649）
【字體分類】：典賓／過渡 2 類
【鑽鑿分佈】：Z1a／3-6
【正面釋文】：
A. ☐彝雅。
　貞：呇各化弗戋（翦）。
　辛酉卜賓☐☐各化戋（翦）彝暨雅。
　貞：呇各化弗其戋（翦）。
　{王占曰：叀（惟）既。隹乙見丁。丁☐}
B. 王占曰：吉。戋（翦）。
　之日允戋（翦）戈方。十三月。
C. 貞：我不其受年。

【反面釋文】：
A. 王占曰：叀（惟）既。隹乙見丁。丁☐
B. ☐寅☐
C. 疾舌☐／疾舌。不隹娸（艱）。
D. 貞：伐☐
E. 周入☐ wr

【相關說明】：
一、此版釋文可與丙一三四互參，知丙一三四之「戊子」可排入此十三月內。另，根據貢龜刻辭「周」、鑽鑿分佈相同、釋文內容有聯繫（受年）等因素，判斷與 R29762、乙5307 可能同時。
二、此版已佚。

【著錄號】：丙二七五（R44385／H13490）
【綴合情形】：
①：＋乙 3240＝林宏明綴（醉 256）
②：（①＋R55568）＝林宏明綴（契

---

59 李學勤：〈殷商至周初的斌與斌臣〉，載《殷都學刊》第三期（安陽：2008）。

276）

【字體分類】：典賓／典型賓一類
【鑽鑿分佈】：3-4◎
【釋文】：

A. 丙辰卜爭貞：叀（惟）◇（齊）令
　　比㞢𡃀。
　　貞：易隹◇（齊）令比㞢𡃀。
B. 令𡃀比㞢𡃀。
　　易令𡃀比㞢𡃀。
C. 貞：沚𢦔啟巴。王比。
　　貞：王易卒比。
D. 貞：王叀（惟）𡆥（憂）以。
　　易隹𡆥（憂）以。
E. 貞：王叀（惟）侯告比。
　　易隹侯告。
F. 癸酉卜爭貞：叀（惟）賓為。
　　貞：易隹賓為。
G. 癸酉□爭貞：我乍（乍）邑。
　　癸酉卜爭貞：我易□邑。
　　□乍（乍）邑。
　　□易乍（乍）邑。
【相關說明】：
成套卜辭第一版。

【著錄號】：丙二七六、二七七（R44473
／H6461）
【字體分類】：典賓／過渡 2 類
【鑽鑿分佈】：Z1a／3-5
【正面釋文】：

A. 乎比𠬝㚲（㷂）。
B. 貞：𢦔在茲示。若。
C. 庚寅卜賓貞：今早王其步伐人（夷）。
　　庚寅卜賓貞：今早王易步伐人（夷）。
　　｛王占曰：吉。余其伐。其弗伐不吉。｝
D. 辛卯卜賓貞：沚𢦔啟巴。王易叀
　　（惟）之比。
　　辛卯卜賓貞：沚𢦔啟巴。王叀（惟）
　　之比。五月。
　　｛王占曰：吉。沚𢦔▨｝
【反面釋文】：

A. 甲子卜賓。
B. 甲子卜賓：𢦔在茲示。若。

C. 王占曰：吉。[沚?]𢦔▨
D. 王占曰：吉。余其伐。其弗伐不吉。
E. 有乎□[比]▨
【相關說明】：

一、正面釋文A之「㚲」，饒宗頤認為
　　即易伯「㷂」省寫，[60] 試將本版
　　卜辭與丙五五合觀即知其說合理
　　可從。
二、反面釋文 D「王」字左下有「己」
　　字、余字下有「㞢乎」二字，刻劃
　　淺細與本辭不類，疑為舊刻辭。陳
　　劍*指出釋文 D 舊以為「叀」字，
　　應為「余」，其說可信，今從之，
　　並修正部分釋文。

【著錄號】：丙二七八、二七九（R44386
／H9743）
【字體分類】：典賓／過渡 2 類
【鑽鑿分佈】：Z1a／1-2
【正面釋文】：
甲午卜韋貞：西土受年。
甲午卜韋貞：西土不其受年。
【反面釋文】：
𢻻。wr
【相關說明】：
本版於史語所庫房中有舊加綴乙 495，
不知綴者。按乙 495 尺寸上與主龜不
合，其齒縫左、右側留有之兆序殘筆與
丙二七八亦不可接，且皆留有朱色，應
屬誤綴，數位典藏系統未改；林宏明曾
將乙 495 與 R44688（《醉古集》376）
綴合，從齒縫相接以及兆序相續等因素
上看來，較為可信。

【著錄號】：丙二八〇、二八一（R44387
／H10137）
【字體分類】：典賓／過渡 2 類
【鑽鑿分佈】：Z1a／2-3
【正面釋文】：

A. 辛未卜古貞：黍年有正雨。

---

[60] 饒宗頤：〈說沚與𢦔與沚𢦔〉，《故宮博
　　物院院刊》（2000 年第 6 期）。

B. 貞：黍年有正雨。
　　｛王占曰：吉。隹丁。不隹（惟）
　　□｝
C. 貞：王𢦏（歆）有蚩（害）。
　　☑𢦏（歆）亡蚩（害）。

【反面釋文】：
A. 王占曰：吉。隹丁。不隹（惟）□
B. 帚娘來。wr
C. 爭。wr
D. 賈☑ wr

【相關說明】：
反面釋文 B「娘」字所從女旁多了兩撇
刻痕，故易誤識為「羍」。釋文 A「丁」
字，由於正面是「有正雨」的占問，陳
劍*認為「"丁"字讀爲"正"或係
"正"之漏刻"止"旁（正面"正"字
"止"旁甚小）」，其說似可信，不過也
不能排除該丁作為日干的可能性，今暫
誌之於此。

【著錄號】：丙二八二、二八三（R44388
／H9783）
【字體分類】：典賓／過渡 2 類
【鑽鑿分佈】：Z1a
【正面釋文】：
A. 甲寅卜賓貞☑
　　甲寅卜賓□不其☑
B. 乙卯卜賓貞：隹受年。
　　乙卯卜賓貞：敦受年。
【反面釋文】：
A. 王占☑
B. 畫入二。wr
【相關說明】：
一、本版右側兆序大多削除重刻，正
　　面釋文 B 下方兆序六至十，原本
　　為五至九，仍可察見。
二、反面釋文 B「畫入二」朱書未刻；
　　「二」字下仍有朱筆，惜已漫漶。

【著錄號】：丙二八四、二八五（R41288
／H10198）

【綴合情形】：
①：（丙二八四＋乙 507）＝史語所綴
②：〔①＋（乙補 318（正乙 695）＋
　　乙補 306）〕＝林宏明綴（醉 369）
③：（②＋乙 5104）＝張惟捷綴
④：（③＋乙補 4138）＝何會綴（拼續
　　432）
【字體分類】：賓一／過渡 2 類
【鑽鑿分佈】：Z1a／3-6
【正面釋文】：
A. 貞：翌辛亥王出。
　　｛王☑出☑占□吉□若。｝
B. 戊☑不☑𠦪（擒）。
　　｛丙□卜[爭]｝翌戊午焚。𠦪
　　（擒）。
C. 戊午卜㱿貞：我狩𡠄。𠦪（擒）。
　　之日狩，允𠦪（擒）。隻虎一、鹿
　　四十、狐百六十四、麑百五十九。
　　薗焱（杏？）屮双三（？）焱（杏？）
　　小（少）[其][四]□
【反面釋文】：
A. 貞☑
B. 貞：奏祖乙。
　　昜奏祖乙。
C. 貞：王昜疾。
D. 王☑出☑占□吉□若。
E. 貞：示昜☑
　　貞：示弗若。
F. 王占曰：乙步。
G. 王占曰：甲用□不。
H. ☑王占曰：吉。
　　允□
I. ☑吉。
J. 丙□卜[爭]。
K. 貞：[來羌？]。
L. 畫（畫）入廿。wr
M. 爭。wr
【相關說明】：
反面釋文 C「王」下有「昜」字；A「貞」
字左、H「王」字上皆有殘字，泐不能
識。L 舊釋「入十」，應作「畫入廿」。
各條皆據目驗補、改之。

【著錄號】：丙二八六、二八七（R44389
／H10910）
【字體分類】：典賓／過渡 2 類
【鑽鑿分佈】：Z1a／1-2
【正面釋文】：
楸于東。有鹿。
貞：楸。亡其鹿。
貞：有鹿。
亡其鹿。
｛王占曰：之有。／允隻鹿一、豕一。｝
【反面釋文】：
A. 王占曰□
B. 王占曰：之有。
　　允隻鹿一、豕一。
【相關說明】：
反面釋文 A「曰」字下有殘字不能辨識；
B 舊釋「隻」字，應為「允」，「隻」字
殘泐在其左下；皆據目驗改之。

【著錄號】：丙二八八（R44390／H14621）
【綴合情形】：新加綴乙補 5343＋乙補
6662＝林宏明綴（醉 154）
【字體分類】：賓一／過渡 2 類
【鑽鑿分佈】：1-2
【釋文】：
丙申卜亘貞：河屮（糾）狄（嬈）。
貞：河屮（糾）不其狄（嬈）。

【著錄號】：丙二八九、二九〇（R44366
／H14755）
見丙二二三、丙二二四

【著錄號】：丙二九一、二九二（R44391
／H10346）
【字體分類】：典賓／過渡 2 類
【鑽鑿分佈】：Z1a／3-4◎
【正面釋文】：
A. 丙申卜㲋貞：我其逐麋。隻。
B. 貞：乎比□
C. 貞：卯亡田（憂）。
　　貞：卯其有田（憂）。
D. 辛丑卜㲋貞：我亡至娓（艱）。

【反面釋文】：
莫來五。wr

【著錄號】：丙二九三、二九四（R44392
／H816）
【綴合情形】：新加綴無號碎甲
【字體分類】：典賓／過渡 2 類
【鑽鑿分佈】：Z1a
【正面釋文】：
A. 于父乙多介子。
　　出犬于父辛多介子。
B. 貞：隹靳。
　　不隹靳。
C. ｛己酉卜爭｝貞：弥其有田（憂）。
　　貞：弥亡田（憂）。
【反面釋文】：
A. 己酉卜爭。
B. 立髟為史（事）。其莫。
C. 多屯。王心若。
D. 王在兹。大示左。
　　貞：王□兹。大[示]弗左。

【著錄號】：丙二九五（R44393／H13647）
【字體分類】：典賓?／過渡 2 類
【釋文】：
A. 丁卯卜爭貞：有瘼。蜎（蠲）。
　　貞：有瘼。不其蜎（蠲）。
B. 王□隹□
　　不□田（憂）□
【相關說明】：
「瘼」字筆者舊釋「瘷」，今從高嶋謙
一改，相關討論參本書第四章第三節
「十四、疾瘼」

【著錄號】：丙二九六、二九七（R44394
／H17079）
【綴合情形】：新加綴乙 990（反）＋
乙 1377＋乙 2652＋乙 7902＋乙補 848
＋乙補 980＋乙補 1138＋乙補 1227
【字體分類】：賓一?／過渡 2 類
【鑽鑿分佈】：Z1a／3-5
【正面釋文】：
A. 貞：子𠂤不？（殙）。

子 🐦 其 ☐ （殪）。

B. 貞：叀（惟）羊用🔯。

C. 貞：其鳳（風）。
　　☐不☐鳳（風）。

D. 貞：其有來。
　　貞：亡其來。

E. ☐田（憂）。

【反面釋文】：

A. 貞：其鳳（風）。

B. 壬寅卜：王有疾肩。[蜎]（蠲）。
　　☐疾[蜎]（蠲）☐

C. 貞：毋其祉（延）有田（憂）（?）
　　☐若。
　　貞：毋☐亡☐

D. 王占曰：吉。昜入。

E. 貞：隹父乙蚩（害）☐
　　不隹☐

F. 貞：姘甲☐
　　貞：不祊☐母☐

G. 貞：御于父甲。
　　于母庚御。

H. 王占曰：若。不[隹]☐庚☐于☐

I. 貞：隹☐庚蚩（害）帚☐
　　不隹母庚蚩（害）帚好。

J. 🐦入二在声（鹿）声。wr

【相關說明】：

一、正面釋文 B 舊釋「牆」，應為「羊」
　　字；C 舊釋「龍」，應為「鳳（風）」
　　字；E「田」字上有殘字，不清。

二、反面釋文 A 舊釋「龍」字，應為
　　「鳳（風）」；D「占」字右有殘文，
　　似「辛」；C 舊釋「來」字，應為
　　「女」；「希」字，似為「肩」及
　　一殘字右半；各條皆據目驗改、
　　誌之。

三、本版多字為先墨書、後契刻，往往
　　有書而未刻之例。如乙補 1227 反
　　「隹」字下側有「吉其」二字、乙
　　1337「母庚」下側有「🩸（血）」
　　字，皆墨書未刻。而乙 7902「貞
　　隹」之「隹」字覆刻於墨書「王」
　　字之上，顯示當時刻手若先以墨、

朱筆書寫「底稿」後，有時未必會
完全照著契刻，可能偶有臨時改換
用字之現象。相似情形可參見丙六
六校訂。

四、反面記事刻辭與丙六六（丙六五反）
　　同，疑此二版為同時貢入，一為背
　　甲一為腹甲然尺寸不合（丙六六全
　　長近 40 公分），不知是否一龜所析。

五、新綴各版文字若無拓本，皆據目
　　驗、史語所藏彩圖誌之；另，本版
　　尾甲原綴有乙 2652，然其厚薄、
　　顏色、辭例與大小比例與主版不
　　合，經蔡哲茂師檢視確認為誤綴，
　　而由此版大龜實物包含乙 2652 均
　　染上靛藍色的情形判斷，此組誤綴
　　將實物放在一起，至少早於民國七
　　十三年的第二次四分溪水災，參本
　　書第一章第一節「貳、YH127 坑
　　甲骨遭遇的損害」。

六、另丙六六與本版應係同時貢入，
　　然前者聯繫二月，此新綴乙 2652
　　卻係八月，顯然不是同時之物。
　　史語所數位典藏系統仍顯示此誤
　　綴結果，應予改正。

【著錄號】：丙二九八（R44395／H3291）
見丙二三一、丙二三二。

【著錄號】：丙二九九（R44396／H9811）
【綴合情形】：
①：（丙二九九＋乙 1966＋乙 7205）
　　＝合 9811 綴
②：（①＋乙 2027＋乙補 5952）＝史
　　語所綴
【字體分類】：賓一／過渡 2 類
【鑽鑿分佈】：3-5
【釋文】：
A. 甲辰卜賓貞：我収（廾）人。
　　貞：我昜収（廾）人。
B. 乙巳卜內貞：壴（鼓）亡田（憂）。
　　貞：壴（鼓）其有田（憂）。
C. 戊午卜古貞：夋（畫）受年。

D. 貞：妻（畫）受年。

E. 貞：于皿（?）北。

【著錄號】：丙三〇〇、三〇一（R44397／H16152）

【字體分類】：賓一?／過渡 2 類

【鑽鑿分佈】：Z1a／2-4

【正面釋文】：

A. 戊午卜爭貞：蚊。王徝（循）于之。若。
　　貞：昜蚊。不若。

B. ☑河☑

【反面釋文】：

貞：昜蕳蚊。

昜蚊。同。

【相關說明】：

嚴格來說，正面釋文 A 疑非對貞，一方面貞問指在祭祀中施行蚊的行為時，商王是否「徝（循）于之」；另一方面貞問則指若不施行蚊的行為，是否會不順善。二辭主題似有前後之別。

【著錄號】：丙三〇二、三〇三（R44398／H6571）

【字體分類】：賓一／過渡 1 類

【鑽鑿分佈】：Z1a／2-2

【正面釋文】：

A. 辛丑卜㱿貞：今日子商其㸚基方缶。𡚨（艱）。五月。
　　辛丑卜㱿貞：今日子商其㸚基方缶。弗其𡚨（艱）。

B. 壬寅卜㱿貞：尊雀。叀（惟）𠅔（啚）㸚基方。
　　壬寅卜㱿貞：子商不蕳𡚨（艱）基。
　　壬寅卜㱿貞：貞：自今壬寅至于甲辰。子商𡚨（艱）基方。
　　壬寅卜㱿貞：自今至于甲辰子商弗其𡚨（艱）基方。五月。

C. 壬寅卜㱿貞：曰子商、✦癸敦。五月。
　　曰✦甲敦。
　　曰子商于乙敦。

D. 貞：曰子商至于有丁（圍?）。乍火。𡚨（艱）。
　　昜曰子商至于有丁（圍?）。乍火。

𡚨（艱）。

E. 甲辰卜㱿貞：翌乙巳曰子商敦。至于丁未𡚨（艱）。

【反面釋文】：

A. 我來[廿]。wr

B. 賈[肩]☐

【相關說明】：

一、合 10125（雙圖下 33.2）有「令雀西徎（延）蜎」、「雀屮（贊）王事」二事，同版干支為五月己亥、庚子，字體為典型賓一類，疑與丙三〇二等基方系列是同時所卜，但另出坑外。

二、反面釋文 A「來」字下有殘筆，疑為「廿」。B「肩」字左旁有殘筆；此二殘筆皆有殘存朱色。

【著錄號】：丙三〇四、三〇五（R44399／H6947）

【字體分類】：賓一.典賓／典型賓一類

【鑽鑿分佈】：Z1a／3-5

【正面釋文】：

A. 辛亥卜爭貞：翌乙卯雨。
　　貞：翌乙卯不其雨。
　　乙卯允雨。

B. 丁巳卜爭貞：哉亡𡆥（憂）。

C. 戊午卜爭貞：乎雀弜哉。
　　貞：昜乎雀弜哉。

D. 戊午卜㱿貞：雀追亘☑
　　戊午卜㱿貞：雀追亘。有隻。

E. 戊午卜爭貞：𠅔（啚）𡚨（艱）貒。
　　貞：弗其𡚨（艱）貒。

F. 己未卜㱿：令✦往涉。
　　己未卜㱿：昜令✦往涉。

G. ｛己未卜王｝貞：亘不葉隹執。
　　貞：亘其葉隹執。

H. 辛酉卜爭貞：今日㞢于下乙一牛。
　　曹十刅（勿）宰。
　　貞：㞢于下乙宰。曹十刅（勿）宰。
　　㞢下乙一牛。

I. 貞：雀以咸。
　　雀不其以咸。

J. 貞：妥以羊。
　　妥以䲹。
K. 秦（禱）于上甲、咸、大丁、大甲、
　　下乙。
L. 庚午卜爭貞：亘奉。
　　庚午卜爭貞：亘不其奉。
M. 貞▨

【反面釋文】：
A. 己未卜王。
B. 自之。
C. 有保▨（殞）。
　　亡保其▨（殞）。

【著錄號】：丙三〇六（R44400／H6943）
見丙二一一。

【著錄號】：丙三〇七、三〇八（R44401
／H6928）
【字體分類】：賓一.典賓／典型賓一類
【鑽鑿分佈】：Z1a／2-3
【正面釋文】：
A. 帝令隹枫（凤）。
　　帝令。
B. ｛庚申卜爭｝叀（惟）子攴（戴）
　　令西。
　　叀子商令。
　　貞：叀（惟）王自往西。
C. 甲申卜王貞：余征獸。六月。
D. 乙酉□量。旬癸巳𩰫（向）甲午雨。
F. 丙戌卜爭貞：王出心。正。

【反面釋文】：
A. 庚申卜爭。
B. ▨▨
　　▨▨
C. 雀入卅。wr

【著錄號】：丙三〇九、三一〇（R44402
／H3061）
【字體分類】：賓一／過渡 1 類
【鑽鑿分佈】：Z1a／3-6
【正面釋文】：
A. 癸丑卜爭：复缶于大子。
　　癸丑卜爭：易复缶于大子。

B. 甲寅卜㱿：乎子汏酒缶于▨。
　　甲寅卜㱿：易乎子汏酒缶于▨。
C. 于商酒缶。
D. 辛未卜爭貞：我𢦔（戟）獸。在寧。
E. 壬申卜㱿：翌乙亥子汏其來。
F. 子汏其隹甲戌來。
　　□□□爭▨
G. □□卜賓貞：我其圍。𢦔（戟）。
H. 易乎雈（觀）。夕敦。
I. 貞：乎▨

【反面釋文】：
A. 癸丑卜㱿：隹𡆥（憂）。
B. 隻缶。用。

【著錄號】：丙三一一、三一二（R44403
／H811）
【綴合情形】：新加綴乙 7103
【字體分類】：賓一.典賓／過渡 2 類
【鑽鑿分佈】：Z1a／3-7
【正面釋文】：
A. 壬申卜㱿貞：我立中。
　　壬申卜㱿貞：易立中。彳（升）。
B. 癸丑卜亘貞：王比奚伐巴方▨
　　｛王易比奚伐▨｝
C. 癸丑卜亘貞：王叀（惟）望乘比伐
　　下厃。
　　｛王易比望乘伐▨｝
D. 貞：祖辛又。
E. 貞：王其▨出告父。正。
F. 貞：父乙卯婡。
　　貞：父乙弗卯婡。
G. 今己巳燎。
　　燎一牛。
　　燎二牛。
　　□三牛。
H. 貞：出复左[子]。王祄（循）于之
　　益若。
I. 子求肩同。
　　子求弗其同。
J. 子箇肩同有疾。
　　子箇弗其同。
K. 貞：多屯率▨

易蔺用。

L. 貞：呂（雍）其受年。

{壬子卜爭}貞：呂（雍）不其受年。

{王占曰：吉□受年。}

【反面釋文】：

A. □黃尹□屮伐于冄□正。王[正]易屮。

易屮[五]（？）伐。

B. 翌甲戌酒彳（升）伐。

C. 生□易□

貞：于生七月酒。

D. 王占曰：吉。其隹庚見丁𡛖（娩）。

E. 王易比奚伐□

王易比望乘伐□

F. 貞：屮于妣庚。

G. 上甲咎王。

上甲弗咎王。

H. □王。

弗咎。

I. [黃]咎王。

弗咎。

J. 貞：王[比]于□

易□王□于示。

K. 貞：隹祖丁若。

貞：不隹祖丁若。

L. 貞：屮于下乙。

易卒屮于下乙。

M. 貞：冉冊。立中。

易立中。

N. 乎子往□

O. 喬亡其□

P. 王占曰：吉□受年。

Q. 壬子卜爭。

R. 燎五（？）牛于河。

S. 弗其壴（各）[兕]（？）。

□壴（各）□

T. 毀。wr

【相關說明】：

一、反面釋文 J「王」字左有「于」字，且其左有字痕，難以確識。同辭「王」字下似有「比」字，同辭「貞」字下舊釋「乎」字，應為斷痕，非字。

同辭「易」字下有字痕，舊未釋。反面釋文 M 舊釋「易」字，應為「貞」。各條皆據目驗補、改、誌之。

二、按，據卜辭「正反互足」例，反面釋文 D「王占曰：吉。其隹庚見丁𡛖（娩）」於正面並無可對應之前、命辭，然正面釋文 J 卜問子𡦯「肩同有疾」事，由於乙 2614＋乙 5961＋乙 6868＋乙 6909＋乙補 5787 曾記載子𡦯「𡛖（娩）妫」事，頗疑此正反兩條卜辭有關。

【著錄號】：丙三一三、三一四（R44404／H6478）

【字體分類】：典賓／過渡 2 類

【鑽鑿分佈】：Z1a／3-6

【正面釋文】：

A. 貞：來乙亥屮于祖乙。

貞：來乙亥易屮于祖乙。

B. 翌庚申易。

C. 屮于祖辛。

D. {辛未卜賓}□令比沚馘伐巴方。受有又。

貞：王易隹帝好比沚馘伐巴方。弗其受有又。

【反面釋文】：

A. 翌卯屮。

翌卯易屮。

B. 辛未卜賓。

C. 屮于□

D. 般入十。wr

E. 爭。wr

【著錄號】：丙三一五（R44405／H6468）

【綴合情形】：

①：＋乙 7664＝鄭慧生綴（彙 242）

②：〔①＋（乙 8121＋乙補 6357＋乙補 6446＋乙補 6447）〕＝史語所綴

【字體分類】：典賓／過渡 2 類

【釋文】：

丙申卜毀貞：馘冉□王乎比伐巴□

丙申卜毀貞：馘冉冊。王易乎比伐巴□

【相關說明】：
左辭「冊」字下有殘筆，舊釋「弗」，應為「王」，今據目驗改之。

【著錄號】：丙三一六（R44406／H11000）
【字體分類】：賓一？／過渡 2 類
【鑽鑿分佈】：2-3
【釋文】：
A. ☑于唐。
B. 叀（惟）人（夷）犬乎田。
C. 貞：[昜]☐
　　貞：來。
D. 貞：今十三月叀（畫）乎來。
　　貞：今十三月不叀（畫）☑

【著錄號】：丙三一七、三一八（R44407／H6653）
見丙一三九、丙一四〇

【著錄號】：丙三一九、三二〇（R44408／H6530）
【綴合情形】：
①：＋乙 5426＝合 6530 綴
②：①＋乙補 4256＝林宏明綴（醉 343）
【字體分類】：典賓／過渡 2 類
【鑽鑿分佈】：Z1a／3-6
【正面釋文】：
A. 壬申卜☐貞：興方來。佳𡧈余在☐。
　　☑興方來。不佳𡧈余在☐。
　　｛王占曰：其有殳（異）。其佳☐
　　吉。其☑｝
B. ｛癸酉卜亘｝☐工比興方☐下厃。
　　貞☐☐比興方伐下厃。
【反面釋文】：
A. 王占曰：其有殳（異）。其佳☐吉。
　　其☑
B. 癸酉卜亘。
C. ☐入廿。wr
D. 爭。wr
【相關說明】：
一、右下甲尾兆序「六」原刻為八，
　　後補上缺之兩筆。

二、反面釋文 A「殳」字上有「屮」
　　殘筆，今據目驗補之。

【著錄號】：丙三二一、三二二（R44409／H14200）
【字體分類】：典賓／過渡 2 類
【鑽鑿分佈】：3-6
【正面釋文】：
己卯卜爭貞：王乍邑，帝若。我从之唐。
☑邑。帝弗若。
【反面釋文】：
貞：至（？）。
貞☐
【相關說明】：
反面辭 2「貞」字左旁有一從攴殘字，漫漶不可視。

【著錄號】：丙三二三（R44410／H10950）
【字體分類】：師賓間 B.賓一／師賓間類（典型）
【鑽鑿分佈】：Z1a／3-4
【釋文】：
A. 丙戌卜王：我其逐鹿。隻。
　　丙戌卜王☐不其隻鹿。一月。
　　允隻十。
B. 丁亥卜王：我叀（惟）卅鹿逐。
　　我叀（惟）七鹿逐。七鹿不冓。
　　允逐。隻十六。一月。
C. 甲☐☐王☑鹿。隻。
　　甲子卜王：不其隻鹿。
　　允隻十。蟲。二月。
D. 乙丑卜王：不其隻鹿。
　　☐丑卜☐其逐鹿。隻。
E. ☐丑卜☐其隻☑
F. 乙丑卜王：其逐鹿。隻。不往。
　　乙丑卜王：不其逐鹿。不往。
G. 戊辰卜王：[逐]☑
　　戊辰卜☐☐隻[鹿]。
H. 我不其隻鹿。
　　☑我隻鹿。
　　允隻六。
I. 己巳卜王：隻在𡆥兒。

己巳卜王：弗其隻在**𦥑**兒。二月。
允隻。

J. 癸酉卜王：其逐鹿▢
癸酉卜王：不其隻鹿。

【相關說明】：
乙 3214 有在「**蚰**」地逐鹿之占卜，字體是典型師賓間，月份亦相關（十二月、一月），不過從干支排比上來看（十二月壬辰、一月丁未），應該和本版不同一年。

【著錄號】：丙三二四、三二五（R44543／H893）
【綴合情形】：新加綴丙四五五＝丙六一七
【字體分類】：典賓／過渡 2 類
【鑽鑿分佈】：Z1a／2-4
【正面釋文】：
A. ｛壬午卜𣪞｝[來]庚寅**𦥑**一牛妣庚。
曹十**𠬝**、十宰、十南。
弓韻▢
B. 貞：于甲卤隻。
于東。
C. 蠢有鹿。
有鹿。
亡其鹿。
D. 貞▢亡**𡆥**（憂）。
E. 乎取武兄（祝）。
F. 出于上甲十伐。卯十宰。
上甲▢十伐又五。卯小宰。
｛乙未卜𣪞｝貞：廿伐上甲。卯十小宰。
G. 小宰。
一牛。
H. 翌乙未出于父乙一牛。
二牛。
叀（惟）小宰。
【反面釋文】：
A. 壬午卜𣪞。
B. 燎東單。
弓燎。
C. 出父庚。

D. 黍酒咸。
E. 父庚**蛊**（害）王。
F. **弓**示。
G. [出]羊丁（禘）**𦀗**▢乙▢
H. 出于三父一伐。卯宰。
I. 貞：壬辰**蚊**。
J. ▢示。
弓示。
K. 乙未卜𣪞。

【相關說明】：
一、正面釋文 F「上甲」字下有殘筆。
二、反面釋文 K「乙」字上有殘筆；E「父庚害」左有「王」字；G「丁」字左有「出」字。各條皆據目驗補之。

【著錄號】：丙三二六、三二七（R44411／H7852）
【綴合情形】：新加乙 8629＝林宏明綴（契 319）
【字體分類】：賓一／典型賓一類
【鑽鑿分佈】：Z1a／3-6
【正面釋文】：
A. 貞：出于父▢
B. [庚]▢
貞：我亡戎。
｛王占曰：其有。｝
C. 貞：茲邑其有降**𡆥**（憂）。
D. 戊戌卜賓貞：茲邑降**𡆥**（憂）。
貞：茲邑其有降**𡆥**（憂）。
E. 貞：方女于敦。
弓于敦。
F. 貞：方女乎于敦。
弓▢
【反面釋文】：
A. 王占曰：其有。
B. **壴**（鼓）入十。wr

【著錄號】：丙三二八、三二九（R44412／H419）
【字體分類】：賓一?／過渡 2 類
【鑽鑿分佈】：Z1a／3-6
【正面釋文】：

A. 貞：昜 畐 自上甲一羌至下乙。
　　貞：翌甲辰昜酒羌自上甲。

B. 貞：其有來□
　　貞：亡來齒。

C. ｛癸酉卜亘｝貞：令兔歸求我。
　　昜令兔□
　　｛王占曰：吉。其令。｝

D. 貞：翌庚辰王出。
　　｛王占曰：吉。｝

E. 乙巳卜韋貞：乎 儔 [允]（？）□

【反面釋文】：

A. 癸酉卜亘。

B. 貞：丙午不其來。
　　貞：至于丙午 米 來。
　　王占曰：吉。

C. 不其受□
　　受黍年。

D. [伐]我。卒。

E. 王占曰：吉。其令。

F. 王占曰：吉。

G. 殼。wr

H. 庚□

I. 壴（鼓）入五十。wr

【相關說明】：

一、正面釋文 A「自」字右有「一羌」
　　二字；E 舊釋「午」字，較殘泐，
　　似應改為「允」，已不能確識。

二、反面釋文 C「受」、「受黍年」、D
　　「我卒」，皆朱書未刻；D「我」
　　字上有「伐」字、C「受」字右旁
　　有殘墨。B 有「不其」二字；同辭
　　舊釋「午先」，蔡哲茂師指出應為
　　「癸丑」誤刻；同辭「丙午」二字
　　應為對貞兩辭共用。各條皆據目驗
　　補、改、誌之。

【著錄號】：丙三三〇、三三一（R44413
／H904）
見丙二三三、丙二三四。

【著錄號】：丙三三二、三三三（R44414
／H9741）

【字體分類】：賓一／典型賓一類
【鑽鑿分佈】：Z1a／3-6
【正面釋文】：

A. ｛丁未卜殼｝貞：西土受年。
　　貞：西土不其受年。

B. 箙受年。
　　不其受年。

C. 姤受年。
　　姤不其受年。

D. 丁未卜殼貞：Ｚ（薾）受年。
　　貞：Ｚ（薾）不其受年。三月。

E. 于尋司。
　　昜于尋司。

F. 貞：昜 蕢 。

G. 戠不其來。三月。

H. ｛戊申卜爭｝貞：祖乙其 蚩 （害）
　　王。
　　貞：祖乙弗 蚩 （害）王。

I. 取女于林。

J. 乎取女。

K. 癸丑卜賓貞：隹 田 （憂）。
　　貞：不隹 田 （憂）。

【反面釋文】：

A. 丁未卜殼。

B. 王[目]隹有 蚩 （害）。
　　貞：不隹有 蚩 （害）。

C. 戊申卜爭。

D. 貞：乎邑人出□羊牛。

E. □人至 叔 我。若。

F. 今日雨。

G. 我來十。wr

【著錄號】：丙三三四、三三五（R44415
／H709）
見丙二五一、丙二五二。

【著錄號】：丙三三六、三三七（R44416
／H3216）
【綴合情形】：＋乙補 3672＝林宏明綴
（醉 51）
【字體分類】：賓一.典賓／賓一類
【鑽鑿分佈】：Z1a
【正面釋文】：

A. 乙丑卜㱿貞：酒子同（興）于祖丁。
　　五宰。
　　乙丑卜㱿貞：先酒子同（興）父乙。
　　三宰。
B. 乙亥卜賓貞：[毌]☒
C. 乙酉卜賓貞：大甲若王。
D. 乙卯卜㱿貞：酒。

【反面釋文】：
奠入五。wr

【相關說明】：
正面釋文 A「子同」，應即花東卜辭習
見的人物「子興」，「同」字省略手偏旁。

【著錄號】：丙三三八、三三九（R44417
／H1657）
【字體分類】：典賓／過渡 2 類
【鑽鑿分佈】：Z1a／2-3
【正面釋文】：
A. 丙寅卜□貞：父乙□于祖乙。
　　父□不☒乙。一
　　｛王占□賓隹易日。｝
B. 貞：父乙賓于祖乙。
　　父乙不賓于祖乙。二
　　｛王占曰：父乙賓于☒｝
C. ☒
　　父乙不賓于祖乙。三
D. □乙賓于祖乙。
　　父乙不賓于祖乙。四
E. 父乙賓于祖乙。
　　父乙不賓于祖乙。五

【反面釋文】：
A. 王占□賓隹易日。
B. 王占曰：父乙賓于☒

【著錄號】：丙三四〇、三四一（R44418
／H10136）
【字體分類】：典賓／過渡 2 類
【鑽鑿分佈】：Z1a／1-2
【正面釋文】：
A. 己亥卜爭貞：在妌田有正雨。
B. □屮于妌己□南。卯牣（物）。
C. 丙申卜㱿貞：帚好身。弗以帚☒
　　（娩）。

貞：帚身。其以帚☒（娩）。
D. 壬寅卜㱿貞：屮于父乙宰。曰刅
　　（勿）卯。鼎（當）。
　　貞：易屮于父乙宰。子㚰旬。

【反面釋文】：
賈入四。wr

【相關說明】：
正面釋文 D「子㚰旬」，旬字疑為「蜎」
字缺刻。按丙二〇五卜問子㚰「☒（娩）
／不☒（娩）」、丙四六七卜問子㚰「肩
同有疾」之事、乙1512＋乙1593＋乙
補1335＋乙補1347＋乙補1376＋乙
補1538「御㚰于父」，或與之有關連。

【著錄號】：丙三四二、三四三（R44419
／H945）
【字體分類】：典賓／過渡 2 類
【鑽鑿分佈】：Z1a／3-6
【正面釋文】：
A. ｛癸未卜㱿｝翌甲申屮伐自上甲。
　　易卒屮。戠（待）。[61]
B. 貞：古來犬。
　　｛丁酉卜□｝古不其來犬。
C. 古來馬。
　　不其來馬。
D. 貞：🐗乎取白馬。以。
　　不其以。
E. 🐗其來。
F. □十月。
　　弗其隻。
G. 易令妾南。
H. 妾以。
　　弗其以。
I. ｛辛亥卜賓｝貞：屮于河。
　　易屮于河。
J. 貞：酒黃尹。

---

[61] 此類「戠」字用作「待」，見裘錫圭：〈說
　　甲骨卜辭中「戠」字的一種用法〉，載氏
　　著《古文字論集》（北京市：中華書局，
　　1992 年 8 月），頁 111-116。

　　勿卒黃尹。戠（待）。
K. 聑（聽）有不若。
　　□不若。
L. 其▨。
　　不雨。
M. 癸巳卜爭貞：王从▨
　　貞：王从▨
【反面釋文】：
A. 癸未卜㱿。
B. 丁酉卜□。
C. 辛亥卜賓。
D. 貞：㚔（擒）。
E. ▨
　　不其至。
F. 其至。
　　不其至。
G. 其雨。
　　不雨。
H. 亡▨
I. 㞢▨
　　勿㞢。戠（待）。
J. 有[𡆥（害）]。
K. 肩（?）囚（憂）。
　　亡囚（憂）。
【相關說明】：
一、正面釋文 M「从」字右有殘字；J「衣」字上有「勿」字，漫漶，舊未釋；K「△㞢不若」，△字漫漶，應為「聑（聽）」。
二、反面釋文 E「其」字太過漫漶不能見。各條皆據目驗補、改之。

【著錄號】： 丙三四四（R44420／H894）
【字體分類】： 賓一.典賓／典型賓一類
【鑽鑿分佈】： 1-2
【釋文】：
A. 貞：于來乙巳酒。
　　貞：叀（惟）乙酉酒。
B. 十伐。卯▨
　　廿伐。卯宰。
C. 乙亥卜㱿貞▨

【著錄號】： 丙三四五、三四六（R44421／H13793）
【綴合情形】： 新加綴乙 2860＋乙 3681＋乙 8446＋乙補 5320＋乙補 6879＋乙補 6928＋無號碎甲
【字體分類】： 賓一／典型賓一類
【鑽鑿分佈】： Z1a／3-5
【正面釋文】：
A. 癸亥卜賓□亡疾。
　　貞：其有疾。
B. 癸未卜亘貞：㚔（擒）亡囚（憂）。
　　貞：㚔（擒）有囚（憂）。
C. 癸未卜亘貞：貞：𢆶（晝）有囚（憂）。
　　𢆶（晝）亡囚（憂）。
D. 貞：方圍。
　　貞：方不圍。
【反面釋文】：
A. 貞：乍𢀛。雨。
B. 翌戊子雨。
C. 不其▨
D. 壴（鼓）來□。wr
E. ▨古。
【相關說明】：
反面右新綴有殘字，似為「古」。

【著錄號】： 丙三四七、三四八（R44422／H14022）
【綴合情形】： 新加綴乙 5449＋乙 5598
【字體分類】： 典賓／過渡 2 類
【鑽鑿分佈】： Z1a／3-4
【正面釋文】：
A. 貞：帚㚸冥（娩）。妨。
　　帚㚸冥（娩）。不其妨。
　　｛王占曰：其隹甲冥（娩）妨。其隹乙有求（咎）。其隹丙寅不吉。其乙卯吉。｝
B. 貞：涉心狩。
　　｛王占曰：吉。用。｝
C. 貞：有疾身。其㝵（瘳）疾。
　　貞：有疾身。弗㝵（瘳）疾。
　　｛王占曰：吉。｝
D. 貞：若。

E. 貞：啟。

【反面釋文】：

A. 王占曰：其隹甲👁（娩）妨。其隹
乙有求（咎）。其隹丙寅不吉。其
乙卯吉。

B. 王占曰：吉。用。

C. 貞：其有來娉（艱）自西。
王占曰：其□來[娉]（艱）自西。

D. 王占曰：吉。

E. 甲寅。

F. 貞：徝（循）黃。
王占曰：于甲徝（循）戔。

G. 壴（鼓）入十。wr

H. 馘。wr

【相關說明】：

一、反面釋文 F「黃」字右側有「徝」
字；右側甲橋邊有殘筆，漫漶不可
釋；皆據目驗補之。

二、從本版率皆左右對貞形式來看，
正面釋文 D、E 疑為選貞卜辭。

【著錄號】： 丙三四九、三五〇（R44423
／H974）

【字體分類】： 典賓／過渡 2 類

【鑽鑿分佈】： Z1a／4-7

【正面釋文】：

A. 翌乙丑昜出伐。

B. 丙寅卜貞：翌戊辰王出。
翌戊辰王昜出。
{王占曰：昜雨。隹其風。／丁卯暈。}

C. 翌甲戌其雨。
翌甲戌不雨。
{王占曰：隹乙其雨。}

D. {甲戌卜馘} 毋其□隹卒。八月。

E. 貞：翌乙亥出伐。
昜出。

F. 隹王亥。
不隹。

G. 貞：帚娉👁（娩）。妨。

H. 告王🔲于□
昜告于父乙。

I. 于祖乙出兒。

J. 馘兒于□

K. 昜出于咸。

L. 翌乙亥王令。
翌乙亥昜令。

M. 貞：翌乙亥出伐。
翌乙亥昜出伐。

N. 貞：父乙𢦤。隹之。
父乙𢦤。不隹之。

O. 貞：出彳（升）南于父乙。
出□

P. 貞：王累父乙賓。
昜累父乙賓。
{王占曰：吉。其累。}

Q. 累妣己賓。
昜。

R. 出于亞妣己。一戕。馘十。

S. 乎先。

T. 入雀□妾□

U. 昜出于南庚。

V. 王夢隹🔲（憂）。
王夢不🔲（憂）。

W. 帝[于]目三牛。
四牛。
五牛。
十牛。

X. 丙申卜馘貞：我受年。
貞：我□其受年。

Y. 貞：其有𠱸。
貞：亡𠱸。

Z. 其有𤞯。

Aa. 翌己卯其雨。
翌己卯不雨。

【反面釋文】：

A. 翌乙丑出伐。

B. 王占曰：昜雨。隹其風。

C. 貞：有蚩（害）。
亡蚩（害）。
王占曰：隹甲蚩（害）余。

D. 其🔲。

E. 今夕出于□

F. 王占曰：隹乙。其隹丁雨。

G. 甲戌卜[穀]。
H. ☒射☒
I. 其☒
J. 貞：[敊]（禱）兄。
　　貞：[易][敊]（禱）。
K. 乎[湏]出。
L. 王[聑]（聽）隹☐[田]（憂）。乙亥酒☒
M. 王夢☒
N. [貞]（？）王☒[妫]。
O. 乎御于☒
P. 王占曰：吉。其[豙]。
Q. ☒曰☐[屮][敊]（禱）廿。
　　其☐[敊]（禱）。
R. [庚]入一。wr

【相關說明】：
一、甲骨脆弱，不可翻面。
二、正面釋文W「目」字，下側確無
　　點畫，非「[眔]（暨）」字。[62]

【著錄號】： 丙三五一（R44424／H7773）
【字體分類】： 典賓?／過渡 2 類
【鑽鑿分佈】： 2-4
【釋文】：
A. 貞：我同。牛束。羊束。豕束。
　　[易]☐
B. [敊]（[攉]）其入商。
　　[敊]（[攉]）弗入商。
C. 貞：王往省☒
　　[易]省南。不若。

【相關說明】：
一、社科院歷史所孫亞冰來函指出本

---

[62] 趙鵬認為「"帝"右側之字似為"目"
　　下似無點，非"眔"。卜辭可能為"帝
　　[于]目三牛。"《乙編》4915（《合集》
　　14686 反）有"帝于[冒]／勿帝／[屮]于☐"
　　目可能為"[冒]"字省寫。」見氏著：〈《殷
　　虛文字丙編》釋文校補十則〉，發表於社
　　科院歷史所先秦史研究室網站，
　　http://www.xianqin.org/blog/archives/148
　　5.html（2009 年 5 月 15 日）

版釋文 B 張秉權釋「[攉]其商」句，
其中兆序「六」，應釋為「入」，
全句應改釋「[攉]其入商」，和辭 4
「[攉]弗入商」形成對貞；這顯然
是正確的，今誌之於此。
二、此處釋文 A「束」字，疑非作用
　　牲法使用，而指某種祭祀之場所。

【著錄號】： 丙三五二（R44425／H368）
【綴合情形】： 新加乙補 6081＝林宏明
綴（[醉] 62）
【字體分類】： 典賓?／過渡 2 類
【鑽鑿分佈】： 2-3
【釋文】：
A. 貞：乎象往于[林]。
　　[易]乎象往于[林]。
B. 貞：帝于[遭]（遭）。
　　[易]帝于[遭]（遭）。
C. ☒三羌☒
　　☒五羌☒

【著錄號】： 丙三五三（R44851／H11177）
【字體分類】： 典賓／過渡 2 類
【鑽鑿分佈】： 1-2
【釋文】：
丙午卜賓貞：乎省牛于多奠。
貞：[易]乎省牛于多奠。

【著錄號】： 丙三五四、三五五（R44850
／H1100）
【字體分類】： 典賓／過渡 2 類
【鑽鑿分佈】： Z1a／1-2
【正面釋文】：
辛亥卜賓貞：[甾]各化以王係。
辛亥卜賓貞：[甾]各化弗其以王係。
{王占曰：吉。以。}
【反面釋文】：
A. 王占曰：吉。以。
B. 雀入二百五十。wr

【著錄號】： 丙三五六、三五七（R44426
／H2274）
【綴合情形】： 新加綴乙補 6429

【字體分類】：典賓／過渡 2 類
【鑽鑿分佈】：Z1a／2-3
【正面釋文】：

A. 丙子卜賓貞：父乙異隹𢿒王。
　　□父乙不異□𢿒王。

B. 乙夕有疾。隹有由。
　　乙夕有疾。不隹有由。

【反面釋文】：
雀□□百五十。wr

【著錄號】：丙三五八、三五九（R44427／H5298）
【字體分類】：典賓／過渡 2 類
【鑽鑿分佈】：Z1a／1-2
【正面釋文】：
{庚戌卜爭}貞：王聑（聽）隹𡇧（憂）。
貞：王聑（聽）不隹𡇧（憂）。

【反面釋文】：

A. 庚戌卜爭。

B. 雀入二百五十。wr

【相關說明】：
反面釋文 A 舊釋「戊戌」，應為「庚戌」，今據目驗改之。

【著錄號】：丙三六〇、三六一（R44428／H438）
【字體分類】：典賓／過渡 2 類
【鑽鑿分佈】：Z1a／2-3◎
【正面釋文】：

A. 戊辰卜爭貞：蚊羌自妣庚。
　　貞：蚊羌自高妣己。
　　{王占曰：其自高妣己。}

B. 貞：冊于□庚曹。
　　昜曹妣庚冊。

C. 貞：蚊。

D. 貞：郭有祐（循）。
　　貞：弗郭有祐（循）。

E. 貞：屮彳（升）于父庚宰。
　　貞：昜𠂤父庚宰。

【反面釋文】：

A. 王占曰：其自高妣己。

B. 御于示。若。
　　昜御。

C. 蚊羌七。
　　昜蚊羌。

D. 帚井□三。wr

E. 賓。wr

F. 戔來四十。wr

【相關說明】：
反面釋文 B「示」字下有「若」字；C「羌」字上有「蚊」字。漫漶，舊未釋，今皆據目驗補之。

【著錄號】：丙三六二、三六三（R44429／H3271）
【綴合情形】：新加綴（乙 3579＋乙 3596＋乙 3599＋乙 6272＋乙補 3145＋乙補 5524）＝林宏明綴（醉 55）
【字體分類】：典賓／過渡 2 類
【鑽鑿分佈】：Z1a／2-3
【正面釋文】：

A. 貞：御𡧊于母庚。
　　貞：于母己御𡧊。

B. 乙未卜爭貞：其有𥷊（僭）。
　　貞：亡𥷊（僭）。九月。
　　{王占曰：其有𥷊（僭）。}

C. 乙酉□賓貞：御于妣己☒
　　御于妣己☒

D. ☒[爭]貞：乎𩏑（稷）人宅。
　　昜乎𩏑（稷）人宅。

【反面釋文】：

A. 王占曰：其有𥷊（僭）。

B. 昜御。

C. 于高妣己眔（暨）妣庚。
　　昜于☒己☒

D. 妾（婞?）[示]□wr

E. [雀]入□wr

【相關說明】：
一、反面右側甲橋「△入」，舊未釋，△從隹，疑為雀或鳳或從隹之字；反面釋文 C「于高妣己暨」之左側有「妣庚」二字，稍殘可識。今皆據目驗補之。
二、正面釋文 D「𩏑」字之「卩」作人立形，應是祖先神「稷」字異體，

在此處用作地氏族名，故形成異體分工。

【著錄號】：丙三六四、三六五（R44430／H2498）
【綴合情形】：新加綴乙 7973
【字體分類】：典賓／過渡 2 類（K）
【鑽鑿分佈】：Z1a／1-2
【正面釋文】：
A. 壬戌卜內貞：之其同。
　　貞：不隹之其同。
B. 隹之其同。
　　不隹之其同。
C. 母癸蚰（害）王。
　　母癸不□王。
D. 翌丁㞢于妣庚。
　　勿㞢于妣庚。
【反面釋文】：
賈入七十。wr

【著錄號】：丙三六六、三六七（R44431／H671）
【字體分類】：典賓／過渡 2 類
【鑽鑿分佈】：Z1a／1-2
【正面釋文】：
A. 貞：有虎。
　　貞：亡其虎。
B. 庚寅卜㱿貞：朵以角女。
　　庚寅卜㱿貞：朵弗其以角女。
【反面釋文】：
賈入七十。wr

【著錄號】：丙三六八、三六九（R41289／H12487）
【字體分類】：賓一／過渡 2 類
【鑽鑿分佈】：Z1a／1-2
【正面釋文】：
癸巳卜爭貞：今一月雨。
癸巳卜爭貞：今一月不其雨。
王占曰□丙雨。
旬壬寅雨。甲辰翌雨。
｛己酉雨。辛亥亦雨。｝
【反面釋文】：

A. 己酉雨。辛亥亦雨。
B. 雀入二百五十。wr
【相關說明】：
學者曾指出，透過對本版卜辭正反面的相互參照，可知此「一月」實包含了壬寅、甲辰、己酉、辛亥等日辰，可參看。[63]

【著錄號】：丙三七〇（R44432／H10184）
【字體分類】：賓一／典型賓一類
【鑽鑿分佈】：1-2
【釋文】：
A. 辛卯卜㱿貞：其𩁹（艱）。三月。
　　辛卯卜㱿貞：不𩁹（艱）。
B. 壬辰卜貞：亘亡田（憂）。
　　貞：亘其有田（憂）。三月。

【著錄號】：丙三七一、三七二（R44433／H10174）
【字體分類】：典賓／過渡 2 類
【鑽鑿分佈】：Z1a／1-2
【正面釋文】：
己酉卜亘貞：帝不我𩁹（艱）。
貞：帝其𩁹（艱）我。
｛王占曰：有求（咎）。｝
【反面釋文】：
王占曰：有求（咎）。
【相關說明】：
「不我𩁹（艱）」三字，字下有「帝𩁹（艱）我」三字削痕，仍可辨。

【著錄號】：丙三七三、三七四（R44434／H9791）
【字體分類】：典賓／過渡 2 類
【鑽鑿分佈】：Z1a／2-3
【正面釋文】：
A. ｛辛巳卜賓｝貞：𡴋不其受年。

---

63 林宏明：〈「正反互足例」對釋讀卜辭的重要性〉，《第八屆訓詁學全國學術研討會論文集》（新竹市：玄奘大學，2007年 5 月），頁 134-135。

　　｛貞：🀫受年。／王占曰☒年。｝

B.　｛辛巳卜賓｝貞：🀪不其受年。
　　｛貞：🀪受年。／王占曰☒年。｝

【反面釋文】：

A. 辛巳卜賓。

B. 貞：🀫受年。

C. 貞：🀪受年。

D. 王占曰☒年。

E. 雀入二百五十。wr

【相關說明】：

一、反面釋文 A「辛巳卜賓」四字墨
　　書未刻，已褪色難辨。

二、根據正面兩個兆語「二告」的位
　　置，知本版卜問並非選貞，而是
　　正反面的正反對貞，前、占辭應
　　是兼貶二辭。

【著錄號】：丙三七五、三七六（R44435
／H9234）

【綴合情形】：新加綴乙 5926

【字體分類】：典賓／過渡 2 類

【鑽鑿分佈】：Z1a／2-3◎

【正面釋文】：

壬子☐㱿貞：今🎉（朝）☐[昜]㳄🀮☒
壬子卜㱿貞：今🎉（朝）王叀（惟）☒

【反面釋文】：

A. 貞：今🎉（朝）☒
　　貞：今🎉（朝）王昜比（从）㳄🀮☒

B. 雀入二百五十。wr

【著錄號】：丙三七七、三七八（R44436
／H18911）

【字體分類】：典賓？／過渡 2 類

【鑽鑿分佈】：Z1a／2-3

【正面釋文】：

A. 壬午卜韋貞。

B. 貞。

C. 貞。十二月。

【反面釋文】：

A. 帚𢆶示。wr

B. 泳（永）入十。wr

C. 賓。wr

【相關說明】：

正面釋文 A「貞」字上有一長豎筆與小
豎筆，小豎筆下有左右分岔兩痕，應是
「壬午」二字。「壬」僅刻豎筆，「午」
僅及初筆，因故棄之移刻於左側，今據
目驗誌之。

【著錄號】：丙三七九、三八〇（R44437
／H11462）

【綴合情形】：新加綴無號碎甲二片

【字體分類】：典賓？／過渡 2 類

【鑽鑿分佈】：Z1a／2-3◎

【正面釋文】：

A. 丙子卜古貞：今十一月不其雨。

B. 貞：乎☒

C. ｛乙酉卜爭｝貞：𦥑來舟。
　　𦥑不其來舟。

【反面釋文】：

A. 乙酉卜爭。

B. 我來[十]。wr

C. 㱿。wr

【相關說明】：

反面左右甲尾有似字痕跡，實為蟲蛀，
今誌之。

【著錄號】：丙三八一、三八二（R44438
／H900）

【字體分類】：賓一.典賓／過渡 2 類

【鑽鑿分佈】：Z1ab／3-6

【正面釋文】：

A. 貞：屮伐于上甲十有五。卯十小
　　宰。羖一（？）。
　　貞：屮伐于咸。
　　｛三日癸未。屮𠬝（異）日于上甲。｝

B. ☐酉☐賓貞：娥受年。
　　☐娥☐其受年。

C. 丁酉卜㱿貞：我受甫耤在娥年。三月。
　　丁酉卜㱿貞：我弗其受甫耤在娥年。
　　｛王占卜曰：我其[受]（？）甫耤在
　　娥年。｝

D. 自今庚子☐于甲辰。帝令雨。
　　至甲辰。帝不其令雨。

E. ｛癸未卜賓｝屮于祖乙宰。正。
　　叀（惟）癸未用。

【反面釋文】：

A. 今日不其雨。

B. 三日癸未。屮役（異）日于上甲。

C. 王占卜曰：我其[受]（？）甫耤在姁年。

D. 癸未卜賓。

E. 喜入五。wr

【相關說明】：

一、反面釋文 B「役」字下有「日」
　　字，非「曐」，今據目驗補之。

二、正面釋文 C「姁」，女字有小豎筆，
　　屬誤刻。釋文 E 二辭，據相對位置、
　　兆序以及卜問內容來看，應屬於前
　　後連續貞問性質，且根據反面前辭
　　「癸未」日來看，釋文 E 不稱「今
　　日」，亦是卜辭後刻的一種顯示。

【著錄號】：丙三八三、三八四（R44439
／H5532）

【綴合情形】：新加綴乙補 6642＝林宏
明綴（醉 60）

【字體分類】：典賓／過渡 2 類

【鑽鑿分佈】：Z1a

【正面釋文】：

A. 〔戊辰卜爭〕貞：其有來娸（艱）
　　自沚。
　　貞：亡來娸（艱）自沚。

B. 貞：史（使）人于蚩（畫）。
　　□史（使）[人]□

C. 貞：王肱蜎（蠲）。
　　貞：王肱不□蜎（蠲）。

D. 貞：祖丁🔳（助）父乙□
　　□蛊（害）王。

E. 南庚🔳（助）父乙蛊（害）王。
　　貞：南庚弗🔳（助）父乙蛊（害）王。

F. 貞：允舌王。

【反面釋文】：

A. 戊辰卜爭。

B. 屮于祖丁。
　　昜屮于祖丁。

C. 貞□十□

D. 乎帚好食（令？）□

【著錄號】：丙三八五（R44270／H9524）

見丙三八。

【著錄號】：丙三八六、三八七（R44288
／H9472）

見丙七八、丙七九。

【著錄號】：丙三八八、三八九（R44440
／H1531）

【字體分類】：典賓／過渡 2 類

【鑽鑿分佈】：Z1a／2-3

【正面釋文】：

貞：今日屮□

今日昜屮于祖乙。

【反面釋文】：

雀入二百五十。wr

【著錄號】：丙三九〇、三九一（R43931
／H9608）

【字體分類】：典賓／過渡 2 類

【鑽鑿分佈】：Z1a／3-5

【正面釋文】：

A. 甲戌□賓□在姁田藋（觀）□。
　　□[在]姁□

B. 庚丑□其□

C. 〔丁丑卜爭〕貞：及今四月雨。
　　弗其及今四月雨。
　　〔王占曰：其雨。〕

D. 貞□戊于彶。

【反面釋文】：

A. □爭□

B. 丁丑卜爭。

C. 王占曰：其雨□辛□

D. □奠取□

【相關說明】：

一、反面釋文 C「雨」字下有殘筆、同
　　辭左有「辛」字，皆據目驗補之。

二、本版反面漫漶太甚，多字已不可見。

【著錄號】：丙三九二、三九三（R44441
／H1248）

【綴合情形】：

①：＋乙 3367＝嚴一萍綴

②：（①＋乙 2934）＝林宏明綴
③：（乙 1463＋乙 1617）＝史語所綴
④：（②＋③）＝蔡哲茂綴（先 1766）[64]

【字體分類】：典賓／典型典賓
【鑽鑿分佈】：Z1a／3-5
【正面釋文】：

A. 癸未卜㱿貞：翌甲申王賓上甲日。
   貞：翌甲申王㫃賓上甲日。
   王占曰：吉。賓。
   允賓。

B. 癸未卜㱿貞：告于妣己眔（暨）妣庚。
   貞：㫃告于妣己眔（暨）妣庚。

C. 貞：不雨。

D. 甲午卜爭貞：王賓咸日。
   ｛乙未王允賓。風□日。｝

E. 貞：乎取并任于冤。
   貞：㫃□并□□冤。

F. 貞：祼于父甲。
   □祼于蜎甲。

G. 貞：用□

H. 貞：父甲弗其用王。

I. 貞：今日汝不其𡉚（娩）。

J. 貞：𢆷卒。
   ｛□其卒。｝

K. 曰鳴。不鼎（當）。

L. 辛酉卜亙貞：[子]𣐈□疾□
   貞：子[𣐈]其□疾□隹𧌾（害）。

M. 貞：疾□。不有𧌾（害）。

【反面釋文】：

A. 貞：隹囚（憂）。
   [不]隹囚（憂）。

B. 貞：賓上甲日。
   㫃賓□

C. 貞□
   㫃賓□

D. 乙未王允賓風□日。

E. 今夕其雨。

F. 貞：㫃齒告。
   □高□

G. 出于父乙。
   㫃出父乙。

H. □己□

I. 王夢其□

J. 貞：告出[既一羊]（?）。

K. 其卒。

L. 貞：[今]丙□

M. □內□

N. 帚井示十。wr

O. 㱿。wr

P. 心□wr

【相關說明】：

一、反面釋文 A 有「不」字；D 有「允賓風」三字；G 右有「父乙」二字，同辭「父乙」右有「己」字；L「丙」字左有殘痕，「貞」下有「今」字；新綴乙 3367 反有「心」字；乙 1463 有「內」字。皆據目驗補之。

二、筆者目驗乙 3367 可與乙 2934 實綴。正面釋文 C、I、K 之「不」字字首皆有橫劃。

三、反面「王賓風」，蔡師哲茂分析《甲骨綴合彙編》二〇二組「乙巳卜貞：王賓帝使，亡㭬」卜辭認為：「此處『帝史』疑即帝史風，丙三九三有「王賓風」辭，可與之並觀；此王賓的行為很可能是指耤田禮進行「迎協風」的儀式。」[65]

【著錄號】：丙三九四、三九五（R44422／H1772）
見丙一六一、丙一六二。

【著錄號】：丙三九六、三九七（R44443／H150）
見丙二七一、丙二七二。

【著錄號】：丙三九八、三九九（R44444

---

[64] 林宏明綴見氏著：〈殷虛甲骨文字綴合二十四例〉第二十四組，《廣州中山大學紀念商承祚先生百年誕辰暨中國古文字學國際研討會論文集》（2002 年）。

[65] 蔡哲茂：《甲骨綴合彙編》釋文與考釋（臺北市：花木蘭出版社，2012 年）。

／H93）

【字體分類】：典賓／過渡 2 類

【鑽鑿分佈】：Z1a／3-5

【正面釋文】：

己丑卜𣪠貞：即以鋊。其五百。隹六。

貞：即以鋊。不其五百。隹六。

【反面釋文】：

A. 戊午卜賓貞：乎取牛百。以。
　　王占□吉。以。其至□

B. 貞：王比沚馘伐巴方□
　　□[𢦏]比沚□隹
　　王占曰：吉□沚馘 [伐]巴□

【相關說明】：

一、釋文 B 朱書，據目驗補二字；上
　　側朱書連同「比沚」二字，應獨
　　立列一辭，此辭褪色太甚。

二、正面「即」字作人／氏族名，故
　　結構稍變，異體分工與常用構形
　　別異。

三、「其五百。隹六／不其五百。隹六」，
　　張玉金指出這裡的「隹」在兩個數
　　詞之間，性質上屬於連詞，卜辭中
　　僅此一見。鄭邦宏認為從重文、合
　　文偏旁省略的角度上看來，此處的
　　「隹」仍應視作語氣副詞，表達「其
　　五百，隹六百／不其五百，不隹六
　　百」的辭意；其說較為可信。[66]

【著錄號】：丙四〇〇、四〇一（R44445
／H655）

【綴合情形】：新加綴乙 8218

【字體分類】：賓一.典賓／賓一類

【鑽鑿分佈】：Z1a／3-6

【正面釋文】：

A. 戊[辰]（？）卜𣪠貞：[令]𠦪𠥓𢍏[由]
　　□舟。若□六□

---

[66] 張玉金：《甲骨文語法學》（上海市：學
　　林出版社，2001 年），頁 92；引自鄭邦
　　宏：〈《合集》93 正釋讀〉，文載社科院
　　先秦史研究室網站
　　http://www.xianqin.org/blog/archives/2492.html

貞：𠦪令𠦪𠥓𢍏由取舟。不若。

B. 貞：囙牛。
　　𠦪。

C. 貞：㞢伐妾蔑（媚）。

D. 卅妾蔑（媚）。

E. 㞢于祖辛刟。南。

F. 王有夢。不隹蚩（害）。

G. 丙寅卜𣪠貞：來乙亥易日。
　　丙寅卜□貞：來□亥□其易□
　　□占曰□乃茲□易日□亥□不□
　　日雨。

H. ｛辛未卜爭｝來乙亥其□

I. 貞：來□燎□

J. □昌燎□

K. □六于扞。

【反面釋文】：

A. 燎父乙三豕。㞢十伐。卯十牛。

B. 辛未卜爭。

C. 易日乙□㞢父乙。

D. □令□

E. □二□

F. 父□三（？）牛㞢（？）□

【相關說明】：

一、反釋文 A 最右側，有「父□三（？）
　　牛㞢（？）□」，漫漶難識，今據目
　　驗補之。

二、正面釋文 G 之「不」字字首有橫劃。

【著錄號】：丙四〇二（R44446／H18353）

【字體分類】：賓一／典型賓一類

【鑽鑿分佈】：1-2

【釋文】：

庚申卜賓貞：叀（惟）鼺。

庚申卜賓貞：𠦪叀（惟）鼺。

【著錄號】：丙四〇三、四〇四（R44447
／H17230）

【字體分類】：典賓／過渡 2 類

【鑽鑿分佈】：Z1a／2-3

【正面釋文】：

A. 戊子卜𣪠貞：王囝蜎（𧋚）。

B. 貞：王往走戈。至于賓剧。

【反面釋文】：

A. 貞：多□

B. 貞。

C. 戠。wr

【相關說明】：

一、從西周金文以及花東甲骨文字來看，正面釋文B「」字無疑應釋「走」。此字張秉權未楷定，高嶋謙一釋之作「夭」，[67]可商榷。

二、反面釋文 A 左上似有殘字，漫漶難識。

【著錄號】：丙四〇五、四〇六（R44448／H13282）

【字體分類】：典賓／過渡 2 類

【鑽鑿分佈】：Z13a／1-2

【正面釋文】：

□午卜賓貞：翌丁未子賓其宀（賓）。易日。

貞：翌丁未不其易日。十一月。

【反面釋文】：

A. 婓（畫）入。wr

B. 帚□示[屯]。wr

【相關說明】：

一、正面釋文「宀」字，張秉權楷定作「俎」，蓋以其字似從肉旁而定，本書舊釋原從之，並改作「俎」，以為字雖非從肉，仍從俎旁；今按，重新目驗該字之後，確認此字從宀從卩，與俎、宜字無涉，應改釋「賓」。卜辭習見某賓某事之辭例，此辭兩「賓」字構形略有差異，應屬刻意為之的異體分工。

二、反面釋文 B「帚□示△」，△舊釋「十」，應為「屯」或「十屯」，今據目驗改之。

【著錄號】：丙四〇七、四〇八（R44546／H905）

【綴合情形】：新加綴乙 8185＋乙補 6257＝丙六三一

【字體分類】：典賓／過渡 2 類

【鑽鑿分佈】：Z1a／3-6

【正面釋文】：

A. 貞：王往狩。

B. 貞：屮于父乙牢。
易屮□

C. 貞：多妣求（咎）王。

D. 己未卜亙貞：子賓有蠱（害）。
己未卜亙貞：子賓亡蠱（害）。

E. 貞：于妣己御子賓。
貞：易于妣己御子賓。

F. 貞：屮于父庚。
貞：易屮于父庚。

G. 貞：王夢裸。隹田（憂）。
王夢裸。不隹田（憂）。

H. 貞：其。
不。

I. 王隹。
不隹田（憂）。

J. 癸亥卜戠貞：燎上甲三牛。屮伐十
□卯羧□七月。
{□占曰：其燎上甲。}

K. ☑貞：帝于心。
☑帝□心。

【反面釋文】：

A. 戊子卜：父甲☑蠱（害）王。
父甲☑蠱（害）王。

B. 王狩。
王易卒狩。

C. 屮祖辛三伐。

D. ☑[母]妣求（咎）☑[允]☑

E. ☑賓（？）王。

F. 十伐。
十有五。

G. 古。

H. 暜父庚十反十宰十南。

I. □占曰：其燎上甲。

【相關說明】：

67 Ken-ichi Takashima and Paul L-M. Serruys. *Studies of Fascicle Three of Inscription from the Yin Ruins Volume I,I* 《殷墟文字丙編研究》上冊，p616.

一、正面釋文 B「貞⽷于父乙△」，△
　　舊釋「娩」，應為「牢」。反面釋
　　文 A「害」字下有「王」；D「[母]
　　妣」字下有「咎」，今皆據目驗改、
　　補之。
二、正面釋文 H、I 應屬未削除之棄刻。
【著錄號】：丙四〇九、四一〇（R44449
／H7440）
【綴合情形】：新加綴未著錄碎甲
13.0.14747
【字體分類】：典賓／過渡 2 類
【鑽鑿分佈】：Z1a／3-6
【正面釋文】：
A.　丙辰卜爭貞：沚馘啟。王比。帝若。
　　受（授）我又（祐）。
　　　貞：沚馘啟。王⽏比。帝弗若。不
　　我其受（授）又（祐）。
　　　｛王占曰：吉。帝其受（授）余又
　　（祐）。｝
B.　丙辰卜爭貞：王往省从西。若。
　　　貞：王⽏往省。不若。
【反面釋文】：
A.　王占曰：吉。帝其受（授）余又（祐）。
B.　帚娘來。wr
C.　☑西。
D.　唐入十。wr
E.　殼。wr
【相關說明】：
反面釋文 B「帚△」，△應為「娘」；C
舊釋「田」，疑應為「西」，今皆據目驗
補、改之。

【著錄號】：丙四一一、四一二（R44450
／H17409）
【字體分類】：典賓／過渡 2 類
【鑽鑿分佈】：Z1a／3-4◎
【正面釋文】：
A.　戊午卜殼貞：王有夢。其有⽥
　　（憂）。
　　　戊☐卜殼☐王有夢。亡⽥（憂）。
B.　王⾅☐上。
　　　王⾅☐

C.　祖辛求（咎）王。
　　　祖辛弗求（咎）王。
D.　祖丁求（咎）王。
　　　祖丁弗求（咎）王。
E.　王入。若。
F.　不自☑
　　　自☑
【反面釋文】：
賈入十。wr

【著錄號】：丙四一三、四一四（R44451
／H940）
【字體分類】：賓一.典賓／典型賓一類
【鑽鑿分佈】：Z1a／3-6
【正面釋文】：
A.　☑蟲（害）。
B.　貞：王求牛于夫。
　　　貞：⽏求牛于夫。
C.　｛壬申卜爭｝貞：賈祴（循）⼱（孚）。
　　　賈不☐⼱（孚）☑
D.　夕⽷羌甲。
　　　⽏夕⽷羌甲。
E.　☑貞☑我帝☑
F.　妣癸蟲（害）王。
　　　弗蟲（害）。
G.　妣癸求（咎）☑
H.　御于妣庚㭒。
　　　⽏㭒。
I.　辛未卜賓貞：旨戋（翦）旁（薛）。
　　　貞：旨弗其戋（翦）㘝。
J.　貞：⽷于卜（外）丙。一伐。
　　　｛⽷伐于卜（外）丙。⽷宰。｝
　　　｛王占曰：[吉]。二伐。｝
K.　庚寅卜賓貞：㣤（駐）及。
　　　貞：㣤（駐）及。
　　　｛王占曰：弗其及。☐｝[68]
L.　[允]（？）至。⽷于[三]示。

---

[68] 「駐」字從裘錫圭釋，參氏著〈殷墟甲
　　骨文字考釋（七篇）〉之七「釋注」，《湖
　　北大學學報》第一期（哲社科版，1990
　　年），頁 53-57。

弓卒出。

M. 乙巳卜古貞：弓鉅于戔。
　　☑貞：弓鉅弓于戔。

【反面釋文】：

A. ☑其☑
　　☑卜☐貞其☑

B. 壬申卜爭。

C. ☑王。

D. 古允來。
　　不來。

E. 叀（惟）[夫]人乎取羊。
　　賈隹于求。

F. 乎比。
　　弓于。

G. 屮伐于卜（外）丙。屮宰。

H. 王占曰：[吉]。二伐。

I. 王占曰：弗其及☐

J. 夫入二在屵（鹿）。wr

【相關說明】：

一、反面釋文 A 上方有漫漶「卜、貞
　　（?）」二字；C 左有「王」字；E
　　「乎」下有「取羊」二字；E「叀」
　　上有殘筆；F「弓隹」之「隹」，
　　應改為「于」；H「王」字右上似
　　有「吉」字上半；H「占」字所從
　　「卜、口」二體重疊；J「屵」字
　　原本契刻偏右，有殘筆可辨。
　　今皆據目驗補、改之。

二、反面釋文 E「賈隹于求」，「于」
　　字作為介詞，從用法上來看，同
　　時具有動詞性質，在此用為「往
　　于」意。

【著錄號】：丙四一五、四一六（R44452
／H201）

【字體分類】：典賓／過渡 2 類

【鑽鑿分佈】：Z1a／3-6

【正面釋文】：

A. 貞：叀（惟）父乙圖王。
　　貞：不叀（惟）父乙圖王。
　　{☑曰：隹父乙。}

B. 貞：帝好夢。不隹父乙。
　　{☑夢隹☑}

C. 貞：王戠（待）父乙☑

D. 貞：王圖隹蠱。
　　貞：王圖不隹蠱。

E. 丙申卜賓貞：兔隻羌。其至于鬲。
　　貞：兔隻☑于鬲。

【反面釋文】：

A. 王占曰☑

B. ☑[貞]☑

C. ☑隹☑

D. ☑夢隹☑

E. ☑曰：隹父乙。

F. 壬☐卜☐

G. ☐以自我。廿。wr

H. [殷]wr

【相關說明】：

一、反面釋文 G「以」上有殘筆；D「隹」
　　左下有字痕。

二、本版殘泐太甚，朱書幾乎褪盡，如
　　反面辭 2「貞南」等字實無法確切
　　肯定判讀，應有所存疑。

【著錄號】：丙四一七、四一八（R43932
／H10306）

【字體分類】：賓一／典型賓一類

【鑽鑿分佈】：Z1a／3-3◎

【正面釋文】：

A. 壬子卜爭貞：屮于祖辛。

B. 貞☐其☐來☑今夕☑
　　貞：亡☐來☑夕☑
　　{王占☑有來☑}

C. 貞叀（惟）☑今☑

D. 弓乎多子逐鹿。一
　　弓乎逐鹿。二
　　{王占曰：不其隻。}

【反面釋文】：

A. 王占☑有來☑

B. 王占曰：不其隻。

C. 斐（畫）來☐wr

【相關說明】：

正面釋文 B「其」字左右有殘筆；同辭
反問「夕」字左右有殘筆；反面釋文 A
「有」字，舊釋「其」，今據目驗改之。

【著錄號】：丙四一九、四二〇（R44453／H1385）
【綴合情形】：＋乙 6849（乙補 5934）＝蔡哲茂綴[69]
【字體分類】：賓一?／賓一類
【鑽鑿分佈】：Z1a
【正面釋文】：
A. 貞：隹四戌□㞢（憂）。
B. 翌庚辰燎十豕。南二。
C. 貞：燎于咸㞢。
　貞：勿燎于咸㞢。
【反面釋文】：
A. ⧄[言]（?）⧄
B. 隹父乙。
　不隹父乙。
C. 不隹祖丁𡆥（害）。
　王占：隹祖丁𡆥（害）。
D. 㞢于□甲。
E. 戠弗其肩同有疾。
F. 燎⧄二⧄
G. ⧄𡆥（害）⧄
H. 𢈉入二。wr
【相關說明】：
反面釋文 D「㞢」字下有「于」字；G「害」字右側有墨書殘筆。皆據目驗補、誌之。

【著錄號】：丙四二一、四二二（R44454＋R29249／H140＋H11416）
【綴合情形】：新加綴乙 1993＋乙補 4793（正）
【字體分類】：典賓?／過渡 2 類
【鑽鑿分佈】：Z1a／3-5
【正面釋文】：
A. 壬子卜王貞：不以嬉（艱）。
B. 王占曰：吉。茲曰追□光。
C. 貞：芻□𦎫于丘。
　貞：芻勿于□
D. 貞[隹]⧄不⧄

【反面釋文】：
A. 貞：㞢于多介母。
　勿㞢。
B. 貞：今日雨。
　貞：今日不其雨。
C. 貞：出。
D. 貞：其出。
E. 貞：南庚⧄
F. 貞：𣪘祖乙廿伐。
　勿𣪘。
G. ⧄商⧄
H. 貞：王𢓊（延）□若。
I. 貞：乎宅丘。
　王占曰：吉。
J. 㱿。wr
【相關說明】：
甲骨脆弱，不可翻面。

【著錄號】：丙四二三、四二四（R44455／H10407）
【字體分類】：賓一／過渡 2 類
【鑽鑿分佈】：Z1a／3-3◎
【正面釋文】：
A. ⧄其狩。毕（擒）。
　⧄壬申王勿狩。不其毕（擒）。
　壬申狩。毕（擒）。
　壬申允狩毕（擒）。隻兕六。豕十又六。麑百又八十又八。
B. ⧄有⧄隻⧄
C. 貞：王狩。隼（擒）。
D. 貞：御于有妣。十□
E. {御于[父庚]。}
　貞：勿御。亡疾。
【反面釋文】：
A. ⧄曰：（羅?）。
B. 貞：王曰明。有毕（擒）。
　勿曰明。弗其毕（擒）。
C. 御于[父庚]。

69 蔡師綴合，參氏著：〈甲骨綴合二十則〉，《中國古文字研究會第十八次年會論文集》（北京市：中國古文字研究會，2010 年 10 月 21-23 日）。

D. □占曰▨
E. 爭。wr
【相關說明】：
正面釋文 D「貞御于㞢妣」，句末之豎劃應為刻痕「十」；反面釋文 B「明」下有殘辭；同辭「其」字右有「㞢」，今皆據目驗補之。

【著錄號】： 丙四二五、四二六（R44456／H1052）
【字體分類】： 典賓?／典型賓一類
【鑽鑿分佈】： Z1a
【正面釋文】：
A. 乙未□爭貞：㞢祖乙。
B. □酉卜[㱿]貞□卅牛。
　□□卜□貞□于河五十牛。
C. 貞：酒于河十牛。
　廿牛。
D. 丁□□[爭]貞□于二珏（玉）。㞢五人。卯十牛。
　五人。卯五牛于二珏（玉）。
　十人。卯十牛。
E. 翌壬寅雨。
　其隹今夕雨。
F. 丁酉卜爭貞：兇（稷）[隻]象。
　貞：兇（稷）不其□象。
【反面釋文】：
▨二月。
【相關說明】：
正面釋文 F「隻」字，據目驗補之。

【著錄號】： 丙四二七、四二八（R44457／H13604）
【綴合情形】： 新加綴乙 7092＋乙 7903＝鄭慧生綴（彙 236）
【字體分類】： 典賓／過渡 2 類
【鑽鑿分佈】： Z1a／2-4
【正面釋文】：
A. 貞：祖乙若王。不屯（屯）。
　{丁卯卜㱿}貞：祖乙□若王。不屯（屯）。
　{王占曰：祖乙弗若。朕不其▨}
B. {□□卜賓}貞：祖乙若王。不屯。
　貞：祖乙弗□王。不屯。
C. 貞：奏尹門。
　勿奏尹門。

【反面釋文】：
A. 丁卯卜㱿。
B. 王占曰：祖乙弗若。朕不其▨
C. 㱿。wr
D. □入[十]。wr
E. □□卜賓。
【相關說明】：
一、反面釋文 D 有殘辭「□入十?」；E，舊釋「不」字，應為「賓」，今據目驗補、改之。
二、比對此版「屯」字形體，推測無名組卜辭常見的「迍」字與黃組常見「逊」字，可能具有極為密切的關係。

【著錄號】： 丙四二九、四三〇（R44458／H10315）
【字體分類】： 賓一.典賓／典型賓一類
【鑽鑿分佈】： Z1a／2-3
【正面釋文】：
A. 丙寅卜賓貞：祖丁弗𢦏（祐）。
　□貞：祖丁𢦏（祐）。
B. 貞：子商隻鹿。
　不其隻鹿。
　不魯（當）。{王占曰：隻。}
C. 丁卯卜㱿貞：𡦃𡚱有子。
　貞：𡚱亡子。
D. 貞：受▨
【反面釋文】：
A. 王占曰：隻。
B. 甲戌卜爭。
C. 𦎫入□wr

【著錄號】： 丙四三一、四三二（R44459／H1140）
【字體分類】： 賓一／典型賓一類
【鑽鑿分佈】： Z1a／3-5
【正面釋文】：
A. 丁未卜王：燎于兇（稷）。

B. 戊申卜設貞：方帝。燎于土（社）
　　兕（稷）[彔?]。卯上甲。
C. 壬子卜賓：出于示壬。正。
D. 貞：昜乎雀酒于河。五十牛。
E. ☑巳☑
F. 貞：旨河燎于蚰（融）。有雨。
　　貞：乎舞于蚰（融）。
G. ☑子卜☑昜乎☑
H. {壬子卜賓}貞：來甲寅出于上甲。
　　十牛。
I. 甲☑卜☑燎☑兕（稷）☑

【反面釋文】：
A. 壬子卜賓。
B. ☑貞：乎☑河。

【相關說明】：
一、正面釋文 B「兕（稷）」下一字，
　　《摹釋總集》缺釋、《合集釋文》
　　原形無楷定，目驗似「彔」，可能
　　作為祭祀地點，介詞「于」置前
　　共用。
二、龜版反面上部似有「☑貞乎☑河」
　　等字，然漫漶太甚無法確識。

【著錄號】：丙四三三（R44460／H12342）
【字體分類】：賓戌／師賓間（非典型 C）
【釋文】：
A. 庚子卜永貞：翌辛丑雨。
　　貞：翌辛丑不其雨。
B. 壬寅卜永貞：翌癸雨。
　　貞：翌癸卯不其雨。

【著錄號】：丙四三四、四三五（R43934／H2357）
【字體分類】：典賓／過渡 2 類
【鑽鑿分佈】：Z1a
【正面釋文】：
A. 戊寅卜設貞：于姒己御。
B. 貞：于高姒己御。
　　昜于高姒己御。

【反面釋文】：
□□卜☑

【著錄號】：丙四三六、四三七（R44461／H1821）
【綴合情形】：新加乙 4134＋乙 6945＋乙 7494＋乙 7633＋乙 7870＋乙 7873＋乙補 6539＝史語所綴
【字體分類】：典賓／過渡 2 類
【鑽鑿分佈】：Z1a／3-5
【正面釋文】：
A. 貞：聝隹其有出自之。
　　聝亡其出☑之。
　　{王占曰：見雨。}
B. 壬子卜古貞：御于祖丁。
　　貞：昜于祖丁御。
C. 貞：于羌甲御。
　　貞：昜于羌甲御。
D. 貞：出于娥。
　　昜出☑
E. ☑卩☑
　　☑卩☑
F. 庚戌卜賓貞：其如（叹?）。
　　☑不其如（叹?）。
G. 貞：乎☑五日☑
　　{王占☑商☑兹☑}
H. 貞：[蜎]（蠾）。
　　{丙辰卜爭}貞：不其蜎（蠾）。

【反面釋文】：
A. 貞：其☑[卩]☑
B. ☑占☑昜☑
C. 貞：父□蚩（害）□
　　父乙☑
D. 王占曰：見雨。
E. 隹父乙求（咎）。
　　不□父
F. 貞：□辛蚩（害）王。
　　父辛弗蚩（害）王。
G. ☑祖辛。
H. 貞：不□
I. ☑辛。
J. 王占☑商☑兹☑
K. 今日☑不其[以]。
L. 丙辰卜爭。

M. 爭。wr

【相關說明】：

一、正面釋文 E，舊釋「易卩」，「易」字似非；左上「貞△」，可能為「蜎」字誤刻。今皆據目驗改之。

二、反面釋文 C（舊釋辭 7）「父弗害王」應獨立成句。反面釋文 H「貞：不□」位於乙 7874（乙 7873 反），□字從止，然正位於齒縫上，仍有字痕無法辨識。

三、此版內容與丙四三一關係密切，根據干支（前者丁未、戊申、壬子，後者庚戌、壬子丙辰，二者大部分同旬）、辭例（二者卜問與求雨有關；前者有「旨河燎于蚰（融）。有雨」，後者有「蟗隹其有出自之／｛王占曰：見雨。｝」）、鑽鑿排列佈局（3-5）、尺寸（前者 28.1cmX13.2cm，後者 28.6cmX13cm）等因素，顯示此二版時間高度重疊。

四、正面釋文 A「蟗」字，疑即丙四三一「蚰」字異體，即祝融，卜辭中多作為祭祀求雨之對象，此處寫作「蟗」，乃是二者書寫體系不同（丙四三一屬於典型賓一類）所致。或以為與耳疾有關，疑非。

【著錄號】：丙四三八、四三九（R44462／H734）

【字體分類】：賓一.典賓／過渡 2 類

【鑽鑿分佈】：Z1a／3-6

【正面釋文】：

A. 己巳卜㱿貞：龙不□（殟）。
　　己巳卜㱿貞：龙其□
　　王占曰：吉。易□（殟）。

B. 貞：玌不□（殟）。
　　貞：玌其□（殟）。
　　｛王□□吉。｝

C. 貞：易□南。
　　貞：三南。

【反面釋文】：

A. 貞□ [易]令□
　　貞：易䆷令[卒]。

B. 王□□吉。

C. 貞：妣□
　　貞：妣□蚩（害）王。

D. □南。
　　貞：不[南]□

E. 貞：身□

F. □丙。虫反□十羌□宰。

G. 設。wr

【相關說明】：

一、反面左上釋文 F「宰」字，同辭「丙」字，原缺釋。本版墨書部分退色甚多，字痕亦漫漶，今皆據目驗補之。

二、本版龙、玌事與R44731、R44785同文例，花東H3:259 正亦有「貞：龙。／貞：龙不死」的記載，黃天樹、趙鵬、古育安皆認為此二龙當為一人，[70] 可從；不過認為此龙與賓三類貞人龙當為一人，這從本類同文例卜辭時代部分可歸入賓一，且卜辭多異代同名的現象看來，仍待商榷。

【著錄號】：丙四四〇、四四一（R43933／H478）

【綴合情形】：新加綴乙補 6708＋乙補 6698＝林宏明綴（醉 124）

【字體分類】：賓一／過渡 2 類

【鑽鑿分佈】：Z1a

【正面釋文】：

A. 戊子卜內貞：奊及。

B. ｛乙未卜㱿｝貞：翌丙申其雨。

C. 于王亥求我（宜）。
　　易于王□

D. 方帝羌。卯牛。

---

70 黃、趙說引自古育安：《殷墟花東 H3 甲骨刻辭所見人物研究》（臺北市：天主教輔仁大學中文所碩士論文，指導教授：蔡哲茂。2009 年 7 月），頁 331-332。

弜方帝。

E. 隹父**蛊**（害）王。

F. ☑**再**☑

【反面釋文】：

A. ☑壬☑隻。

☑逐☑

B. 乙未卜骰。

C. 貞：隹。

不隹。

D. 王占曰☑

E. 王☑曰☑

F. ☑十羌☑

【著錄號】：丙四四二、四四三（R44366／H14755）

見丙二二三、丙二二四。

【著錄號】：丙四四四、四四五（R44463／H6657）

【綴合情形】：新加綴乙補 1148＋乙補 1149＋乙補 1152＋乙補 2006＋乙補 3133＋乙補 6215＋乙補 6332

【字體分類】：典賓／過渡 2 類

【鑽鑿分佈】：Z1a

【正面釋文】：

丙辰卜賓貞：王叀（惟）周方征。

貞：王弜叀（惟）周方征。

【反面釋文】：

貞：登黍于祖乙。

弜于☑乙。

【著錄號】：丙四四六、四四七（R44464／H3217）

【字體分類】：賓一／典型賓一類

【鑽鑿分佈】：Z1a／3-6

【正面釋文】：

A. 乎子☑同☑蜎（蠲）。

不其蜎（蠲）。

{☑占曰：蜎（蠲）。}

B. 丙子卜賓貞：王☑往西☑

貞：王☑

【反面釋文】：

A. 貞：于☑尹十☑

弜于黃☑

B. ☑占曰：蜎（蠲）。

C. [出]心。隹之。

弜隹之。

D. 乎[御]身。若。

不若。

E. 出羊于多介。

弜出于多介。

F. 貞：其雨。

不其雨。

G. 貞☑鳳☑

弜☑

H. 王☑燎☑

【相關說明】：

一、正面釋文 A「子」字下漫漶有殘筆；反面釋文 B「蜎」字右有「占曰」殘字；C「心」字右下有殘字，似「出（日）」。皆據目驗補之。

二、反面釋文 D 原釋「毃（彀）」字，趙鵬指出應改釋「御」，甚是，然實物漫漶已無法分辨，今暫加虛框以標誌之。

【著錄號】：丙四四八、四四九（R44465／H235）

【字體分類】：典賓／過渡 2 類

【鑽鑿分佈】：Z1a／2-4

【正面釋文】：

A. 貞：登黍。

弜登黍。

B. 貞：甲用罘來羌。

{癸丑卜爭}弜崩用罘來羌。

{王占曰：吉。}

C. 貞：隹父庚。

貞：隹父乙**蛊**（害）☑

{王占曰：隹父庚。隹求（咎）余。}

D. 貞☑用☑

【反面釋文】：

A. 癸丑卜爭。

B. 王占曰：吉。

C. 丁酉卜古貞：[今]日燎。

貞：弜燎。

D. 下☐

E. 王占曰：隹父庚。隹求（咎）余。

F. ☐入三。wr

G. 畝。wr

【著錄號】：丙四五〇、四五一（R44466／H5477）

【字體分類】：賓一.典賓／賓一類

【鑽鑿分佈】：Z1a／3-7

【正面釋文】：

A. ☐𠂤亡其𢦔（遭）來自南。
　　允亡𢦔（遭）。

B. ☐𢻻☐

C. 易燎。

D. 貞：隹娥咎王。
　　貞：不隹娥咎王。

E. 令弘比枼屮（贊）王事。
　　｛己丑卜賓｝貞：叀（惟）邑令比枼。

F. ｛壬申卜賓｝貞：鬶其有疾。
　　貞：鬶☐

【反面釋文】：

A. ☐申☐

B. 己丑卜賓。

C. 壬申卜賓。

【著錄號】：丙四五二、四五三（R43936／H1878）

【字體分類】：典賓／過渡 2 類

【鑽鑿分佈】：Z1a／3-5

【正面釋文】：

A. 丁酉卜畝貞：今日用五宰祖丁。
　　丁酉卜畝貞：易用五宰祖丁。

B. 甲寅☐爭貞：王夢隹🗌（憂）。
　　貞：王夢不🗌🗌（憂）。

【反面釋文】：

A. 壴（鼓）入廿。wr

B. ☐日☐

【著錄號】：丙四五四（R44467／H12316）

【字體分類】：典賓／過渡 2 類

【釋文】：

A. 貞：自今五日至于丙午。雨。一
　　貞：今五日至☐一

B. 自今五日日（其）雨。二
　　自今五日不其雨。二

【著錄號】：丙四五五、四五六（R44543／H893）

見丙三二四、三二五。

【著錄號】：丙四五七、四五八（R44468／H915）

【綴合情形】：

①：＋（乙 7666＋乙補 6283）＝史語所綴

②：〔①＋（乙 7915＋乙 8464）〕＝林宏明綴（醉 373）

【字體分類】：典賓／典型賓一類.過渡 2 類

【鑽鑿分佈】：Z1a／2-3

【正面釋文】：

A. 隹妣癸。
　　不隹妣癸。

B. 御𡆥于妣己。
　　易御𡆥于妣己。

C. 于高妣己。
　　易于高妣己。

D. 貞：帚有寁（賓）。
　　帚亡其寁（賓）。

E. 丁巳卜爭貞：王其屮。曰祖丁。克。
　　王其屮。曰祖丁。允克蜠（蠲）。
　　｛☐克蜠（蠲）。｝

【反面釋文】：

A. ☐克蜠（蠲）。

B. 曹祖丁十伐。卯十牛。
　　十伐。卯十宰。

【相關說明】：

在分組分類上，崎川隆氏將本版在綴合前的三部分分歸入賓一大類（合 16133＝乙 7666）、典型賓一類（合 1869＝乙 8464）與過渡 2 類（合 915＝乙 2095＋乙 7192＋乙 7572）中。今按，前兩部分應以較完整之乙 8464 為準，故刪去其賓一大類之分類。

【著錄號】：丙四五九、四六〇（R44542

／H3201）

【綴合情形】：新加綴乙 1168＋乙 1743
＋無號碎甲＝丙六一五
【字體分類】：典賓／過渡 2 類
【鑽鑿分佈】：Z1a／2-3
【正面釋文】：
貞：子目亦毓。隹臣。
貞：子目亦毓。不其囗臣。
｛王占曰：吉。其隹臣。｝
【反面釋文】：
A. 王占曰：吉。其隹臣。
B. 貞：隹祖丁蠱（害）。
   貞：不隹祖丁蠱（害）王。
C. 雀入二百五十。wr

【著錄號】：丙四六一（R44469／H2231）
【綴合情形】：新加綴乙 1258
【字體分類】：典賓／過渡 2 類
【釋文】：
A. 乙未卜古貞：父乙蠱（害）王。
B. 戊申卜㱿貞：祀弗若。
   戊申卜㱿貞：若。

【著錄號】：丙四六二（R44470／H2252）
【字體分類】：賓一／過渡 2 類
【鑽鑿分佈】：2-4
【釋文】：
A. 貞：隹妣己咎王囧。
   貞：不隹妣己咎王。
B. 隹父乙。
   不隹父乙。
C. 貞：王囗父囗賓囗。
D. 于囗壬囗。

【著錄號】：丙四六三（R44471／H7387）
【字體分類】：典賓／過渡 2 類
【鑽鑿分佈】：1-2
【釋文】：
A. 丁酉卜㱿貞：沚馘再冊。王比。
B. 囗乎旨往于河。有从雨。
   囗亡囗从囗
【相關說明】：

本版分類，崎川隆將之歸為「典型賓一
類」，然釋文 A「㱿」屬於過渡 2──典
賓類標準字，疑其歸類偶誤，今改之。

【著錄號】：丙四六四、四六五（R43942
／H5446）
【綴合情形】：新加綴乙 487＝丙六一九
【字體分類】：典賓／賓一大類
【鑽鑿分佈】：Z1a／1-2
【正面釋文】：
丁亥卜㱿貞：旋亡囗（憂）。屮（贊）
王史（事）。
囗囗囗㱿貞：旋囗
｛王占曰：有[咎]。[允有]囗｝
【反面釋文】：
王占曰：有[咎]。
[允有]囗
【相關說明】：
反面右端（左甲橋反）有「允有」二
字漫漶，今據目驗補之。

【著錄號】：丙四六六（R44472／H255）
【字體分類】：典賓／過渡 2 類
【鑽鑿分佈】：1-2
【釋文】：
戊午卜古貞：今來羌于囗
戊午卜古囗

【著錄號】：丙四六七、四六八（R28116
／H717＋H13874）
【綴合情形】：
①：＋（乙 627＋乙 777＋乙 964＋乙
   981＋乙 1251＋乙 1253＋乙 1709）
   ＝史語所綴
②：（①＋合 14061（鄴二下 37.3））＝
   蔣玉斌綴（先 2576）
【字體分類】：賓一／典型賓一類
【鑽鑿分佈】：Z1a
【正面釋文】：
A. ｛丁丑卜囗｝貞：帚㜊奻。
   帚㜊不奻。
   王占曰囗
   庚[申]㛿（娩）。不奻。二月。

B. 貞：御于妣己㞢𠬝。
C. 丁☒
D. 酒𠬝。卯宰。
卯一牛。
E. 癸□□㱿□王□唐。隹𡆥（憂）。
☒不隹𡆥（憂）。
F. ☒今日疒（疾）蜎（蠲）。
G. ☒貞☒往☒旃。
翌戊申王狩☒
H. 御于妣庚十𢆶。
御于妣庚□𢆶。
I. 貞：子㚤肩同有疾。
☒子㚤弗其肩同有疾。
王占曰☒子☒
【反面釋文】：
A. 丁丑卜□
B. 今日酒。
C. 翌戊[寅]（？）其風。
翌戊[寅]（？）☒風。
D. ☒三𢆶七☒
E. ☒[曰]☒
【相關說明】：
一、正面釋文 A「妫」字下有殘痕。
二、正面釋文 I「子㚤肩同有疾」，同文例見乙 2367＋乙 2721＋乙 6931（R29528），干支己卯與同版丁丑亦在十日以內，當屬一事。

【著錄號】：丙四六九、四七〇（R44474／H12842）
【字體分類】：典賓／過渡 2 類
【鑽鑿分佈】：Z1a／1-2
【正面釋文】：
A. 貞：熯。有雨。
勿熯。亡其雨。
B. 勿舞岳。
【反面釋文】：
□入卅。wr

【著錄號】：丙四七一、四七二（R44475／H8947）
【綴合情形】：新加綴乙補 5906
【字體分類】：典賓／過渡 2 類
【鑽鑿分佈】：Z1a／2-3
【正面釋文】：
辛亥卜㱿貞：王其乎収（廾）𠬝伯出牛。有正。
貞：勿乎収（廾）𠬝伯出牛。不其正。
【反面釋文】：
㞢𠬝于妣庚。
勿㞢𠬝于妣庚。
【相關說明】：
正面釋文舊釋「允」，應為「又」，今據目驗改之。

【著錄號】：丙四七三、四七四（R44476／H13666）
【字體分類】：典賓／賓一類
【鑽鑿分佈】：Z1a／2-3
【正面釋文】：
A. 隹多父。
不隹多父。
B. 疾身。隹有𡿧（害）。
疾身。不隹有𡿧（害）。
C. 隹。
【反面釋文】：
A. 今丁巳雨。
不其□
B. 隹祖□。
不隹祖□。
【相關說明】：
反面釋文 A「其」字上疑有「不」字殘筆，B「不隹」下有「祖」字；甚漫漶，今皆據目驗補之。

【著錄號】：丙四七五、四七六（R43935／H14787）
【綴合情形】：新加綴乙 3724＋乙 3727
【字體分類】：典賓／賓一類
【鑽鑿分佈】：Z1a
【正面釋文】：
A. 隹娥𡿧（害）子賓。
不隹娥𡿧（害）子賓。
B. ｛己未卜□｝乎目于河。有來。
｛王占曰：其有。｝
C. 癸丑□□貞：旬☒

D. 翌□巳□子☒
　　貞☒娥☒

E. □辰☒子賓于娥。

【反面釋文】：

A. 屮于妣癸。
　　☒于☒

B. 屮子[亡]（?）☒／叧屮。

C. 王占曰：其有。

D. 己未卜□。

E. 屮犬。
　　叧屮犬。

F. □□□內貞：王☒
　　□□□內貞：王☒

G. ☒王☒

【相關說明】：

一、反面釋文 A「屮于妣癸」下有一「亡」字。B「屮」字下該字有交叉刻痕，應為「子」。二字據目驗補、改之。

二、正面釋文 B「乎目于河」，乙 3129＋有「乎目于水」，二辭同卜「有／亡來」，事類應相關；另可參 R44558 相關說明。

【著錄號】：丙四七七、四七八（R43937／H13283）

【綴合情形】：

①：＋乙 4619＝嚴一萍綴（彙 471）

②：（乙 2189＋乙 2527＋乙 3607＋乙 7907＋乙補 817＋乙補 3229＋乙補 3295＋乙 1058 反）＝史語所綴

③：（①＋②＋乙 8030）＝蔡哲茂綴（彙 471）

【字體分類】：典賓／過渡 2 類

【鑽鑿分佈】：Z1a

【正面釋文】：

A. ☒庚子□日。
　　貞：翌庚子不其叧日。
　　王占曰：啟。叧□
　　之夕雨。庚子啟。

B. ☒妣☒

C. 叧奉（禱）于妣□

【反面釋文】：

A. 有來舌。
　　亡其來。

B. 貞：御于父乙。
　　叧□于☒乙。

C. ☒王占曰：□不隹三☒

D. ☒祖辛□[王]。

E. ☒疾□妣☒

【相關說明】：

反面中上「亡」字右側補「來」字。其餘皆據目驗補之。

【著錄號】：丙四七九、四八〇（R43938／H17407）

【字體分類】：賓一／典型賓一類

【鑽鑿分佈】：Z13a／1-2

【正面釋文】：

A. 壬戌卜爭貞：王夢隹囚（憂）。
　　壬戌□□□王夢不隹囚（憂）。

B. 王叧[耤]（𧰨?）☒

【反面釋文】：

A. 王占曰☒

B. 帚婡☒wr

【著錄號】：丙四八一、四八二（R43941／H7571）

【綴合情形】：（丙四八一＋乙 7479）＝合 7571 綴

【字體分類】：賓一?／典型賓一類

【鑽鑿分佈】：Z1a／3-5

【正面釋文】：

A. 甲申卜亘貞：屮髟。王衛（衛）。
　　☒髟□叧☒

B. ☒衛（衛）。
　　屮髟。王叧衛（衛）。

【反面釋文】：

A. ☒曰☒

B. ☒牛☒

【相關說明】：

「王衛」之「衛」與攘除之御祭有關，

裘錫圭已有說，可參。[71]

【著錄號】：丙四八三、四八四（R44477 ／H1623）
【綴合情形】：新加綴乙 6461＋乙 6466
【字體分類】：典賓／過渡 2 類
【鑽鑿分佈】：Z1a／1-2
【正面釋文】：
A. 貞：姄丹**蚩**（害）王。
　　貞：姄丹弗**蚩**（害）王。
B. 貞：祖乙**蚩**（害）王。
　　貞：祖乙弗**蚩**（害）王。
C. 姄己**蚩**（害）王。
D. 姄甲**蚩**（害）王。
E. 屮于**秘**。
　　□屮□**秘**。
【反面釋文】：
A. 屮于四介子。
B. ☑戈。
【相關說明】：
反面「于」字下有「四」字，應非「多」；舊未釋，今據目驗補之。

【著錄號】：丙四八五、四八六（R44478 ／H6949）
【綴合情形】：新加綴乙補 954＝林宏明綴（醉 28）
【字體分類】：賓一／典型賓一類
【鑽鑿分佈】：Z1a／3-5
【正面釋文】：
A. 貞：奉（禱）于祖辛。
　　弓奉（禱）于祖辛。
B. 今日**蚑**牛于祖辛。
　　于翌辛**蚑**牛祖辛。
C. 壬寅卜爭貞：翌丁未王**弓**步。
　　貞：王叀（惟）翌乙巳步。
D. □亥□**敲**□我□隹**㦰**亘。
　　□我□其□**㦰**亘。
E. ☑亡**田**（憂）。

71 裘錫圭：〈讀《安陽新出土的牛胛骨及其刻辭》〉，《裘錫圭學術文集・甲骨文卷》，頁 10。

　　｛壬寅｝貞：雀亡**田**（憂）。
F. □□□**敲**貞：乎雀**衒**伐亘。
　　壬寅卜**敲**貞：**弓**乎雀**衒**伐亘。
G. 貞：今十二月我步。
　　貞：于生一月步。
H. 乎**✜**（琮）。隻豕。
　　✜（琮）不其隻豕。
【反面釋文】：
A. ☑翌□未☑
B. 壬寅。
【相關說明】：
一、反面釋文 A「未」字，舊原釋「辛」，今據目驗改之。
二、從正面釋文 B「于翌辛**蚑**牛祖辛」、H「乎**✜**（琮）隻豕」二辭契刻位置，使兆序二、一各移動位置的現象看來，此版兆序應屬後刻。

【著錄號】：丙四八七、四八八（R43940 ／H98）
【字體分類】：賓一／典型賓一類
【鑽鑿分佈】：Z13a／3-6
【正面釋文】：
A. 己未卜爭☑受年。
B. 己未卜爭貞：**𣂉 ✜**（齊?）亡**田**（憂）。
C. 貞：侯以肩**𡰪**。
　　允以。
【反面釋文】：
壬戌卜**敲**貞：王**庐自**（次）。
【相關說明】：
反面釋文「王」字下疑有「于」字殘筆，已漫漶難辨。

【著錄號】：丙四八九、四九〇（R44479 ／H943）
【字體分類】：典賓／賓一大類
【鑽鑿分佈】：Z1a／3-3◎
【正面釋文】：
A. 貞：乎**𠬪**（廾）有☑
　　｛王占曰：吉。其☑｝
B. 來甲戌屮伐自上甲。
　　貞：**弓**屮。
【反面釋文】：

王占曰：吉。其☑

【著錄號】：丙四九一（R44480／H4121）
【字體分類】：賓一／賓一類
【鑽鑿分佈】：2-3
【釋文】：
A. 甲辰卜賓貞：今日昜乎雀步☑
B. 其[昜]令以。
C. 甲辰卜賓貞☑
　　甲辰卜賓貞：今日☑
D. 甲辰卜賓：步☑

【著錄號】：丙四九二、四九三（R44481／H14）
【字體分類】：典賓／過渡 2 類
【鑽鑿分佈】：Z1a／1-2
【正面釋文】：
A. 丙戌卜賓貞：令眾黍。受有□
　　{王占曰：吉。受年。}
B. 貞：乎雷耤于明。
C. 庚申卜古貞：昜薗蚊于南庚宰。用。
　　{王占曰：吉。}
【反面釋文】：
A. 王占曰：吉。受年。
B. 王占曰：吉。
【相關說明】：
正面釋文B同文例可見乙3290，二「雷」字形體各具特色，于省吾已詳論之，可參。[72]

【著錄號】：丙四九四、四九五（R44482／H2373）
見丙二三九、二四〇。

【著錄號】：丙四九六、四九七（R44483／H14173）
【字體分類】：典賓／過渡 2 類
【鑽鑿分佈】：Z1a／3-6
【正面釋文】：

A. ☑帝其降敊（摧）在沘（兆）。
　　{王占曰：吉☑}
B. 甲寅卜敵貞：□其☑
C. {甲子卜賓}☑田（憂）。
　　貞：鬼其有田（憂）。
　　{王占曰：其有田（憂）。下上若（有?）☑}
【反面釋文】：
A. 王占曰：吉☑
B. ☑乎般以。來。
　　王占曰：吉。
C. ☑羌☑
D. 王占曰：其有田（憂）。下上[若]（有?）☑
E. 甲子卜賓。
【相關說明】：
反面釋文A「占」字下有「曰吉」二字；B「乎般以」下有「來」字；D「下上」下有「若」字。[73] 皆漫漶，今據目驗補之。

【著錄號】：丙四九八、四九九（R44484／H947）
見丙二二九、二三〇。

【著錄號】：丙五〇〇、五〇一（R44485／H8985）
【字體分類】：典賓／賓一大類
【鑽鑿分佈】：Z1a／1-2
【正面釋文】：
癸巳卜韋貞：行以有𠂤（師）眔（暨）邑。
貞：行弗其以□□眔（暨）邑。
　　{王占曰：其以有☑}
【反面釋文】：
王占曰：其以有☑
【相關說明】：

---

[72] 參于省吾：〈釋靁〉，《甲骨文字釋林》（北京市：中華書局，1999 年 11 月），頁 10-11。

[73] 此據趙鵬〈《殷虛文字丙編》釋文校補十則〉第四則校正，文載社科院先秦史研究室網站，http://www.xianqin.org/blog/archives/1485.html

同文例見乙 7385，二者同版干支亦相鄰，龜版尺寸相同，當是同時卜同事。

【著錄號】：丙五〇二、五〇三（R44305／H456）
見丙一〇六、丙一〇七。

【著錄號】：丙五〇四、五〇五（R44486／H17271）
【字體分類】：賓一／典型賓一類
【鑽鑿分佈】：Z1a／3-5
【正面釋文】：
□寅卜古貞：𢓊（異）不隹囚（憂）。
▨𢓊（異）隹囚（憂）。
｛王占曰：吉。𢎪隹囚（憂）。｝
【反面釋文】：
A. □㞢于斲。
　□㞢□斲。
B. ▨王夢▨
　▨夢▨
C. 王占曰：吉。𢎪隹囚（憂）。
【相關說明】：
無改訂。正面最左上兆序「二」旁有兆語「告」，但無「小」或「二」，疑此借兆序二為兆語也。

【著錄號】：丙五〇六、五〇七（R43939／H991）
【字體分類】：典賓／過渡 2 類
【鑽鑿分佈】：Z1a
【正面釋文】：
A. 癸酉□賓貞：升酒伐▨
B. 貞：帚𡜊𡆥（娩）。妫。
　貞：帚𡜊𡆥（娩）。不其妫。
C. 貞：翌庚辰王亡𧊒（害）。
【反面釋文】：
A. ▨[乙]▨
B. ▨[乙]（?）叀（惟）
C. ▨令[攴]（?）▨羅▨
【相關說明】：
一、正面釋文 C「翌」字上兆序一旁有殘字「妣（人）」，似削除之殘；同辭「貞」字左有殘字似「報」；正面右下有「小告」及殘筆。皆據目驗補、誌之。
二、正面釋文 C「亡害」，應指「亡割」，疑與商王親征有關。
三、本版反面漫漶太甚，多處已不能確知其字。

【著錄號】：丙五〇八、五〇九（R44487／H13713＋H6649）
【綴合情形】：
①：＋乙 6599＝史語所綴
②：〔①＋（乙 877＋乙補 641）〕＝蔡哲茂遙綴（先 2370）
【字體分類】：典賓／過渡 2 類
【鑽鑿分佈】：Z1a／3-6
【正面釋文】：
A. ｛癸卯卜㱿｝貞：帚好其祉（延）有疾。
B. ｛癸丑卜古｝貞：雨。
　貞：不▨
C. 丁未卜賓貞：乎上。
D. 貞：有疾身。御于祖丁。
E. ▨妣▨御▨
F. 貞：祖丁弗其專。
G. 疾止▨
H. 𢎪㞢于南庚。
I. ▨其▨
J. 辛酉卜賓▨
　貞▨
K. ▨𠚤各化𢦏（翦）𢍏（角）。
　𠚤各化弗其𢦏（翦）𢍏（角）。
【反面釋文】：
A. 癸卯卜㱿。
B. 癸丑卜古。
C. 示丁隹䍙▨
D. 貞：翌辛亥㞢祖辛。
E. 辛□卜▨
F. □入卌。wr
【相關說明】：
一、反面釋文 F「□入廿」，應作「□入卌」，今據目驗改之。
二、正面釋文 C「乎上」下方裂口有殘筆，從字形上看來與兆語「告」似

有別，然字痕稍細，且與釋文 C
「上」字有點距離，疑為獨立殘
字，釋文 C 亦應獨立成辭。

三、正面釋文 E「御」字有歷組卜辭
特色。

四、本版實物與乙 6599 置於一處，為
史語所舊綴，可見數位典藏資料庫
與庫房記錄；按，此綴有誤，根據
實物盾紋、兆序、厚薄以及鑽鑿大
小等因素判斷，乙 6599 與丙五〇
八不應為同版，分開為宜。

【著錄號】：丙五一〇、五一一（R38548
＋R44488／H891）

【綴合情形】：新加乙 4955＝林宏明綴
（醉 308）

【字體分類】：賓一？／典型賓一類

【鑽鑿分佈】：Z1a／3-4

【正面釋文】：

A. 甲申卜爭貞：王有不若。
　　貞：王亡不若。

B. 鼓以秩。

C. ｛壬寅卜余｝貞：乎不。
　　｛有𡦦（達）田于不。乎从求弘人。
　　／昜乎从求于不。｝

D. 王□侯告比。

E. ｛壬子卜爭｝𡦦乎取羌。以。

F. 貞：于𡠫（𡠫）☒
　　貞：昜于𡠫（𡠫）。

G. 出于咸三十伐。
　　□十□出□宰。

H. 乙出于祖丁。
　　昜乙出于祖丁。

I. 乙出于祖辛。

J. 貞：𡦦其來。

【反面釋文】：

A. 以𡧤首（？）。

B. 壬寅卜余。

C. 有𡦦（達）田于不。乎从求弘人。
　　昜乎从求于不。

D. 収（廾）☒

E. 壬子卜爭。

F. 王征（延）出。不□若。
　　王昜征（延）出。

【相關說明】：

一、正面釋文 C「乎」字左下斷邊有殘
字似「王」；反面釋文 A「以」字
左有殘字；反面釋文 C「弘」字左
有「人」字；反面釋文 E 左有「爭」
字；反面釋文 F「又」字，應作「若」，
已漫漶，其上亦有殘字；今皆據目
驗補、改、誌之。

二、正面釋文 C「乎不」，乃「乎（某）
從求往于不（施行某事）」之省。
其反面互足刻辭中，「乎从求弘
人。／昜乎从求于不」似指要求隨
同「求」前往「不」地，進行「弘
（強）人」此事；按此「求」應即
「子求」，見於丙六三、三一一等。
「不」用為地名，故異體（字首橫
劃）以標誌之。

三、反面釋文 A「以」字左目驗似為
「首」字，按「𡧤」與賓一類習
見所「敦」地「𤄷」（合 7032-7036，
偏旁從水又）、「𡧤」（R44572）應
該是同一地點，本版又為賓一類
卜辭，則此條或即卜問帶來戰勝
之「𡧤」人首否；西周金文有作
為人名之例，見《集成》14.8768
子丁𡧤爵。

【著錄號】：丙五一二（R38322＋R44489／
H728＋H9906＋H15101）

【綴合情形】：

①：（乙 4635＋乙 4647）＝史語所綴

②：（①＋丙五一二）＝蔡哲茂綴（先
733）

【字體分類】：賓一／典型賓一類

【釋文】：

A. □[申]卜爭貞：御子狋于母丙。𡧤
　　𡨥。曹小宰。出及女一。
　　貞：昜餉用𡧤𡨥。曹小宰。出及女
　　一于母丙。

B. 貞：古受年。

【相關說明】：
釋文 A「□巳卜爭貞」，舊釋「巳」可能應改「申」。

【著錄號】：丙五一三、五一四（R44490／H795）
【字體分類】：典賓／賓一大類
【鑽鑿分佈】：Z1a／4-6
【正面釋文】：

A. 辛未卜㱿貞：我收（廾）人气在黍。
　　不晋。受有年。
　　貞：我弗其受黍年。
　　｛王占曰：吉。气□｝

B. 壬午卜㱿貞：帚肩同。

C. 于蜎甲御帚。
　　既晋蜎甲。㫃。

D. 貞：帚好蜎（蠲）。
　　貞：不其蜎（蠲）。
　　｛王占曰：吉。蜎（蠲）。｝

E. 蜎甲求（咎）帚。
　　蜎甲求（咎）帚。

F. 貞：其尸（孚）劇（鷹）。
　　貞：劇（鷹）不其尸（孚）。
　　｛□占曰□不其尸（孚）。｝

G. 貞：王㞢圉。若。
　　貞：王㞢圉。不若。

H. 貞：王㞢圉。若。

I. 貞：羊畀舟。
　　｛王占曰：吉。羊其畀。｝[74]

J. ｛乙卯卜亙｝貞：[昜]蕳用㫃舞于父乙。
　　｛王占曰：吉。其用。｝

【反面釋文】：

A. 王占曰：吉。气□
B. 貞□蜎（蠲）。

C. 于蜎（蠲）甲□好□隹□
　　不其□

D. 貞：隹靡（䵼）司蛊（害）帚好。
　　不隹靡（䵼）司蛊（害）帚好。

E. □隹□

F. □占曰□不其尸（孚）。

G. 貞：御妛于□甲。
　　昜蕳于蜎（蠲）甲。

H. 王占曰：吉。羊其畀。

I. 王占曰：吉。其用。

J. 王占曰：吉。蜎（蠲）。

K. 乙卯卜亙。

L. 其□

M. 酒司。
　　昜酒[于母司（妸?）]。

N. 王夢北從[賓]。隹□
　　貞：不隹𡆥（憂）。
　　王占曰：吉。昜隹𡆥（憂）。

O. □其[宰]□

P. □气（三?）□牛□

Q. 我來十。wr

R. 㱿。wr

【相關說明】：

一、正面釋文 E「蜎甲咎」，舊漏釋「蜎」，同辭「甲」字漏刻；A「㞢」字下有一從「人」之字，已漫漶；反面釋文 A「吉」字下有「气」字；釋文 C「好」字左有「隹」字；釋文 H「吉」下有「羊」字；釋文 J 右下有「其」字；釋文 M「酒司」左上有二殘字，頗漫漶，同辭「昜酒」左有字漫漶，疑為「妸」；釋文 N 最左有「气、牛」二字；今皆據目驗補、誌之。

二、正面釋文 G「王㞢圉」，疑指以圉內刑徒進行㞢祭之意，參第四章第二節（陸-五）「其他祭祀對象」。

【著錄號】：丙五一五、五一六（R44491／H14128）
【字體分類】：典賓?／過渡 2 類
【鑽鑿分佈】：Z1a／3-4
【正面釋文】：

---

[74] 這裡的「羊」做人／氏族名用。裘錫圭曾引本條刻辭「羊畀舟」指出與合 10989「㱿任霍畀舟」文例相同，表示（商王）給予羊、㱿任霍「舟此物之意。然而從此詞的反面互足占辭來看，施事之主語應是羊，而非省略的商王，裘說似可商。參氏著：〈「畀」字補釋〉,《古文字論集》。

A. 癸未卜爭貞：生一月。帝其弘（強）令雷。
貞：生一月。帝不其弘（強）令雷。

B. 丙戌卜爭貞：帝䄆妨。

C. 于來甲☑

D. 貞：乎卣比曽（曽）☑
貞：乎卣比曽（曽）。
☑乎卣比曽（曽）。

E. 貞☑丙☑酒王𡥈（矢）。
允酒。

F. ｛庚子卜𣪊｝貞☑隹田（憂）。
☑隹田（憂）。

G. 貞：其御。
貞：易御。

H. 貞。
貞：不雨。

【反面釋文】：

A. 燎豕屮南。
易燎[豕]□[庚]（南？）□丁☑

B. 王其見□甲。

C. 帝杞☑

D. 貞：丙申☑

E. 庚子卜𣪊。

F. 示曹。不□來。
允來。

G. 貞：王夢𥛬。其隹□戌[申]（引？）吉。
王夢□吉。其隹庚□吉□
王占曰：其隹☑

H. 壴（鼓）入一。wr

I. 爭。wr

【相關說明】：

一、反面釋文 A 舊釋「八」應為「豕」
字；F「不」字左側近甲橋處有「來」
字，同辭舊釋「人」應為「允」字；
G「占」字右側有「隹」字，同辭
「庚」左上有殘字，已漫漶；E「庚」
上有殘字，已漫漶；今皆據目驗
補、誌之。

二、正面釋文 B「丙戌卜爭貞：帝
䄆妨」，同文見 R44756「丙戌卜
爭貞：帝䄆𡡫（娩）妨。七月」，
然本版時間據「生一月」來判斷，

應在年尾，與 R44756 的七月有較
大差距，故知二例前辭的「丙戌卜
爭貞」應屬巧合。

三、反面釋文 G 之語序，命、占之分，
因漫漶與殘斷，不能肯定。

【著錄號】：丙五一七、五一八（R44492
／H17397）

【字體分類】：賓一？／過渡 2 類

【鑽鑿分佈】：Z1a／3-5

【正面釋文】：

A. ｛辛卯卜賓｝貞：王夢隹有□
貞：王夢不隹有左。
｛王占曰：吉。易隹有左。｝

B. 貞：兔（象？）屮匚（報）。正。
貞：兔（象？）屮匚（報）。弗其正。

C. 貞：□隹西土。
貞：□𣪊（異）不隹西土。

D. 貞：王夢隹若。
貞：王夢不隹若。

【反面釋文】：

A. 辛卯卜賓。

B. 王占曰：吉。易隹有左。

C. 兔（鼠？）以四十。wr

【著錄號】：丙五一九、五二〇（R44493
＋R42047／H973）

【綴合情形】：新加乙 6680＋乙補 1723
＋乙補 6124＋乙補 6125 倒＝林宏明綴
（醉 309）

【字體分類】：典賓／過渡 2 類

【鑽鑿分佈】：Z1a／3-5

【正面釋文】：

A. 戊申卜賓貞：奏步于戔。屮（贊）。
貞：易奏步于戔。不其屮（贊）。

B. ｛壬寅卜古｝☑唐子娶父乙。
☑唐子□娶父乙。
｛王占曰：吉。娶☑｝

C. 貞：今日雨。
貞：今日不其雨。

D. 貞：唐☑
貞：唐子伐☑

【反面釋文】：

A. 王占曰：吉。嬰☒

B. 壬寅卜古。

C. 貞：[雀]（陰）☒雨☒
　　☒占☒

【相關說明】：

一、反面釋文 A「嬰」下有墨書未刻，
　　已漫漶；C「貞」下有墨書「雀☒」。
　　今皆據目驗補之。

二、正面釋文 A 記錄「步于戔。」，按
　　「步」與軍事有關，屯南 4566「辛
　　亥卜：王伐戔☒敦」，事在戊申後
　　三日，頗疑彼此有關。

【著錄號】：丙五二一、五二二（R44494
／H14161）

【字體分類】：典賓／賓一類

【鑽鑿分佈】：Z1a／3-6

【正面釋文】：

A. ☒祖辛☒
　　☒祖辛若☒

B. ☒來。

C. ☒[有]來齒。
　　今五月亡其來齒。

D. 翌甲午☒其雨。
　　翌甲午其雨。
　　｛王占曰：于辛雨。｝

E. 貞：出母庚。冊蚩（害）王。

F. 丙辰卜古貞：帝令隹嫀（誅）。
　　貞：帝弗令隹嫀（誅）。

G. ☒☒☒賓貞：率蚊

H. 貞：王入。于兒束（次）徝（循）。
　　貞：易于兒束（次）。
　　于凸女。
　　易于凸女。
　　｛王占曰：吉。不于。｝[75]

【反面釋文】：

A. 己丑卜爭：翌乙未雨。
　　☒乙未不雨。
　　王占曰☒

B. 癸未卜爭貞：雨。
　　王占曰：雨。隹其不征（延）。
　　☒甲午允雨。

C. 王占曰：于辛雨。

D. 庚戌貞：出☒

E. 貞：敗（得）。
　　☒敗（得）☒

F. 貞：祖辛燎南。王[豕]（？）。
　　貞：不[叀（惟）]☒。

G. 王占曰：吉。不于。

H. ☒蚩（害）王

I. 易出。
　　五犬于母庚。
　　六犬。
　　七犬。

【相關說明】：

正面釋文 A 今補一「若」字；D 左部
「雨」字原刻較偏上，因避盾紋，故僅
刻二筆即換刻於下；反面釋文 G「占曰
吉」字旁皆有未削除之字痕，易使誤讀
為「引吉」，今據目驗補、誌之。

【著錄號】：丙五二三、五二四（R44495
／H809）

【字體分類】：典賓／過渡 2 類

【鑽鑿分佈】：Z1a／4-6

【正面釋文】：

A. 貞：王㚸☒屯。不若有于上下。
　　貞：王㚸多屯。不有若于上下。
　　｛王占曰：吉。若。｝

B. 貞：肣卬。
　　貞：易肣卬。

C. 壬寅卜賓貞：今十月雨。
　　貞：今十月不其雨。
　　｛王占曰：其雨隹庚。其隹辛雨引
　　吉。｝

D. 王占曰：吉。蛛易余蚩（害）。

【反面釋文】：

A. 王占曰：吉。若。

B. 貞：其有來☒。

---

[75] 此類不用為動詞的「束」字，應屬某種
　　可施行祭祀類似宗廟之場所，參姚萱：
　　〈殷墟卜辭「束」字考釋〉，《考古》第
　　二期（2008 年）。

貞：亡來戕（摧）。

C. 王占曰：其雨隹庚。其隹辛雨引吉。

D. ☑[五]。

E. 戠。wr

【相關說明】：

正面釋文 D「占曰」二字刻於舊兆序之上；反面釋文 A 舊釋「王占曰昜若」之「昜」，應為「吉」字；B 左上有殘字。皆據目驗改、誌之。

【著錄號】：丙五二五、五二六（R44496／H3521）

【字體分類】：典賓／過渡 2 類

【鑽鑿分佈】：Z1a／3-6

【正面釋文】：

A. ☑昜㠯☑

B. □卯卜□貞□[大]☑牛☑

C. 自今至于己酉不雨。

D. 貞：今癸亥其雨。

E. 貞：燎☑

F. 燎犬☑

G. 丙午卜賓貞：□丁未昜日。

　　貞：翌丁未不其昜日。

H. 盡戌求（咎）王。

　　盡戌弗求（咎）王。

I. 貞：疾身隹蠱（害）。

J. ☑徒屮任喬眔（暨）唐。若。

　　貞：昜令旨比[逆]徒屮任喬☑

【反面釋文】：

A. ☑[衛]（衛）王☑

B. □丑卜賓☑

　　王占[曰]：其☑

C. 取羊于戈。

　　昜取。

D. 貞：昜[告]（？）祖丁□。

　　☑[告]（？）祖☑

E. 匚入一。wr

【相關說明】：

一、正面釋文 B「卜」字右有「貞」字殘筆；G 左側「未」字刻於「昜」字上，「昜」應削除而未削，今可見存其左半；反面釋文 B「王占」

右有「曰」字，已漫漶；D「丁」下有殘筆；同辭左側「祖」上有殘筆；皆據目驗補、誌之。

二、正面釋文 J 舊釋「逆」字，疑應釋「車」。令旨「比車徒」，蓋與軍事有關。釋文 I「疾身」二字合文。

【著錄號】：丙五二七、五二八（R44497／H11892）

【字體分類】：賓一?.賓戌／師賓間（非典型 C）

【鑽鑿分佈】：Z1a／3-4

【正面釋文】：

A. 乙未卜韋貞：雨。

　　貞：不其雨。

B. 丁酉貞：其雨。

　　丁酉貞：不其雨。

C. 戊戌貞：其雨。

　　□其雨。

D. 己酉卜韋：其雨。

　　不其雨。

E. 庚戌卜韋：其雨。

　　不其雨。

F. 壬子卜：其雨。

　　壬子卜：不雨。

G. 辛亥卜韋：其□

【反面釋文】：

丙申卜韋貞：其雨。

□不其雨。

【相關說明】：

一、此版相當漫漶，反面釋文右側舊釋「韋」字應改「不」。

二、正面中甲右上拓影有似「豕」字者，實為蟲蛀痕。

【著錄號】：丙五二九、五三〇（R44498／H14153）

【字體分類】：賓一／過渡 1 類

【鑽鑿分佈】：Z1a／2-3

【正面釋文】：

A. 丙寅卜☑卯。帝其令雨。

　　丙寅卜☑卯。帝不□□雨。

　　允☑

B. 丁卯卜設：翌戊辰帝其令□戊
　　丁卯卜設：翌戊辰帝不令雨。
　　戊辰允雀（陰）。

C. 戊□卜設□己巳□□令雨。
　　戊辰卜設：翌己巳帝不令雨。
　　﹛己巳。帝允令雨。至于庚。﹜

D. 己巳□
　　己□

E. 辛未卜□翌壬□帝其□雨。
　　辛未卜□翌壬□帝不□雨。
　　壬□量。

F. 壬申卜：翌癸酉帝其令雨。
　　壬申卜設：翌癸酉帝不令雨。

G. 甲戌卜設：翌乙亥帝其令雨。
　　甲戌卜設：翌乙亥帝不令雨。

H. 乙亥卜設：翌丙子帝其令雨。
　　乙亥卜設：翌丙子帝不令雨。

I. 丙子卜設：翌丁酉帝其令雨。

J. □翌□□帝其□□
　　□翌□□□不□□

【反面釋文】：
A. 己巳。帝允令雨。至于庚。
B. 龍。wr

【相關說明】：
正面釋文 F 右側「翌癸」下有「酉」字殘筆，今據目驗補之。

【著錄號】：丙五三一（R43945／H4141）
【字體分類】：賓一／過渡 1 類
【釋文】：
A. 己亥卜內：翌辛丑乎雀酒河□
　　翌辛丑乎雀酒河卅□
　　己亥卜□辛□乎□酒□廿
　　□酒□

B. 貞：[蚨]（蛟?）□出□

C. 壬寅卜王：翌乙巳出于祖乙。

D. □于上甲一牛。
　　□出□

E. 翌甲辰于上甲一牛。
　　貞：宰于上甲□

F. 我舞。
　　弜舞。

【著錄號】：丙五三二（R44499／H11940）
【字體分類】：典賓／賓一大類
【釋文】：
貞：不其雨。

【著錄號】：丙五三三、五三四（R44500／H12948）
【字體分類】：典賓／賓一大類
【鑽鑿分佈】：Z1a／1-2（3）
【正面釋文】：
（戊）子卜□貞：王令河。沈三牛。
燎三牛。卯五牛。
□□卜設□王弜令河。二月。
王占曰：丁其雨。
九日丁酉允雨。
﹛丁。王亦占曰：其亦雨。／之夕允雨。﹜

【反面釋文】：
A. 丁。王亦占曰：其亦雨。
　　之夕允雨。
B. □[若]□
C. □五。wr

【相關說明】：
一、正面舊釋 1 末「雨」前有「允」字，據目驗補之。反面右上甲橋處有墨書殘筆，已漫漶。
二、由本版正面占問來看，為了求雨，商王在戊子當天卜問是合對「河」行祭（可能省略「出于」），並得到「丁」日有雨的兆示，果然在九日後的丁酉降下雨來。反面則是少見的「補充」占辭，記錄了商王於丁酉日再次占卜的行為，內容貞問當晚是否又再次下雨，果然當晚再次下了雨，頗值得注意。

　　關於此版卜辭，李宗焜認為反面占辭的兩個「亦」字皆當讀為「夜」，表示商王在丁酉日的晚間占卜，得到「夜雨」的占示，並指出：「如果從（5a）的『王固曰』，到（6）『重新再加占視』的『王亦固曰』，說成『也』或『又』自亦可通；但『其亦雨』說成『也下雨』或『又下雨』便不通了。我們清

楚的知道，正因為久旱不雨，所以戊子那天用了那麼隆重的祭祀，目的是祈求下雨，占卜第九天的丁酉會下雨，但到丁酉的白天都沒下雨，前面既然沒下雨，這裡自然無法說『又下雨』，這顯然不是楊樹達所說的『一事而再見之辭』。」[76] 筆者以為，李說至少存在著三個盲點，首先是「夕」此夜間時稱的涵蓋時間問題；其次是「亦（夜）」字作為時間詞，在上古漢語中是否能出現在「其」字之後、動詞之前作為補語的語法問題；第三則是此條卜辭所顯示的究竟是如李說「到丁酉的白天都沒下雨」，還是其實意指「丁酉白天已雨，晚間再行占卜」的釋讀問題；由於篇幅緣故，此處僅簡單討論第一點。

李文在該文稍後指出「亦（夜）」有小大，即以夜半前後作為分別的可能性，按此說早已有學者如裘錫圭、黃天樹等指出，足資信從，由此來看為了避免時間的淆混，這裡的「亦」不應單獨使用，本條占卜辭其中兩個「亦」字若作「夜」用的話，理應以「大、小」修飾之，[77] 尤其辭末有「之夕允雨」，此「夕」於卜辭中表示的是一種完整夜晚的概念，如習見「終夕」即指整個晚間、「今夕」即涵蓋今日整晚，在實際使用上「夕」與渾言之「夜」容易產生淆混；可知若僅以「亦（夜）」指稱之，即使其「大、小」時段有別，此處亦在語意上存在著不合理的矛盾，值得商榷。

【著錄號】： 丙五三五、五三六（R44501／H14468）
【字體分類】： 典賓／過渡 2 類
【鑽鑿分佈】： Z1a／2-3

【正面釋文】：

A. ☑貞☑
B. ☑貞：取岳。有雨。
　　☑取。亡其雨。
　　{王占曰：其雨。／☑今日庚雨。}
C. 貞☑盅（卣）雨。
　　{己亥卜盅} 不其亦雨。
　　{王占曰：其亦盅（卣）雨。隹己。}

【反面釋文】：

A. 王占曰：其雨。
　　☑今日庚雨。
B. 王占曰：其亦盅（脩）雨。隹己。
C. 己亥卜盅。
D. 觳。wr

【相關說明】：

一、反面釋文 A（舊釋辭 2、3）應合併，同辭「今」字上處缺塊上、下各有一殘字痕，上字似「己（丁）」，下字似「于」，同辭「庚」左側有「雨」字；C（舊釋辭 1）應為「己亥卜盅」，其「己」字墨色已殘，亦有可能為「丁」；皆據目驗改、補之。

二、由本版與前版之比較，「亦雨」表達了「又、再」下雨的意涵，在此似乎是商王所不願見到的情形。而「卣雨」具有明顯的連綿、延續性質，可讀為「脩雨」，參唐蘭意見。[78]

---

[76] 李宗焜：〈論卜辭讀為「夜」的「亦」〉，《中央研究院歷史語言研究所集刊》第八十二本第四分（2011 年 12 月），頁 582。

[77] 其以「大」、「小」修飾，顯然表示出「亦（夜）」作為時間指稱在單獨使用時容易形成的混淆。

[78] 唐蘭：《天壤閣甲骨文存考釋》（北京市：輔仁大學，1939 年），頁 19；《甲骨文字詁林》按語、蔡哲茂從之，前者見第三冊，頁 1943，後者參〈殷卜辭“暫雨”試釋〉，《2004 年安陽殷商文明國際學術研討會論文集》（北京：社會科學文獻出版社，2004 年 9 月）。

【著錄號】：丙五三七（R43944／H14156）
【綴合情形】：
①：＋（乙7939＋乙8002）＝林宏明綴（契34）
②：（①＋乙補1620）＝林宏明綴（契34）
【字體分類】：賓一?／過渡2類
【鑽鑿分佈】：3-4
【釋文】：
A. 丁丑卜爭貞：不雨。帝隹其□□
　丁丑卜爭貞：不雨。帝不隹其**蒖**（艱）我。
B. 貞⧄隹⧄
【相關說明】：
右甲橋乙2486，於丙編拓影右下缺角，然實物存，今誌之。按此「雨」字作，舊有釋「雹」、「霽」者，李學勤以為仍當釋「雨」為是；[79] 林宏明指出：「今從此綴合可知，因「不」而商人卜問是否為帝所造成的，可見此時商人是希望有「」的，那麼，釋為「雹」就不好解釋了」；[80] 其說可從。

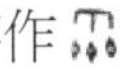

【著錄號】：丙五三八、五三九（R44502／H13333）
【字體分類】：典賓／過渡2類
【鑽鑿分佈】：Z1a／2-3
【正面釋文】：
甲申卜㱿貞：翌乙酉其風。
翌乙酉不其風。
{王占曰⧄翌乙酉不⧄}
【反面釋文】：
A. 王占曰⧄翌乙酉不⧄
B. ⧄自[望]⧄
C. 雀入二百五十。wr
【相關說明】：
一、此版除反面釋文C為刻辭以及新綴者較清晰外，其餘皆為未刻的墨、朱書，整面皆有殘字，推測當時其上字數應甚多，且朱墨斑斕，但今日因為表面刮損、磨壓以及墨跡自然風化等因素，已不能窺其全豹；詳參張秉權考證。
二、本版在尾甲部分蔡哲茂先生綴有合16998（乙1198＋乙3989＋乙7193），見先秦史網站〈《殷墟文字乙編》新綴第三十八則〉，今根據全甲尺寸比例不合、缺乏下齒縫、反面辭例不連接與厚薄不一等因素，判斷實不可綴合。

【著錄號】：丙五四〇、五四一（R44503／H775）
【字體分類】：賓一?／過渡2類
【鑽鑿分佈】：Z1a／2-3
【正面釋文】：
A. 貞：王（遭）戈人。
　貞：王弗（遭）戈人。
B. 貞：今王其㱃（飲）⧄
C. 貞：亡來風。
D. ⧄（娩）妨。
E. 于父甲。
　于父辛。
F. 㞢妣庚。
　弜。
G. 二。
　弜二。
H. 三。
　弜三。
I. 四。
　弜四。
J. □□
　弜五。
【反面釋文】：
A. 今[三]月有至。

---

[79] 李學勤：〈甲骨文同辭同字異構例〉，《江漢考古》第一期（2000年）

[80] 林宏明：〈甲骨新綴第卅二～卅四例〉第卅四例，發表於大陸社科院歷史所「先秦史網站」http://www.xianqin.org/blog/archives/1720.html，2009年10月22日

亡其至。

B. 丁巳卜爭：疾徒（除）。御于父庚。

C. 疾徒（除）。**易諨**御于父辛。[81]
　　易御于父辛。

D. 祖丁**蚩**（害）王。
　　祖丁弗**蚩**（害）王。

【相關說明】：
正面釋文 D「**兄**」左上處有「妙」字殘文；反面釋文 A「二月」，應為「三月」；今均據目驗補、改之。

【著錄號】：丙五四二、五四三（R44504／H1532）
【字體分類】：典賓／過渡 2 類
【鑽鑿分佈】：Z1a／1-2
【正面釋文】：

A. ｛癸巳卜賓｝貞：翌乙未出祖乙。

B. 乙未□□貞：王其歸。**弔**（次）于**凸**女。
　　貞：**易**　　（次）于**凸**女。

【反面釋文】：
癸巳卜賓。

【相關說明】：
本版與丙五二一大略同時所卜。

【著錄號】：丙五四四、五四五（R44513／H1655）
【字體分類】：典賓／過渡 2 類
【鑽鑿分佈】：Z1a／3-6
【正面釋文】：

A. 貞：祖乙**胯**（孽）王。

B. 貞：祖辛**胯**（孽）王。

【反面釋文】：

A. 貞：乍賓于羊。
　　貞：**易**乍賓于羊。

B. 貞：燎。
　　今。

---

[81] **⼷**字釋「徒」，此處可用為「除」，參見蔡哲茂：〈釋殷卜辭「徒」字的一種用法〉，載《國立故宮博物院學術季刊》26卷 2 期冬季號（臺北市：故宮博物院出版，2006 年）。

C. 爭。wr

【相關說明】：

一、反面左側甲橋有貞人「爭」署辭殘筆，今據目驗補之。

二、反面釋文 A「羊」字下有裂痕，並非殘筆。

【著錄號】：丙五四六、五四七（R44505／H1076）
見丙二二一、二二二。

【著錄號】：丙五四八、五四九（R44506／H702）
【字體分類】：典賓／過渡 2 類
【鑽鑿分佈】：Z1a／2-4
【正面釋文】：

A. ▨庚。**⼷**宰凵▨十宰[十]（？）南□

B. ▨乙▨酒▨伐▨不**⼷**。

C. 貞：御帚好于父乙。**⼷**宰凵南。曶十宰。十**⼷**。南十。
　　□**易**曶父乙十**⼷**。十宰。南十。

【反面釋文】：

A. 貞：帚好其[同有]疾。
　　▨好弗▨同有[疾]。

B. 爭。wr

【相關說明】：

一、正面釋文 A「南」字左有「凵」字殘筆，據目驗補之。

二、據正面釋文 C，可知「**⼷**宰」包含了「曶宰、**⼷**」之事，是否表示行曶事時「宰」、「**⼷**」可同時同地被行祭？二者可能在此類御祭卜有互相為用的情形。

三、本面反面過於漫漶，且早期接合膠劑往往蓋過字跡，一些字已難以辨認。如反面釋文 A「其」字漫漶，易與「肩」混；本辭蓋省略「肩」字。

【著錄號】：丙五五〇、五五一（R44507／H7427）
【字體分類】：賓一.典賓／過渡 2 類
【鑽鑿分佈】：Z1a

【正面釋文】：

A. 昜于祖庚。

☑

B. 己巳卜爭貞：王往。若。

貞：王昜往。不若。

｛王占曰：[隹]乙□卥。｝

C. 今日來隹父乙。

今日來不隹父乙。

D. ☑來娷（艱）自西。

｛庚子卜設｝貞：亡來娷（艱）自

西。｛九月｝

｛王占☑｝

E. 貞：中（盾）再曹。卩（孚）☑

F. 貞：其有☑

【反面釋文】：

A. 王占曰：[隹]乙□卥。

B. 王占☑

C. 九月。

D. 庚子卜設。

E. 奠☑ wr

F. 爭。wr

【相關說明】：

一、正面釋文 A 右方對貞位置有殘筆；
反面釋文 A「王占曰」左有字痕，
已漫漶，原釋「隹」不知確否，同
辭另補「乙」、「卥」二字。

二、反面釋文 C「九月」屬正面釋文 D
之補記。

【著錄號】：丙五五二（R44508／H2940）

【字體分類】：賓一?／賓一類

【鑽鑿分佈】：2-3

【釋文】：

A. 丙戌卜爭貞：父乙尤多子。

B. 丁亥卜內貞：子商有□在□

丁亥卜內貞：子商亡❓（淫）在田。

C. 翌辛卯燎三牛。

D. 貞：昜☑

【相關說明】：

一、釋文 B「在」字右側已殘碎不可辨。

二、關於「尤」字，一般從唐蘭讀為
「述」，指「循」，李孝定從之。《甲

骨文字詁林》按語認為與盂鼎「我
聞殷述令」之「述」同，按盂鼎此
文與《尚書・酒誥》類同，這裡的
「述」似應從陳夢家讀為「墮」，
與卜辭用法有異。[82] 陳煒湛近年
指出此類的所謂「尤」字，其左右
二撇只是羨筆，實際上都是「又」
（左）字，指保佑或佐助；[83] 其
說或可從。

三、「❓」字，歷來有「𤔔」、「絕」、「斷」
等說解，於字形分析皆有待商榷。
宋華強根據「淫」字卜辭作❓（合
28228），金文作❓（史懋壺，集成
9714），指出：「所從聲旁即『❓』。
『❓』疑當讀為表『憂』義的『淫』。
《廣雅・釋詁一》：『淫，憂也。』
《方言》卷一：『淫，憂也。……自
關而西，秦晉之間，凡志而不得，
欲而不獲，高而有墜，得而中亡，
謂之淫。』」[84]從字形上看，宋說有
理，卜辭中此類的「亡❓／有❓」
當表某種特別偏向的「亡／有憂」
之意；然金文「淫」字亦可作❓（伯
姜鼎，集成 2791），中無橫劃貫穿，
辭例完全相同（王在芬京淫宮），
則關於此字構形上的相關問題仍待
進一步探討。

---

[82] 唐、李、《按語》皆引自《甲骨文字詁林》
第二冊，頁 913-914。陳夢家說見《西
周銅器斷代》上冊（北京市：中華書局，
2004 年 4 月），頁 103。

[83] 陳煒湛：〈讀契札記〉第九則，載《2004
年安陽殷商文明國際學術研討會論文
集》（北京市：社會科學出版社，2004
年 9 月），頁 9-10。

[84] 宋華強：〈釋甲骨文的"戾"和"體"〉，
載《語言學論叢》第 43 輯（北京市：商務
印書館，2011 年 9 月）。

【著錄號】：丙五五三（R44509＋R29190／H2130）
【綴合情形】：＋乙補 1598＝林宏明綴（醉 43）
【字體分類】：典賓／過渡 2 類
【鑽鑿分佈】：2-3
【釋文】：
A. 貞：㞢學戊。
B. 貞：収（廾）㞢▨
C. 貞：㞢羌▨
D. 貞：父辛求（咎）王。
　貞：父辛弗求（咎）王。
E. 貞：父庚求（咎）王。
　貞：父庚弗求（咎）王。
F. ▨父甲求（咎）王。
【相關說明】：
本版有多處經刻意挖除，且有別於一般平面刮削痕跡，此類挖除較深，略呈圓形；可能是刻手刻錯了較多字而針對文字進行削除，如釋文 E「貞」明顯貼於削孔邊緣重刻，以及釋文 A「戊」重刻於削孔邊緣等。

【著錄號】：丙五五四（R44510／H10902）
【綴合情形】：＋乙 3909＝林宏明綴（契 107）
【字體分類】：典賓／過渡 2 類
【鑽鑿分佈】：3-4
【釋文】：
A. 丁未卜賓貞：允。
　貞：不允。
B. 咸戊𠂤（害）王。
　咸戊弗𠂤（害）王。
C. 田从北西。
　田从東。

【著錄號】：丙五五五、五五六（R44511／H916）
【字體分類】：典賓／過渡 2 類
【鑽鑿分佈】：Z1a ／2-3◎
【正面釋文】：
A. 己丑卜古貞：畀若。
B. 己丑卜古貞：王𦣻首。亡𠂤（害）。
C. 貞：王有舌▨
D. 戊午□㱿貞□隹冬（終）▨
　貞：女（毋）▨冬（終）▨
E. □隹▨
　□女（毋）□冬（終）▨
F. {戊午卜爭}貞：㞢于黃尹十伐。十牛。
　貞：㚑㞢于黃尹。
【反面釋文】：
A. 貞：衛（衛）于妣己。
　于妣庚。
B. [㚑奉（禱）]妣己▨衛（衛）▨
C. 㞢于黃尹五伐□牛□
　㚑㞢于黃□
D. 戊午卜爭。
E. [王]占曰：吉▨
【相關說明】：
一、正面釋文 B 原釋「若」字，應為「亡害」；C「舌」字右側有殘筆
二、反面釋文 B 原釋「妣」，應為「㚑」字，且字下有疑為「奉」字殘筆；C「于」字下有「黄」字殘筆，左下有「五」字未釋；反面尾甲左側有「戊午卜爭」、「[王]占曰吉▨」二辭，原未釋。
今皆據目驗改、補之。

【著錄號】：丙五五七（R44512／H3481）
【字體分類】：賓一?／過渡 2 類
【鑽鑿分佈】：2-4
【釋文】：
A. 癸未卜古貞：黃尹保我事（使）。
　貞：黃尹弗保我事（使）。
B. 貞：妓以。有取。
　貞：妓弗其以。有取。
C. 貞：蔑不▨
【相關說明】：
此處之妓，疑與𡛷、妭或𡝩性質相近，屬於「虎臣」一類的人物，高嶋謙一將二者歸於同一組類中，待考。[85]

[85] 日・高嶋謙一：《殷虛文字丙編通檢》（臺北市：中央研究院歷史語言研究所，1985

【著錄號】：丙五五八（R44514／H6830）

【字體分類】：賓一.典賓／典型賓一類

【釋文】：

A. 壬子卜敵□□嵺（𡆥）囚。
壬子卜敵貞囚弗其嵺（𡆥）囚。
王占曰：吉。嵺（𡆥）。
旬又三日甲子。允嵺（𡆥）。十二月。

B. □□□敵囚來囚

【相關說明】：

一、張秉權已指出本版右側數處豎劃並非「災」字，而是一種「劃除」舊卜兆的形式，可從，此形式亦可見於乙908＋乙2674＋乙6992＋乙8055＋乙補334＋乙補6628。

二、釋文A「卜」右有殘字，張氏認為是未削除的「乙」字，據目驗非是，此殘痕應為「敵」字從「殳」之起筆，乃刻手誤刻而未削除者。

三、本版整面皆有削除之痕跡，目驗可推知舊辭率字小而淺，故可大量削除，但仍能觀察到不少削除未淨之字，如釋文A「王」右側有「羌」字、「允嵺」右側有「三月」二字、「壬」中有「丁亥卜」三字、「敵」中有「于秦」二字、「其」右側有「貞」字、「嵺」右下有「弗」字等等，頗值得注意。

【著錄號】：丙五五九（R44515／H7942）

【字體分類】：典賓／過渡2類

【鑽鑿分佈】：2-3

【釋文】：

A. 丁巳卜賓貞：王出。于敦。
貞：王勿出。于敦。

B. 貞：王今丁巳出。
貞：勿隹今丁巳出。

C. 貞：于庚申出于敦。
勿于庚申出。

【著錄號】：丙五六〇、五六一（R44516／H133）

【字體分類】：典賓／過渡2類

【鑽鑿分佈】：Z1a／2-3

【正面釋文】：

貞：㐬（達）𦈻取（得）。
不其取（得）。
｛王占曰：吉。其囚｝

【反面釋文】：

王占曰：吉。其囚

【相關說明】：

一、反面原釋「曰」字，應為「吉」，今據目驗改之。

二、本版多處刮削，正面中間千里路左側兆序三避開挖削而刻，此挖削圓且深，與一般刮削稍異。

【著錄號】：丙五六二、五六三（R43949／H11499）

【字體分類】：賓一／賓一類

【鑽鑿分佈】：Z1a

【正面釋文】：

癸卯卜爭貞：下乙其有鼎（當）。
王占曰：有鼎（當）。[上]隹大示。王亥亦◈（助）。
□酒明雨。伐□雨。咸伐亦□蚑卯。
鳥（倏）大啟（晴）。易。

【反面釋文】：

A. 囚貞：乎往囚

B. 囚孚于囚

C. 翌其出囚王囚

D. 囚癸卯囚

E. 貞：亡囚

【相關說明】：

一、反面釋文A「貞」字上有殘筆；B「于」下之字，原釋「合」，目驗之非是；D「卯」字其上有殘筆，應為「癸」；今皆據目驗補、改之。

二、高嶋謙一將本版正面釋文◈「助」字及《丙編》內同一字均釋作「𠨢」，解為「aromatic liquor（香酒）」，據新出清華簡材料結合近人

研究可知二字有很大差異，不應混同；同辭「上」字目驗十分清楚，非「二」，高嶋將其與前「鼎」字合讀為「cauldron （numbering） two」，恐非是，「鼎」於此顯然也不是作名詞用。[86]

【著錄號】：丙五六四、五六五（R44517／H11007）
【綴合情形】：新加綴乙 4995
【字體分類】：賓一?／師賓間（非典型 B）
【鑽鑿分佈】：Z1a／2-3◎
【正面釋文】：
☐焚寧。
翌丁亥彔焚寧。三四五
【反面釋文】：
A. ☐河☐雨☐
　　☐羌☐河☐
B. 孔入五。wr
【相關說明】：
一、正面釋文「翌丁亥」後有「彔」字，今據目驗補之。
二、反面釋文 A 原釋「河」字，目驗該字從刀作（或又為二），較為漫漶；同辭舊釋 1「雨」字左側疑有多字，然漫漶已不能細辨。

【著錄號】：丙五六六、五六七（R44518／H5884）
【字體分類】：典賓／過渡 2 類
【鑽鑿分佈】：Z1a／2-3
【正面釋文】：
丙午卜古貞：乇（磔）。寧田（憂）。
貞：彔乇（磔）。
【反面釋文】：
A. 茲卒。

86 Ken-ichi Takashima and Paul L-M. Serruys. *Studies of Fascicle Three of Inscription from the Yin Ruins Volume I,I* 《殷墟文字丙編研究》上冊, p753.

不卒。
B. 袁（擾）入五十。wr
C. 賓。wr

【相關說明】：
正面「乇」字《摹釋總集》釋「旬」，顯非，今正之。「寧」字部件改上下為左右。

【著錄號】：丙五六八、五六九（R44519／H273）
【字體分類】：典賓／過渡 2 類
【鑽鑿分佈】：Z1a／1-2
【正面釋文】：
A. 癸未卜㪅貞：疫以羌。
　　｛王占曰：其☐｝
B. 貞：何不其以羌。一
【反面釋文】：
A. 王占曰：其☐
B. 妻（畫）來☐wr

【著錄號】：丙五七〇、五七一（R44520／H274）
【字體分類】：典賓／過渡 2 類
【鑽鑿分佈】：Z1a／1-2
【正面釋文】：
A. 癸未卜㪅貞：疫以[羌]。
　　貞：疫不其以羌。二
　　｛王占曰：其以。｝
B. 貞：何其以羌。二
　　｛王占曰：其以。｝
【反面釋文】：
A. 王占曰：其以。
B. 王占曰：其以。
【相關說明】：
正面釋文 A，舊釋辭 1 末有「羌」字殘痕，今據目驗補之。

【著錄號】：丙五七二、五七三（R44521／H275）
【綴合情形】：新加 R63346（無字甲）＝林宏明綴（契 281、282）
【字體分類】：典賓／過渡 2 類
【鑽鑿分佈】：Z1a／1-2

【正面釋文】：

A. □未卜㱿貞：疫以羌。

　　貞：疫不其以羌。三

　　｛王占曰：□以。｝

B. 貞：何其以羌。三

　　｛王占曰：其以。｝

【反面釋文】：

A. 王占曰：□以。

B. 王占曰：其以。

【著錄號】：丙五七四、五七五（R43948／H276）

【字體分類】：典賓／過渡 2 類

【正面釋文】：

A. 貞：疫不其以□

B. 貞：何不其以羌。

【反面釋文】：

妻（畫）來□wr

【相關說明】：

一、正面釋文 B「何」字上有「貞」殘筆，今據目驗補之。

二、丙 568、570、572、574 為成套，丙 576、577 不能確定。崎川隆原分類誤入賓一，今改之。

三、「疫」，賓組習見之人名，亦見於屯 2909「☒[令] 疫比□[侯]奴（廿）人于帛。」通常本字或楷定作「疒」、「疫」等，恐不可從；相關討論可參見拙作〈賓組卜辭文字『異體分工』現象再探」相關討論。

四、「何」所帶來的羌，王會使師般或犬琮接收之，見 R44564（乙 1354＋）。師般常為商王征戰，犬琮在征戰之餘，亦身負管理田獵地的職責，其領地應位於大邑商周邊，可知這些羌人由「何」送進大邑商後，很可能旋即分發各貴族手中，負擔與戰爭相關的各式勞役。另，本組成套卜辭貞問時間應與峀各化與角的戰爭時間重疊。

【著錄號】：丙五七六（R43950）

【字體分類】：典賓／過渡 2 類

【釋文】：

□何□其☒

【著錄號】：丙五七七（R43943）

【字體分類】：典賓／過渡 2 類

【釋文】：

☒何☒

【著錄號】：丙五七八、五七九（R44522／H9236）

【字體分類】：過渡 2 類（K）

【鑽鑿分佈】：Z1a／2-3

【正面釋文】：

（兆序）一二三四五六七

【反面釋文】：

雀入二百□wr

【著錄號】：丙五八〇（R44523／H9271）

【字體分類】：典賓／賓一類

【鑽鑿分佈】：Z1a／1-2

【釋文】：

虘入二百五十。wr

【相關說明】：

原釋「△入一百五十」，△字應為「虘」、「一百」應作「二百」，今據目驗改之。

【著錄號】：丙五八一、五八二（R44524／H16335）

【綴合情形】：＋乙補 1770＝林宏明綴（醉 53）

【字體分類】：典賓?／過渡 2 類

【鑽鑿分佈】：Z1a／2-3

【正面釋文】：

A. 戊寅卜王貞。

　　貞：卩'（孚）。

　　｛王占曰：俞！不吉在茲。｝

B. 庚子卜古貞：王若。

【反面釋文】：

王占曰：俞！不吉在茲。

【相關說明】：

「俞」，古漢語嘆詞，此字舊釋「餘」，李學勤曾在〈《堯典》與甲骨卜辭的嘆

詞俞〉文中舉合 10405 為例明之；方
稚松已指出字不從舟。[87] 本版此條顯
然亦作嘆詞用，李文未引；全辭意思
大約是：「然（肯定嘆詞），這（卜）
是不吉的。」

【著錄號】：丙五八三、五八四（R44525
／H5445）
【字體分類】：典賓／過渡 2 類
【鑽鑿分佈】：Z1a／1-2
【正面釋文】：
A. 丁酉卜亘貞：呂屮（贊）王事。
B. 貞：王曰呂來。
　　{王占曰：吉。其曰呂來。}
【反面釋文】：
王占曰：吉。其曰呂來。

【著錄號】：丙五八五、五八六（R44526
／H722）
【字體分類】：典賓／過渡 2 類
【鑽鑿分佈】：Z1a／2-3
【正面釋文】：
A. ☑元于東。
B. 歸㓦（伐）。乎反于庚賓。
【反面釋文】：
雀入二百五十。wr

【著錄號】：丙五八七、五八八（R44527
／H7267）
【字體分類】：典賓／過渡 2 類
【鑽鑿分佈】：Z1a／1-2
【正面釋文】：
☑徝（循）从之。若。
{□□曰：吉。从之。若。}

---

87 參見李學勤：〈《堯典》與甲骨卜辭的嘆
　　詞俞〉，載《湖南大學學報社科版》第
　　22 卷第 3 期（2008 年 5 月）；方稚松〈甲
　　骨文考釋四則〉，載復旦大學「出土文
　　字與古文獻研究中心網站」
　　http://www.guwenzi.com/SrcShow.asp?S
　　rc_ID=778（2009 年 5 月 1 日）

【反面釋文】：
□□曰：吉。从之。若。

【著錄號】：丙五八九、五九〇（R44528
／H17185）
【字體分類】：典賓／過渡 2 類
【鑽鑿分佈】：Z13a／1-2
【正面釋文】：
A. 癸[亥]□賓[貞]□事（使）。
　　貞：不其事（使）。
B. 貞：允隹蠱至。
　　貞：不隹蠱至。
　　{王占曰：其來。／允來。}
【反面釋文】：
王占曰：其來。
允來。
【相關說明】：
反面辭末有「來」字稍漫漶，舊釋無
之，今據目驗補。

【著錄號】：丙五九一、五九二（R44529
／H1899）
【字體分類】：典賓／過渡 2 類
【鑽鑿分佈】：Z1a／3-6
【正面釋文】：
A. ☑先（先?）祖丁。
　　☑祖丁。
B. 㹜于龐（龐）。
C. ☑屮綿（僭）。
　　貞：亡綿（僭）。
【反面釋文】：
A. ☑祖辛☑
B. 商入。wr
C. 散。wr
【相關說明】：
反面千里路左上側有一殘字下半，今
據目驗誌之。

【著錄號】：丙五九三、五九四（R44530
／H488）
【字體分類】：典賓／過渡 2 類
【鑽鑿分佈】：Z1a／2-3
【正面釋文】：

（兆序）一二三四五

【反面釋文】：

A. 貞：燎于[斲]三示（？）用。
　　王占曰：吉☒

B. ☒[貞]及（？）☒収（廾？）羌。

C. 隹父乙蚩（害）。隹其卯。
　　王占曰：弜卯。

【相關說明】：

此版丙編分句原釋疑有誤，今據字體
大小與文例重釋。

【著錄號】：丙五九五、五九六（R44531
／H9464）

【字體分類】：典賓？／過渡 2 類

【鑽鑿分佈】：Z1a／1-2（3）

【正面釋文】：

己酉卜亘貞：易禾。

弜易禾。

｛王占曰：吉。｝

【反面釋文】：

A. 王占曰：吉。

B. 賓。wr

【相關說明】：

正面釋文「酉」字經刮去重刻，另右
上應刻有兆序一處，亦經挖去。

【著錄號】：丙五九七、五九八（R43946
／H13220）

【字體分類】：典賓／過渡 2 類

【鑽鑿分佈】：Z1a／3-6

【正面釋文】：

A. 貞：令有萬出。
　　☐令☒

B. 庚辰卜古貞：翌辛巳易日。
　　貞：翌辛巳不其易日。
　　王占曰：易日。

【反面釋文】：

A. ☒王有求（咎）。
　　不隹有☐

B. 燎一。
　　二。

C. 辛巳：王沈。易日。
　　貞：不☐

D. 貞：翌辛巳易日。
　　貞翌辛☒

【相關說明】：

一、正面釋文 B，舊釋辭 4「易」字左
　　有「日」字殘筆。

二、反面釋文 A「王」字上、左上各有
　　二字殘筆；同辭「隹」上有「不」
　　字殘筆；D，舊釋辭 8 右上有二字
　　殘筆。

今皆據目驗補之。

【著錄號】：丙五九九、六〇〇（R43947
／H13624）

【字體分類】：典賓／賓一大類

【鑽鑿分佈】：Z1a

【正面釋文】：

A. 于車舞。

B. 乎舞于敦。
　　弜乎舞于敦。

C. 王其屮橐。

D. 貞：取岳。

E. 御王目于妣☐宰。
　　于示壬。
　　貞：于咸。
　　于妣己。

F. ☒旬二☒[日]☒

【反面釋文】：

A. [取]岳宰。

B. 榀己☒[亡]☒

【相關說明】：

反面釋文 A「岳」字上、B「榀」字左，
各有一殘字，皆已漫漶。前字疑為「取」，
後字處齒縫上甚難辨識，疑為「亡」。今
據目驗補之。

【著錄號】：丙六〇一、六〇二（R44532
／H8720）

【字體分類】：典賓／過渡 2 類

【鑽鑿分佈】：Z1a／3-4

【正面釋文】：

A. 貞：収（廾）隹人。乎宅隹。

B. 弗其以有取。

C. 貞：汏⺈。

D. 貞：允其入。

　　{王占曰：吉。[屮]（賛）。}

【反面釋文】：

A. □隹□。

　　不隹□求（咎）[王]。

B. 于蛊甲。

　　昜于蛊甲。

C. 于妥。

　　昜于妥。

D. 王占曰：吉。[屮]（賛）。

E. □入二。wr

【相關說明】：

一、反面釋文 A，舊釋辭 1 左側有二字
　　殘筆；同辭；舊釋 2「咎」字右側
　　殘有「王」字下半；D7「吉」字
　　下有殘字似「屮（賛）」；今皆據目
　　驗補之。

二、本版受刮削挖除處甚多。

【著錄號】：丙六〇三、六〇四（R44533
／H6457）

【字體分類】：過渡 2 類（K）

【鑽鑿分佈】：Z1a／3-6

【正面釋文】：

A. □侯告征人（夷）。

　　昜比侯告□

　　{王占曰□比侯告。}

B. 貞：王昜比沚戜。

　　貞：王叀（惟）沚戜啟比。

C. 丁巳卜□其□

　　{王占□隹□}

【反面釋文】：

A. 王占曰□比侯告。

B. 王占□隹□

C. 唐□ wr

D. 爭。wr

【著錄號】：丙六〇五、六〇六（R44534
／H7075）

【字體分類】：典賓／過渡 2 類

【鑽鑿分佈】：Z1a／3-6

【正面釋文】：

A. 庚戌卜亙貞：王乎取我夾在尻邑。
　　若于雷。
　　庚戌卜亙貞：王乎取我夾在尻邑。
　　不若于雷。
　　王占曰：[吉]。若。

B. □帝若。
　　□若。
　　{王占曰：吉。帝若。}

C. 貞：皇亡田（憂）。
　　□
　　{王占曰：吉。皇亡田（憂）。}

D. 貞：立（涖）明史（事）。

E. 貞：叀（惟）王往雝（陷麑）。𡊄（擒）。

F. □妣□

G. □以□

H. 癸亥卜㱿貞：出于祖丁。
　　□□卜㱿□昜出□

【反面釋文】：

A. 出于祖辛。亡其□
　　出□

B. □父□

C. 王占曰：吉。皇亡田（憂）。

D. 王占曰：吉。帝若。

E. 貞：子汏逐鹿。隻。
　　王占曰：兹[隻]。

F. 癸酉卜□

G. 爭。wr

【相關說明】：

一、本版正面右側有「昜出」二字未釋。

二、反面釋文 E「王占曰兹△」，△字
　　原釋「獲」，似於字形不類；左上
　　甲橋有「爭」字右半。

今皆據目驗改、補之。

【著錄號】：丙六〇七、六〇八（R44535
／H1823）

【字體分類】：賓一／典型賓一類

【鑽鑿分佈】：Z1a

【正面釋文】：

A. 乙酉卜賓貞：乎䢼、卬。若。
　　貞：昜□䢼、卬□

B. 貞：乎䢼、卬。

易乎𢀛、𠨘。

C. 出于妣壬。

D. □圂□壬𧍙（害）王。

貞：圂父壬弗𧍙（害）王。

E. 南庚𧍙（害）王。

羌甲𧍙（害）王。

【反面釋文】：

小臣入二。wr

【相關說明】：

一、正面釋文 D「圂□壬害」，「害」
左側有「王」字。

二、反面釋文「入」後有「二」字。

今皆據目驗補之。

丙六〇九（R44536）、丙六一〇（R44537）、
丙六一一（R44538）、丙六一二（R44539）、
丙六一三（R44540）、丙六一四（R44541）

【釋文】：非賓組卜辭。丙六一一新加
乙 5235＝蔡哲茂綴（先 1571）

【著錄號】：丙六一五、六一六（R44542
／H3201）

見丙四五九、四六〇。

【著錄號】：丙六一七、六一八（R44543
／H893）

見丙三二四、丙三二五。

【著錄號】：丙六一九、六二〇（R43942
／H5446）

見丙四六四、丙四六五。

【著錄號】：丙六二一、六二二（R44378
／H7076）

見丙二五九、丙二六〇。

【著錄號】：丙六二三、六二四（R44545
／H1773）

見丙二四一、丙二四二。

【著錄號】：丙六二五、六二六（R44544
／H6460）

見丙五五、丙五六。

【著錄號】：丙六二七、六二八（R44283
／H10171）

見丙六七、丙六八。

【著錄號】：丙六二九、六三〇（R44275
／H1656）

見丙四九、丙五〇。

【著錄號】：丙六三一、六三二（R44546
／H905）

見丙四〇七、丙四〇八。

第三章

《殷虛文字乙編》所收 YH127 坑賓組卜辭釋文、整理與研究

　　關於本章內容，同第二章有以下諸項的不同：首先是文本的不同，即此章整理對象為未收入《丙編》的《乙編》YH127 坑材料；再來是取材範圍的不同，即前章乃針對《丙編》中所有 YH127 坑賓組甲骨作研究，而限於甲骨實物的破碎程度，以及文字資料的多寡等因素，本章僅針對文字部分較多的材料作整理，而大部分僅存兆序、兆語、干支、單字、片語的碎甲或整甲本章將不予收錄。最後是基於前二者因素，導致的內容詳略之不同，因此本章不等同於「《乙編》釋文總集」，即使加入前章亦然，「相對完整的文字辭例」是收入本章最主要的標準，請學者略加注意。下面略述寫作體例：

一、本章依前章體例第二、三、四、五、六項進行整理，此處不再贅敘。

二、凡本章收錄之卜辭皆經目驗至少一次，大部分目驗兩次，少部分三次以上。若有必要則配合《殷墟甲骨刻辭摹釋總集》、《甲骨文合集釋文》二書進行對勘，以求釋文得當。收錄卜辭之正、反釋文皆歸在一組之中討論，不另立他組，以簡省篇幅。

三、甲骨考古發掘號位於 13.0.628 至 13.0.17714（YH127 坑卜甲）之間，其中未經《丙編》收錄綴合之賓組刻辭屬於本章收錄之對象。收錄標準為「綴合較完整、字量較多、雖綴合不完整或字量少但內容較重要」三者，其中選擇細節由作者自行判斷，故本章並未收入所有辭例。

四、各版所載卜辭，其辭序由作者判斷，並參酌《殷墟甲骨刻辭摹釋總集》、《甲骨文合集釋文》二書作修正。各辭排列上根據《乙編》號碼大小為序，若有綴合則據號碼小者為準；由於《乙編》甲骨綴合數量極繁，為方便檢索，學者另可透過著錄號中「史語所典藏號」（R號），至 http://ndweb.iis.sinica.edu.tw/archaeo2_public/System/Artifact/Frame_A

dvance_Search.htm（史語所考古資料數位典藏資料庫）點選「登錄號」
（Registered Number）欄位，直接輸入R號即可進行快速檢索。[1]

---

[1] 本章收錄多組史語所前人未書面發表之綴合成果，如乙 1399＋（《丙補》173 組）、乙
1054＋（《丙補》175 組）等等。此類綴合主要執行者為張秉權，其中亦有許多無名助
理的心血，由於這些綴合成果（包含所有未出版之《丙編補遺》各組綴合號碼、照片
圖版）都已公布於史語所數位典藏資料庫，以單片號碼方式便可查詢（如在「甲骨圖
版編號」（Plate Number of Hsiao-T'un Inscriptions）處點選「乙編」，輸入 1399，便可查
詢到該片的綴合情況），故本書得以引用之，在此必須對這些前人留下的學術成果以及
史語所為研究者所提供之方便表示感謝。

【著錄號】:乙 495＋乙 645＋乙補 282
＋乙補 289（R44688／H9849）
【綴合情形】:
①:（乙 645＋乙補 282＋乙補 289）＝
　　史語所綴
②:（①＋乙 495）＝林宏明綴（醉 376）
【字體分類】:典賓／過渡 2 類
【正面釋文】:
☑受年。
☑受年。
【反面釋文】:
A. ☑正☑（墨書未刻）
B. ☑百 wr（右甲橋記事）

【著錄號】:乙 498＋乙 501＋乙補 109
（R26511／H8015）
【綴合情形】:
①:（乙 498＋乙 501）＝林宏明綴（醉 254）
②:（①＋乙補 109）＝林宏明綴（契 244）
【字體分類】:典賓／賓一大類
【鑽鑿分佈】:Z1a
【正面釋文】:
A. 己□卜古貞:▉（艾）在唐彔。
　　己卯☑
B. 貞☑
【反面釋文】:
A. 翌乙卯☑
B. ☑貞:若☑
【相關說明】:
正面釋文A「▉」字,裘錫圭釋为「𠂤」
（艾）,義为刈草,非「甫」、「圃」。[2]

【著錄號】:乙 510（R44685／H9251）
【字體分類】:典賓／賓一大類
【鑽鑿分佈】:Z1a／2-3
【正面釋文】:
翌辛其雨。
翌辛不雨。

_____

[2] 載裘錫圭:〈釋「𠂤」「稃」〉,《古文字
　　論集》（北京市:中華書局,1992 年 8
　　月）,頁 35。

【反面釋文】:
A. ☖入☑ wr
B. ☗☑ wr

【著錄號】:乙 519（R26534／H9717）
【字體分類】:典賓／過渡 2 類
【鑽鑿分佈】:Z1a
【正面釋文】:
己卯卜㪐[貞]:莀（湄）雨。我不其受□
{☑占曰:其□九日丁亥允雨。}
【反面釋文】:
☑占曰:其□九日丁亥允雨。

【著錄號】:乙 524＋乙 525＋乙 5826
＋乙補 6849＋乙補 127（R26543／H643）
【綴合情形】:
①:（乙 524＋乙 5826）＝郭若愚遙綴
②:（乙 525＋乙補 127）＝史語所綴
③:（①＋②＋乙補 6849）＝林宏明綴
　　（醉 23）
【字體分類】:典賓／過渡 2 類
【鑽鑿分佈】:Z1a
【正面釋文】:
A. ☑臣執。
　　☑貞:臣不其執。
B. 丙申卜賓貞☑
　　貞☑
【反面釋文】:
癸巳卜☑其執☑

【著錄號】:乙 528＋乙 554＋乙 680＋
乙補 179＋乙補 254（R26562／H2220＋H2221）
【綴合情形】:
①:（乙 554＋乙 680）＝合 2221 綴
②:（①＋乙補 179 倒）＝史語所綴
③:（②＋乙補 254}＝林宏明綴（醉 25）
【字體分類】:典賓／過渡 2 類
【鑽鑿分佈】:Z1a
【釋文】:
A. 貞:父乙𡚴于王。
　　貞:父乙不𡚴于王。
B. □□□㪐貞:父乙大𡚴于王。
C. 貞:屮于季。

【著錄號】：乙 532＋乙 6258＋乙 6494＋乙 8364（R26566／H17696）

【字體分類】：典賓／過渡 2 類

【鑽鑿分佈】：Z1a

【正面釋文】：

A. ☑[旨]☑啟。若。
　　｛王占曰：隹多馬☐｝

B. ☑黍☑

C. 貞：化亡舌。
　　｛王占曰：吉。亡舌。｝

D. ☑令旨。

E. 娃亡田（憂）。

【反面釋文】：

A. 王占曰：隹多馬☐

B. 隹☐馬[比]。

C. 王占曰：吉。亡舌。

【著錄號】：乙 535（R44686／H4498 反）

【字體分類】：典賓／過渡 2 類

【鑽鑿分佈】：Z1a

【釋文】：

貞：疊其[?]（殂）。
疊不[?]（殂）。

【著錄號】：乙 539＋乙補 164（R26587／H8055）

【綴合情形】：林宏明綴（契 5）

【字體分類】：典賓／賓一大類

【釋文】：

☐☐卜☐貞：葉京[受]☑

【著錄號】：乙 542＋乙 544＋乙 547＋乙 590＋乙 4928（R26589／H5531＋H9353）

【綴合情形】：

①：＋（乙 542＋乙 547＋乙 544）＝合 5531 綴

②：（①＋乙 590）＝林宏明綴（契 22）

③：（②＋乙 4928）＝林宏明綴（契 22）

【字體分類】：典賓／賓一大類

【正面釋文】：

A. 貞：王耴（聽）隹[有]☐
　　貞：[王]耴（聽）不有蚩（害）。

B. 使人于甗。

C. 貞：☑[立]☑

【反面釋文】：

A. 虘入百。wr

B. [殻]。wr

【著錄號】：乙 551＋乙 5542（R26597／H14529＋H15206）

【綴合情形】：林宏明綴（契 4）

【字體分類】：典賓／過渡 2 類

【釋文】：

☑至匚（報）。
昜至匚（報）于河。

【著錄號】：乙 571＋乙補 1547（R26654）

【字體分類】：典賓／賓一大類

【釋文】：

今庚午出于南☑

【著錄號】：乙 574（R26620／H17107）

【字體分類】：典賓／賓一大類

【鑽鑿分佈】：Z1a

【釋文】：

貞：足（胥）允[?]（殂）。

【著錄號】：乙 583（R26627／H13497）

【字體分類】：賓一／典型賓一類

【釋文】：

☐子卜賓貞☐乍☐[邑]☑

【著錄號】：乙 584＋乙 719（R26628／H14630＋H19374）

【綴合情形】：林宏明綴（醉 109）

【字體分類】：典賓?／賓一大類?

【釋文】：

A. 亡其來。

B. ☑目于☑[比]☑出☑

【著錄號】：乙 591（R26655／H3536）

【字體分類】：典賓／過渡 2 類

【釋文】：

庚辰卜殻貞：出（贊）[雨]☑

【著錄號】：乙 592（R26637／H5432）

【字體分類】：典賓／過渡 2 類

【鑽鑿分佈】：Z1a

【正面釋文】：

A. 貞▨

B. 不隹父蚩（害）▨

【反面釋文】：

A. 貞：王耳（聽）隹囚（憂）

貞：王耳（聽）不隹囚（憂）。

王占曰：[吉]不隹囚（憂）。

B. 王▨

C. 竝▨ wr

【著錄號】：乙 596（R26639）

【字體分類】：典賓／賓一大類

【釋文】：

▨牛于肩。

【著錄號】：乙 602（R26644 反／H17846 反）

【字體分類】：典賓／典型賓一類

【釋文】：

▨屮于[唐]（？）子

【著錄號】：乙 628＋乙 716（反）=乙補 235＋乙 716（正）（R26689／H7575）

【相關說明】：鄭慧生綴（彙 246）

【字體分類】：典賓／過渡 2 類

【鑽鑿分佈】：Z1a

【釋文】：

兔兄衛（衛）入▨ wr

【著錄號】：乙 629＋乙 633＋乙 918（R26719／H309＋H311）

【綴合情形】：

①：（乙 918＋乙 629）=合 309 綴

②：（①＋乙 633）=謝博霖綴（先 2391）

【字體分類】：典賓／過渡 2 類

【鑽鑿分佈】：Z1a

【正面釋文】：

A. 癸丑卜內貞：五十羌。

▨五十羌。

B. 貞：示兔昌牛。

勿示兔昌

C. 貞：父辛弗蚩（害）▨

D. 亡囚（憂）。

E. 貞：勿燎。

F. ▨妣▨

【反面釋文】：

A. 甲子卜[余]（？）▨

B. ▨求（咎）▨

C. ▨戈▨

D. ▨戈▨卯牛▨

【著錄號】：乙 630＋乙 5448（R26691／H3715＋H854）

【字體分類】：典賓／過渡 2 類

【鑽鑿分佈】：Z1a／1-2

【正面釋文】：

甲午卜爭貞：辇（達）▨

貞：辇（達）不其得。

{王占曰▨}

【反面釋文】：

A. 王占曰▨

B. 奠▨ wr

【著錄號】：乙 636＋乙 718（R26695／H8219）

【字體分類】：典賓／賓一大類

【釋文】：

A. ▨骰貞：王往于厤（鹿）自（師）。

B. 畫來▨

畫弗▨

【著錄號】：乙 637＋乙 639＋乙 640＋乙 642＋乙 771＋乙 774＋乙 860＋乙 1044＋乙 1084＋乙 1209＋乙 1398＋乙 1723＋乙補 245＋乙補 251（R26702、R26703／H4197＋H9329＋H9945＋H9946）

【綴合情形】：

①：（乙 860＋乙 1084）=合 4197 綴

②：（乙 637＋乙補 245）=史語所綴

③：（①＋②）=史語所遙綴

④：（③＋乙補 251）=蔡哲茂綴（先 1246）

⑤：〔（乙 639＋乙 640）＋（乙 1723＋乙 1209）＋（乙 771＋乙 773＋乙 774＋乙 1044＋乙 1398）〕=史語所綴

⑥：（④＋⑤）=張惟捷綴（彙 882）

【字體分類】：賓一／賓一大類、典型賓一類
【鑽鑿分佈】：Z1a
【正面釋文】：
A. 己巳[卜㱿]貞：我[受]黍年。
B. 己巳卜㱿貞：我受黍年[在]𪉷。
　己巳卜㱿貞：我弗其受黍年。
C. 勿𠦪于妣庚。
D. 貞：我受𪎭年在𪉷。
　▨弗其受𪎭年。
　｛王占曰：吉。｝
E. ▨受𪎭年。
　▨弗其受𪎭年。
F. 貞：𠤎（皆）㞢伐。
　勿𠤎（皆）㞢伐。
G. 庚辰卜永□𡆥其▨
　[庚辰卜永]貞：𡆥不其乎來。
【反面釋文】：
A. 王占曰：吉。
B. ▨隹▨（乙 1723 反）
C. ▨乎來。（乙 1173）
D. 爭。wr
E. 㔾[化]入三在𪉷。 wr

【著錄號】：乙 643＋乙 5006＋乙 5042＋乙 5088＋乙補 4534＋乙補 4759（R44687／H17221）
【字體分類】：典賓／過渡 2 類
【鑽鑿分佈】：Z1a
【釋文】：
貞：王𡆥隹媚（蔑）蠱。王𡆥▨蠱。

【著錄號】：乙 650＋乙 698＋乙 2705＋乙 5445（R26715／H14527＋H14524）
【字體分類】：典賓／過渡 2 類
【鑽鑿分佈】：Z13a
【正面釋文】：
A. 翌丁□不其[雨]。
B. 貞：令御燎于河。
　勿令御燎。
C. 貞：翌庚申易日。
【反面釋文】：
A. 𩂣（令?）御燎于河。
B. 甲寅卜古。
C. ▨多▨占曰：今日[其]▨

【著錄號】：乙 651（R26716／H16332）
【字體分類】：典賓／過渡 2 類
【釋文】：
▨吉。受黍年。四月。

【著錄號】：乙 653＋乙補 272（R26722／H14170）
【綴合情形】：林宏明綴合[3]
【字體分類】：典賓（H）
【釋文】：
▨帝其降▨
▨貞：帝□降邑[𢦏]（摧）▨

【著錄號】：乙 654（R26726／H10731）
【字體分類】：典賓／賓一大類
【釋文】：
▨蠱冒▨

【著錄號】：乙 655＋乙 953＋乙 1274＋乙 1949＋乙 7832（誤綴）＋乙補 964＋乙補 967＋乙補 1440＋乙補 3322（R26729／H4557＋H10173）
【字體分類】：典賓／過渡 2 類
【鑽鑿分佈】：Z1a
【正面釋文】：
A. 戊戌卜□貞[帝]其艱我。
　貞：帝不我艱。
　｛王占曰：吉。｝
B. ▨㞢彡隹▨隹㞢
【反面釋文】：
王占曰：吉。
【相關說明】：
乙 7832 為誤綴。

【著錄號】：乙 657（R26733／H7060）

---

[3] 載氏着：〈殷虛文字乙編新綴十五例〉，《紀念王懿榮發現甲骨文 110 周年國際學術研討會論文集》（煙台市：中國殷商文化學會，2009 年 8 月），頁 269-275。

【字體分類】：典賓／過渡 2 類
【釋文】：
☒夆取賈。

【著錄號】：乙 660（R26736／H2317）
【字體分類】：典賓／過渡 2 類
【正面釋文】：
貞：不隹父☒般。
【反面釋文】：
[雀]（？）入二百☒ wr

【著錄號】：乙 662＋乙 663＋乙 665
＋乙補 271（R26737／H4539＋H15986）
【字體分類】：典賓／過渡 2 類
【釋文】：
A. ☒戠（摧）☒
B. ☒取☒般（？）☒
  ☒弗其□取酒（？）☒般（？）☒

【著錄號】：乙 673＋乙 710（R26748／
H505）
【字體分類】：典賓／過渡 2 類
【鑽鑿分佈】：Z1a／2-3
【正面釋文】：
A. ☒貞：辇（達）羌得。
  貞：辇（達）羌不其□
B. 一兹。
  二兹。
  三兹。
  四兹。
C. ☒帝。
  昜方帝。
D. 翌辛丑出祖辛。
【反面釋文】：
A. 貞：御于妣己。
  昜于[妣]己。
B. 于妣☒
C. 王占曰：乎。不☒乎☒

【著錄號】：乙 683＋乙 4932＋R57158
（R26757／H405＋H5117）
【綴合情形】：
①：（乙 683＋乙 4932）＝史語所綴

②：（①＋R57158）＝張惟捷綴（先
  2485）
【字體分類】：典賓／過渡 2 類
【釋文】：
A. □方帝三羌。
B. ☒往省从北。
【相關說明】：
根據實物兆序、鑽鑿位置、甲橋邊緣，
可判定前人綴合（乙 683＋乙 4932）
為誤綴，然實物已黏合；筆者再加綴
史語所藏無字甲 R57158（未刊布）。

【著錄號】：乙 685（R26774／H1186）
【字體分類】：典賓／過渡 2 類
【釋文】：
貞：燎于上甲于河十牛。

【著錄號】：乙 686＋乙 1075＋乙 1080
＋乙 1247＋乙 1775＋乙 2160＋乙 2162
＋乙補 744＋乙補 983（R26671／H505＋H878
＋H5472＋H11258）
【字體分類】：典賓／過渡 2 類
【鑽鑿分佈】：Z1a
【正面釋文】：
A. 翌乙亥其雨。
  翌乙亥不雨。
B. 翌癸丑其雨。
  翌癸不雨。
C. 貞：乍☒[㝬]☒
D. □卬出（贊）王事。
  卬弗其出（贊）王事。
E. 貞：逌☒
F. 竞暨集得。
【反面釋文】：
A. 貞：乃天。
  王占曰：□雨。
B. □寅卜☒
C. 庚子卜爭☒
D. 王其☒
E. ☒尹☒父甲☒

【著錄號】：乙 687＋乙補 293＋乙補

295＋乙補 296＋乙補 297＋乙補 315
（R26760／H13669）
【綴合情形】：
①：（乙 687＋乙補 296＋乙補 315）＝
　史語所綴合
②：（①＋乙補 293）＝林宏明綴合（醉
　255）
③：（②＋乙補 295＋乙補 297）＝林
　宏明綴合（契 106）
【字體分類】：賓一／賓一大類
【正面釋文】：
丁酉卜賓貞：疾身。于南庚御。
貞☐于☐[御]☐
【反面釋文】：
☐身☐

【著錄號】：乙 690＋乙 1098＋乙 1099
＋乙 1244＋乙補 851（R26772／H1580）
【綴合情形】：（乙 690＋乙 1098＋乙
1099＋乙 1244）＝合 1580 綴
【字體分類】：典賓／賓一大類
【鑽鑿分佈】：Z1a
【正面釋文】：
A. 貞：于祖乙御王☐于祖乙。
　　貞：易御☐于祖乙。
B. 貞：御☐于祖乙。
　　貞：易御☐于祖乙。
【反面釋文】：
嗀 wr

【著錄號】：乙 692（R26780／H7225）
【字體分類】：典賓／賓一大類
【釋文】：
☐[其]（?）循若。
【相關說明】：
其上有墨書。

【著錄號】：乙 696（R44550／H707）
【字體分類】：典賓／過渡 2 類
【正面釋文】：
A. 曹于妣己。
B. 尋[御]祖乙。
C. 丙子卜：易乎比臣沚出曹卅邑。

☐乎比☐沚[出]曹　☐邑。
　{王占曰：吉。其庚曹。}
D. 貞：彡酒自☐
E. 貞☐妣癸☐五及☐
【反面釋文】：
A. 王占曰：吉。其庚曹。
B. 隹媚（蔑）。
　　允隹媚（蔑）。
C. 甲申☐
　　王占☐
D. 庚申卜☐王☐
E. 圖☐

【著錄號】：乙 712（R26792／H8892）
【字體分類】：典賓／賓一大類
【正面釋文】：
A. 不☐以☐
B. 其乎求。得。
C. 不其☐[十]☐
【反面釋文】：
丁丑☐王☐

【著錄號】：乙 720＋乙補 365＋乙補
367＋乙補 370（R26817／H17041）
【綴合情形】：
①：（乙 720＋乙補 365＋乙補 367）＝
　蔡哲茂綴（先 1751）
②：（①＋乙補 370）＝林宏明綴（醉
　322）
【字體分類】：典賓／過渡 2 類
【正面釋文】：
A. ☐亡蚩（害）。
B. 貞：王☐
【反面釋文】：
隹☐乍亡☐

【著錄號】：乙 721＋乙 5495＋乙 6408
（R44666／H892）
【綴合情形】：合 892 綴合
【字體分類】：典賓／過渡 2 類
【鑽鑿分佈】：Z1a／3-6
【正面釋文】：
A. 貞：今癸亥其雨。

貞：今癸亥不其雨。
允不雨。

B. □寅卜㱿貞：王夢兄丁。隹[田]
（憂）。
貞：王夢兄丁。不隹田（憂）。

C. 貞：卅伐下乙。
易卅下乙。

D. 蚊牛□上甲。

E. 貞：今甲王入。
翌甲辰王入。
☑王☑乙巳入。

F. 貞：來乙亥酒祖乙十伐有五。卯十宰。
｛乙亥不酒。雨。｝

G. 王从夾。

H. 于父庚。
｛丙寅卜賓｝：易于父庚。

I. ｛戊辰卜㱿｝：來庚午燎。
叀（惟）辛未燎。
來癸酉燎。

J. 父乙卯。出不子。

K. 貞：我有求（咎）。
貞：我亡□

【反面釋文】：

A. 出匚（報）于河。
易出匚（報）于河。

B 乙亥不酒。雨。

C. 貞：我亡田（憂）。
我有乍田（憂）。

D. 壬□卜㱿。

E. 祼于父乙。
祼☑

F. 戊辰卜㱿。

G. 丙寅卜賓。

H. 父[庚]卯。不庚。

I. 于今己巳雨。
不其雨。

J. 唐入十。wr

【相關說明】：

一、「夾」為二期後習見田獵地名，賓
組卜辭罕見；據目驗該字「人」部
件上端無橫劃。

二、「父乙卯。出不子」句，《摹釋總集》

分釋為「父乙卯」、「出不子」二
辭，《合集釋文》連讀為「父乙卯
出不子」一句，均難通解；頗疑
「子」字為「子」字誤刻，刻手斜
劃以示廢棄，在其下另補刻子字。
「不子」可能作人名用。

三、正面釋文 F、反面釋文 B 為正反互
足卜辭，為整版唯一塗硃辭例。此
辭同文見丙一九七：「乙卯卜㱿
貞：來乙亥酒下乙。十伐出五。卯
十宰。／二旬出一日乙亥。不酒。
雨。五月」，且二版皆占問父乙、
父庚祭祀事宜，應屬同時，據之可
定本版使用時間包含該五月。

四、反面釋文 J「唐」字原刻於上三公
分處，僅數筆便廢而移刻於下；殘
痕可見。

【著錄號】：乙 729（R2683／H18284）
【字體分類】：典賓／過渡 2 類
【釋文】：
貞：易㞢令弓。

【著錄號】：乙 731（R26833／H9267）
【字體分類】：典賓／過渡 2 類
【鑽鑿分佈】：Z1a
【釋文】：

A. ☑寢。

B. 見入三。wr

【著錄號】：乙 733＋乙補 2116＋乙補
2118（R26857／H5300）
【綴合情形】：林宏明綴（醉 17）
【字體分類】：典賓／賓一大類
【鑽鑿分佈】：Z1a
【正面釋文】：
貞：王耶（聽）隹田（憂）。
【反面釋文】：

A. ☑田（憂）☑

B. 爭。wr

【著錄號】：乙 735（R26834／H10366）
【字體分類】：典賓（H）

【釋文】：

翌丙子王其逐☒

【著錄號】：乙 736＋乙 2516＋乙 3096＋乙 3174＋乙 3440＋乙 3584＋乙 3910＋乙 4271＋乙 4756＋乙 5238＋乙 6082＋乙 7116＋乙 7209＋乙 7213＋乙 8296＋乙補 387＋乙補 2740＋乙補 2931＋乙補 2946＋乙補 3110＋乙補 3690＋乙補 4001＋乙補 5907＋乙補 5943＋乙補 6138＋乙補 6171＋乙補 6173＋乙補 6822＋乙補 6985（R44551／H 113＋H 2027＋H 12253＋H 12694＋H 17474）

【綴合情形】：史語所綴
【字體分類】：典賓／賓一大類
【鑽鑿分佈】：Z1a／3-6
【正面釋文】：

A. 貞：我☒司蚊羌。若。
B. 丁巳卜爭貞：乎取何芻。
　　弜乎取何[芻]。
　　｛王占曰：吉☒｝
C. 庚申卜永貞：[奚?]來。
　　｛王占曰：吉，其來。其隹乙出吉。
　　其隹癸出有求（咎）。｝
D. 戊申卜賓貞：□夢隹☒（憂）。
　　貞：王夢不隹☒（憂）。
　　｛王占曰：吉☒｝
E. 貞：多雨。
　　｛王占曰：吉。多雨。｝
F. 貞：今夕其雨。
【反面釋文】：

A. 貞：出☒
B. 王☒
C. 王占曰：吉☒
D. 王占曰：吉。多雨。
E. 王占曰：吉，其來。其隹乙出吉。
　　其隹癸出有求（咎）。
F. 貞：不☒
G. ☒庚☒南☒
　　弜于□庚☒
H. 王占曰：吉☒
I. 貞：[方]帝（禘）☒

J. ☒其☒
K. 斂。wr
【相關說明】：

一、本版為史語所舊綴，成果未出版，可見數位典藏資料庫。其左尾甲原綴有乙 5080 等數片，已黏合，今因其誤綴而改列之，請參見乙 5080＋相關說明。

二、本版反面字多，且如釋文 H、J 等為朱書未刻者甚多，頗為特別，然整組拓片漏拓不少，實物已脆弱不可翻面，此處釋文乃根據少數拓片配合史語所藏彩色大圖製作。本書中其餘多版不可翻面卻字數較多、存有朱墨書者，釋文多採此方式進行。

【著錄號】：乙 739＋乙 807＋乙 1280＋乙 3962＋乙 7859＋乙補 1013（R26835／H1763＋H10431）
【綴合情形】：

①：（乙 739＋乙 807＋乙 1280＋乙 3962＋乙 7859）＝史語所綴
②：（①＋乙補 1013）＝魏慈德、丁瑞茂綴（彙 379）
【字體分類】：典賓／過渡 2 類
【正面釋文】：

A. 貞：乍邑。
B. 冉火。
C. 隻兕。
D. ｛甲辰卜｝于祖辛。
E. 叀（惟）瘳（療）乎弋（代）。
【反面釋文】：

A. 甲辰卜。
B. 王☒隹☒

【著錄號】：乙 740（R26836／H14486）
【字體分類】：典賓／賓一大類
【正面釋文】：

岳有雨。
｛☒曰：隹壬。｝
【反面釋文】：

☒曰：隹壬。

【著錄號】：乙 749（R44689／H555）
【字體分類】：典賓／過渡 2 類
【鑽鑿分佈】：Z1a／2-3
【正面釋文】：
壬寅卜永貞：衛（衛）以奻（隸）率用。
貞：衛（衛）以奻（隸）昜率用。
【反面釋文】：
貞：衛以奻（隸）率用☒
【相關說明】：
乙 5288＋有辭貞問是否以奻，與本辭
貞問是否「率用」是同類事，但有時間
先後的不同。乙 5288＋的衛不從㠯，
本辭從㠯，乃刻手習慣的差異，此衛應
該指的是「衛氏族」而言；何樹環認為
此衛與殷末周武王所征的衛不能混
同，可信。[4]

【著錄號】：乙 751（R44552／H698）
【字體分類】：典賓／過渡 2 類
【鑽鑿分佈】：Z1a／3-4◎
【正面釋文】：
A. 貞：曹妣庚十㐅。卯十宰。一二三四
B. 貞：㞷妣庚。有彳亍（慧）。
　　其㞷于妣庚。亡其彳亍（慧）。[5]
C. 叔（登）射二百。
　　昜叔（登）射二百。
D. 貞：其有來媸（艱）。
　　貞：亡來媸（艱）。
E. 貞：亡囗（憂）。
　　其有囗（憂）。
【反面釋文】：
A. 亡囗（憂）。

其有囗（憂）。
B. 賈入三。 wr

【著錄號】：乙 753（R24980／H952）
【字體分類】：典賓／過渡 2 類
【鑽鑿分佈】：Z1a／1-2
【正面釋文】：
A. 壬戌卜爭貞：翌乙丑㞷伐于唐。用。
　　貞：翌乙丑昜蔥㞷伐于唐。
B. 貞：翌乙丑亦叡（禰）于唐。用。
C. 翌乙丑昜酒。
D. 貞：㞷咸戌。
　　昜㞷。
E. 㞷于學戌。
　　昜㞷。
F. 翌乙丑其雨。
　　翌乙丑不雨。
【反面釋文】：
A. 王☐隹☒
B. ☒隹☒
C. 雀入二百五十。 wr

【著錄號】：乙 761＋乙 1284＋乙 1719
＋乙補 1473＋乙補 1465＋乙補 1458＋
乙補 1482＋乙補 1485＋乙補 1468＋乙
補 1494（R26859／H5158）
【字體分類】：典賓／過渡 2 類
【正面釋文】：
A. 貞：王其往萑（觀）河。不若。
　　☒萑（觀）河[若]☒
B. 貞：西土受年。
　　☒受☐
C. 貞☒
D. ☒[賓]☒
【反面釋文】：
㱿。wr

【著錄號】：乙 765（R26878／H15546）
【字體分類】：賓一／典型賓一類
【正面釋文】：
辛亥☐賓貞：燎☒
【反面釋文】：
☒賓☒

---

[4] 何樹環：《西周對外經略研究》上冊（臺
北市：花木蘭文化出版社，2010 年 9
月），頁 32-33。
[5] 「彳亍」，用於疾病相關辭例中，應讀為《方
言》指疾病瘁癒之「慧」，參蔡哲茂：〈說
丬〉，《第四屆中國文字學全國學術研討
會論文集》（臺北市：大安出版社，1993
年 5 月）。

【著錄號】：乙 770＋乙 925＋乙 937
＋乙 939＋乙 960＋乙 1492＋乙 1501
＋乙補 475＋乙補 680＋乙補 688＋
乙補 690＋乙補 693（R26889／H13625）

【綴合情形】：

①：（乙 770＋乙 937＋乙 960＋乙 1492
＋乙補 475＋乙 939）＝張秉權綴
（彙 295）

②：（①＋乙 925＋乙補 680）＝蔡哲
茂綴（綴續 411）

③：（②＋乙 1501）＝林宏明綴（醉 268）

【字體分類】：典賓／過渡 2 類

【正面釋文】：

A. 乙丑卜賓貞：尿我㚔。
　　貞：弜尿我㚔。

B. 貞：有疾目。蜎。
　　貞：有疾目。不其蜎。
　　｛王占曰：吉。蜎。｝

C. 丙寅卜古貞：乎象同枼☒［賈]☒

【反面釋文】：

A. 王占曰：吉。蜎。

B. ☒[枼]☒弜☒

C. 亘入一。wr

D. 爭。wr

E. ☒貞[于]乙☒占曰☒

【相關說明】：

一、反面釋文 A、B 為未刻朱書。正
　　面釋文 A「尿」字，應釋「徙」，
　　參乙 4293

二、乙 3481（R32565）從辭例「丙寅
　　卜古」、字形特徵、鑽鑿方向以及
　　背甲特質來看，疑與本組為同一
　　背甲之左右。

【著錄號】：乙 775＋乙 965（R26890／
H1115）

【字體分類】：典賓／過渡 2 類

【鑽鑿分佈】：Z1a／3-5

【正面釋文】：

A. 丙子卜亘貞：王出匚（報）于庚。
　　白彭[用]☒
　　　　貞：王出匚（報)于庚。白彭。弜用。

B. 貞：于☒

C. 臣㝃（求）乎㞢出囟。
　　☒㞢牛臣囟。

【反面釋文】：

（不清）

【相關說明】：

　　關於釋文 A 可有三種讀法：一是
於「庚」字讀斷，則「白彭」為對「庚」
祭祀之物品，此「白」為顏色之白。
第二種亦於「庚」字讀斷，「白（伯）
彭」為祭物提供者，句中有省略；第
三種是以「庚白（伯）」為祭祀對象，
以「彭」為祭祀之物品。今按卜辭中
有氏族／職務名「彭伯」（合 6987、合
20084），而未見「庚伯」，則應取第二
種讀法較佳。

　　此辭張秉權釋為「百老」，以為人
牲；今重新目驗此版確定「白」字上無
橫筆，「彭」非「老」字，其說有誤。[6]

【著錄號】：乙 776 反（R26891／H9272）

【字體分類】：典賓／過渡 2 類

【鑽鑿分佈】：Z1a

【釋文】：

虍入百。wr

【著錄號】：乙 778（R26893／H18903）

【字體分類】：典賓／賓一大類

【正面釋文】：

A. 貞：翌丙亡其从雨。

B. 今日有☒

【反面釋文】：

（朱書未刻）

【著錄號】：乙 790＋乙 910＋乙 2186
＋乙 4347＋乙 5874＋乙 6131＋乙 8556
＋乙 8603＋乙補 508＋乙補 5028（R26909
／H3590＋H14571＋H14696＋H17481）

【字體分類】：賓一／典型賓一類

【鑽鑿分佈】：Z1a／2-3

---

6 張秉權：《甲骨文與甲骨學》（臺北市：
　國立編譯館，1988 年 9 月），頁 400-401。

【正面釋文】：
A. □亥□□貞□夢▨。
癸亥卜𣪘貞。
B. 王□隹□
貞：王夢不隹𡆥（憂）。
C. 貞：于𦣻。
D. 貞□其雨。
E. 㠯乎燎于河。
【反面釋文】：
王□御▨

【著錄號】：乙 792＋乙 977＋乙 1583＋乙 1616（R26911＋R28712／H9233）
【綴合情形】：合 9233 遙綴
【字體分類】：賓一／賓一大類
【鑽鑿分佈】：Z1a／1-2
【正面釋文】：
▨永貞：𠙹有衛（衛）。
▨永貞：𠙹亡其衛（衛）。
【反面釋文】：
雀入二百五十。wr

【著錄號】：乙 811（R44690／H11274）
【字體分類】：典賓／過渡 2 類
【鑽鑿分佈】：Z1a／2-3
【正面釋文】：
A. 丙寅卜內：翌丁卯王步。易日。
翌丁卯王步。不其易日。
B. 貞：乎乍圂于專。
㠯乎乍圂于專。
C. 丙寅卜爭貞：我亡𡆥（憂）。一二三四五六七八
D. 貞：翌己巳步于衣。
貞：于庚午步于衣。
E. 丁卯卜𣪘貞：我𠂤（師）亡𢼄（肇）戠（摧）。
貞：衣亡𢼄（肇）戠（摧）。
F. 貞：翌戊辰王步。易日。
G. 翌戊辰㠯步。
H. 丙寅卜爭▨
丙寅卜爭▨
【反面釋文】：
隹入十。wr

【著錄號】：乙 816＋乙補 1262（R28045／H15847）
【綴合情形】：林宏明綴（醉 15）
【字體分類】：典賓／賓一大類
【釋文】：
壬午卜內貞：㠯祼于兄□

【著錄號】：乙 820＋乙 823＋乙 920＋乙 1236＋乙 1414＋乙 1638＋乙補 299＋乙補 694＋乙補 976＋乙補 977＋乙補 978＋乙補 1225（R26815／H3898＋H12417＋H12844＋H14620）
【綴合情形】：
①：（乙 820＋乙 823＋乙 920）＋（乙 1414＋乙 1638）＝鄭慧生綴
②：（①＋乙補 694）＝劉學順綴
【字體分類】：典賓／過渡 2 類
【正面釋文】：
A. 庚申卜永貞：河𧊒（害）雨。十一月
貞：河弗𧊒（害）雨。
B. 庚申卜永貞：岳𧊒（害）雨。
庚申卜□貞：岳弗□雨。
C. 庚申卜永貞：翌辛酉其雨。
庚申卜□貞：翌辛酉不其雨。
【反面釋文】：
A. 乙丑[卜]賓。
B. 王▨吉。其□亦（大）隹庚。
C. ▨[女]（母、御?）兔（龟）▨比生▨
【相關說明】：
正面多處卜兆有劃去痕，疑與反面（乙 514）「乙丑[卜]賓」所卜有關。

【著錄號】：乙 829＋乙 1041＋乙 1118＋乙 1862＋乙 1870＋乙 2121 倒＋乙 2195＋乙 3455＋乙 3780＋乙 4481＋乙補 534＋乙補 770＋乙補 855 倒＋乙補 1114（R26960／H5380＋H13281＋H18674）
【綴合情形】：
①：（乙 1118＋乙 1870＋乙 2195）＝合 13281 綴
②：（①＋乙補 855 倒）＝史語所綴
③：（乙 1041＋乙 1862）＝合 5380 綴
④：〔③＋（乙 829＋乙 2121 倒＋乙

3455＋乙補 770）〕＝史語所綴

⑤：（②＋④＋乙補 1114）＝林宏明綴
（醉 367）

【字體分類】：典賓／賓一大類

【正面釋文】：

貞：翌辛巳王其游（泛）舟□

貞：翌辛巳不其易日。

□日辛巳王游（泛）。允易日。

【反面釋文】：

A. ☒其隻（擒）。

B. 己亥卜□

【著錄號】：乙 842＋乙補 1180（R26990／H1795）

【字體分類】：典賓／過渡 2 類

【鑽鑿分佈】：Z1a／2-3

【正面釋文】：

A. 貞：御王☒于羌甲。

B. ☒黍年。

　　｛王占曰：吉。其受黍年。｝

【反面釋文】：

A. 王占曰：吉。其受黍年。

B. 乙未卜賓☒

【著錄號】：乙 846＋乙 862＋乙 1079＋乙 1426＋乙 2864＋乙 7808＋乙補 589 倒＋乙補 831＋乙補 919 倒＋乙補 925＋乙補 928＋乙補 930（R44554／H9322＋H9505＋H13958＋H16442）

【綴合情形】：

①：（乙 7808＋乙 846＋乙 1426＋乙 1079＋乙 862＋乙 2864＋乙補 831＋乙補 919 倒＋乙補 925＋乙補 928＋乙補 930）＝史語所綴

②：（①＋乙補 589 倒）＝林宏明綴（醉 372）

③：裘錫圭曾指出乙 7808 可與（乙 846＋乙 1426＋乙補 589）倒遙綴（醉 372）

【字體分類】：典賓／過渡 2 類

【鑽鑿分佈】：3-4

【釋文】：

A. 甲寅卜亙貞：隹☒（憂）。

貞：不□☒（憂）。

B. 己卯卜𡧊貞：乎雷耤于明（名）京。
不酒。

易□雷□于明（名）京。其酒。

C. 貞：叀（惟）大玉[燕?]。

貞☒

D. 貞：帚𡟤☒（婢）隹卒。

帚𡟤☒（婢）隹不卒。

【相關說明】：

賓組卜辭中的「亯」、「京」二字有混用的現象，本版的「明亯」，應讀為「名京」，類似文例見丙四九二（合 14）、乙 3290（合 9503），在此作地名用；此蒙謝明文指出。

【著錄號】：乙 863＋乙 1634（R28029／H8888）

【字體分類】：典賓／過渡 2 類

【正面釋文】：

☒[爭]貞：甘得。

｛王占曰□得。｝

【反面釋文】：

A. 王占曰□得。

B. 王占☒

C. ☒勿☒

【相關說明】：

與丙二一七「壬□卜內貞：甘□得□／｛王占曰：其[得]。｝」似卜同事。

【著錄號】：乙 865（R44692／H203）

【字體分類】：師賓間類／過渡 1 類

【鑽鑿分佈】：Z13a／1-2

【正面釋文】：

乙巳卜賓貞：畀（鬼）隻羌。一二三四

乙巳卜賓貞：畀（鬼）不其隻羌。一二三四

【反面釋文】：

五白牛。出南。

【相關說明】：

「畀」，疑「鬼」字異體。反面釋文省略了祭祀對象以及主要祭祀方式。按，此版的左、右前甲反面鑽鑿有一對罕見的「向外鑽鑿」，且正面釋文兩「卜」

字出支皆向左，頗為特別。[7]

【著錄號】：乙 867（R44852／H5611）
【字體分類】：典賓／過渡 2 類
【鑽鑿分佈】：Z1a／2-3
【正面釋文】：
A. 丙子卜韋貞：我受年。
　　丙子卜韋貞：我不其受年。
　　｛王占曰。｝
B. 貞：事（使）。
C. ｛庚戌卜賓｝貞：王其有曰多尹。若。
　　貞：易曰多尹。
　　｛王占曰：若。｝
D. 貞：卩（孚）。
　　｛王占曰：卩（孚）。｝
【反面釋文】：
A. 貞：朋。
　　王占曰：亡巳（改）朋。[8]
B. 庚戌卜賓。
C. 王占曰。
D. 王占曰：卩（孚）。
E. 王占曰：若。
F. 爭。wr

【著錄號】：乙 870＋乙 6770＋乙 7998
（R28031／H2629＋H5219＋H12801）
【字體分類】：典賓／過渡 2 類
【正面釋文】：
A. 翌壬午王易步。

---

[7] 相對於習見的向內鑽鑿以及「卜」字出
　支相對情形，這是一種例外現象，參林
　宏明：〈黃組「卜」字兆支方向對甲骨研
　究的意義〉，待刊，已宣讀於政治大學中
　文系經常性學術討論會，2010 年 11 月
　26 日。
[8] 此字「巳」從李學勤釋「改」，「亡巳」
　與他組習見「毋巳」意同。參氏著：〈釋
　「改」〉，《中國古代文明》（上海市：華
　東師範大學出版社，2005 年 4 月），頁
　16-20。

B. 不其亦征（延）雨。
　　｛王占曰：其雨。｝
C. 己亥□永□易𧨷御□好□人□𡥏
　　小宰□
【反面釋文】：
A. 王占曰：其雨。
B. □咸□
C. 屮宰。

【著錄號】：乙 872＋乙 6614（R28032／
H675）
【字體分類】：典賓／過渡 2 類
【釋文】：
令髟収（廾）多女（母）。

【著錄號】：乙 887＋乙 1214＋乙 2025
＋乙 7257＋乙 8330＋乙補 1695 倒＋乙
補 1696 倒（R28381／H22247＋H1430）
【綴合情形】：
①：（乙 1214＋乙 8330＋乙 7257）＝
　　合 1430 綴
②：（乙 2025＋乙補 1695 倒）＝史語
　　所綴
③：〔①＋②＋（乙補 1696 倒＋乙
　　887）〕＝林宏明綴（醉 90）
【字體分類】：典賓／過渡 2 類
【釋文】：
貞：王其有丏于大甲。畀。
□大甲不其畀。

【著錄號】：乙 893＋乙補 335＋乙補
391（R26790／H2336）
【字體分類】：典賓／過渡 2 類
【正面釋文】：
A. 易屮于多介□
B. □燎□牛。
【反面釋文】：
□□卜爭□[贊（由）]□

【著錄號】：乙 902＋乙 7928（R28062／
H1735）
【綴合情形】：合 1735 綴
【字體分類】：典賓／賓一大類

【釋文】：

貞：祖辛咎王。

貞：祖辛弗咎王。

【著錄號】：乙 906＋乙 1116＋乙 1119
＋乙 1153＋乙 1233＋乙 1655＋乙 1871
＋乙 1892＋乙 1958＋乙 1992＋乙 1999
＋乙 2440＋乙 3479＋乙 3511＋乙 3514
＋乙 4885＋乙 5582＋乙 5591＋乙 5593
＋乙 5760＋乙 5765＋乙 5790＋乙 7981
＋乙 8093＋乙 8163＋乙補 0862＋乙補
1683＋乙補 2054＋乙補 3228（R44555／
H13514＋H14956＋H9069＋H9070＋H9071＋H9072
＋H9073＋H9136＋H8066＋H6573）

【綴合情形】：

①：（乙 1153＋乙 1655＋乙 1992）＝合
9069

②：（①＋乙 1233）＝齊航福綴（拼 182）

【字體分類】：賓一／過渡 1 類

【鑽鑿分佈】：3-3

【釋文】：

A. 甲戌卜𣪍貞：雀以（比？）子商徒
基方。克☐

B. 辛卯卜𣪍貞：刞（勿）鼄基方缶乍
☐（塘）。子商戋（翦？）。一二三四五

C. 辛卯卜𣪍貞：鼄基方缶乍☐（塘）。
不𤕯。弗霥。四月。一二
辛卯卜𣪍貞：鼄基方缶乍☐（塘）。
其𤕯☐四月。

D. 壬辰卜𣪍貞：王先雀步于☐。
癸[巳]卜☐翌甲☐王𢎥先雀步于
☐。

E. 壬辰卜爭：☐以有取。一二三四
壬辰卜爭：☐弗其以有取。一二三四

【相關說明】：

一、釋文 A 所在之乙 5582，據尺寸（長
度與左甲橋不合）、連接丙補 862
的𣪍字殘筆筆勢內外不合、干支較
遠等因素，判斷不能與此組綴合。

二、釋文 E☐、☐字為氏族名，其形象
手持鼓棒，或是「鼓」省。[9]「乍

「塘」，指建築城牆，張亞初認為此
辭表示子商進行破壞基方、缶城牆
的行動，可從。[10]

三、「刞鼄」二字一辭，又可單獨用
「鼄」，則「刞」在此作為否定副
詞使用；此辭詞意較虛，乙 8892
有「刞鼄多囗亡☐（憂）／多舌
亡☐（憂）」，疑為該辭在甲種子
卜辭（非王無名組）中的異體。

四、關於釋文 C 的「𤕯」字，歷來無確
解，蔡哲茂先生指出大部分與
「疾」字連用或同辭的𤕯字，應
讀為病瘳之「瘳」，指治癒。[11]按，
本版此類𤕯字與疾病無涉，然從
內容看來與戰爭關係密切，疑應
讀為鳩聚之「鳩」。《說文・勹部》：
「勼，聚也。从勹九聲，讀若鳩。」[12]
鳩為見母幽部平聲，求為群母幽
部平聲，古音極近，且從九聲之
字如「仇」、「厹」、「艽」等亦為
群母幽部，可見其音韻之密切關
係。[13]此說有出土文獻證據可對
參，2007 年出現一批流散楚國銅

究》，頁 189，附註 42。

[10] 張亞初：〈殷墟都城與山西方國考略〉，
《古文字研究》第十輯（北京市：中華
書局，1983 年）。

[11] 蔡哲茂：〈釋殷卜辭𤕯字的一種用法〉，
《古文字研究》第 23 輯（北京市：中
華書局，2002 年）；其說最早另可見於
氏著：〈說「𦧟」〉，《第四屆中國文字學
全國學術討論會論文集》（中壢市：中
央大學，1993 年）。

[12] 東漢・許慎著，清・段玉裁注：《說文
解字注》（臺北市：洪葉出版社，1999
年 11 月），頁 437。

[13] 李珍華、周長楫：《漢字古今音表》（北
京市：中華書局，1999 年 1 月），頁
407-408。

---

[9] 魏慈德：《殷墟 YH127 坑甲骨卜辭研

器，其中有銘文曰：「王命競（景）之定救秦戎」，其中的「救」即應讀為「逑」或「勼」、「收」，表鳩集義；「救秦戎」，指聚集秦戎而言，董珊已詳論之，其說可信。[14] 又，從本辭「不、弗」的用法看來，「𢽥」當是一種商王所無法控制的行為，很可能即是屬於基方自行運作的軍事鳩集活動；而由對貞的「其」𢽥看來，此活動顯然不是占卜者所樂見的。

【著錄號】：乙 908＋乙 2674＋乙 6992＋乙 7105＋乙 8055＋乙補 334＋乙補 749＋乙補 803＋乙補 5537＋乙補 6133＋乙補 6370＋乙補 6449＋乙補 6451＋乙補 6452＋乙補 6601＋乙補 6628（R26814／H3845）

【綴合情形】：
①：（乙 6992＋乙補 803）＝李延彥綴（拼 321）
②：〔①＋（乙補 6451＋乙補 6452）〕＝林宏明綴（先 2850）
③：{（①＋②）＋〔（乙補 6449＋乙補 6601）＋（乙 7105＋乙補 749＋乙補 5537＋乙補 6133＋乙補 6370＝史語所綴）〕}＝林宏明綴（先 2852）

【字體分類】：典賓／賓一大類
【鑽鑿分佈】：Z1a
【釋文】：
壬戌卜韋貞：今十二月雨。
貞：今十二月不其雨。

【著錄號】：乙 924＋乙 930＋乙 1134＋乙補 711（R28082／H3540＋H11460）
【字體分類】：典賓／過渡 2 類

---

14 董珊：〈救秦戎銅器群的解釋〉，發表於復旦大學出土文獻與古文字研究中心網站 http://www.gwz.fudan.edu.cn/SrcShow.asp?Src_ID=1711（2011-11-16）

【正面釋文】：
A. 壬申卜𣪏貞▢艱。
　　貞：⿰亡來艱。
　　{王占曰：其來艱。有[祟]（僭）▢}
B. 庚午卜爭貞：⿱不其得舟。
C. 貞：疾□御。
D. 貞：⿱。

【反面釋文】：
A. 王占曰：其來艱。有[祟]（僭）▢
B. ⿱祖▢
C. ▢祖乙。
D. 庚入十。　wr

【著錄號】：乙 926（R28083／H3534）
【字體分類】：典賓／過渡 2 類
【正面釋文】：
□子卜𣪏貞：⿱于祖▢
【反面釋文】：
⿰入十。　wr

【著錄號】：乙 928＋乙 956＋乙 1493＋乙 7842（R28084／H17796＋H2204）
【綴合情形】：
①：（乙 928＋乙 956）＝史語所綴
②：（乙 1493＋乙 7842）＝史語所綴
③：（①＋②）＝蔡哲茂綴（先 1563）
【字體分類】：典賓／過渡 2 類
【正面釋文】：
貞：父乙嫡▢。
異弗嫡王。
【反面釋文】：
A. ▢羊娩隹▢
B. ▢隹▢
【相關說明】：
一、正面釋文「父」字原作「乙」，順筆勢而改字。
二、（乙 928＋乙 956）＋（乙 1493＋乙 7842）此二組遙綴，從左右甲橋有無修治（前者全修，後者稍修）、尺寸大小（前者小後者大，據下齒縫至甲橋長度判斷）以及辭例不同來看，綴合疑有問題。

【著錄號】：乙 935＋乙 936＋乙 1789
（R28087／H19728）
【字體分類】：典賓／過渡 2 類
【正面釋文】：
A. ☑貞：王入𥄉（宿?）出若。三月。
B. 貞：王易隹辛丑入。
C. ｛丁酉☑｝貞：兔☑祖丁☑
【反面釋文】：
A. 丁酉☑
B. 穀。 wr

【著錄號】：乙 952（R28106／H12837）
【字體分類】：典賓／賓一大類
【正面釋文】：
其雨。
舞有雨。
【反面釋文】：
☑雨☑（朱書未刻）

【著錄號】：乙 958＋乙 1139＋乙補
718＋乙補 729＋乙補 874＋乙補 889
（R28108／H16256）
【字體分類】：典賓／賓一大類
【釋文】：
乙酉卜古貞：正。
貞：弗其正。

【著錄號】：乙 969＋乙 1375＋乙 1391
＋乙 7756＋乙補 1125（R44675／H 3406＋
H4907＋H13347）
【綴合情形】：
①：（乙 7756＋乙補 1125）＝史語所綴
②：（乙 1375＋乙 1391）＝郭若愚遙綴
③：〔（①＋②）＋乙 969〕＝林宏明綴
（醉 340）
【字體分類】：典賓／賓一大類
【正面釋文】：
A. ｛癸卯卜賓｝：今日其風。
今日不風。
B. 行以叔。
C. 貞☑
【反面釋文】：
A. 翌庚令魯（？）。

弓令。
B. 子（?）☑一牛。出南。
子☑宰
C. ☑母庚。
D. ☑于父甲。
E. [翌]癸☑王☑屮（？）
F. 褶伯☑
G. 癸卯卜賓。
【相關說明】：
本版脆弱不可翻，反面釋文依林宏明
《醉古集》、史語所藏彩圖另加改定。

【著錄號】：乙 976＋乙 1752（R44694／
H963＋H15780）
【字體分類】：賓一／過渡 1 類
【鑽鑿分佈】：Z1a
【釋文】：
A. □亥卜穀：同曹大☑
[□亥卜]穀：曹☑
B. 丁卯☑翌☑酒☑曹☑宰☑南☑
丁[卯]翌☑大☑五十伐☑南☑

【著錄號】：乙 979＋乙 993（R28125／
H9655）
【字體分類】：賓一／典型賓一類
【釋文】：
癸酉卜賓貞：今來歲受年。

【著錄號】：乙 1005（R28164／H16161）
【字體分類】：典賓／過渡二類
【釋文】：
☑蚊☑𠂤（次）☑[隻]☑
【相關說明】：
辭刻於舊兆枝上，故目驗可見「蚊」
字蓋在削除的兆序四殘痕之上。

【著錄號】：乙 1016（R28177／H19275）
【字體分類】：典賓／過渡 2 類
【釋文】：
貞：子衍☑

【著錄號】：乙 1020（R28180／H13950）
【字體分類】：典賓／賓一大類

【釋文】：

貞：帚妌𐀀（娩）。

【著錄號】：乙 1033＋乙 2759＋乙 2802
＋乙 2999＋乙 3007＋乙 3383＋乙 3494
＋乙 7304＋乙 7350＋乙 7578＋乙 7655
＋乙 7913＋乙補 0412＋乙補 1094＋乙
補 2022＋乙補 3118＋乙補 3121＋乙補
6559（R44557／H271＋H704＋H14222）

【字體分類】：典賓／過渡 2 類

【釋文】：

A. 弗其得𥹄（僭）。

B. ☑曹𠬝。卯小宰。

C. 己□卜𣪊貞：御帚好于父□𐀅羊出
　　豕。曹□宰。
　　貞：彗曹父乙五宰。

D. 己卯卜𣪊貞：御帚好于父乙。𐀅羊
　　出豕。曹十宰。
　　彗曹□乙□宰。

E. 貞：隹帝哉（肇）王疾。
　　☑[隹]帝哉（肇）王疾。

【相關說明】：

甲骨脆弱，不可翻面。

【著錄號】：乙 1036＋乙 6794＋乙 6817
＋乙 7296＋乙 7329＋正 7553＋乙補
561＋乙補 747＋乙補 6135＋乙補 6223
＋乙補 6230（R44695／H18899）

【綴合情形】：乙 6794＋乙 7296＝鄭
慧生綴（彙 241）

【字體分類】：典賓／過渡 2 類

【鑽鑿分佈】：Z1a

【正面釋文】：

己酉卜爭貞☑帝弗若。
[己]酉卜爭貞：我奏茲匃（丏）。帝若。

【反面釋文】：

自古气（乞）一百四十。wr

【著錄號】：乙 1045＋乙 2637＋乙 3711
＋乙 4049＋乙 4141＋乙 4144＋乙 7577
＋乙 8190＋乙補 470（R26905／H423）

【字體分類】：師賓間.賓組戌類／非典
型師賓間 C

【鑽鑿分佈】：3-4

【釋文】：

A. 乙未☑于[咸]。
　　乙未卜：彗用羌于咸。

B. 翌乙未不雨。

C. ☑酉其雨。

D. 翌戊戌不雨。
　　☑戌□雨。

E. 翌己亥其雨。
　　☑不雨。

F. 翌庚子其雨。
　　☑子不雨。

G. 翌辛丑其雨。
　　翌辛丑不雨。

H. 翌壬寅其□。
　　翌壬寅不雨。

I. 翌癸卯其□
　　翌癸卯不雨。

【相關說明】：

釋文 B 至 I 屬賓組戌類（H）。

【著錄號】：乙 1046＋乙 1111＋乙 1960
＋乙 2331＋乙 7592＋乙 7593＋乙 7720
＋乙 7725＋乙 7726＋乙 7728＋乙 7865
＋乙 7960＋乙補 6728（R44560／H2347＋
H4154＋H5025＋H7590＋H9506＋H9507＋H9514）

【字體分類】：賓一／過渡 1 類

【正面釋文】：

A. 癸卯卜賓貞：有𤝈枫。我弇（薄）。
　　哉（翦）。
　　癸卯卜賓貞：彗弇（薄）。

B. □巳卜賓貞：雀[得]出我伐。

C. ☑來☑不其☑

D. {庚午卜𣪊}貞：今我耤。受有年。
　　貞：今我耤。弗其受年。{二月}

E. □□□𣪊貞：自□四日其雨。

F. ☑羊出于多介[犬]。

G. 壬□卜□貞；令雀于□。
　　貞；彗令雀于𡧊。
　　壬申卜□貞□雀☑

【反面釋文】：

A. 庚午卜𣪊。

B. 二月。
【相關說明】：
觀察卜辭位置與字排、避辭、界劃現象，推測釋文 A 癸卯日早於庚午、壬申。

【著錄號】：乙 1047＋乙 1050＋乙 3162＋乙 4656＋乙 6062＋乙 6079＋乙 6284＋乙補 1415＋乙補 4360＋乙補 4504＋乙補 4909（R44558／H13584＋H17847）
【字體分類】：典賓／過渡 2 類
【正面釋文】：
A. 戊午卜爭□水其𢼎（薄）茲邑。
　　戊□□爭貞□弗𢼎（薄）茲邑。
B. {癸亥卜㱿}：王為我家。祖辛左王。
　　王為我家。祖辛弗左王。
　　{王占曰：吉。祖□弜余左。}
C. 貞：出家。祖乙左王。
　　[貞]：出家。祖乙弗左王。
【反面釋文】：
A. 王占□隹丁丑□𢼎（薄）。其隹甲允吉。其隹庚不[雨]□彡（雪）隹癸。
B. 王占曰：吉。祖□弜余左（又）。
C. 癸亥卜㱿。
D. 我來□ wr
【相關說明】：
一、根據文例、兆序、界劃以及中齒縫位置等因素，可推定乙 4656＋乙 6284＋乙補 4360 位置為誤綴，應下移至乙 1050 旁，據中齒縫綴合之。如此可得完整正面釋文 B，惜龜版實物大多已膠合不可分。
二、𢼎字釋「薄」，有「迫」義，參見《詁林》按語，可信，方稚松有進一步申論。[15] 這裡的「水薄茲邑」，大概與習見貞問「今歲亡大水／其有大水」（合 41867＋合 41871）等

---

[15] 參《甲骨文字詁林》第二冊，頁 1615。
　　方稚松：〈甲骨文字考釋四則〉，《紀念王懿榮發現甲骨文 110 周年國際學術研討會》（北京市：社會科學文獻出版社，2009 年 8 月）。

意思接近，表示對水患的疑慮；不過後者對來年占卜，顯然尚未面臨災害，而前者的「水」很可能已經在其他地方形成災情，故此處貞問洪水是否將迫臨此邑，造成立即的災難。其反面占辭顯示雨雪與否的可能性，與水迫商邑相關，值得注意。丙四七五「乎目于河」、乙 3129＋有「乎目于水」，疑與觀察洪水態勢有關。

【著錄號】：乙 1051＋乙補 429＋乙補 1645（R26872／H14267）
【字體分類】：典賓／賓一大類
【釋文】：
□多屯下上□
【相關說明】：
與丙五二三同文例。

【著錄號】：乙 1052（R24987／H116）
【字體分類】：典賓／過渡 2 類
【鑽鑿分佈】：Z1a／1-2
【正面釋文】：
A. 辛丑卜賓貞：其于六月娩（娩）。
　　貞：今五月娩（娩）。
　　{王占曰：吉。} 一二
B. 乎取生芻于鳥。
　　弜乎取生芻于鳥。
【反面釋文】：
A. 王占曰：吉。
B. [隹]蔑。
　　不隹。
C. 我以千。wr
D. 帚井示卅。wr

【著錄號】：乙 1054＋乙 2587＋乙補 3993＋乙補 5915（R44559／H6828＋H14549）
【字體分類】：典賓／過渡 2 類
【正面釋文】：
A. 庚寅卜爭貞：旨正（征）妻（晝）。
　　貞：旨正（征）不其妻（晝）。
　　{王占曰□}

B. 貞：今日其雨。
　　貞：今日不其雨。
C. ☑不其叏（晝）。
D. 庚寅卜爭貞：我其祀于河。
【反面釋文】：
A. 賈入二。wr
B. 王占曰☑
【相關說明】：
甲骨脆弱，不可翻面。

【著錄號】：乙 1057＋乙 1420＋乙 6746
＋乙 7037＋乙補 2586（R28226／H8300）
【字體分類】：典賓／賓一大類
【釋文】：
貞：王往于利。
☑王☑往利。

【著錄號】：乙 1059＋乙 2009＋乙 6506
（R28230／H11593）
【字體分類】：賓一／過渡 1 類
【釋文】：
A. ☑辰卜☑有☑取。四月
B. 戊子卜㱿貞：叀（惟）六月。
　　戊子卜㱿貞：叀（惟）七月。
　　☑子卜㱿☑叀（惟）八月。

【著錄號】：乙 1061＋乙 1989＋乙 2858
＋乙 3055＋乙 3393＋乙 4128＋乙 4646
＋乙 7616＋乙 7690＋乙 7743＋乙補
555＋乙補 3000（R28235／H12976＋H14577＋
H14579＋H14580＋H14599＋H16189）
【字體分類】：典賓／過渡 2 類
【正面釋文】：
A. [戊]子卜爭貞：翌辛卯酒河。燎☑沈
　　三牛。卯☑
　　貞：翌辛卯昜酓酒河。
B. 甲午卜爭貞：翌丙申雨。
C. 辛卯卜㱿貞：雨。
　　不其雨。
　　王占曰：雨。
　　四日甲午，允雨。
D. 㜎☑
E. ☑貞☑王气令☑[酒]河。燎三牛。

沈三牛。卯四牛。
　　己丑卜爭貞：翌辛卯酒河。沈三
　　牛。燎三牛。卯四牛。
【反面釋文】：
壴（鼓）入[廿]。wr

【著錄號】：乙 1065＋乙 1261＋乙補
403（R26851／H416＋H13969）
【字體分類】：典賓／過渡 2 類
【鑽鑿分佈】：Z1a
【正面釋文】：
A. 帚娩☑（娩）。妫。
　　不其妫。
　　｛王占曰：其隹庚☑☑（娩）☑隹
　　☑[其]☑｝
B. 丁卯卜賓☑
【反面釋文】：
A. ☑丑虫☑
B. 王占曰：其隹庚☑☑（娩）☑隹☑
　　[其]☑
C. 貞：用四十羌。
　　勿用。
【相關說明】：
丙三四九載帚娩「☑」事，且干支大
多與本組「丁卯」同旬，疑此二版使
用時間相同。

【著錄號】：乙 1082＋乙 1085＋乙 1152
＋乙 1199＋乙 2020＋乙 2022＋乙 3562
＋乙 4165＋乙 7918＋乙補 840＋乙補
956＋乙補 1333＋乙補 2101＋13.0.2145
＋13.0.2151（R28248／H12447）
【綴合情形】：
①：（乙 1152＋乙 2020＋乙 2022）＋
　　（乙 1085＋乙 1199＋乙 4165＋乙
　　7918）＝合 12447 遙綴
②：（乙 1199＋乙補 956）＝史語所綴
③：〔①＋②＋（乙 1082＋乙補 1333＋乙
　　補 2101〕＝林宏明綴（醉 63）[16]

---

[16] 乙 1082 實綴①與②，時間在④蔡綴之
後，《醉》63 未收④的遙綴，當以為可

④：(③＋乙 3562)＝蔡哲茂綴（綴續
515）

⑤：(④＋乙補 840)＝黃庭頎綴(彙 821)

【字體分類】：賓組戌類／非典型師賓
間 C

【釋文】：

A. ☑其雨。
    不☑

B. 翌乙亥其雨。
    翌乙亥不雨。

C. 翌丙子其雨。
    翌丙子不雨。

D. 翌丁丑其雨。
    翌不丑其雨。
    翌丁☑不雨。

E. 翌庚辰其雨。
    ☑庚☑

F. 翌己卯☑

【著錄號】：乙 1086＋乙 4228＋乙 4236
＋乙 7838＋乙 7982＋乙 8292＋乙補
1926＋乙補 2093＋乙補 6878（R33819／
H1004＋H15103＋H16075＋H2461）

【綴合情形】：

①：(乙 7838＋乙補 2093)＝史語所綴

②：(乙 4228＋乙 4236)＝合 1004 遙綴

③：〔②＋（乙 8292＋乙補 6878＋無
    號甲）〕＝史語所綴

④：(①＋③)＝蔡哲茂綴（先 467）

⑤：〔④＋（乙 1086＋乙 7982＋乙補
    1926）〕＝林宏明綴（契 218）

【字體分類】：典賓／過渡 2 類

【鑽鑿分佈】：Z1a

【釋文】：

A. 戊午卜觳貞：尋御于妣庚。
    戊午卜觳貞：弜尋御于妣庚。

B. ☑酉☑若。
    貞：翌辛酉弜[酒]伐。不若。

C. 貞：弜繭用于☑

疑。

【著錄號】：乙 1088＋乙 2111＋乙 2484
＋乙 2635＋乙補 2084（R28259／H119＋H123
＋H125）

【綴合情形】：

①：(乙 2111＋乙 2635)＝合 119 綴

②：(①＋乙補 2084)＝林宏明綴（醉
    39）

③：(乙 1088＋乙 2484)＝林宏明遙綴

④：(②＋③＋先 1762)＝蔡哲茂遙綴
    （先 1762）

【字體分類】：典賓／過渡 2 類

【正面釋文】：

A. 貞：令繭取雍芻。
    貞：弜令繭取雍芻。

B. 丙[午]卜☑貞：𢀛雍芻☑
    貞：弜☑雍芻。

【反面釋文】：

臣[入]。 wr

【著錄號】：乙 1117（R28287／H11850）

【字體分類】：賓組戌類／非典型師賓
間 C

【釋文】：

庚辰卜韋貞：其雨。

【著錄號】：乙 1143＋乙 1237＋乙 1412
（R28311／H13147）

【字體分類】：典賓／過渡 2 類

【釋文】：

己卯卜古貞：翌庚辰伐易日。

【著錄號】：乙 1144（R28312／H3990）

【字體分類】：典賓／賓一大類

【正面釋文】：

貞：弜隹玉[入]。戠☑

【反面釋文】：

A. 般入十。wr

B. 敵。wr

【相關說明】：

關於反面釋文，《摹釋總集》作「……
乡十南」，《合集釋文》作「敵」，據目
驗應作「般入十」、「敵」二辭，《合集
釋文》較正確。此版為左甲橋，貢入記

事與貞人署辭位置刻於同側，頗罕見。

【著錄號】：乙 1154＋乙 1666＋乙 2402
＋乙 2414＋乙 2421＋乙 2627＋乙 2638
＋乙 2712＋乙 4234＋乙 6803＋乙 7185
＋乙 7241＋乙 8073＋乙補 0815＋乙補
3763＋乙補 6635（R44561／H14109＋H3200＋
H14798＋H18194＋H13975＋H1760）

【字體分類】：典賓／過渡 2 類

【釋文】：
A. ☐一伐于☐
   ☐一伐☐己。
B. 子妥肩同。
C. 貞：來☐
D. 貞☐
   易☐

【相關說明】：
此組綴合屬於張秉權舊綴，亦歸入丙
補 194，原本在中上部位綴有乙 4074，
實物亦與置放一處，未黏合；筆者根
據中齒縫、盾紋皆不連續、辭例不合
等因素判斷其為誤綴，故此處釋文將
之分開。

【著錄號】：乙 1156＋乙 1931＋乙 2093
＋乙 2128＋乙 2129＋乙 2176＋乙 2197
＋乙 2198＋乙 2366＋乙 6885＋乙 6891
＋乙 6907＋乙 7563＋乙 7962＋乙補
1626＋乙補 1697＋乙補 1776＋乙補
1782＋乙補 2191＋乙補 2199＋乙補
2204＋乙補 2615＋乙補 4432＋乙補
4444＋乙補 5257＋乙補 5964＋乙補
5984＋乙補 6139（R44562／H9019＋H643＋
H19580＋H19581＋H3067＋H17244＋H17267）

【字體分類】：典賓／過渡 2 類

【釋文】：
A. 癸巳卜賓貞：臣卒。
   貞：臣不其卒。
   王占曰：吉。其卒。隹乙丁。七日
   丁亥既卒。
B. 貞：王易入于東。
C. 貞：御王☐于羌☐。克蜎☐
   弗其克蜎。弋（代）。

☐叀（惟）弋（代）。
D. 貞：瀨汰啟。隹之來。
   毋隹啟之來。
E. 甲寅卜賓貞：其瀨☐

【相關說明】：
一、釋文 C「弗其克蜎。弋」，應指攘
   除王☐此傷疾於羌甲，不得其驗，
   卜問是否代換另一攘除神靈之意。
二、反面脆弱不可翻驗。本版多辭與
   丙二四三文例近似，可參看。觀
   察釋文 A 干支並配合丙二四三，
   可知本條占辭應該有所簡省，在
   辛巳或庚辰日有相關事件發生。

【著錄號】：乙 1187＋乙 7711（R28351
／H13693＋H13694）

【綴合情形】：蔡哲茂綴（先 1532）

【字體分類】：典賓／過渡 2 類

【釋文】：
貞：疾脛蜎（蠲）☐
貞：疾脛☐

【著錄號】：乙 1195＋乙 2170＋乙
3536＋乙 6764＋乙補 5510（R28371／
H8472）

【字體分類】：典賓／過渡 2 類

【釋文】：
A. ☐周方弗其有田（憂）。
   ☐周方弗亡田（憂）。
B. ☐貞：周方亡田（憂）。
   ☐貞：周☐

【著錄號】：乙 1197＋乙 2394＋乙 2471
＋乙 3604＋乙 3620＋乙 6968＋乙 7244
＋乙 7513＋乙補 805＋乙補 870＋乙補
1128＋乙補 1154（R28221／H1364＋H1463＋
H5381）

【綴合情形】：
①：（乙 2471＋乙 2539＋）＝合 1364 綴
②：〔①＋（乙 1128＋乙補 805＋乙補
   870）〕＝史語所綴
③：（乙 1197＋乙 2394＋乙 6968）＝
   合 5381 綴

④:〔③+（乙 4553＋乙 3604＋乙 7189
　　＋乙補 6503＋乙補 1154＋乙補
　　875）〕＝史語所綴
⑤:（乙 3620＋乙 7513）＝合 1463 綴
⑥:（②+④+⑤＋乙 7244）＝蔡哲茂
　　綴（先 1578）
【字體分類】：典賓／過渡 2 類
【正面釋文】：
A. 丁未卜賓貞：五月咸受王又。
　　貞：咸弗其受□又。
B. 大丁受王又。
　　□□弗其受王又。
C. 貞：大甲受王又。
　　貞：大甲弗其受王又。
【反面釋文】：
A. 王占曰：☒于□有𢏚（異）隹辛☒
　　四日☒
B. ☒我☒
C. [父]乙有☒
D. 娥示。　wr

【著錄號】：乙 1198＋乙 3989＋乙 7193
（R28373／H16998）
【綴合情形】：合 16998 綴
【字體分類】：典賓／過渡 2 類
【正面釋文】：
□奁隹有蚩（害）。
□奁不隹有蚩（害）。
【反面釋文】：
☒永☒害气蜎（蠲）。

【著錄號】：乙 1228＋乙 5378＋乙 6319
（R38189／H1130）
【綴合情形】：合 1130 綴
【字體分類】：典賓／賓一大類
【鑽鑿分佈】：Z1a
【正面釋文】：
更（惟）娥蔑。有[雨]。
昜蔑娥。亡其雨。
【反面釋文】：
☒五。wr
【相關說明】：
本版與乙 4450、丙一五七同文，據後

者似可補反面記事為「奠來（入）五」。

【著錄號】：乙 1235＋乙補 1214（R28407
／H632）
【字體分類】：典賓／過渡 2 類
【釋文】：
A. 妣不隹入我王夢。
B. 庸臣。
【反面釋文】：
惢來十。　　wr

【著錄號】：乙 1271＋乙 1382＋乙 1417
＋乙 7621＋乙補 1222＋乙補 2168＋乙
補 6183＋乙補 6184＋乙補 2168（R28587
／H8332）
【綴合情形】：
①:（乙 1382＋乙 1417＋乙 7621＋乙
　　補 1222）＝劉淵臨綴（彙 216）
②:（①+乙 1271）＝宋雅萍綴（彙 216）
【字體分類】：賓一／賓一大類
【正面釋文】：
乙未卜古貞：呂（工）畀敊。不☒
【反面釋文】：
A. 貞：翌丁卯乎往于河。
B. ☒有來☒
C. 貞：[乎]往☒占□[吉]□若☒
　　（乙 1417、乙補 1271 反面朱書未刻）
D. ☒亡其☒
　　☒弜☒
【相關說明】：
正面釋文提到的「敊」，裘錫圭認為與
「掃、攸」有同源關係，作為動詞使用
具有洒掃、修飾的意思。[17] 而在本辭
中用作名詞，或指寢官。

【著錄號】：乙 1283＋乙 1490＋乙 1682
＋乙 1683＋乙 1685＋乙 1687＋乙 1688
（R28448／H1715＋H9178）

---

[17] 裘錫圭：〈釋「𡩟」〉,《古文字研究》第
　　二十八輯（北京市：中華書局，2010 年
　　10 月）。

【字體分類】：典賓／過渡 2 類
【釋文】：
【正面釋文】：
A. 貞：出于祖□
　　昜出于祖辛。
B. 乙卯卜永貞：今坒（朝）奚來□
　　貞：今坒（朝）奚不其來牛。
　　｛王占曰：[吉]□　｝
【反面釋文】：
A. 王占曰：[吉]□
　　（乙 1490 反面墨書未刻）
B. □吉。昜□

【著錄號】：乙 1320＋乙 2473＋乙 7804
＋乙 7806＋乙 8139＋反乙補 91＋乙補
6493（R42678／H777＋H9274）
【綴合情形】：
①：（乙 1320＋乙 7806＋乙 8139）＝
　　合 777 綴
②：〔①＋（乙 7804＋乙補 6493）〕＝
　　林宏明綴（醉 363）
③：〔②＋（乙 2473＋反乙補 91）〕＝
　　宋雅萍綴（彙 820）
【字體分類】：典賓／過渡 2 類
【鑽鑿分佈】：Z135a
【正面釋文】：
A. 貞：乎収（廾）賈自（次）。
B. □出于妣庚。一麥。
　　二麥。
　　三麥。
　　四麥。
　　五麥。
　　昜五麥。
C. 貞□乙□[好]南庚。
　　□南庚。
【反面釋文】：
A. □弗咎王。
B. 貞：王器。賈使（事）王孚。
　　貞：王昜器。
　　王占曰：吉□
C. □[戠□曹]。
　　王占曰□我隹其□

D. 癸巳卜韋□甲午□不□
E. 龂入三。wr
F. 帚□示十。wr
G. 敵。wr
【相關說明】：
此版鑽鑿呈現三種不同形式（弧肩尖
圓頭、直肩尖圓頭、直間三角頭），十
分少見。

【著錄號】：乙 1334＋乙 2265＋乙 7297
＋乙 7505（R28515／H9276＋H15318）
【綴合情形】：新加乙 1334＋乙 7297
＝鄭慧生綴（彙 249）
【字體分類】：賓一／賓一大類
【正面釋文】：
A. 貞：今夕不雨。
B. 貞：翌癸未昜燎。
C. □東弗曹。
【反面釋文】：
良入三在甘。　wr

【著錄號】：乙 1344＋乙 7146（R28522
／H1446）
【字體分類】：典賓／過渡 2 類
【正面釋文】：
丁巳卜，爭貞：來甲子彫大□
八日甲□
【反面釋文】：
八日甲□

【著錄號】：乙 1349＋乙 1381＋乙 1383
＋乙 6919｜乙補 1145＋乙補 1151＋乙
補 1153＋乙補 1157＋乙補 6154（R28585
／H10808）
【字體分類】：賓一／典型賓一類
【釋文】：
丁亥卜賓貞：坒不其得舟。
□貞：坒不其得□

【著錄號】：乙 1353＋乙 2141＋乙 7840
＋乙補 1853＋乙補 1947（R28534／H13771）
【字體分類】：典賓／過渡 2 類
【釋文】：

戊子卜亙貞：有疾隹有蚩（害）。

【著錄號】：乙 1354＋乙 2610＋乙 2675＋乙 3269＋乙 4264＋乙 5952＋乙 6628＋乙 6675＋乙 6876＋乙 7204＋乙 7281＋乙補 752＋乙補 2227＋乙補 4214＋乙補 5370＋乙補 5917＋乙補 6170＋乙補 6202（R44564／H1817＋4253＋5668＋6656）

【字體分類】：典賓／過渡 2 類、典型典賓

【鑽鑿分佈】：3-7／Z1a

【正面釋文】：

A. □未卜賓貞：令般受何羌。
　　貞：令犬𤔲（琮）受何羌。

B. 庚[申]卜般貞：𠂤各化𢦏（戕）𢦤（角）。
　　王占曰：隹乙。其隹甲引矢。

C. 甲辰卜古貞：今日□

【反面釋文】：

A. 己酉□

B. □羌甲□

C. 般　wr

【相關說明】：

崎川隆認為合 5668 版（乙 7281）為典型典賓類，然此片已綴入本組，乙 7204 有過渡 2 類特徵。

【著錄號】：乙 1355＋乙 7575（R42509／H5530）

【字體分類】：典賓／典型賓一類

【鑽鑿分佈】：Z1a

【釋文】：

A. 王事（使）人于辻。
　　王易事（使）人于辻。

B. 貞：子商□
　　子商有蚩（害）。

C. 易□

【著錄號】：乙 1357＋乙 2393＋乙 2418＋乙 2650＋乙 7367＋乙 7381＋乙補 6104＋乙補 6252（R29544／H4773＋H13490＋H17304＋H17695＋H18165）

【綴合情形】：

①：（乙 2393＋乙 2418）＝合 9067 綴

②：（乙 7381＋乙 2650＋乙補 6104）＝張秉權綴

③：〔①＋②＋（乙 1357＋乙 7367）〕＝林宏明綴（醉 315）

④：（③＋乙補 6252）＝蔡哲茂綴（先 1449）

【字體分類】：賓一／典型賓一類

【正面釋文】：

A. 戊戌卜爭貞：𣪘其以齒。
　　貞：𣪘不以齒。
　　｛王占曰：吉。｝

B. 貞：王令陝𣏕。若。
　　｛允𣏕。｝

【反面釋文】：

A. 王占曰：吉。

B. 允𣏕。

C. 袁□。　wr

D. 爭。　wr

【相關說明】：

根據「司禮義規則」，[18] 在一段正反對貞的卜辭中，若其中一條用「其」，而另一條不用，用「其」字的該條所記錄之事通常都是占卜者所不願見到的。由此看正面釋文A，此「齒」非物品，在此應用為「災禍」義，詳見拙作：〈試論卜辭中用作憂患義之「齒」字〉一文之討論。

【著錄號】：乙 1384＋乙 2417＋乙 2431＋乙 4227＋7028＋乙 7647＋乙 7665＋乙 7676＋乙補 1994＋乙補 2011（R28593／H1646＋H8961＋H15857＋H18693）

【字體分類】：典賓／典型賓一類

【正面釋文】：

A. 貞：禱星（生）于岳。

---

18 司禮義（Paul L-M. Serruys）："*Towards A Grammar of the Language of the Shang Bone Inscription*"〈關於商代卜辭語言的語法〉,《中央研究院國際漢學會議論文集・語言文字組》（臺北市：中央研究院，1981 年），頁 342-349。

B. 甲申卜⊕貞：以馬。
　　不其以馬。
C. ☑貞：祖乙于尋屮。
　　昜于尋屮。
D. 子商隻[隻]☑
　　{☑[隻]允獲。}

【反面釋文】：
A. 來乙酉酒登祖乙。
　　來☑
B. ☑子☑林☑
C. ☑[隻]允獲。

【相關說明】：
正面釋文 A「禱生于岳」，指向岳祈求
生子之事，非傳統所謂「禱王長生」，
見第四章「祭祀對象分類研究」

【著錄號】：乙 1386＋乙 1877＋乙 1904
＋乙 2183＋乙 2362＋乙 2808＋乙 7267
＋乙 7295＋乙 7895＋乙 7991＋乙 8060
＋乙 8155＋乙補 1872＋乙補 3033
（R28598／H1351＋H1668＋H11500＋H13484＋H15637）
【綴合情形】：（乙 7267＋乙 1386）、（乙
1877＋乙 2362＋乙 7295）＝鄭慧生綴
（彙 244）
【字體分類】：典賓／過渡 2 類
【正面釋文】：
A. 甲午☐☐貞：今燎☐牛。
　　貞：今日燎牛。
　　{王占☑庚☐酒☑}
　　六日己亥❂（向）庚子。西☐零庚
　　子凤鳥星（倏晴）。七月。
B. {甲午卜☐}翌乙未出于下乙一
　　牛。用。
C. 丁酉卜爭貞：來乙巳酒下乙。
D. 叀（惟）大甲先。
　　于庚子燎。
E. 戊戌卜⊕貞：昜隹咸先酒。

【反面釋文】：
A. 王占☑庚☐酒☑
B. 甲午卜☐
C. ☑[酉]十宰。
D. 奠入二。　wr

【著錄號】：乙 1388＋乙 1971＋乙 2246
＋乙 3902＋乙補 6052（R33364／H14987＋
H3171）

【綴合情形】：
①：（乙 1971＋乙 2246）＝郭若愚綴
②：〔①＋（乙 1388＋乙補 6052）〕＝
　　史語所綴
③：（②＋乙 3902）＝林宏明綴（醉 143）
【字體分類】：典賓／過渡 2 類
【鑽鑿分佈】：Z1a
【正面釋文】：
貞：乎子賓祼于有妣。鼎（當）。有蜎。
貞：昜乎子賓祼于有妣。亡其蜎。
{王占曰：吉。其出[貞]（？）。}
【反面釋文】：
A. 王占曰：吉。其出[貞]（？）。
B. ☐申☑
C. 敖以☐。wr
【相關說明】：
關於「子賓」，他是當時習見的一位重
要人物，武丁時常命令他主持進行一
些祭祀活動，如：
（一）壬辰卜⊕貞：乎子賓御有母于
　　　父乙，𠨍宰。酉反三，❀五，宰。
　　　／貞：乎子賓御有母于父乙，𠨍
　　　小宰。酉反三，❀五，宰。
　　　貞：乎帚𠨍于父乙宰。酉三宰，
　　　出反。
　　　翌乙未乎子賓祝父，𠨍小宰。
　　　酉反三，❀五，宰。求蜎正。
　　　（丙一八二）
（二）貞：乎子賓加父乙。酉反❀。
　　　卯宰。／乎子賓加父乙。／貞：
　　　昜乎子賓加父乙。（丙二五一＝
　　　丙三三四）
（三）貞：乎子賓祼于有妣。鼎。有蜎。
　　　／貞：昜乎子賓祼于有妣。亡其
　　　蜎。／{王占曰：吉。其出[貞]
　　　（？）。}（見本辭，乙 1388＋乙
　　　1971＋乙 2246＋乙 3902＋乙補

6052）

有時會貞問是否指定他「入御事」，似指至王身邊辦事，如：

（四）王□乎入御事。／{王占曰：其隹子賓☑}（乙 3422）

並相當關切他的災咎情況，如：

（五）隹母庚蚩（害）子賓。／隹雈蚩（害）子賓。（丙二五七）

（六）貞：于妣己御子賓。／貞：㞢于妣己御子賓。（丙四〇七＝丙六三一）

（七）隹娥蚩（害）子賓。／不隹娥蚩（害）子賓。（丙四七五）

（八）辛酉卜□□父乙害子蚩（害）。／貞：不隹父乙蚩（害）。／{王占曰：隹父乙蚩（害）。}（丙五四六）

除此之外，坑外卜辭如合 3169 正、13890 關切子賓的災咎，合 3159 關切子賓田獵所獲等等，都顯示出武丁與子賓之間較為特殊的密切關係。

　　例一貞問令子賓為了「有母」而向父乙施行御祭，祭牲上有宰和小宰之別，以及直接對父乙施行祝祭；例二貞問是否令子賓「丌」祭父乙；例三貞問是否為了某種病痛而向「有妣」行祼祭。本書認為，這些辭例顯示出子賓與其他多子族族長和商王的關係具有顯著差異，以中國古代「民不祀非族」觀念來看，他可能和武丁具有較親近的血緣關係，或即同父異母甚至親兄弟；如此才能較好的解釋為何武丁會指定他去為了「有母」（「有」為名詞詞頭，在此指代關連可涵括貞問主體）[19] 來祭祀小乙，甚至可為武

丁代勞，直接主持對父乙的祭祀。除此之外，子商卜辭也有類似現象，如合 907＋合 2947「貞：乎子商㞢于兄丁」、瑞 1「[辛]巳卜爭貞：乎商酒伐于父乙」等辭例，不過本坑中未見，故這裡不多作討論。

【著錄號】：乙 1390＋乙 3926（R28599／H11132）
【字體分類】：典賓／典型典賓類
【釋文】：
貞：乎収（廾）牛。

【著錄號】：乙 1392（R28605／H19675 正）
【字體分類】：典賓／賓一大類
【正面釋文】：
貞：乎有龏※（助）。
【反面釋文】：
賓。　wr

【著錄號】：乙 1399＋乙 1710＋乙 1724＋乙 1725＋乙 1713＋乙 1720＋乙 1722＋乙 1727＋乙 1737＋乙補 1469 倒＋乙補 1470＋乙補 1471＋乙補 1477＋乙補 1481＋乙補 1484＋乙補 1488＋乙補 1491＋乙補 1460＋乙補 1174＋乙補 1177＋乙補 1178＋乙補 1181 倒（R28345＋R28608＋R44566／H7407＋H15065）
【綴合情形】：
①：（乙 1399＋乙 1710）＝郭若愚遙綴

19　關於「有」在商代是否可作為名詞詞頭，卜辭語法上 V＋（有＋N）的情況是否成立，本書認為是肯定的，詳參喻遂生：〈甲骨文的詞頭「有」〉，《甲金語言文字研究論集》（成都市：巴蜀書社，2002

年 12 月），其文有綜合論述。而關於此類詞頭的用法與意源，羅端認為：「像甲骨文裡的『㞢祖』、『㞢妣』、『㞢又』、『㞢年』……我認為這個修飾名詞的『有』字，是從它原來『存在』或『擁有』的意思衍生的，在這個情形下，它就表達『複數』但具有『集合』與類屬的含義。」，其說可從，見氏著：〈上古漢語文獻中名詞前的「有」字新解〉，載史語所演講稿，1990 年 8 月 21 日。

②:〔①+（乙 1737+乙 1724+乙
1725）〕=合 15065 綴
③:〔②+（乙 1713+乙 1720+乙 1722
+乙 1727+乙補 1469 倒+乙補
1470+乙補 1471+乙補 1477+乙
補 1481+乙補 1484+乙補 1488
+乙補 1491）〕=史語所綴
④:〔③+（乙補 1181 倒+乙補 1460
+乙補 1174+乙補 1177+乙補
1178）〕=林宏明綴（醉 337）
【字體分類】：典賓／過渡 2 類
【正面釋文】：
A. 貞：翌乙卯出一牛。正。
    翌乙卯易☐
B.｛乙亥卜亙｝貞：馘冓冊。王朕。帝若。
    貞：王朕馘。帝☐若。
C. 貞：王易比馘。帝若。
    王易比☐
【反面釋文】：
A. 乙亥卜亙。
B. 殳入十。wr
C. 爭。wr
【相關說明】：
甲骨脆弱，不可翻面。

【著錄號】：乙 1404（R28612／H1638）
【字體分類】：典賓／過渡 2 類
【釋文】：
A. 貞：今日其雨。
    今日不其雨。
B. [貞]：隹祖乙。
    貞：不隹祖乙。
【相關說明】：
根據行款，可以肯定釋文 B 先刻，而
釋文 A「今日其雨」明顯避開「隹祖
乙」三字，刻於其上下；此種刻辭佈
局罕見。

【著錄號】：乙 1410（R28637／H8119）
【字體分類】：典賓／過渡 2 類
【正面釋文】：
貞：乎宅☐丘。

｛易乎宅☐丘。｝
【反面釋文】：
A. 易乎宅☐丘。
B. 翌己巳其雨。

【著錄號】：乙 1418+乙 1419+乙
1422（R28640／H2202）
【綴合情形】：合 2202 綴
【字體分類】：賓一／典型賓一類
【釋文】：
A. 貞：王舌父乙。
    易舌。
B. ☐[妨]

【著錄號】：乙 1482+乙 1491+乙
1611+乙 1646+乙 1773+乙 8277
（R28728／H17083+H17122）
【綴合情形】：
①:（乙 1611+乙 1646）=郭若愚綴
②:（①+乙 1773）=合 17083 綴
③:〔②+（乙 1482+乙 1491）〕=林
    宏明綴（醉 35）
【字體分類】：賓一／過渡 2 類
【釋文】：
壬申卜賓貞：罟不☐（殟）。
壬申卜賓貞：罟☐有☐（殟）。

【著錄號】：乙 1500+乙補 991（R28418
／H2001）
【字體分類】：典賓／過渡 2 類
【釋文】：
A. 貞：今庚午易出于南庚。
B. 貞：翌庚辰王其有☐

【著錄號】：乙 1512+乙 1593+乙補
1335+乙補 1347+乙補 1367+乙補
1376+乙補 1538（R28783／H829）
【綴合情形】：
①:（乙 1512+乙補 1335+乙補 1376）
    =史語所綴
②:（乙補 1347+乙補 1538）=劉學
    順（彙 381）、林宏明綴（先 648）
③:（乙 1593+乙補 1367）=史語所綴

④:（①＋②＋③）＝蔡哲茂綴（先 691）

【字體分類】：典賓／過渡 2 類

【正面釋文】：

A. 貞：御狀于父。曹羌。

B. 貞：翌乙未率蚊人（夷）。

C. 丁未卜㩁貞：子□妾㛚（娩）□
丁[未]卜㩁□子□妾㛚（娩）妣。

D. 貞□

【反面釋文】：

A. 帚丙示□

B. □

【相關說明】：

釋文 A「御狀于父」，丙二〇五、三四〇、四六七皆有相關事類，然於干支上仍待系連。

【著錄號】：乙 1540＋乙 1689＋乙 1750＋乙補 1339（R28990／H19139）

【綴合情形】：

①:（乙 1540＋乙 1750）＝郭若愚遙綴

②:（①＋乙 1689）＝史語所綴

③:（②＋乙補 1339）＝林宏明綴（醉 57）

【字體分類】：典賓／過渡 2 類

【釋文】：

A. 甲辰卜㩁貞：找（肇）我妹。
□貞：找（肇）我妹。

B. 甲辰卜㩁貞：同□眾（暨）□
□眾（暨）□

C. 貞□雀□大□

【著錄號】：乙 1556＋乙 1757（R28876／H2484）

【字體分類】：典賓／典型典賓

【正面釋文】：

貞：[帚媒]髟。隹有🐚（遭）。

貞：不有🐚（遭）。

【反面釋文】：

□妣庚。

【相關說明】：

此組在乙 1556（右尾甲）部分頗漫漶，「帚媒」二字經目驗識出。全辭疑省

略「乎」、「于」二字，即「乎帚媒于髟」，是否遭遇某事物之意。

【著錄號】：乙 1596＋乙 1618＋乙 1627＋乙補 1383（R28874／H2443）

【綴合情形】：

①:（乙 1596＋乙 1618）＝林勝祥綴

②:（①＋乙補 1383）＝黃庭頎綴

③:（②＋乙 1627）＝蔡哲茂綴，皆見（彙 826）

【字體分類】：賓一／賓一大類

【釋文】：

貞：有疾。御于妣己。

【著錄號】：乙 1654＋乙 1697（R28949／H14751＋H18271）

【字體分類】：典賓／過渡 2 類

【正面釋文】：

A. ｛丙[子]卜爭｝白騨（騽）毓。不其白。

B. □酒王亥。

【反面釋文】：

丙[子]卜爭。

【著錄號】：乙 1672＋乙 1886＋乙 2514＋乙 6886＋乙 7076＋乙 7251（R44698／H10539）

【字體分類】：典賓／過渡 2 類

【鑽鑿分佈】：Z1a／2-3

【正面釋文】：

□戌貞：王往出于田。不溣。

貞：王易往出于田。

【反面釋文】：

A. □□卜爭貞：其蚊。

B. □入十。wr

C. 爭。wr

【著錄號】：乙 1673＋乙 2336＋乙 4415＋乙 5251＋乙 5357＋乙 6895（R28968／H9197＋H16470＋H16471＋H17683）

【字體分類】：典賓／過渡 2 類

【正面釋文】：

A. 己巳卜爭貞：我有乍囚（憂）。
   貞：我亡乍囚（憂）。
B. {庚[午]卜亘}貞：我有乍囚（憂）。
   貞：我亡乍囚（憂）。
   王占曰：吉。亡乍囚（憂）。其有
   終若（影?）。
【反面釋文】：
A. 貞□弗其乍□
B. 庚[午]卜亘。
C. 癸[亥]☑
D. 畫來☑ wr
【相關說明】：
反面釋文 C 朱書。

【著錄號】：乙 1676（R28971／H13959）
【字體分類】：典賓／過渡 2 類
【釋文】：
貞：帚媒🦶（娩）。不隹卒。

【著錄號】：乙 1686＋乙 1691（R28983
／H2045＋H15322）
【綴合情形】：黃庭頎綴（彙 842）
【字體分類】：典賓／賓一大類
【釋文】：
貞：虫宰祖乙不冊。

【著錄號】：乙 1707＋乙補 593＋乙補
1237＋乙補 1550（R28010／H14183）
【綴合情形】：
①：（乙 1707＋乙補 593＋乙補 1237）
   ＝史語所綴
②：（①＋乙補 1550）＝張惟捷綴（彙
   1036）
【字體分類】：典賓／賓一大類
【釋文】：
丁☑
貞：帝弗乍王□

【著錄號】：乙 1715＋乙 1728＋乙 1730
＋乙補 1462（R44699／H860）
【字體分類】：典賓／過渡 2 類
【鑽鑿分佈】：1-2

【正面釋文】：
貞：其矢（至）辇（達）。
貞：不矢（至）辇（達）。
【反面釋文】：
☑貝（得?）[隹]其不[率]（?）☑

【相關說明】：
正面釋文「矢」字構形，於箭簇前後
有一貫穿之橫劃，疑為「至」字異體。

【著錄號】：乙 1894＋乙 2606＋乙 6839
＋乙 6887＋乙 7190＋乙 7266＋乙 8061
＋乙補 2189＋乙補 529＋乙補 6199＋
乙補 5962（R42381／H14149）
【字體分類】：典賓／過渡 2 類
【鑽鑿分佈】：Z1a
【正面釋文】：
A. 戊申卜㱿貞：其有虎（虐）。
   戊申卜㱿貞：亡其虎（虐）。
B. 王叀（惟）今辛未步。
C. 貞：以咸。
D. 癸[未]卜㱿貞：翌甲寅帝其令雨。
   癸未卜㱿貞：翌甲寅帝□令雨。
【反面釋文】：
A. 牧入十在漁。wr
B. 帚🎋（杞?）示一。wr
C. 㱿。wr

【著錄號】：乙 1896＋乙 2225＋乙 2226
＋乙 2354＋乙 2656（R44700／H17116＋
H17129）
【字體分類】：典賓／過渡 2 類
【鑽鑿分佈】：Z1a／2-3
【正面釋文】：
A. □丑卜㱿貞：蠱王。
B. {戊辰□古}貞：易日。
   {王占曰：有求（咎）。其[隹]☑吉。}
C. 貞：祖𧈧（害）王。
D. ☑其⿰（殙）。
   貞：不⿰（殙）。
【反面釋文】：
A. 戊辰□古。

B. 王占曰：有求（咎）。其[隹]☒吉。

C. 今癸☒不☒

【相關說明】
正面釋文 C「祖」字倒刻。

【著錄號】乙 1963＋乙 2115＋乙 2184＋乙 2304＋乙 2329＋乙 2590＋乙 3313＋乙 3314＋乙 3535＋乙 7357＋乙 7551＋乙 7589＋乙 8039＋乙補 1767（R44570／H17390＋H17438＋H1855＋H19384＋H2073）

【綴合情形】（乙 7589＋乙 8039）金祥恆、裘錫圭綴同（彙 184）

【字體分類】典賓／過渡 2 類

【正面釋文】

A. 貞：有為。
   貞：亡為。

B. 貞：于祖丁御。
   貞：弜于祖丁御。

C. 翌辛巳其易日。
   翌辛巳不□易日。

D. 娥降。／娥不其降。

E. ☒亡蚩（害）。
   王占曰：吉。亡蚩（害）。

F. 貞：其有來自兔（？）。

G. 貞：王夢隹囏。
   貞：王夢不隹囏。

【反面釋文】

A. 枼不其來。

B. □王□其隼（擒）☒
   ☒隼（擒）☒

C. 貞：弜于辛巳☒

D. 貞：[辛]未☒日。

E. ☒良來☒寅羗☒

F. ☒古。

【相關說明】
此版脆弱不可翻，反面僅稍作目驗。

【著錄號】乙 1974＋乙 7436（R29240／H13728）

【字體分類】賓一／賓一大類

【鑽鑿分佈】Z1a

【正面釋文】

A. {庚子卜☒}☒亥吳☒亡疾。

B. 戠（肇）譶黍。

C. ☒[小]母庚☒

D. ☒乎☒

【反面釋文】

A. 庚子卜☒

B. ☒多☒

【著錄號】乙 1985＋乙 3339＋乙 8109（R29278／H897）

【綴合情形】合 897 綴

【字體分類】典賓／過渡 2 類

【鑽鑿分佈】Z3b

【釋文】
[乙]丑卜𣪊貞：來乙亥酒下乙十伐出五。卯十宰。

乙亥不酒☒

【相關說明】
類似文例見丙一九七。

【著錄號】乙 1987＋乙 2120＋乙 2223＋乙 2272＋乙 2301＋乙 2370＋乙 2382＋乙 2435＋乙 2612＋乙 2620＋乙 2807＋乙 6812＋乙 6832＋乙 6874＋乙 6890＋乙 6930＋乙 7047＋乙 7278＋乙 7292＋乙 7293＋乙 7408＋乙 7506＋乙 8191＋乙補 0552＋乙補 0554＋乙補 0910＋乙補 1705＋乙補 1804＋乙補 2166＋乙補 2201＋乙補 2208＋乙補 3269＋乙補 4889＋乙補 5632＋乙補 5895＋乙補 6004＋乙補 6216＋乙補 6923＋乙補 6959＋乙補 7080（R44567／H978＋H2502＋H12651＋H14485＋H14492＋H14616＋H14648＋H16965＋H16971＋H16984＋H11980）

【字體分類】賓一／過渡 2 類

【釋文】

A. □□卜☒其□我（宜）于岳。有雨。
   貞：其求我（宜）于河。有雨。

B. 其求我（宜）于岳。亡其雨。
   ☒（宜）于河。亡其雨。

C. 河求（咎）我。
   河不我求（咎）。

D. 乙亥卜賓貞：出伐于祖辛。

E. 己亥☒𪇴☒告麦（畫）。
   己亥☒

F. 貞：姒癸求（咎）王。
　　貞：姒癸弗求（咎）王。
【相關說明】：
此版脆弱不可翻面。釋文 A、B 因有界
劃分開且位置各自對貞，故釋之如此。

【著錄號】：乙 2001＋乙 2019＋乙補
1028＋乙補 2143＋乙補 2164＋乙補
2165（R44701／H12869）
【字體分類】：典賓／過渡 2 類
【鑽鑿分佈】：Z1a
【正面釋文】：
貞：乎[燎]雨。
𢇛 [燎]。不其雨。
【反面釋文】：
唐來☐ wr

【著錄號】：乙 2031＋乙 2268＋乙 2503
＋乙 7155＋乙補 1700＋乙補 2244＋乙
補 6211＋乙補 6254（R44568／H6650＋H4181）
【綴合情形】：
①：（乙補 2244＋乙補 6211＋乙補
　　6254）＝史語所綴
②：〔①＋（乙 2031＋乙 2268＋乙 2503）
　　＋乙 7155〕＝嚴一萍綴（彙 470）
③：（②＋乙補 6885）＝林宏明綴
【字體分類】：典賓／過渡 2 類
【鑽鑿分佈】：Z1a／3-5
【正面釋文】：
A. 丙☐卜古貞：𡇥化各受有又。
　　三旬有三日戊子。卒。𢦔（𦥯）戈方。
B. ☐辰卜古貞：𡇥各☐弗其受又。十
　　二月。
　　丙☐
C. 貞：𡇥各化其有☐（憂）。
　　☐化☐
【反面釋文】：
A. ☐來十。　wr
B. ☐其☐
【相關說明】：
本版事類與丙一三四相同，然占卜時
間有異。

【著錄號】：乙 2045＋乙 6476（R29281
／H1860）
【綴合情形】：合 1860 綴
【字體分類】：典賓／賓一大類
【鑽鑿分佈】：Z1a
【釋文】：
貞：告于祖丁。
𢇛𥄉告于祖丁。
【相關說明】：
見 R29321（乙 2081＋）。

【著錄號】：乙 2047＋乙 2089＋乙
7995（R29285／H815＋H16125）
【字體分類】：典賓／賓一大類
【鑽鑿分佈】：Z1a
【釋文】：
貞：率𧉟多屯。若。

【著錄號】：乙 2068＋乙 2150＋乙 2332
（R29305／H11882＋H3869＋H11882）
【綴合情形】：
①：（乙 2068＋乙 2332）＝合 11882 綴
②：（①＋乙 2150）＝林宏明綴（醉 359）
【字體分類】：典賓／過渡 2 類
【鑽鑿分佈】：Z1a
【正面釋文】：
A. 甲午卜☐：翌丙申其雨。
B. 貞：翌丙[申]☐
【反面釋文】：
A. 翌乙☐出☐
B. 一牛。
　　二☐
　　三☐

【著錄號】：乙 2081＋乙 4282＋乙 4284
＋乙 4957＋乙補 3675（R29321／H2775＋
H2389＋H13992）
【綴合情形】：
①：（乙 2081＋乙 4284）＝史語所綴
②：（乙 4282＋乙 4957）＝合 2389 綴
③：（①＋②＋乙補 3675）＝林宏明綴
　　（醉 44）

【字體分類】：典賓／過渡 2 類
【鑽鑿分佈】：Z1a
【正面釋文】：
A. 貞：告于妣庚。
   弜告于妣庚。
B. 貞：御于妣甲。
C. 貞：帚媟🔯（娩）□
   ☑不其妠。
【反面釋文】：
貞：[啟。星（晴）。隹]☑
弜[啟]。
【相關說明】：
一、正面釋文 A「告」字刻法，又見乙 2045＋乙 6476（R29281），同於賓組兆辭習見「二告、小告」之告，可作為兆辭該字當釋「告」之旁證；此種斜直筆與斜曲筆互通的現象亦見「生」字刻法，參合 11489 一系列辭例。
二、本版除「告」字異體外，「御」、「妠」、「帚」、「🔯」均有異於一般賓組刻辭，較近於歷組，崎川隆將之歸入過渡 2 類恐待商榷；又，左右首甲以及中甲的兆序乃由下旋往上數，亦屬少見。

【著錄號】：乙 2086＋乙補 1895（R29341）
【字體分類】：典賓／賓一大類
【鑽鑿分佈】：Z1a
【正面釋文】：
☑不圍于我☑
【反面釋文】：
☑夕☑

【著錄號】：乙 2097（R29346／H2431）
【字體分類】：典賓／過渡 2 類
【鑽鑿分佈】：Z1a
【正面釋文】：
A. 不屯。
B. 貞：身不隹妣己蛊（害）。
【反面釋文】：
A. ☑不隹☑

B. 蛊王。
C. 老入三。 wr
【相關說明】：
反面釋文 B、C 朱墨書未刻。

【著錄號】：乙 2118＋乙 2853＋乙 3231＋乙 8170＋乙補 2884（R32394／H10026＋H10034）
【綴合情形】：
①：（乙 2853＋乙 3231）＝曾毅公、李學勤
②：（乙 2118＋乙 8170）＝合 10026 綴
③：（①＋②＋乙補 2884）＝林宏明綴（醉 48）
【字體分類】：典賓／過渡 2 類
【鑽鑿分佈】：Z1a
【正面釋文】：
乙酉卜韋貞：我受黍年。
貞：弗其受黍年。
貞：其受☑
{王占曰：吉☑}
【反面釋文】：
王占曰：吉☑

【著錄號】：乙 2127＋乙 2156＋乙 2211（R29356／H6987）
【字體分類】：典賓／過渡 2 類
【鑽鑿分佈】：Z1a
【正面釋文】：
A. 貞：乎取㬅伯。
   貞：弜取㬅伯。
B. □□卜賓貞：步。
   ☑步。
【反面釋文】：
A. 貞：其有至商。
B. [子]商其☑
【反面釋文】：
本版反面二「商」字屬異體分工，拓本不清。據之判斷其與丙八六事類頗相近。

【著錄號】：乙 2133＋乙 6774（R29362／H19406＋H2256）

【字體分類】：典賓／過渡 2 類

【鑽鑿分佈】：Z1a

【正面釋文】：

A. 貞：隹父乙。

不隹父乙。

B. ｛甲戌卜□｝貞：今二月☒

今二月弗其☒

C. ｛□□卜爭｝貞：亡來艱（囏）。

【反面釋文】：

A. ☒來艱（囏）。

B. ☒來。

C. □□卜爭。

D. 其☒

E. 甲戌卜□

【著錄號】：乙 2179＋乙 5411（R44702／H882＋H1676）

【字體分類】：典賓／過渡 2 類

【正面釋文】：

A. 甲申卜☒

B. 庚寅卜𣪊貞：來辛丑卜曰☒

C. ☒下乙百伐。乙巳允酒。易日。

【反面釋文】：

翌乙[巳]易日。

【著錄號】：乙 2213＋乙 6903＋乙 8171（R29405／H8411）

【綴合情形】：

①：（乙 2213＋乙 8171）＝金祥恆綴

②：（①＋乙 6903）＝林宏明綴（醉 357）

【字體分類】：典賓／過渡 2 類

【鑽鑿分佈】：Z1a

【釋文】：

乙巳卜爭貞：巴方其昌（敗）。

貞：巴方不其昌（敗）。

【著錄號】：乙 2224＋乙 7387（R29414／H19269）

【字體分類】：賓一／過渡 1 類

【正面釋文】：

辛巳卜𣪊貞：今十二月術。

辛巳卜𣪊貞：今十二月☒

【反面釋文】：

龍取☒。　wr

【著錄號】：乙 2240＋乙 2843＋乙 6524＋乙 6573＋乙 7699＋乙 8069＋乙補 5656（R39823／H13702＋H2521＋H14222）

【綴合情形】：

①：（乙 6524＋乙 2843）＝合 2521 遙綴

②：（①＋乙補 5656）＝史語所綴

③：〔②＋（乙 6573＋乙 7699＋乙 8069）〕＝林宏明綴（醉 305）

【字體分類】：典賓／過渡 2 類

【鑽鑿分佈】：Z1a

【正面釋文】：

A. ☒下上☒王疾。

貞：不隹下上㞢（肇）王疾。

｛☒曰吉：㞢（肇）余☒｝

B. ｛□亥卜賓｝貞：隹多姊㞢（肇）王疾。

貞：不隹多姊☒

【反面釋文】：

A. ☒曰吉：㞢（肇）余☒

B. ☒曰吉☒

C. □亥卜賓。

【著錄號】：乙 2252＋乙 2282＋乙 2399＋乙 2401＋乙 3565＋乙 6767＋乙補 1859＋乙補 3094＋乙補 6103（R29428＋R29550／H15981＋H14328）

【綴合情形】：

①：（乙 2399＋乙 2401＋乙補 6103）＝史語所綴

②：（乙 2252＋乙 2282＋乙補 1859）＝史語所綴

③：（乙 3565＋乙補 3094）＝史語所綴

④：〔①＋②＋③＋乙 6767〕＝蔡哲茂綴（先 898）

【字體分類】：賓一／過渡 2 類

【鑽鑿分佈】：Z1a

【釋文】：

A. 己巳卜賓貞：帝于西。

貞：易帝于西。

B. 貞：帝叀（惟）羊。叀（惟）牛。
貞：㠯隹羊。㠯隹牛。

C. 貞：帚好▨
貞：帚好▨

【著錄號】：乙 2262＋乙 3052＋乙 4331＋乙 4349＋乙 4406＋乙 4425＋乙 4559＋乙 4690＋乙 4776＋乙 4777＋乙 4780＋乙 4797＋乙 4804＋乙 4843＋乙 4871＋乙 4943＋乙 5170＋乙 5496＋乙 5537＋乙 5680＋乙 5718＋乙 5745＋乙 5762＋乙 5865＋乙 6160＋乙 6196＋乙 6208＋乙 6307＋乙 6459＋乙 8329＋乙補 2396＋乙補 4480＋乙補 4568＋乙補 4598＋乙補 4636＋乙補 4659＋乙補 4718＋乙補 4904＋乙補 4944＋乙補 5074（R44572／H4814＋H895＋H7034＋H3568＋H9128＋H9068＋H14566＋H16545）

【字體分類】：賓一／過渡 1 類

【鑽鑿分佈】：Z1a／3-4

【釋文】：

A. 乙卯卜內：冊大庚七十宰。伐廿。十一月。
乙卯卜□冊大庚。㠯七十宰。伐廿。

B. 丙辰卜㱿：**剌**亡囚（憂）。
丙辰卜㱿：**剌**其有囚（憂）。

C. 丙辰卜爭：**剌**亡不若。十一月。

D. 丙辰卜㱿：燎□河十▨

E. 丙辰卜㱿貞：曰雀來▨
丙辰□㱿□㠯▨

F. 丁巳卜㱿貞：叀（惟）▨[敦]▨

G. 甲子卜㱿：兔以（舌?）。允以。十一月。
甲子卜㱿：兔弗其以（舌?）。

H. ▨㠯隹敦。
▨㠯隹□敦。

【相關說明】：

本版之綴合最早見於《殷合》467 組，後來學者陸續加綴，至張秉權、劉淵臨將本版還原至目前面貌，透過張綴可知合 895（乙 5762＋6208）的綴合有誤，當改為遙綴。[20]

【著錄號】：乙 2275＋乙 2307＋乙 2478＋乙 2487＋乙 3024＋乙 3025＋乙 3036＋乙 8386＋乙補 1759＋乙補 1800＋乙補 2684＋乙補 2866＋乙補 3255＋乙補 6340＋乙補 6918（R44574／H2953＋H11188＋H906＋H917＋H7338＋H13166）

【字體分類】：典賓／過渡 2 類

【正面釋文】：

A. 貞：子商妾。有由。
貞：子商妾。亡由。

B. 取為。
㠯取。

C. 取𢀛。
㠯取。

D. 貞：今日夕酒。

E. 貞：彡。酒夕羊。宜豕。

F. ｛乙丑□｝貞：今日㞢于咸三羊。

G. ｛癸酉卜｝□藺[羊?]▨一百▨祖辛▨

H. 貞：于祖辛屰。

I. 乙亥卜爭貞：戠由□月。

J. ｛辛酉□｝㞢于上甲十伐。卯十豭。

【反面釋文】：

A. 癸酉卜。

B. 辛酉□

C. 乙丑□

D. 貞：翌丁巳酒祖乙。戊午酒大[戊]。
㠯日。

E. 㶣于黃奭。
㶣于黃▨

F. ▨㞢于[河]。

【著錄號】：乙 2285（R44704／H12898）

【字體分類】：典賓／過渡 2 類

【正面釋文】：

A. 癸亥卜永貞：茲雨隹若。
貞：茲雨不隹若。

[20] 魏慈德對本版有詳細說明，可參見氏著：《殷墟 YH127 坑甲骨卜辭研究》，頁 241-242。

B. 癸亥卜永貞▨其▨
　貞：⿱良大不以艱。
　{王占曰：其以艱。}
C. 賓。wr
【反面釋文】：
A. 王占曰：其以艱。
B. 爭。wr
【相關說明】：
一、正面「賓」字處於正面腹甲甲尾部分，字跡模糊但可識，疑屬記事刻辭。
二、正面釋文B的⿱良大字，拓影作，一般楷定為「⿱良大」，認為上半部從良字，下半部從大，然細審其上半部件作、、形，與一般習見的良字如（乙 2956＋乙 7672＋乙補 5324＝合 9810 反）、（歷拓 19＝合 13016）、（乙 2510＝合 13936）、（英 172）等構形頗異，疑非一字。[21]

【著錄號】：乙 2295＋乙 2689＋乙補 6457（R29481／H12831）
【綴合情形】：
①：（乙 2295＋乙 2689）＝郭若愚綴
②：（①＋乙補 6457）＝林宏明綴（醉 47）
【字體分類】：典賓／過渡 2 類
【鑽鑿分佈】：Z1a
【正面釋文】：
辛巳卜賓貞：乎舞。有从雨。
貞：乎舞。有从雨。
{王占曰：[吉]其雨。之▨／之夕□雨。}
【反面釋文】：
王占曰：[吉]其雨。之▨
之夕□雨。

【著錄號】：乙 2296＋乙 2578（R29479／H1793＋H19025）
【字體分類】：典賓／賓一大類
【鑽鑿分佈】：Z1a
【正面釋文】：
{乙亥卜□}貞：于羌甲御。祼酉十□十伐。小往□蜎▨
{王占曰：吉。}
【反面釋文】：
A. 王占曰：吉。
B. 王占曰：吉。𠂤疾帚[娘]▨
C. 乙亥卜□

【著錄號】：乙 2298＋乙 4468＋乙 4597＋乙 4725＋乙 7617＋乙 8304＋乙補 3459＋乙補 6353＋乙補 6476（R44573／H13697＋H9259）
【字體分類】：典賓／過渡 2 類
【正面釋文】：
A. 貞：王疾隹大示。
　□王疾不隹大示。
B. 隹大示。
　不隹大示。
C. {丙申卜爭}貞：示又王。
　貞：示弗又□
【反面釋文】：
A. 丙申卜爭。
B. ▨弗又王。
C. 喜入五。wr

【著錄號】：乙 2326（R29502／H1692）
【字體分類】：典賓／過渡 2 類
【鑽鑿分佈】：Z1a
【釋文】：
壬辰卜㱿貞：㞢于祖辛。

【著錄號】：乙 2340＋乙 7253＋乙 7734＋乙 8075＋乙補 1601（R29191／H2967＋H10948＋H13673）
【綴合情形】：林宏明綴（醉 377）
【字體分類】：賓一／過渡 2 類

---

[21] 關於此字，筆者有進一步論述，請參拙作：〈古文字「⿱竹黽」、「⿰阝求」、「⿱良大」、「甶」論辨〉，《北市大語文學報》第九期（2012 年 12 月）。

【鑽鑿分佈】：Z5a
【正面釋文】：

A. 乎子商从溝，有鹿。
B. 貞：疒（疾）身（腹?）。蜎（蠲）。
　　易疒（疾）身（腹?）。
C. 易☑
D. 易于𡆥☑
E. 易御☑

【反面釋文】：

A. 乎[子]商，有鹿。
　　貞：易，有鹿。
B. 貞：其有☑
C. 易☑妣甲。

【相關說明】：

本組綴合左半為合 10948，林宏明改其
實綴為遙綴，並加綴乙 7253＋乙 2340
＋乙補 1601。這是組較少見的左右對
剖並貞卜同事的背甲刻辭。

【著錄號】：乙 2342（R29512／H17404）
【字體分類】：典賓／過渡 2 類
【鑽鑿分佈】：Z1
【釋文】：

A. 貞：王夢不隹田（憂）。
B. ☑王往☑

【著錄號】：乙 2348＋乙 2470＋乙 6785
＋乙 6900＋乙 7108＋乙補 1893＋乙補
5888＋乙補 7055（R29463／H4174＋H5397＋
H8403）
【字體分類】：典賓／過渡 2 類
【鑽鑿分佈】：Z1a
【釋文】：

辛未卜㲆貞：王曰戈人來复。
貞：王易曰☑

【相關說明】：

《合》4174 誤綴。

【著錄號】：乙 2360＋乙 2646＋乙 2967
＋乙 3180＋乙 3420＋乙 6705（R29525／
H8648）
【字體分類】：典賓／過渡 2 類
【正面釋文】：

A. 癸酉卜亘貞：生月多雨。
　　｛王占曰：其隹庚戌雨小（少）。
　　其隹庚□雨多。｝
B. 貞：今日其雨。
　　今日不其雨。
C. ｛壬申卜亘｝貞：方于蒙。
　　貞：方易于蒙。
D. ｛丙子卜內｝貞：今偁。
　　貞：偁。叀（惟）兔乎比。

【反面釋文】：

A. 王占曰：其隹庚戌雨小（少）。其
　　隹庚□雨多。
B. 壬申卜亘。
C. 丙子卜內。
D. 貞：雨。
　　王占曰：其雨。

【著錄號】：乙 2364＋乙 3935（R29526
／H11395）
【字體分類】：典賓／過渡 2 類
【鑽鑿分佈】：Z1a
【釋文】：

A. 貞：于南牧。
B. □珥（聽）□咎。
　　貞：王珥（聽）不隹有咎。

【著錄號】：乙 2367＋乙 2721＋乙 6931
＋乙 7637＋乙補 5994＋乙補 6388（R29528
／H13874）
【字體分類】：典賓／過渡 2 類
【鑽鑿分佈】：Z1a
【正面釋文】：

A. 己卯卜賓貞：子狄肩同。
B. 于多☑

【反面釋文】：

A. 貞：其[肩]☑
B. ☑燎十牛。

【著錄號】：乙 2371＋乙 7504＋乙補
6335（R32004／H14563）
【字體分類】：典賓／過渡 2 類
【鑽鑿分佈】：Z1a
【釋文】：

壬申卜㱿貞：燎于河。五月。

【著錄號】：乙 2381＋乙 3693＋乙 7445
＋乙補 3353（R29538／H15639＋H7240）
【字體分類】：典賓／賓一大類
【鑽鑿分佈】：Z1a
【正面釋文】：
A. 貞：燎三羊三犬三豚。
　　貞：燎三羊□犬三豚。
B. 貞：咸桑（爽）有[酒]□有徝（循）。
【反面釋文】：
□用。
【相關說明】：
正面釋文 A「豚」字原刻「豕」，後改
刻「豚」，仍可見其刊削痕。

【著錄號】：乙 2385 反（R44354／H14207 反）
【字體分類】：典賓／過渡 2 類
【釋文】：
貞：壬子㱿（向）癸丑□夢肩。隹□
貞：壬子㱿（向）癸丑□不隹[蠱]（？）□

【著錄號】：乙 2395＋乙 2986＋乙 4001
＋乙 4003＋乙 4847＋乙 5217＋乙 7837
＋乙補 1980＋乙補 6238（R29545／H15205
＋H3243＋H3244＋H10331）
【綴合情形】：
①：（乙 2395＋乙 2986＋乙 4001＋乙
　　4003＋乙 5217＋乙 7837）＝史語
　　所綴
②：（①＋乙 4847）＝蔡哲茂綴（先 637）
③：（乙補 6234＋乙補 6235）＝蔡哲
　　茂綴（綴續 474）}
④：（②＋③）＝林宏明綴（契 275）
【字體分類】：典賓／過渡 2 類
【正面釋文】：
A. 出于父乙。
　　□出于父乙。
B. 貞：乎多子逐鹿。隻。
　　易乎多子逐鹿。
C. 翌乙酉□匚（報）。
【反面釋文】：

□祖乙。

【著錄號】：乙 2396（R29548／H5985）
【字體分類】：典賓／賓一大類
【釋文】：
□圍不若。

【著錄號】：乙 2407＋乙 6978（R29561
／H9526）
【字體分類】：典賓／賓一大類
【正面釋文】：
□子甫立。
□隹甫立。
【反面釋文】：
今日庚□其□
今日庚□不□

【著錄號】：乙 2424＋乙 2566＋乙 4155
＋乙 4240＋乙 4973＋乙 7501＋乙 7875
＋乙 7997＋乙 8084＋乙補 3634＋乙補
3892＋乙補 6632（R44575／H8938＋H2481＋
H13056＋H13164＋H11783＋H11838）
【字體分類】：典賓／過渡 2 類
【鑽鑿分佈】：Z1a／2-3 ◎
【正面釋文】：
A. 乙未卜永貞：易日。
　　乙未卜古□
　　{□丙（辰？）雨。}
B. 戊申卜亘貞：大乎収（廾）牛多奠。
　　貞：易乎収（廾）牛多奠。
C. 貞：易日□
　　貞：不雨。
D. 貞：啟。
　　貞：不啟。
【反面釋文】：
A. □丙（辰？）雨。
B. [帚]□ wr

【著錄號】：乙 2429＋乙 2521＋乙
4101＋乙 6923＋乙 8148＋乙補 410
（R26854／H14199＋H16162＋H16163）
【綴合情形】：乙 2429＋乙 4101＝嚴
一萍綴（彙 529）

【字體分類】：典賓／過渡 2 類
【正面釋文】：
癸丑卜爭貞：翌乙亥蚊人。卯三宰☑允
蚊☑
【反面釋文】：
☑曰☑[茲]其☑疾（？）。
【相關說明】：
《合集》誤綴乙 2429 入合 14199。

【著錄號】：乙 2430＋乙 3104＋乙 3360
＋乙 3614＋乙 7985＋乙補 4424（R29601
／H11217）
【字體分類】：典賓／賓一大類
【鑽鑿分佈】：Z1a
【釋文】：
A. 辛巳卜古貞：其有☑
　　□巳卜古貞：亡其犬。
B. 貞：□有犬。
　　貞：亡其犬。
C. 貞：亡其☑

【著錄號】：乙 2433＋乙 3587＋乙補
2030＋乙補 3749（R29594）
【字體分類】：典賓／賓一大類
【釋文】：
貞：翌庚午昜出☑伐☑

【著錄號】：乙 2444（R29618）
【字體分類】：典賓／過渡 2 類
【釋文】：
丁酉卜爭貞：乎娃疫亡[克]
乎娃疫克。
貞：乎娃疫克。

【著錄號】：乙 2458＋乙 3125（R29627
／H11558）
【字體分類】：賓一／典型賓一類
【鑽鑿分佈】：Z1a
【正面釋文】：
☑賓貞：及今二月☑
　{☑王占曰：見☑}
【反面釋文】：
☑王占曰：見☑

【著錄號】：乙 2461＋乙 6816＋乙補
6071（R29629／H9502）
【綴合情形】：
①：（乙 2461＋乙 6816）＝合 9502 綴
②：（①＋乙補 6071）＝林宏明綴（醉
　　49）
【字體分類】：典賓／過渡 2 類
【鑽鑿分佈】：Z3b
【釋文】：
☑乎耤□明。
☑乎耤于☑

【著錄號】：乙 2464＋乙 2537＋乙 2820
＋乙 3147＋乙 3627＋乙 6865＋乙補
1729＋乙補 2065＋乙補 6935（R29631／
H6471＋H4259）
【綴合情形】：＋乙補 1729＝張宇衛綴
（先 2657）
【字體分類】：典賓／過渡 2 類
【鑽鑿分佈】：Z1a
【釋文】：
甲午卜賓貞：沚戛啟。王比伐巴方。
受有又。
甲午卜賓貞：沚戛啟。王弜比。弗其
受有又。十月
【相關說明】：
此版存在較清楚之舊字痕跡（刮削未
淨），在右辭處有「出伐」仍可察見。
類似情形可參見丙一七二、五四六等。

【著錄號】：乙 2465＋乙 5533＋乙 7303
＋乙補 1786＋乙補 2070＋乙補 2197＋
乙補 6207（R29368／H16463）
【綴合情形】：
①：（乙 2465＋乙補 2070）＝林勝祥
　　綴（彙 926）
②：（乙補 2197＋乙補 6207）＝史語
　　所綴
③：（①＋②＋乙 5533）＝林宏明綴（醉
　　194）
④：（③＋乙補 1786）＝蔡哲茂綴（彙

926）

【字體分類】：典賓／賓一大類
【鑽鑿分佈】：Z1a
【釋文】：
乙卯卜內貞：祀乍王𡆥（憂）。
貞：祀弗乍王𡆥（憂）。

【著錄號】：乙 2485＋乙 2697（R29657／H3861＋H9213）
【綴合情形】：張秉權綴（彙 299）
【字體分類】：賓一／師賓間類
【鑽鑿分佈】：Z1a
【正面釋文】：
辛巳卜韋貞：有來自西。
【反面釋文】：
戔來二。wr
【相關說明】：
此版為右背甲。「西」字據目驗，與一般寫法不同，與「東」甚似，僅缺下方撇出，然據「䢴」字所從西如此作，以及「東」字未見缺筆例，仍應釋為西。

【著錄號】：乙 2489（R29660／H12546）
【字體分類】：典賓／賓一大類
【鑽鑿分佈】：Z1a
【正面釋文】：
A. 貞：尋酒河。燎三牛。沈三牛。卯𠂤
B. 丙寅允雨。四月。
C. 𠂤出𠂤
【反面釋文】：
𠂤允雨。
【相關說明】：
實物字已幾乎磨滅。

【著錄號】：乙 2493＋乙 2752＋乙 7786＋乙補 1590（R44706／H2429）
【字體分類】：典賓／過渡 2 類
【鑽鑿分佈】：Z1a／2-3
【正面釋文】：
妣己蚩（害）王
𠂤貞：妣己□王
{𠂤王占曰：吉。}
【反面釋文】：

𠂤王占曰：吉。

【著錄號】：乙 2531＋乙 3895＋乙 3899＋乙 6823＋乙 6857＋乙 7034＋乙 7088＋乙補 0534＋乙補 0565＋乙補 0773＋乙補 1743＋乙補 2135＋乙補 3026＋乙補 5861＋乙補 6995＋乙補 7184（R44576／H3196＋H14603＋H14197）
【字體分類】：賓一／典型賓一類

【釋文】：
A. 辛卯卜爭貞：子美肩同有疾。
貞：子美弗其肩同有疾。
B. 𠂤帝弗若。
B. 乙巳卜賓貞：舞河𠂤
貞：㱿舞河。亡其雨。

【著錄號】：乙 2596（R29724／H14721）
【字體分類】：典賓／過渡 2 類
【鑽鑿分佈】：Z1a
【正面釋文】：
A. 辛亥卜古貞：季弗咎工。
B. 壬戌卜㱿貞：我亡來。
C. 今癸亥燎一牛。
D. 貞：自今至于戊寅不其雨。
【反面釋文】：
A. 㱿燎十。
B. 羍入五。wr

【著錄號】：乙 2609＋乙 2655＋乙 4009＋乙 5944＋乙 6037＋乙 6936＋乙 8224＋乙補 1702＋乙補 7126（R29279／H2424＋H5324＋H13656＋H14322）
【字體分類】：典賓／過渡 2 類
【鑽鑿分佈】：Z1b
【正面釋文】：
A. 𠂤貞：出高妣己𤮎（血）小宰。曹十宰。
B. 𠂤[告]南𠂤余□{□占曰：吉。其告。}
C. 貞𠂤其𡆥（憂）。
貞：㒼其有𡆥（憂）。
D. 貞：有疾齒。隹有由。
貞：有疾齒。不隹有由。

E. 于南庚御。

F. 辛卯卜王貞：蜎（䗪）。二三

【反面釋文】：

A. □占曰：吉。其告。

B. 叀（惟）白[兒]☑

C. 其☑

D. 爭。wr

【相關說明】：

正面釋文 B，應是對南庚告疾齒的貞問；同版有「于南庚御」，亦有「疾齒。隹有由」，卜辭所見商王疾齒多以御祭攘除之。

【著錄號】：乙 2611＋乙 6828＋乙 6935＋乙 6937＋乙補 5924（R29727／H12449）

【綴合情形】：乙 2611＋乙補 5924＝林宏明綴（醉 65）

【字體分類】：賓組戌類／非典型師賓間 C

【鑽鑿分佈】：Z1a

【釋文】：

翌庚寅其雨。

翌辛卯其雨。

【著錄號】：乙 2614＋乙 5961＋乙 6868＋乙 6909＋乙 7110＋乙補 5787＋乙補 5965（R29728／H14032）

【綴合情形】：

①：（乙 2614＋乙 5961＋乙 6868＋乙 6909）＝合 14032 遙綴

②：（①＋乙補 5787）＝史語所綴

③：（乙 7110＋乙補 5965）＝林宏明綴（醉 378）

④：（②＋③）＝張惟捷綴（先 2386）

【字體分類】：典賓／過渡 2 類

【鑽鑿分佈】：Z1a

【正面釋文】：

A. □□卜𣪊貞：子𣪘𤔲（娩）妦。

　丁巳卜𣪊貞：子𣪘𤔲（娩）不其妦。

　｛☑不妦。其☑吉。｝

B. 貞：其有正。

　貞：亡其正。

【反面釋文】：

A. ☑不妦。其☑吉。

B. 帚好☑

【相關說明】：

本版記載子𣪘𤔲妦事，此𣪘亦見 R44561、R44593 等，應即乙 3069（R32291）等習見的子𣪘，是女性多子。筆者綴上乙 7110＋乙補 5965，得干支為丁巳，按 R44561 辭「戊午卜𣪊貞：子𤔲妦。／□□□𣪊貞：子𣪘𤔲不其妦」干支相鄰，與之應該是連日所卜；而乙 3069（R32291）辭「庚午卜賓貞：子𣪘𤔲妦」，干支鄰旬，可能亦屬一事。另，乙 2614 反與另版龜甲相黏，牢不可分，反面無法辨識。

【著錄號】：乙 2619＋乙 2988＋乙 7820＋乙 8046＋乙 8122＋乙 8430＋乙 8457＋乙補 2372＋乙補 2390＋乙補 2811＋乙補 5389＋乙補 6919（R42684／H3234＋H8129＋H16178）

【綴合情形】：

①：（乙 7820＋乙 8046＋乙補 2811）＝林宏明綴（醉 67）

②：（乙 8122＋乙 8430＋乙 8457＋乙補 5389＋乙補 6919）＝史語所綴

③：（乙 2619＋乙補 2372＋乙補 2390）＝史語所綴）

④：（①＋②）＝蔡哲茂綴（先 603）

⑤：（③＋④）＝張惟捷綴（彙 886）

【字體分類】：典賓／過渡 2 類

【鑽鑿分佈】：Z1a

【正面釋文】：

A. 𧖫蚊父乙。羊。

B. 祼☑

C. 貞：屮祖☑

【反面釋文】：

A. 于尋御子。

　易于尋御子。

B. ☑𡆥（婚）

　☑𡆥（婚）☑

C. 于□庚☑尋☑

曷于母庚☐
D. ☐洙。
　☐御☐洙☐
【相關說明】：
所謂「洙」字從水旁，或獨體作☐，為卜辭中習見地名，合5913＋合1089「乙酉卜☐敝弗其以☐（洙）」為林宏明綴，可知該地女子有貢入商地之例子。

【著錄號】：乙2626＋乙3101＋乙7448＋乙補2213（R29740／H774＋H778）
【綴合情形】：
①：（乙3101＋乙7448）＝合778綴
②：（①＋乙補2213）＝林勝祥綴（彙940）
③：（②＋乙2626）＝林宏明綴（醉54）
【字體分類】：典賓／過渡2類
【鑽鑿分佈】：Z1a
【正面釋文】：
Λ.　｛乙亥卜敵｝今日其雨。
B. 曷奉（禱）于妣庚。
C. 三☐。
　四☐。
　五☐。
D. 于高妣己。
E. 貞：隹妣☐。
F. 貞：乎王牧羊。
【反面釋文】：
A. 乙亥卜敵。
B. 爭。wr

【著錄號】：乙2652（R44394／H17337）
【字體分類】：典賓／過渡2類
【正面釋文】：
☐貞：我☐降戠（摧）。
☐降戠（摧）。八月。
｛☐占曰：其有降大戠（摧）。｝
【反面釋文】：
A. ☐占曰：其有降大戠（摧）。
B. ☐曷☐
【相關說明】：

本版原綴於丙二九六，經查為誤綴，故歸於乙編釋文；參丙二九六相關說明。

【著錄號】：乙2667＋乙5691＋乙6974＋乙8128＋乙補841（R29756／H1710＋H1750＋H11499）
【字體分類】：典賓／過渡2類
【正面釋文】：
貞：出于祖辛。
貞：曷出于祖辛。
【反面釋文】：
A. ☐貞：宰☐祖辛☐
B. 曷御☐己

【著錄號】：乙2672＋乙5308＋乙5419＋乙5451＋乙5633＋乙5964＋乙6120＋乙6140＋乙補4972＋乙補5295（R29762／H13840＋H3183）
【綴合情形】：
①：（乙2672＋乙5451）＝史語所綴
②：（乙5694＋乙6120＋乙6140）＝史語所綴
③：（①＋②＋乙5633）＝合13840遙綴
【字體分類】：典賓／過渡2類
【鑽鑿分佈】：Z1ab
【正面釋文】：
A. 貞：弗其隻。
B. 丙戌卜亙貞：子☐（尻）其有疾。
　☐子☐（尻）☐疾。
C. ☐貞：來丙申雨。
　貞：丙☐不其雨。
D. 貞：翌癸未雨。
　翌癸未不其雨。
E. 癸未卜內貞：有至自東。
　貞：亡其至自東。
【反面釋文】：
A. ☐妣己☐
B. 周入十。wr
C. 爭。wr

【著錄號】：乙2683（R44707／H9013）
【字體分類】：典賓／過渡2類

【鑽鑿分佈】：Z1a／1-2
【正面釋文】：
戊戌卜亘貞：嬈。
【反面釋文】：
A. 我以千。 wr
B. 帚丙示百。wr
C. 㲳。 wr

【著錄號】：乙 2693（R29769／H14135）
【字體分類】：典賓／過渡 2 類
【鑽鑿分佈】：Z1b
【正面釋文】：
A. 貞：今二月燎，不其令雨。
B. 不隹父乙蚩（害）王。
　　{王占曰：彗（習）二告。}
【反面釋文】：
A. 王占曰：彗（習）二告。
B. 我來四十。wr
【相關說明】：
反面釋文「二」字後目驗為「告」。按一
般占辭偶見「習某卜」，此類「習二告」
者罕見；「二告」為兆語，這裡可能表示
「襲用標誌『二告』的該兆」而言。

【著錄號】：乙 2704＋乙 5453＋乙 5567
＋乙 5789＋乙 6321＋乙補 5359＋乙補
5548＋乙補 5581（R38904／H12466）
【綴合情形】：
①：（乙 5453＋乙 5567＋乙 5789）＝
　　曾毅公、李學勤綴
②：（①＋乙 2704）＝合 12466、嚴一
　　萍綴
③：（乙 6321＋乙補 5581 正＋乙補
　　5548）＝林宏明綴
④：（②＋③）＝宋雅萍綴（彙 783）
⑤：（④＋乙補 5359）＝林宏明綴（醉
　　361）
【字體分類】：典賓／過渡 2 類?
【鑽鑿分佈】：Z1a
【正面釋文】：
A. 辛巳卜亘貞：雨。
B. 貞：來乙酉其雨。

C. 貞：來庚寅其雨。
　　貞：來庚寅不其雨。
D. 貞：有來屰（惟）南。
【反面釋文】：
王占曰：气雨。隹甲丁見辛己。

【著錄號】：乙 2713＋乙 7354＋乙 7503
（R42406／H12160）

【綴合情形】：
①：（乙 7354＋乙 7503）＝黃庭頎綴
　　（彙 824）
②：（①＋乙 2713）＝蔡哲茂綴（先
　　974）
【字體分類】：典賓／過渡 2 類
【鑽鑿分佈】：Z1a
【釋文】：
壬寅卜內貞：及今夕雨。
貞：弗其及今夕雨。

【著錄號】：乙 2726＋乙 3185（R32359
／H19663）
【字體分類】：典賓／過渡 2 類
【鑽鑿分佈】：Z1a
【釋文】：
貞：叀（惟）戎乎取雍[鎓]。
☑戎乎。

【著錄號】：乙 2727（R44708／H1460）
【字體分類】：典賓／過渡 2 類
【釋文】：
甲申卜亘貞：隹大示☑
貞：不隹☑

【著錄號】：乙 2736（R29814／H15761）
【字體分類】：典賓／過渡 2 類
【釋文】：
己丑[卜]古貞□㲳（待）。出酒。

【著錄號】：乙 2739＋乙 2742＋乙 3140
＋乙 8068（R29815／H2123＋H12887）
【綴合情形】：＋乙 2742＝林宏明綴
【字體分類】：典賓／過渡 2 類

【鑽鑿分佈】：Z1a
【釋文】：
A. 貞：不雨。不隹田（憂）。
   ☑[雨]。隹田（憂）。
B. ☑蠱（害）。
C. ☑貞：疾人。隹父甲蠱（害）。
   貞：有疾人，不隹父甲☐
【相關說明】：
本版反面無刻辭，但有墨書，「王占曰」等，大部份已漫漶。

【著錄號】：乙 2740＋乙 2772（R29816／H14146）
【字體分類】：典賓／典型典賓類
【鑽鑿分佈】：Z1a
【釋文】：
貞：翌庚寅帝不令雨。
【相關說明】：
此版「庚」斜頭，「不」有橫劃，應歸典型典賓類。

【著錄號】：乙 2743（R29820／H9229）
【字體分類】：典賓／過渡 2 類
【鑽鑿分佈】：Z1a
【釋文】：
畫入二在高。　wr

【著錄號】：乙 2763＋乙 3807＋乙 4100＋乙 4287（R29880／H12488）
【字體分類】：賓一／典型賓一類
【鑽鑿分佈】：Z1b
【釋文】：
A. 壬寅卜賓貞：以。
B. 己巳卜爭貞：今一月其雨。
   自今一[月]不其雨。
【相關說明】：
此版未施短鑿的原因，很可能是由於甲版太薄的緣故，全版厚薄介於 0.25-0.4cm 間。另，「自」字誤刻為「火」，蓋由形近而訛。

【著錄號】：乙 2764＋乙 3582＋乙 5115

＋乙 5118（R29855／H13026＋H12977）
【綴合情形】：
① （乙 3582＋乙 5115＋乙 5118）＝合 12977 綴
② （①＋乙 2764）＝林宏明綴（醉 382）
【字體分類】：典賓／賓一大類
【鑽鑿分佈】：Z1a

【釋文】：
☑亡☑王占曰：其雨。其隹辛見甲。七日甲允雨，八日辛丑亦☐
【相關說明】：
此版所謂「七日」之「七」，疑是因受前後二「甲」字影響而誤刻，原應作「之」。該「日」字中無橫劃，為缺刻。

【著錄號】：乙 2773＋乙 2775＋乙 2778＋乙 2779＋乙 2780＋乙 2781＋乙 2783＋乙補 2358＋乙補 2362（R29889／H14576＋H14166）
【綴合情形】：
① （乙 2773＋乙 2778＋乙 2780＋乙 2783＋乙 2779＋乙補 2358）＝史語所綴
② （①＋乙 2783）＝林宏明綴（醉 168）
③ 〔（②＋（乙 2781＋乙補 2362）〕＝謝博霖、黃庭頎綴（彙 874）
【字體分類】：典賓／過渡 2 類
【鑽鑿分佈】：Z1a
【正面釋文】：
A. 貞：其有丮。
   貞：亡其丮。
B. 貞：取河。
   貞：易取河。
C. 貞：翌癸卯其雨。
   貞：翌癸卯☑雨。
D. ☑少☑雨☑
【反面釋文】：
A. 翌☑帝☐令☑王☑
   不其令☑
B. 戔來八。wr

【相關說明】：
反面釋文 A 位居左右首甲反面，屬於對貞，《醉古集》第一六八組釋文即將此條分讀，為「[☐不其令]」、「[王令禘☐]」，事實上正問卜辭有「翌」字漫漶難辨，且「不其令」顯然非商王主導，很可能即帝「令雨」、「令雷」之一類，故今據目驗正之。

【著錄號】：乙 2776＋乙 2782（R29890／H12354）
【字體分類】：典賓／過渡 2 類
【鑽鑿分佈】：Z1a
【正面釋文】：
A. 貞：翌乙亥雨。
　　王占曰☐叀（惟）☐來甲☐雷[不]☐
B. ☐父乙。
C. ☐高☐
D. 貞：㞢于妣己。
【反面釋文】：
A. ☐爭☐來☐
B. 來☐
【相關說明】：
此版正反皆殘碎甚大，尤其膠接之不良，已損壞若干原拓可見之字。

【著錄號】：乙 2793＋乙 2991＋乙 3202＋乙補 3808＋乙補 3811（R29925／H18695＋H9053＋H7584）
【綴合情形】：林宏明綴（醉 167）
【字體分類】：典賓／過渡 2 類
【鑽鑿分佈】：Z1b
【正面釋文】：
A. 己未卜☐翌庚☐王其伐。若。
　　己未卜☐
B. 貞：衍（行）☐以。
　　衍（行）弗其以。
　　行弗☐
　　｛王占曰：其以☐｝
【反面釋文】：
A. 王占☐
B. 王占曰：其以☐

【著錄號】：乙 2803＋乙 3528＋乙 3952＋乙 6846＋乙 7079＋乙 7214（R29953／H5771）
【字體分類】：典賓／過渡 2 類
【鑽鑿分佈】：Z1b
【釋文】：
癸巳卜㱿貞：令𦥑（舉）盖（庠）三百射。
貞：令㚔𦥑（舉）盖（庠）三百射。
【相關說明】：
此版為成套之一，據乙 2803 兆序為四，知乙 6846＋乙 7079＋乙 7214 應不可與之綴。

【著錄號】：乙 2809＋乙 3264＋乙補 1836（R29400／H6550）
【綴合情形】：蔡哲茂綴（綴續 465）
【字體分類】：典賓／過渡 2 類
【鑽鑿分佈】：Z1a
【釋文】：
己丑卜㱿貞：今早王[往]伐莞方。受有又。十三月。
己丑卜㱿貞：今早王叀（惟）☐[方]征。受有又。
【相關說明】：
據目驗，二辭之方國名應非相同。

【著錄號】：乙 2810＋乙 3438（R32527／H13620）
【字體分類】：典賓／典型賓一類
【鑽鑿分佈】：Z1a
【正面釋文】：
有疾目。其征（延）。
有疾目。不征（延）。
【反面釋文】：
A. ☐雨。
　　今夕不雨。
B. 貞：其☐

【著錄號】：乙 2813＋乙 5915（R43981／H9566＋H9017）
【字體分類】：典賓／賓一大類
【鑽鑿分佈】：Z1a

【釋文】：
A. ☑貞：乎[小]秄（乂）臣。
　　貞：昜乎小秄（乂）臣。
B. 貞：[㚸]（畫）☑

【著錄號】：乙 2814＋乙 3701＋乙補
2179（R29722／H12672）
【字體分類】：典賓／賓一大類
【鑽鑿分佈】：Z1a
【正面釋文】：
貞：凷震☑
貞：凷震亡☑
【反面釋文】：
☑乎☑

【著錄號】：乙 2824＋乙 4311＋乙 4318
＋反乙 6860＋乙補 1913（R29480／H19312
＋H18254＋H2581）
【綴合情形】：
①：（乙 4311＋乙 4318）＝林宏明綴
　　（醉 195）
②：〔①＋（乙補 1913＋反乙 6860）
　　＋乙 2824〕＝林宏明綴（醉 196）
【字體分類】：典賓／賓一大類
【鑽鑿分佈】：Z1a
【正面釋文】：
A. 母癸追。
　　母弗追。
B. ☑祖☑
【反面釋文】：
我以☑ wr

【著錄號】：乙 2830（R29982／H19213）
【字體分類】：典賓／過渡 2 類
【鑽鑿分佈】：Z1a
【釋文】：
A. 丁未卜㱿貞：燎☑
B. 貞：司亡囚（憂）。

【著錄號】：乙 2835（R29993／H5582）
【字體分類】：典賓／賓一大類
【鑽鑿分佈】：Z1a

【釋文】：
貞：小臣亡。
貞：小臣允有。

【著錄號】：乙 2836＋乙 2840（R32001
／H7880＋H4838）
【字體分類】：典賓／過渡 2 類
【鑽鑿分佈】：Z1a
【釋文】：
貞：奠得。
貞：奠不其得。

【著錄號】：乙 2838＋乙 2841＋乙補
2453＋乙補 2454＋乙補 2457＋乙補
2459＋乙補 2462＋乙補 2465（R29995
／H2191）
【綴合情形】：
①：（乙補 2457＋乙補 2462）＝林勝
　　祥綴（彙 1013）
②：〔①＋（乙 2838＋乙 2841＋乙補
　　2453＋乙補 2454＋乙補 2459＋乙
　　補 2465）〕＝林宏明綴（醉 165）
【字體分類】：典賓／賓一大類
【鑽鑿分佈】：Z1a
【正面釋文】：
A. 昜出于父乙。
B. ☑宰剢☑南☑
　　｛王占曰：吉。｝
【反面釋文】：
A. 貞：我得白兕。
B. 王占曰：吉。

【著錄號】：乙 2856（R32028 反／H17679 反）
【字體分類】：典賓／過渡 2 類
【鑽鑿分佈】：Z1a
【釋文】：
昜燎于兕（櫻）。
｛王占曰：吉。隹若。｝
【相關說明】：
正面無字。

【著錄號】：乙 2857＋乙 2869＋乙
4241（R32044／H10748＋H17188）

【字體分類】：典賓／賓一大類
【釋文】：
☑有蠱🐜。
☑蠱🐜。

【著錄號】：乙 2872＋乙 3201＋乙 3726
＋乙 4044＋乙 4048＋乙 4139＋乙補
2295（R44717／H4509＋H4510＋H4511＋H10463）
【綴合情形】：（乙 2872＋乙 3201＋乙
3726＋乙 4044＋乙 4048＋乙 4139）＝
裘錫圭綴（彙 100）
【字體分類】：典賓／過渡 2 類
【釋文】：
A. 乙酉卜𣪊貞：令暖[比兔]不☑
易令□比兔弗[其受又]
B. ☑酒☑兔不☑
貞：易令暖比兔。弗其受又。
C. 貞：易令暖比兔。弗其☑
D. ☑暖☑

【著錄號】：乙 2876（R32050／H14393）
【字體分類】：師賓間／非典型師賓間 B
【鑽鑿分佈】：Z1a
【正面釋文】：
A. 翌辛亥燎。
B. ☑出☑
【反面釋文】：
A. 易燎屯。不其尿（徙）。
B. [不]有雨。
C. 于[有]☑
【相關說明】：
反面釋文 A 亦可拆作二條來看，也就
是「易燎屯于[有]☑」、「不其尿（徙）。
雨」，須待相對右尾甲綴合才能確知。

【著錄號】：乙 2898＋乙 2899＋乙 2900
＋乙 2901＋乙 2949＋乙 3003＋乙 4088
＋乙補 2544（R32078／H5770）
【字體分類】：典賓／過渡 2 類
【鑽鑿分佈】：Z1b
【釋文】：
A. 癸巳卜𣪊貞：令𤰈盖（庠）射。

癸巳卜𣪊貞：叀（惟）🏺（舉）令
盖（庠）射。
B. 貞：叀（惟）🏺（舉）令盖（庠）
射。
易隹🏺（舉）令盖（庠）。
C. 貞：令𤰈盖（庠）三百射。
貞：易令𤰈盖（庠）三百射。
【相關說明】：
此版與 R29953（四卜）為成套，兆序
為三。
【著錄號】：乙 2904（R32083／H16287）
【字體分類】：典賓／過渡 2 類
【鑽鑿分佈】：Z1a
【釋文】：
王曰子🐚。其隻。
王[易]曰子🐚。不其隻。

【著錄號】：乙 2907（R44709／H5448）
【字體分類】：典賓／賓一大類
【鑽鑿分佈】：2-3
【釋文】：
戊辰卜爭貞：🍶亡田（憂）。出（贊）
王事。
貞：🍶其亡[田]（憂）。其出（贊）王事。

【著錄號】：乙 2910＋乙 5585＋乙 6489
＋乙 8298＋乙補 2571 倒（R32096／H2261
＋H13695 正乙）
【綴合情形】：＋（乙 8298＋乙補 2571
倒）＝林宏明綴（契 219）
【字體分類】：典賓／過渡 2 類
【鑽鑿分佈】：Z1a
【正面釋文】：
A. 甲寅卜內貞：𢍉各化🌿（竆）角。
☑各化弗其🌿（竆）角。
B. 貞：有疾足（踝）。隹父乙蚩（害）。
不隹父乙。
C. 出祖乙。
【反面釋文】：
A. 隹之乎往。[令]帚妓來。
B. [乙]巳卜古。
【相關說明】：

合 13695 正甲（乙 5382）為誤綴，此
從其甲橋連接處屬於未修整型，而正
乙的甲橋屬於已修整型可以分辨，故
此處將合 13695 正甲、正乙分開，並
採林宏明近綴。另，疑乙 6489 亦屬誤
綴，因為其反面互足之干支與正面甲
寅日不同旬，然就實物狀況來看實無
法肯定。

【著錄號】：乙 2912＋乙 3778＋乙 3779
＋乙 5638＋乙 6526＋乙補 3427（R44710
／H14639）
【字體分類】：典賓／賓一大類
【釋文】：
A. 丁酉卜古貞：燎于楓。
B. 貞：叀（惟）河隹祀。

【著錄號】：乙 2913＋乙 5535＋乙 5834
＋乙補 5412（R32097／H9613）
【綴合情形】：
①：（乙 5535＋乙 5834）＝郭若愚遙綴
②：（①＋乙 2913）＝合 9613 綴
③：（②＋乙補 5412）＝林宏明綴（醉
　　159）
【字體分類】：典賓／過渡 2 類
【鑽鑿分佈】：Z1a
【正面釋文】：
▨王往省漆（黍）。祀若。
▨王弜往省漆（黍）。祀弗若。
【反面釋文】：
奠來廿。wr

【著錄號】：乙 2922（R32105／H1312）
【字體分類】：典賓／過渡 2 類
【釋文】：
▨奏玉▨唐▨若。

【著錄號】：乙 2924（R32107／H18561）
【字體分類】：典賓／過渡 2 類
【釋文】：
▨壺[飲]（？）▨

【著錄號】：乙 2935（R32119／H2663）
【字體分類】：典賓／過渡 2 類
【正面釋文】：
貞：翌己亥帚好肩▨
｛王占曰：[肩]同▨｝
【反面釋文】：
王占曰：[肩]同▨

【著錄號】：乙 2941＋乙補 2845（R32124
／H3483）
【字體分類】：典賓／過渡 2 類
【鑽鑿分佈】：Z1a
【正面釋文】：
丙子卜古貞：黃尹蚩（害）王。
｛王占曰：[隹]▨尹蚩（害）余。｝
【反面釋文】：
王占曰：[隹]▨尹蚩（害）余。

【著錄號】：乙 2948＋乙 2950（R32127
／H6480）
【字體分類】：典賓／過渡 2 類
【正面釋文】：
A. 辛未卜爭貞：帚好其比沚𢦔伐巴
　 方。王自東𤔲（深）伐。戎雝（陷）
　 于帚好立（位）。
　 貞：帚好其□沚𢦔伐巴方。王[弜]
　 自東𤔲（深）伐。戎雝（陷）于帚
　 好立（位）。
B. 貞：王叀（惟）𢦔（鹹）伯龜比。
　 伐□方▨
　 貞：王弜隹𢦔（鹹）伯龜伐▨
C. 貞：王令帚好比侯告伐[人]（夷）▨
　 貞：王弜□帚好比侯▨
D. 貞：王▨比伐▨
　 貞：王弜▨乘比▨
【相關說明】：
本版為成套卜辭第四版；甲骨脆弱不
能翻面。

【著錄號】：乙 2956＋乙 7672＋乙補
5324（R44711／H9810）
【字體分類】：典賓／過渡 2 類
【鑽鑿分佈】：Z1a／2-3

【正面釋文】：
庚辰卜亘貞：啚（啚）受年。
貞：啚（啚）不其受年。
｛王占曰：啚（啚）秽隹[不其]（？）
魯。隹良見。｝
【反面釋文】：
A. 王占曰：啚（啚）秽隹[不其]（？）
　　魯。隹良見。
B. 雀入二百五十。 wr
C. 帚羊來[十]。 wr

【著錄號】：乙 2964＋乙 2976＋乙 8301
＋乙補 2611（R32151／H3165＋H3174）
【綴合情形】：
①：（乙 2964＋乙 2976）＝謝博霖綴
　　（彙 825）
②：（①＋乙補 2611）＝黃庭頎綴（彙
　　825）
③：（②＋乙 8301）＝蔡哲茂遙綴（彙
　　825）
【字體分類】：典賓／過渡 2 類
【正面釋文】：
A. 貞：子□裸于□
　　易乎子賓裸□
B. [易]屆用。
C. 帚□
【反面釋文】：
敖以五十。wr

【著錄號】：乙 2982＋乙 4050（R32155
／H896）
【字體分類】：典賓／過渡 2 類
【鑽鑿分佈】：Z13a
【正面釋文】：
丁未卜賓貞：來甲寅酒[人]□甲十伐又
五。卯十宰。
八日甲寅，不酒。雨。
【反面釋文】：
乃茲□

【著錄號】：乙 2997＋乙 4587（R38294
／H2476＋H15232）
【綴合情形】：蔡哲茂綴（先 1764）

【字體分類】：賓一／過渡 2 類
【鑽鑿分佈】：Z1a
【正面釋文】：
A. 貞：葉爾其告□
B. 貞：于妣庚。
【反面釋文】：
A. □庚□
B. □于□
C. 凸□ wr

【著錄號】：乙 2998（R32174）
【字體分類】：典賓／過渡 2 類
【釋文】：
□武來告□

【著錄號】：乙 3000（R32180／H587）
【字體分類】：賓一／賓一大類
【鑽鑿分佈】：Z1a
【正面釋文】：
A. □妥比羍。
B. □其□羊□
【反面釋文】：
A. 隹兄丁。
　　□隹□
B. 于萑（觀）御于母□
C. 宎（隸）徝（循）。
【相關說明】：
反面釋文 B「萑」字舊釋或誤為「雀」，
今據目驗正之。

【著錄號】：乙 3004＋乙 3112（R32187
／H11853）
【綴合情形】：金祥恆綴（彙 186）
【字體分類】：賓組戌類／非典型師賓
間 C
【鑽鑿分佈】：Z1a
【釋文】：
A. 丙午卜內貞：不其雨。
　　丙午卜內貞：其雨。
B. 庚戌卜內貞：不□

【著錄號】：乙 3005（R32189／H670）
【字體分類】：典賓／過渡 2 類

【釋文】：

貞：釆□角女。

【著錄號】：乙 3008＋乙 8390（R32203
／H13803＋13804）

【綴合情形】：＋乙 8390＝林宏明綴
（先 2359）

【字體分類】：劣體／賓一大類

【鑽鑿分佈】：Z1b

【釋文】：

□貞：乩亡疾天。其有□

□亡疾□

【著錄號】：乙 3015＋乙 3965（R32230
／H5198）

【字體分類】：典賓／典型賓一類

【鑽鑿分佈】：Z1b

【釋文】：

A. □[辰]卜𣪊貞：王从□歸□

B. 貞：王从□歸□

　　貞：王勿从□歸□

【相關說明】：

此版反面未施短鑿，亦應為龜版太薄
（0.3cm）所致。

【著錄號】：乙 3016＋乙 3199＋乙 3207
＋乙補 3747（R44578／H15531＋H1729）

【字體分類】：典賓／過渡 2 類

【鑽鑿分佈】：Z1a

【釋文】：

A. □戌卜𣪊貞：燎。

　　貞：勿燎。

B. □𣪊（禱）于祖辛。

【著錄號】：乙 3028（R32236／H18187）

【字體分類】：賓三大類（K）

【正面釋文】：

□合麂□

【反面釋文】：

□去□

【著錄號】：乙 3035＋乙 3045（R32250
／H14558）

【字體分類】：典賓／賓一大類

【釋文】：

貞：燎于河宰。沈宰。卯[二]牛。

【相關說明】：

「沈宰」為一字複義，相關概念可參
見裘錫圭〈從文字學角度看殷墟甲骨
文的複雜性〉一文。[22]

【著錄號】：乙 3053＋乙 4337＋乙 4490
＋乙 5069＋乙 6064＋乙 6099＋乙 8252
＋乙 8268＋乙補 4291＋乙補 4499＋乙
補 4580＋乙補 6726（R44713／H4174）

【字體分類】：典賓／過渡 2 類

【釋文】：

□爭貞：王曰訾□□來复。

貞：王勿曰訾各化來复。

【著錄號】：乙 3054＋乙 3095＋乙 3622
＋乙補 2702（R32265／H13403＋H18730）

【綴合情形】：

①：（乙 3054＋乙 3095）＝合 13403 綴

②：（①＋乙補 2702）＝史語所綴

③：（②＋乙 3622）＝林宏明綴（醉
　　259）

【字體分類】：典賓／賓一大類

【鑽鑿分佈】：Z13a

【正面釋文】：

{壬午卜爭} 貞：隹𡥘（藝）蚩（害）
茲雲。

貞：[不]隹𡥘（藝）蚩（害）茲雲。

【反面釋文】：

A. 壬午卜爭。

B. □未□[𣪊]（？）□丑□

【著錄號】：乙 3066（R32290／H13707）

【字體分類】：典賓／典型賓一類

---

[22] 裘錫圭：〈從文字學角度看殷墟甲骨文
　　的複雜性〉，載《韓國淑明女子大學校
　　創學九十周年紀念國際甲骨學學術討
　　論會論文集》（韓國首爾：淑明女子大
　　學中國學研究所，1996 年 8 月）。

【正面釋文】：
乙未卜古貞：妣庚蜎（蠲）王疾。
乙未卜㱿貞：妣庚蜎（蠲）王疾。
｛王占曰：有正。徒（除）[疾]▨ ｝
【反面釋文】：
王占曰：有正。徒（除）[疾]▨

【著錄號】：乙 3069（R32291／H14034）
【字體分類】：典賓／過渡 2 類
【鑽鑿分佈】：Z1a
【正面釋文】：
A. 庚午卜賓貞：子目𡥑（娩）妨。
　　貞：子目𡥑（娩）。不其妨。
　　王占曰：隹兹勿妨。
B. 王其柲（柲）。
【反面釋文】：
A. 貞：昜▨
B. 弗□不隹□之𤴓（憂）。

【著錄號】：乙 3073（R32292／H13300）
【字體分類】：典賓／過渡 2 類
【鑽鑿分佈】：Z1a
【釋文】：
A. 翌庚子不其昜日。
B. 尹求（咎）王。

【著錄號】：乙 3079＋乙 3080（R32298／H7605）
【字體分類】：典賓／過渡 2 類
【正面釋文】：
[辛]酉卜內貞：旨其伐。
▨[內]（?）貞：旨弗其伐。
｛王占曰▨｝
【反面釋文】：
▨王占曰▨
【相關說明】：
與乙 5253 同文。從實物看來，不能肯定《合集》此遙綴是否成立。

【著錄號】：乙 3090（R44714／H14138）
【字體分類】：典賓／過渡 2 類
【鑽鑿分佈】：1-2

【釋文】：
戊子卜㱿貞：帝及四月令雨。
貞：帝弗其及今四月令雨。
王占曰：丁雨不隹（惟）辛。
旬丁酉允雨。

【著錄號】：乙 3098＋乙 3708＋乙補 3274＋乙補 3391（R32311／H1324）
【綴合情形】：乙 3098＋乙 3708＝合 1324 綴
【字體分類】：典賓／過渡 2 類
【鑽鑿分佈】：Z1a
【釋文】：
A. ▨伐▨方▨
B. 唐受▨
【相關說明】：
反面有墨書一、二字，已無法辨識。

【著錄號】：乙 3099＋乙 3225＋乙 7580（R32312／H5475）
【字體分類】：典賓／過渡 2 類
【鑽鑿分佈】：Z1a
【釋文】：
辛亥卜賓貞：𠯟屮（贊）王事。
▨其𠯟屮（贊）王事。
▨𠯟屮（贊）王事。

【著錄號】：乙 3107（R32319／H469）
【字體分類】：典賓／過渡 2 類
【鑽鑿分佈】：Z1a
【釋文】：
翌丁巳伐羌。
[于翌]□[申]伐。

【著錄號】：乙 3108＋乙 3738（R32321／H634）
【字體分類】：典賓／過渡 2 類
【鑽鑿分佈】：Z1a
【正面釋文】：
A. 丁亥卜㱿貞：乎𫙝比韋取汏臣。
　　貞：勿乎𫙝比韋取汏臣。
B. ▨夕▨裸
　　夕賓裸。

C. ☒人（妣）☒戌☒
  不隹☒
【反面釋文】：
今癸卯。王夕☒
昜夕賓祼。

【著錄號】：乙 3111（乙 3110 反）＋乙
補 6496（乙 7830 反）（R32322／H15849）
【綴合情形】：嚴一萍綴（彙 474）
【字體分類】：典賓／賓一大類
【鑽鑿分佈】：Z1a
【釋文】：
亦祼□父☒
亦于[父乙]（？）☒
于母☒
【相關說明】：
「于母☒」為未刻朱書，似屬刻意舍
而不刻。

【著錄號】：乙 3114（R32323／H1391）
【字體分類】：賓一／典型賓一類
【鑽鑿分佈】：Z1a
【正面釋文】：
A. 貞：酒庚。
B. 貞：焚。
C. 妣蚩（害）王。
D. ☒𣪊自咸。
【反面釋文】：
于[母]（？）己[十]宰。

【著錄號】：乙 3117＋乙 3345（R32324
／H2153＋H2504）
【字體分類】：典賓／過渡 2 類
【鑽鑿分佈】：Z1a／3-4
【正面釋文】：
A. 妣癸求（咎）王。
B. 母妣弗蚩（害）王。
C. □于妣癸。
  昜出于□癸。
D. 卯宰。
E. □歸史（使）乎☒
【反面釋文】：

A. 貞：肩鼓有由。
  肩不[隹有]由。
B. 昜盖于父庚。
C. ☒隹☒

【著錄號】：乙 3119＋乙 4526＋乙 4584
＋乙 8195＋乙補 2620＋乙補 2629＋乙
補 2631＋乙補 2746＋乙補 3039＋乙補
5106 倒＋乙補 6771＋乙補 6774＋乙補
6992（R44580／H12312＋H17311）
【綴合情形】：
①：（乙 3119＋乙 4526＋乙 8195）＝
  合 12312 綴
②：〔①＋（乙補 2620＋乙補 2629＋乙
  補 2631＋乙補 2746＋乙補 3039＋
  乙補 5106 倒＋乙補 6771＋乙補
  6774＋乙補 6992）〕＝史語所綴
③：（②＋乙 4584）＝林宏明綴（醉
  381）
【字體分類】：典賓／過渡 2 類
【正面釋文】：
A. 貞：王有岀（念）。允之。
  貞：王有岀（念）。不之。
  {王占曰：隹之。}
B. 癸□卜賓貞：帝其乍王𡆥（憂）。
  癸卯卜爭貞：帝弗乍王𡆥（憂）。
C. [丁]未卜賓貞☒
  隹𢀑（司）。
D. 甲辰卜爭貞：自今至于戊申雨。
  自今至于戊申不雨。
【反面釋文】：
A. 王占曰☒叀（惟）☒
B. ☒商☒出☒辰☒
C. 王占曰：隹之。
D. 王□于兮。
  昜往于兮。
E. 乙未[戠]入二。wr
【相關說明】：
正面釋文 B 同卜一事而貞人不同，從
各字看來刻手是同一人。值得注意的
是其刻「乍」字於左右二處，方向不
同，左側整飭▨，右側歪斜▨，顯現

出刻手的一個書寫慣性。

【著錄號】：乙 3121（R44716／H14638）
【字體分類】：典賓／過渡 2 類
【釋文】：
☐貞：翌甲戌河其令☐
貞：翌甲戌河不令雨。

【著錄號】：乙 3127（R32329／H10859）
【字體分類】：典賓／過渡 2 類
【鑽鑿分佈】：Z1a
【正面釋文】：
貞：隻。
貞：豕弗其隻。
｛王占曰：[即]☐ ｝
【反面釋文】：
王占曰：[即]☐

【著錄號】：乙 3129＋乙 3200＋乙 3236
＋乙 3526＋乙 3812＋乙 4028＋乙 4031
＋乙 4039＋乙補 3783（R44581／H626
＋H2089＋H2223＋H7600＋H9200＋H10155）
【字體分類】：典賓／過渡 2 類
【鑽鑿分佈】：Z1a
【正面釋文】：
A. 貞：乎目于水。有來。
　　貞：易乎目于水。亡其來。
　　｛王占曰：至。不隹☐｝
B. ☐☐卜𣪘貞：乎伐☐
　　貞：易乎伐奇（薛）。
C. ☐夢☐☐（憂）。
　　貞：王夢不隹☐（憂）。
D. 貞：父乙𡧊☐
E. 貞：明☐
F. 叀（惟）☐伐☐
G. 庚辰卜內貞：乎𢀛☐
H. 貞：弗其㹜（翦）。
【反面釋文】：
A. 我來卅。wr
B. 帚姂來。wr
C. 帚婡來☐
D. 王占曰：至。不隹☐

【相關說明】：
「乎目于水」，丙四七五、R44558 都有
相關事類，疑與觀察洪水有關。花東
H3：207 有辭云：「壬申卜：目桑。火
言曰：其水。允水。／壬申卜：不允水。
子占曰：不其水。」學者或認為此處可
聯繫「目喪明」，表示某種目疾的現象；
按此「火」就語序來看，或可作人名，
則全辭記錄的是子令「目」於桑地，「目」
作動詞用，被令者很可能是「火」，「火」
作人、氏族、地名例可見合 7969、合
20245、合 27753、合 32967 等，「目」
的因由則與「水」有關。

【著錄號】：乙 3145＋乙 8134＋R54239
（R32335／H1584）
【綴合情形】：
①：（乙 3145＋乙 8134）＝合 1584 遙綴
②：（①＋R54239）＝張惟捷綴（先
　　2500）
【字體分類】：典賓／典型賓一類
【鑽鑿分佈】：Z1a
【釋文】：
貞：王告于祖乙。
易告于祖[乙]
【相關說明】：
筆者加綴 R54239（未刊布無字甲），
可證明《合集》編輯人員對乙 3145＋
乙 8134 的遙綴正確無誤。

【著錄號】：乙 3146＋乙 8114（R32336
／H8778＋H13676）
【字體分類】：典賓／過渡 2 類
【鑽鑿分佈】：Z1a
【釋文】：
☐方其[圍]在北☐
☐其[圍]在北☐

【著錄號】：乙 3159＋乙補 2767（R32342
／H19544）
【字體分類】：典賓／賓一大類
【鑽鑿分佈】：Z1a
【釋文】：

A. 貞：帝☒
　　貞：[昜]帝☒
B. 于□甲☒
　　于□己☒
C. 卣（昌）☒[取]☒疾（知）☒

【著錄號】：乙 3164＋乙 3979（R32349
／H773）
【字體分類】：典賓／過渡 2 類
【鑽鑿分佈】：Z1a
【釋文】：
A. 貞：王其出（有）☒
B. 帚好弗疾齒。
C. 貞：尋御[姚]庚。酉☒五☒🜚☒
　　貞：尋☒酉☒

【著錄號】：乙 3172＋乙 7472（R32353
／H8808）
【字體分類】：賓一／典型賓一類
【鑽鑿分佈】：Z1a
【正面釋文】：
A. 貞：乎取。
　　乎于唐。
B. 王有蚩（害）。
　　亡蚩（害）。
C. ☒[敖]受☒
【反面釋文】：
A. 貞：來丁巳出祖□
B. ☒來☒戈。
C. ☒來☒戈。

【著錄號】：乙 3176＋乙 4598＋乙 7867
（R44582／H6619）
【字體分類】：賓一／賓一大類
【綴合情形】：合 6619 綴
【釋文】：
A. 貞□人。乎戠伐羌。
　　昜登人。乎伐羌。
B. 翌甲辰昜日。

【著錄號】：乙 3177（R32354／H17676）
【字體分類】：典賓／過渡 2 類
【鑽鑿分佈】：Z1a

【正面釋文】：
A. 丁巳卜亘貞☒
　　王占曰：叀（惟）出。
B. ☒由。
【反面釋文】：
A. 貞：祖☒
B. 貞☒
C. 王占曰：隹咸。
D. ☒[咸]☒

【著錄號】：乙 3188（R44583／H939）
【字體分類】：典賓／過渡 2 類
【鑽鑿分佈】：Z1a
【正面釋文】：
A. 出姚[己]
　　□于□己[出]
B. 貞：正。
C. 于西。
　　于東。
D. 貞：王从鹿，魯（當）。
　　不其魯（當）。
E. 二伐，卯小宰。
F. 己亥卜爭☒
　　貞沚戓不☒
【反面釋文】：
A. 西蚩（害）王。
B. □丁蚩（害）王。
C. 上甲蚩（害）王。
D. 祖辛蚩（害）〔王〕。
E. 黃尹蚩（害）王。
F. 翌乙未其雨。
G. 土占曰☒
H. [王]占曰：其□
I. 隹父乙。不[隹]父乙。
【相關說明】：
反面釋文 A「西蚩（害）王」辭例罕見，
舊釋均未釋出，今據目驗補之。合 33094
有「隹西方蚩（害）我」，可合觀。

【著錄號】：乙 3204＋乙 3303＋乙 8107
（R32369／H8126＋H9152＋H11424）
【字體分類】：典賓／賓一大類

【鑽鑿分佈】：Z1a
【正面釋文】：

A. 〔壬寅卜內〕貞：王有心。隹之。
　　貞：王有心。不隹之。
B. 貞：隹啟。

【反面釋文】：

A. 壬寅卜內。
B. 于母庚御帝。
　　㧑御于母庚。
C. 于尋司。
　　勿尋司。

【著錄號】：乙 3206＋乙 4601（R32370／H11763）
【字體分類】：賓組戌類／典型師賓間 C
【鑽鑿分佈】：Z13a
【釋文】：

戊子卜韋貞：翌己丑雨。

【著錄號】：乙 3208＋乙 3209＋乙 3210＋乙 3214＋乙 7680（R32371＋R44584／H10951＋H5332＋H10313）
【綴合情形】：

①：（乙 3209＋乙 3210）＝林宏明綴（醉 70）
②：（乙 3208＋乙 7680）＝史語所綴
③：（①＋②）＝張惟捷綴（先 2397）
④：（③＋乙 3214）＝張惟捷綴（先 2949）

【字體分類】：師賓間 B／典型師賓間類.過渡 1 類
【鑽鑿分佈】：Z1a
【釋文】：

A. 壬午卜：王其逐在萬鹿。隻。允隻五。壬午卜：王弗其隻在萬鹿。
B. 壬辰卜王：我隻鹿。
　　壬辰卜王：我不其隻鹿。[生隹?]。十二月。
　　允隻八豕。
C. 壬辰卜王：我隻鹿。允隻八。
D. 丁未卜王：其逐在蚰鹿。隻。
　　丁未卜王：弗其逐在蚰鹿。
　　允隻七。一月。

E. 戊午卜：叟麤（陷麋）。弗其罕（擒）。
　　戊午卜：叟麤（陷麋）。罕（擒）。
　　允罕（擒）二◻

【相關說明】：

本版經筆者綴合後，已近全龜。丙三二三有在「蚰」地逐鹿之占卜，字體是典型師賓間，月份亦相關（一月、二月），不過從干支排比上來看（一月丙戌、一月丁亥、二月甲子），應該和本版不同一年。

【著錄號】：乙 3212（R24979／H13505）
【字體分類】：典賓／過渡 2 類
【鑽鑿分佈】：Z1a／2-5
【正面釋文】：

A. 丁酉卜爭貞：乎甫秜于妭。受有年。
　　丁酉卜爭貞：弗其受有年。二月。
　　〔王占曰◻〕
B. 戊戌卜㱿貞：旃眔（暨）㱿亡囝（憂）。
　　旃眔（暨）㱿亡囝（憂）。旃眔（暨）㱿。一二三
C. 甫耤于妭。受年
　　貞：弗其受年。一二三四五
D. 己亥卜內貞：王有石在𠂤北東。乍邑于之。
　　王有石在𠂤北東。乍邑于之◻
　　乍邑于𠂤。一二三
E. 貞：奉（禱）于祖乙。

【反面釋文】：

A. 王占曰◻
B. ◻（老?）入[四]。wr
C. 㱿。wr

【相關說明】：

正面釋文 B 與丙一七八「辛丑卜賓貞：旃暨㱿以羌。／貞：旃暨㱿不其以羌」很可能同旬，據此可將反面記事為「膚入百」的辭例歸入此一時間段中；惜相關辭例大多已殘。

【著錄號】：乙 3216（R44718／H1780）

【字體分類】：典賓／過渡 2 類
【正面釋文】：

A. 辛亥卜骰貞：虫兒□[告]于父乙。
　　貞：父乙亡其[告]。
　　　{王占曰：隹□蚩（害）。}
B. 貞：虫于父乙。
C. 壬子卜賓貞□
　　貞：弗其□隹□
D. 貞：禱于祖辛。
　　翌癸丑虫祖辛四十牡。

【反面釋文】：

A. 王占曰：隹□蚩（害）。
B. 其爭□
C. □父乙。
D. 唐來三十。wr（墨書未刻）

【相關說明】：

正面釋文 A「兒」字，筆者於博士論文中釋為「兇（稷）」，今正之。兒字後殘一字，從實物看來似從「行」。從祭祀「虫」字用法來分析，此辭之「虫」字應作為名詞詞頭，「虫兒□」，可能是兒部族發動的一件軍事活動，故商王卜問是否告於父乙；賓組卜辭中有兒伯（合3397）、兒人（合 7893），亦見於「其有來艱」類的長篇戰爭相關占辭，如合1075 正，可惜辭殘，不過從同文例的合 3397、「有來艱自東」以及「 告曰」來看，該辭事屬軍事無疑。

【著錄號】：乙 3219（R32377／H9214）
【字體分類】：典賓／賓一大類
【鑽鑿分佈】：Z1a
【正面釋文】：

貞：百牛□
貞：百牛毋其至。十月。

【反面釋文】：

A. □吕（雍）□
B. 王□

【著錄號】：乙 3222（R32432／H14572）
【字體分類】：典賓／過渡 2 類
【鑽鑿分佈】：Z1a

【正面釋文】：

A. 貞：其燎于河。
　　貞：易卒燎于河。
B. {庚申卜亘}□今日庚申其雨。
　　□庚申不其雨。
　　{王占曰：不其雨。}
C. □正□

【反面釋文】：

A. 貞：王步。
　　貞：易步。
B. 王占曰：不其雨。
C. 庚申卜亘。
D. 良廿。　wr

【相關說明】：

記事刻辭「良廿」在左甲尾反面，於本坑甲骨十分罕見。

【著錄號】：乙 3238＋乙 3373＋乙 3498＋乙 3887＋乙 3893＋乙 3924＋乙 3954＋乙 4145＋乙 4186＋乙 4188＋乙補3926（R44593／H14033＋H14507＋H14506＋H19707）
【綴合情形】：

①：（乙 3373＋乙 3498＋乙 3954）＝郭若愚綴
②：（①＋乙 3887）＝張秉權綴
③：〔②＋（乙 3238＋乙 3893＋乙4145）〕＝林宏明綴（醉 339）}
④：（乙 3924＋乙 4188＋乙補 3926）＝張秉權綴
⑤：（④＋乙 4186）＝蔡哲茂綴
⑥：（③＋⑤）＝蔡哲茂綴（先 1115）
【字體分類】：典賓／過渡 2 類
【鑽鑿分佈】：Z1a
【正面釋文】：

A. 甲辰卜[爭]貞：子眉冏（娩）妨。隹卒。
　　甲辰卜爭貞：子眉娩不其妨。女（毋）隹□五月。
B. 貞：取岳。有从。
　　易取岳。亡其从。
C. □亘貞：亦□
　　□[貞]：不其[亦]□

【反面釋文】：

A. 貞：隹☑疾。
　　不隹父☑

B. ☑允☑

C. 曰：其生。

【著錄號】：乙 3246＋乙 3522＋乙 7467
＋乙 7468＋乙 7469＋乙補 2219＋乙補
2221（R44719／H3438）

【字體分類】：賓一／典型賓一類

【釋文】：

A. □□卜爭貞：閃㠯（師）亡田（憂）。
　　貞：㠯（師）閃其有田（憂）。

B. 貞☑
　　貞：弚其有田（憂）。

【著錄號】：乙 3251＋乙 3359＋乙 6761
＋乙 7353＋乙 7371＋乙補 1839＋乙補
1841＋乙補 1843＋乙補 2830＋乙補
2953＋乙補 5883（R29407／H5908＋H2891）

【綴合情形】：＋乙補 1843＝林宏明綴
（契 217）

【字體分類】：典賓／過渡 2 類

【鑽鑿分佈】：Z3a

【正面釋文】：

A. 丙子卜㱿貞：御帚媟□庚。曹十宰。
　　丙子卜㱿貞：易御帚媟于庚十宰。

B. ☑亦宰。
　　☑亦☑

C. ☑曹母庚□宰。
　　☑五☑

D. 貞：王其㞢執（藝）。
　　不其生。

E. 貞：敊（擇）㑥。
　　貞：易敊（擇）㑥。

F. 曹母庚三宰。
　　易曹三宰。

G. 兄丁蛊（害）王。
　　兄丁弗蛊（害）王。

【反面釋文】：

A. 貞：如☑
　　貞☑

B. ☑父乙弗☑賓☑

C. 王占曰：吉。蔑☑

D. ☑㣚（循）隹癸☑

E. ☑王有蛊（害）☑

F. ☑蛊（害）王☑聑（聽）☑

G. ☑賓。

【相關說明】：

本組原綴有乙 3490，蒙林宏明先生指
出據齒縫、文字角度判斷疑為誤綴，
今刪除之。

【著錄號】：乙 3254（R32417／H3312）

【字體分類】：典賓／過渡 2 類

【鑽鑿分佈】：Z1a

【正面釋文】：

A. ｛戊申卜□｝貞：王其㞢（有）☑
　　貞：王其㞢（有）☑

B. ｛戊□卜㱿｝貞☑琮（琮）☑

【反面釋文】：

A. 戊□卜㱿。

B. 戊申卜☑。

【著錄號】：乙 3256（R32418／H17296）

【字體分類】：典賓／過渡 2 類

【釋文】：

□酉卜㱿貞：有齒。不☑[首]☑

【著錄號】：乙 3265 正（R32421／H9253）

【字體分類】：典賓／賓一大類

【釋文】：

壴（鼓）入四十。　wr

【著錄號】：乙 3282（R44720／H14127）

【字體分類】：典賓／過渡 2 類

【鑽鑿分佈】：Z1a／2-4

【釋文】：

貞：帝其及今十三月令雷。

[貞]：帝其于生一月令雷。

【相關說明】：

甲骨脆弱，不能翻面。

【著錄號】：乙 3287（R24983／H9735）

【字體分類】：典賓／過渡 2 類

【鑽鑿分佈】：Z1a／1-2
【釋文】：
甲午卜征貞：東土受年。
甲午卜征貞：東土不其受年。

【著錄號】：乙 3288（R44722／H1868）
【字體分類】：典賓／過渡 2 類
【鑽鑿分佈】：Z1a／1-2
【正面釋文】：
A. 壬子卜䝢貞：出于黃尹。
　　貞：出于黃尹。
B. ☑祖丁。
　　易䭻于祖丁。
【反面釋文】：
雀入二百五十。wr

【著錄號】：乙 3290（R44723／H9503）
【字體分類】：典賓／過渡 2 類
【鑽鑿分佈】：Z1a／2-3
【正面釋文】：
A. ☑雷耤在明（名）。受有年。
　　□雷弗其受有年。
B. {乙卯卜䝢}：令敫（擇）比喪（圖）。
　　易令敫（擇）比喪（圖）。
C. 貞：祖乙于尋出。
　　易于尋出。
D. 王有蚩（害）。
　　貞：王亡蚩（害）。
【反面釋文】：
乙卯卜䝢。
【相關說明】：
釋文 A 同文例可見丙四九二（合 14），
按丙四九二「乎雷耤于明」之「雷」作
，而本版作，字形差異有個別特
色，不過崎川隆分類皆歸於過渡 2 類。

【著錄號】：乙 3292＋乙 3294（R32458
／H13391）
【字體分類】：典賓／過渡 2 類
【正面釋文】：
A. 貞：兹云（雲）其有降。其雨。
　　☑[兹]云（雲）☑其降☑

B. ☑保☑
【反面釋文】：
A. 䝢。 wr
B. ☑五十。 wr

【著錄號】：乙 3299（R44724／H5995）
【字體分類】：典賓／過渡 2 類
【鑽鑿分佈】：Z1a／2-3
【正面釋文】：
A. {辛巳卜賓}貞：亡舌。于㞢廼复祐
　　（循）。
　　貞：亡舌。叀（惟）羊用。告于妣庚。
B. 貞：乎☑[泪]☑
　　不若。
【反面釋文】：
A. 辛巳卜賓。
B. 雀入二百五十。 wr

【著錄號】：乙 3307（R32462／H727）
【字體分類】：典賓／過渡 2 類
【鑽鑿分佈】：Z1a
【正面釋文】：
[貞]：咸妻出及☑
【反面釋文】：
䝢。 wr

【著錄號】：乙 3325（R44725／H1171）
【字體分類】：典賓／過渡 2 類
【正面釋文】：
{乙巳卜□}貞：奉（禱）于上甲。
受我又。
易奉（禱）于上甲。不我其☑。
【反面釋文】：
乙巳卜□

【著錄號】：乙 3331＋乙 5701＋乙 6410
（R44588／H249＋H1208＋H232）
【字體分類】：典賓／過渡 2 類
【鑽鑿分佈】：3-6／Z1a
【綴合情形】：
①：（乙 3331＋乙 5701）＝史語所綴
②：（①＋乙 6410）＝裘錫圭綴（彙

101、合補 24）

【正面釋文】：

A. 貞：生三月雨。
　　☑八日丁亥，允雨。
　　{☑雨其[虐]。}

B. 丙戌卜賓貞：商其☑
　　貞：商莫（艱）。

C. 貞：叀（惟）壴來羌用。
　　貞：叀（惟）足來羌用。

D. 貞：王立☑
　　{己未卜[㱿]} 貞☑昜☑黍。

E. 貞：出于姓己。

F. {丁酉卜☑} 貞：燎十牛。
　　☑十牛上甲。

G. 貞：⿰弜于茲鹿。
　　⿰弜于⿱（盾）。

【反面釋文】：

A. ☑雨其[虐]。

B. ☑彗。

C. 貞□往宋。

D. □亡疾。

E. 王□黍。
　　昜立□

F. 貞：其有蚩（害）

G. 己未卜[㱿]。

H. 丁酉卜□。

【相關說明】：

一、正面釋文 A 卜問生三月是否有雨，
　　今據辭例與正反位置相關將三辭
　　歸一。

二、關於本版貞問「商莫」的解釋，孫
　　俊、趙鵬曾列舉例證，排除舊釋
　　「黑、暵」的說法，指出此類「莫」
　　字當釋為「艱」：「意思是商會有艱
　　難之事嗎。這種艱難是天旱少雨影
　　響農業生產帶來的」，其說從字型演
　　變與文例上來看，當是可信的。[23]

---

[23] 孫俊、趙鵬：〈「艱」字補釋〉，《甲骨文
　　與殷商史》新二輯（上海市：上海古籍
　　出版社，2011 年 11 月）。

【著錄號】：乙 3334＋乙 3347＋乙 3974
＋乙補 3751（R44590／H10302）

【字體分類】：典賓／典型賓一類

【鑽鑿分佈】：Z1a／3-4

【正面釋文】：

A. 丙辰卜㱿：王其逐鹿。隻。

B. [令]亢往于麦（畫）。

C. {戊午卜內} 貞：多子隻鹿。

D. {庚申卜[爭]} 貞：來□子酒大甲。
　　來[甲]子昜酒大甲。
　　五日甲子允酒。有伇（異）于東。

E. {辛酉卜㱿} 貞：不畲之。

F. 乎良□夫。
　　昜乎良□往夫。

【反面釋文】：

A. 戊午卜內。

B. 辛酉卜㱿。

C. 昜夕入。

D. 庚申卜[爭]。

E. 御□于之若。

【相關說明】：

一、正面釋文 D 的驗辭與反面釋文 D，
　　在字體、位置上皆正反互足，不過
　　反面釋文 D 是前辭，應該放在命辭
　　之前，故本書在此稍調整其位置。
　　其 D 內容在於貞問是否於來甲子
　　酒祭大甲，乙 1344＋乙 7146 辭云
　　「丁巳卜，爭貞：來甲子酚大□／
　　八日甲☑」，疑與本版同時所卜。

二、「大」，人名，亦見乙 6819，屯 312
　　有「攸大」，與賓組此人可能是同
　　一人。此字目前仍無確解，暫從《甲
　　骨文字詁林》第 249 條楷定作
　　「亢」。周公子明保器「令方彝」
　　銘有「大師」，與之同；陳夢家認
　　為該字應即《說文》釋為「曲脛之
　　人」的「尢」（尪）字初文，不過
　　這從字形上看來實無根據。陳氏另
　　指出孝王時器「何簋」中有賞賜「赤
　　市朱大」的記載，認為該字可逕

讀為「黃」，[24] 這看法是從釋「尢」的待商榷觀點的進一步衍申，根據已薄弱，且金文「黃」罕見不用本字者，這也必須質疑。而何簋的此字從語序上來看乃用為器物名，未來可據此線索對之進一步探討。

【著錄號】：乙 3336＋乙補 3183（R44591／H1280）
【綴合情形】：林宏明綴（醉 66）
【字體分類】：典賓／過渡 2 類
【鑽鑿分佈】：Z1a／2-4
【釋文】：
A. 貞：今日燎。
B. □燎一白牛于唐。虫南。
【相關說明】：
釋文B「一白牛」，或有釋為「百牛」者，[25] 查該辭作 ，橫筆與白字顯然沒有相接，應非百字；以白牛祭大乙的例子可見合 27122。

【著錄號】：乙 3343（R44598／H2002）
【字體分類】：典賓.賓一／過渡 2 類
【鑽鑿分佈】：Z1a／3-6
【正面釋文】：
A. 貞：王若。
　　｛壬□卜賓｝貞：王不若。
　　｛王占曰：吉。若。｝
B. 貞：河有□
　　河亡左。
　　｛王占曰：吉。昜左王。｝
【反面釋文】：
A. 呂（營）其⑦（殙）。
　　呂不⑦（殙）。
B. 佳呂又（祐）。
　　不佳呂又（祐）。
C. 壬□卜賓。
D. 王占曰：吉。若。
E. 王占曰：吉。辛雨。庚亦雨。

【footnote】
[24] 陳夢家：《西周銅器斷代》，頁 35-40。
[25] 張秉權：《甲骨文與甲骨學》，頁 391。

F. 于妣庚虫。
　　昜于妣庚虫。
G. 虫于南庚。
　　昜虫。
H. 佳媚（蔑）。
　　不佳媚（蔑）。
I. 貞：父乙蚩（害）王。有[自]□。
　　父乙蚩（害）王。亡自□。
　　王占曰：吉。亡[卯]。
J. 王占曰：吉。昜左王。
K. 貞：雀虫□□□
【相關說明】：
本版反面相當多的墨書筆跡殘留，不過可目驗字詞的很少，僅有反面釋文 K 稍可識別。
釋文 I 對貞兩辭所缺的應該是同一字，已漫漶難辨，似「酉」，作 、 等形。

【著錄號】：乙 3348＋乙 4600＋乙 4626＋乙 6805＋乙補 4427＋乙補 7274（R44592／H18922＋H13646＋H13649）
【綴合情形】：新加乙 4626＋乙 4600＝鄭慧生遙綴（彙 255）
【字體分類】：典賓／過渡 2 類
【鑽鑿分佈】：Z1a／3-6
【正面釋文】：
A. ▢王。
B. 貞：疾齒。佳父乙蚩（害）。
　　貞：有疾齒。不佳父乙蚩（害）。
C. 癸卯卜古貞：茲云其雨。
D. 昜于大戊告。
　　昜于大甲告。
　　昜告于中丁。
E. 貞：乍御帚好。蜎。
F. 貞：兄戊亡⑤于王。
【反面釋文】：
A. ▢[洙]于尋。
B. ▢正父乙
C. ▢乙▢
D. ▢甲▢
E. 昜屯御于妣庚。
F. 貞：昜裸于尋。

G. 乎子賓出于有祖。
H. 用兹▨
I. 弜畀于父乙。
J. ▨卜▨乙正父乙。
K. ▨[今]蚊▨
L. 母己不冬（咎）王。
M. 爭。 wr
N. 亡（芒）入二在甘。 wr
【相關說明】：
「乎子賓出于有祖」，同文例見丙一八二。「畀」，亦見史牆盤銘文，在此疑讀為「屏」，指某種祭祀上的排序方式，作特定祭名的可能性較低。

【著錄號】：乙 3362＋乙 3541＋乙補 2870（R32685／H9554）
【綴合情形】：
①：（乙 3362＋乙補 2870）＝謝博霖綴（彙 876）
②：（①＋乙 3541）＝蔡哲茂綴（先 1522）
【字體分類】：賓一／典型賓一類
【鑽鑿分佈】：Z1a
【釋文】：
A. ▨埶生。
　▨埶。不其生。
B. ▨其出。

【著錄號】：乙 3378（R32518／H4478）
【字體分類】：典賓／賓一大類
【釋文】：
貞：御身于妣▨

【著錄號】：乙 3379（R44726／H17301）
【字體分類】：典賓／過渡 2 類
【正面釋文】：
辛巳卜爭貞：其有□齒。
貞：亡來齒。
｛王占曰：吉。亡來齒。｝
【反面釋文】：
A. 王占曰：吉。亡來齒。
B. 貞：王其大御于祖乙。

貞：王弜御于祖乙。
C. 貞：求（咎）。
　弜求（咎）。
D. 爭。 wr
【相關說明】：
釋文 B、C 皆朱墨書未刻

【著錄號】：乙 3381（R44727／H500）
【字體分類】：典賓／過渡 2 類
【正面釋文】：
A. ▨貞：兔以卅馬。允其卒羌。
　貞：兔以卅馬。弗其卒羌。
　｛王占曰：其隹丁卒吉。其隹甲引吉。｝
B. ▨父乙。
　弜于父乙御。
【反面釋文】：
王占曰：其隹丁卒吉。其隹甲引吉。

【著錄號】：乙 3385＋乙 3405（R44731／H17085）
【字體分類】：典賓／過渡 2 類
【鑽鑿分佈】：Z1a／2-4
【正面釋文】：
A. 丁卯卜賓貞：孔不[?]（婚）。
　貞：孔其[?]（婚）。
　王占▨
B. 貞：兂其[?]（婚）。
　貞□[不]▨
　王占曰□[?]（婚）。
C. ▨[?]（婚）▨曰吉。
【反面釋文】：
竝入十。wr

【著錄號】：乙 3387（R44728／H716）
【字體分類】：典賓／過渡 2 類
【鑽鑿分佈】：Z1a／2-4
【正面釋文】：
A. 貞：其有來艱。
　亡來艱。
　亡來艱。
　｛王占曰：不吉。[不]曰[艱]。｝

B. 乎比丹伯。
　　𠃬乎比丹伯。
C. 隹若。
D. 酉姒己𠬝、𧑒。
　　𤃳（血）𪓐。酉𠬝、𧑒。
【反面釋文】：
A. 御子賓。叀（惟）牛。
B. 孖母庚。曰小[宰]。
C. 王占曰：不吉。曰娙（艱）□

【相關說明】：
「孖」字從子從卩，從構字及語法結構來看，疑為「𡥀」字異體。按「止」上古音是照（章）母之部上聲，而「子」字屬精母之部上聲，聲韻極近。此處與母庚形成表祭祀之動賓結構，「𡥀」字用例見丙四九、五九一「父乙𡥀羌甲」等。

【著錄號】：乙 3389（R44594／H18800）
【字體分類】：典賓／過渡 2 類
【鑽鑿分佈】：Z1a／1-2
【釋文】：
貞：吕（雍）其𩵋妭。一二三四
貞：吕（雍）不𩵋妭。一二三四
【相關說明】：
此版下方三、四卜對貞只刻一組，看來是因為位置不夠所以以一辭兼二卜，且其右側正卜缺刻直豎，左側反卜省略「𩵋」字，可見其簡省。

【著錄號】：乙 3390＋乙 3661（R32523／H13663）
【字體分類】：典賓／過渡 2 類
【鑽鑿分佈】：Z1a
【正面釋文】：
A. 貞：乎宅𣊷。
　　𠃬乎宅𣊷。
B. 貞：令象□
C. 𠃬于甲御帚孃𪓐。
【反面釋文】：
A. □兄丁□不□
B. □亡□其□

C. 我來十。　wr

【著錄號】：乙 3394（R44729／H3238）
【字體分類】：典賓／過渡 2 類
【正面釋文】：
丁丑卜賓貞：父乙允尤多子。
貞：父乙弗尤多子。
【反面釋文】：
□來。

【著錄號】：乙 3398（R44730／H11893）
【字體分類】：賓一／典型賓一類
【釋文】：
A. 乙未卜永：其雨。
　　不其雨。
B. 丙申卜永：其雨。
　　不其雨。
C. 辛亥卜永：其雨。
　　[不]其雨。
D. 壬子卜永：雨。
　　不。

【著錄號】：乙 3401（R44596／H6032）
【字體分類】：賓一／過渡 2 類
【鑽鑿分佈】：Z1a／2-3
【正面釋文】：
A. 甲戌卜貞：翌乙亥王𡨄首。亡田（憂）。
B. {□[巳]卜賓}貞：御子𤔲于父乙。
　　{王占：吉。其御。}
C. {丙子卜賓}貞：隹父乙𠨘帚好。
　　貞：不父乙𠨘帚好。
　　{王占曰：隹父乙𠨘。}
【反面釋文】：
A. □[巳]卜賓。
B. 王占：吉。其御。
C. 貞□乙□
D. 隹多姒蠱（害）。
　　不隹多姒。
E. 貞：疠（疾）隹□乙蠱（害）。
　　不隹父乙蠱（害）。
F. 丙子卜賓。

G. 王占曰：隹父乙咎。

【相關說明】：
正面釋文 C 的反面貞問，漏刻「隹」
字。反面釋文 C 為右前、首甲反墨書，
已漫漶難辨。

【著錄號】：乙 3403（R44597／H12439）
【字體分類】：典賓／賓一大類
【鑽鑿分佈】：Z1a／2-4
【正面釋文】：
A. □翌庚辰其雨。
　　貞：翌庚辰不雨。
　　｛王占曰□｝
B. 𡥀𠂤（孚）。
　　奠𠂤（孚）。
　　｛王占曰：吉。□[亡]□｝
【反面釋文】：
A. 王占曰：吉。□[亡]□
B. 王占曰□
C. 㝬入廿。　wr
D. 爭。　wr

【著錄號】：乙 3407（R44732／H1114）
【字體分類】：典賓／過渡 2 類
【正面釋文】：
壬辰卜爭貞：隹鬼蚩。
貞：不隹之蚩。
｛不[允]（？）隹鬼眔（暨）周蚩。｝
【反面釋文】：
A. 不[允]（？）隹鬼眔（暨）周蚩。
B. □入五十。wr

【著錄號】：乙 3409（R44733／H9742）
【字體分類】：賓一／過渡 2 類
【正面釋文】：
甲午卜賓貞：西土受年。
貞：西土不其受年。
【反面釋文】：
爭。wr

【著錄號】：乙 3414（R32525／H12939）
【字體分類】：典賓／過渡 2 類

【鑽鑿分佈】：Z1a
【正面釋文】：
貞：今曰壬申其雨。
貞：今曰壬申不其雨。
之日允雨。
【反面釋文】：
A. 貞：咸彡（肜）。衣（卒）[出]□
　　𢎥出[田]。
B. [貞]□雨□
C. 子美有蚩（害）。
　　子美亡蚩（害）。
【著錄號】：乙 3422（R44600／H151）
【字體分類】：典賓／過渡 2 類
【鑽鑿分佈】：Z1a／3-6
【正面釋文】：
A. 丁未卜爭貞：屮各化亡𡆥（憂）。
　　十一月。
　　貞：屮各化其有𡆥（憂）。
B. 貞：方其大即戎。
　　｛戎其隹庚[執]□｝
C. 王□乎入御事。
　　｛王占曰：其隹子賓□｝
D. 貞：屮各化𢼸（翦）角方。
　　屮各化弗其𢼸（翦）。
　　｛王占曰：叀（惟）既。｝
E. 弓𢓊于裘。
　　弓𢓊𠃬于裘。
F. 貞：祖丁若。小子盅（殙）。
　　祖丁弗若。小子盅（殙）。
G. 貞：小子有盅（殙）。
　　貞：小子亡盅（殙）。
【反面釋文】：
A. 王占曰：叀（惟）既。
B. 王占曰：其隹子賓□
C. 戎其隹庚[執]□
D. 奠入二。wr
【相關說明】：
本版正反互足卜辭位置並不完全對
應，本書以文意與辭例合之。正面釋
文 B「方」，應指角方。

【著錄號】：乙 3424（R44601／H1191）

【綴合情形】：新加乙 3548＝林宏明綴
（醉 310）

【字體分類】：賓一／過渡 2 類

【鑽鑿分佈】：Z1a／2-5◎

【正面釋文】：

A. 貞：隹媚（蔑）蠱。
   不隹媚（蔑）蠱。

B. 甲午卜賓貞：今日屮于[羌]甲一牛。
   甲午卜賓貞：屮于妣甲一牛。正。
   ｛用｝

C. 貞：乎[往]酒燎上甲。王由。

D. 貞：乎取。

E. 貞：王于辛入。

F. 丙◻昜卒歸。

【反面釋文】：

A. 貞：王歸。昜日。
   不其昜日。

B. 用。

C. ◻貞：示[左]◻
   貞：示弗[左]◻

D. 声

【著錄號】：乙 3426（R44602／H4735）

【字體分類】：典賓／過渡 2 類

【鑽鑿分佈】：Z1a／2-4

【正面釋文】：

A. 貞：告子其𡆥（憂）。
   貞：告子亡𡆥（憂）。
   ｛王占曰：吉。亡𡆥（憂）。｝

B. 壬戌卜賓：🌿其有𡆥（憂）。壬戌
   卜賓貞：🌿亡𡆥（憂）。

【反面釋文】：

A. 王占曰：吉。亡𡆥（憂）。

B. 半入四十。wr

C. 杞示八。wr

【相關說明】：

從反面占辭位於正面釋文 A、B
中間來看，應為二辭共用。另反面釋
文 C 為墨書未刻，已幾乎不可識。

關於「🌿」字，或釋「惠」、釋「票」、
釋「稠」，均缺乏證據；《詁林》按語認

為字從田不從周，為不識之人名。[26] 頗
疑此字為「葉田」二字合文，賓組卜辭
中任職「田」的葉爾（見乙 2997＋乙
4587、乙 7746）、田爾（合 6528＝佚
323），未見寫作「葉田」者，不過裘錫
圭認為這種稱呼形式完全有可能存
在，此字是否屬之值得考慮。[27] 另外，
「告子」屬於貴族身份，從稱謂「告＋
子」可推知其與商王室應該沒有血緣關
係，而商代後期銅器銘文屢見「田告」、
「告田」的氏族名稱，裘先生亦已指出
這是「告」氏族擔任「田」身份的氏族
銘文；[28] 此二辭同版同卜「有／亡𡆥
（憂）」，似值得加以注意。

【著錄號】：乙 3429（R44603／H738）

【字體分類】：典賓／典型賓一類

【鑽鑿分佈】：Z1a／3-5

【正面釋文】：

A. 壬申卜爭貞：雨。二月
   貞：不其雨。

B. 乙亥卜敝貞：今日燎三羊。三豕。
   三犬。

C. 貞：娥蚩（害）王。
   娥弗蚩（害）王。

D. 屮反。

E. 乎比攸武。

F. 己丑卜敝貞：王亡乍𡆥（憂）。五
   月。

G. ◻女媟。王不🦷。

H. ◻田于幷。

I. 貞：高己弗蚩（害）王。
   高妣□蚩（害）王。

---

[26] 諸說見《甲骨文字詁林》第三冊，頁
2114。

[27] 裘錫圭：〈甲骨卜辭中所見的「田」「牧」
「衛」等職官的研究〉，《古代文史研究
新探》（南京市：江蘇古籍出版社，2000
年 1 月），頁 345。

[28] 同前注，頁 348-349。

【反面釋文】：

A. 王占曰：隹▢

B. 己未卜爭。

C. ▢令🀄。

　　▢令🀄▢

D. 屮于高妣己。

【相關說明】：

一、正面釋文E「攸武」，應即「在攸田武」，見裘說。[29]

二、反面釋文C的「🀄」字，舊均未釋出，合 33871（歷組）有「丙寅卜：丁卯其🀄，雨／乙亥卜：今日其🀄，不雨」，舊釋或分為二字，或逕釋「量」，從字形以及用法上來看是可議的。「🀄」字從「🀄」從「🀄」，裘錫圭釋「督」，以為與卜辭一般督字形體有異，其說可信，[30]本版的「🀄」或即卜辭督字較為簡省的寫法。在合 33871 中「督」字作為某種行為、動作的動詞性用法之可能性較大，本版的🀄可能也是表示相同或類似的意念，「令🀄」，即王令某人從事「督」的行動，與「令取」、「呼伐」、「令燎」等文例相同。

【著錄號】：乙 3431（R44734／H10935）

【字體分類】：典賓／過渡 2 類

【鑽鑿分佈】：Z1ab／1-2

【正面釋文】：

A. 己丑卜賓貞：妌有子。

　　貞：妌亡其子。

B. 貞：乎逐在𪊨鹿。隻。

　　貞：弗其隻。

【反面釋文】：

A. 我以千。　wr

B. 帚井示四十。　wr

【著錄號】：乙 3434（R32526 反／H13407 反）

【字體分類】：賓一／典型賓一類

【鑽鑿分佈】：Z1a

【釋文】：

乙巳□賓貞：茲雷其▢

【著錄號】：乙 3443（R44605／H14795）

【字體分類】：典賓／過渡 2 類

【鑽鑿分佈】：Z1a／3-6

【正面釋文】：

A. {□亥卜亘}▢蜎（蠲）王。

B. 貞：🀄弗戉媚（蔑）。

【反面釋文】：

A. 貞：🀄[允]戉媚（蔑）▢

　　▢戉媚。

B. □亥卜亘。

C. 奠入□　wr

【相關說明】：

　　正面釋文 B 與反面釋文 A 為正反相關的兩條命辭，不過正面釋文 B 殘去了右甲橋可能存在的正面卜問。正反二辭占問主題相同，其中有「🀄」字舊不識，以下略作申論：

　　從語法上來看，正反二辭在「戉媚」此人名後應有省略動詞，且一用「弗」，一用「允」，表達的是占卜者所不能掌控的一種現象，故全辭可以解讀為『『🀄』這個現象是／不是戉媚（造成的）？」而透過同版「蜎（蠲）王」的記載，可以進一步推斷「🀄」字與疾病有關。

　　按，王卜辭的圓體類、劣體類中有「🀄」、「🀄」字，子卜辭、花東卜辭中有「🀄」字，姚萱曾指出它們是同一個字，構形上同樣表達手搓絲索的意涵，意義當與「間」、「瘳」、「蠲」、「瘥」相類，在卜辭中指「病癒」。[31] 姚說可從，由字形上來看，本版「🀄」

---

[29] 同前注，頁 347-348。

[30] 裘錫圭：〈釋「𥝢」〉，《古文字論集》，頁 30。

[31] 姚萱：《殷墟花園莊東地甲骨卜辭的初步研究》（北京市：線裝書局，2006 年 10 月），頁 199-212。

字省去糸頭，應該就是𠬝、𢆶在賓組卜辭（過渡 2 類）中的刻法；另外，合 21568：「☐卜☐巫妹𠬝孚」，「孚」為人名，子組、圓體、劣體類中多例卜問「𠬝孚」或「孚𠬝」，宋雅萍認為都是在貞問「孚」會不會病癒的卜辭；[32] 此例中的「巫妹」在本版賓組卜辭中作「戊媚」，顯然也是同指一人而言，如此一來可以透過比較得知此類賓組中的「戊某」皆應讀為「巫某」。

姚萱認為此處「妹」字應從李宗焜的否定詞說，將合 21568 理解為「巫不會使孚的疾病痊癒」，常耀華則以私名看待，從上面的討論中「巫妹」連稱習見來看，常說為長。[33] 所謂「戊媚」大概如同咸戊、盡戊等，在商人心中，此類人具有醫療方面的權能，有使人病癒的能力。

【著錄號】：乙 3448（R32532／H1545）
【字體分類】：典賓／過渡 2 類
【釋文】：
A. 戊午卜㱿貞：㞢于祖乙。
B. 辛酉☐于☐

【著錄號】：乙 3453＋乙 5574＋乙 8369（R39019／H1784＋H1829）
【綴合情形】：
①：（乙 3453＋乙 8369）＝合 1829 綴
②：（①＋乙 5574）＝宋雅萍綴（彙 786）
【字體分類】：師賓間類／師賓間大類
【鑽鑿分佈】：Z1a
【釋文】：
A. 丁亥卜貞：既雨。
　貞：毋其既☐。

B. 㞢于辛母妣己羌。
　昜㞢于妣己。
C. 丁亥卜：昜㞢于羌甲侯[任]。
D. 丁亥卜☐
E. 丁亥卜：今日㞢于祖丁。
F. 㞢于祖丁一牛。
　二牛。
　三牛。
　☐㞢于祖丁一牛。
【相關說明】：
本版為張秉權、嚴一萍綴合，宋雅萍加綴。釋文C「侯任」乃職稱，此處被用作牲名，可能是叛逃受到捕獲者；可參見齊航福的分析。[34]

【著錄號】：乙 3462＋乙補 6724（R32544／H3343）
【字體分類】：典賓／過渡 2 類
【釋文】：
乙亥卜賓貞：侯㞢（贊）王事。

【著錄號】：乙 3471（R44608／H975）
【字體分類】：典賓／過渡 2 類
【正面釋文】：Z1a／2（1）-2◎
A. 乙巳卜爭貞：今日酒伐。啟。
　｛王占曰：不宿。若茲卜。[先?于]甲酒咸。☐隹甲追。｝
B. 貞：有來自西。
　亡其來自西。
C. 子賓有蚩（害）。
　子賓亡蚩（害）。
D. 壬辰卜：何㞢（贊）王事（？）。
　何弗其㞢（贊）王事。
【反面釋文】：
王占曰：不宿。若茲卜。[先?于]甲酒咸。☐隹甲追。
【相關說明】：

---

[32] 宋雅萍：《殷墟 YH127 坑背甲刻辭研究》，頁 208。

[33] 常耀華：《殷墟甲骨非王卜辭研究》（北京市：線裝書局，2006 年 11 月），頁 57。

[34] 齊航福：《殷墟甲骨文賓語相關問題研究》（北京市：首都師範大學博士論文，指導教授：黃天樹。2010 年），頁 251-252。

本版釋文D，根據趙鵬〈《乙編》3471
中兩條卜辭釋文〉中意見楷定，目驗實
物亦正確無誤。[35] 甲骨脆弱，不能翻
面。反面釋文是正面釋文A的正反互
足，「不宿」，疑指「不停止，繼續下去」；
「若茲卜」，此卜為善之意；下兩句所
表達，可能是決定在接下來的甲日補行
酒祭之意，待考。

【著錄號】：乙 3473（R44735／H12972）
【字體分類】：典賓／過渡 2 類
【正面釋文】：
A. 壬子卜爭貞：來。
　　貞：來丁巳。
B. 翌癸□其雨。
　　翌癸丑不其□
　　｛王占曰：癸其□／癸丑允其雨。｝
【反面釋文】：
A. 王占曰。
B. 王占曰：癸其□
　　癸丑允其雨。

【著錄號】：乙 3475（R44736／H17411）
【字體分類】：典賓／過渡 2 類
【釋文】：
壬戌卜古貞：王夢佳之。
貞：王夢不佳之。

【著錄號】：乙 3476（R44279／H1822）
【字體分類】：賓一／過渡 2 類
【鑽鑿分佈】：Z1a／2-3
【正面釋文】：
A. 貞：雨。
B. 貞：多子逐[鹿]。魯（當）。
　　貞：不其魯（當）。
C. 貞：佳南庚。

---

[35] 趙鵬：〈乙編 3471 中兩條卜辭釋文〉，
　　發表於復旦大學出土文獻與古文字研
　　究中心網站，
　　http://www.guwenzi.com/SrcShow.asp?S
　　rc_ID=910（2009 年 9 月 16 日）

　　貞：不佳南庚。
D. 貞：佳□□
　　貞：不佳羌甲。
E. 貞：佳祖庚。
　　貞：不佳祖庚。
F. 貞：佳學戊。
　　貞：不佳學戊。
G. □咸戊。
　　不佳咸戊。
H. 出于父甲。
　　易出。

【反面釋文】：
A. 賈[來]十。　wr
B. 斂。wr

【著錄號】：乙 3486（R32576／H16086）
【字體分類】：典賓／過渡 2 類
【釋文】：
☑奏玉☑

【著錄號】：乙 3500（R32606／H17246）
【字體分類】：典賓／過渡 2 類
【釋文】：
☑王固佳有[由]。

【著錄號】：乙 3507（R32627）
【字體分類】：典賓／過渡 2 類
【釋文】：
☑其以角女☑

【著錄號】：乙 3517（R32659／H5730）
【字體分類】：典賓／典型賓一類
【釋文】：
A. 王乎馬[取]崔☑
B. ☑王☑

【著錄號】：乙 3523（R32665／H7929）
【字體分類】：典賓／過渡 2 類
【鑽鑿分佈】：Z1a
【正面釋文】：
☑至。今于ㄏ☑出燎。

｛王占曰：亡其易。｝
【反面釋文】：
A. 王占曰：亡其易。
B. ☑耴（聽）☑田（憂）。
　　隹田（憂）
【相關說明】：
反面釋文 B 千里路右方的「田」字，覆有「令」字刻痕，未刮除。

【著錄號】：乙 3534（R32679／H9555）
【字體分類】：賓一／典型賓一類
【鑽鑿分佈】：Z1a
【釋文】：
塹（藝）不其生。
【相關說明】：
可與 R32685 遙綴。

【著錄號】：乙 3550（R32704／H16250）
【字體分類】：典賓／賓一大類
【正面釋文】：
A. ☑今至☑[辰]不☑
B. 貞☑正☑
【反面釋文】：
畫☑ wr

【著錄號】：乙 3561（R32711／H1583）
【字體分類】：典賓／賓一大類
【鑽鑿分佈】：Z1a
【釋文】：
A. 丁未卜爭貞：王告于祖乙。
B. 貞：王昜出田。

【著錄號】：乙 3598＋乙 8344（R43144／H2667）
【綴合情形】：林宏明綴（醉 61）
【字體分類】：典賓／過渡 2 類
【正面釋文】：
帚好隹□蚩（害）。
帚好不隹有蚩（害）。
【反面釋文】：
A. ☑不隹☑
B. ☑[王其]□不☑

【相關說明】：
有的學者認為本版中的帚好已經過世，故能為害。按此有害亡害，似應讀為「有割、亡割」，屬於戰爭的卜問。

【著錄號】：乙 3605＋乙 4059（R32793／H13709）
【字體分類】：典賓／過渡 2 類
【鑽鑿分佈】：Z13a
【正面釋文】：
☑庚克蜎王疾。
其克蜎王疾。

【反面釋文】：
賓。wr
【相關說明】：
反面「賓」為甲尾記事刻辭，於賓組之中相當罕見。

【著錄號】：乙 3613＋乙 3638＋乙 7352＋乙 7487＋乙 8070＋乙補 3150＋乙補 3162＋乙補 3168＋乙補 5876（R32796／H2200＋H16991＋H17245）
【綴合情形】：
①：（乙 3638＋乙 7352＋乙 7487＋乙 8070＋乙補 3150＋乙補 5876）＝史語所、黃庭頎綴
②：（乙補 3162＋乙 3613）＝林勝祥綴
③：（①＋②＋乙補 3168）＝林宏明綴（契 230）
【字體分類】：典賓／賓一大類
【鑽鑿分佈】：Z1a
【釋文】：
A. 王固。隹有蚩（害）王。
　　不隹☑
B. ☑于父乙御。
　　昜于父乙御。

【著錄號】：乙 3621（R32830／H15931）
【字體分類】：典賓／賓一大類
【正面釋文】：
貞：乎畀丙牛。
【反面釋文】：

☑界☑

【著錄號】：乙 3635（R32849／H17263）
【字體分類】：典賓／過渡 2 類
【釋文】：
乙巳☑☑貞：于王☑蜎酒[告]父☑

【著錄號】：乙 3652＋乙 4638＋乙補
4472（R38323／H1022）
【字體分類】：典賓／過渡 2 類
【鑽鑿分佈】：Z1a
【釋文】：
☑黍年。
甫弗其受黍年。

【著錄號】：乙 3664＋乙 3665＋乙補
3279（R32927／H1288）
【綴合情形】：林勝祥綴（彙 988）
【字體分類】：典賓／過渡 2 類
【鑽鑿分佈】：Z1a
【釋文】：
A. ☑唐若。
B. 貞：為賓☑
【相關說明】：
「為」字與乙 3143 之「為」寫法甚異。

【著錄號】：乙 3682（R33005／H14148）
【字體分類】：典賓／賓一大類
【鑽鑿分佈】：Z1a
【釋文】：
A. ☑☑卜爭貞：自今至于庚寅。帝令☑
B. ☑任☑

【著錄號】：乙 3684＋乙 3721＋乙 3754
＋乙補 3414＋乙補 3350（R33012／H941＋
H14722）
【綴合情形】：
①：（乙 3684＋乙 3721）＝蔡哲茂綴
②：（①＋乙 3754）＝林宏明綴（醉
　　324）[36]

【字體分類】：典賓／過渡 2 類
【鑽鑿分佈】：Z1a
【釋文】：
己丑卜亘☑屮伐于季☑三。卯大牝。
貞：屮季☑

【著錄號】：乙 3688＋乙 3694（R33014）
【綴合情形】：林宏明綴（醉 72）
【字體分類】：典賓／過渡 2 類
【鑽鑿分佈】：Z1a
【釋文】：
壬戌☑爭貞：沚馘其來☑

【著錄號】：乙 3691＋乙 7055（R33018
／H5040＋H4776）
【字體分類】：典賓／賓一大類
【鑽鑿分佈】：Z1a
【釋文】：
貞：王令陕（陝）步☑
【著錄號】：乙 3710（R33048／H13755）
【字體分類】：典賓／賓一大類
【釋文】：
貞：視[老]（？）亡疾。
【相關說明】：
此字所从人之手部似有持杖物。

【著錄號】：乙 3712＋乙 3716＋乙補
3376＋乙補 3387（R33049／H12841）
【綴合情形】：
①：（乙 3712＋乙 3716）＝郭若愚綴
②：〔①＋（乙補 3376＋乙補 3387）〕
　　＝林宏明綴（醉 123）
【字體分類】：典賓／過渡 2 類
【鑽鑿分佈】：Z1a
【釋文】：
☑舞。有从雨。
貞：昜。亡其从雨。

【著錄號】：乙 3730（R33074／H5635）

---

[36] 蔡師綴，見氏著：〈甲骨新綴二十五
　　則〉，《中國文字學會第四屆學術年會論
文集》（西安市：陝西師範大學，2007
年 8 月）。

【字體分類】：典賓／賓一大類
【釋文】：
A. □□卜亘貞□東事（使）〼來。
B. 貞〼

【著錄號】：乙 3731（R33078／H8773）
【字體分類】：典賓／賓一大類
【釋文】：
于西有㲼（異）〼

【著錄號】：乙 3732＋乙 7152（R44827／H12163）
【字體分類】：典賓／過渡 2 類
【鑽鑿分佈】：Z1a／2-3
【正面釋文】：
□丑卜爭貞：今夕雨。
己丑卜爭貞：今夕不雨。
{□占曰：今夕不其雨。[其隹[雨]（?）㲼（異?）]不吉。㝃（各）隹壬見癸。}
【反面釋文】：
A. □占曰：今夕不其雨。[其隹[雨]（?）㲼（異?）]不吉。㝃（各）隹壬見癸。
B. 〼不隹〼雨。
C. 雀入二百五十。wr
【相關說明】：
辭 A「其隹[雨]（?）」三字刻於原有舊刻痕上、㲼（?）字裂損，目驗皆較難確識。

【著錄號】：乙 3756（R33115／H4711）
【字體分類】：典賓／賓一大類
【鑽鑿分佈】：Z13a
【釋文】：
貞：賈亡疾。

【著錄號】：乙 3762＋乙 3766＋乙 3782＋乙 3785＋乙 3786＋乙補 3441＋乙補 3451（R33124／H17002＋H17922＋H2936）
【綴合情形】：
①：（乙 3785＋乙 3766＋乙 3782＋乙 3786＋乙補 3441＋乙補 3451）＝林宏明綴（醉 86）
②：（①＋乙 3762）＝林勝祥綴（彙 931）
【字體分類】：典賓／賓一大類
【鑽鑿分佈】：Z1a
【釋文】：
A. 有疾𠂤（背）。隹有𡆥（害）。
有疾𠂤（背）。不隹有𡆥（害）。
B. 貞：有□若。
C. 肩女（毋）其〼
D. 〼从北。雨。
【相關說明】：
嚴一萍曾綴合乙 5859＋乙 3785，今根據新綴、辭例、尺寸位置等因素應歸於誤綴。

【著錄號】：乙 3764（R33123／H10501）
【字體分類】：典賓／過渡 2 類
【正面釋文】：
癸未卜㱿貞：多子隻𨾴。
【反面釋文】：
A. 〼四。
B. 見[庚]〼[隹八]（?）〼

【著錄號】：乙 3767＋乙 3808＋乙 8227＋乙 8235＋乙補 2250（R33131／H4499＋H5449）
【字體分類】：典賓／過渡 2 類
【鑽鑿分佈】：Z1a
【釋文】：
A. 丁亥卜㱿貞：卯以。有正。
貞：卯弗其以。有正。
B. □午卜爭貞：叀甾（贊）王事。
貞〼事。□月。
C. □王〼乍。令兔。不𠭯。
貞：其𠭯。
D. 貞：〼我〼
王占曰〼其〼[我]〼
【反面釋文】：
A. 〼羊〼
B. 貞：王有𡆥（害）。
C. 令[沚]（兆）比〼
昜隹〼

【相關說明】：

乙補 2250 的遙綴，從齒縫相對位置來判斷，有屬於誤綴的可能。

【著錄號】：乙 3770（R33126／H9692）
【字體分類】：典賓／過渡 2 類
【鑽鑿分佈】：Z1a
【正面釋文】：

貞：我弗其受年。

【反面釋文】：

A. 壬子☒[貞]☒
B. 王☒

【著錄號】：乙 3776（R33133／H8901）
【字體分類】：典賓／過渡 2 類
【釋文】：

☒曰：得。隹其不☒

【著錄號】：乙 3783＋乙 8207＋乙 8231＋乙補 3437＋乙補 6800＋乙補 6814 倒（R33153／H14229＋H17220）
【綴合情形】：

①：（乙 8207＋乙 8231＋乙補 6800）＝史語所綴
②：（乙 3783＋乙補 6814）＝林宏明綴（醉 147）
③：（①＋②）＝蔡哲茂綴（綴續 466）
④：（③＋乙補 3437）＝林勝祥綴（彙 1003）

【字體分類】：典賓／過渡 2 類
【鑽鑿分佈】：Z1a
【正面釋文】：

☒辰卜賓貞：帝昔☒
貞：帝昔☒

【反面釋文】：

A. ☒[臣]☒
B. 丁☒乤☒
C. [賈入十]☒wr
D. [羌]☒wr

【著錄號】：乙 3787＋乙補 3454＋乙補 3455（R44611／H6473）

【字體分類】：賓一／過渡 2 類
【鑽鑿分佈】：Z1a／3-6
【正面釋文】：

A. 庚辰卜爭貞：爰南單。
   ｛王占曰：吉。其爰。｝
B. 辛巳卜賓貞：亦燎。
C. 貞：王叀（惟）沚馘比伐巴方。帝受我又。
   王乤隹沚馘比伐巴方。帝不我其☒☒
   ｛王占曰：吉☒若☒｝

【反面釋文】：

A. 貞：舌。
   貞：乤舌。
B. 王占曰：吉☒若☒
C. 王占曰：吉。其爰。

【相關說明】：

此版反面墨書多，但皆不可識。兩「爰」字較漫漶，目驗甲骨仍不能完全肯定；《合集釋文》作「蚑」，《摹釋總集》作「爰」，後者較近，尤其反面互足該字從殘筆上看來不可能為蚑，故今從《摹釋總集》。

【著錄號】：乙 3797（R44613／H6583）
【字體分類】：典賓／過渡 2 類
【鑽鑿分佈】：Z1a／3-6
【釋文】：

A. 貞：王比望乘伐下☒
   王乤比望乘伐。
B. 自咸告。至于☒丁。
   乤自咸告。
C. 王叀（惟）沚馘。
   乤隹沚馘。
D. 告于上甲眔（暨）咸。
   乤告。
E. 王叀（惟）人（夷）正（征）。
   乤隹人（夷）正（征）。
F. 王叀（惟）龍方伐。
   乤隹龍方伐。

【相關說明】：

成套卜辭第五版，本版「沚」字皆缺刻。關於分類，崎川龍將本版歸於典

型賓一，今據目驗甲骨字體特徵與辭例將之歸於過渡 2 類。

【著錄號】：乙 3798（R33160／H1644）
【字體分類】：典賓／賓一大類
【鑽鑿分佈】：Z1a
【釋文】：
我廿先。wr

【著錄號】：乙 3804＋乙補 658＋乙補 6703（R33170／H8594）
【綴合情形】：
①：（乙補 658＋乙補 6703）＝史語所綴
②：（①＋乙 3804）＝林宏明綴（醉 257）
【字體分類】：典賓／過渡 2 類
【正面釋文】：
A. 貞：隹出疾。
　　{☒出疾。／有由。糾。往出☒}
B. 貞：不☒
C. 貞：羌于東[涉人]
【反面釋文】：
A. ☒占曰：其☒吉隹☒。其于之☒
B. ☒出疾。
　　有由。糾。往出☒
C. 爭。 wr
【相關說明】：
正面釋文 C「涉人」二字佔一字空間，「步」與「人」以「水」分隔左右，疑為「涉兆」二字合文或專用字。

【著錄號】：乙 3809（R33175／H8912）
【字體分類】：典賓／過渡 2 類
【鑽鑿分佈】：Z1a／2-4
【正面釋文】：
A. {壬戌卜古} 貞：受不其得。
　　{王占曰：吉。得。[若] （?）／三日甲子。允☒}
B. ☒[即]弗☒以。
【反面釋文】：
A. 王占曰：吉。得。[若] （?）
　　三日甲子。允☒

B. 壬戌卜古。
C. 奠入十。wr
【相關說明】：
據人物以及干支，疑正面釋文 A 與對亘方戰事有關。

【著錄號】：乙 3811＋乙 3817（R33182／H15153）
【綴合情形】：林宏明綴（醉 94）
【字體分類】：賓一／典型賓一類
【鑽鑿分佈】：Z1a
【釋文】：
丁亥卜亘貞：王舌餰（摧）（?）。于☒

【著錄號】：乙 3813＋乙 4065（R44614／H7239）
【字體分類】：典賓／過渡 2 類
【鑽鑿分佈】：Z1a／2-4
【正面釋文】：
A. 己卯卜㪔貞：有奏祐（循）。下上若。
　　己卯卜㪔貞：有奏祐（循）。下上弗若。
B. 貞：㝩不其卩（孚）。
C. 㞢于母丙。
D. 令𢖫（發）求奠目（臣）。
　　㫃令☒
【反面釋文】：
A. 貞：卒☒
　　貞：卒☒
B. 纝入廿。 wr
C. 㪔。 wr
【相關說明】：
一、正面釋文 D「奠目」疑當讀為「奠臣」，「目」字誤刻；卜辭多見令某人往求某臣的例子，尤習見於本坑，如乙 4539 有「収奠臣」、丙二〇五有「取𡧱臣」乙 3108＋乙 3738「取決臣」等。

二、前版乙 3403 載有「㝩卩（孚）／奠卩（孚）」事，且反面記事同樣為纝入廿，應該是相近時間內卜問同一件事。此版卜問㝩是否不其卩，從語法上「其」字用法看來，

商王不希望見到**🖉**「不**𠂤**」的情況發生。而此版「求奠目」疑與「／奠**𠂤**」有關。另反面多朱書，已無法辨識。

【著錄號】：乙 3821＋乙 3824＋乙 3830 正＋乙 3831＋乙補 3502 倒＋乙補 3517＋乙補 3528＋乙補 3533＋乙補 3539＋乙補 3544＋乙補 3546＋乙補 3568 倒（R33209／H9936）

【綴合情形】：
①：（乙 3821＋乙 3830 正＋乙補 3517＋乙補 3533＋乙補 3539）＝史語所綴
②：（①＋乙 3824）＝林宏明遙綴（醉 30）
③：〔②＋（乙補 3502 倒＋乙補 3568 倒）〕＝林宏明綴（契 65）
④：〔③＋（乙 3824＋乙補 3528＋乙補 3544）〕＝謝博霖遙綴（彙 859）。

【字體分類】：典賓／過渡 2 類
【鑽鑿分佈】：Z1a
【正面釋文】：
貞：我受黍年。
貞：我弗☑黍年。
｛王占曰：吉。｝
【反面釋文】：
A. 王占曰：吉。
B. ☑不其☑
C. ☑其☑

【著錄號】：乙 3822（R33210／H5473）
【字體分類】：典賓／過渡 2 類
【鑽鑿分佈】：Z13a
【正面釋文】：
庚申卜𣪊貞：阞（陜）弗其**屮**（贊）王事。
庚☐☐☐貞：阞（陜）☐王事。十二月。
【反面釋文】：
A. 貞：妌☐有克☐
　　貞：妌☐亡其克☐
B. 王占[曰]事☐

C. ☑王。自☑癸巳**𠚢**[允]隹有由。

【著錄號】：乙 3864（R44615／H13696）
【字體分類】：典賓／過渡 2 類
【鑽鑿分佈】：Z1a／2-4
【正面釋文】：
A. 貞：**🖉**（寧?）雷。
　　不其雷。
B. ｛庚午卜賓｝貞：有疾肩。隹☑
　　貞：疾肩。不隹**蚩**（害）。
【反面釋文】：
A. 貞：有疾肩。隹**蚩**（害）。
　　貞：不隹**蚩**（害）。
B. 庚午卜賓。
C. ☑屮☑不隹☑
D. **黍**入廿。　　wr
E. 爭。　　wr

【著錄號】：乙 3890（R33344）＝乙補 3639 反
【字體分類】：賓一／過渡 2 類
【釋文】：
A. ☑若。
B. 乎弜。

【著錄號】：乙 3925＋正 5978（R44737／H9745）
【字體分類】：賓一／過渡 2 類
【釋文】：
甲午卜**𠁩**貞：北土受年。
甲午卜**𠁩**貞：北土不其受年。

【著錄號】：乙 4030＋乙補 3785（R33552／H800）
【字體分類】：典賓／過渡 2 類
【鑽鑿分佈】：Z1a
【釋文】：
戊午☐爭貞：其來印。[不]其來執。四月。

【著錄號】：乙 4051（R44738／H10275）
【字體分類】：典賓／過渡 2 類
【釋文】：
A. 貞：乎化同☑

B. ☑十南庚。
C. 丙☐子☐隻鹿。

【著錄號】：乙 4055＋乙 4106＋乙 4367
＋乙補 4609＋乙補 5252 倒（R44616／
H9934）
【綴合情形】：
①：（乙 4055＋乙 4367）＝嚴一萍綴
②：〔①＋（乙補 4609＋乙 4106）〕＝
　　史語所綴
③：（②＋乙補 5252 倒）＝林宏明綴
　　（醉 344）
【字體分類】：典賓／過渡 2 類
【鑽鑿分佈】：Z1a／4-6
【正面釋文】：
A. 癸卯卜古貞：王于漆（黍）侯。受
　　黍年。十三月。
　　癸卯卜古貞：王昜于漆（黍）[年?]
　　侯。受☐年。
　　王占曰：吉。我[受]漆（黍）年。
　　丁其雨。吉。其隹乙雨。引吉。
B. ☑我☑漆（黍）年。
C. 㞢祖丁☐
D. ☑[乎] 呂（工）往☐丘。以。
　　{☑吉。以。}
E. 貞：丁亥☑
　　☑丁亥☑
　　{王占曰：隹女。}
F. 祖辛☑
【反面釋文】：
A. ☑祖辛☑
　　昜㞢于祖[辛]。
　　王占曰：吉。其㞢于☑
B. 祖丁來☑
C. 御☑
D. 王占曰：隹女。
E. ☑吉。以。
【相關說明】：
甲骨脆弱，不能翻面。從乙 2913＋乙
5535＋乙 5834＋乙補 5412「王往省漆
（黍）」來看，此處「侯」（倒書）似
為地名，「于」應作為「往省」之略，

仍保留其前往之動詞義。

【著錄號】：乙 4074（R44561／H3175）
【字體分類】：典賓／過渡 2 類
【鑽鑿分佈】：Z1a
【釋文】：
A. 戊午卜䱷貞：子㞢�。允。
　　☐☐☐䱷貞：子昌㞢。不其�。
　　允。
　　王占☐隹丁㞢。
B. ☑辛。
　　☑祖辛。
【相關說明】：
本片原與（乙 1154＋乙 1666＋乙 2402
＋乙 2414＋乙 2421＋乙 2627＋乙 2638
＋乙 2712＋乙 4234＋乙 6803＋乙 7185
＋乙 7241＋乙 8073＋乙補 0815＋乙補
3763＋乙補 6635）相綴合，筆者判斷
為誤綴，故分別處理；見該組相關說明。

【著錄號】：乙 4092、乙補 3831（R33608
／H18520）
【字體分類】：典賓／過渡 2 類
【釋文】：
☐[亥]卜☐貞： （㫃）☑

【著錄號】：乙 4098（R33619／H13714）
【字體分類】：賓一／典型賓一類
【鑽鑿分佈】：Z1a
【釋文】：
{☐子卜䱷}貞：帚☑有疾。
貞：帚好[弗]疾（疾身?）隹有蚩（害）。
【反面釋文】：
☐子卜䱷。

【著錄號】：乙 4103＋乙 4256＋乙 4260
＋乙補 4046（R33878／H2478）
【綴合情形】：（乙 4103＋乙 4256＋乙
4260）＝鄭慧生綴（彙 240）
【字體分類】：典賓／過渡 2 類
【鑽鑿分佈】：Z1a
【釋文】：

A. □申□古貞：其雨。
　　庚申卜古貞：不其雨。
B. 庚申卜古貞：王令內□
C. 隹妣庚蚩（害）。

【著錄號】：乙 4107＋乙補 3844＋乙補 3850（R33631）
【綴合情形】：林勝祥綴（彙 959）
【字體分類】：典賓／賓一大類
【鑽鑿分佈】：
【釋文】：
A. 戊午卜設貞：鼄聞（昏）。
B. □巫□

【著錄號】：乙 4119＋乙 4125＋乙補 3859（R44618／H808）
【綴合情形】：（乙 4119＋乙 4125）＝合 808 綴
【字體分類】：典賓／過渡 2 類
【鑽鑿分佈】：Z1a／3-6
【正面釋文】：
A. 丙寅卜亙貞：王餕多屯。若于下上。
　　貞：王餕多屯。若于下乙。
B. 貞：□其疒。
　　貞：□弗疒。
C. □于□
D. 今□林□
　　貞：丮酓酒妣癸。正。
E. □其有降凵（憂）。
　　貞□其降凵（憂）。
【反面釋文】：
A. 王聑（聽）隹凵（憂）。
　　王聑（聽）不隹凵（憂）。
B. □[瀧]隹蚩（害）我。
　　□不□
C. □曰：丮□
D. 王占曰：不疾□
E. □占曰：疒□（嬨）□
F. 王占曰：吉□
G. 妣癸咸□
H. 既酒□

【相關說明】：
「疒」字所從之「不」，疑作聲符用。本版反面漫漶無法確釋。

【著錄號】：乙 4122＋乙 6534＋乙補 3925＋乙補 5698（R33653／H17705）
【綴合情形】：
①：（乙 4122＋乙 6534）＝合 17705、史語所綴
②：（①＋乙補 3925）＝蔡哲茂綴（先 233）
【字體分類】：典賓／過渡 2 類
【鑽鑿分佈】：Z1a
【正面釋文】：
A. □貞□有若。
B. 貞：王若。
　　□若。
C. □卯（殷？）亡□
【反面釋文】：
王占曰：酒□
【相關說明】：
合 17705 即乙 4122＋乙 6534，蔡哲茂先生指出《合集》該版反面與目驗不符，應為乙 4880＋乙 4378 之誤植。

【著錄號】：乙 4130＋乙 5397（R44619／H 13751＋H13752）
【字體分類】：典賓／過渡 2 類
【鑽鑿分佈】：Z1a／3-5
【正面釋文】：
A. 貞：豩其有疾。
　　貞：豩亡疾。
　　王占曰：豩其有疾。叀（惟）丙。不庚。
　　二旬有七日庚申媵（爽）。戠（誅）。
B. 王占曰：茲鬼。戠（鬼）戊貞。
　　五旬有一日庚申媵（爽）。戠（誅）。
C. 乙巳卜設貞：豩亡疾。九月。
D. 貞：給有疾。
E. 三戔。出三牛。
【反面釋文】：
A. 燎五牛。

十牛。

B. 二南。

五南。

C. 咸戊☒

弜☒

D. 王占曰：[疒]□[疾]☒

E. 王占曰☒

【相關說明】：

正面釋文A「桑」（爽）字左側有一筆半圓劃痕，從與釋文B比較可知即從「月」之「朡」字，亦指夜間時稱「昧爽」，可見於合 15738，本坑賓組大部分作「昧爽」時稱的「桑」字都不從月。[37] 另，同辭「﹏」字亦據釋文B補。此字下半從「陷牛」合文，上半為「﹏」，和卜辭中作誅殺義的戠字形近，其意涵可能也是相同的。[38]

正面釋文B的占辭「茲鬼」應與丙九九的「茲鬼卜」同類，從卜辭「鬼日」意指不好的日子來看，[39] 這裡指的是該卜帶有不吉的意涵。後面緊接「﹏」（鬼）戊貞」，按，﹏字與前「茲鬼」之「鬼」字差異甚微，僅在鬼頭周圍作數小點，以及跽坐之足部有橫畫，應該都是作為羨筆用途，「﹏」應釋為鬼，這是李學勤曾指出的「卜辭同版同字異構例」，也是異體分工的一種展現。鬼作人名見懷 1650 等，至於此「鬼戊」，大概和習見的咸戊（亦見於本版反面）、學戊、盡戊、乙 3443 的戊媚等相同，是當時可以主持祭祀活動的一類人物，在本版可見他亦能

夠擔任貞人。

在此條卜辭中，「鬼戊貞」見於占辭的結尾，驗辭的開頭，極為特殊，頗疑正面釋文B省去正規前辭，與正面釋文A、C共用命辭，以「鬼戊貞」在此辭中作為補充敘述的前辭（敘辭）使用。因為本條卜辭在人物（疒）和干支（庚申前五十一日應為庚戌）上都無法對應到同版的D、C二辭，且釋文A已有占辭，可見本條「鬼戊貞」確有可能用為前辭。關於這類特殊的前辭，蔣玉斌近來有過相關討論，可以參照；[40] 不過將前辭置於占、驗辭前後的情況尚不見討論，很值得學者注意。

另，本版甲骨脆弱，不能翻面。

【著錄號】：乙 4136＋乙 4137（R33672／H14578）

【字體分類】：典賓／過渡 2 類

【釋文】：

貞☒辛☒酒河☒三牛☒三牛

【著錄號】：乙 4140＋乙 4085＋乙 5191（R33675／H3055＋H4835＋H4836）

【綴合情形】：林宏明綴（醉 36）

【字體分類】：典賓／賓一大類

【釋文】：

A. 貞：夆（畫）叀（惟）奠乎☒

奠乎☒

B. ☒得☒

【著錄號】：乙 4170（R33725／H3045）

【字體分類】：典賓／過渡 2 類

【釋文】：

弜隹夆（畫）[令]☒

---

[37] 參黃天樹：〈殷墟甲骨文所見夜間時稱考〉，《黃天樹古文字論集》（北京市：學苑出版社，2006 年 8 月），頁 191-192。

[38] 參劉釗：〈釋甲骨文耤、羲、蟬、敖、戠諸字〉，《古文字考釋叢稿》（長沙市：岳麓書攝，2005 年 7 月），頁 13-17。

[39] 黃天樹：〈殷墟甲骨文「鬼日」補說〉，《黃天樹古文字論集》，頁 237-239。

[40] 蔣玉斌：〈說殷墟卜辭的特殊敘辭〉，《2010 年中華甲骨文學會創會 20 週年慶學術研討會論文集》（臺中市：中華甲骨學會，2010 年 10 月）。

【著錄號】：乙 4185＋乙 4187＋乙補 3934（R33747／H15498）

【綴合情形】：黃庭頎綴（彙 830）

【字體分類】：典賓／賓一大類

【釋文】：

貞：王昜祀朕匚（報）。

【著錄號】：乙 4194（R33769／H1633）

【字體分類】：師賓間.賓組戌類／非典型師賓間 C

【鑽鑿分佈】：Z1a

【釋文】：

A. 乙未卜：王聑（聽）隹祖乙。
　　乙未卜：王聑（聽）不隹祖乙。

B. 翌丙午其雨。
　　翌丙午不其雨。

C. 翌☒／翌☒

【著錄號】：乙 4195＋乙 4200＋乙 4247（R33771／H18810＋H19709）

【綴合情形】：

①:（乙 4195＋無號碎甲）＝史語所綴

②:（乙 4200＋乙 4247）＝合 19709 綴

③:（①＋②）＝蔡哲茂綴（綴續 468）

【字體分類】：典賓／賓一大類

【鑽鑿分佈】：Z1a

【正面釋文】：

A. 丙寅☒貞：龠☒

B. 丙寅☒丁卯高（享）☒十月。
　　☒高（享）不其肩同。
　　允不。
　　｛☒高（享）其☒[卯]☒☒（婚）。十月。｝

C. ☒[貞]☒[同]（?）☒十月。

【反面釋文】：

☒高（享）其☒[卯]☒☒（婚）。十月。

【著錄號】：乙 4198（R33722／H7141）

【字體分類】：典賓／賓一大類

【鑽鑿分佈】：Z1a

【釋文】：

☒曰：其有來娓（艱）。迄至☒

【著錄號】：乙 4204＋乙 4205（R33781／H9179）

【字體分類】：典賓／賓一大類

【鑽鑿分佈】：Z1a

【釋文】：

A. 姘其來。

B. ☒收（廿）☒

【著錄號】：乙 4206＋乙 4214＋乙補 3951＋乙補 3956 倒＋乙補 3967 倒＋乙補 3970＋乙補 3972＋乙補 3977＋乙補 3989（R33788／H14060）

【綴合情形】：

①:（乙 4214＋乙補 3977＋乙補 3989）＝蔡哲茂綴（綴續 470）

②:（乙 4206＋乙補 3972）＝林宏明綴（醉 71）

③:〔①＋②＋（乙補 3967 倒＋乙補 3970）〕＝林勝祥綴（彙 996）

④:（乙補 3951＋乙補 3956 倒）＝史語所綴

⑤:（③＋④）＝蔡哲茂綴（先 1521）

【字體分類】：典賓／過渡 2 類

【鑽鑿分佈】：Z1a

【釋文】：

辛亥☒帚媟☒（娩）☒

☒亥卜☒帚媟☒（娩）☒其妨☒

【著錄號】：乙 4208（R33791／H5803）

【字體分類】：典賓／賓一大類

【釋文】：

☒[收]（廿）多簌☒

【著錄號】：乙 4211（R33793）

【字體分類】：典賓／賓一大類

【釋文】：

☒[貞]酒☒柜☒

【著錄號】：乙 4220＋乙 4223＋乙 4224＋乙 4225＋乙 5866＋乙 8201（R33809／H9527＋H12315＋H18900）

【綴合情形】：

①：（乙 4223＋乙 4225＋乙 5866）＝
　合 12315 綴
②：〔①＋（乙 4220＋乙 4224＋乙
　8201）〕＝林宏明綴（醉 345）
【字體分類】：典賓／過渡 2 類
【正面釋文】：
A.　{丁未卜行}貞：至今至于辛亥。雨。
　　□自今至于□□不其雨。
B.　貞：今癸酉燎。
　　□癸酉[易]燎。
【反面釋文】：
A.　壴（鼓）入□wr
B.　丁未卜行。
C.　□隹[廿]□王占曰□
D.　㱿。wr
【相關說明】：
反面刻辭率皆先朱書為底，再契刻於
上，目驗可見。合 12315 甲乙遙綴乙
5886，可從。

【著錄號】：乙 4232（R33824／H16392）
【字體分類】：典賓／過渡 2 類
【釋文】：
□涉□雚（觀）□若。

【著錄號】：乙 4250（R33869／H14107）
【字體分類】：典賓／過渡 2 類
【鑽鑿分佈】：Z1a
【正面釋文】：
□不其妨。
【反面釋文】：
A.　□庚□子□
　　子賓不其出匚（報）□庚。[卯]□若。
B.　貞□
　　貞□

【著錄號】：乙 4276＋乙 4279（R33903
／3408＋H16307）
【綴合情形】：林勝祥綴（彙 957）
【字體分類】：典賓／過渡 2 類
【釋文】：
□□□古貞：孔伯受□

【著錄號】：乙 4280＋乙 4580＋乙 7502
＋乙 8035＋乙 8416＋乙 8417＋乙補
1436＋乙補 6718（R44634／H 3195＋H7877）
【字體分類】：典賓／過渡 2 類
【釋文】：
A.　庚寅卜爭貞：子奠隹令。
　　庚寅卜□□□奠不隹令。
　　{王占曰□}
B.　□[虎]□
　　辛卯卜爭貞：子虎不隹令。
【相關說明】：
根據尺寸不合、齒縫空隙等因素判斷，
此組之中甲（乙 7502）不應納入此組
綴合，前人僅根據色澤、大略尺寸與兆
序便行拼合，頗不妥；然實物已黏合不
可分。

【著錄號】：乙 4283（R33913／H5773）
【字體分類】：典賓／賓一大類
【釋文】：
□三百射乎□

【著錄號】：乙 4291（R33933／H9282）
【字體分類】：賓一／典型賓一類
【釋文】：
[賈]入二在高。wr
【相關說明】：
應歸典型賓一類，見丙二五二＝丙三
三四。「入二在高」另有一組是「畫」
致送的，見丙九七、乙 2743。

【著錄號】：乙 4293（R44620／H136）
【字體分類】：典賓／過渡 2 類
【鑽鑿分佈】：Z1a／3-6
【正面釋文】：
A.　貞：逐□
　　不其隻。
B.　己卯卜古貞：歮卒㚔㕚自宁（寢）。[41]

---

[41] 宁字象屋中有床之形，所從「爿」乃俯
　　視而見的長方形床面和側視而見的床
　　足之形，可參陳劍：〈甲骨金文舊釋「𪔱」

己卯卜古貞：□舀自宁（寢）。火弗
其卒。
王占曰：其隹丙戌卒。有。尾。其
隹辛家。
□允既卒。
C. □不受。

【反面釋文】：
A. 己卯卜古。
B. 王占曰：其隹丙戌卒。有若。尾。
其隹辛家。

【相關說明】：
　　反面釋文 B 是正面釋文 A 的占
辭，與正面釋文所載占辭差別在於前
者為「有若。尾」而後者為「有尾」，
反面釋文 B 的辭意顯然較充足，表達
「有若」與「尾」兩個獨立的意涵；
這顯示了正面卜辭的占辭部分很可能
因為後刻補述，所以在文字上產生了
省略。
　　「尾」字舊來欠缺討論，嚴一萍
以為表示馬牛繁殖交尾，從辭例來看
恐失之臆斷；按，疑此處尾字乃農業
卜辭中習見的「屎」字異體，屎又作
「屎」，裘錫圭綜合胡厚宣、李家浩等
人意見，指出農業卜辭中的屎／屎田
有「徙田」、「選田」兩種可能用法，
其說可信；後來董蓮池曾申論裘說，
並詳析屎字在先秦時期用為「徙」義
的演變過程，認為「屎」字所從的「少」
屬於後加的聲符。[42] 由於本辭與捕捉

之字及相關諸字新釋〉，《出土文獻與古
文字研究》第二輯（上海市：復旦大學
出版社，2008 年 8 月），頁 40；裘錫圭：
《文字學概要》（北京市：商務印書館，
1988 年 8 月），頁 158。

[42] 裘錫圭：〈甲骨文所見的商代農業〉，《古
文字論集》，頁 178-179；董蓮池：〈沬
司徒疑簋「征」、「畾」釋「徙」、釋「圖」
說平議〉，《中國文字研究》第一輯（鄭

逃亡的舀人有關，在此用法當以「徙」
為長，指捕捉之後將之遷徙至異方；
而「家」字在此處似乎有藏匿的意味。

【著錄號】：乙 4300＋乙補 4094（R33950
／H14930）
【綴合情形】：林勝祥綴（彙 943）
【字體分類】：典賓／過渡 2 類
【釋文】：
A. [陕]不其卼。
B. 貞：王□
　　昜□

【著錄號】：乙 4312＋乙 4313（R33968
／H18106）
【綴合情形】：郭若愚綴（彙 897）
【字體分類】：典賓／過渡 2 類
【鑽鑿分佈】：Z1a
【釋文】：
□□卜馭□乎古人□
昜乎古□

【相關說明】：
「馭」字缺刻。

【著錄號】：乙 4334＋乙 5132＋乙
8604＋乙補 4872（R38700／H2071）
【綴合情形】：
①：（乙 5132＋乙 8604＋乙補 4872）
　　＝史語所綴
②：（①＋乙 4334）＝蔡哲茂遙綴
【字體分類】：典賓／過渡 2 類
【鑽鑿分佈】：Z13a
【釋文】：
□祖辛蚩（害）□
貞：祖辛弗蚩（害）王。

【著錄號】：乙 4340＋乙 5464＋乙 5652
＋乙 6094＋乙 6117＋乙 6149＋乙 6206
＋乙 6211＋乙 8233（R38031／H13222＋
H15631＋H7933＋H15575）

州市：華東師大中國文字研究與應用中
心主編，總第十輯，2008 年），頁 15。

【綴合情形】：鄭慧生遙綴（彙 252）
【字體分類】：賓一／過渡 2 類
【鑽鑿分佈】：Z1a
【正面釋文】：
A. 甲午卜賓貞：今日𢎗夕燎。
貞：于桑（爽）燎三牛二南。
B. 甲午卜賓貞：翌乙未易□
{王占曰：吉。易日。于庚▨}
【反面釋文】：
王占曰：吉。易日。于庚▨
【相關說明】：
正面釋文 A「桑」字與「夕」相對，當是時稱「爽明」之省稱。乙 5395 有「貞：翌乙亥桑乎子商𡿚」，應該也是相同用法。

【著錄號】：乙 4351＋乙 4480＋乙 4496＋乙 4630＋乙 4687＋雙下 32-2（R44756／H 930＋H14019＋H15127）
【綴合情形】：
①：（雙下 32-2＋乙 4630）＝郭若愚綴
②：（①＋乙 4480）＝合 14019 綴
③：〔②＋（乙 4351＋乙 4687）〕＝林宏明綴（醉 87）
④：（③＋乙 4496）＝林宏明綴（契 238）
【字體分類】：典賓／過渡 2 類
【鑽鑿分佈】：Z1a
【釋文】：
A. 貞：王其㞢勹（丐）于祖丁。
祖丁弗其𦝠（乂）王。
B. 貞：御于三父三伐。
貞：𢎗御于于三父三伐。
C. 㞢父庚。
𢎗㞢。
D. 㞢妣戊。
𢎗㞢。
E. 丙戌卜爭貞：帚媟𡆥（娩）妨。七月。
貞：帚媟𡆥（娩）。不其妨。七月。
F. 貞：帚媟𡆥（娩）妨。隹卒。
【相關說明】：
甲面有十數處人為小圓挖痕，左右略呈對稱。此版經林宏明持續拼合，已近完全復原。

【著錄號】：乙 4356（R38072／H11220）
【字體分類】：賓一大類（K）
【釋文】：
▨乙白豕。

【著錄號】：乙 4363＋乙 4389＋乙 4567＋乙 4844＋乙 4891＋乙 4895＋乙 5054＋乙 5148＋乙 5372＋乙 5377＋乙 5741＋乙 5746＋乙 5773＋乙 5832＋乙 6080＋乙補 4217＋乙補 4661 倒＋乙補 4665＋乙補 5500＋乙補 5504＋乙補 5552＋乙補 5590（R38126／H18935＋H10040＋H15237＋H2236＋H16331＋H3800）
【綴合情形】：
①：（乙 4407＋乙 5377）＝郭若愚綴（彙 243）
②：（乙 4389＋乙 4567）＝曾毅公、李學勤綴（彙 243）
③：（乙 5148＋乙 5741）＝合 2236 綴
④：①＋②＋（乙 4891）＝合 10040 綴
⑤：③＋④＋乙 5773）＝鄭慧生綴（彙 243）
⑥：（乙補 4661 倒＋乙補 5552＋乙補 5500＋乙補 5504＋乙 4844＋乙 6080）＝史語所綴
⑦（乙 5372＋乙 5832）＝史語所綴
⑧：（⑤＋⑥＋⑦＋乙補 4655 倒）＝林宏明綴（醉 360）
⑨：（⑧＋乙補 4217）＝林宏明綴（契 239）
【字體分類】：典賓／過渡 2 類
【正面釋文】：
A. 己酉卜亘貞：今歲我受𠦪年。
己酉卜亘□今▨
B. 己酉卜亘貞：今歲我不其▨
C. 辛丑卜韋□父乙𡿨（害）□
辛丑卜韋貞：不隹父乙𡿨（害）。
D. ▨示弗若。
【反面釋文】：

A. 翌丁酉王賓[大]◻

B. 貞：奠◻亦◻

C. 貞：告于祖乙。

貞：易告◻／王占曰：吉。其◻

D. ◻入二。wr

【相關說明】：

正面釋文 B 位於甲腹，左右相對位置
皆反面卜問，疑所卜問之「年」左右
不同。

【著錄號】：乙 4368＋乙 4391（R38092
／H1669）

【字體分類】：典賓／賓一大類

【釋文】：

壬辰卜㱿貞：翌乙未酒下乙。

【著錄號】：乙 4375＋乙 4461＋乙 5956
＋乙 6122＋乙 6330＋乙 6436＋乙補
4510＋乙補 4696＋乙補 5545＋乙補
7209（R38114／H17915＋H10945）

【字體分類】：典賓／賓一大類

【鑽鑿分佈】：Z1a

【正面釋文】：

A. 貞：子商弗其隻在萬鹿。

◻商◻萬鹿◻

B. ◻人不其靠◻

【反面釋文】：

A. 貞：易◻／◻蔔（取）◻

B. ◻吉◻

【著錄號】：乙 4379＋反乙 4384＋乙
4573＋乙 4691＋乙 4970＋乙 5342＋乙
5497＋乙 6172＋乙 6177＋乙 6529＋乙
8562＋乙補 4159＋乙補 4230（R38041／
H17341＋H3611＋H14184＋H14168＋H14235）

【綴合情形】：

①：（乙 5342＋乙 4691＋乙 6172）＝
史語所綴

②：（乙 6177＋乙 8562）＝史語所綴

③：（乙 4573＋反乙 4384）＝史語所綴

④：（乙 4970＋乙補 4159）＝史語所綴

⑤：（①＋②＋③＋④）＝林宏明綴

⑥：〔⑤＋（乙 6529＋乙 5497＋乙 4379
＋乙補 4230）〕＝林宏明綴（醉
100）

【字體分類】：賓一／過渡 2 類

【鑽鑿分佈】：Z1a

【正面釋文】：

貞：帝其亦令乍我脅（孽）。

◻酉◻㱿：帝不亦令我脅（孽）。一二

【反面釋文】：

A. ◻占曰：[吉]。其省◻

B. ◻酉◻㱿。

【相關說明】：

由正面釋文「其」字所在來看，此處的
「脅」應用為「孽」，指對商王有禍害。

【著錄號】：乙 4381＋乙 4463＋乙 4562
＋乙 4623＋乙 4633＋乙 4764＋乙 5229
＋乙 5878＋乙 6156＋乙 6481＋乙補
4248＋乙補 4942＋乙補 5286（R38118／
H14035）

【綴合情形】：

①：（乙 4463＋乙 4562）＝郭若愚綴

②：（乙 4623＋乙 5229）＝郭若愚遙綴

③：〔①＋②（乙 4633＋乙 4764＋乙
5878＋乙 6156）〕＝合 14035 綴

④：（③＋乙補 4942）＝史語所綴

⑤：〔④＋（乙補 4248＋乙補 5286）〕
＝林宏明綴（醉 157）

【字體分類】：典賓／過渡 2 類

【鑽鑿分佈】：Z1a

【正面釋文】：

◻◻卜賓貞：子媚◻◻（娩）妗。

◻◻◻卜賓貞：子媚◻（娩）不其妗。

｛◻七日丁妗◻允◻｝

【反面釋文】：

A. ◻七日丁妗◻允◻

B. 壴（鼓）入。wr

【著錄號】：乙 4385＋乙 5084＋乙 5702
＋乙 6144（R38122／H1870＋H2437＋H17377）

【綴合情形】：

①：（乙 4385＋乙 6144）＝史語所綴

②：〔①＋（乙 5084＋乙 5702）〕＝林
　　宏明綴（醉 91）
【字體分類】：典賓／賓一大類
【鑽鑿分佈】：Z1a
【正面釋文】：
A. 王夢隹妣己。
　　不隹妣己。
B. 貞：祖丁蚩（害）王。
　　貞□丁□王。
【反面釋文】：
A. 隹妣□
B. 爭。wr
C. 膚入□wr
【著錄號】：乙 4387＋乙 5614（R38124
／H6472）
【字體分類】：典賓／過渡 2 類
【鑽鑿分佈】：Z1a
【正面釋文】：
□啟巴方。王匄（丐）于□
【反面釋文】：
㱿。wr

【著錄號】：乙 4402＋乙 5196＋乙 5147
＋乙 5206＋乙 4464（R38133／H4165＋
H5366）
【字體分類】：師賓間類／過渡 1 類
【鑽鑿分佈】：Z1a
【釋文】：
A. 丁巳卜王□
B. 丁巳卜王貞：雀弗其[卒]缶。
C. 庚申卜爭貞□[雀]（？）隻□
【相關說明】：
時間順序由下往上，就刻辭位置而言
較少見。

【著錄號】：乙 4418＋乙 4494＋乙 6096
＋乙 6484＋乙補 4548＋乙補 4802＋乙
補 4805（R38160／H19217＋H2850＋H2823）
【綴合情形】：
①：（乙補 4802＋乙補 4805＋乙 6096
　　＋乙 4418＋乙補 4548＋乙 6484
　　＋無號甲）＝史語所綴
②：（①＋乙 4494）＝蔡哲茂綴（先

481）
【字體分類】：典賓／賓一大類
【鑽鑿分佈】：Z1a
【正面釋文】：
辛巳卜賓貞：隹□
□貞：帝妣□
□帝妣□
□帝妣□
□妣有□
【反面釋文】：
㛷□
【相關說明】：
（乙補 4802＋乙補 4805＋乙 6096＋乙
4418＋乙補 4548＋乙 6484＋無號甲）
屬於 R38160 的史語所綴合，其中原有
乙 4566 一片，蔡先生根據位置空隙、
辭例、干支判斷為誤綴，參先秦史網站
〈《殷墟文字乙編》新綴第二十七則〉。

【著錄號】：乙 4419＋乙 4543＋乙 4738
＋乙 5524＋乙 5748＋乙補 5245（R38161
／H2399＋H1388＋H2393）
【字體分類】：典賓／過渡 2 類
【鑽鑿分佈】：Z1a
【正面釋文】：
A. 于妣甲御。
　　易于妣甲。
B. 貞：奠[肩]同□
　　奠弗其同有疾。
C. □若。
【反面釋文】：
雀入二百五十。wr

【著錄號】：乙 4422＋乙 4462＋乙 5685
＋乙 6285＋乙補 5398（R38163／H1670＋
H15726）
【字體分類】：典賓／賓一大類
【鑽鑿分佈】：（Z1a）
【正面釋文】：
貞：于來乙酉酒下乙。
易于來乙酉酒下乙。
【反面釋文】：
乙酉□

【相關說明】：
反面朱書極清。此「乙」字刻於舊契小字「己巳」之上。已完全蓋過。

【著錄號】：乙 4423＋乙 4622（R38166／H9747）
【字體分類】：典賓／賓一大類
【鑽鑿分佈】：Z1a
【釋文】：
A. ⍁北土受年。
B. □妣□蚑⍁

【著錄號】：乙 4424＋乙 4433＋乙 4643＋乙 4704＋乙 4787＋乙 5067＋乙 5116＋乙 6317＋乙 6339＋乙 6360＋乙補 421＋乙補 4333＋乙補 4692（R26867／H8437＋H7441）
【字體分類】：典賓／賓一大類
【正面釋文】：
A. 丁亥卜㱿貞：王曰旨來奠。若。
貞：王昜卒曰旨來奠⍁
B. 貞：沚戠啟。王比。
貞：王昜比沚戠。
C. ⍁戠⍁㱾（乂）⍁。
｛王占曰：吉。其㱾（乂）。｝
【反面釋文】：
A. 王占曰：吉。其㱾（乂）。
B. ⍁妏⍁

【著錄號】：乙 4426＋乙 4498＋乙 4617＋乙 4712＋乙 4714＋乙 4881＋乙 5700＋乙 6005＋乙補 4305＋乙補 4660（R38167／H4349＋H18321＋H7584）
【綴合情形】：
①：（乙 4426＋乙 4617＋乙 4714）＝合 4349 綴
②：（乙 4881＋乙 4498）＝嚴一萍綴（彙 467）
③：〔①＋②＋（乙 6005＋乙 5700＋乙 4712＋乙補 4305）〕＝史語所綴
④：（③＋乙補 4660）＝林宏明綴（醉 59）
【字體分類】：典賓／過渡 2 類
【鑽鑿分佈】：Z1a
【正面釋文】：
A. 壬辰卜賓貞：疒（疾）𡆥。克。
貞：疒（疾）𡆥。弗其克。
B. 貞：旻⍁
｛王占曰：吉⍁卒。允[卒]⍁｝
【反面釋文】：
A. 王占曰：吉⍁卒。允[卒]⍁
B. 雀入二百五十。wr

【著錄號】：乙 4443＋乙 5245＋乙 6119＋乙補 4219＋乙補 4312（R38095／H13324＋H13200）
【綴合情形】：
①：（乙 4443＋乙 5245＋乙補 4219＋乙補 4312）＝史語所綴
②：（①＋乙 6119）＝林宏明綴（醉 156）
【字體分類】：典賓／典型典賓類
【鑽鑿分佈】：Z1a
【正面釋文】：
貞：畀步。易日。
貞：不其易日。
【反面釋文】：
翌壬子易日。
不其⍁
【相關說明】：
此版正反「不」字皆有字頭橫劃。

【著錄號】：乙 4471（R38207／H21199）
【字體分類】：賓一.典賓／賓一大類
【鑽鑿分佈】：Z1a
【正面釋文】：
燎中田⍁
【反面釋文】：
A. ⍁祖乙⍁
B. 昜⍁[車]⍁

【著錄號】：乙 4473＋乙 4475＋乙補 4143＋乙補 4161＋乙補 4180＋乙補 4191＋乙補 4192＋乙補 4232＋中歷博 24（R44741／H5776）
【綴合情形】：

①：(中歷博 24＋乙 4473＋乙 4475)
　　＝郭若愚綴
②：〔①＋（乙補 4143＋乙補 4161＋
　　乙補 4180＋乙補 4191＋乙補
　　4232)〕＝史語所綴
③：(②＋乙補 4192)＝林宏明綴(醉 58)
【字體分類】：典賓／過渡 2 類
【鑽鑿分佈】：Z1a／2-3
【正面釋文】：
A. 王往入。
　　王易往入。
B. 戊辰卜內貞：𢦏（肇）旁射。
　　易𢦏（肇）旁射。
C. 貞：𢦏（肇）旁射三百。
　　易𢦏（肇）旁射三百。
【反面釋文】：
唐來四十。　wr
【相關說明】：
中歷博 24 原著錄於《雙劍誃古器物圖
錄》下 32-1，今藏於中國國家博物館，
亦屬本坑流出物。

【著錄號】：乙 4476＋乙 6124＋乙補
4708＋乙補 4199（R38074／H2394＋H2433）
【綴合情形】：
①：(乙 6124＋乙補 4708)＝史語所綴
②：〔①＋（乙 4476＋乙補 4199)〕＝
　　林宏明綴（醉 106）
【字體分類】：賓一.典賓／師賓間.賓
一大類
【鑽鑿分佈】：Z1a
【正面釋文】：
A. 貞：妣己𧍙（害）王。
　　貞：妣己弗𧍙（害）王。
B. ▨甲御。
　　易于妣甲御。
【反面釋文】：
▨戌▨

【著錄號】：乙 4477＋乙 4767＋乙 4788
＋乙 6121＋乙 4906＋乙 5013＋乙 8543
＋乙 8374＋乙補 3501＋乙補 4215 倒＋

乙補 7107（R33200／H12376）
【綴合情形】：
①：(乙 4477＋乙 4788＋乙 5013＋乙
　　6121)＝合 12376 綴
②：〔①＋（乙 4906＋乙 8543＋乙補
　　3501)〕＝史語所綴
③：(乙 4767＋乙 8374＋乙補 4215 倒)
　　＝史語所綴
④：(②＋③)＝林宏明綴（醉 368）。
【字體分類】：典賓／過渡 2 類
【釋文】：
A. 壬申卜內貞：翌乙亥其▨
　　壬申卜內貞：翌乙亥不雨。
　　乙亥量。
B. 貞：易出于祖丁。
　　▨易▨出▨

【著錄號】：乙 4478＋乙 4914（R38208
／H14686）
【字體分類】：典賓／過渡 2 類
【鑽鑿分佈】：Z1a
【正面釋文】：
御▨南▨
易▨于▨庚。
【反面釋文】：
A. 燎于[魯]▨
　　易燎。
B. 出于南庚。易卒出。
C. 王▨
D. 貞▨[禾于]▨
【相關說明】：
據原版觀察，反面釋文 D 之「禾」似
乎是先刻於挖鑿之前，值得注意。

【著錄號】：乙 4482＋乙 4485＋乙 4546
＋乙 4556＋乙補 4359＋乙補 4375 倒
（R38211／H898＋11297）
【綴合情形】：
①：(乙 4546＋乙 4556＋乙補 4375 倒)
　　＝林宏明綴（醉 145）
②：(乙 4482＋乙 4485)＝合 898 綴
③：(①＋②＋乙補 4359)＝林宏明遙
　　綴（契 242）

【字體分類】：典賓／賓一大類
【鑽鑿分佈】：Z1a
【釋文】：
貞：曹祖乙十伐有五。卯十宰有五。
貞：廿伐。廿宰。

【著錄號】：乙 4483（R38212／H9275）
【字體分類】：典賓／過渡 2 類
【鑽鑿分佈】：Z1a
【正面釋文】：
貞：王固[亡]由。

【反面釋文】：
垚入十。wr

【著錄號】：乙 4511＋乙補 4651＋乙補 4668＋乙補 4670（R41290／H13648）
【綴合情形】：
①：（乙補 4668＋無號甲）＝史語所綴
②：〔①＋（乙 4511＋乙補 4670）〕＝林勝祥綴（彙 928）
③：（②＋乙補 4651）＝林宏明綴（醉 306）
【字體分類】：典賓／過渡 2 類
【鑽鑿分佈】：Z1a／2-3
【正面釋文】：
A. 貞：來庚寅其雨。
   不其雨。
B. 貞：疾齒，隹□□蛊（害）。
   貞：疾齒，不隹父乙蛊（害）。
C. ｛庚辰卜㱿｝貞：疾齒隹南。
   貞：疾齒不隹南。
【反面釋文】：
A. 庚辰卜㱿。
B. 帚閉示。wr
C. 絴入五。wr
D. 㱿。wr
【相關說明】：
正面釋文 C 由天干「庚」可知「南」字後應皆省略了「庚」，反面釋文 C「絴」字從手持繩索系羊狀，拓本較不清。

【著錄號】：乙 4514（乙 4513 反）（R44744 反／H9252 反）
【字體分類】：典賓／過渡 2 類
【鑽鑿分佈】：Z1a／2-4
【釋文】：
A. 貞：[隹之]毋祛（循）。
   王占曰：祛（循）。
B. 貞：㕬于南庚。
   弜㕬。
C. 己巳卜爭。
D. 不□
E. 壴（鼓）入十。wr
【相關說明】：
此反面較為漫漶，《合集釋文》與《摹釋總集》所做釋文幾乎相同且較殘缺，僅《摹釋總集》多釋出一字「循」。今據目驗得新釋，其中釋文 B「㕬」字新見，疑作為某種祭祀方式，或以為是「㕷」字所殘，從實物字跡上看來恐不可能；此字部件「从」亦見賓組「㘴」字，比對可知楷定「㕬」是對的。

【著錄號】：乙 4516（R44626／H371）
【字體分類】：典賓／過渡 2 類
【正面釋文】：
A. 庚午卜㱿貞：正。
B. ｛帝（禘）于□｝八犬。八羊。
   三羌。
C. 子商隻。
D. 子商亡田（憂）。
E. 父乙蛊（害）王。
   父乙弗蛊（害）王。
F. ｛癸酉卜□｝貞：父辛弗蛊（害）王。
   父辛其蛊（害）王。
G. 貞：龐。
H. 降。
   不其降。
I. 御于祖丁。
J. 乎纖同龐。
K. □𡩵。

【反面釋文】：

A. 帝（禘）于□。

B. 癸酉卜□。

C. 貞：降。

D. 乎般比辻力。

　　弜乎般比辻力。

E. 賈入三。wr

【相關說明】：

反面釋文 D「力」字，《合集釋文》、《摹釋總集》皆釋作「左」，恐有誤；比某力，應與農事有關。

【著錄號】：乙 4532＋乙 4991＋乙 8271＋乙 8274＋乙補 6818（R38585／H7906＋H7907＋H17432）

【綴合情形】：林宏明綴（醉 85）

【字體分類】：典賓／賓一大類

【鑽鑿分佈】：Z1a

【釋文】：

▢王夢杞。佳杞□

▢王夢杞。不佳杞田（憂）。

【著錄號】：乙 4533＋乙 4789＋乙 5714（R38236／H10606）

【字體分類】：典賓／典型典賓類

【鑽鑿分佈】：Z1a

【釋文】：

▢狩。若。

□弜涉狩。不若。

【相關說明】：

「不」字字首亦有橫劃，故崎川隆歸之於典型典賓。

【著錄號】：乙 4538（R44629／H635）

【字體分類】：賓一／過渡 2 類

【鑽鑿分佈】：Z1a／3-6

【正面釋文】：

A. 貞：率隹。

B. 御身。

　　弜御身。

C. 貞：乎去伯于▢。

D. ｛己卯卜賓｝貞：王往于田。

　　王弜往于田。

【反面釋文】：

A. 貞：以漆（桼）。

　　弜以漆（桼）。

B. 貞：啟自有邑。

C. 孚▨（自）[賓]有孚[省]。

D. 貞：[乎去] 収（廾）于奠。

E. 貞：往。

F. 叀（惟）収（廾）奠臣。

G. 弜令。

　　弜諎□令▢

H. 己卯卜賓。

I. 賈入一。　wr

J. 㪤。　wr

【相關說明】：

正面釋文 A「隹」字偏右，較窄，可察字左有刮削痕，從拓本上看原刻作 ⌐ 形（原版上已漫漶），疑刻手誤刻而削去左旁後，又忘了重刻正確偏旁回來。

【著錄號】：乙 4540（R44630／H13675）

【字體分類】：賓一？／賓一大類

【鑽鑿分佈】：Z13a／1-1

【正面釋文】：

A. 壬戌卜古貞：御疾黃?于妣癸。一二

　　貞：弜御于妣癸。

　　｛王占曰：下上蚩（害）余。佳丙。｝

B. 癸亥卜內貞：乎般比𡠝。一二

　　貞：弜乎般比𡠝。

【反面釋文】：

A. 王占曰：下上蚩（害）余。佳丙。

B. 雀入二百五十。　wr

【相關說明】：

正面釋文A「黃」字，一卜之辭作▨，二卜之辭作▨，前者字腹中物作倒「臣」字，後者作缺右上出頭之「口」；在此應與某種腹疾有關，但不能肯定；近來陳年福、劉桓、李宗焜皆有說，確切意涵仍待考。[43]

---

[43] 陳說見：〈甲骨文字考釋四則——兼論甲骨文聲符形化造字〉，載《考古與文物》2005 年增刊；劉說見〈釋甲骨文▨

正面釋文 A「隹丙」，表示祖先神廟號為「丙」者為害。

【著錄號】：乙 4552＋乙 4561（R38250／H18177）
【字體分類】：典賓／過渡 2 類
【鑽鑿分佈】：Z1a
【釋文】：
A. □亥卜㱿貞：戕（滅）今六月□
　　□[貞]：戕（滅）今六月□七月□
B. 弗□

【著錄號】：乙 4568＋乙 4879＋乙補 3458（R33162／H14959）
【字體分類】：典賓／過渡 2 類
【鑽鑿分佈】：Z1a
【釋文】：
貞：有𩰊（溢）。
□亡𩰊（溢）。
【相關說明】：
關於「𩰊」字，請參丙五五二相關說明。

【著錄號】：乙 4571＋乙 4739＋乙 4782＋乙 4900＋乙 5232＋乙 5368＋乙 5775＋乙補 5804（R38277／H536＋H1485＋H19284）
【綴合情形】：＋（乙 5232＋乙 5368＋乙補 5804）＝林宏明遙綴（先 2380）
【字體分類】：典賓／過渡 2 類
【鑽鑿分佈】：Z1a
【正面釋文】：
A. 癸未卜㱿貞：[至]于商。酒[兄]□御于父乙𝆑□伐。屮宰。
B. 貞：翌丁亥王涉。
　　翌丁亥易涉。
【反面釋文】：
A. □乎酒大庚。

字〉，《甲骨集史》（北京：中華書局，2008 年 10 月）；李說見〈從甲骨文看商代的疾病與醫療〉，《中央研究院歷史語言研究所集刊》第七十二本第二份（2001 年 6 月），頁 368。

B. □寅□
C. 貞□

【著錄號】：乙 4582＋乙 6343＋乙 6431＋乙 8445＋乙補 6752（R44746／H99＋H8990）
【綴合情形】：
①：（乙 4582＋乙補 6752）＝林宏明綴（醉 146）
②：（①＋乙 6343）＝蔡哲茂綴（先 1572）
③：〔②＋（乙 6431＋乙 8445）〕＝林宏明綴（契 243）
【字體分類】：典賓／過渡 2 類
【鑽鑿分佈】：Z1a
【釋文】：
A. 丙申卜㱿貞□□肩𡚔。
　　□申卜㱿貞：侯弗以肩𡚔。
B. □以。
　　弗其以。

【著錄號】：乙 4589＋乙 7669（R38295／H10833）
【字體分類】：賓一.典賓／典型賓一類
【鑽鑿分佈】：Z1a
【正面釋文】：
壬子卜□馬[逐]□
貞：弗其隻。一二三
王占曰：[隹]□／允隻。
【反面釋文】：
□來□wr
【相關說明】：
乙 4589 可分為左前甲以及左右首甲、中甲兩大部分，觀察兩者盾紋走向似未緊連，刻痕亦不連續，且前者字體疏落草率，後者嚴飭屬於傳統典賓風格，疑二者不可綴合；然實物早已黏合。

【著錄號】：乙 4599（R44747／H2251）
【字體分類】：典賓／過渡 2 類
【鑽鑿分佈】：Z1a
【釋文】：
A. 貞：酒。

貞：不澇。

B. 貞：隹父乙蠱（害）牛。
[貞]不隹父乙蠱（害）牛。

C. ☑父乙☑
☑屮☑父乙☑

【相關說明】：
本版呈現土黃色澤，頗為美觀。

【著錄號】：乙 4604（R44748／H9671）
【字體分類】：典賓／典型典賓類
【鑽鑿分佈】：Z1ab／2-3◎

【正面釋文】：
A. {癸未卜㱿}貞：王耳（聽）隹旁（孽）。
貞：王耳（聽）不隹旁（孽）。

B. 辛卯卜古貞：我受年。
貞：我不其受年。

【反面釋文】：
A. 癸未卜㱿。
B. 衝入十。 wr
C. 㫃示。 wr
D. 亘。 wr

【相關說明】：
一、本版色澤乳黃，兼以少許鏽紅，
正面有十余處鑽挖痕跡。
二、卜辭「不」字首皆有橫劃，可歸
典型典賓類。

【著錄號】：乙 4641（R44749／H14437）
【字體分類】：典賓／典型賓一類
【鑽鑿分佈】：Z5b
【釋文】：
A. 己丑卜㱿貞：燎于岳。
貞☑燎☑[岳]五月。
B. 貞：于雨燎。

【相關說明】：
釋文 B 貞問是否在雨中進行燎祭，表
達出卜問者的為難，辭例少見。

【著錄號】：乙 4651＋乙 5350＋乙 5353
＋乙 5913＋乙 6076＋乙 7390＋乙 7674
＋乙 7821＋乙 7944＋乙 7952＋乙 8007

＋乙補 4477＋乙補 4959（R44637／H16457
＋H7996＋H3992＋H13360＋H10863＋H17344）
【綴合情形】：曾毅公、李學勤、鄭慧
生綴（彙 250）、林宏明綴（醉 150）
【字體分類】：典賓／典型賓一類
【正面釋文】：
A. 甲申卜爭貞：沚馘其啟雀。
貞：沚馘弗其啟雀。
B. 辛卯卜爭貞：豖隻。
C. 壬辰卜爭貞☑壴往沚。亡囚（憂）。
D. 乙未卜爭貞：翌丁酉王步。
丙申㱿（向）丁酉。大取（驟）風。
十月。
E. 乙未卜爭貞：翌庚子王步。
F. 乙未卜爭貞：𡿧（災）隹☑
貞：𡿧（災）不隹旁（孽）。
G. 翌☑辰其征（延）雨。
不征（延）雨。
H. ☑我囚（憂）。
I. 屮☑
亡☑

【反面釋文】：
A. 辛☑
B. ☑戔（翦）。
C. ☑保☑
D. 我入[卅]。wr

【相關說明】：
本版所載「𡿧」實為「災」字異
體，表示房子失火的災難，這是早期
卜辭中以會意結構表意的例子，此從
黃天樹說。[44] 另檢坑外的合 3755 辭
云：「癸巳卜爭貞：旬亡憂。甲午㱿（向）
乙未，箙韋𡿧。在瀧。十月」從干支
連續、同屬十月、字體相近、人物相
關等現象判斷，本版與合 3755 占卜時
間是相重的，此時商王在「瀧」地附

---

44 見黃天樹：〈商代文字的構造與「二書」
說〉（下），發表於復旦大學出土文獻與
古文字研究中心網站
http://www.gwz.fudan.edu.cn/srcshow.as
p?src_id=435，2008 年 5 月 12 日

近，進行軍事等活動（嚴格來說是對
亘方的軍事作戰），而傳來了「箙章灷」
的訊息，這條驗辭大約也是在乙未日
記錄上去的；按，「箙章」是職官名＋
私名結構，此辭顯示了其地發生火
災，很可能與本版「乙未卜爭貞：灷
（災）隹／不隹骻（孽）」是貞問同一
主題，商王在乙未日得知消息後，馬
上透過卜辭表示了對此災害的關切。

　　此外，乙 7821 疑誤綴，接合面、
辭例皆有問題。

【著錄號】：乙 4667（R44750／H17920）
【字體分類】：典賓／過渡 2 類
【鑽鑿分佈】：Z1a
【釋文】：
戊寅卜內貞：乎彭（？）任▨

【著錄號】：乙 4668（R38347／H19094）
【字體分類】：典賓／過渡 2 類
【鑽鑿分佈】：Z1a
【正面釋文】：
▨[灷]令。不𣱼。
【反面釋文】：
A. ▨吉。我[𢦚]（翦）▨
B. ▨來▨

【著錄號】：乙 4679（R44752／H10615）
【字體分類】：賓一／過渡 1 類.典型賓
一類
【鑽鑿分佈】：Z1a
【反面釋文】：
癸巳卜賓：單以。
單不其以羌。

【著錄號】：乙 4681（R44753／H12334）
【字體分類】：賓一／過渡 1 類.典型賓
一類
【鑽鑿分佈】：Z1a
【釋文】：
壬辰卜爭：自今五日至于丙申不其雨。
自今五日至于▨

【相關說明】：
鞋底形背甲，正面無字。

【著錄號】：乙 4682（R44754／H3461）
【字體分類】：賓一／過渡 1 類.典型賓
一類
【鑽鑿分佈】：Z1a
【釋文】：
A. 丁巳卜賓：出于大戊。
　　出于黃尹四牛。
B. 丁巳卜內：出于黃尹宰。
　　丁巳卜內：出于黃尹三牛。六月。
【相關說明】：
鞋底形背甲。

【著錄號】：乙 4683（R44755／H14707）
【字體分類】：賓一／過渡 1 類
【鑽鑿分佈】：Z1a
【釋文】：
庚戌卜㱿貞：蚩𧌑（害）我。
庚戌卜㱿貞：蚩不我𧌑（害）。五月。
【相關說明】：
鞋底形背甲，中有鑽孔。

【著錄號】：乙 4689 反＋乙 4713（R38350
／H11903）
【綴合情形】：黃庭頎綴（彙 843）
【字體分類】：典賓／賓一大類
【鑽鑿分佈】：Z1a
【釋文】：
[丙]戌▨今日▨毋▨有[从]雨▨
▨雨▨

【著錄號】：乙 4693（R44640／H6952）
【字體分類】：典賓／典型賓一類
【鑽鑿分佈】：Z1a／3-6
【正面釋文】：
A. ▨隻執亘。
　　己亥卜爭貞：令弗其隻執亘。
B. 辛丑卜㱿貞：戉不其隻亘。
　　隻。
C. 辛亥卜㱿▨雀▨隻亘。

D. ☑日☑

E. ☑有來。
　　　□□□爭□亡其來。

F. 貞：雀㦰（翦）戉𡕥。

G. 貞：戉隻。

H. 乙巳卜爭貞：雀隻亘。
　　　乙巳卜爭貞：雀弗其隻亘。

I. 丙午卜㱿貞：翌丁未王步。
　　　貞：翌丁未王弜步。
　　　丁未啟。

J. 貞：望𡔆若。啟雀。
　　　望𡔆弗其若。啟雀。

K. 貞：雀以石係。
　　　貞：雀不其以石係。

【反面釋文】：

A. 出于大甲。祖乙。祖辛。叀（惟）新南。

B. 翌丁未王步。

C. [雀]來三。　wr

【相關說明】：

正面釋文 I「丁未啟」，可能指軍隊出發，而非天氣上的「晴啟」。據乙 5317，本版時間可排入雀征亘方譜的三、四月之交。

反面釋文 A「新南」，可證此祭物「南」絕非動物；參見丙二二一相關說明。

【著錄號】：乙 4695（R44641／H5638）
【字體分類】：典賓／過渡 2 類
【鑽鑿分佈】：Z1a／2-3
【正面釋文】：

A. 貞：其有𡆥（憂）。
　　　貞：亡其𡆥（憂）。

B. 貞：其有𡆥（憂）。
　　　貞：相亡□

C. 貞：叀（惟）弘令比事（使）克。
　　　貞：弜□事（使）□

【反面釋文】：

𡖊入四十。　wr

【相關說明】：

正面釋文 C「𡈹」字，《摹釋總集》、《合集釋文》皆楷定作「克」，前者加註「？」於字旁表示不確定。按，此字下半部未

拓出，目驗為克字無誤，作私名，例見乙 5332＋乙 5337；其上無豎點，應為漏刻。

【著錄號】：乙 4697＋乙 5477＋乙 5505＋乙 6127＋乙 6181＋乙 6186＋乙補 275＋乙補 5512＋乙補 5716（R44785／H17084＋H17105）

【綴合情形】：

① ：（乙 5505＋乙 6127）＝合 17105 綴

② ：（乙 6181＋乙 6186＋乙 6591＋乙補 275＋乙補 5512＋乙補 5716＋乙補 5737）＝史語所綴

③ ：（①＋②）＝史語所綴

④ ：（乙 4697＋乙 5477）＝曾毅公、李學勤綴

⑤ ：（③＋④）＝蔡哲茂綴（先 721）

【字體分類】：典賓／過渡 2 類
【鑽鑿分佈】：Z1a／2-3
【正面釋文】：

A. 戊辰□爭□允（奚）其𡆥（婚）。
　　　貞：允（奚）不𡆥（婚）。
　　　王占□弜𡆥（婚）。

B. 貞：孔其𡆥（婚）。
　　　孔不𡆥（婚）。

【反面釋文】：

A. 王□吉。

B. 帚好入五。　wr

【相關說明】：

蔡哲茂先生於此組綴合中指出，合 17085 正（乙 3405＋3385）、合 734 正（丙 438）與本組綴合占卜事類相同，干支丁卯—戊辰—己巳前後相連，應該是同一件事三天連續占卜；參先秦史網站《殷墟文字乙編》新綴第三十一則（修訂）〉。

【著錄號】：乙 4699（R44642／H13555）
【字體分類】：典賓／過渡 2 類
【鑽鑿分佈】：Z1a／3-6
【正面釋文】：

A. 戊戌卜賓貞：其爱東室。

貞：弗其爰東室。

B. 貞：克。

C. 貞：虫。

D. 貞：燎。

E. 燎牛。

F. 燎五牛。

G. 弜十牛。

【反面釋文】：

A. 貞：于翌日虫。

貞：弜虫。

B. ☑燎。

C. 貞：翌癸巳夕。王入。

翌癸[弜]夕入。

D. 貞：于甲午王入。

弜入。

E. 弜譎于甲入。

F. 貞：譎于翌日甲入。

翌日☑

【相關說明】：

「爰」除了賓語為人物氏族時表「援助」義外，另蘊「改易」、「更換」義，《尚書・盤庚》：「既爰宅於茲」用法相同，《甲骨文字詁林》按語已言及，是可信的。

【著錄號】：乙 4708（R38357／H1861）

【字體分類】：典賓／賓一大類

【正面釋文】：

貞：王有舌。祖丁正。

【反面釋文】：

☑虫☑

【著錄號】：乙 4709（R38358／H4928）

【字體分類】：典賓／賓一大類

【釋文】：

甲辰卜賓貞：同龍☑

【著錄號】：乙 4711（R38360／H3507）

【字體分類】：典賓／過渡 2 類

【鑽鑿分佈】：Z1a

【釋文】：

☑戔（翦）。毋其曰婓（畫）來。

【著錄號】：乙 4718（R44643／H8984）

【字體分類】：師賓間 B／過渡 1 類

【鑽鑿分佈】：3-4

【釋文】：

A. 癸亥卜王：余夢咸。隹之。

B. 癸亥卜王：虫大甲。十二月。

C. 癸亥卜王：戈受年。十二月。

D. 戊辰卜：雀以象。一二

戊辰卜：雀不其以象。十二月。一二

E. 己巳卜：雀取馬。以。

F. 己巳卜：雀以猱。十二月。

己巳卜：雀不其以猱。

G. 庚午卜：于羌甲。一二

H. 庚午卜：于父辛。

☑

I. ☑恃以馬自髊（薛）。十二月。

允以三丙。

【相關說明】：

本版中左側「雀以象」辭，其字痕右深左淺，可察見其刻刀稍鈍。另，由釋文 I 可知此處占問從髊地致送來的馬匹數量，是以「丙」此金文習見之車輛單位來計算，而非個別單匹馬的數目，相同用法見合 1098、11459 以及小臣墻骨板，值得注意。

【著錄號】：乙 4729（R44758／H14001）

【字體分類】：典賓／過渡 2 類

【鑽鑿分佈】：Z1a

【正面釋文】：

A. 壬寅卜敵貞：帚☑㛸（娩）妨。

王占曰：其隹☑（戉）申㛸（娩）吉，妨。其隹甲寅㛸（娩）不吉。亙（各），隹女。

B. 壬寅卜敵貞：帚好㛸（娩）不其妨。

王占曰：孔不妨。其妨不吉。于㞢若茲妯☒（婚）。

｛☑旬有[三]日甲[寅]☑妨☑｝

【反面釋文】：

A. ☑旬有[三]日甲[寅]☑妨☑

B. 貞☑

允姓。
C. ☐🔲☐郭（辟）。
　☐郭（辟）。
D. 己亥卜☐

【相關說明】：
一、本版正面僅卜一事，而正反兩問皆載占辭，且內容不同，例甚罕見。正面釋文占辭表述關於帚好「🔲」將發生的某干支日期之關切，並以之判斷吉凶；反面釋文占辭不涉及干支日，而有兩關鍵字「🔲」、「🔲」，一般未見學者討論。頗疑二字為「夙」、「造（朝）」缺刻，占辭同樣在討論「🔲」時段的吉凶，不過是將關切範圍縮小至一日的晝夜之別而已。
二、正面釋文 B「于🔲若　𫰶☐」應歸入占辭。

【著錄號】：乙 4731（R38376／H9087）
【字體分類】：典賓／過渡 2 類
【鑽鑿分佈】：Z1a
【正面釋文】：
昜于☐
【反面釋文】：
敖以☐。wr

【著錄號】：乙 4733（R44759／H14395）
【字體分類】：賓一／賓一大類
【鑽鑿分佈】：Z1a／2-3
【正面釋文】：
A. 甲辰卜爭：翌乙巳燎于土（社）牛。
B. 燎于土（社）叀（惟）羊。屮豚。
C. 貞：宰。
D. 燎一羊。
E. 燎于蚰叀（惟）羊。屮豚。
F. 燎于蚰一豚。
G. 㭒于東。
　昜㭒于東。
H. 貞：㭒于西北。
　昜㭒于西北。
I. 貞：㭒于南。

昜㭒于南。
【反面釋文】：
雀入百五十。　wr

【著錄號】：乙 4747（R24981／H1144）
【字體分類】：賓一／賓一類
【鑽鑿分佈】：Z1a
【釋文】：
庚戌卜賓貞：來甲寅出于上甲五牛。
貞：來甲寅出于上甲三牛。

【著錄號】：乙 4748（R44761／H8358）
【字體分類】：賓一／過渡 1 類.典型賓一類
【鑽鑿分佈】：Z1a
【釋文】：
戊申卜賓：令🔲取🔲剢。
【相關說明】：
「🔲」，地名，疑為丙四六七田獵地「🔲」字異體。

【著錄號】：乙 4749（R38383／H8297）
【字體分類】：典賓／過渡 2 類
【釋文】：
☐尋☐[子]洙。
【反面釋文】：
𣪊。wr
【相關說明】：
此片《乙編》拓本倒置，「洙」字作繁體，釋文依 R42684（同文例）。

【著錄號】：乙 4778＋乙 6565（R38131／H16252＋H11259）
【字體分類】：典賓／過渡 2 類
【鑽鑿分佈】：Z1a
【正面釋文】：
A. 壬申卜爭貞：堯。
B. 今其來婡（艱）。
C. ☐正☐
【反面釋文】：
A. ☐靳至☐
B. ☐气☐婡（艱）。

【著錄號】：乙 4783＋乙 4899＋乙 4904
＋乙 4946＋乙 6089（R38505／H789＋H4891）
【綴合情形】：黃庭頎綴（彙 828）
【字體分類】：過渡 2 類（K）
【鑽鑿分佈】：Z13a
【釋文】：

A. ☐菁㴇望ᗡ（旨?）。
　☐乎菁㴇望ᗡ（旨?）。
B. ☐妣☐✿☐

【著錄號】：乙 4795＋乙 4796＋乙 4801
＋乙 4945＋乙 5142＋乙 5184＋乙 5957
＋乙 6337＋乙補 4461＋乙補 4564＋乙
補 4615＋乙補 4861＋乙補 4966 倒
（R38410／H1331＋H3690）
【綴合情形】：＋乙補 4966 倒＝林勝
祥綴（彙 947）
【字體分類】：典賓／過渡 2 類
【鑽鑿分佈】：Z1a
【正面釋文】：
丙子卜賓貞：祖乙☐唐。
丙子卜賓☐祖乙不賓于唐。
【反面釋文】：
貞：往芻于戔。
☐往芻☐戔。

【著錄號】：乙 4817＋乙 5061＋乙 5520
＋乙 5804＋乙 6087（R38421／H13517）
【綴合情形】：＋乙 6087＝宋雅萍綴
（彙 1028）
【字體分類】：師賓間／典型師賓間類
【鑽鑿分佈】：Z1a
【釋文】：

A. 丁卯卜：乍宀于兆。
　弜乍宀于兆。四月。
B. 乎帚奏于兆宅。
　弜乎帚奏于兆宅。
C. 癸巳[卜]☐矢𠂤（師）在禾。
　弜曰矢𠂤（師）在禾。

【著錄號】：乙 4828＋乙 6135＋乙補
4514＋乙補 5577＋乙補 4956 倒＋乙

補 5419＋乙補 5708 倒（R38365／H14527）
【綴合情形】：
①：（乙 4828＋乙 6135＋乙補 4514＋
　　乙補 5577）＝林宏明綴（醉 102）
②：（①＋乙補 4956 倒＋乙補 5708 倒）
　　＝宋雅萍綴（彙 795、797）
【字體分類】：賓一／師賓間類
【鑽鑿分佈】：Z1a
【釋文】：
貞：降。
不其降。

【相關說明】：
合 14527 誤綴乙 4828。

【著錄號】：乙 4830＋乙 4861＋乙 5065
＋乙 5194（R38423／H14182＋H16437）
【綴合情形】：
①：（乙 4861＋乙 4830＋乙 5065＋無
　　號碎甲）＝史語所綴
②：〔①＋（乙 5194＋乙補 4918）〕＝
　　林宏明遙綴（醉 101）
【字體分類】：賓一／典型賓一類
【鑽鑿分佈】：Z1ab
【釋文】：
戊辰卜內貞：帝弗乍王☐（憂）。
帝其乍王☐（憂）。
【相關說明】：
此綴合原有左首甲舊綴乙補 4918，筆
者根據實物尺寸、兆序皆不合等因
素，判斷為誤綴，故刪去該號。

【著錄號】：乙 4831＋乙 7225（R38425）
【字體分類】：典賓／賓一大類
【鑽鑿分佈】：Z1a
【釋文】：
☐[子]廼☐日癸亥☐
【相關說明】：
此片右側、中間皆有削除字跡，右仍
可見「[貞]旬」二字。

【著錄號】：乙 4832（R44762／H14228）

【字體分類】：賓一／典型賓一類
【鑽鑿分佈】：Z1a／2-3
【正面釋文】：
貞：帝官（官）。
帝不官（官）。
【反面釋文】：
A. 自古气（乞）[百]（？）卅。 wr
B. 爭。 wr
C. [屯]。 wr

【著錄號】：乙 4848（R38464）
【字體分類】：典賓／賓一大類
【釋文】：
☐缶☐我☐王。三月。

【著錄號】：乙 4875＋乙 4877＋乙 4908
＋乙 5366＋乙 5894＋乙 6344＋乙 6462
＋乙補 2564＋乙補 5463（R32100／H1720
＋H1757＋H13667＋H13668＋H13858）
【綴合情形】：
①：（乙 4875＋乙 6344＋乙 4877＋乙
　　補 5463）＝史語所綴
②：（乙 5366＋乙 5894）＝史語所綴
③：（①＋②）＝蔡哲茂遙綴
④：（乙 4908＋乙 6462＋乙補 2564）
　　＝史語所綴
⑤：（③＋④）＝林宏明綴（醉 380）
【字體分類】：典賓／過渡 2 類
【鑽鑿分佈】：Z1a
【正面釋文】：
貞：御疾身于祖辛。
☐易御疾身于祖辛。
｛王占曰：其于☐乙☐｝
【反面釋文】：
王占曰：其于☐乙☐

【著錄號】：乙 4892＋乙補 4142＋乙
補 4212＋乙補 4221（R38502／H18724）
【綴合情形】：
①：（乙補 4212＋乙補 4221）＝史語
　　所綴
②：（①＋乙補 4142＋乙 4892）＝張

惟捷綴（彙 898）
【字體分類】：賓一（H）
【釋文】：
貞：今日其風。

【著錄號】：乙 4913＋乙 5182＋乙 5704
＋乙 6147＋乙補 4251＋乙補 4376＋乙
補 4396＋乙補 5226（R38120／H11697）
【綴合情形】：
①：（乙 4913＋乙 6147）＝合 11697 綴
②：（①＋乙補 4376）＝史語所綴
③：（乙 5182＋乙 5704＋乙補 4396）
　　＝史語所綴
④：（乙補 4251＋乙補 5226）＝史語
　　所綴
⑤：（②＋③＋④）＝蔡哲茂綴（綴續
　　480）
【字體分類】：典賓／過渡 2 類
【正面釋文】：
壬辰卜㱿貞：來甲寅酒大[甲]。二旬又
☐日[允]酒。雨。七月。
【反面釋文】：
A. ☐子☐
B. ☐㱿☐彗☐

【著錄號】：乙 4934＋乙 5062＋乙補
178（R26595／H4551）
【字體分類】：典賓／過渡 2 類
【釋文】：
A. 己亥卜賓貞：奠望人幷。
B. ☐三紖☐使☐王☐保☐
【相關說明】：
屯南 3723 有「☐[亥]貞：王☐以子[方]
（？）奠于幷。在父丁宗[卜]」或與此
事有關。

【著錄號】：乙 4937＋乙 4938＋乙 4939
＋乙補 4638＋乙補 4717（R38483／H13721
＋H1717）
【綴合情形】：
①：（乙 4937＋乙 4938）＝郭若愚綴
②：（①＋乙補 4638＋乙補 4717）＝
　　史語所綴

③：(②＋乙 4939）＝林宏明綴（醉
　　105）
【字體分類】：典賓／過渡 2 類
【鑽鑿分佈】：Z1a
【正面釋文】：
A. 貞：于祖辛御☐
　　于☐庚御☐
B. 貞：燎十牛。
　　弜燎妣己。
　　己。
C. 貞：子商亡疾。六月。
　　貞：子商其有疾。
【反面釋文】：
我𪚨五十。wr
【相關說明】：
反面釋文「𪚨」字，應與丙 268「我
以千」、丙 380「我來[十]」相同，表
達「致送」、「進獻」義，此類用例極
少，相關探討可參方稚松《殷墟甲骨
文五種記事刻辭研究》。[45]

【著錄號】：乙 4953（R44764／H5480）
【字體分類】：典賓／過渡 2 類
【鑽鑿分佈】：Z1a／2-3
【正面釋文】：
A. ☐☐卜賓貞：我屮（贊）王事。
　　貞：我弗其屮（贊）王事。
B. 貞：卒屮（贊）王事。
　　貞：卒弗屮（贊）王事。
【反面釋文】：
A. 隹父乙蚩（害）。
　　☐隹父乙蚩（害）。
B. 賈入十。wr
C. 敵。wr

【著錄號】：乙 4966＋乙 5577＋乙補
3664（R33374／H14364）
【字體分類】：賓一／典型賓一類

【正面釋文】：
A. 庚戌卜敵：翌辛亥燎于[兌]（稷）。
　　燎于𩵋。二月
B. [壬]子卜賓：弜燎于𩵋。
　　燎于𩵋。
【反面釋文】：
雀入百☐　wr

【著錄號】：乙 4972＋乙 5140＋乙
5687（R38711／H14757）
【字體分類】：典賓／賓一大類
【鑽鑿分佈】：Z1a

【正面釋文】：
A. 王亥☐
B. 于河勹（丐）☐
C. 丙戌卜亘☐
【反面釋文】：
卯一羊☐二[豕]☐

【著錄號】：乙 4992＋乙 8260（R38584
／H13743）
【字體分類】：典賓／過渡 2 類
【鑽鑿分佈】：Z1a
【正面釋文】：
A. ☐貞：㞢☐亡疾。
B. 戊寅卜賓貞☐
【反面釋文】：
爭。wr

【著錄號】：乙 4993＋乙 8135＋R57226
（R38587／H2779）
【綴合情形】：＋R57226＝張惟捷綴
（先 2485）
【字體分類】：典賓／過渡 2 類
【鑽鑿分佈】：Z1a
【釋文】：
☐貞：㛪正王。
☐㛪弗其正。
【相關說明】：
R57226 為史語所藏未刊無字甲，由筆
者加綴 R57226 可知此辭例「正」字前
後並無缺字。

【著錄號】：乙 4997＋乙 4998（R38592
／H1010）
【字體分類】：典賓／賓一大類
【鑽鑿分佈】：Z1a
【釋文】：
貞：卯☑伐☑

【著錄號】：乙 5000＋乙 5166＋乙 6474
＋乙補 4163（R38044／H8895＋H13900）
【字體分類】：典賓／過渡 2 類
【鑽鑿分佈】：Z1a

【正面釋文】：
貞：得。
不其得。
｛王[占]☑[得]☑｝
【反面釋文】：
A. 貞：肩同□疾。
　　☑肩同有疾。
B. 王[占]☑[得]☑

【著錄號】：乙 5001（R38595／H881）
【字體分類】：典賓／過渡 2 類
【釋文】：
A. ☑以伐百。
B. 貞：疫不□[伐]百。

【著錄號】：乙 5002（R38596／H15862）
【字體分類】：典賓／過渡 2 類
【鑽鑿分佈】：Z1a
【正面釋文】：
☑登生☑
【反面釋文】：
A. ☑[曰]其隹丙□役（異）。不吉。其
　　隹丁☑役（？）。吉。
B. 貞☑若☑王☑吉☑

【著錄號】：乙 5004（R38597／H9239）
【字體分類】：典賓／過渡 2 類
【正面釋文】：
☑其率☑
【反面釋文】：

[雀]入二百□。wr

【著錄號】：乙 5014＋乙 5267＋
13.0.11843＋乙補 4662（R44767／H1231）
【綴合情形】：
①：（乙 5014＋乙 5267＋13.0.11843）
　　＝劉淵臨綴
②：（①＋乙補 4662）＝林宏明綴（醉
　　37）
【字體分類】：賓一／過渡 1 類.典型賓
一類
【鑽鑿分佈】：Z1a
【釋文】：
癸巳卜㱿貞：上甲蚩（害）王。
貞：上甲弗蚩（害）王。
【相關說明】：
典型賓一類鞋底狀背甲，有穿孔，

【著錄號】：乙 5026（R38619／H111）
【字體分類】：典賓／過渡 2 類
【鑽鑿分佈】：Z1a
【正面釋文】：
｛丁卯卜賓｝貞：乎取敉（羞）䍆。
【反面釋文】：
丁卯卜賓。

【著錄號】：乙 5052＋乙 5110（R38650
／H7123）
【字體分類】：典賓／過渡 2 類
【正面釋文】：
貞：其有來自北。
【反面釋文】：
丁丑卜☑

【著錄號】：乙 5056＋乙 5092＋乙
5164＋乙補 4894（R44768／H19377）
【字體分類】：典賓／過渡 2 類
【鑽鑿分佈】：Z3b
【正面釋文】：
｛□戌卜爭｝☑今𣄃（朝）☑不其來。
　　☑其來。
｛王占曰：其來隹□其☑｝
【反面釋文】：

A. 王占曰：其來隹□其☑
B. □戌卜爭。
C. □以千。wr
D. ☑四十。wr

【相關說明】：
據記事刻辭進貢與示入數量，可知本版與乙 3431 幾乎同時所卜。

【著錄號】：乙 5060（R38655／H4928）
【字體分類】：典賓／賓一大類
【鑽鑿分佈】：Z1a

【釋文】：
貞：同龍。不其受☑

【著錄號】：乙 5080＋乙 5293＋乙 5345＋乙 5492＋乙 5963＋乙 6677＋乙補 6980（R44551／H17717）
【字體分類】：典賓／過渡 2 類
【正面釋文】：
王占曰：其隹甲有戠（異），吉。其隹丙矣。
【反面釋文】：
☑田呂（雍）☑
【相關說明】：
此版為史語所舊綴，已與乙 3440 等黏合，典藏號為 R44551。從實物看來，此版與乙 3440 黏合處（尾甲右下側）不甚密合，觀察乙 3440 原拓片，最左側小塊仍存，然實物已殘去，綴合者反而以乙 5963 代替接續上去，導致左右尾甲的尺寸、曲度皆有所不同，可確認為誤綴。

【著錄號】：乙 5086（R44769／H2606）
【字體分類】：典賓／過渡 2 類
【鑽鑿分佈】：Z1a
【正面釋文】：
A. 丙午卜韋貞：峕（念）☑犬由☑
　　{王占曰：吉。父☑}
B. 貞：乎帚好出[帚]☑
【反面釋文】：

A. 王占曰：吉。父☑
B. 𡚸☑ wr

【著錄號】：乙 5090＋乙補 4787（R38634／H3695）
【綴合情形】：林宏明綴（醉 140）
【字體分類】：賓戌類／非典型師賓間 C
【鑽鑿分佈】：Z1a
【正面釋文】：
丁酉卜韋貞：以☑我☑
【反面釋文】：
□寅卜賓貞☑

【著錄號】：乙 5098＋乙 6056＋乙補 4816＋乙補 4817＋乙補 4820（R44770／H9131）
【字體分類】：典賓／過渡 2 類
【鑽鑿分佈】：Z1a
【正面釋文】：
A. □寅卜亙貞：以[告]曰出☑
　　☑以不其告曰出☑
B. 貞：令。
【反面釋文】：
A. 唐來□。　wr
B. 㲋。　wr

【著錄號】：乙 5112（R38683／H12835）
【字體分類】：賓一／師賓間類
【正面釋文】：
☑舞□有□雨。
☑其☑
【反面釋文】：
☑王占☑
【相關說明】：
墨書未刻，已漫漶。

【著錄號】：乙 5150＋乙 5294＋乙 5331＋乙補 4888＋乙補 4911（R38722／H19372）
【綴合情形】：史語所綴，林宏明調整分開乙 5150＋乙 5331（醉 349）
【字體分類】：典賓／賓一大類
【鑽鑿分佈】：Z1a
【釋文】：

☐[父]乙亡魯在徝（循）☐魯☐

【著錄號】：乙 5152＋乙補 4726 倒＋
乙補 4844 倒＋乙補 4871＋乙補 4957
＋乙補 5382（R38726／H13695 正甲）
【綴合情形】：
①：（乙補 4871＋乙補 4957）＝林宏
　　明綴（醉 89）
②：〔①＋（乙補 4726 倒＋乙補 4844
　　倒）＋（乙 5152＋乙補 5382）〕
　　＝林宏明綴（先 77）
【字體分類】：典賓／過渡 2 類
【鑽鑿分佈】：Z1a
【釋文】：
☐化☐[弄]。
貞：𢀸各化弗其戈（翦）弄。
【相關說明】：
合 13695 甲、乙的遙綴疑誤，見本書乙
2910＋的相關說明。林宏明將乙 5152
＋乙補 5382（合 13695 正甲）改遙綴
（乙補 4871＋乙補 4957)＋（乙補 4726
倒＋乙補 4844 倒），較為合理。

【著錄號】：乙 5187＋乙 6454＋乙 6457
（R38761／H6470）
【字體分類】：典賓／過渡 2 類
【鑽鑿分佈】：Z1a
【釋文】：
☐子卜爭☐今𣄰（朝）王☐[戜]伐巴☐

【著錄號】：乙 5224（R44771／H122）
【字體分類】：典賓／過渡 2 類
【鑽鑿分佈】：Z13a
【釋文】：
A. 貞：王夢啟。隹囚（憂）。
　　王夢啟。不隹囚（憂）。
B. 貞：敊（擇）雍𢾎。
　　貞：易敊（擇）雍𢾎。
【相關說明】：
釋文 B「敊」字，在此疑當訓「釋」。

【著錄號】：乙 5232＋乙 5368＋乙補
5804（R38792）

【字體分類】：典賓／過渡 2 類
【鑽鑿分佈】：Z1a
【正面釋文】：
貞：翌丁亥王涉。
【反面釋文】：
☐二宰☐以出☐

【著錄號】：乙 5241（R44772／H9733）
【字體分類】：賓一／過渡 1 類.典型賓
一類
【鑽鑿分佈】：Z135a

【正面釋文】：
癸巳卜賓：帝毋其既入邑𢾎（摧）。
【反面釋文】：
A. 癸巳卜爭：自今五日雨。
B. 癸巳卜爭：雨。
C. 癸巳卜爭：東土受年。
【相關說明】：
此版為典型賓一類鞋底形背甲，中鑽
孔。且.鑽鑿可見「直肩三角頭」（最下）
及「弧肩尖圓頭」、「直肩尖圓頭」等
長鑿形式同時出現，故知由此類鑽鑿
型態無法很好判斷本坑賓組卜辭之類
別。另，此辭「𢾎」字從位置上看來，
也可能是整句漏刻後的補刻，若如此
則應作為人名用。

【著錄號】：乙 5247（R44648／H772）
【字體分類】：典賓／過渡 2 類
【鑽鑿分佈】：Z1a／3-4◎
【正面釋文】：
A. 貞：出妣庚羊。告其御。
　　丁卯卜𣪘貞：酉妣庚𢆶。
B. 貞：酉妣庚五𢆶。
　　三𢆶。
【反面釋文】：
A. 王[省]卜（外）丙，卜（外）丙弗
　　求（咎）王。王占曰：不余求（咎）。
　　隹卜兄（良?）。
B. ☐其來朋。
【相關說明】：

反面釋文 B「其」字之前該字漫漶，
似從魚。

【著錄號】：乙 5253（R44773／H6827）
【字體分類】：典賓／過渡 2 類
【鑽鑿分佈】：Z1a／2-3
【正面釋文】：
A. 貞：旨弗其伐朕（薛）伯𤞤。
　　□𤞤。
B. 辛酉卜古貞：旨𢼄（翦）□伯𤞤。
　　貞：旨弗其□□伯□
　　｛王占曰：𢼄（翦）。隹□引𢼄
　　（翦）。｝
C. □其鹿□
【反面釋文】：
A. 王占曰：𢼄（翦）。隹□引𢼄（翦）。
B. 賈來六。wr

【著錄號】：乙 5255＋乙 5286＋乙補
4222（R44779／H13934）
【字體分類】：典賓／過渡 2 類
【鑽鑿分佈】：Z1a
【正面釋文】：
A. ｛丁巳卜賓｝貞：帚𣪘有子。
B. 不其隻。
C. ｛乙丑卜爭｝貞：乎取𢎺任。
【反面釋文】：
A. 丁巳卜賓。
B. 乙丑卜爭。
C. 其有鹿。

【著錄號】：乙 5257（R38798／H9086）
【字體分類】：典賓／賓一大類
【鑽鑿分佈】：Z1a
【釋文】：
乙亥卜□𧊒以□
【相關說明】：
「𧊒」作人、氏族名用，或為「𦥑」
之繁構。

【著錄號】：乙 5269（R44775／H926）
【字體分類】：典賓／過渡 2 類

【鑽鑿分佈】：Z1a／2-3
【正面釋文】：
A. 己巳卜賓貞：龜得㜆（母壬?）。
　　王占曰：得。
　　庚午夕𡆥（向）辛未，允得。
B. 辛未卜爭貞□以。有正。
C. □□卜敵貞：出于□丁十伐。卯十
　　小宰。
　　五伐。卯五小宰。
D. 貞：𥝌弗其得。
　　｛王占曰：得。／得。｝
E. 其以隙子。
F. 貞：王有□
G. □（从攴之字）□啚（嗇）友。十月。
【反面釋文】：
A. 辛未卜賓貞：王口隹[蜎]。
　　王占曰：吉。[見]
B. □發上甲[戈（哉）]（?）
　　王占曰：吉
C. 不隹蛊（害）。
D. 貞[其]祈（?）□庚□
E. 貞□[疾]□
F. 戈口入十。　wr
G. 帚井示五。　wr
H. 王占曰：得。
　　得。
I. □亥□曰□

【著錄號】：乙 5271（R44776／H14488）
【字體分類】：賓一／過渡 1 類.典型賓
一類
【鑽鑿分佈】：Z1a
【釋文】：
庚戌卜爭貞：岳蛊（害）我。
庚戌卜爭貞：岳不我蛊（害）。
【相關說明】：
賓一類鞋底形背甲。乙 4683「庚戌卜敵
貞：蚰害我。／庚戌卜敵貞：蚰不我
害。五月」與本版同時所卜，貞問是岳
或是蚰害我。

【著錄號】：乙 5278＋乙 5987＋乙 6001

＋乙6014＋乙補229＋乙補5318（R44777／H12973）

【綴合情形】：（乙5278＋乙5987＋京396）鍾柏生綴（彙218）

【字體分類】：賓一／過渡 1 類

【鑽鑿分佈】：Z1a

【釋文】：

A. 辛酉卜㱿：翌壬戌不雨。之日夕，雨。不征（延）。
　　辛酉卜㱿：翌壬戌其雨。

B. 壬戌卜㱿：翌癸亥不雨。癸亥雨。

C. 癸亥卜㱿：翌甲子不雨。
　　甲子雨。小。

D. 甲子卜㱿：翌乙丑不雨。允不☐。
　　甲子卜㱿：翌乙丑其雨。

E. 乙丑卜㱿：翌丙寅其雨。
　　乙☐翌☐雨。允不雨。

F. 丙寅卜㱿：翌丁卯不雨。
　　丙寅卜㱿：翌丁卯其雨。丁卯允雨。

G. 丁卯卜㱿：翌戊辰不雨。
　　丁卯卜㱿：翌戊辰其雨。

H. 戊辰卜㱿：翌己巳不雨。
　　戊辰卜㱿：翌己巳其雨。

I. 己巳卜㱿：翌庚午不雨。允不。
　　己巳卜㱿：翌庚午其雨。

J. 壬申卜㱿：翌癸☐☐雨。

K. 癸酉卜㱿：翌甲戌不雨。
　　癸酉卜㱿：翌☐。

L. 乙亥卜㱿：翌丙子不雨。
　　乙亥卜㱿：翌丙子其雨。

M. 丙子卜㱿：翌丁丑不雨。
　　翌丁丑其雨。

N. 丁丑：翌戊寅既雨。

【著錄號】：乙5279（R44778／H12862）

【字體分類】：典賓／過渡 2 類

【鑽鑿分佈】：Z1a

【正面釋文】：
庚辰卜賓貞：求雨我（宜）。[得]☐二月。
☐求雨我（宜）。弗其得。

【反面釋文】：
A. 貞：旬（旬）受年。

貞：旬（旬）不其受年。
王占曰：旬（旬）其受年。其☐
B. [庚]☐賓。

【著錄號】：乙5288＋乙5290（R44649／H556＋H19642）

【字體分類】：賓一／過渡 2 類

【鑽鑿分佈】：Z1a／3-6

【正面釋文】：

A. [貞]：乎万☐

B. {壬申卜古}貞：衒（衛）以夜（隸）。

C. 貞：易虫匚（報）。

D. 貞：陕（陝）其☐（婚）。
　　貞：[陕]☐☐（婚）

【反面釋文】：

A. ☐自☐

B. 壬申卜古。

C. 衒（衛）弗其以夜（隸）。

D. 爭。wr

E. ☐入二。wr

【相關說明】：
反面釋文 A 字粗深刻；C「其」字誤刻為「口」。

【著錄號】：乙5301（R44780／H13759）

【字體分類】：賓一／過渡 1 類.典型賓一類

【鑽鑿分佈】：Z13a

【正面釋文】：
六月。有來曰事（使）有疾。

【反面釋文】：
壬辰卜內☐五月。事（使）有至。
今五月事（使）亡其至。

【相關說明】：
鞋底形背甲，此版驗辭在正面，較為特殊。

【著錄號】：乙5307（R44651／H9947）

【字體分類】：典賓／過渡 2 類

【鑽鑿分佈】：3-6

【釋文】：

A. 癸未卜內貞：我受黍年。

貞：我不受黍年。

B. 貞：祖丁□蝠（?）⚡（尻）。
　　貞：祖丁蝠（?）⚡（尻）。

【相關說明】：
按 R29762 有「癸未卜內貞：有／亡其
至自東」，另辭「子⚡（尻）其有疾」，
知此二版有關，使用時間應相同；其中
「蝠（?）」字僅見於本坑卜辭，皆用於
指稱祖神所降下的某種影響（丙三二、
九八），聯繫到子尻有疾來思考，其大
約表達的是一種庇佑的意涵，確切含意
仍待考。

【著錄號】：乙 5313＋乙 5681（R44652
／H1677）

【字體分類】：典賓／過渡 2 類

【鑽鑿分佈】：Z1a／3-5

【綴合情形】：＋乙 5681＝林宏明綴
（契 252）

【正面釋文】：
A. 庚申卜㱿貞：辛出豕祖辛。
B. 貞：娥弗蠱（害）王。
　　娥其蠱（害）王。
C. ☑其☑
D. 貞：辛酉酒河。汌（沈）宰，燎宰。

【反面釋文】：
貞：雀肩同。
雀不其肩同。

【著錄號】：乙 5317（R44653／H1051）

【字體分類】：典賓／典型賓一類

【鑽鑿分佈】：Z1a／3-6

【正面釋文】：
A. 己丑卜爭貞：亦乎雀燎于云，⚡
　　（犬?）。
　　貞：易乎雀燎于云，⚡（犬?）。
B. 翌庚寅不其雨。
C. [辛]卯卜爭貞：翌壬令雀。
D. 壬辰卜㱿貞：于王⚡（矢）。
E. 貞：于王⚡（矢）。
F. 出王⚡（矢）伐一。卯宰。
　　出王⚡（矢）伐三。卯宰。
　　出王⚡（矢）伐五。卯宰。

G. 棘于黃奭。

H. 乎雀用三牛。
　　二牛。

I. 壬辰卜㱿貞：雀甡（羈）祭。
　　壬辰卜㱿貞：雀弗其甡（羈）祭。
　　三月。

J. 壬辰卜㱿：雀弗其甡（羈）祭。三月。
　　{□□卜爭}☑甡（羈）。三月。

K. 貞：出于昌十人。
　　出于昌卅人。

L. 出于父乙。

M. 貞：王耳（聽）隹母告。

N. 貞：翌庚寅王告。
　　{戊子卜㱿}貞：王于甲午告。

O. 貞：盥于涉朁。
　　盥易于涉朁。

【反面釋文】：
A. 翌□卯出□一牛。
B. 貞：出于兇（稷）。
　　易出于兇（稷）。
C. 王夢□。
　　貞：王夢不隹□。
D. □□卜爭。
E. 戊子卜㱿。
F. 雀入三。wr

【相關說明】：
本版可與乙 4693 合觀，二者應屬同一
時間共入且使用的，貢入記事亦同。正
面釋文 M、N 在性質上具有連續性，
商王先貞問確定告祭對象為「母」，再
來貞問告祭的時間，所要「告」的重點
在疾聽。

【著錄號】：乙 5319＋乙 5919＋乙 5923
＋乙 5942（R38821／H2358＋H2353＋H18442）

【綴合情形】：
①：（乙 5319＋乙 5942）＝鄭慧生、
　　史語所綴（彙 257）
②：（①＋乙 5919）＝蔡哲茂綴（先
　　1768）
③：（②＋乙 5923）＝林宏明綴（醉
　　371）

【字體分類】：典賓／過渡 2 類
【鑽鑿分佈】：Z1a
【正面釋文】：
A. 辛卯☑貞：今屯（春）☑
　　貞：今屯（春）犬不其至。
B. 貞：御于高己。
　　昜于高妣己御。
C. 貞：于妣甲☐
　　昜于妣甲御。
【反面釋文】：
A. ☑御啟之☑
B. 夒（畫）入十。wr
C. 爭。wr

【著錄號】：乙 5329（R44656／H10976）
【字體分類】：典賓／典型賓一類
【鑽鑿分佈】：Z1a／3-5（6）
【正面釋文】：
A. 己未卜內貞：周屮𡴀（擒）。
　　己未卜內貞：☐屮。
B. 壬寅卜㱿貞：叀（惟）望令比。
　　昜隹望令。
C. 貞：叀（惟）🐾令脫有疾。
　　昜隹🐾令。
D. 壬戌卜㱿貞：取犬。乎网鹿于𡘺。
E. 壬戌卜㱿貞：乎多犬网鹿于𡘺。八月。
F. 貞：我乎犬✚（琮）省从南。
G. 昜乎雀帝（禘）于西。
H. 辛未卜爭貞：生八月帝令☐雨。
　　貞：生八月帝不其令多雨。
　　丁酉雨。至于甲寅旬有八日。九月。
I. 戊寅卜內：乎雀買。
　　昜☐雀買。
J. 戊子卜☑
【反面釋文】：
A. 貞：乎往奠于隹。
　　昜乎奠于隹。
B. 己巳卜爭。
C. 隻兒☑
【相關說明】：
一、正面釋文 A 缺字勉強可辨，似為
　　「望」，今暫缺釋之。

二、正面釋文B「脫」字，原形為 ，
　　蓋從肉從兄（祝），此條辭例中做
　　動詞用，應與祭祀有關；嚴一萍疑
　　該字為「吮」之初文，以為「原為
　　先民療創之本能，猶獸類受創，以
　　舌舐吮之也」，[46] 從字形看來兩偏
　　旁非口、允甚明，嚴說誤。

【著錄號】：乙 5332＋乙 5337（R38825）
【綴合情形】：黃庭頎綴（彙 837）
【字體分類】：典賓／過渡 2 類
【釋文】：
☑事（使）克[田]☑

【著錄號】：乙 5341＋乙 5749＋乙 6358
　＋乙補 4197＋乙補 4288（R44781／H4691）
【字體分類】：典賓／過渡 2 類
【正面釋文】：
辛巳☐賓貞：賈☐𡆥（憂）。
辛巳☑賈其有𡆥（憂）。
　{王占曰：☐其☑}
【反面釋文】：
A. 王占曰：☐其☑
B. 王占☑

【著錄號】：乙 5347（R44657／H110）
【字體分類】：典賓／典型賓一類
【鑽鑿分佈】：Z1a／3-5◎
【正面釋文】：
A. 貞：王聑（聽）隹𦥯（孽）。
　　貞：不𦥯（孽）。
B. 妣己蛊（害）王。
C. 己巳卜㱿貞：雀其☐（殂）。
　　貞：雀不☐（殂）。二月
D. 庚午卜賓貞：周狝（𡗉）冤。
　　貞：周弗其狝（𡗉）冤。
E. 貞：周冤。
　　弗其狝（𡗉）。
F. 庚辰卜賓貞：乎取狄𢎥于韋。

---

[46] 嚴一萍：《殷絜徵鑿》上冊（臺北：自
印線裝本），頁 62。

G. 癸☒／今二☒
【反面釋文】：
A. 五日☒
B. 奠入十。wr
【相關說明】：
一、正面釋文 D、E 貞問「周」進行「冤」的田獵活動，「狄」字在此擔任助動詞的作用；「狄」字一般釋為毚，從字形上看來應該是對的，不過此類的「毚」皆作矢、豕二形分離狀，與一般用為牲品的毚字有異，在此例中作為助動詞，在本坑其他辭例中大部分亦用作正反對貞「狄／不其狄」。按，此字象矢射往豬豕貌，其本義可能接近「中的、符合、適確」等意指，深入意涵仍待探討。
二、從「庚午卜賓貞」、「二月」，以及記事刻辭「奠入十」來看，本版時間上與丙 128、乙 5279 應該高度相關，不過在占卜事類上則較無聯繫，故難為人所察覺。

【著錄號】：乙 5349（R44782／H6577）
【字體分類】：賓一／過渡 1 類
【鑽鑿分佈】：Z1a
【釋文】：
A. 乙亥卜㱿貞：雀有乍田（憂）。
　　乙亥卜㱿貞：雀亡乍田（憂）。
B. 乙亥卜內貞：今乙亥子商𡉈（趕）基方。弗其㢽（翦）。
　　乙亥☒☒貞☒㢽（翦）☒
C. 今乙亥子商𡉈（趕）基方。弗☐㢽（翦）。

【著錄號】：乙 5356＋乙 5359＋乙 5361（R38838／H5483＋H9249）
【綴合情形】：
①：（乙 5356＋乙 5359）＝郭若愚綴
②：（①＋乙 5361）＝林宏明綴（醉 149）
【字體分類】：賓一／典型賓一類
【鑽鑿分佈】：Z1a

【正面釋文】：
A. ☒比克田。弗其屮（贊）王事。六月
B. ☒𥂁☒
C. ☒貞☒
【反面釋文】：
賈入一。　wr

【著錄號】：乙 5395（R44661／H880）
【字體分類】：典賓／典型賓一類
【鑽鑿分佈】：Z1a／2-5
【正面釋文】：
A. 辛酉卜內貞：往西多紓其以王伐。一二三
　　貞：往西多紓不其以伐。一二三
B. 貞：祖乙胖（又）王。一二
　　祖乙弗其胖（又）王。
C. 乙卯卜爭貞：旨㢽（翦）羅。
　　貞：旨弗其㢽（翦）羅。
　　｛王占曰：吉。㢽（翦）☒｝
D. 貞：翌乙亥桑（爽）乎子商蚊。
　　貞：專。
【反面釋文】：
A. 貞：取。
　　弜取。
B. 王占曰：吉。㢽（翦）☒
C. 帚妏☐ wr
【相關說明】：
一、正面釋文 D 的「桑」，疑指時稱「爽」，乙 4340＋乙 5464＋乙 5652＋乙 6094＋乙 6117＋乙 6149＋乙 6206＋乙 6211＋乙 8233 亦有「甲午卜賓貞：今日弜夕燎。／貞：于桑（爽）燎三牛二南」，應該也是用作時稱的。「專」在此處用法似與祭祀有關，丙五〇八有「貞：祖丁弗其專」，從語法上暗示了該字表達占卜者不能主控的意涵。
二、正面釋文 D「商」字、「專」字，諸舊釋皆釋「盧」、「叀」，非是，今據目驗正之。
三、此版事類、時間與丙七六、七八很可能相關，見前章丙七六「相關說明」。

【著錄號】：乙 5401（R44783／H12434）
【字體分類】：典賓／過渡 2 類
【鑽鑿分佈】：Z1a／2-3
【正面釋文】：
貞：翌乙亥其□
翌乙亥不雨。
【反面釋文】：
□[以]（？）于向。
【相關說明】：
「以」字漫漶，本詞可能是記事刻辭。

【著錄號】：乙 5406（R44784／H2415）
【字體分類】：典賓／過渡 2 類
【鑽鑿分佈】：Z13a／2-3
【正面釋文】：
A. 河求（咎）我。
　　不我求（咎）。
B. 貞：御于妣己。
　　叀御于妣己。
【反面釋文】：
奠入廿。wr

【著錄號】：乙 5467（R38917／H5179）
【字體分類】：賓一／典型賓一類
【鑽鑿分佈】：Z1a
【釋文】：
丙午卜賓貞：王入。若。

【著錄號】：乙 5502＋乙 6278＋乙補
5687（R38949／H1104＋H19041）
【字體分類】：典賓／過渡 2 類
【鑽鑿分佈】：Z1a
【釋文】：
□以王係。

【著錄號】：乙 5528＋乙 5530＋乙 6051
＋乙 6361（R38969／H11923）
【綴合情形】：＋乙 5528＝林宏明綴
（醉 107）
【字體分類】：賓組戊類／非典型師賓
間 C

【鑽鑿分佈】：Z1a
【釋文】：
丁酉貞：其雨。
丁酉貞：不其雨。

【著錄號】：乙 5540＋乙 6137＋乙補
5396＋乙補 5557（R38978／H1619）
【字體分類】：賓一／典型賓一類
【鑽鑿分佈】：Z1a
【釋文】：
今辛巳用白牛祖乙[物]（？）允用。

【著錄號】：乙 5554＋乙 6427＋乙 6586
＋乙 6796（R38996／H9724）
【字體分類】：典賓／賓一大類
【鑽鑿分佈】：Z1a
【釋文】：
貞：我□年。
貞：我不其受年。

【著錄號】：乙 5578＋乙 5624（R39022
／H14148＋H5046）
【字體分類】：賓一.典賓／賓一大類
【鑽鑿分佈】：Z1a
【正面釋文】：
A. □自今至于庚寅。帝其令雨。
B. 戊子卜爭貞：王叀令酒□
C. 不隹之屯。
【反面釋文】：
[雀]入五十。wr

【著錄號】：乙 5579＋乙 5639＋乙 6592
（R39023／H10023＋H6530）
【綴合情形】：
①：（乙 5579＋乙 5639）＝史語所綴
②：（①＋乙 6592）＝張惟捷綴（彙
　　1016）
【字體分類】：典賓／過渡 2 類
【鑽鑿分佈】：Z1a
【釋文】：
[甲]辰卜[亘]（？）□[甫]□
貞：甫弗其受黍[年]。
【相關說明】：

乙 5579＋乙 5639 舊與乙 2349（13.0.4728）
黏合，民國 98 年經蔡哲茂先生檢視為
誤綴，然實物已不可分；乙 2349 應與
丙六二九綴合，見拙作〈甲骨新綴二十
二則〉第十則。

【著錄號】：乙 5584＋乙 5670＋乙 6183
＋乙 6241＋乙補 5075（R39099／H9750＋
H9802）
【綴合情形】：
①：（乙 5584＋乙 6183＋乙 6241）＝
　　合 9750 綴
②：（①＋乙 5670）＝史語所綴
③：（②＋乙補 5075）＝林宏明綴（醉
　　348）
【字體分類】：典賓／過渡 2 類
【鑽鑿分佈】：Z1a
【釋文】：
A. 貞：我北田受年。
　　□我北田不其受年。
B. 罕受年。

【著錄號】：乙 5589（R39030／H17192）
【字體分類】：典賓／過渡 2 類
【鑽鑿分佈】：Z1a
【正面釋文】：
A. 貞：今夕其虐。
B. 貞：卯□王事。
【反面釋文】：
A. □曰：祖□卒□
B. □肩有□
C. 壬戌卜賓□

【著錄號】：乙 5603（R39041／H2950）
【字體分類】：典賓／過渡 2 類
【鑽鑿分佈】：Z1a
【正面釋文】：
A. 戊戌卜□子商其乍□
B. □不其□
【反面釋文】：
□田（憂）燕□

【著錄號】：乙 5612（R39047／H517）

【字體分類】：典賓／賓一大類
【鑽鑿分佈】：Z1a
【正面釋文】：
A. [癸]丑卜□貞：甘[敗]（得）。
　　｛王占曰：毓壺（逢）甘。｝
B. 侯告羌敗（得）。
C. ｛壬申卜敵｝：屮于妣□
　　易屮妣□
D. □卜古□
【反面釋文】：
A. 王占曰：毓壺（逢）甘。
B. 壬申卜敵。
【相關說明】：
一、「甘得」，同文例見丙二一七「壬
　　子卜內貞：甘得」，干支相鄰，疑
　　占問同事。
二、蔡哲茂先生將此版與乙 5640 遙
　　綴，[47] 正確性似可商榷，見本書
　　第五章第一節「YH127 坑龜腹甲
　　尺寸分析與比例還原」討論。

【著錄號】：乙 5651＋乙 6031（R39076
／H7309）
【字體分類】：典賓／過渡 2 類
【釋文】：
A. □[乎]旨□
B. 貞：易収（廾）旨□

【著錄號】：乙 5672＋乙 5673＋乙補
5126＋乙補 5131＋乙補 5134（R39101／
H1040）
【綴合情形】：
①：（乙 5672＋乙 5673）＝郭若愚綴
②：（①＋乙補 5131＋乙補 5134）＝
　　林宏明綴（醉 267）
【字體分類】：典賓／賓一大類
【鑽鑿分佈】：Z1a
【釋文】：

---

47 發表於大陸社科院歷史所「先秦史網站」：
　http://www.xianqin.org/blog/archives/1577.html
　，2007 年 9 月 21 日。

貞：戩伐百人。

【著錄號】：乙 5694＋乙 7723＋乙 8015
＋乙補 6683（R39131／H11697＋H1002）
【綴合情形】：
①：（乙 7723＋乙 8015＋乙補 6683）
　　＝史語所綴
②：（①＋乙 5694）＝蔡哲茂綴（綴續
　　496）
【字體分類】：典賓／過渡 2 類
【鑽鑿分佈】：Z1a
【正面釋文】：
丁☒甲[寅]酒十伐☒五。卯☒宰☒
丁未☒昜☒日☒
【反面釋文】：
A. 隹東[酒]（？）☒
　　不隹☒
B. 隹☒

【著錄號】：乙 5697＋乙 8375（R39133
／H12817）
【字體分類】：典賓／過渡 2 類
【鑽鑿分佈】：Z1a
【正面釋文】：
☒貞：雨。其霋。
貞：雨不霋。
【反面釋文】：
王占曰：其雨☒
【相關說明】：
霋字從雨從鳳，蓋風字加形以兼「風
雨」二義。

【著錄號】：乙 5707＋乙 5140（R39137
／H14757＋H14531）
【綴合情形】：林勝祥綴（彙 941）
【字體分類】：賓一／典型賓一類
【鑽鑿分佈】：Z1a
【釋文】：
貞：帝于河。

【著錄號】：乙 5722＋乙 5753＋乙
6348＋乙 6518（R39719／H5471）
【字體分類】：典賓／過渡 2 類

【鑽鑿分佈】：Z1a
【釋文】：
☒卯屮（贊）王事。十二月。
貞：卯弗其屮（贊）王事。

【著錄號】：乙 5737（R44786／H15628）
【字體分類】：典賓／過渡 2 類
【鑽鑿分佈】：Z1a
【釋文】：
今己卯燎一牛。
【相關說明】：
反面漫漶難辨。

【著錄號】：乙 5771＋乙 6009＋乙
6073（R39207／H18389＋H18390）
【字體分類】：典賓／賓一大類
【釋文】：
☒其蚩。／☒其蚩。[48]

【著錄號】：乙 5777＋乙 5990＋乙
6581（R39211／H3895＋H6990）
【字體分類】：典賓／過渡 2 類
【鑽鑿分佈】：Z1a
【釋文】：
丙子卜永貞：王㠯（登）人三千。乎
☒戩☒
☒☒☒永貞：王昜☒

【著錄號】：乙 5794＋乙 6546（R44804
／H965）
【綴合情形】：合 965 綴
【字體分類】：典賓／過渡 2 類

---

[48] 「蚩」字，李宗焜曾指出饒宗頤在《巴
黎所見甲骨錄》一書中認為該字宜隸定
作「䖵」，可能作為「祜」祭祀動詞用；
而李氏認為從字形看來，此字可能與舌
疾有關，見氏著：〈從甲骨文看商代的
疾病與醫療〉，《中央研究院歷史語言研
究所集刊》第七十二本第二份（2011
年 6 月），頁 352。檢查此字從舌從二
虫，當與舌疾有關，李說是。

【鑽鑿分佈】：Z1a／1-2
【正面釋文】：

A. ｛壬子卜賓｝貞：出于南庚一伐。
　　卯宰。
　　㞢盍用一伐于南庚。卯宰。
B. ▨
　　貞：㞢盍于南庚[反]▨
【反面釋文】：
A. 壬子卜賓。
B. 雀入二百五十。wr
【相關說明】：
正面釋文 A 顯示「用」在祭祀行為中
可作「出」的同位語使用。
【著錄號】：乙 5797＋乙 5814（R39226
／H2163）
【字體分類】：賓一／賓一大類
【鑽鑿分佈】：Z1a
【釋文】：
A. 出兄丁。
B. 于有賓出兄▨
　　于上出兄。
C. 出王中。有正。
D. 父辛叀（惟）豕。
　　父辛叀（惟）牛。
【相關說明】：
「于上出兄」之「上」非兆序，目驗甚
明。此二辭「有賓」與「上」對貞，張
玉金曾指出：「父乙宀跟父乙宗意思不
同，父乙宗是父乙死後立其靈牌位的房
屋，而父乙宀很可能是其生前所居住的
房屋，而在死後沒有拆毀，殷人可能認
為父乙雖死了，但是其靈魂卻常在其居
所裏住，所以祭祀有時可以在他的宀裏
進行」，[49] 可知此處的「有賓」當即表
示相同的概念。而此辭的「上」，由商
王貞問在「賓」與其中擇一進行祭祀的
情形來考量，可能是某處與兄丁私人處
所概念相對的公開性質祭祀場域，可省
稱為「上」。

---

[49] 張玉金：〈釋甲骨文中宀〉，《古漢語研
　　究》第 4 期（1996 年）。

【著錄號】：乙 5836（R39246／H12851）
【字體分類】：賓一／典型賓一類
【鑽鑿分佈】：Z1a
【釋文】：
㞢隹蔑。亡其雨。
【著錄號】：乙 5839（R39250／H13670）
【字體分類】：典賓／過渡 2 類
【鑽鑿分佈】：Z1a
【釋文】：
貞：㞢于父乙告疾𠂤（膝）。

【著錄號】：乙 5856（R38186／H17878）
【字體分類】：典賓／過渡 2 類
【鑽鑿分佈】：Z1a
【正面釋文】：
貞：出于祖乙。不余[于]▨
【反面釋文】：
乙亥卜▨出▨
【相關說明】：
「不」字在「乙」下已刻一筆。棄而
另刻右上。

【著錄號】：（乙 5855＋乙補 4842＋乙
補 4845＋乙補 4850）反（R38694反／H17878反）
【字體分類】：典賓／過渡 2 類
【鑽鑿分佈】：Z1a
【釋文】：
A. ▨子商臣▨王占▨
B. 貞：蚑。若。

【著錄號】：乙 5898＋乙 8115（R39312
／H9984＋H9712）
【字體分類】：典賓／過渡 2 類
【鑽鑿分佈】：Z1a
【正面釋文】：
A. 丁卯卜韋貞：來歲我不其受年。
B. 辛卯□賓貞：受黍年。
【反面釋文】：
A. ▨宰▨
　　王占曰：其出。
B. 賓。wr

【著錄號】：乙 5900＋乙補 2136（R39313／H11596）

【綴合情形】：張惟捷綴（先 2371）

【字體分類】：典賓／過渡 2 類

【正面釋文】：

A. 戊午卜貞（申）己酉▨王▨

B. ｛戊申卜古｝貞：生八月▨不其〔以?〕。

【反面釋文】：

A. 戊申卜古。

B. 昜乎▨

C. 乎往▨有來▨

D. 乎▨

【著錄號】：乙 5941＋乙 6824＋乙 7284＋乙補 5997（R39345／H17323＋H18909＋H14542）

【字體分類】：典賓／過渡 2 類

【鑽鑿分佈】：Z1a

【正面釋文】：

A. 貞：桒（禱）于河以一牛示。
貞▨河。昜以一牛示。
｛王占曰：其雨。／甲巳（子?）雨。｝

B. ▨有由。

【反面釋文】：

王占曰：其雨。

甲巳（子?）雨。

【著錄號】： 乙 5986＋乙 6275（R39377／H9654）

【字體分類】：典賓／過渡 2 類

【鑽鑿分佈】：Z1a

【釋文】：

戊戌卜▨我▨〔年〕▨

貞：今來歲我不其受年。九月。

【著錄號】：乙 6011＋乙 6027＋乙 6046＋乙 6048＋乙 6052＋乙 6054＋乙 6479＋乙 6550＋乙 6555＋乙 8141＋乙補 5719＋乙補 5337（R39397／H1106＋H12063）

【綴合情形】：

①：（乙 6011＋乙 6027＋乙 6046＋乙 6054＋乙 8141＋乙補 5337）＝劉淵臨綴

②：〔①＋（乙 6052＋乙 6550＋乙 6555）〕＝合 1106 綴（乙補 5337）

③：（上下實綴＋乙補 5719）＝林宏明綴（醉 198）

【字體分類】：典賓／過渡 2 類

【鑽鑿分佈】：Z1a

【正面釋文】：

A. 貞：今乙卯允其雨。
貞：今乙卯不其雨。｛□占曰：丁雨，小（少）。于丙□多。｝

B. 乙卯卜古貞：乎狁（儺）盐在東係。｛王占曰：吉。其令。｝

C. 貞：自今旬雨。

D. 貞：今日其雨。
今日不▨

【反面釋文】：

A. □占曰：丁雨，小（少）。于丙□多。

B. ▨取岳，舞。有雨。

C. ▨舞。有▨

D. 王占曰：吉。其令。

E. 其□

F. ▨雨。

【相關說明】：

關於反面釋文 B（見合 1106 反），由於位在齒縫上較為漫漶，諸家釋文「……屮……」（摹釋總集）、「……屮田」（合集釋文、校釋總集）均不確，林宏明釋「乙卯舞有雨」（醉古集 198 則）較可信，然據目驗，「乙卯」應是「取岳」二字誤釋。對岳行「取」祭，是商人求雨的習見方式，參本書第四章第二節「陸、其他相關祭祀對象『岳』」說明。

【著錄號】：乙 6015＋乙 6110（R39400／H8115）

【字體分類】：典賓／過渡 2 類

【釋文】：

▨〔令〕周取巫于☆（蔡）。

【相關說明】：

卜辭中的動詞「巫」可釋為「筮」，而用為名詞之例甚多，能被取得、致送，見本坑合 5654、5658、946 以及坑外

合 5647、5874 等。這類的巫未見作為人稱、職屬之用例；西周晚期史懋壺有筮字作𥳑，楊樹達根據方濬益釋其「路筮」二字為「露筮」，進一步指出即文獻中所載的「露蓍」，以筮為蓍。筆者曾根據前說具體推論卜辭中這類能被取、以的「巫」其實就是卜筮用的蓍草，並聯繫卜辭「蔡」地與後代以出產蓍草著稱的河南上蔡，讀者可參。[50]

【著錄號】：乙 6081（R39461／H4257）
【字體分類】：典賓／過渡 2 類
【鑽鑿分佈】：Z1a
【釋文】：
易令般☐

【著錄號】：乙 6112（R39491／H845）
【字體分類】：典賓／過渡 2 類
【鑽鑿分佈】：Z1a
【釋文】：
☐寅☐貞：亘𡙇𡊥（達）。
【相關說明】：
此條「亘𡙇」可能為氏族＋私名結構，「𡊥」指其逃逸。

【著錄號】：乙 6173＋乙補 4526＋乙補 5594（R38371）
【字體分類】：典賓／賓一大類
【鑽鑿分佈】：Z1a
【釋文】：
壬申卜☐貞☐
貞：印弗其☐

【著錄號】：乙 6179＋乙 6630＋乙6641（R39977／H8917＋H15854）
【綴合情形】：
①：（乙 6630＋乙 6641）＝合 15854 綴
②：（①＋乙 6179）＝林宏明綴（醉 50）

【字體分類】：典賓／過渡 2 類
【鑽鑿分佈】：Z1a
【正面釋文】：
癸卯卜亘貞：不其得。
【反面釋文】：
貞：父不[隹]乎余[🐚]（？）祼于茲☐

【著錄號】：乙 6205（R44788／H3819）
【字體分類】：典賓／過渡 2 類
【鑽鑿分佈】：Z1a

【釋文】：
癸亥卜古貞。
癸亥卜古貞☐
貞：翌乙丑☐
【相關說明】：
反面無刻辭，然有疑似墨跡，已難辨。另本版正面下側黏有疑似紡品物，又似紙，不知是否是現代整理時所產生。

【著錄號】：乙 6235（R39622／H10938）
【字體分類】：典賓／典型賓一類
【鑽鑿分佈】：Z1a
【正面釋文】：
A. 貞：翌庚申王令隻鹿于萅。
　　☐乎☐
B. 父乙由𧏧（害）王。
　　父乙弗𧏧（害）王。
C. 祼于祖辛。
D. 貞☐父☐𧏧（害）。
【反面釋文】：
☐酒出于☐王☐
【相關說明】：
正面釋文 B「由」，疑作助動詞使用，或可能是父乙私名。

【著錄號】：乙 6265（R39647／H3271）
【字體分類】：典賓／過渡 2 類
【鑽鑿分佈】：Z1a
【釋文】：
貞：易𦥛告于父乙。

---

[50] 拙作：〈論甲骨、金文中「巫」字〉，《輔仁大學中研所學刊》第二十輯（2008年 10 月）。

【著錄號】：乙 6273（R44631／H10936）
【字體分類】：典賓／典型賓一類
【鑽鑿分佈】：Z1a／3-4
【正面釋文】：

A. 貞：帚好𡥈（娩）妫。
B. 止女（毋）專。
C. 翌庚寅酒大庚。
D. 于祖丁。
E. 于甘蚑。
F. 𡰥有鹿。
G. 子妥肩同。
H. 乎司𣁁。
I. 佳妣壬。
   不佳妣壬。
J. 乎出目。
K. 昜朕（辥）。
L. 弗冕（聞）。
M. 佳又。
N. 乎𤔲（鬲?）。[51]

【反面釋文】：

A. 疾不。其可御。
B. 于祖丁。
C. 其佳丁。
   □佳丁。
D. 取合𠦪（伐）。
   □𠦪（伐）。
E. 乎子𤔲出𢎘（升）于有祖□[宰]又五。
F. 乎奏西□。
G. □王咸□。
H. 御于父乙。
   昜御。
I. 王[夢]佳𡆥（憂）。
   不佳𡆥（憂）。
J. [奻]羊宜豕。
   □羊宜豕。
K. 御于□

昜于父庚。
L. 佳妣丹蚩（害）王。
M. 貞：立（涖）史（事）。
N. 昜燎□不出羊。
O. 昜令弘。
P. 王省□
   昜省□
Q. 昜于甲省。
R. 昜狩。
S. □入四十。 wr

【相關說明】：

一、反面釋文 A「疾不」二字有合讀為「痞」的可能，參 R44618 討論。

二、反面釋文 E「𤔲」作為人名，疑為「配」字之異體。此辭載及子𤔲的「有祖」，所指當是子𤔲的直系先祖，與商王或有極為密切之關係，相關可參 R33364 討論。

【著錄號】：乙 6300（R44789／H4300）
【字體分類】：典賓／過渡 2 類
【鑽鑿分佈】：Z1a
【正面釋文】：

A. 壬寅卜古貞：方𠮷[亡]□
   貞：方𠮷其有□
B. 貞：乎商[𢦔]□
   貞：昜乎商□

【反面釋文】：

□乎□出□

【著錄號】：乙 6306＋乙補 5848＋乙補 6391（R39667／H16446）
【綴合情形】：

①：（乙 6306＋乙補 5848）＝史語所綴
②：（①＋乙補 6391）＝林宏明綴（契257）

【字體分類】：典賓／過渡 2 類
【釋文】：

己酉卜㱿貞：王夢不佳𡆥（憂）。

【著錄號】：乙 6350（R39721／H15411）

---

[51] 此字構形近「鬲」而有別，周忠兵在〈釋甲骨文中的「餗」〉（載《古文字研究》第 29 輯）一文中論述此字較繁形體應即鬲字異體，從辭例比對上來看其說似仍可商榷。

【字體分類】：賓組／師賓間類
【鑽鑿分佈】：Z1a
【釋文】：
王用竹。若。

【著錄號】：乙 6370（R44790／H1107）
【字體分類】：典賓／過渡 2 類
【鑽鑿分佈】：Z1a
【釋文】：
乙巳卜㱿貞：我其虫令戓觙（及?）
用王。
乙巳卜㱿貞：我易虫令戓弗其觙（及?）
用王。

【著錄號】：乙 6371＋乙補 5299（R44791
／H17408）
【字體分類】：典賓／過渡 2 類
【鑽鑿分佈】：Z1a
【正面釋文】：
A. ｛壬戌卜賓｝貞：王夢隹田（憂）。
    貞：王夢不隹田（憂）。
B. 貞：乎省☐田☐
C. 貞：虫于☐尹☐
【反面釋文】：
壬戌卜賓。

【著錄號】：乙 6382（R44792／H8492）
【字體分類】：賓一／過渡 1 類.典型賓
一類
【鑽鑿分佈】：Z12a
【釋文】：
已酉卜㱿貞：厄方其有田（憂）。
已酉卜㱿貞：厄方亡其田（憂）。五月。

【著錄號】：乙 6384（R44794／H7226）
【字體分類】：典賓／過渡 2 類
【鑽鑿分佈】：Z1a／2-3
【正面釋文】：
王徝（循）。若。
不若。
【反面釋文】：
雀入二百五十。wr

【著錄號】：乙 6385（R44795／H11506）
【字體分類】：典賓／過渡 2 類
【鑽鑿分佈】：Z1a／2-3
【正面釋文】：
A. 甲寅卜㱿貞：翌乙卯易日。
    貞：翌乙卯不其易日。
    ｛王占曰：止媚（眛）易雨。乙卯允
    明。雀（陰）。三占食日大星（晴）。｝
B. 貞：有疾自。隹有蛊（害）。
    貞：有疾自。不隹有蛊（害）。
    ｛王占曰：吉。其[徝]（除）。｝
    ｛王臣占曰：[徝(?)]（除）凷首。若。｝
【反面釋文】：
A. 王占曰：止媚（眛）易雨。乙卯允
    明。雀（陰）。三占食日大星（晴）。
B. 王占曰：吉。其[徝]（除）。
C. 王臣占曰：[徝(?)]（除）途首。若。
【相關說明】：
一、根據辭 A 屬於正面同位置卜辭之占
    驗來看，辭 B、C 很可能亦為正面
    辭 B 之占辭，先是王占，臣再占。
    「徝」有治癒義，見第四章第三節
    「疾足」，則此「凷首」當與病痛的
    安治有關；此「凷」字確從「余」。
二、關於本版正反釋文A，從董作賓開
    始已有多位學者曾專文論述，懷疑
    即一次日蝕或「日珥」出現的最古
    紀錄；然根據目前最新的文字學角
    度以及時稱知識來分析，舊說應有
    誤，本書從李學勤的新說；將「星」
    讀為「晴」，「大星」即表「大晴天」
    之意。[52] 另，關於此辭仍存在不
    少疑點未能釐清，例如其中「雀」
    後該字，李學勤釋「气」，訓「止」，
    而沈培表示該字：「仍當以釋『三』
    為是。『三雀』之義不詳」。[53] 今
    按，據筆者目驗，該字三橫劃均等

[52] 參李學勤：〈「三焰食日」卜辭辨誤〉，《傳
    統文化與現代化》第三期（1997 年）。
[53] 沈培：〈申論殷墟甲骨文「气」字的虛
    詞用法〉，頁 27。

長，沈培釋「三」的觀點應是對的。

三、反面釋文 A「止媚」二字，《摹釋總集》作「之……」，《合集釋文》作「之夕」，《校釋總集》、《漢達文庫》作「之日」，據仔細目驗知前一字並無下方橫劃，墨拓失真，應為「止」字；後一字為「媚」，在此應用為時稱「昧」。筆者博士論文原亦釋作「之媚」，今正之。

【著錄號】：乙 6389（R44796／H1370）
【字體分類】：典賓／過渡 2 類
【鑽鑿分佈】：Z1a
【釋文】：
□□卜賓貞：大甲保。
貞：咸保我田。
【相關說明】：
此處的「田」除了釋為農田以外，也有可能指身份之「甸」。

【著錄號】：乙 6393（R39758／H4177）
【字體分類】：典賓／過渡 2 類
【鑽鑿分佈】：Z1a／1-2
【釋文】：
畓各化其☒

【著錄號】：乙 6394（R44798／H3482）
【字體分類】：典賓／過渡 2 類
【鑽鑿分佈】：Z1a
【釋文】：
王往于田。弗以祖丁暨父乙。隹之。
王弗以祖丁暨父乙。不隹之。
【相關說明】：
此版尺寸不大，然頗厚重，故反面鑽鑿亦深。

【著錄號】：乙 6399（R44799／H15929）
【字體分類】：典賓／過渡 2 類
【鑽鑿分佈】：Z1a
【釋文】：
貞：牛界佣生（徒）☒

【著錄號】：乙 6404（R44665／H685）
【字體分類】：典賓／過渡 2 類
【鑽鑿分佈】：Z1a／3-5
【正面釋文】：
A. 貞：燎于王亥女（母）豚。
　　貞：昜燎于王亥女（母）。一二三
　　｛乙啟。丙雨。｝
B. 母癸蚩（害）王。
　　母癸弗蚩（害）王。
C. ｛□辰卜古｝貞：彳（升）矣。克□
D. 貞：王其狩。區。
E. 貞：姚弗求（咎）王。
F. 貞：収（廾）隻友冊。
G. 貞：多姚求（咎）王。
　　貞：多姚弗求（咎）王。
H. ｛辛丑卜□｝翌壬寅其雨。
　　翌壬寅不雨。
　　｛王占曰：雀（陰）雨。／壬寅不雨。風。｝
I. 昜乎婞宅毆。
J. 亡來婞（艱）。
K. 弓矞于戔。
　　于戔☒
　　弓矞☒
【反面釋文】：
A. 乙啟。丙雨。
B. □辰卜古。
C. 王占曰：雀（陰）雨。
　　壬寅不雨。風。
D. 辛丑卜□
E. □入十。wr
【相關說明】：
反面釋文 B 天干字被刻意刮除。

【著錄號】：乙 6406（R44800／H14147）
【字體分類】：典賓／過渡 2 類
【鑽鑿分佈】：Z1a
【正面釋文】：
A. ☒庚寅☒雨。
　　☒[庚]寅☒
B. 來乙未帝其令雨。
　　來乙未帝不令雨。

｛王占曰：[乙]帝其令[雨]。｝

【反面釋文】：

A. 王占曰：[乙]帝其令[雨]。

B. ☑雨。

【著錄號】：乙 6414（R39761／H5569）

【字體分類】：典賓／過渡 2 類

【鑽鑿分佈】：Z1a

【釋文】：

☑☑☑㱿：王以☑臣正（征）☑

【著錄號】：乙 6419（R44801／H6037）

【字體分類】：典賓／過渡 2 類

【鑽鑿分佈】：Z1a

【正面釋文】：

A. 貞：翌庚申我伐。易日。庚申明，雀（陰）。王來黍（途）首。雨，小。

｛己未卜㱿｝貞：翌庚申不其易日。

｛☑占曰：易日。其明雨。不其[夕]。風小。｝

B. ☑雨。

｛甲子卜爭｝翌乙☑不其雨。

｛王占曰：其雨。乙丑夕雨，小。丙寅桒（爽）雨，多。｝

C. ☑蛊（害）。

☑蛊（害）。

D. 貞：祀有若。

E. 隹☑己☑

不隹妣己☑

【反面釋文】：

A. 己未卜㱿。

B. 甲子卜爭。

C. 祖丁蛊（害）王。祖丁弗蛊（害）王。

D. 翌庚其明雨。

不其明雨。

E. ☑占曰：易日。其明雨。不其[夕]。風小。

F. 王占曰：其雨。乙丑夕雨，小。丙寅桒（爽）雨，多。

【相關說明】：

一、正面釋文 A 不包含占辭，就相對位置以及卜問關切中心來看，其占

辭應是反面釋文 E，而反面釋文 D 無占、驗辭。

二、正面釋文 A「我伐」，蓋與丙四七「我雍伐于宦」、丙一五三「王其伐」相似，指施行伐祭而言，並非征伐某方，這從辭內沒有紀錄敵方之名可以互證。

【著錄號】：乙 6422（R44802／H9775）

【字體分類】：典賓／過渡 2 類

【鑽鑿分佈】：Z1a／2-3

【正面釋文】：

A. 辛巳卜爭貞：戔不其受年。（二月）

B. 貞：旬（荀）不其受年。二月。

【反面釋文】：

A. ☑旬（荀）受年☑

B. 王占曰：☑暨☑年。

C. 雀入二百五十。wr

【相關說明】：

左下側兆序「七」，原刻大字朱書，後該處刻兆語「二告」之告，直接刻於「七」上，上筆左右各刻撇劃，下筆處刮削之；但「七」字刻得很深，刮削不能淨，遂棄而於其左右重新刻了「二告」及較小的「七」字，此皆由目驗得知。

【著錄號】：乙 6491＋乙 6492＋乙 6505＋乙 6679（R39833／H135）

【綴合情形】：

①：（乙 6491＋乙 6679）＝合 135 綴

②：（①＋乙 6505）＝林宏明綴（契 226）

【字體分類】：典賓／賓一大類

【釋文】：

貞：有辇（達）㸚自寑（寢）☑其[得]（？）。

貞：有辇（達）㸚[自]寑（寢）。乎求。得。

【著錄號】：乙 6511（R39858／H17298）

【字體分類】：典賓／過渡 2 類

【鑽鑿分佈】：Z1a

【釋文】：

A. ☑[父]☑降齒。十三月。

B. ☒父☒

【著錄號】：乙 6513＋乙 6519＋乙 6621＋乙補 5657（R44667／H10022）
【字體分類】：典賓／典型賓一類
【鑽鑿分佈】：Z1a
【釋文】：
A. 甲戌卜賓貞：甫受黍年。
　　貞：甫不其☒黍年。
B. ☒不☒年。
C. 貞：畓受年。二月。
D. 貞：戔受年。
【相關說明】：
釋文記載在二月進行農業「受年」的貞問，乙 6422 有「辛巳卜爭貞：戔不其受年」，該版時間亦屬於二月，且甲戌、辛巳同旬，疑為同時所卜；此組實物脆弱不可翻面。

【著錄號】：乙 6528（R39868／H12579）
【字體分類】：典賓／過渡 2 類
【釋文】：
A. 癸卯卜貞：沚其受。枛（夙）有雨。
　　大。五月。
B. ☒五月。

【著錄號】：乙 6549（R44804／H3771）
【字體分類】：典賓／過渡 2 類
【鑽鑿分佈】：Z1a
【釋文】：
戊子卜亘貞：今十月☒
戊子卜亘☒
王占曰：其[隹]☒卥（各）。隹[壬]☒

【著錄號】：乙 6569（R39901／H9293）
【字體分類】：典賓／過渡 2 類
【正面釋文】：
☒弗其以☒
【反面釋文】：
左入[二]（？）。wr

【著錄號】：乙 6571（R39902／H3665）

【字體分類】：典賓／過渡 2 類
【鑽鑿分佈】：Z1a
【釋文】：
壬寅卜賓貞：用朕。

【著錄號】：乙 6583（R39915／H8936）
【字體分類】：典賓／賓一大類
【鑽鑿分佈】：Z1a
【釋文】：
A. 貞：奴（廾）牛于奠。
B. 貞：翌庚寅秴（又）。
C. 丙[寅]卜☒

【著錄號】：乙 6649（R42020／H2413）
【字體分類】：典賓／過渡 2 類
【釋文】：
A. 貞：乎杲（耤）可己賓。
B. ☒子☒

【著錄號】：乙 6676（R42046／H2969）
【字體分類】：典賓／過渡 2 類
【釋文】：
☒[夢]子商☒王☒

【著錄號】：乙 6684（R44805／H8591）
【字體分類】：賓一／過渡 1 類.典型賓一類
【鑽鑿分佈】：Z13a
【釋文】：
A. 己酉卜賓貞：鬼方昜亡囧（憂）。
　　五月。
B. 己酉卜賓貞：予比丘俶。
　　己酉卜賓貞：昜卒乎比丘俶。
【相關說明】：
賓一類鞋底形背甲（龜冊）。釋文 A 同文見甲 3343；釋文 B 可作三種解釋，第一是呼令（某人、氏族）隨同「丘」進行建築「俶」的事，第二是呼令隨同（某人、氏族）在丘進行建築「俶」的事，第三是呼令（某人、氏族）隨同丘俶（氏名＋私名）。

【著錄號】：乙 6686（乙 6685 反）（R44806

反／H9012 反）

【字體分類】：典賓／過渡 2 類

【鑽鑿分佈】：Z13a／2-3

【釋文】：

A. 貞□莞于大甲。

　　貞：[旬]莞方于大甲。

B. 我以千。　wr

C. 帚井示二百。wr

D. 㱿。wr

【著錄號】：乙 6696＋乙 7000＋乙 7446（R44807／H3675＋H5516）

【綴合情形】：

①：（乙 6696＋乙 7000）＝合 5516 綴

②：（①＋乙 7446）＝林宏明綴（醉 151）

【字體分類】：賓一類、師賓間類／過渡 1 類、典型賓一類

【鑽鑿分佈】：Z1a

【釋文】：

A. 壬辰卜爭貞：其虣（暴）。隻。

　　壬辰卜爭貞：其虣（暴）。弗其隻。九月。

B. 辛巳卜賓貞：叀（惟）翌甲申立人。

　　辛巳卜賓貞：旬佳翌甲申立人。

C. 辛巳卜賓貞：立人。

　　辛□□賓貞：旬立人。

【相關說明】：

此版字體兼具賓一（過渡 1 類）、師賓間類（典型賓一）特色。

【著錄號】：乙 6703（R44808／H768）

【字體分類】：典賓／過渡 2 類

【鑽鑿分佈】：Z1a／2-3◎

【正面釋文】：

A. ｛庚戌卜｝貞：翌辛亥于祖辛一牛。

B. ｛辛亥｝貞：屮于妣庚十㹆。

　　旬屮于妣庚。

C. ｛辛亥｝旬屮于妣庚十㹆。旬盍屮十㹆

【反面釋文】：

A. 庚戌卜。

B. 辛亥。

C. 雀入二百五十。wr

【著錄號】：乙 6708（R44809／H14311）

【字體分類】：典賓／過渡 2 類

【鑽鑿分佈】：Z1a

【釋文】：

丁巳卜賓貞：奏淄于東☒

貞：旬奏淄于東☒。

【著錄號】：乙 6715＋乙補 1802＋乙補 2267（R44810／H8969）

【字體分類】：典賓／過渡 2 類

【鑽鑿分佈】：Z1a

【正面釋文】：

A. □卜（外）丙蚩（害）王。

　　貞：卜（外）丙弗蚩（害）王。

B. ｛辛巳卜古｝☒田（憂）。屮（贊）。

　　☒其有田（憂）。

C. ☒貞□以□牛。

　　☒我旬以戠（特）牛。

【反面釋文】：

A. 庚辰卜爭：帚杞來。

B. 辛巳卜古。

C. 帚☒

【著錄號】：乙 6718＋乙 7558＋乙補 5827（R42018／H14238）

【字體分類】：典賓／過渡 2 類

【釋文】：

癸卯卜爭貞：帝☒

癸卯卜爭貞：帝弗役配。

【相關說明】：

此處的「役」字與祭祀有關，不讀為「異」，相關辭例可見南明 613、懷 1561、甲釋 63 綴合。

【著錄號】：乙 6723（R44811／H13390）

【字體分類】：典賓／過渡 2 類

【鑽鑿分佈】：Z1a

【正面釋文】：

A. 癸酉卜賓貞：自今至于丁丑其雨。

　　｛王占曰：丁其雨。｝

B. ｛庚申卜內｝貞：其𢓨（登）牛㝡

（禐）于唐。

C. 貞：茲朱（遏）云其雨。
　　貞：茲（遏）朱云不其雨。[54]

【反面釋文】：

A. 王占曰：丁其雨。

B. 庚申卜內。

C. 乎{田}[舟]。

D. 父庚蚩（害）王。
　　父庚不蚩（害）王。
　　王占曰：{易}蚩（害）。

E. 奠入十。wr

F. [姝]（？）。wr

【著錄號】：乙 6727（R44812／H1748）

【字體分類】：典賓／過渡 2 類

【鑽鑿分佈】：Z1a

【釋文】：

A. 隹□蚩（害）王目。

B. 隹祖辛。
　　不隹祖辛。

C. 不□乙。

【著錄號】：乙 6735（R44813／H7023）

【字體分類】：典賓／過渡 2 類

【鑽鑿分佈】：Z1a／2-3

【正面釋文】：

己酉卜賓貞：{易}{甹}（肇）鹵。
　{以鹵五。}

【反面釋文】：

A. [以]鹵五。

B. 以鹵五。

C. 戔來四十。wr

---

[54] 朱字與郭店簡〈緇衣〉簡六「潔」字有
　　關，蔡哲茂先生認為應依白于藍釋為
　　「遏」，「遏雲」，意指停滯的雲。參蔡
　　哲茂：〈漢字別義偏旁的形成──以甲
　　骨文從「雨」字偏旁為例〉，載《甲骨
　　文與文化記憶世界論壇會議用論文集》
　　（臺北市：中央研究院歷史語言研究
　　所，2010 年 8 月，未出版），頁 165-166。

D. {殼}。wr

【著錄號】：乙 6740（R42056／H12963）

【字體分類】：典賓／過渡 2 類

【鑽鑿分佈】：Z1a

【釋文】：

A. 貞：{皋}來。亡蚩（害）。

B. 貞：自今五日雨。
　　五乙巳允雨。

【著錄號】：乙 6748（R44814／H4769）

【字體分類】：典賓／過渡 2 類

【鑽鑿分佈】：Z1a／1-2

【正面釋文】：

丙辰卜殼貞：今{朝}（朝）我其自來。
丙辰卜殼貞：今{朝}（朝）我不其自來。
　{王占曰：吉。其自來。}

【反面釋文】：

A. 王占曰：吉。其自來。

B. [帚]{囗} wr

C. 東入[二]百{囗} wr

【著錄號】：乙 6751（R44670／H12921）

【字體分類】：典賓／過渡 2 類

【鑽鑿分佈】：Z1a／3-3◎

【正面釋文】：

A. 辛卯卜殼貞：王往征（延）魚。若。
　　辛卯卜殼貞：王{易}征（延）魚。不若。

B. 辛丑卜賓貞：翌壬寅其雨。
　　{王占曰：隹翌庚。}

C. 貞：翌壬辰不其雨。
　　{壬辰允不雨。風。}

D. 壬辰卜殼貞：{出}祖辛二牛。
　　{出}祖辛二牛。

E. 貞{囗}祖{囗}

【反面釋文】：

A. {出}祖辛。

B. 壬辰允不雨。風。

C. 王占曰：隹翌庚。

D. 王占曰{囗}

E. {囗}祖{囗}{田}（憂）{囗}

F. 賈入二。　wr

【相關說明】：
正面釋文 B、C 處於相對位置，但彼此干支無涉，按：前者「丑」、「寅」二字有刮削痕，疑原辭作「辛卯卜賓貞：翌壬辰其雨」，本與後者形成對貞，後來因故（可能是新起一占但版面有限）改此二字，遂得一新辭。這種安排刻辭的手法十分罕見。

【著錄號】：乙 6753（R44815／H9792）
【字體分類】：典賓／過渡 2 類
【鑽鑿分佈】：Z1a
【釋文】：
A. 丁亥卜亘貞：羊受年。
B. 丁亥卜亘貞：斫受年。
【相關說明】：
崎川隆氏認為，本版「亥」字有子組特徵

【著錄號】：乙 6791（R42089／H2786）
【字體分類】：典賓／過渡 2 類
【釋文】：
▨化㛸（姞）▨

【著錄號】：乙 6819（R44816／H4611）
【字體分類】：典賓／過渡 2 類
【鑽鑿分佈】：Z1a
【正面釋文】：
A. 貞：王𡆥異其疾。不蜎。
　貞：弗□𡆥蜎。
B. 貞：生月象至。
　不其至。
C. 貞：令大（亢）目象。若。
　｛王占曰：吉。｝
【反面釋文】：
A. 貞：隹多介。
　不隹多介。
B. 貞：御王𡆥。
　勿御𡆥。
C. 王占曰：吉。
D. 㞢于唐。卯黑牛。
E. 文入十。wr
F. 爭。wr
【相關說明】：
正面釋文 C 原漏刻人名「象」，據行款可知其屬補刻，且從商王貞問其「至」否可推斷該辭應作「令大目象」，而非「令象大目」，「目」作動詞，如丙一〇七、四七五「乎目于水／河」例。

【著錄號】：乙 6842＋乙 6847＋乙 6938＋乙 6939＋乙補 5891（R42083／H3484）
【字體分類】：典賓／過渡 2 類
【鑽鑿分佈】：Z1a
【釋文】：
A. 黃尹不我求（咎）。
B. ▨由▨

【著錄號】：乙 6881（R44817／H9658）
【字體分類】：典賓／過渡 2 類
【鑽鑿分佈】：Z1a／1-2
【正面釋文】：
癸巳卜亘貞：祀岳。桒（禱）。來歲受年。
貞：來歲不受其年。
【反面釋文】：
A. 奠來十。wr
B. 在𢉖（鹿）。wr
【相關說明】：
反面釋文B「在𢉖」顯示出本版的兩個可能信息。首先若A、B二辭不分開思考（雖然位置分處左右甲橋），則和丙六六、二九七等背甲刻辭的例子一樣，表示「奠」致送來這十版龜甲是源自「𢉖」地的，亦顯示商王在該地有過奠置的工作（若視此奠非習見人名「子奠」），這從卜辭中往往記載在𢉖地有軍事活動或有關係；[55] 第二，若

[55] 如合 98「壬戌卜㱿貞：王𢉖𠂤（次）。」、合 8231「▨叀（惟）王▨往𡵂▨在𢉖」等。關於卜辭中的「奠」，詳細可參裘錫圭：〈裘錫圭：說殷墟卜辭的奠——試論商人處置服屬者的一種方法〉一

將反面釋文B視為「在声卜」，則正面「祀岳」的地點應該就在「声」地。

【著錄號】：乙 6894＋乙 8187（R42147／H5125＋H5401）
【字體分類】：典賓／過渡 2 類
【鑽鑿分佈】：Z1a
【釋文】：
庚辰卜敵貞：王弓往省于𢎥（㝵）。

【著錄號】：乙 6948（R42200／H2960）
【字體分類】：賓一.典賓／過渡 2 類
【鑽鑿分佈】：Z1a
【正面釋文】：
A. ☑占曰：亡蚩（害）。有求（咎）。
B. 貞：乎臣逆。
【反面釋文】：
子商[醴]（配?）祼。虫☑
【相關說明】：
此條「子商」重複契刻兩次，位置左下者捨而不用，稍作刮削便刻新辭於右上，字痕亦較深刻。

【著錄號】：乙 6960＋乙 7059（R44818／H2388）
【字體分類】：典賓／過渡 2 類
【鑽鑿分佈】：Z1a／1-2
【正面釋文】：
A. 戊辰卜賓貞：降。
　　戊辰卜賓貞：不其降。
B. 貞：曹妣甲☑
　　☑曹妣甲及☑
【反面釋文】：
A. 气（乞）自☑
B. 百三十☑wr

【著錄號】：乙 6966（R44819／H838）
【字體分類】：典賓類、賓一類／過渡 2 類
【鑽鑿分佈】：Z1a／1-2
【正面釋文】：

A. 甲寅卜爭貞：做（攜）不幸（達）于𣥐（蔡）。
B. 丙寅卜爭貞：燎三牛。
C. 燎三牛。
D. 貞：做（攜）以㞷（徒?）于𣥐（蔡）。
　　貞：做（攜）弗其以。
【反面釋文】：
A. 我以千。wr
B. 帚井示四十。wr
C. 賓。wr

【相關說明】：
從文例上看來，正面釋文 A 獨立，釋文 D 正反對貞，二者應非一事；且幸字未見直接作為賓語的例子，二辭「幸」、「㞷」構形亦有別，應該分開來理解。

【著錄號】：乙 6994＋乙 7011（R42237／H9675）
【字體分類】：典賓／賓一大類
【鑽鑿分佈】：Z1a
【釋文】：
A. □寅卜爭貞：我受年。
B. 乎𡿺☑

【著錄號】：乙 7036（R42266）
【字體分類】：典賓／賓一大類
【鑽鑿分佈】：Z1a
【釋文】：
A. 子商入一。wr
B. 爭。wr

【著錄號】：乙 7040（R44820／H656）
【字體分類】：典賓／過渡 2 類
【鑽鑿分佈】：Z1a／2-3
【正面釋文】：
A. 壬寅卜古貞：永卒望。
　　貞：永弗其卒。
B. □□卜敵□御帚好于蛹甲。小[宰]。虫妾。
【反面釋文】：
A. 貞：[永] 卒。

文。

弗其卒。

B. 御帚于蜎甲。

　　　弜御。

C. 敁（摧）入。wr

D. 帚閈示十。wr

E. 敁。wr

【相關說明】：

張秉權曾據反面釋文D「帚」、「閈」二字僅存右半側的現象推論「……這一事實，說明了甲橋記事之辭的契刻，應在攻治之前。至少，在這一版上，必定如此。」不過方稚松有很好的反駁；參見方文。[56]

【著錄號】：乙 7085＋乙 7115＋乙 7685＋乙 5925（R42288／H7604）

【字體分類】：典賓／過渡 2 類

【釋文】：

☐未卜敁貞：曰旨其屮伐☐

☐曰旨其屮☐

【著錄號】：乙 7122（R44822／H14951）

【字體分類】：典賓／過渡 2 類

【鑽鑿分佈】：Z1a／2-3

【正面釋文】：

A. 叀（惟）幽小牛。屮黃小牛☐

　　　{王占曰：吉。}

B. 貞：王曰之舌。

　　　弜曰之。

　　　弜盖曰之舌。若。

　　　{王占曰：吉。其曰之。}

【反面釋文】：

A. 王占曰：吉。

B. 王占曰：吉。其曰之。

C. 雀入二百五十。　wr

【著錄號】：乙 7126（R44823／H13338）

【字體分類】：典賓／過渡 2 類

【鑽鑿分佈】：Z13a／1-2

---

56 方稚松：《殷墟甲骨文五種記事刻辭研究》，頁 158-160。

【正面釋文】：

[壬戌]卜永貞：今日其夕風。

貞：今日不夕風。

【反面釋文】：

A. 帚[良]（杞?）示十。wr

B. 𠙻入五十。wr

【著錄號】：乙 7128（R44824／H812）

【字體分類】：典賓／過渡 2 類

【鑽鑿分佈】：Z1a

【正面釋文】：

A. 貞：翌甲午用多屯。

　　　{癸巳卜爭：[毋]用。}

B. 貞：亡蚩（害）。

C. 貞：王不凷。

【反面釋文】：

癸巳卜爭：[毋]用。

【著錄號】：乙 7144（R44825／H2355）

【字體分類】：典賓／過渡 2 類

【鑽鑿分佈】：Z1a

【釋文】：

A. 貞：于高妣己御。

　　　貞：弜于高妣己御。

B. 于妣庚御。

　　　弜于妣庚御。

【著錄號】：乙 7150（R44826／H6655）

【字體分類】：賓一／過渡 2 類

【鑽鑿分佈】：Z1a／2-3

【正面釋文】：

A.[乙]丑卜賓貞：舁（角）其戋（翦）舀各化。

　　　☐舁（角）弗戋（翦）舀各化。

　　　{王占曰：叀（惟）亡戎。}

B. 庚午卜古貞：王夢隹敁（摧）。

　　　貞：王夢不隹敁（摧）。

　　　{王占曰：其有敁（摧）。小。}

C. 貞：舀各☐來。

　　　貞：舀各化來。

【反面釋文】：

A. 王占曰：叀（惟）亡戎。
B. 王占曰：其有戠（摧）。小。
C. 帚妸來□ wr

【著錄號】：乙 7166（R42314／H10926）
【字體分類】：典賓.賓三／賓一大類
【釋文】：
□狩麦（畫）。𡊪（擒）。
有虎。
辛□

【著錄號】：乙 7167＋乙 8131＋乙 8133
（R42315／H15053＋H2506＋H2507）
【字體分類】：典賓／過渡 2 類
【鑽鑿分佈】：Z1a
【釋文】：
A. □妣癸。
　　𢀛𪓐屮于□癸。
B. □癸弗求（咎）。
　　□求（咎）。

【著錄號】：乙 7173（R42319／H14604）
【字體分類】：典賓／過渡 2 類
【釋文】：
貞：𢀛舞河□

【著錄號】：乙 7181＋乙 8324（R42325
／H1812＋H4846）
【字體分類】：典賓／過渡 2 類
【釋文】：
□午□貞□壴（鼓）□尋。
𢀛乎壴（鼓）□

【著錄號】：乙 7183（R42326／H2235）
【字體分類】：賓一.典賓／典型賓一類
【正面釋文】：
A. 壬寅卜𣪊貞：王𠂤于父禷。
B. 壬寅卜𣪊貞：王𠙶隹父乙蛊（害）。
【反面釋文】：
爭。wr
【相關說明】：
釋文 A 之「壬」原刻「辛」，削除後字
痕仍存。「𠂤」疑為「賓」或「御」字

缺刻。

【著錄號】：乙 7187（R42327／H16355）
【字體分類】：典賓／賓一大類
【正面釋文】：
□[屮]取。不若。
【反面釋文】：
般入二。wr

【著錄號】：乙 7195（R42330／H9277）
【字體分類】：典賓／賓一大類
【鑽鑿分佈】：Z1a
【釋文】：
𡆟入三。wr

【著錄號】：乙 7262（R42368／H2203）
【字體分類】：典賓／過渡 2 類
【鑽鑿分佈】：Z1a
【釋文】：
□弗賓父乙。

【著錄號】：乙 7283（R42376／H7863）
【字體分類】：賓一／典型賓一類
【鑽鑿分佈】：Z1a
【釋文】：
A. 貞：于西邑。
B. 燎于□

【著錄號】：乙 7288（R44829／H10964）
【字體分類】：賓一類／過渡 2 類
【鑽鑿分佈】：Z1a／1-2
【正面釋文】：
A. 辛亥卜內貞：今一月𡆟各化其有至。
　　｛王占曰：今[一]月其有至。｝
B. ｛辛亥卜爭｝貞：𡆟各化其于生二
　　月有至。
　　　｛至隹女。其于生二月覞。｝
C. 貞：令𤡮田于壴。
　　𢀛令𤡮田于壴。
【反面釋文】：
A. 王占曰：今一月其有至。
B. 至隹女。其于生二月覞。
C. 辛亥卜爭。

D. 賈入七十。wr

【相關說明】：
正面釋文選貞 𢍜各化今一月或生二月
「有至」與否，由兩位貞人主持，較
為少見。結合命、占辭的內容來看，
其意義仍不甚明。

【著錄號】：乙 7310（R44830／H13658）
【字體分類】：典賓／過渡 2 類
【鑽鑿分佈】：Z1a／1-3
【正面釋文】：
A. 甲子卜敵貞：疾𢀇（殷?）不征（延）。
　　貞：疾𢀇（殷?）其征（延）。
B. 屮于收（廾）□
C. 甲子卜賓貞：乍屮于妣甲。正。
　　貞：屮妣甲小宰。用。
　　｛王占曰：余毋菁若。茲卜不其隹
　　小宰屮。求（咎）余。｝
D. 有疾齒。隹蠱。虐。
　　不隹蠱。
【反面釋文】：
A. 屮父甲
　　易屮。
B. 帚井□wr
C. 王占曰：余毋菁若茲卜。不其隹小
　　宰屮。求（咎）余。
D. 行取[││]五。wr
E. 爭。wr
【相關說明】：
正面釋文 A「𢀇」字，部件「卩」作「人」，
並可左右換位，疑為疾「身」專化異體
字。反面釋文 C「余」字刻於貞人署辭
「爭」上，較難辨識。

【著錄號】：乙 7312（R44831／H1086）
【字體分類】：賓一／過渡 2 類
【鑽鑿分佈】：Z1／1-3
【正面釋文】：
A. 丁巳卜古貞：王伐不𢀇。一
　　貞：王[伐]不𢀇。二
　　｛王占曰：隹[甲]（?）。茲鬼隹介。｝
B. 丁巳卜古貞：𥄕[以]。

C. 丁巳卜古貞：周以嬻。
　　周以嬻。二
　　貞：周弗以嬻。
D. 辛酉卜貞：自今五日雨。
　　自今辛五日雨。一二三四五
　　｛壬戌雷。不雨。四日甲子允雨。｝
【反面釋文】：
A. 王占曰：隹[甲]（?）。茲鬼隹介。
B. 壬戌雷。不雨。四日甲子允雨。

【相關說明】：
根據相對位置來看，反面釋文 A 應歸
於正面釋文 A，疑占辭「茲鬼」指的
是王「伐」的對象，「介」指其身份。

【著錄號】：乙 7336（R24976／H8310）
【字體分類】：典賓／過渡 2 類
【鑽鑿分佈】：Z1a／1-2
【正面釋文】：
丁亥卜古貞：严𢍜于滴。／
严不𢍜于滴。
　｛王占曰：易𢍜。｝
【反面釋文】：
A. 王占曰：易𢍜。
B. 賈入廿。wr

【著錄號】：乙 7360（R44832／H8796）
【字體分類】：典賓／過渡 2 類
【鑽鑿分佈】：Z1a／1-3
【正面釋文】：
己酉卜敵貞：方肩馬取。乎御事。
貞：易乎取方肩馬。
【反面釋文】：
☑[自西]（?）☑
【相關說明】：
反面朱（墨）書已幾不可辨。

【著錄號】：乙 7373（R42415／H15114）
【字體分類】：典賓／過渡 2 類
【鑽鑿分佈】：Z1a
【釋文】：
A. ☑易𤔲御身于多妣。

B. 貞☑來☑
【相關說明】：
釋文 A 書寫風格極似歷組卜辭。

【著錄號】：乙 7385（R44833／H8979）
【字體分類】：典賓／過渡 2 類
【鑽鑿分佈】：Z1a／1-3
【釋文】：
A. 壬辰卜亘貞：弗其以龠見。
B. 貞：行以有𠂤（師）眔（暨）有邑。
【著錄號】：乙 7392（R42422／H16879）
【字體分類】：典賓／過渡 2 類
【鑽鑿分佈】：Z1a
【釋文】：
癸酉卜古貞：旬亡田（憂）。

【著錄號】：乙 7404＋乙 7406＋乙 7407
＋乙 7565＋乙 7567＋乙補 2009＋乙補
6333（R42430／H1006＋H13167）
【綴合情形】：
①：（乙 7404＋乙 7406＋乙 7407）＝
　　合 1006
②：（①＋乙補 6333）＝林宏明綴
③：（乙 7565＋乙 7567）＝史語所綴
④：（②＋③）＝蔡哲茂綴
⑤：（④＋乙補 2009）＝林宏明綴（醉 362）
【字體分類】：典賓／過渡 2 類
【鑽鑿分佈】：Z1a
【正面釋文】：
A. 己卯卜永貞：翌庚辰其伐。易日。
　　己☑
B. 己卯卜古☑☑庚辰☑
【反面釋文】：
A. 貞。翌己卯☑伐☑
　　貞☑
B. ☑易日。

【著錄號】：乙 7415＋乙 7420（R42434
／H2579）
【字體分類】：典賓／過渡 2 類
【正面釋文】：
貞：隹母癸蚩（害）☑。

☑蚩（害）王。
【反面釋文】：
貞：王☑
貞：王易曰其☑

【著錄號】：乙 7422＋乙 7498（R42438
／H2190）
【綴合情形】：合 2190 綴
【字體分類】：賓一／過渡 2 類
【鑽鑿分佈】：Z1a

【正面釋文】：
A. ｛己巳☑爭｝貞：子☑于☑
B. 貞☑亥☑商☑于父[乙]禳☑
C. ｛壬申卜賓｝貞：來乙亥屮𤓓于父
　　乙。用。
【反面釋文】：
A. 己巳☑爭。
B. 壬申卜賓。
【相關說明】：
正面釋文 B 相近文例見乙 7183。

【著錄號】：乙 7456（R44834／H10124）
【字體分類】：典賓／過渡 2 類
【鑽鑿分佈】：Z1a
【正面釋文】：
｛庚辰卜☑｝貞：隹帝蚩（害）我年。
二月。
貞：不隹帝蚩（害）我年。
｛王占曰：不隹帝蚩（害）。隹由。｝
【反面釋文】：
A. 土占曰：不隹帝蚩（害）。隹由。
B. 庚辰卜☑
【相關說明】：
有朱（墨）書數處，已不可辨。

【著錄號】：乙 7483（R42465／H1528）
【字體分類】：賓一／過渡 2 類
【鑽鑿分佈】：Z1a
【正面釋文】：
乙巳卜賓貞：屮于祖乙二南☑
【反面釋文】：

夷（畫）來□。wr

【著錄號】：乙 7488（R42467／H13679）
【字體分類】：典賓／過渡 2 類
【鑽鑿分佈】：Z1a
【正面釋文】：
A. 貞：有疾肱。以小臣（？）御于□。
B. 隹▨
【反面釋文】：
爭。wr

【著錄號】：乙 7490（R44835／H10937）
【字體分類】：典賓／過渡 2 類
【鑽鑿分佈】：Z1a／2-3
【正面釋文】：
A. 乎阦⿱（代）兆。
　 弜乎阦⿱（代）兆。
B. 王其逐鹿于𤰈。啚（當）。
　 弜逐鹿。不其啚（當）。
　 {之日不[往]田[啚]（當）。}
【反面釋文】：
A. 之日不[往]田[啚]（當）。
B. 雀入二百五十。wr

【著錄號】：乙 7530（R42484／H17794）
【字體分類】：典賓／過渡 2 類
【釋文】：
▨[奠]于我。

【著錄號】：乙 7552（R42497／H16154）
【字體分類】：典賓／過渡 2 類
【鑽鑿分佈】：Z1a
【釋文】：
▨其蚑。正。
▨其□弗其正。

【著錄號】：乙 7586（R42517／H3294）
【字體分類】：典賓／過渡 2 類
【釋文】：
貞：令冨侯歸。

【著錄號】：乙 7609（R42540／H15491）
【字體分類】：典賓／賓一大類
【正面釋文】：
▨祀于▨
弜祀于▨
【反面釋文】：
貞：[隹]庚辰奏。
弜庚▨

【著錄號】：乙 7631＋乙補 614＋乙補 766（R28034）
【字體分類】：典賓／過渡 2 類

【正面釋文】：
{庚戌□賓} 貞：亡□
貞：[有]龜。
【反面釋文】：
A. 貞：御南庚𠬝七。
　 貞：勿御南□[七]𠬝。
B. 庚戌□賓。

【著錄號】：乙 7651（R42569／H18905）
【字體分類】：典賓／過渡 2 類
【正面釋文】：
A. ▨示若。
B. 貞：河▨
【反面釋文】：
夷（畫）入气（乞）四十。wr

【著錄號】：乙 7686（R42598／H9250）
【字體分類】：典賓／賓一大類
【釋文】：
𠤳入十。wr

【著錄號】：乙 7693＋乙 7943（R42601／H15950）
【字體分類】：典賓／賓一大類
【鑽鑿分佈】：Z1a
【釋文】：
貞：涉帝于東[兆]□一牛。
□弜燎。

【著錄號】：乙 7746（R44836／H10989）
【字體分類】：典賓／過渡 2 類
【鑽鑿分佈】：Z1a

【正面釋文】：

A. ｛乙酉卜□｝貞：在攸田武其來告。
　　貞：葉爾其來告。
B. ｛丁未卜爭｝貞：鹹任霍（霍）舁舟。
C. ｛癸亥□賓｝貞：王占卩（孚）。

【反面釋文】：

A. 乙酉卜□
B. 丁未卜爭。
C. 癸亥□賓。

【著錄號】：乙 7748（R44837／H12438）
【字體分類】：典賓／過渡 2 類
【鑽鑿分佈】：Z1a／1-3
【正面釋文】：

翌庚寅其雨。
翌庚寅不雨。
｛庚寅允不雨。｝

【反面釋文】：

庚寅允不雨。

【著錄號】：乙 7750（R44838／H787）
【字體分類】：典賓／過渡 2 類
【鑽鑿分佈】：Z1a
【釋文】：

A. 于女子。一二
B. 壬戌卜爭貞：叀（惟）王自往麋（陷鹿）。
　　貞：叀（惟）多子乎往。
C. 貞：出于姒甲友。卯宰。
　　貞：勿齒用。
D. 癸亥卜爭貞：我黍受有年。
　　弗其受有年。
　　貞：勿齒黍受有年。
E. 貞：祝于祖辛。一二

【著錄號】：乙 7762（R44839／H15563）
【字體分類】：典賓／過渡 2 類
【鑽鑿分佈】：Z1a／1-3
【正面釋文】：

癸巳卜爭貞：燎。王其有[由]（？）若。
貞：勿燎。
｛王占曰：吉。[△]（從水之字）｝

【反面釋文】：

A. 王占曰：吉。[△]（從水之字）
B. 自☐ wr

【相關說明】：

反面朱（墨）書已難辨。反面釋文 A
書于千里路上左側。

【著錄號】：乙 7767（R44676／H6647）
【字體分類】：典賓／過渡 2 類
【鑽鑿分佈】：Z1a／3-5◎
【正面釋文】：

A. 甲戌卜賓貞：今日先牛。翌乙亥用
　　祖乙。
　　｛乙亥用祖[乙]宰。｝
B. 乙亥卜爭貞：王往于敦。
C. ｛壬申卜爭｝貞：王夕出。
　　貞：王勿夕出。
D. ｛甲[戌]卜賓｝貞：出于魯（陽）
　　甲。父庚。父辛。一牛。
　　貞：勿出于魯（陽）甲。父庚。父
　　辛。一牛。
E. ｛貞：之日用。夾☐｝
　　之日用。戊寅竹出曹。
F. 戊戌卜爭貞：卝（蕑？）方勾射。隹
　　我田（憂）。五月。
　　戊戌卜爭貞：卝（蕑？）方勾射。
　　不隹我田（憂）。
G. 貞：正。

【反面釋文】：

A. 乙亥用祖[乙]宰。
B. 貞：王出。
　　貞：王勿出。
C. 壬申卜爭。
D. 甲[戌]卜賓。
E. 翌乙亥用牛于祖乙。卅。
F. 己卯[勿]出反。
G. 今丁亥出祖□□牛。
H. 貞：之日用。夾☐
I. 賈入。 wr

【著錄號】：乙 7769（R44840／H12396）
【字體分類】：典賓／過渡 2 類
【鑽鑿分佈】：Z1a／2-3

【正面釋文】：

A. ｛癸未卜賓｝翌☑雨。
　　翌甲申不雨。
　　｛王占曰：隹今夕。／夕不雨。翌甲[申]雨。｝

B. 甲申卜㱿貞：若。

【反面釋文】：

A. 王占曰：隹今夕。
　　夕不雨。翌甲[申]雨。

B. 癸未卜賓。

C. 畐入百廿。wr

【著錄號】：乙 7771（R44841／H5096）
【字體分類】：典賓／過渡 2 類
【鑽鑿分佈】：Z13a／2-3
【正面釋文】：

A. 貞：王夢隹田（憂）。
　　王夢不隹田（憂）。

B. 貞：衍（延）出。
　　貞：弜衍（延）出。

C. 貞：若王。
　　弗若王。

D. 貞：王往出。示若。
　　貞：王弜出☑

【反面釋文】：

奠入廿。wr

【相關說明】：

正面釋文B「衍」字，趙鵬認為是「征」字異體，可從；[57]「征」在卜辭中應讀為「延」。

【著錄號】：乙 7773（R44842／H5354）
【字體分類】：賓一／過渡 2 類
【鑽鑿分佈】：Z13a
【釋文】：

辛未卜賓貞：王有不正。
貞：王亡不正。

---

57 趙鵬：〈讀契箚記五則〉「一：衍字補釋」，復旦大學出土文獻與古文字研究中心網站 http://www.guwenzi.com/SrcShow.asp?Src_ID=1207，（2010 年 7 月）

【著錄號】：乙 7779（R42653／H14399）
【字體分類】：典賓／賓一大類
【鑽鑿分佈】：Z1a
【釋文】：

癸未卜爭貞：燎于社。奉（禱）于岳。

【著錄號】：乙 7781（R44843／H10133）
【字體分類】：典賓／過渡 2 類
【鑽鑿分佈】：Z1a／2-3
【正面釋文】：

A. 丁巳卜㱿貞：黍田年魯。
　　｛王占曰：吉。魯。｝

B. ｛甲寅卜古｝貞：乙保黍年。
　　乙弗保黍年。
　　｛王占曰：吉。保。｝

C. 御王固于妣癸。
　　弜御王固于妣癸。

【反面釋文】：

A. 王占曰：吉。魯。

B. 王占曰：吉。保。

C. 甲寅卜古。

D. 帚好入五十。wr

E. 爭。wr

【著錄號】：乙 7789（R42663／H13824）
【字體分類】：典賓／過渡 2 類
【釋文】：

□酉卜㱿貞：疾□隹賣。

【著錄號】：乙 7797（R44845／H822）
【字體分類】：典賓／過渡 2 類
【鑽鑿分佈】：Z1a／2-3
【正面釋文】：

A. 貞：隻（畫）事（使）人。
　　貞：隻（畫）不其事（使）人。
　　｛王占曰：❌（畫）其事（使）人。｝

B. 己未卜古貞：我三事（使）使人。
　　貞：我三事（使）不其使人。

C. 貞：屯率[蚊]。王若。

D. ｛丙戌卜內｝貞：不？（婚）。
　　貞：其？（婚）。

E. 貞：王夢。隹姚己蛊（害）。

貞□隹妣己**蛊**（害）。

F. {[丙]戌卜𣪊}貞：隹妣庚**蛊**（害）。
　　不隹妣庚。

G. 于郊（？）若。

【反面釋文】：

A. 王占曰：**❌**妻（畫）其事（使）人。

B. 丙戌卜內。

C. □（九？）來。

D. [丙]戌卜𣪊。

E. [帚]來。wr

F. 𣪊。wr

G. 戔□wr

【相關說明】：

此版殘斷不可久翻。正面釋文 E、F 正面卜問之「害」應屬共用。反面釋文 A「事」字和貞人「內」重疊，釋文 D「丙」字誤刻為「貞」。另，「三使」疑指北使、西使、南使。

【著錄號】：乙 7801＋乙 7933＋乙補 6477 倒＋乙補 6478 倒（R42673／H5654）

【綴合情形】：

①：（乙 7801＋乙 7933）＝合 5654 綴

②：〔①＋（乙補 6477 倒＋乙補 6478 倒）〕＝林宏明綴（醉 302）

【字體分類】：典賓／過渡 2 類

【鑽鑿分佈】：Z1a

【釋文】：

A. 貞：周以巫。

B. 翌壬申其雨。

C. 御于妣己。

D. 壬□

【著錄號】：乙 7817＋乙補 1846（R44844／H13757）

【字體分類】：典賓／過渡 2 類

【鑽鑿分佈】：Z1a／3-4？

【釋文】：

A. 貞：倗其有疾。
　　貞：倗□疾。

B. 𩫖（啚）其有疾。
　　貞：[𩫖]（啚）亡疾。

【著錄號】：乙 7846（R42712／H6651）

【字體分類】：典賓／過渡 2 類

【鑽鑿分佈】：Z1a

【釋文】：

□貞：㕣各化𢦏（翦）角罘（暨）脽。

【著錄號】：乙 7852（13.0.16994＋13.0.17001）（R42948／H1707）

【字體分類】：典賓／典型賓一類

【鑽鑿分佈】：Z1a

【正面釋文】：

A. {癸卯卜□}翌甲辰出祖辛。
　　翌甲辰易出祖辛。

B. 貞□來□
　　不□來□

【反面釋文】：

A. 癸卯卜□。

B. 王□[㕷?]□
　　[允?]□

C. □為。有若。

【相關說明】：

誤綴應分開，見乙 7853（13.0.16499）＋乙 8082 說明。

【著錄號】：乙 7853（13.0.16499）＋乙 8082（乙補 6678 反）（R42948／H1707 反）

【綴合說明】：＋乙 8082（乙補 6678 反）＝張惟捷綴（彙 1017）

【字體分類】：典賓／賓一大類

【鑽鑿分佈】：Z1a

【釋文】：

A. 貞：乎多子[逐?]。隻隹。

B. 貞□

【相關說明】：

此版僅反面有字。蔡哲茂先生於史語所庫房記錄已指出乙 7852 的 13.0.16499 部分（右首甲）與 13.0.16994＋13.0.17001 部分（中甲）屬於早期誤綴，應分開，然實物已黏合不可分。

【著錄號】：乙 7862＋乙 7901＋乙補
6657（R44847 反／H715 反＋H9088）
【字體分類】：典賓／過渡 2 類
【鑽鑿分佈】：Z1a／2-3
【釋文】：
A. 貞☑好凵殳于父乙。
B. 敄以五十。wr

【著錄號】：乙 7863（R42720／H8621）
【字體分類】：典賓／賓一大類
【釋文】：
☑日𩰊妥☑

【著錄號】：乙 7893（R42741／H2538）
【字體分類】：典賓／賓一大類
【鑽鑿分佈】：Z1a
【釋文】：
A. ☑吉。
B. 母己蚰（害）王。
　 母己弗蚰（害）王。
C. 貞：毌☑
D. 燎西☑

【著錄號】：乙 7911＋乙 7979＋乙 8130
＋乙補 6595（R42754／H 2117＋H17231）
【綴合情形】：
①：（乙 7911＋乙 8130）＝蔡哲茂綴
②：〔①＋（乙 7979＋乙補 6595）〕＝
　　林宏明綴（醉 99）[58]
【字體分類】：典賓／過渡 2 類
【鑽鑿分佈】：Z1a
【正面釋文】：
A. 貞：王凰蛸。
　 王凰不其蛸。
B. ☑王。
【反面釋文】：
御于父甲。
☑父庚。

---

[58] 蔡師綴合，參氏著：〈甲骨綴合新編及
新編補幾個問題之商榷後記〉，《書目季
刊》第 15 卷第 2 期（1981 年），頁 105。

☑父辛☑辛☑卯宰。

【著錄號】：乙 7923（R42762／H9855）
【字體分類】：典賓／典型賓一類
【鑽鑿分佈】：Z1a
【正面釋文】：
｛丙子卜｝不其受年。
【反面釋文】：
A. 丙子卜。
B. ☑凵☑辛☑

【著錄號】：乙 7927＋乙 7955（R42764
／H97）
【綴合情形】：合 97 綴
【字體分類】：典賓／賓一大類
【鑽鑿分佈】：Z1a
【正面釋文】：
A. 貞：乎奴（廾）牛。
　 ｛王占曰：吉。其事（使）。｝
B. ☑允凵（贊）。率以肩弜。
C. ☑桑（喪）工。
　 其桑（喪）工。
【反面釋文】：
王占曰：吉。其事（使）。

【著錄號】：乙 7989＋乙補 6602＋乙
補 6603（R42813／H12409）
【綴合情形】：林宏明綴（醉 92）
【字體分類】：典賓／典型賓一類
【釋文】：
□辰卜亙貞：翌乙巳其雨。

【著錄號】：乙 8013＋乙 8091＋乙
8214（R42838／H462＋H13260）
【字體分類】：師賓間.典賓／過渡一類.
賓一大類
【鑽鑿分佈】：Z1a
【正面釋文】：
A. [甲]子卜爭貞：翌乙丑不其易日。
　 甲子卜爭貞：翌乙丑王步。易日。
B. □□□爭貞：示若王。七月。在屯。
【反面釋文】：
易隹羌用。

【相關說明】：
本版字體特徵涵蓋分期較大，反面「隹」
字有師賓間類特徵，然正面「骰」字是
典賓／賓一大類特徵，值得注意。

【著錄號】：乙 8033（R42856／H7246）
【字體分類】：典賓／賓一大類
【釋文】：
貞：☒☒祜（循）☒

【著錄號】：乙 8057（R42871／H8962）
【字體分類】：典賓／過渡 2 類
【釋文】：
A. ☒其以馬。
B. 貞☒

【著錄號】：乙 8062＋乙補 6661（R42883
／H16989）
【字體分類】：典賓／賓一大類
【鑽鑿分佈】：Z1a
【釋文】：
戊辰卜爭貞：王有蟲（害）。

【著錄號】：乙 8075（R42901／H10948）
【字體分類】：典賓／過渡 2 類
【鑽鑿分佈】：Z1a
【正面釋文】：
A. 乎子商从潢。有鹿。
B. 易疒（疾）身（腹?）。
【反面釋文】：
A. 貞：有鹿。
B. ☒易☒
C. ☒[姘壬]☒

【著錄號】：乙 8077（R42902／H14520）
【字體分類】：典賓／過渡 2 類
【鑽鑿分佈】：Z1a
【正面釋文】：
A. ☒弋（代）陳。不☒。
B. 貞：易☒（深）屮于河。
C. 易☒
【反面釋文】：
卆來十。wr

【著錄號】：乙 8110（R42930／H16238）
【字體分類】：典賓／過渡 2 類
【釋文】：
☒午卜骰☒令☂（祕）☒茲于☒

【著錄號】：乙 8123＋乙 8124（R42943
／H1902）
【字體分類】：典賓／賓一大類
【釋文】：
☒于父乙祖丁。

【著錄號】：乙 8126（R42947／H16867）
【字體分類】：典賓／過渡 2 類
【鑽鑿分佈】：Z1a
【正面釋文】：
A. 癸酉☒☒貞：旬☒
B. 癸卯卜亙貞：旬亡☒（憂）。
C. ☒于☒
【反面釋文】：
癸卯卜亙：旨[亡]☒
【相關說明】：
本片崎川隆歸至典型賓三類，從本坑
時代性以及字體上來看似不確；今暫
歸至過渡 2 類。

【著錄號】：乙 8151（R42963／H9509）
【字體分類】：典賓／賓一大類
【釋文】：
A. ☒乎耤于亩北兆。不☒
B. ☒弗☒
【相關說明】：
釋文 B「弗」字異構，在此應用為人或
氏族名，見拙作：〈賓組卜辭文字「異
體分工」現象再探〉。

【著錄號】：乙 8161＋乙 8162（R42974
／H14333）
【字體分類】：師賓間類（K）
【鑽鑿分佈】：Z1a
【釋文】：
☒茲于北☒

【著錄號】：乙 8165（R44677／H946）
【字體分類】：典賓／過渡 2 類
【鑽鑿分佈】：Z1a／3（2）-2◎
【釋文】：
A. 御凸于靳。
   弜于靳御凸。
B. 來甲寅出伐自上甲。
   弜出。
C. 于妣甲御凸。
D. 乙巳卜敵貞：乎取[在]▨
E. 貞：爯以巫。
   貞：爯弗其以巫。
F. 丁未卜敵貞：雋比𠂤（次）戜△文。
   屮（贊）王事。以。
   貞：雋弗其屮（贊）王▨
【相關說明】：
釋文 F「△」字位處裂痕處，目驗不
清，疑為「吝」字。

【著錄號】：乙 8177（R42978／H14347）
【字體分類】：典賓／賓一大類
【鑽鑿分佈】：Z1a
【正面釋文】：
A. 貞▨
B. 貞：燎于◉▨
【反面釋文】：
▨丁雨。
【相關說明】：
正面釋文「◉」字，作受詞地名用，
疑為「鼓」字異構。

【著錄號】：乙 8209（R43007／H5440）
【字體分類】：典賓／過渡 2 類
【鑽鑿分佈】：Z1a
【正面釋文】：
乙巳卜敵貞：峀各化屮（贊）王事。
乙巳卜敵貞：峀各化弗其屮（贊）王
事。七月。
{王占曰：其隹丁吉。庚。其隹甲有
求（咎）。有[舌人]。}
【反面釋文】：
王占曰：其隹丁吉。庚。其隹甲有求

（咎）。有[舌人]。

【著錄號】：乙 8216＋乙補 6782（R43013
／H11553）
【綴合情形】：林宏明綴（醉 93）
【字體分類】：典賓／賓一大類
【鑽鑿分佈】：Z1a
【釋文】：
▨今二月帝不其令□

【著錄號】：乙 8278（R43079／H2822）
【字體分類】：典賓／過渡 2 類

【正面釋文】：
貞：不隹父乙虫（害）帚□
【反面釋文】：
□入十。wr

【著錄號】：乙 8289（R43107／H17234）
【字體分類】：典賓／過渡 2 類
【釋文】：
A. 貞：王有蚩（害）。
B. 貞：有凸。蜎（蠲）。
C. 貞：我有[求]（咎）。

【著錄號】：乙 8299（R43114／H3977）
【字體分類】：典賓／賓一大類
【釋文】：
▨貞：戜其來。
不其▨

【著錄號】：乙 8311（R43133／H16026）
【字體分類】：典賓／過渡 2 類
【鑽鑿分佈】：Z1a
【正面釋文】：
A. 〔丁丑卜賓〕貞：奏紖。
B. 叀（惟）□奏。
【反面釋文】：
丁丑卜賓。

【著錄號】：乙 8315（R43134／H1727）
【字體分類】：典賓／典型賓一類
【鑽鑿分佈】：Z1a

【正面釋文】：

A. 貞：弜告于祖辛。

B. 己未。
　　庚申。
　　辛酉。
　　癸亥。

【反面釋文】：

A. 敕于□柬。

B. [我]入十。wr

【著錄號】：乙 8352（H16117）
【字體分類】：賓一／賓一大類
【釋文】：

A. 壬辰卜賓貞：率蚊☑

B. 貞：今夕品。其靁。

【著錄號】：乙 8357（R43151／H11507）
【字體分類】：賓一／賓一大類
【釋文】：

☑[有]五□戊申□有役（異）□星。

【著錄號】：乙 8360（R43157／H674）
【字體分類】：典賓／過渡 2 類
【鑽鑿分佈】：Z1a
【釋文】：

A. 行弗其以屰女。

B. ☑以。

【相關說明】：

「屰」字作，賓三類卜辭有「令宫
丙易屰食」（合 9560），似亦作為人／
地名。

【著錄號】：乙 8392（R43183／H141）
【字體分類】：典賓／賓一大類
【鑽鑿分佈】：Z1a
【正面釋文】：

貞：乎쭃。正。

【反面釋文】：

[𡊅]入二。wr

【著錄號】：乙 8414＋乙補 2807＋乙
補 6939（R32440／H16117）

【字體分類】：賓一／賓一大類
【釋文】：

乙巳卜賓貞：今夕品不靁。

【著錄號】：乙 8422（R43199／H192）
【字體分類】：賓一類／過渡 2 類
【釋文】：

□戌卜賓貞：胥隻羌。

【著錄號】：乙 8424＋乙補 1646（R29234
／H3279）
【字體分類】：典賓／過渡 2 類

【釋文】：

乙未卜殼貞□牛易（賜）邑子㝵（暨）
左（又）子。

【著錄號】：乙 8585（R43451／H718）
【字體分類】：典賓／過渡 2 類
【鑽鑿分佈】：Z1a
【正面釋文】：

A. ☑王☑

B. 貞：祼于妣己。曹役。卯宰。我[日]
　　酒。

【反面釋文】：

A. ☑己☑

B. 癸巳☑

C. 自[今至于]壬寅☑
　　其雨。

【相關說明】：

正面釋文 B「酒」缺拓。

【著錄號】：（乙補 1182 倒＋乙補 1188
＋乙補 1195＋乙補 1199）反（R28614 反
＋R28625 反）
【綴合情形】：林宏明綴（醉 12）
【字體分類】典賓／過渡 2 類
【釋文】：

庚辰☑疾有由。

【相關說明】：

「庚辰」二字墨書未拓。

第四章

YH127 坑賓組刻辭分類研究

　　長久以來，由於分析整理甲骨事類對進一步研究十分重要，許多學者在不同的著錄、專書上分別作了相關的工作，由各自的角度做出了分類，從孫詒讓的《契文舉例》起，羅振玉《殷虛書契考釋》、王襄《簠室殷契徵文》、郭沫若《卜辭通纂》、董作賓《殷曆譜》、陳夢家《殷墟卜辭綜述》、李學勤《英國所藏甲骨集》、貝塚茂樹《京都大學人文科學研究所藏甲骨文字》、島邦男《殷墟卜辭研究》、胡厚宣《戰後京津新獲甲骨集》、《甲骨文合集》、姚孝遂、肖丁《小屯南地甲骨考釋》等著作，在分類系統上各自呈現出獨特的性質。[1] 就本書主題而言，YH127 坑賓組卜辭包含事類繁多，從作者為了研究方便所做的手邊統計來說，即可略分出「祭祀相關」、「軍事相關」、「氣候相關」、「天象相關」、「傷疾相關」、「田獵相關」、「夢占相關」、「出入往來相關」、「災祐相關」、「農牧相關」、「製造相關」、「奴俘相關」、「記事刻辭」等十三項事類，其下仍可續分支類，這顯示出此批甲骨內容的豐富多樣化。

　　不過誠如劉學順的研究指出，在本坑賓組中仍有其欠缺的事類，也就是可見於坑外賓組卜辭然極少見於本坑的事類，例如「貞旬卜辭」、「貞夕卜辭」、「貞人允（𤝬）卜辭」、「子漁卜辭」等，這些相關的卜辭確實在其中不多見，劉氏將之一一勾稽而出，可謂有見。然而他認為這些事類在本坑中罕見、欠缺的原因，主要是YH127 坑甲骨原本就是以殘缺不全的姿態被傾倒的一批廢棄物，由於先天殘缺，故本應記載之事類不得見於其中，可能佚散或損滅了。[2] 筆者認為劉氏的說法並未觀照到本坑賓組卜辭透過字體分類顯示出的時代差異特質，有失偏頗，YH127 甲骨的時代大略較一般習見刻於牛骨的典賓類卜辭稍早，已見本書第一章第三節第參部份論述，因此在比較事類時，不能毫無考慮地將之與全部賓

---

[1] 此處所引諸分類大貌可參劉學順：《YH127 坑賓組卜辭研究》，頁 24-25。姚孝遂：《小屯南地甲骨考釋》（北京市：中華書局，1999 年 11 月），頁 5-7；島邦男：《殷墟卜辭研究》，頁 1-8。

[2] 劉學順：《YH127 坑賓組卜辭研究》，頁 19-28。

組卜辭作對比，如此便容易產生盲點。例如劉氏所舉「貞人允（𠃌）卜辭」，其在賓組中存在的時代性是較後的，僅就其所引合 6 來看，該版為賓三／典型賓三類卜辭，屬於武丁末期至祖庚祖甲時期，而YH127 坑中賓三類卜辭是非常罕見，甚至可說是不存在的，[3] 從這種客觀分期條件下觀察，某些事類罕見或許應該結合出土單位之時代性來考慮，而不應察無所見便指其為殘缺。

除此之外，劉氏亦認為「逐鹿卜辭」、「卜風卜辭」與「吳（𠂤）卜辭」罕見、甚至不見於 YH127 坑，這顯然是資料整理上的遺漏。就前者而言，不包括逐麋、鬙，其實就可以舉出丙 83、丙 161、丙 265、丙 323、丙 417、丙 606、乙 3208＋乙 7680、乙 3431、乙 2395＋乙 2986＋乙 4001＋乙 4003＋乙 5217＋乙 7837＋乙補 1980＋乙補 6238、乙 7490 等例子，幾乎包含賓組各組類，都是逐鹿的辭例；至於「卜風卜辭」，至少有丙一一七、丙二九六、丙四四七、丙四六八、丙五三八、丙五四〇、乙 6419、乙 7126 等辭例可參；就「𠂤卜辭」來說，除了其文引用的丙六六、丙五四七記事刻辭以外，其實還有丙 156、丙 297、丙 366、丙 392、丙 400、乙 3005、乙 4748、乙 5269、乙 7127、乙 8033 等例，絕不只有入龜的記事。由此可知，原始資料的整理齊全對進一步分類研究來說，是最重要的第一步。以下即基於本書對 YH127 坑賓組刻辭全面性的收羅整理，開始進行研究。受限於於個人能力，本書僅針對本坑刻辭中「戰爭對象」、「祭祀對象」、「傷疾卜辭」三大部分進行分類探討，以全盤的蒐羅資料為起點，試圖藉由對這些資料進一步分析整理，尋找問題，並創造出一些甲骨研究上的新價值。

---

[3] 通盤檢討本坑賓組卜辭，較完整且具備明確特徵字的例子中並無賓三類存在，崎川隆曾將少數字少的碎片歸類在賓三類（包含典型賓三以及賓三）中，但許多經過綴合檢驗發現仍應歸類到賓一大類中；相關可參見文末附表。

第一節 戰爭對象分類排譜

在這一節中，我們將對 YH127 坑賓組卜辭中所有重要的戰事，以及記錄少但干支可與他版繫聯的部分征伐活動，以其「戰爭對象」為綱目進行整理與討論。相關討論將涵蓋到方國、地理、字釋以及排譜，尤以排譜為主要探討項目。

關於本節的排譜方式這裡需加以說明：對賓組甲骨刻辭作時代排列的工作長久以來便是一個甲骨學界重要的課題，例如李學勤便在不只一個場合上指出此類研究的迫切性，一些學者也曾著手進行部分的工作。[4] 近來對本坑卜辭排譜較為著名的學者是大陸彭裕商、劉學順與臺灣的魏慈德，三位皆在此方面付出許多努力，並分別獲得很顯著的成果，不過彭、劉氏的排譜方式較為傳統，並未試圖與實際殷代王年進行聯繫；[5] 而魏氏則在方法上援引了大陸「夏商周斷代工程」的研究成果[6] 以及美國夏含夷創造的「微細斷代法」概念，[7] 並結合了其對劉學順研究的重新梳理與新事類之排譜，嘗試將其成果與殷代王年作聯繫，成就了「年、月、日」時間廣度的排譜，顯然具有試驗新方法的科學意義。

然而囿於本書在第一章反覆談到的甲骨破損情形，導致許多辭例的不完

---

[4] 見李學勤：〈甲骨學的七個課題〉，《中國古代文明十講》（上海市：復旦大學出版社，2004年2月），頁125-126；而學者如林小安〈殷武丁臣屬征伐與行祭考〉，《甲骨文與殷商史》第二輯（上海市：上海古籍出版社，1986年6月）、王宇信〈武丁期戰爭卜辭分期的嘗試〉，《甲骨文與殷商史》第三輯（上海市：上海古籍出版社，1991年）、范毓周：〈殷代武丁時期的戰爭〉，《甲骨文與殷商史》第三輯（上海市：上海古籍出版社，1991年）等都對整體賓組戰事排譜提出看法，不過對於本書專論的 YH127 坑內容來說，他們所引用討論的辭例仍不夠完整。

[5] 二氏排譜主要見於《殷墟甲骨分期研究》第七章「卜辭中所見商代重要史實」以及《YH127坑賓組卜辭研究》第三章「YH127 坑賓組重要史事的排譜」。其中劉氏以五次月蝕為出發點，已試圖對本坑賓組年代作界定的工作，但仍未深入到給出個別年份的程度。

[6] 見夏商周斷代專家組：《夏商周斷代工程 1996-2000 年階段成果報告（簡本）》（北京市：世界圖書出版公司，2000年10月）

[7] 見夏含夷：〈殷墟卜辭的微細斷代法——以武丁時代的一次戰役為例〉，載臺灣師範大學國文系、中研院史語所合辦《甲骨文發現一百週年學術研討會論文集》（臺北市：文史哲出版社，1998年5月）。

整，以及夏商周斷代工程目前仍存在的諸多爭議，[8] 還有所謂「微細斷代法」在干支排序上無法達到足資徵信的可用程度等因素，縱使魏文採用新的研究方法獲得了令學界耳目一新之成果，但事實上還是有許多不可避免的問題存在，尤其是差不多全盤接受斷代工程（簡本）所給的結論，並將同樣有爭議的微細斷代法套入夏商周斷代工程的結論年代中，由此得出的王年恐仍不能被視作定論，而這從目前所能掌握的材料上來看實在是無可厚非的。[9]

　　劉文與魏文對本坑賓組戰爭事類所討論、徵引的雖已占大部分，然仍不甚完整，因此本書將在這一節中完整地討論所有戰爭對象，小大不遺，並盡量就可掌握之資料將之排譜。由於上面提到的原因，以下論述不對無法確定之辭例多加著墨，在本節中的排譜將秉持幾項原則來進行：

（一）處理資料以本坑賓組甲骨為主，不處理與戰事無直接相關的坑外卜辭。

（二）不處理過於殘缺的單片殘辭，即使其干支看似可以繫聯。

（三）不處理賓三類以後與師組小字類以前的相關卜辭。

希望藉由這些條件，能夠鎖定本坑賓組卜辭特色，在整體論述上為前人稍作補充，並得到一些突破。

---

[8] 由於方法學與資料判斷上的落差，夏商周斷代工程在學術界引起的爭議不小，以下僅略舉幾篇較具代表性，對此「工程」作的反省討論，見張富祥：〈 "走出疑古" 的困惑——從夏商周斷代工程的失誤談起〉，《文史哲》2006 年第 3 期；蔣祖棣：〈西周年代研究之疑問——對夏商周斷代工程方法論的批評〉，《漢學研究通訊》（2002 年 11 月）；何炳棣、劉雨：〈懷疑真古，相信假古——夏商周斷代工程基本思路質疑〉，載彭振坤主編《古史考》第九卷（海口市：海南出版社，2003 年）。

[9] 就如同夏含夷在其文中所舉的合 11485（甲 55）一般，微細斷代法對同版記有月份的干支排列有一定的使用價值，但若用到殘破個別的卜辭上，無視其字體與其他因素顯示的時代早晚，僅依據有限的資訊線索便將所謂「同卜一事」的卜辭放在一起討論，往往在排序上將產生問題；他認為：「當這些卜辭在形式上相似，並且共同記載了在征伐中同一的參加人物，我認為我們就可以假設這些戰役必定是在極有限的一段時間內發生的，而不會是在一場時期內間斷發生的」（頁 35），對此筆者認為這其中還是存在太多變數，實應謹慎。

壹 對基方缶戰爭

一 YH127 坑賓組直接相關資料

	過渡一類
B1	□[庚]申卜[王]貞：[雀]隻缶／雀弗其隻缶。 癸亥卜㱿貞：我使𢦏（翦）缶。／癸亥卜㱿貞：我使毋其𢦏（翦）缶。 癸亥卜㱿貞：翌乙丑多臣𢦏（翦）缶。／翌乙丑多臣弗其𢦏（翦）缶。
B124	己未卜㱿貞：缶其畓我旅。／己未卜㱿貞：缶不我畓旅。 己未卜㱿貞：缶其來見。一月。／己未卜貞㱿：缶不其來見王。
B171	辛巳卜爭貞：基方□戎。 癸未卜內貞：子商𢦏（翦）基方缶。／癸未卜內貞：子商弗其𢦏（翦）基方缶。
B302	辛丑卜㱿貞：今日子商其㚔基方缶。𢦏（翦）。五月。／辛丑卜㱿貞：今日子商其㚔基方缶。弗其𢦏（翦）。 壬寅卜㱿貞：尊雀叀（惟）㐭（啚）㚔基方。／壬寅卜㱿貞：子商不䚻𢦏（翦）基方。／貞：自今壬寅至于甲辰。子商𢦏（翦）基方。／壬寅卜㱿貞：自今至于甲辰子商弗其𢦏（翦）基方。五月。 壬寅卜㱿貞：曰子商臣癸敦。五月。／曰子商于乙敦。 貞：曰子商至于有丁（圍?）。乍火。𢦏（翦）。／弜曰子商至于有丁（圍?）。乍火。𢦏（翦）。 甲辰卜㱿貞：翌乙巳曰子商敦。至于丁未𢦏（翦）。
B309	甲寅卜㱿：乎子汏酒缶于𡆥。／甲寅卜㱿：弜乎子汏酒缶于𡆥。 于商酒缶。
B310	隻缶。用。
Y5349	乙亥卜內貞：今乙亥子商㚔基方。弗其𢦏（翦）。／乙亥□□貞▨𢦏（翦）▨
Y4402+	丁巳卜王貞：雀弗其[㚔]缶。
Y906+	甲戌卜㱿貞：雀以（比?）子商徒基方。克▨ 辛卯卜㱿貞：刅（勿）𩰫基方缶乍𩫖（郭）。子商𢦏（翦）。 辛卯卜㱿貞：𩰫基方缶乍𩫖（墉）。不㷭。弗䨺。四月。一二／辛卯卜㱿貞：𩰫基方缶乍𩫖（墉）。其㷭▨四月。

二　辭例分析

（一）己未卜㱿貞：缶其薔我旅。／己未卜㱿貞：缶不我薔旅。

己未卜㱿貞：缶其來見。一月。／己未卜貞㱿：缶不其來見王。（丙
一二四）

※從此處正月己未「缶」尚有可能來「見王」，且字體上屬於本坑早期過
渡１類，即可知這是較早商朝與基方缶依然和平時的紀錄。據丙五五八伐
屮的十二月壬子，此己未日必為一月至少前七日，此時雙方尚未決裂。
第一辭由「其」字用法來看，顯然商王不願見到缶「薔我旅」的情形發生，
鍾柏生、宋鎮豪等曾指出這是一種以「穀物供應旅眾」的行為，本書認為
從語法上來看是有問題的。[10] 推敲當時情況，兩方尚稱和平，此「薔」
字當是用來表示一種不會太嚴重的侵犯意涵，或以為指「攻伐我旅之意」，[11]
恐未必。此條亦可能發生於此戰事之前，不同年，見「相關討論」。

（二）丁巳卜王貞：雀弗其〔卒〕缶。

庚申卜爭貞□〔雀〕（?）隻□（乙 4402＋乙 5196＋乙 5147＋乙 5206
＋乙 4464）

※根據文例、干支、人物等因素，尤其是「丁巳」日稍早於丙一相關事類
可見之干支，將此條置於此，可入三月。
按，合 6863、6864 與 6867 皆載有關於王敦缶于旬（荀）[12] 的紀錄，干支
是丁卯、庚辰、丁酉，皆可聯繫到二月；由於並非本坑所出，故略誌於此。

（三）□〔庚〕申卜〔王〕貞：〔雀〕隻缶／雀弗其隻缶。

癸亥卜㱿貞：我使戋（翦）缶。／癸亥卜㱿貞：我使毋其戋（翦）缶。

癸亥卜㱿貞：翌乙丑多臣戋（翦）缶。／翌乙丑多臣弗其戋（翦）缶。

乙丑卜㱿貞：子商弗其隻先。（丙一）

※同版有「庚申卜王貞：余伐不。三月」，可得庚申三月此一定點。而利

---

[10] 鍾柏生：〈卜辭中所見殷代的軍政之一──戰爭啟動的過程及其準備工作〉，《中國文
字》新十四期（臺北市：藝文印書館，1991 年）；宋鎮豪：〈商代軍事制度研究〉，《陝
西歷史博物館館刊》第二輯（西安市：三秦出版社，1995 年）。

[11] 楊升南：〈略論商代的軍隊〉，《甲骨探史錄》（北京市：三聯書局，1982 年）。

[12] 「旬」，此字舊釋「蜀」，見孫詒讓、葉玉森、商承祚、林向諸說，然陳夢家辨其誤，
提出「卜辭之罸是後世的筍國，史籍作筍」的說法已受學界公認，見《殷虛卜辭綜述》，
頁 295。

用後面所引的兩個定點「四月辛卯」、「五月辛丑」，可推知本版乙丑日有可能已經進入四月了，不過癸亥日置於三月應該較為合理。

本版由於被張秉權放在《丙編》第一號，歷來獲得很多的關注，從字體上來說大概都將本版看做賓一類卜辭；從時代性上來說這是沒有問題的，不過此版卜辭字體還是存在一些細緻的區別特色，因此從崎川隆的角度可將之再分為過渡1類與賓一大類二種。

所謂「子商弗其隻先」，或許占卜重點在於子商是否能「先於」雀、多臣、我使等人捕獲缶，而非獲得「先」這人或氏族。在此版上僅見到卜問子商能否「先」，沒有問其他人的情況，且用了「其」字表達占卜者主觀的盼望，頗透露出武丁對子商高於他人的關切之情。

（四）甲戌卜㱿貞：雀以（比?）子商徒基方。克▨（乙906＋乙1116＋乙1119＋乙1153＋乙1233＋乙1655＋乙1871＋乙1892＋乙1958＋乙1992＋乙1999＋乙2440＋乙3479＋乙3511＋乙3514＋乙4885＋乙5582＋乙5591＋乙5593＋乙5760＋乙5765＋乙5790＋乙7981＋乙8093＋乙8163＋乙補0862＋乙補1683＋乙補2054＋乙補3228）

※此條與下面第七辭同版，而干支在前，故置於此，應歸四月。「徒」，在此疑用作「步往」，屬於軍事專用詞彙，與一般時候使用的「步」、「于」、「往」有些許不同。另外。「克」後所缺可能是「甾（贊）王事」。

（五）乙亥卜㱿貞：雀有乍囚（憂）。／乙亥卜㱿貞：雀亡乍囚（憂）。

乙亥卜內貞：今乙亥子商𡍬基方。弗其𢦏（翦）。／乙亥□□貞▨𢦏（翦）▨（乙5349）

※從干支、字體與人物、事類上來看，本辭可以置於此，排入四月乙亥。

（六）辛巳卜爭貞：基方□戎。

癸未卜內貞：子商𢦏（翦）基方缶。／癸未卜內貞：子商弗其𢦏（翦）基方缶。（丙一七一）

※從同版的「癸未卜內貞：子商有保。四月」可得到四月癸未的定點，且據干支排列，置此無誤。第一辭「基方□戎」類似文例可見合6580、6581，其干支乙亥、己卯亦應置於此四月。

（七）辛卯卜㱿貞：刃（勿）𩰫基方缶乍▨（墉）。子商𢦏（翦）。

辛卯卜㱿貞：𩰫基方缶乍▨（墉）。不𣏌。弗𩁹。四月。一二／辛卯卜㱿貞：𩰫基方缶乍▨（墉）。其𣏌▨四月。（乙906＋乙1116＋乙1119＋乙1153＋乙1233＋乙1655＋乙1871＋乙1892＋乙1958＋乙

　　　　1992＋乙 1999＋乙 2440＋乙 3479＋乙 3511＋乙 3514＋乙 4885＋乙
　　　　5582＋乙 5591＋乙 5593＋乙 5760＋乙 5765＋乙 5790＋乙 7981＋乙
　　　　8093＋乙 8163＋乙補 0862＋乙補 1683＋乙補 2054＋乙補 3228）

※雖然學術界對「鼄」、「霝」等詞義仍未獲得共識，不過從全部文句上推敲，可以瞭解到四月辛卯此時，基方缶正在建築城牆一類的防禦工程，子商等人的軍事力量可能要對之加以打擊。這裡可以看到兩辭一用否定用法「勿鼄」，一用「鼄」，應該表示了商人對基方缶作城墉的某種反應與行為。第二辭針對「鼄基方缶乍墉」的這種行動，正反對貞卜問「不閘／其閘」，顯示商人希望達到的是「不閘」，這可能和基方部隊鳩集完成與否有關；[13]「霝」字在此疑用為驗辭，不詳其含意。

（八）辛丑卜㱿貞：今日子商其𡑋基方缶。𢼸（翦）。五月。／辛丑卜㱿
　　　貞：今日子商其𡑋基方缶。弗其𢼸（翦）。（丙三〇二）

※本條的五月辛丑提供了此系列戰事又一個定點，置此以標誌時間。

（九）壬寅卜㱿貞：尊雀。叀（惟）亯（啚）𡑋基方。／壬寅卜㱿貞：子
　　　商不𪊨𢼸（翦）基方。／貞：自今壬寅至于甲辰。子商𢼸（翦）基
　　　方。／壬寅卜㱿貞：自今至于甲辰子商弗其𢼸（翦）基方。五月。
　　　壬寅卜㱿貞：曰子商𠦪癸敦。五月。／曰子商于乙敦。
　　　貞：曰子商至于有丁（圍?）。乍火。𢼸（翦）。／昜曰子商至于有
　　　丁（圍?）。乍火。𢼸（翦）。
　　　甲辰卜㱿貞：翌乙巳日子商敦。至于丁未𢼸（翦）。（丙三〇二）

※本版從五月壬寅至五月乙巳，多日的卜問都集中在子商、雀、亯的戰事進展上。值得注意的是第三辭「曰子商至于有丁（圍?）。乍火」，該「丁」字明顯較一般丁字為大，在此或應讀為「圍」，表示城牆外圍。商王特別命令子商到「圍」去「乍火」，這可能是中國軍事史中關於火攻的最早第一手文字紀錄；由於卜辭火、山二字易混，或釋此字為「山」，則不知是否可理解為一種與山地有關的軍事手段。

這一組應該是本坑中可見關於對基方缶戰事仍在進行中的最後紀錄了，合6578 有「丙午卜貞：翌丁未子商𢼸基方□」，可排於三月與五月，筆者認為當置於丙三〇二後，歸於五月應該較為妥當。

---

13 關於「閘」字在此版中的用法，可參見筆者〈古文字「鼄」、「閘」、「宊」、「𡧍」論辨〉，《北市大語文學報》第九期（2012 年 12 月），有較為完整的論述。

（十）甲寅卜敵：乎子汏酒缶于▢。／甲寅卜敵：弜乎子汏酒缶于▢。

　　　于商酒缶。（丙三〇九）

　　　隻缶。用。（丙三一〇）

※此版正反面都有關於缶的記載，反面的「隻缶用」，如果此「用」在語法中不是作為「用辭」，而是指「用」被擄獲的缶的話，則顯示此處商王卜問是否以缶用來祭祀。而從正面的卜問在▢地或商地，是否由子汏來主持「酒缶」儀式來看，反面的卜問結果顯然是肯定的，此首領可能即將被用為祭祀，如同乙3471：「乙巳卜爭貞：今日酒伐。啟」、丙四七：「貞：翌乙卯酒我雍伐于宀（廳）」一般，只是不知道儀式主持者及地點究竟為何而已。

至於本版的時間，參考同版「辛未卜爭貞：我戋（戩）𤞤。在寧」可歸入對𤞤作戰之七月，則知此時擊敗並捕獲缶，時序上至少也已經進入七月了。

三　征伐人物

（一）雀 [14]

見前引（乙4402＋乙5196＋乙5147＋乙5206＋乙4464）、乙5349、（乙906＋乙1116＋乙1119＋乙1153＋乙1233＋乙1655＋乙1871＋乙1892＋乙1958＋乙1992＋乙1999＋乙2440＋乙3479＋乙3511＋乙3514＋乙4885＋乙5582＋乙5591＋乙5593＋乙5760＋乙5765＋乙5790＋乙7981＋乙8093＋乙8163＋乙補0862＋乙補1683＋乙補2054＋乙補3228）、丙三〇二。

（二）子商

見前引丙一、乙5349、（乙906＋乙1116＋乙1119＋乙1153＋乙1233＋乙1655＋乙1871＋乙1892＋乙1958＋乙1992＋乙1999＋乙2440＋乙3479＋乙3511＋乙3514＋乙4885＋乙5582＋乙5591＋乙5593＋乙5760＋乙5765＋乙5790＋乙7981＋乙8093＋乙8163＋乙補0862＋乙補1683＋乙補2054

---

[14] 雀與子商在時代性上高度相重，但從最新分組理論上來看，子商的時代可往下延伸到過渡2類，也就是武丁中期稍晚。林小安在〈殷武丁臣屬征伐與行祭考〉一文中將雀與子商同歸類於所謂武丁早期「雀組臣屬」，范毓周〈殷代武丁時期的戰爭〉則將「有雀活動且可與此相聯繫者」置於武丁中期，其他YH127坑賓組「無雀活動且與坑外歷組可相應者」列於武丁晚期，前者忽略子商晚期的時代性，後者無視本坑罕見典型典賓類與賓三卜辭的事實，皆待修正。

＋乙補 3228）、丙一七一、丙三〇二。

（三）我使

見前引丙一。

（四）亶（啚）

見前引丙三〇二。

（五）多臣

見前引丙一、丙三〇二。

四　事件日程排譜

	干支	辭例	備註
一月	己未 56	己未卜㱿貞：缶其嗇我旅。／己未卜㱿貞：缶不我嗇旅。 己未卜㱿貞：缶其來見。一月。／己未卜貞㱿：缶不其來見王。（B124）	
三月	丁巳 54	丁巳卜王貞：雀弗其[卒]缶。	
	庚申 57	庚申卜爭貞□[雀] (?)隻▨（Y4402＋Y5196＋Y5147＋Y5206＋Y4464）	
	庚申 57	□[庚]申卜[王]貞：[雀]隻缶／雀弗其隻缶。	
	癸亥 60	癸亥卜㱿貞：我使㞢（翦）缶。／癸亥卜㱿貞：我使毋其㞢（翦）缶。	
	癸亥 60	癸亥卜㱿貞：翌乙丑多臣㞢（翦）缶。／翌乙丑多臣弗其㞢（翦）缶。	
	乙丑 02	乙丑卜㱿貞：子商弗其隻先。（B1）	
四月	甲戌 11	甲戌卜㱿貞：雀以（比?）子商徒基方。克▨（Y906＋Y1116＋Y1119＋Y1153＋Y1233＋Y1655＋Y1871＋Y1892＋Y1958＋Y1992＋Y1999＋Y2440＋Y3479＋Y3511＋Y3514＋Y4885＋Y5582＋Y5591＋Y5593＋Y5760＋Y5765＋Y5790＋Y7981＋Y8093＋Y8163＋YB0862＋YB1683＋YB2054＋YB3228）	
	乙亥 12	乙亥卜㱿貞：雀有乍𡚽（憂）。／乙亥卜㱿貞：雀亡乍𡚽（憂）。	

乙亥 12	乙亥卜內貞：今乙亥子商🦏基方。弗其𢦏（翦）。／乙亥□□貞□𢦏（翦）☒（Y5349）	
辛巳 18	辛巳卜爭貞：基方□戎。	
癸未 20	癸未卜內貞：子商𢦏（翦）基方缶。／癸未卜內貞：子商弗其𢦏（翦）基方缶。（B171）	
辛卯 28	辛卯卜㪟貞：刃（勿）鼏基方缶乍🏯（墉）。子商𢦏（翦）。	
辛卯 28	辛卯卜㪟貞：鼏基方缶乍🏯（郭）。不𡳿。弗雺。四月。一二／辛卯卜㪟貞：鼏基方缶乍🏯（墉）。其𡳿☒四月。（Y906＋Y1116＋Y1119＋Y1153＋Y1233＋Y1655＋Y1871＋Y1892＋Y1958＋Y1992＋Y1999＋Y2440＋Y3479＋Y3511＋Y3514＋Y4885＋Y5582＋Y5591＋Y5593＋Y5760＋Y5765＋Y5790＋Y7981＋Y8093＋Y8163＋YB0862＋YB1683＋YB2054＋YB3228）	
五月	辛丑 38	辛丑卜㪟貞：今日子商其🦏基方缶。𢦏（翦）。五月。／辛丑卜㪟貞：今日子商其🦏基方缶。弗其𢦏（翦）。（B302）
	壬寅 39	壬寅卜㪟貞：尊雀。叀（惟）啚（圖）🦏基方。／壬寅卜㪟貞：子商不𨁏𢦏（翦）基。／貞：自今壬寅至于甲辰。子商𢦏（翦）基方。／壬寅卜㪟貞：自今至于甲辰子商弗其𢦏（翦）基。五月。
	壬寅 39	壬寅卜㪟貞：曰子商𣏻癸敦。五月。／曰子商于乙敦。貞：曰子商至于有丁（圍?）。乍火。𢦏（翦）。／昜曰子商至于有丁（圍?）。乍火。𢦏（翦）。
	甲辰 41	甲辰卜㪟貞：翌乙巳曰子商敦。至于丁未𢦏（翦）。（B302）
七月	甲寅 51	甲寅卜㪟：乎子沝酒缶丁🙎。／甲寅卜㪟：昜勹子沝酒缶于🙎。于商酒缶。（B309）隻缶。用。（B310）

五　相關討論

　　早期學者往往將基方與缶分開來看，認為是相鄰的不同兩方國，隨著研究的不斷推進，目前學界大多傾向「基方缶」應是單一指稱，本書即採此立場。關於其地理位置，郭沫若疑其即箕子所封邑之箕；陳夢家認為或即冀方，在山西河津縣內，張亞初從之；島邦男認為在河曲、巴蜀之間；

饒宗頤根據《左傳》、《方輿紀要》認為可能是「解州平陸東北」之箕；張秉權認為在齊或燕齊之間；鍾柏生從羅振玉將其讀為「糞方」，認為地望在山西榮河、河津縣以西，陝西韓城一帶。[15] 眾學者皆由釋✖字為「基」作申論的起點，但最近周忠兵透過對不同組類用字特色的觀察，指出此基方的「基」並非從土，而是一個從「其」從「牡」的字，本書認為從文字結構的變化與比較上來看，這應該是對的。不過在此暫沿用舊稱，以便討論。[16]

此場商王對基方缶的戰役在本坑卜辭中收錄的較齊全，因此對它的排譜歷來較為多見，最近集大成者應屬魏慈德，他不僅利用《乙編》、《丙編》的資料進行整理，更援引了諸多坑外甲骨作補證工作。本書在上面各辭討論時已盡量加入這些相關資料，並試加以申述。

前面第二條已經指出坑外的合 6863、6864 與 6867 等皆載有關於王敦缶于旬（荀），並可聯繫到二月，而懷 1640 有「庚寅貞：敦缶于响。伐（殺）右旅。在一月」，這是一條歷組卜辭，學者已指出「旬、响」當為一字異體，兩組所記是同一件事，也就是此處武丁對基方缶之戰役。這樣看來，聯繫三、二月已知干支時間與此條「一月庚寅」，可推知丙一二四的一月己未似無法排入此譜，表示「缶其蓄我旅／缶其來見」可能與此組戰事不在同一年中發生；不過這需要更多資料來證明。

從同版關係可知，此戰役與對呂、不（权）的戰爭同時進行，而且藉由對領兵者「雀」的認識，與相關辭例字體全部都屬於過渡 1 類（早於賓一類，與師賓間類關係密切）等因素來看，可以進一步肯定此系列戰役應該是本坑賓組卜辭中早期記錄的一批資料。裘錫圭已指出「雀……他的活動時期顯然要略早於沚戛、望乘等人」，[17] 其說確切可信。

---

[15] 郭、饒、張說見於《甲骨文字詁林》第三冊，頁 2810-2811；陳說見於《殷墟卜辭綜述》，頁 287-288；島說見於《殷墟卜辭研究》，頁 787；張亞初文見於〈殷墟都城與山西方國考略〉，《古文字研究》第十輯（北京市：中華書局，1983 年）；鍾說見於《殷商卜辭地理論叢》（臺北市：藝文印書館，1989 年 9 月），頁 203-205。以下本小節內引用同書處，一律省略出版項。

[16] 周忠兵：〈甲骨文中幾個從"（牡）"字的考辨〉，《中國文字研究》第七輯（2006 年 9 月）。

[17] 裘錫圭：〈論歷組卜辭的時代〉，《古文字論集》（北京市：中華書局，1992 年 8 月），頁 302。

貳 對囝、不（权）戰爭

一 YH127坑賓組直接相關資料

	過渡1類	賓一大類	典型賓一類
囝	B124 戊午卜㱿：我宰囝。戋。一月。 戊午卜㱿貞：我其乎宰囝。戋。	B1 壬子卜爭貞：自今日我戋囝。／貞：自五日我弗其戋囝。 癸丑卜爭貞：自今至于丁巳我戋囝。王占曰：丁巳我毋其戋，于來甲子戋。旬出一日癸亥，車弗戋；之夕向甲子，允戋。／癸丑卜爭貞：自今至于丁巳我弗其戋囝。	B558 壬子卜㱿□□戋囝。／壬子卜㱿貞╱弗其戋囝。／王占曰：吉。戋。／旬又三日甲子。允戋。十二月。
不 （权）	過渡1類		
	B1 庚寅卜爭：乎龍敖侯專求权。 庚申卜王貞：余伐不。三月／庚□卜王貞：余昜伐不。 辛酉卜㱿：翌壬戌不至。		

二 辭例分析

對囝的戰爭

（一）壬子卜㱿□□戋（翦）囝。／壬子卜㱿貞╱弗其戋（翦）囝。／王占曰：吉。戋（翦）。／旬又三日甲子。允戋（翦）。十二月。（丙五五八）

※根據干支與月份將此條置於此；此十二月乃指壬子而言，並非驗辭的一部份。合20530有「辛卯卜：王敦囝。受又。十二月」記載，屬於歷組卜辭，與此應為一事。

（二）壬子卜爭貞：自今日我戋（翦）囝。／貞：自五日我弗其戋（翦）囝。（丙一）

※本條與丙五五八幾乎同文，乃同一時間占卜。

（三）癸丑卜爭貞：自今至于丁巳我戋（翦）囝。王占曰：丁巳我毋其戋（翦），于來甲子戋（翦）。旬出一日癸亥，車弗戋（翦）；之夕向甲子，允戋

（𤕝）。／癸丑卜爭貞：自今至于丁巳我弗其𢦦（𤕝）𡆥。（丙一）

※根據干支與前引辭二將此條置於此；合 6832 同文例。

（四）戊午卜㪅：我𡦦𡆥。𢦦（𤕝）。一月。

戊午卜㪅貞：我其乎𡦦𡆥。𢦦（𤕝）。（丙一二四）

※參考同版「己未卜㪅貞：缶其來見。一月」以及上引壬子仍為十二月，可知此戊午日前後應即新年歲首。

對不（权）的戰爭

（一）丙寅卜爭：乎龍。敦侯專求权。（丙一）

※從刻辭位置來看，本詞應該是在庚申、癸亥之後刻上的，即與上引辭四同屬該一月；從用「求」字看來，顯然此時對不（权）的戰爭仍未開始。

（二）庚申卜王貞：余伐不。／庚申卜王貞：余㕟伐不。

庚申卜王貞：余伐不。三月／庚□卜王貞：余㕟伐不。（丙一）

※由於上引辭四的「己未」日屬於一月，推算可知此三月庚申距之已過兩個月時間。

三　征伐人物

（一）「我」

見丙五五八、丙一、丙一二四

（二）王

見合 20530。

（三）蝸

見丙一。

（四）敦侯專

見丙一。

四 事件日程排譜

	干支	辭例	備註
十二月	辛卯 28	辛卯卜：王敦𤰆。受又。十二月。　　　　　　　　（H20530）	
	壬子 49	壬子卜㱿□□戋（翦）𤰆。／壬子卜㱿貞╱弗其戋（翦）𤰆。／王占曰：吉。戋（翦）。／旬又三日甲子。允戋（翦）。十二月。（B558）	
	壬子 49	壬子卜爭貞：自今日我戋𤰆。／貞：自五日我弗其戋𤰆。（B1）	
	癸丑 50	癸丑卜爭貞：自今至于丁巳我戋（翦）𤰆。王占曰：丁巳我毋其戋（翦），于來甲子戋（翦）。旬屮一日癸亥，車弗戋（翦）；之夕向甲子，允戋（翦）。／癸丑卜爭貞：自今至于丁巳我弗其戋（翦）𤰆。（B1）	
一月	戊午 55	戊午卜㱿：我𡧛𤰆。戋（翦）。一月。 戊午卜㱿貞：我其乎𡧛𤰆。戋（翦）。（B124）	
	丙寅 03	丙寅卜爭：乎龍敦侯專求权。（B1）	
三月	庚申 57	庚申卜王貞：余伐不。／庚申卜王貞：余昜伐不。 庚申卜王貞：余伐不。三月／庚□卜王貞：余昜伐不。（B1）	

五 相關討論

關於「不（权）」的地望，饒宗頤以為即「邳」，地在山東滕縣；嚴一萍引伸王獻唐說，指出其主要區域在今江蘇邳縣，後往山東滕縣區域遷移，故世有下、上邳之別稱；張亞初以為权即《左傳》所載「丕」，地在山西境內。至於「𤰆」地，饒宗頤引《急就篇》漢簡與唐寫本《玉篇》，以為該即「宙」字，地在今陝西西安高陵縣。[18]

從字體、人物系聯上看來，這兩個戰爭在本坑賓組時代中算是較早的。

---

[18] 「不（权）」地諸說見於《甲骨文字詁林》第三冊，頁 2502-2514。「𤰆」地饒說見於《甲骨文字詁林》第二冊，其與張秉權均以為此字從「由」，《詁林》按語以為從「甾」，恐皆非，頁 1041。

「权」，應即敵方「不」的專字，此處將這兩次戰爭放在一起討論，主要是基於兩者在丙一的同版關係。二事在時間上交集於一月，並不是完全重合。對「𠂤」與對「缶」的戰爭重疊性較高，然因對「缶」戰爭事類辭例較多，且關連到當時重要的人士「雀」、「子商」，故本書另闢一譜討論之。

　　本系列有一月戊午，丙一一四有十二月戊午，可知本組與「征馬方」事件是在不同年度進行的。

參 對亘、㠱的戰爭

一 YH127坑賓組直接相關資料

	典型賓一	過渡2類
亘	B119 辛巳卜㱿貞：雀取亘我。／辛巳卜㱿貞：雀弗其取亘我。 B177 壬午卜㱿貞：亘允其𠬝（翦）鼓。八月。／壬午卜㱿貞： 　　　亘弗𠬝（翦）鼓。 　　　兄丁害亘。／兄□弗害亘。 B211=B306 壬申卜㱿貞：亘戎其𠬝（翦）我。／壬申卜㱿貞： 　　　亘戎不我𠬝（翦）。 B249 癸卯卜㱿貞：乎雀銜伐亘。𠬝（翦）。十二月。／易乎 　　　雀銜伐亘。弗其𠬝（翦）。／易□雀□ B259＝B621 ｛甲子卜㱿｝貞：亘隻。 B261 ｛丁巳卜㱿｝貞：犬追亘。有及。／犬追亘。亡其及。 B304 戊午卜㱿貞：雀追亘□／戊午卜㱿貞：雀追亘。有隻。 　　　｛己未卜王｝貞：亘不枼隹執。／貞：亘其枼隹執。 　　　庚午卜爭貞：亘卒。／庚午卜爭貞：亘不其卒。 B370 壬辰卜貞：亘亡田（憂）。／貞：亘其有田（憂）。三月。 B485 □亥□㱿我□隹㪤亘。／□我□其□㪤亘。 　　　□□□㱿貞：乎雀銜伐亘。／壬寅卜㱿貞：易乎雀銜伐亘。 Y4693 己亥卜爭貞：令弗其隻執亘。 　　　辛丑卜㱿貞：戍不其隻亘。／隻。 　　　乙巳卜爭貞：雀隻亘。／乙巳卜爭貞：雀弗其隻亘。 　　　辛亥卜㱿□雀□隻亘。	B75 貞：亘卒隸。 　／貞：亘弗其卒 　隸。 Y770+反 亘入一。 Y6112 □寅□貞：亘 　史𡉚（達）。
㠱	B119 辛巳卜㱿貞：乎雀伐㠱。／辛巳卜㱿貞：易乎雀伐㠱。 B197 ｛癸卯卜㱿｝貞：我用㠱孚。	

二 辭例分析

七月

（一）戊午卜㱿貞：雀追亘□／戊午卜㱿貞：雀追亘。有隻。

{己未卜王} 貞：亘不桒隹執。／貞：亘其桒隹執。

庚午卜爭貞：亘卒。／庚午卜爭貞：亘不其卒。(丙三〇四)

※以上三辭出於同版，干支連續，事類相近，都是關於征討亘方的占卜。本版上沒有月份的記載，但是透過與丙二一一、二五九、三〇七類似卜辭的比對可知時間上歸在七月，應該是沒有問題的。

(二) {甲子卜㱿} 貞：亘隻。(丙二五九＝丙六二一)

※本辭應據同版「畫乎來」相同語法，讀為「隻亘」。本版有載征「猭(獐)」事，在時間區段上可與丙二一一、三〇四、三〇七繫聯，故知應歸入七月。

(三) 壬申卜㱿貞：亘戎其𢦏(翦)我。／壬申卜㱿貞：亘戎不我𢦏(翦)。七月。(丙二一一)

※根據事類、月份與干支，將本條置於此。

八月

(四) 辛巳卜㱿貞：雀取亘我。／辛巳卜㱿貞：雀弗其取亘我。

辛巳卜㱿貞：乎雀伐𡚤。／辛巳卜㱿貞：㢟乎雀伐𡚤。(丙一一九)

※辛巳日與下辭八月壬午緊鄰，應歸於八月較合理。觀察二辭內容顯示辛巳日雀的軍隊已接近或接觸亘方了，但商王仍未命之伐𡚤；相反的，最後是商王親自在四日後攻下了𡚤，可見後文討論。同版尚有「辛巳卜㱿貞：乎雀敦壴」，配合下辭可知此時商王與亘方軍隊即將在壴(鼓)地發生戰爭，此處「敦」與「伐」用法似顯示出不同。

(五) 壬午卜㱿貞：亘允其𢦏(翦)壴(鼓)。八月。／壬午卜㱿貞：亘弗𢦏(翦)壴(鼓)。(丙一七七)

※從與前引辭七月壬申的比較可知，本條壬午日應該位在八月第一旬之中。

九月

(六) {丁巳卜㱿} 貞：犬追亘。有及。／犬追亘。亡其及。(丙二六一)

※本版另辭「丁卯卜爭貞：乎雀𠭯戎棋(夙)。九月」，推算干支與七月壬申、八月壬午的日距，可知此丁巳必歸入九月無疑。

這裡可以補充坑外的一條資料，合 20383(粹 1553)載：

癸亥卜：亘弗夕雀。

丁卯卜：雀隻亘。

按，根據事類以及干支，此組辭例可歸入此處對亘戰役的九月譜內，應無問題；其中「亘弗夕雀」，大概指的是夜襲一類的行動，頗疑與丙二六一所載四天後「乎雀助戎枫（夙）」有關。

（七）己亥卜爭貞：令弗其隻執亘。

辛丑卜𣪘貞：戉不其隻亘。／隻。

乙巳卜爭貞：雀隻亘。／乙巳卜爭貞：雀弗其隻亘。

辛亥卜𣪘□雀□隻亘。（乙 4693）

※劉學順的排譜亦將其中己亥與辛丑置於九月，從與合 6904、合 6952 事類合併觀察來判斷，這是有道理的。另，本版出現了「戉」與「望乘」的參與，裘錫圭已指出合 6983、合 6984、天理 156 載有商王比望乘伐望戉之事，或與此版有關。[19] 此版另載一辭：

貞：雀以石係。／貞：雀不其以石係。

顯示「石」地可能位於商往亘方的路途上，或在亘的周邊，商王才會在同版之中另外貞問雀是否將帶回石的俘虜。

十二月

（八）□亥□𣪘□我□隹𢦏亘。／□我□其□𢦏亘。

□□□𣪘貞：乎雀衒伐亘。／壬寅卜𣪘貞：𢎪乎雀衒伐亘。（丙四八五）

※本版有「貞：今十二月我步。／貞：于生一月步」，且與丙二四九下辭文例近似，可知壬寅日應歸入十二月。

（九）癸卯卜𣪘貞：乎雀衒伐亘。𢦔（翦）。十二月。／𢎪乎雀衒伐亘。弗其𢦔（翦）。／𢎪☐雀☐（丙二四九）

※此二辭在十二月，其明年無十三月，可知本系列對亘方之戰事不能與𠙵各化𢦔（翦）𢍏（角）作繫聯（其有十三月）。

五月

（十）{癸卯卜𣪘} 貞：我用𡚸孚。（丙一九七）

※本條卜辭時間上應歸入五月，見同版五月乙卯。魏慈德將本條置於最首，或非；參見文末討論。

---

[19] 裘錫圭：〈說殷墟卜辭的「奠」——試論商人處置服屬者的一種方法〉，頁 665。

三　征伐人物

（一）雀

見丙三○四、丙一一九、丙四八五、丙二四九、乙 4693。

（二）犬

見丙二六一。

（三）戊

見乙 4693。

四　事件日程排譜

	干支	辭例	備註
七月	戊午 55	戊午卜嗀貞：雀追亘▨／戊午卜嗀貞：雀追亘。有隻。（B304）	
	己未 56	｛己未卜王｝貞：亘不葉隹執。／貞：亘其葉隹執。（B304）	
	甲子 01	｛甲子卜嗀｝貞：亘隻。（B259＝B621）	
	庚午 07	庚午卜爭貞：亘卒。／庚午卜爭貞：亘不其卒。（B304）	
	壬申 09	壬申卜嗀貞：亘戎其戋（翦）我。／壬申卜嗀貞：亘戎不我戋（翦）。七月。（B211）	
八月	辛巳 18	辛巳卜嗀貞：雀取亘我。／辛巳卜嗀貞：雀弗其取亘我。	
	辛巳 18	辛巳卜嗀貞：乎雀伐奠。／辛巳卜嗀貞：昜乎雀伐奠。（B119）	
	壬午 19	壬午卜嗀貞：亘允其戋（翦）鼓。八月。／壬午卜嗀貞：亘弗戋（翦）鼓。（B177）	
	乙酉 22	乙亥卜：王敦奠。伐（殺）。／旬一日乙酉王伐（殺）。（H33078）	驗辭
九月	丁巳 54	｛丁巳卜嗀｝貞：犬追亘。有及。／犬追亘。亡其及。（B261）	
十二月	壬寅 39	▨亥▨嗀▨我▨隹敖亘。／▨我▨其▨嗀亘。▨▨▨嗀貞：乎雀衒伐亘。／壬寅卜嗀貞：昜乎雀衒伐亘。（B485）	
	癸卯 40	癸卯卜嗀貞：乎雀衒伐亘。戋（翦）。十二月。／昜乎雀衒伐亘。弗其戋（翦）。／昜▨雀▨（B249）	
三月	己亥 36	己亥卜爭貞：令弗其隻執亘。	根據

	辛丑 38	辛丑卜㱿貞：戉不其隻亘。／隻。	Y5317 置此
	乙巳 42	乙巳卜爭貞：雀隻亘。／乙巳卜爭貞：雀弗其隻亘。	
	辛亥 48	辛亥卜㱿□雀□隻亘。（Y4693）	
五月	癸卯 40	｛癸卯卜㱿｝貞：我用𡆥孚。（B197）	

五　相關討論

關於亘方的地望，陳夢家以為卜辭的亘即《漢書・地理志》的垣，在今垣曲縣西廿里，並引《左傳》、《方輿紀要》指出「**垣之附近在春秋為赤狄皋落氏之都，可能此本為鬼方盤據之地。**」[20] 島邦男認為該地在西方邊緣地，接近西方的蒲縣。鍾柏生從之，認為仔細來說是在「山西陝西交界」。[21] 𡆥的位置，饒宗頤據《集韻》「𡆥，古軍字」指出文獻的「鄆」多在魯西，然卜辭此地仍待考；鄭杰祥以　河南長垣縣東北；張秉權認為此地或在霍邱桐城之間，並無深入論述。[22]

雀與亘方作戰的這系列卜辭是本坑賓組較早的一組可排譜之軍事活動，此戰事可與其他多組事類作繫聯，因此常被學者舉出特別討論，如劉學順便針對婦好生育與對亘作戰作了一整節的討論，不過其推論方法不甚重視分期特徵，以及對殘辭的過份重視，導致其部分排譜稍嫌牽強。由此系列卜辭可以看到「壴（鼓）」在其中作為受亘方攻擊的存在，而丙二五九「雀𠂤壴（鼓）」，所表示的似乎是協助、救助一類的意思，可進一步討論。

對「𡆥」的戰爭在此系列中由雀與王同時進行，可推知其地與亘方處在鄰近區域。本坑賓組甲骨對其的記載不多，不過配合坑外卜辭可以推知𡆥在此役中被翦滅的時間，裘錫圭在文章中已指出師歷間類及賓組同卜對亘、𡆥、𤞔的辭例，這些辭例彼此在時間上應該是連續的，[23] 其中合33078（粹1181＋懷1638）：

---

[20] 陳夢家：《殷墟卜辭綜述》，頁276。

[21] 島邦男：《殷墟卜辭研究》，頁810；鍾柏生：《殷商卜辭地理論叢》，頁194-195。

[22] 饒、張說見《甲骨文字詁林》第四冊，頁2839-2840。鄭說見氏著《商代地理概論》（鄭州市：中州古籍出版社，1994年6月），頁187。

[23] 裘錫圭：〈論歷組卜辭的時代〉，《古文字論集》，頁300-301。

癸酉卜：王敦猾。甲戌杙（殺）。

乙亥卜：弗敦猾。

乙亥卜：王敦巺。杙（殺）。／旬一日乙酉王杙（殺）。

此組卜辭可繫聯到本坑的丙一一九、丙一七七，裘氏認為它們儘管不同組類，但占卜的是一時一事，其看法精準。在此基礎上整理它們的干支月份，可以進一步推知驗辭「旬一日乙酉王杙（殺）」應該發生在八月的可能性較大，商王獨自（不待雀來）擊敗巺人，並可能在稍後加入對亘的作戰；由於此辭例較為重要，故本書將之排入干支譜中，以供參考。

丙一九七有辭曰：「{癸卯卜𡧊}貞：我用巺孚」，魏慈德將此條置於「𢦏亘及征猾」系列第二早的時間順序（最早的也是同版卜辭，亦值得懷疑），而無特別討論。筆者認為不妥，理由有二：首先，是「用巺孚」可讀作「用巺以孚」、「用巺來孚」，卜辭常見這種省略系詞之用法，無庸贅述；再來若「巺孚」確指巺人的「孚」，似也要等到對巺戰役結束後始以敵方俘虜用作祭祀，如此看來將此條時段置於戰事初期或許不是最好的選擇；尤其丙一九七亦屬典型賓一類字體，顯示其契刻時間應與本系列相重或相近，並非不同年代的事件，由此看來本書以為似將此條置於系列最末較妥。

又，丙一一六：「丙子卜內貞：翌丁丑王步于壴（鼓）。／丙子卜內貞：翌丁丑王𢎀步」的卜辭顯示丙子日占卜王領軍前往壴（鼓）地，可能與亘方對壴（鼓）的侵略有關，但本版所載干支「六月辛未」在日數上無法與丙一七七「八月壬午」繫聯，故不應置於此征亘系列中，或以置於前／後一年為佳。

肆　對狽（貚）戰爭

一　YH127 坑賓組直接相關資料

過渡 1 類	典型賓一類
B309 辛未卜爭貞：我𢦔（翦）貚。在寧。 Y1111+ 癸卯卜賓貞：有貚枏。我爭（薄）。𢦔（翦）。／癸卯卜賓貞：㫖爭（薄）。	B211＝B306 丁未□王貞：余隻貚。六月。 B259＝B621 貞：我𢦔（翦）枏（夙）。／弗其𢦔（翦）枏（夙）。／貞：我弗其𢦔（翦）貚。其枏（夙）。 B260＝B622 我𢦔（翦）□令□敦𢦔（翦）貚。不其𢦔（翦）。 B304 戊午卜爭貞：㗩（昌）𢦔（翦）貚。／貞：弗其𢦔（翦）貚。 B307 甲申卜王貞：余征貚。六月。

二　辭例分析

六月系列

（一）甲申卜王貞：余征貚。六月。（丙三〇七）

※此條據月份、干支置於本坑相關事類中最早的部分。另外合 4994（考孟210）＋合 6940（七s78、掇一117）有「丁亥卜王貞：余㫖曰㗩𡃴貚」，[24] 字體與丙三〇七同屬過渡 1 類，應該是同事的三日後所卜，誌於此補足干支。

（二）丁未□王貞：余隻貚。六月。（丙二一一＝丙三〇六）

※由與上面兩版比較可知，在字體上皆屬典型賓一／賓一類，事類相同，故知當時甲申至丁未至少 24 天皆屬六月，且丙二一一同版又卜「壬申卜㲋貞：亘戎其𢦔（翦）我。／壬申卜㲋貞：亘戎不我𢦔（翦）。七月」，知壬申已進入七月。

（三）貞：我𢦔（翦）枏（夙）。／弗其𢦔（翦）枏（夙）。／貞：我弗其𢦔（翦）貚。其枏（夙）。（丙二五九＝丙六二一）

　　　我𢦔（翦）□令□敦𢦔（翦）貚。不其𢦔（翦）。（丙二六〇＝丙六二二）

（四）戊午卜爭貞：㗩（昌）𢦔（翦）貚。／貞：弗其𢦔（翦）貚。（丙

三〇四）

※此兩版時間區段相同，皆落在第五、六、一旬中，且都有對亘的征伐，與丙二一一、三〇七是同時間的卜辭，據此排列干支可知丙二五九、三〇四的戊午、己未、甲子、己巳日必歸入七月。

（五）辛未卜爭貞：我𢦔（翦）𤞷。在寧。（丙三〇九）

※此條卜辭字體屬於過渡 1 類，從同版事類來看應該是由契刻征伐基方缶事類的刻手來刻寫的，由於干支與事類的繫聯故將此條置於此。值得注意的是，同版有「□□卜賓貞：我其圍。𢦔（翦）」，可能顯示商王部隊已將𤞷方包圍，進入戰爭的較後期了。

同版亦載關於捕獲「缶」及以酒祭「用缶」的紀錄，聯繫到征伐基方缶的卜辭，可知此時對基方的戰爭應已結束，詳見該小節討論；而聯繫本版干支落在七月中，亦可給與征基方譜時間上的互證。

另外，本版卜辭談到癸丑日「复缶于大子」、甲寅日「乎子沝酒缶于𠬝」連續兩段正反對貞，且觀察兆語「二告」位置知甲寅日「乎子沝」事定，而到了十九天後的壬申日子沝尚未到達商王處，商王因此為其到來時間占卜。從反面有「隻缶，用」卜辭來看，此「缶」當與基方缶為一人，可能是作為俘虜，將被酒祭於「𠬝」及同版「商」地。另，疑此「大子」與對基方作戰主力的「雀」有關，丙二五九有「曰雀來复」，干支同甲寅，事類亦相關。

（六）癸酉卜𣪠貞：𡆩亡在戌。／癸酉卜𣪠貞：𡆩由。（丙二一一）

※本條「𡆩」的軍事活動和「余隻𤞷。六月」、「壬申卜𣪠貞：亘戎不我𢦔（翦）。七月」同版，故知應與伐𤞷相關，且干支上可歸於七月故置於此。

一月系列

（七）癸卯卜賓貞：有𤞷𣏗。我𢽦（薄）。𢦔（翦）。／癸卯卜賓貞：易𢽦（薄）。
（乙 1111＋乙 1046＋乙 1960＋乙 2331＋乙 7592＋乙 7593＋乙 7720＋乙 7725＋乙 7726＋乙 7728＋乙 7865＋乙 7960＋乙補 6728）

※本組綴合同版有「｛庚午卜𣪠｝貞：今我耤。受有年。／貞：今我耤。弗其受年。｛二月｝」、「壬□卜□貞：令雀于□。／貞：易令雀于𡨥。／壬申卜□貞□雀𗇕」二辭，觀察卜辭位置與字排、避辭、界劃現象，推測此癸卯日必早於庚午、壬申，則癸卯應歸入一月。

由於此系列作戰跨年無十三月的跡象，知此一月癸卯顯然無法與丙二

四九「十二月癸卯」繫聯，雖然進一步推知本組的六月系列與大部分伐🗡
卜辭時間相關，但從字體分類與卜辭人物事類來看，本版一月系列應該略
早於上述的六月系列；林小安認為本條卜辭乃是🗡先來侵犯而引起全部
戰事的最初紀錄，值得參考。

三 征伐人物

（一）商王

見上引辭一、二。合6926、6927「乙丑卜王貞：余伐🗡」，干支上應歸於
七月。另見英602「王往探伐🗡」，類似文例亦見合6934。

（二）亶（㠱）

見上引辭四、丙二一一、合6937、合6939、合4994＋合6940。

（三）雀

見合6931、英603、所1922＋1923。[25]

（四）多子

見英601「叀多子乎伐🗡」

（五）沚㦰

見合6937、合33074，非賓組，此二組乃裘錫圭提出歷組卜辭時代應提前
的證據之一。[26]

四 事件日程排譜

	干支	辭例	備註
六月	甲申21	甲申卜王貞：余征🗡。六月。（B307）	
	丁未44	丁未□王貞：余隻🗡。六月。（B211＝B306）	

---

[25] 此組為趙鵬據社科院歷史所藏甲骨綴合，原未經著錄；見黃天樹：《甲骨拼合集》，頁
397。

[26] 裘錫圭：〈論「歷組卜辭」的時代〉，《古文字論集》，頁301、315。

七月		貞：我哉（嚴）枳。／弗其哉（嚴）枳。／貞：我弗其哉（嚴）獞。其枳。（B259＝B621） 我哉（嚴）□令□敦哉（嚴）獞。不其哉（嚴）。（B260＝B622）	
	戊午 55	戊午卜爭貞：啚（啚）哉（嚴）獞。／貞：弗其哉（嚴）獞。（B304）	
	辛未 08	辛未卜爭貞：我哉（嚴）獞。在寧。（B309）	
	癸酉 10	癸酉卜㱿貞：亘亡在戎。／癸酉卜㱿貞：亘由。（B211）	

	干支	辭例	備註
一月	癸卯 40	癸卯卜賓貞：有獞枳。我爭（薄）。哉（嚴）。／癸卯卜賓貞：易爭（薄）。（Y1111＋Y1046＋Y1960＋Y2331＋Y7592＋Y7593＋Y7720＋Y7725＋Y7726＋Y7728＋Y7865＋Y7960＋YB6728）	

五　相關討論

　　唐蘭以為此字所從旱後世已改作「覃」，蓋即譚國之本名，地望在山東歷城縣東南；饒宗頤、李平心、李孝定皆從唐說；裘錫圭則與歷組卜辭方國「狛」對比，認為獞字也許不應釋為「獞」，如此則其地仍待考。[27]

　　對獞的戰爭大概在某年的一至二月、六至七月間見載於本坑卜辭（八月以後的見於合 6939 等），其間同時發生著對亘方的戰爭，多子、雀、沚馘、啚都有參與相關的戰事。其中六月底、七月初左右「乎囚✿（蔡）侯」（丙二一一）的卜辭顯示了稍早✿（蔡）侯的死亡。另分析丙二六一「乎雀助戎枳」一辭，結合丙二五九「我哉（嚴）枳」來看，同系列中對「枳」的戰役或由商王主導，後來才有雀的幫助加入戰局；「戎枳」，指的是對枳的軍事行為，可參見合 6992「枳其戎沚」、合 12579「沚其受枳出」等，是沚（馘）與之的戰事記載。

　　劉學順認為最早可將合 6926 的「乙丑卜王貞：余伐獞」置於五月之中，其理由是「乙丑日在甲申日、丁未日之前，七月又正與亘交火，所以乙丑

---

[27] 諸說見於《甲骨文字詁林》第三冊，頁 2713-2714。裘說見前註，頁 316。

放在殷曆五月較合理」，此說法或然性太高，事實上無法確定此乙丑究竟該置入何月，故暫錄之存疑。

此處必須指出，從文字構形、干支、㐭與祉戠出征等現象觀察，師歷間組與歷組卜辭中的「（猷）」應該如裘錫圭指出與𤡡同為一者。見以下坑外各辭：

（一）己丑卜貞：㐭以祉或伐。受又。（合 33074）

（二）庚申卜：不。／其。（合 33075）

（三）戊辰卜：虢（虜）。／戊辰卜：弗虢（虜）。（合 33076，屯 2351 同文，另有「甲子卜：虢（虜）。／甲子卜：弗虢（虜）。」）[28]

（四）癸亥卜：今夕敦。弋（翦？）。（合 33077）

（五）癸酉卜：雀敦。（合 32842）

（六）癸酉卜：[王]敦。甲戌弋（翦？）。（合 33078）

上引丙三〇九在七月辛未為最後占卜紀錄，此外坑內已無時間較後的相關卜辭，這些辭例可以補足其餘的時間細節。

[28] 此版有新綴：「合 33076＋屯 4188＋屯 4215＋上博 2426.41」，分別由周忠兵與劉風華加綴，參 http://www.xianqin.org/blog/archives/1837.html.

伍　對巴方的戰爭

一　YH127 坑賓組直接相關資料

典型賓一	過渡二類
B275 貞：沚馘啟巴。王比。／貞：王易卒比。	B22 貞：王叀（惟）沚馘比伐□□／貞：王易比沚馘伐巴方。
	B25 貞：王比馘伐巴，帝受又。／貞：王易比馘伐巴。
	B26 貞：王比沚馘伐巴。／王易比沚馘伐巴。
	B159 癸丑卜亙貞：王从奚伐巴。
	B276 辛卯卜賓貞：沚馘啟巴。王易叀（惟）之比。／辛卯卜賓貞：沚馘啟巴。王叀（惟）之比。五月。／｛王占曰：吉。沚馘▨｝
	B311 癸丑卜亙貞：王比奚伐巴方▨／｛王易比奚伐▨｝
	B313 ▨令比沚馘伐巴方。受有又。／貞：王易隹帚好比沚馘伐巴方。弗其受有又。
	B315 丙申卜㱿貞：馘再□王乎比伐巴▨／丙申卜㱿貞：馘再冊。王易乎比伐巴▨
	B375 壬子□㱿貞：今屮□[易]沚馘▨／壬子卜㱿貞：今屮王叀（惟）▨
	B399 貞：王比沚馘伐巴方▨／▨[易]比沚▨隹▨／王占曰：吉▨沚[馘伐]巴▨
	B603 貞：王易比沚馘。／貞：王叀（惟）沚馘啟比。

二　辭例分析

五月系列

（一）辛卯卜賓貞：沚馘啟巴。王易叀（惟）之比。／辛卯卜賓貞：沚馘啟巴。王叀（惟）之比。五月。／｛王占曰：吉。沚馘▨｝（丙二七六）

※同版前一日庚寅占卜「今早王其步伐人（夷）」事。

按，此類卜辭中提到的「啟」、「比」關係，有些學者認為是一種商王聯盟臣國共同出征的行為，[29] 李宗焜則指出：

---

[29] 如林澐：〈甲骨文中的商代方國聯盟〉，《林澐學術文集》（北京市：中國大百科全書出

我在討論「比」字辭意時，曾認為「啟」是先導、主力，「比」是後備部隊或後勤支援。並認為「按理當先聯盟再征伐，不應方國的軍隊已經在前方作戰，王再去進行聯盟的事」，對「聯盟方國」說提出不同意見。從上舉「啟」與「勿比」的卜辭看來，這一想法似尚未過誤。不可能方國部隊已在前方作戰，商王還卜「不要聯盟」，像這樣「扯後腿」的方式，似非用兵之道。[30]

其說可從；不過「某啟」是否在「先導部隊」的含意外，尚具有「主力」的意涵，則可能還有討論的空間。

（二）貞：王比沚馘伐巴。／王勿比沚馘伐巴。（丙二六）

※反面占卜「征人（夷）」事。

（三）壬子□ 馘貞：今 （朝）□［勿］沚馘☑／壬子卜馘貞：今 （朝）王叀（惟）☑（丙三七五）

※此條據干支置此。

　（四）癸丑卜亘貞：王从奚伐巴。（丙一五九）

※同版同日對貞是望乘伐下厃，和丙二二、丙三一一同文例，只是本版刻成「王从」，其他刻成「王比」。

（五）癸丑卜亘貞：王比奚伐巴方☑／｛王勿比奚伐☑｝（丙三一一）

※反面丙三一二有「生☑勿☑／貞：于生七月酒。」，故推知本條與丙一五九共置於六月較妥。據此假設丙一五九、丙三一一屬於六月，根據丙二七六有五月辛卯，且預設殷月大約為 28 日，則得到該五月辛卯應處於五月七日至二十八日間、癸丑日應處於六月一日至二十二日間的結果。

（六）貞：王叀（惟）沚馘比伐□□／貞：王勿比沚馘伐巴方。（丙二二）

※同版對貞是乙卯：「望乘伐卜厃」，和內三一一、丙一五九同文例，故據對貞之干支置此。

（七）貞：沚馘啟巴。王比。／貞：王勿卒比。（丙二七五）

※和丙二二、丙二七六同文例，且卜問癸酉日「為賓」事，與丙二二「乍賓」應屬一事。

版社，1998 年 12 月），頁 69-84。

[30] 李宗焜：〈沚憂的軍事活動與敵友關係〉，《古文字與古代史》第二輯（臺北市：中央研究院歷史語言研究所，2009 年 12 月），頁 78。

（八）丙辰卜爭貞：沚馘啟。王比。帝若。受（授）我又（祐）。／貞：
　　　沚馘啟。王弜比。帝弗若。不我其受（授）又（祐）。／｛王占曰：
　　　吉。帝其受（授）余又（祐）。｝（丙四○九）

※和丙二五同文例，據干支置此。

（九）貞：王弜比沚馘。／貞：王叀（惟）沚馘啟比。（丙六○三）

※同版有「丁巳卜」干支，且於丙四○九同文例，故置於此。

（十）｛辛未卜賓｝☒令比沚馘伐巴方。受有又。／貞：王弜隹帚好比沚馘
　　　伐巴方。弗其受有又。（丙三一三）

※本條卜辭顯示沚馘應已出發，或即將出發，王令帚好跟隨之，據干支置此。

（十一）辛未卜爭貞：帚好其比沚馘伐巴方。王自東叕（深）伐。戎麐（陷）
　　　于帚好立（位）。／貞：帚好其□沚馘伐巴方。王[弜]自東叕（深）
　　　伐。戎麐（陷）于帚好立（位）。（乙 2948＋乙 2950）

※根據此系列「王／帚好比沚馘伐巴方」卜辭多與「（王比）侯告征人（夷）」
同版，干支亦相近的現象來看，丙五五記載了「貞：王叀（惟）侯告比征
人(夷)。六月」一事，按丙二七五「貞：王叀（惟）侯告比。／弜隹侯告。」
辭就位置而言，干支應為癸酉，則據此可推知癸丑日應在六月一日至八日
間，既如此則辛未必仍在六月之內。關於婦好比沚馘伐巴方的記載另可見
合 6479「壬申卜爭貞：令帚好比沚馘伐巴方。受有祐」、合 6481＋合 7502
「己巳卜敵貞：弜蔺隹帚好乎比沚馘伐巴方。下上若。受我祐」（林宏明
綴）等，其干支率皆連續，應當是同時期所卜。

十月系列

（一）甲午卜賓貞：沚馘啟。王比伐巴方。受有又。／甲午卜賓貞：沚馘啟。
　　　王弜比。弗其受有又。十月。（乙 2464＋乙 2537＋乙 2820＋乙 3627
　　　＋乙 6865＋乙 6935＋乙補 2065）

（二）丙申卜敵貞：馘再□王乎比伐巴☒／丙申卜敵貞：馘再冊。王弜乎
　　　比伐巴☒（丙三一五）

※同版僅此一事，據干支與前辭差兩日，疑應置於此十月系列。

（三）乙巳卜爭貞：巴方其昌（敗）。／貞：巴方不其昌（敗）。（乙 2213
　　　＋乙 6903＋乙 8171）

※根據「昌」字，推定此條卜辭卜問時商王軍隊應已出發一陣子，故根據
干支置於十月系列。

三　征伐人物

（一）商王

見上引丙二七六、丙二六、丙三七五、丙一五九、丙三一一、丙二二、丙二七五、丙四〇九、丙六〇三、乙2948＋乙2950、乙2464＋乙2537＋乙2820＋乙3627＋乙6865＋乙6935＋乙補2065

（二）沚戛

見上引丙二七六、丙二六、丙三七五、丙二二、丙二七五、丙四〇九、丙六〇三、丙三一三、乙2948＋乙2950、乙246＋乙2537＋乙2820＋乙3627＋乙6865＋乙6935＋乙補2065、丙三一五

（三）奚

見上引丙一五九、丙三一一

（四）帚好

見上引丙三一三、乙2948＋乙2950

四　事件日程排譜

	干支	辭例	備註
五月	辛卯28	辛卯卜賓貞：沚戛啟巴。王叀（惟）之比。／辛卯卜賓貞：沚戛啟巴。王叀（惟）之比。五月。／｛王占曰：吉。沚戛▨｝（B276） 貞：王比沚戛伐巴。／王叀比沚戛伐巴。（B26）	
六月	壬子49	壬子□㱿貞：今🜨□［叀］沚戛▨／壬子卜㱿貞：今🜨王叀（惟）▨（B375）	干支據同版
	癸丑50	癸丑卜亙貞：王从奚伐巴。（B159）	
	癸丑50	癸丑卜亙貞：王比奚伐巴方▨／｛王叀比奚伐▨｝（B311） 貞：王叀沚戛比伐□□／貞：王叀比沚戛伐巴方。（B22） 貞：沚戛啟巴。王比。／貞：王叀卒比。（B275）	
	丙辰53	丙辰卜爭貞：沚戛啟。王比。帝若。受（授）我又（祐）。／貞：沚戛啟。王叀比。帝弗若。不我其受（授）又（祐）。／｛王占曰：吉。帝其受（授）余又（祐）。｝（B409）	

（丁巳 54）	貞：王昜比沚馘。／貞：王叀（惟）沚馘啟比。（B603）	
己巳 06	己巳卜馘貞：昜讀隹婦好呼比沚馘伐巴方。下上若。受我祐。（H6481+7502，林宏明綴）	
辛未 08	｛辛未卜賓｝☑令比沚馘伐巴方。受有又。／貞：王昜隹帚好比沚馘伐巴方。弗其受有又。（B313）	
辛未 08	辛未卜爭貞：帚好其比沚馘伐巴方。王自東殳（深）伐。戎鷹（陷）于帚好立（位）。／貞：帚好其□沚馘伐巴方。王[昜]自東殳（深）伐。戎鷹（陷）于帚好立（位）。（Y2948+Y2950）	
甲午 31	甲午卜賓貞：沚馘啟。王比伐巴方。受有又。／甲午卜賓貞：沚馘啟。王昜比。弗其受有又。十月。（Y2464＋Y2537＋Y2820＋Y3627＋Y6865+Y6935+YB2065）	
十月 丙申 33	丙申卜馘貞：馘冓□王乎比伐巴☑／丙申卜馘貞：馘冓冊。王昜乎比伐巴☑（B315）	
乙巳 42	乙巳卜爭貞：巴方其昌（敗）。／貞：巴方不其昌（敗）。（Y2213＋Y6903+Y8171）	

五　相關討論

對此氏族的記載多見於賓組卜辭中，郭沫若認為乃《說文》所說古文奇字人，當即「夷方」，島邦男、李孝定從之；陳夢家釋「印」，以為其地近於羌與雀，大約在晉南地區；而唐蘭釋作「巴」，張秉權從之；鍾柏生反對釋「夷」之說，亦無肯定的推論，只認為此方國或應位於西方。[31] 按，此字顯然不是「尸、夷」，釋「巴」的說法雖然尚未得到公認卻影響較大，本書在此暫依唐蘭說法釋為巴。

整理這批甲骨，可知其中保存有某年五月至六月左右，以及某年十月左右對巴方的戰事記錄，從卜辭上來看可能是兩場各自獨立的戰事。魏慈德在討論對巴方戰爭排譜時並未加入乙 2948＋乙 2950 這組重要記錄，以及並未區分出其中有不屬於大部分巴方戰爭的「十月系列」，這是筆者在此處補充的主要部分。

---

[31] 郭、李、張說見於《甲骨文字詁林》第一冊，頁 342；陳氏說法見於《殷墟卜辭綜述》，頁 284；島氏說法見於《殷墟卜辭研究》，頁 750-751。

陸 對人（夷）方、龍方戰爭

一 YH127坑賓組直接相關資料

	過渡一類	典型賓一	過渡二類
人（夷）	Y6696 辛巳卜賓貞：叀（惟）翌甲申立人。／辛巳卜賓貞：叀佳翌甲申立人。	B55 貞：王叀（惟）侯告比征人（夷）。六月／貞：王弜佳侯告比。 B275 貞：王叀（惟）侯告比。／弜佳侯告。 B510 王□侯告比。	B24 貞：王叀（惟）尸（夷）叺正。／貞：王[弜佳]尸（夷）正。 B27 貞：王叀（惟）尸（夷）正。／王弜佳尸（夷）。 B276 庚寅卜賓貞：今早王其步伐人（夷）。／庚寅卜賓貞：今早王弜步伐人（夷）。／｛王占曰：吉。叀（惟）其伐。其弗伐不吉。｝ B603 ☑侯告征人（夷）。／弜比侯告☑／｛王占曰□比侯告。｝ Y2948＋ 貞：王令帚好比侯告伐[人]（夷）☑／貞：王弜□帚好比侯☑ Y3797 王叀（惟）人（夷）正（征）。／弜佳人（夷）正（征）。

	過渡二類
龍	B24 ☑王佳龍方伐。／王弜佳龍方伐。 Y3797 王叀（惟）龍方伐。／弜佳龍方伐。

二 辭例分析

（一）庚寅卜賓貞：今早王其步伐人（夷）。／庚寅卜賓貞：今早王弜步伐人（夷）。／｛王占曰：吉。叀（惟）其伐。其弗伐不吉。｝（丙二七六）

※據同版五月辛卯比汕戜伐巴方之辭，知本條庚寅應歸於五月。

（二）貞：王令帚好比侯告伐[人]（夷）☑／貞：王弜□帚好比侯☑（乙2948＋乙2950）

※同版亦有辛未日卜「帚好其比汕戜伐巴方」，可知與丙二七六大約同時，據唯一干支「辛未」以及本條位置來看，應置於此，仍屬五月。

（三）王□侯告比。（丙五一〇）

※本版此條有殘，但據文例、同版干支（甲申、壬寅、壬子）與刻寫位置（應在中甲契刻甲申稍後），似應置於此。

（四）貞：王叀（惟）尸（夷）正。／王弜隹尸（夷）。（丙二七）

※據正面「沚馘伐巴方」，且同版另辭「翌乙巳」，知本條應置於丙二七六後、丙五五前。

（五）貞：王叀（惟）侯告比征人（夷）。六月／貞：王弜隹侯告比。（丙五五）

※據同版他辭辛亥、己巳之干支，以及事類與丙二七六的相屬，知時間上應與丙二七六連續。

（六）貞：王叀（惟）侯告比。／弜隹侯告。（丙二七五）

※同版有「丙辰」、「癸酉」干支，且文例同丙五五，故置於此。

（七）☒侯告征人（夷）。／弜比侯告☒／｛王占曰□比侯告。｝（丙六〇三）

※（同版有「丁巳卜」干支，且同版有比沚馘啟伐，故置於此。）

（八）貞：王叀（惟）人（夷）叺正。／貞：王［弜隹］人（夷）正。
　　　☒王隹龍方伐。／王弜隹龍方伐。（丙二四）

※本條為成套卜辭之一，同版干支有辛酉「王比望乘伐下厃」以及比沚馘事，可置於此系列中，參伐下厃卜辭可知辛酉日仍為六月；「叺」，應為夷方君長私名。另外乙 3797 與本版可能同套，只不過有少部分辭例不同且乙 3797 沒有任何干支；由於不能完全肯定，故在此不將乙 3797 列入譜中。

（九）王叀（惟）人（夷）正（征）。／弜隹人（夷）正（征）。
　　　王叀（惟）龍方伐。／弜隹龍方伐。（乙 3797）

※觀察同版「王比望乘伐」、「王叀（惟）沚馘」等辭例，知與丙二四可繫聯，大約同時所卜，由於欠缺干支故置於此。

三　征伐人物

（一）商王

見丙二七六、丙五一〇、丙二七、丙五五、丙二七五、丙六〇三、丙二四、乙 3797。

（二）侯告

見乙 2948＋乙 2950、丙五一〇、丙五五、丙二七五、丙六〇三。

（三）婦好

見乙 2948＋乙 2950。

四 事件日程排譜

		干支	辭例	備註
五月		庚寅 27	庚寅卜賓貞：今早王其步伐人（夷）。／庚寅卜賓貞：今早王弜步伐人（夷）。／{王占曰：吉。叀（惟）其伐。其弗伐不吉。}（B276）	
		--	貞：王令帚好比侯告伐[人]（夷）☑／貞：王弜□帚好比侯☑（Y2948＋Y2950）	
		--	王□侯告比。（B510）	
六月		--	貞：王叀（惟）尸（夷）正。／王弜隹尸（夷）。（B27）	
		（辛亥 48）	貞：王叀（惟）侯告比征人(夷)。六月／貞：王弜隹侯告比。（B55） 貞：王叀（惟）侯告比。／弜隹侯告。（B275）	干支據同版
		（丁巳 54）	☑侯告征人(夷)。／弜比侯告☑／{王占曰□比侯告。}（B603） 貞：王叀（惟）人（夷）叺正。／貞：王[弜隹]人（夷）正。	干支據同版
		--	☑王隹龍方伐。／王弜隹龍方伐。（B24） 王叀（惟）人（夷）正（征）。／弜隹人（夷）正（征）。 王叀（惟）龍方伐。／弜隹龍方伐。（Y3797）	

五 相關討論

人（夷）方的位置向來是學者所關切的議題，尤其是晚期黃組卜辭中「征人方」一系列的紀錄使得回溯當時商王出征所經之路途成為可能，賓組卜辭中雖然缺乏此類具連續性的卜辭，不過留下人（夷）方的紀錄片羽亦足以補充文獻之不足。就地望而言，郭沫若以為「當是尸字，假為夷」，指出殷代尸方乃合山東之島夷與淮夷而言，李孝定從之；陳夢家以為卜辭

中有「鳥夷」，處東方，與此尸夷不同，以尸夷可能在晉地；島邦男認為
夷方位居東部，大約範圍在山東半島起至長江。饒宗頤以為此「尸方」可
能是文獻所載偃師尸鄉、伐尸於函之尸，或即在河南境內；鍾柏生認為此
夷方可與文獻中所載東海諸夷同觀，蓋皆包含淮、徐、揚、海諸地之夷；
一九九六年，李學勤援引考古與金文資料，確認了商代的所謂尸方還是應
該讀作夷方，與東夷為一事。由於二重證據的充分，基本上目前關於夷方
的地望應以李說為準，在現今淮魯地域，大略位於商的東方。[32]

至於龍方的地望，陳夢家認為「此龍方與羌方似或合或叛，兩者當相
近。若此龍字的詮釋不誤，則龍方可能與匈奴有關」，將商代龍方與漢代
記載匈奴「龍城、龍庭」聯繫起來；島邦男認為卜辭中龍方有二，一在西
北與羌方近，一在東北，二者異地同名；饒宗頤指出《左傳》「齊侯伐我
北鄙，圍龍」，此地可能即龍方舊地。蔡運章認同陳夢家的看法，進一步
指出龍方地望應處於山西西南永濟縣境，地處黃河東岸。[33]

本系列征伐人（夷）方、龍方的卜辭，在時間上與征下危、征巴方重
疊，故應合觀之以察其脈絡。此系列戰爭是某年的五、六月間發生的，就
本坑甲骨所見已盡錄於上，而同樣時間的對下危、巴方戰爭，卜辭干支大
多有詳細紀錄，但對人（夷）卜辭卻幾乎沒有一個確切的干支，這就為日
月的繫聯上添了些困難；此外，賓組中關於征人（夷）的紀錄大多就是本
坑卜辭，坑外賓組較少，且多殘缺（見合 6457 至 6480），不足以用為例證。

從乙 6696「辛巳卜賓貞：叀（惟）翌甲申立人。／辛巳卜賓貞：弜隹翌
甲申立人」來看，其字體屬於較早的過渡一類，顯示了在此次戰事之前商王

---

[32] 郭、李、饒說見於《甲骨文字詁林》第一冊，頁 7-11；陳說見於《殷墟卜辭綜述》，
頁 284-285；島說見於《殷墟卜辭研究》，頁 753；鍾說見於《殷商卜辭地理論叢》，
頁 215-216；李說見於氏著〈重論夷方〉，《當代學者自選文庫・李學勤卷》（合肥市：
安徽教育出版社，1999 年 5 月）。按，陳夢家所舉的「鳥夷」辭例見合 32906，所據
之「隹」字在辭中應皆用為指示的「惟」，標誌「人」此一占卜重點，而非作為詞義
修飾之用途，而鍾柏生引伸陳說，以此版「北隹夷」、「西隹夷」等為「淮夷」，就大
邑商與夷方的相對位置來看，恐不可從。

[33] 陳說見於《殷墟卜辭綜述》，頁 283；島說見於《殷墟卜辭研究》，頁 781-782；饒說見
於《甲骨文字詁林》第二冊，頁 1759；蔡說見〈卜辭中的龍方〉，《夏商文明研究》會
議論文集（鄭州市：中州古籍出版社，1995 年 8 月）。

有「立（蒞）」夷地的可能性存在，但二者關係應該不甚和諧，因為和羌人類似，夷人亦習見被商人抓去作為祭祀的犧牲，如乙1512＋乙1593＋乙補1335＋乙補1347＋乙補1376＋乙補1538：「貞：翌乙未率蚑尸（夷）」。此外，商王在較早的師賓間類卜辭中曾卜問「貞：龍亡田（憂）」（丙一一五）表示了一定的關切，而在典型賓一類卜辭中亦曾卜問龍方「貞：龍亡不若。不羍（達）羌。／□龍其羍（達）」（丙一三二），賓一大類中曾卜問「同龍」事（乙4709），指會同龍方行動，可見較早的時期龍方與商保持著較穩定的關係。

合6459載王令帚好出征人（夷）之事，可與乙2948＋乙2950繫聯，不過在其干支釋文上，《合集釋文》作「甲午、乙未」，《摹釋總集》作「壬午、癸未」，從殘痕以及乙2948＋乙2950同版「辛未」日來看，作「壬午、癸未」的可能性較大。

柒　對下𠂤（厄）戰爭

一　YH127坑賓組直接相關資料

過渡 2 類
B22 乙卯卜㱿貞：王比望乘伐下厄，受虫又。／乙卯卜㱿貞：王叀比望乘伐下厄，弗其受又。
B12、14、16、18、20 辛酉卜㱿貞：今𡈜王比望乘伐下厄，受虫又。／辛酉卜㱿貞：今𡈜王叀比望乘□下厄，弗□受虫又。／｛王□曰／其有戠（異）。其隹戊有戠（異）。不吉。｝／｛王□曰／其有戠（異）。其隹戊有戠（異）。不吉。｝
B12、14、16、18、20 辛酉卜㱿貞：王叀（惟）□戠／辛酉卜㱿貞：王叀（惟）戠比。
B159 癸丑卜亙貞：王叀（惟）望乘从（比）伐下厄。
B311 癸丑卜亙貞：王叀（惟）望乘比伐下厄。／｛王叀比望乘伐／｝
B319 ｛癸酉卜亙｝□王比興方□下厄。／貞□□比興方伐下厄。

二　辭例分析

（一）癸丑卜亙貞：王叀（惟）望乘从（比）伐下厄。（丙一五九）

（二）癸丑卜亘貞：王叀（惟）望乘比伐下厃。／｛王弜比望乘伐☒｝（丙
　　三一一）

※此二辭為同日占同事，按丙三一一反有「貞：于生七月酒」，故推知共
置於六月較妥；時間上同屬本坑征巴方的五月系列。

（三）乙卯卜㱿貞：王比望乘伐下厃，受屮又。／乙卯卜㱿貞：王弜比望
　　乘伐下厃，弗其受又。（丙二二）

※據干支置此。

（四）辛酉卜㱿貞：今🌙（朝）王比望乘伐下厃，受屮又。／辛酉卜㱿貞：
　　今🌙（朝）王弜比望乘□下厃，弗□受屮又。

（五）辛酉卜㱿貞：王叀（惟）□戩☒／辛酉卜㱿貞：王弜叀（惟）戩比。

※此二辭載於丙一二至二十成套卜辭，據干支置此。

（六）｛癸酉卜亘｝□王比興方□下厃。／貞□□比興方伐下厃。（丙三一九）

※本條干支乃據正反互足例補。同版另載前日壬申興方來到，故商王卜問
是否共同出擊。

三　征伐人物

（一）商王

見丙一二至二十、丙二二、丙一五九、丙三一一、丙三一九

（二）望乘

見丙一二至二十、丙二二、丙一五九、丙三一一、合 6413 等、合 6496 等

（三）沚戩

見丙一二至二十。

（四）興方

見丙三一九。

（五）多紳、盡、乍

見合 6524、合 7311、合 6495＋11525（林宏明綴）等。

四 事件日程排譜

	干支	辭例	備註
六月	癸丑 50	癸丑卜亘貞：王叀（惟）望乘从（比）伐下厃。（B159） 癸丑卜亘貞：王叀（惟）望乘比伐下厃。／〈王叀比望乘伐▨〉（B311）	
	乙卯 52	乙卯卜㱿貞：王比望乘伐下厃，受屮又。／乙卯卜㱿貞：王叀比望乘伐下厃，弗其受又。（B22）	
	辛酉 58	辛酉卜㱿貞：今✿王比望乘伐下厃，受屮又。／辛酉卜㱿貞：今✿王叀比望乘□下厃，弗□受屮又。 辛酉卜㱿貞：王叀（惟）□戠▨／辛酉卜㱿貞：王叀叀（惟）戠比。（B12至20）	
	辛酉 58	辛酉卜爭貞：王比望乘伐下厃。／[辛]酉卜爭貞：王叀隹望乘比（B24）	
	癸酉 10	〈癸酉卜亘〉□王比興方□下厃。／貞□□比興方伐下厃（B319）	干支據反面

五 相關討論

　　關於下✿的地望，丁山認為「✿」當為「由」字異體，即漢代臨淮郡的夵猶縣；林義光以為「✿」乃「旨」字，「下旨」即黎國；饒宗頤先在《通考》中以為地在今皖蘇交界處，後又專文指出地在敦煌、四川或隴西，以後者為尚，頗為淆亂；平心認為「✿」乃余字倒書，下✿即周季歷所伐余無之戎，地在上黨；于省吾從丁佛言，認為「✿」當釋「危」，沒有指出地望；島邦男認為下✿位於亳南，與望乘領地接近；李學勤從于省吾釋，指出「危方」與鬼方接近，皆應近於山西西南部；鍾柏生認為✿與下✿皆在商邱以南。[34] 目前學術界是以于省吾釋「危」的說法為主流意見，蔡哲茂先生對

---

[34] 丁、林、饒、平、于說見於《甲骨文字詁林》第四冊，頁3309-3311；島說見於《殷墟卜辭研究》，頁749；李說見於〈殷代地理簡論〉，《李學勤早期文集》（石家莊市：河北教育出版社，2008年1月），頁247；饒後說見〈卜辭中之危方與興方〉，《徐中舒先生百年誕辰紀念文集》（成都市：巴蜀書社，1998年）；鍾說見於《殷商卜辭地理論叢》，頁220-221。

此字曾提出新看法，他根據金文資料對此字進行比對，認為釋「危」頗可疑，應改釋為象長杓、容器形的「卮」字；[35] 本書採其所釋。

聯繫征巴方、征人方的時間與同版關係，尤其知道辛卯日在五月（丙二七六），可推之上引本版所有征下卮辭例應該都歸在六月之中。

乙 6382 記載「已酉卜𣪘貞：卮方其有𡆥（憂）。／已酉卜𣪘貞：卮方亡其𡆥（憂）」，這是較早過渡 1 類的卜辭，顯示當時商王與卮方關係仍未惡化，裘錫圭對下卮與當時商王朝間長期的關係演變，從此條開始顯示的和睦到後期的衝突與征服有深入論述，可參看。[36]

坑外甲骨有關於伐下卮者，歷組卜辭中有懷 1637「王叀（惟）望乘／或比」等，其干支為丁卯，人物為望乘與沚戓，看來當與本組戰役為一事；另外有合 6413 等（十一月辛巳）、合 6496 等（三月丙戌）、合 6489 等（庚申），他們都是刻於牛骨上的典型典賓類，由材質、字體與事類（6413 有収（廾）人征土方）比較，可知與本坑六月系列無關，是此戰役之後某十一月、三月的卜辭；從文例上來看，此典型典賓類刻手可能與丙一二至二十成套卜辭為同一人，不過一些字如合 6413 上的「卮」與「受」字字跡都已產生細微變化了，頗值得注意。

35 蔡哲茂：《甲骨綴合集》，釋文及考釋第二組，頁 352。

36 裘錫圭：〈說殷墟卜辭的「奠」——試論商人處置服屬者的一種方法〉，頁 661-666。

捌 對角、雀、戈方戰爭

一 YH127 坑賓組直接相關資料

	典型賓一類	過渡 2 類
角	B139=B317　辛酉卜㱿貞：沚各化戈（翦）昇（角）。／㱿貞：沚各化弗其戈（翦）昇（角）。／{王占曰：叀（惟）既。}	B67　丙辰卜賓貞：沚各化戈（翦）昇。／貞：沚各化弗其戈（翦）昇。／{王占曰：叀（惟）[既]。} B69　辛酉卜賓貞：沚各化戈（翦）昇。／貞：沚各化弗其戈（翦）昇。 B134　庚寅卜㱿貞：沚化各戈（翦）昇（角）雀。／貞：沚化各弗其戈（翦）。／{王占曰：叀（惟）既。} B273　☑昇雀。／貞：沚各化弗戈（翦）。／辛酉卜賓☐☐各化戈（翦）昇暨雀。／貞：沚各化弗其戈（翦）。／{王占曰：叀（惟）既。隹乙見丁。丁☑} B366　庚寅卜㱿貞：求以角女。／庚寅卜㱿貞：求弗其以角女。 B508　沚各化弗其戈（翦）昇（角）。 Y1354+　庚[申]卜㱿貞：沚各化戈角。／王占曰：隹乙。其隹甲引矢。 Y2910+　甲寅卜內貞：沚各化戈（翦）角。／☑弗其戈（翦）角。 Y7150　[乙]丑卜賓貞：昇（角）其戈（翦）沚各化。／☑昇（角）弗戈（翦）沚各化。／{王占曰：叀（惟）亡戎。} Y7846　☑貞：沚各化戈（翦）角眔（暨）雀。 Y3507　☑其以角女☑

	過渡 2 類	
雀	B134　庚寅卜㱿貞：沚化各戈（翦）昇（角）雀。／貞：沚化各弗其戈（翦）。／{王占曰：叀（惟）既。} B273　☑昇雀。／貞：沚各化弗戈（翦）。／辛酉卜賓☐☐各化戈（翦）昇暨雀。／貞：沚各化弗其戈（翦）。／{王占曰：叀（惟）既。隹乙見丁。丁☑} Y7846　☑貞：沚各化戈（翦）角眔（暨）雀。	

	過渡 2 類	
戈方	B134　貞：王亡害。／王占曰：叀（惟）既。／三日戊子允既。戈（翦）戈方。 B273　王占曰：吉。戈（翦）。／之日允戈（翦）戈方。十三月。 Y2031+　丙☐卜古貞：沚化各受有又。／☐辰卜古貞：沚各☐弗其受又。十二月。／三旬有三日戊子。夆。戈（翦）戈方。	

二 辭例分析

對角的戰爭

（一）丁未卜爭貞：𡭈各化亡囚（憂）。十一月。／貞：𡭈各化其有囚（憂）。
　　貞：𡭈各化𢦔（翦）𦎫（角）方。／𡭈各化弗其𢦔（翦）（乙3422）

※此二辭同版有「祖丁若。小子𥁋（殟）」，同事見丙一三九＝丙三一七，
這也是後面將會討論到的記載征伐角的一版，故知二版可系聯，得十一月
丁未的定點。

（二）甲寅卜內貞：𡭈各化𢦔（翦）角。／☐弗其𢦔（翦）角。（乙2910
　　＋乙5585＋乙6489）

※本系列戰事與對「𢦔方」的戰役頗有交叉，如丙一三四：「貞：王亡害。
／王占曰：叀（惟）既。／三日戊子允既。𢦔（翦）𢦔方。」與丙二七三：
「王占曰：吉。𢦔（翦）。／之日允𢦔（翦）𢦔方。十三月」、乙2031＋乙
2268＋乙2503＋乙7155＋乙補1700＋乙補2244＋乙補6211＋乙補6254：
「丙☐卜古貞：𡭈化各受有又。／☐辰卜古貞：𡭈各☐弗其受又。十二月。
／三旬有三日戊子。卒。𢦔（翦）𢦔方」等。這些辭例文例類似，且多與
征角同版，應指一事無疑。

我們由此掌握幾個條件：首先，本系列戰事最早的干支除了十一月丁未外，
接下來是十二月丙辰。第二，據丙二七三驗辭「之日允𢦔（翦）𢦔方」，知
其卜日為戊子，而該辭「十三月」標誌占卜日期，可知第三定點為十三月
戊子。本辭甲寅日與丙辰僅隔一日，故置此。

另按，本辭綴合疑有誤，詳細可參見本書第三章該條釋文。

（三）丙辰卜賓貞：𡭈各化𢦔（翦）𦎫。／貞：𡭈各化弗其𢦔（翦）𦎫。
　　　／｛王占曰：叀（惟）［既］。｝（丙六七＝丙六二七）

※丙辰為十二月，而同版有「戊申卜爭貞：帝其降我𩰪。一月／戊申卜爭
貞：帝不我降𩰪。」，可以作為明年一月的一個定點。

同十一月丁未比較，此十二月丙辰日必定落於月初九日內，且三定點日距
有推算的空間，然由於學界對商代置閏問題仍多爭議，無法確知該十三月
的大略天數，故此處不多申論。

（四）庚［申］卜𣪊貞：𡭈各化𢦔（翦）𦎫。／王占曰：隹乙。其隹甲引矣。
　　　（乙1354+＝R44564）

　　辛酉卜賓貞：罍各化𠾂（翦）彝。／貞：罍各化弗其𠾂彝。（丙六九）

※與丙辰各差四、五日，同旬，推測仍應置於十二月。

（五）辛酉卜㱿貞：罍各化𠾂（翦）彝（角）。／㱿貞：罍各化弗其𠾂（翦）彝（角）。／｛王占曰：叀（惟）既。｝（丙一三九＝丙三一七）

※本條與上辭辛酉同文例，惟前者用小龜，正反各五卜；此版為大龜，屬於成套卜辭第二版。為何有此現象頗值得研究。

（六）☑彝雅。／貞：罍各化弗𠾂（翦）。／辛酉卜賓☐☐各化𠾂（翦）彝暨雅。／貞：罍各化弗其𠾂（翦）。／｛王占曰：叀（惟）既。隹乙見丁。丁☑｝（丙二七三）

※同版有「王占曰：吉。𠾂（翦）。／之日允𠾂（翦）戈方。十三月」，配合丙一三四「貞：王亡害。／王占曰：叀（惟）既。／三日戊子允既。𠾂（翦）戈方」來看，可知是十三月戊子，已見前述。

（七）[乙]丑卜賓貞：彝（角）其𠾂（翦）罍各化。／☑彝（角）弗𠾂（翦）罍各化。／｛王占曰：叀（惟）亡戎。｝（乙7150）

※本條是以反面方式，占問罍各化是否會被角所翦滅，占卜結果是「沒有發生戎事」。推敲其意，可知此時罍各化部隊在商王想法中應該已經與角接觸了；觀其干支必仍在十二月之中。

（八）庚寅卜㱿貞：罍化各𠾂（翦）彝（角）雅。／貞：罍化各弗其𠾂（翦）。／｛王占曰：叀（惟）既。｝（丙一三四）

由於本條的庚寅日與十三月戊子僅隔一日，將之歸於十三月似較妥當。

（九）罍各化弗其𠾂（翦）彝（角）。（丙五　　　〇八）

※從同版癸卯、丁未、辛亥、癸丑等干支來看，本條似應根據一月戊申之定點置此，歸於一月。這裡必須補充一點，合6543載：

　　☐午卜㱿貞：王伐莞。帝受我又。[一?]月

　　壬寅卜爭貞：今𣥄（朝）王伐𢀛方。受有又。十三月

明載十三月壬寅的干支，與本組十三月已知干支可以配合，字體亦屬典型典賓，與過渡2類接近，或可為本組排譜增加一定點。

對雅的戰爭

（十）☑彝雅。／貞：罍各化弗𠾂（翦）。／辛酉卜賓☐☐各化𠾂（翦）彝暨雅。／貞：罍各化弗其𠾂（翦）。／｛王占曰：叀（惟）既。隹乙見丁。丁☑｝（丙二七三）

※依前述，應歸入十二月。

（十一）庚寅卜敵貞：屰化各𢦏（翦）彔（角）脽。／貞：屰化各弗其𢦏
（翦）。／｛王占曰：叀（惟）既。｝（丙一三四）

※依前述，應歸十三月。

（十二）☑貞：屰各化𢦏（翦）角眔（暨）脽。（乙 7846）

※從文例、用字上看，本殘辭應與上辭同時期。另，就字體而言，丙四二
○記事「脽入二」可歸入賓一類（賓一大類），或許表示在發生戰爭前，
脽氏族與商王朝之間就已存在著朝貢關係。

對𢦏方的戰爭

（十三）丙□卜古貞：屰化各受有又。／□辰卜古貞：屰各□弗其受又。
十二月。／三旬有三日戊子。卒。𢦏（翦）𢦏方。（乙 2031＋乙
2268＋乙 2503＋乙 7155＋乙補 1700＋乙補 2244＋乙補 6211＋乙
補 6254）

※由本條可知在屰各化出征後，至少經過 33 天才與敵人遭遇，且翦滅了
敵方。

（十四）貞：王亡害。／王占曰：叀（惟）既。／三日戊子允既。𢦏（翦）
𢦏方。（丙一三四）

※據驗辭，可知卜日為丙戌，應歸十三月。

（十五）王占曰：吉。𢦏（翦）。／之日允𢦏（翦）𢦏方。十三月。（丙二
七三）

※據驗辭與前兩辭，可知卜日為戊子。

三　征伐人物

屰各化[37]
見上引辭例。

---

[37] 根據卜辭分組理論上來看，屰各化、沚𢦏皆出現於典型賓一類、過渡 2 類卜辭中，而
望乘僅見於過渡 2 類，可見兩者活躍時代早於望乘，屬於武丁中期（望乘屬於武丁中
期稍後）。

四　事件日程排譜

	干支	辭例	備註
十一月	丁未 44	丁未卜爭貞：𡿡各化亡囚（憂）。十一月。／貞：𡿡各化其有囚（憂）。（Y3422）	
十二月	甲寅 51	甲寅卜內貞：𡿡各化𢦏（翦）角。／☑弗其𢦏（翦）角。（Y2910＋Y5585＋Y6489）	
	丙辰 53	丙□卜古貞：𡿡化各受有又。／□辰卜古貞：𡿡各□弗其受又。十二月。／三旬有三日戊子。卒。𢦏（翦）戈方（Y2031＋Y2268＋Y2503＋Y7155＋YB1700＋YB2244＋YB6211＋YB6254）	
	丙辰 53	丙辰卜賓貞：𡿡各化𢦏（翦）𢦏。／貞：𡿡各化弗其𢦏（翦）𢦏。／｛王占曰：叀（惟）[既]。｝（B67＝B627）	
	庚申 57	庚[申]卜㱿貞：𡿡各化𢦏（翦）𢦏。／王占曰：隹乙。其隹甲引矢。（乙1354＋＝R44564）	
	辛酉 58	辛酉卜賓貞：𡿡各化𢦏（翦）𢦏。／貞：𡿡各化弗其𢦏（翦）𢦏。（B69）	
	辛酉 58	辛酉卜㱿貞：𡿡各化𢦏（翦）𢦏（角）。／㱿貞：𡿡各化弗其𢦏（翦）𢦏（角）。／｛王占曰：叀（惟）既。｝（B139＝B317）	
	辛酉 58	𢦏脽。／貞：𡿡各化弗𢦏（翦）。／辛酉卜賓□□各化𢦏（翦）𢦏暨脽。／貞：𡿡各化弗其𢦏（翦）。／｛王占曰：叀（惟）既。隹乙見丁。丁☑｝（B273）	
	乙丑 02	[乙]丑卜賓貞：𢦏（角）其𢦏（翦）𡿡各化。／☑𢦏（角）弗𢦏（翦）𡿡各化。／｛王占曰：叀（惟）亡戎。｝（Y7150）	
十三月	丙戌 23	貞：王亡𡆥。／王占曰：叀（惟）既。／三日戊子允既。𢦏（翦）戈方。（B134）	
	戊子 25	王占曰：吉。𢦏（翦）。／之日允𢦏（翦）戈方。十三月（B273）	
	庚寅 27	庚寅卜㱿貞：𡿡化各𢦏（翦）𢦏（角）脽。／貞：𡿡化各弗其𢦏（翦）。／｛王占曰：叀（惟）既。｝（B134） ☑貞：𡿡各化𢦏（翦）角眔（暨）脽。（Y7846）	
一月		𡿡各化弗其𢦏（翦）𢦏（角）。（B508）	

五　相關討論

關于角方地望相關的討論不多，張秉權認為其是一個商王國西部方國集團中之一員；[38] 戈方，嚴一萍將「戈」與「戠」字混，以為即文獻中的「戴國」，地在河南陳留以東、山東考城以西；島邦男認為其地望當近西北地；鍾柏生根據《水經注》「河水又東，畜水注之」，將戈方定在河南靈寶縣東二十里；[39] 事實上從管燮初開始，對「戈」、「戠」是否為一字即已經開始了討論，張政烺對其說加以申論，亦對之有深入注意；[40] 現在看來，兩者非一字已經沒有任何疑問了。

這是一組嵌各化在某年年末及隔年年初，對「角」、「隺」與「戈方」三個方國氏族進行征討的卜辭記錄。本坑確切可見乃集中在十二月至一月間，然而在缺乏確實字例的情形下，劉學順引合 10964、合 880、丙一五一、丙二六九、丙三八六、丙一四一等版進行征角的繫連，將時間提前到十月，但這從卜辭上看是沒有可靠證據的，僅能解釋為嵌各化個別的某些行動（有些顯非戰爭，如合 10964），筆者認為最好避免據之排譜。

丙三六六、乙 3507 有關「朱以角女」事，表示了可能在稍後的時期「角」氏族是受到商王朝相當程度控制的，這點跡象可以由關於朱的卜辭分類多屬崎川隆賓一大類之後來判斷。[41] 另，丙一三四「庚寅卜敱貞：嵌化各戠（鼍）肙（角）隺」之「隺」作「　」狀，與丙二七三隺字作　、　各稍異，從第二例可知第一例乃省略肉形，第三例則清楚勾勒出鳥以爪攫肉的構字意象。此「隺」方於本坑時代多與角、戈一同活動，不過在稍後的卜辭中，似與呂（工）方關係較密切，如「庚午卜敱貞：呂方來，隹隺隹□我田（憂）」（合 6090 正＝歷拓 48 正），值得關注。

---

38 張秉權：〈卜辭嵌各化說〉，《歷史語言研究所集刊》第 29 本（1999 年 12 月），頁 775-792。

39 嚴說見於《甲骨文字詁林》第三冊，頁 2359-2363；島說見於《殷墟卜辭研究》，頁 806-807；鍾說見於《殷商卜辭地理論叢》，頁 205。

40 參見張政烺：〈釋「戠」〉，《張政烺文史論集》（北京市：中華書局，2004 年 4 月）。

41 依黃天樹分類也是如此，晚至賓出類、出一類中仍有朱的記載，其中僅有乙 4748 歸於賓一類，但這類鞋底形背甲崎川隆是分在賓一大類，認為與過渡 2 類時代略同。趙鵬《殷墟甲骨文人名與斷代的初步研究》頁 423 有關於朱的表列，可參看；然其歸在賓一類的合 14721 反，據正面「敱」字其實應改歸黃氏典賓類。

此處常出現的占辭「叀（惟）既」僅見於對角、戋方作戰的卜辭中。作為標誌語句重點的助詞，「叀」字標誌表達「完成、結束」義之「既」，從整體卜辭來看，表達的是很清楚的「已完成、已達成、已結束」的意思，張玉金將丙一三四「王占曰：叀（惟）既。／三日戊子允既。嘗（翦）戋方」釋為「畓化各會戰勝哉方、角方和隹方呢，還是不會戰勝？大王依據卜兆推測說：現在大概已經（取勝）了。事實是，占卜的前三天即戊子那日果真已經戰勝了哉方。」[42] 雖然他在分辭、釋字上現在看來有些問題存在，但仍精準地表達出此類占辭用語「叀（惟）既」的意涵，值得參考。

玖　對薛戰爭

一　YH127坑賓組直接相關資料

	典型賓一類	過渡二類
薛	B413 辛未卜賓貞：旨嘗（翦）旁。／貞：旨弗其嘗（翦）囹。	B41 貞：収人乎伐奇（薛）。／昜乎伐奇（薛）。／｛王占曰：吉。我允其來。｝ 壬戌卜爭貞：旨伐奇（薛），嘗（翦）。／貞：弗其嘗（翦）。 B229＝B498 壬戌卜爭貞：旨伐奇。嘗（翦）。／貞：昜乎伐奇。 Y5253 貞：旨弗其伐膌（薛）伯囹。／☑囹。 辛酉卜古貞：旨嘗（翦）□伯囹。／貞：旨弗其□□伯□／｛王占曰：嘗（翦）。隹☑引嘗（翦）。｝ Y3129+ □□卜𢽆貞：乎伐□／貞：昜乎伐奇。

二　辭例分析

（一）貞：旨弗其伐膌（薛）伯囹。／☑囹。
　　辛酉卜古貞：旨嘗（翦）□伯囹。／貞：旨弗其□□伯□／｛王占曰：嘗（翦）。隹☑引嘗（翦）。（乙5253）
※據干支排列應置於此。
（二）壬戌卜爭貞：旨伐奇（薛），嘗（翦）。／貞：弗其嘗（翦）。

---

[42] 張玉金：《甲骨文虛詞辭典》，頁129。

貞：収（廾）人乎伐斎（薛）。／昜乎伐斎（薛）。／｛王占曰：吉。
我允其來。｝（丙四一）

※觀察刻辭位置，可知先於他辭契刻，可知在本版中壬戌日期應置丙子、
乙酉、戊寅前。

（三）壬戌卜爭貞：旨伐斎（訇）。𡚳（翦）。／貞：昜乎伐斎（訇）。（丙
二二九＝丙四九八）

※與辭二同文例，故置此。按，同版「乙酉□內貞：乎馬逐。[及]。／乙
酉卜內貞：弗其及」與丙四一三：「庚寅卜賓貞：𡙇（鑄）及。／貞：𡙇（鑄）
及。／｛王占曰：弗其及。□｝」干支同旬，疑為一事。

（四）辛未卜賓貞：旨𡚳（翦）夸。／貞：旨弗其𡚳（翦）𦉷。（丙四一三）

※從本條文例，以及同版占卜「弓𡚱于戔」事皆同見於丙四一來看，應當
都是幾乎同時所卜，故據干支置此。按，本版載「乙巳卜古貞：弓𡚱于戔。
／☑貞：弓𡚱昜于戔」事，除丙四一外，同文例亦見於乙3422，且該版「丁
未卜爭貞：畣各化亡𡆥（憂）。十一月」標誌了時間，同時該版事類「畣各
化𡚳角」可與征伐角、脽、戋方相聯繫，故藉由「角系列」的時間關係可
進一步推知本組伐薛卜辭皆應置於十二月之內討論。

（五）□□卜殻貞：乎伐□／貞：昜乎伐斎。（乙3129＋乙3200＋乙3236
＋乙3526＋乙3812＋乙4028＋乙4031＋乙4039＋乙補3783）

※同版有「庚辰卜內貞：乎𢻻☑」，且此組記事刻辭為「我來卅」，與丙四
一同，知很可能為同時貢入；今據此干支暫置於此。

三　征伐人物

旨
見前引諸例。

四　事件日程排譜

	干支	辭例	備註
十二月	辛酉58	貞：旨弗其伐𦜅（薛）伯𦉷。／☑𦉷。 辛酉卜古貞：旨𡚳（翦）□伯𦉷。／貞：旨弗其□□伯□	月份的得

	／｛王占曰：𢦏（𥄗）。隹☒引𢦏（𥄗）。（Y5253）		出請參見前面討論。
壬戌 59	壬戌卜爭貞：旨伐啇（薛），𢦏（𥄗）。／貞：弗其𢦏（𥄗）。貞：収人乎伐啇（薛）。／昜乎伐啇（薛）。／｛王占曰：吉。我允其來。｝（B41）		
壬戌 59	壬戌卜爭貞：旨伐啇（铜）。𢦏（𥄗）。／貞：昜乎伐啇（铜）。（B229＝B498）		
辛未 08	辛未卜賓貞：旨𢦏（𥄗）啇。／貞：旨弗其𢦏（𥄗）罗。（B413）		
（庚辰 17）	☐☐卜㱿貞：乎伐☐。／貞：昜乎伐啇。（Y3129＋Y3200＋Y3236＋Y3526＋Y3812＋Y4028＋Y4031＋Y4039＋YB3783）		干支據同版

五　相關討論

　　關於薛的討論，饒宗頤認為其故國在山東滕縣南；鄭杰祥以為地在魯國故薛地，即滕縣東南，與饒氏同。[43]

　　本系列是商王對「胯（薛）」進行的軍事行動，此氏族首領私名為「罗」，丙四一三「罗」字省刻作「𢆶」，可據他版比對識得。從刻辭字體看來，這次戰事記載時間應該不會太早，約略在武丁中、後期交界處，這也可與主征將領「旨」的活躍時段相映證。

　　透過觀察，可以發現此系列戰事的時間區段與「舌各化𢦏角雔、戈方」事重疊，然而由於本系列卜辭較為獨立存在，不見與其同版的例子，故單獨設一小節討論。若純粹從反面記事來聯繫，丙四一與乙3129＋乙3200＋乙3236＋乙3526＋乙3812＋乙4028＋乙4031＋乙4039＋乙補3783此二組龜甲都是由「我」貢進的「卅」版之一，則可見其時間相近。

　　此外就文字而言，丙四一有「貞：祖乙胯（乂）王。／貞：祖乙弗其胯（乂）王」，與「伐薛」事同版，「胯（乂）」字在此作「𩰿」、「𦣞」等形，而方國薛字作「𥬇」、「𥫧」等；而乙5253同版沒有「胯（乂）」字，則方國薛字作「𥬇」形，所從部件保持「月（夕）」形，顯示該字可能存在著異體分工的現象，值得注意。又，魏慈德認為旨伐薛與伐「𢆶」為兩件事，[44]

[43] 饒說見《甲骨文字詁林》第三冊，頁 2479；鄭說見《商代地理概論》，頁 184。

[44] 魏慈德：《殷墟 YH127 坑甲骨卜辭研究》，頁 215。

今參丙四一三辭相對位置與正反對貞性質，以及乙 5253「䏍（薛）伯𧈦」，可知「𢦏」實為「薛伯𧈦」省稱氏族與職稱以及省刻的結果。

拾　對莞（冒）戰爭

一　YH127 坑賓組直接相關資料

過渡 2 類
B22　丁巳卜㱿貞：王教眾伐于莞方，受屮又。／丁巳卜㱿貞：王弜教眾莞方，弗其受屮又。
Y2809+　己丑卜㱿貞：今早王[往]伐莞方。受有又。／己丑卜㱿貞：今早王叀（惟）囗[方]征。受有又。

二　辭例分析

（一）丁巳卜㱿貞：王教眾伐于莞方，受屮又。／丁巳卜㱿貞：王弜教眾莞方，弗其受屮又。（丙二二）

※聯繫丙三一一征下厃事，可知本條時間亦應置於當時的六月之內，惟不確定此條貞問重點在於「教」或「伐」。

（二）己丑卜㱿貞：今𣊊（朝）王[往]伐莞方。受有又。十三月。／己丑卜㱿貞：今𣊊（朝）王叀（惟）囗[方]征。受有又。（乙 2809＋乙 3264＋乙補 1836）

※本條所載戰事與丙二二分屬不同月份，此十三月己丑似可歸入伐角、脽、戈方的時間序列中，排在丙二七三戊子與丙一三四庚寅之間；請參看伐角、脽、戈方排譜。另，「伐莞」事亦見合 6543，請見下文討論。

三　征伐人物

（一）商王
見乙 2809＋乙 3264＋乙補 1836。

（二）眾
見丙二二。

四 事件日程排譜

	干支	辭例	備註
六月	丁巳54	丁巳卜𣪘貞：王教眾伐于莧方，受㞢又。／丁巳卜𣪘貞：王弜教眾莧方，弗其受㞢又。（B22）	
十三月	己丑26	己丑卜𣪘貞：今早王[往]伐莧方。受有又。十三月。／己丑卜𣪘貞：今早王叀（惟）□[方]征。受有又。（Y2809＋Y3264＋YB1836） □午卜𣪘貞：王伐莧。帝受我又。△月	
	壬寅39	壬寅卜爭貞：今𡥊王伐𢆶方。受有又。十三月（H6543）	

五 相關討論

丁山疑莧方可能是文獻所載「串夷」，地與宗周接壤，或在渭汭附近；于省吾以為即〈牧誓〉所載之「髳」，可能與巴蜀西南夷有關，張秉權、島邦男從之；饒宗頤認為莧應讀「次」，疑與具次山有關，在河南境內；鍾柏生從于省吾說，並引錢穆《史記地名考》指出「髳」地望應在豫陝之交界附近；鄭杰祥認為疑即「蒙縣故城」，位在今商邱市東郊。[45]

六月丁巳該條由於辭意並不能完全掌握，以及缺乏辭例比對，此處暫先擱置。而十三月己丑，由於干支、月份可繫聯，若將之置入伐角、雎、戋方的排譜中，應該是可被接受的。且合6543載「□午卜𣪘貞：王伐莧。帝受我又。△月」，與之文例極近，其同版「壬寅卜爭貞：今𡥊（朝）王伐𢆶方。受有又。十三月」明載十三月壬寅的干支，亦可置入伐角的排譜中，字體亦屬典型典賓，與過渡2類接近，知合6543應可與本組繫聯。不過其「△月」數字部分幾乎泐去，《摹釋總集》釋「一」，《合集釋文》釋「十三」，實無法肯定，不過亦不妨礙本組的處理，姑誌之於此。

---

[45] 丁、于、張、饒諸說見《甲骨文字詁林》第一冊，頁78-83；島說見於《殷墟卜辭研究》，頁783-784；鍾說見於《殷商卜辭地理論叢》，頁202；鄭說見《商代地理概論》，頁213。

拾壹　其他的戰爭對象

一　周方

YH127 坑賓組直接相關資料

過渡 2 類
B444　丙辰卜賓貞：王叀（惟）周方征。／貞：王弜叀（惟）周方征。

說明

　　歷來學界對此周方是否就是後來滅商的周族沒有任何質疑，皆以為其即居於陝西，姬姓之周；鍾柏生肯定舊說，並認為卜辭顯示的商周之間是主從關係，此類征伐「周」的卜辭可視為商代「臣屬叛變」的實錄。[46] 董珊近來對此問題提出新說，他指出：

> 本書根據黃天樹先生對殷墟卜辭分類斷代的研究，確定了卜辭國族名稱「周」的時代屬殷墟二期，並根據文獻記載古公亶父遷岐的時間相當于殷墟三期，指出殷墟卜辭「周」不會是姬姓周人。然後根據王恩田先生的考釋，用古文字學的方法，將甲骨、金文中表示國族名稱的兩種寫法的「周」相聯繫；又根據張懋鎔先生姬周貴族不用族徽和日名的說法，指出西周金文中的「周」族也不是姬姓，而是妘姓，此妘姓之周應與殷墟卜辭中的「周」爲同一族屬。[47]

其立論緊密充分，結論確實可從。透過其研究我們對上古氏族名稱及地望需謹慎認定的觀念，又多了一層認識。

　　《乙》、《丙》二編所載周方的征伐僅見於此。在賓組卜辭中出現的「周」似有兩類，一是指稱方國的周，一是指稱人名的周。後者可見丙二二三：「癸未卜賓貞：周禽犬延灅（湄）。／周弗其禽」、乙 7312：「丁巳卜古貞：周以

---

[46] 鍾柏生：〈卜辭中所見殷代的軍政之一──戰爭啟動的過程及其準備工作〉，《中國文字》新十四期。

[47] 董珊：〈試論殷墟卜辭之"周"爲金文中的妘姓之凋族〉，《陝西：鳳鳴岐山──周文化國際學術研討會論文》（2009 年 4 月）。

嫘。／周弗以嫘」、乙6015＋乙6110：「☐[令]周取巫于✿（蔡）」、乙7801＋乙7933＋乙補6477＋乙補6478：「貞：周以巫」等等；前者除了本條「征周方」外，尚有乙1195＋乙2170＋乙3536＋乙6764＋乙補5510：「☐周方弗其有𠂤（憂）。／☐周方弗亡𠂤（憂）」、「☐貞：周方亡𠂤（憂）。／☐貞：周☐」、丙一七二：「貞：周弗亡𠂤（憂）。／貞：周弗其有☐」等等。

　　指稱方國的「周」，其氏族首領名「弗」，字體與習見否定副詞弗字稍異，這是甲骨文「異體分工」的一種展現形式。從乙3407：「壬辰卜爭貞：隹鬼蚑。／貞：不隹之蚑。／｛不[允] (?)隹鬼罕（暨）周蚑。｝」來看，此周族人對商王室來說大概地位近似羌方、鬼方、夷方，不脫被用來作為祭牲之命運。

二　馬方

YH127坑賓組直接相關資料

過渡1類
B114 甲辰卜爭貞：我伐馬方。帝受我又。一月。

說明

　　島邦男指出馬方當近羌方，且曾侵入「河東」，指此河東為文獻中魏安邑附近的河東，故知馬方位於羌方之南；張秉權以為馬方為殷西河東一帶之方國，與羌接近。鍾柏生從之，進一步推斷該地即《水經注》所載之「牧馬川」，在今山西石樓縣一帶；鄭杰祥認為馬方當即後代馬陵，今日河北省大名縣東北。[48]

　　本條辭例屬於較早的過渡一類，是少見的標誌出干支與月份的馬方相關卜辭，同版有「辛亥卜王貞：䂞父乙百宰。十一月」、「戊午卜爭貞：叀（惟）王自往𠥷（陷麋）。十二月」，可推知本一月甲辰應處於月中末段。

---

48 島說見於《殷墟卜辭研究》，頁786-787；張說見於《丙編》上二，頁164。鄭說見《商代地理概論》，頁207。按，島邦男、張秉權與鍾柏生皆利用前4-46-4（合8609）「丁未卜爭☐告曰：馬方☐河東[來]☐」一辭定馬方位置在「河東」附近，不過此辭殘去一半左右，我們不能單據之即肯定馬方位置，尤其鍾氏以為此河指的是山西、陝西交界的黃河，馬方在「牧馬川」，實在欠缺確證，此事件也可能是在商的北方、南方發生的。

本坑其他與「馬」相關卜辭都是關於「多馬」、「來馬／以馬」、「令馬」之事，與馬方無關。丙一一二有「王往馬」事，不知與本辭關係如何。

三　羌方

YH127 坑賓組直接相關資料

典型賓一類	過渡 2 類
B120 丁丑卜賓貞：足隻羌。九月。／貞：足不其隻羌。 B132□寅卜貞：般亡不若。不逨（達）羌。一二三／般其逨（達）羌。／其逨（達）。／{王占曰□亡困（憂）。} 　貞：龍亡不若。不逨（達）羌。一二三／□龍其逨（達）。／其逨。／{□占曰：吉。} Y3176+ 貞□人。乎戩伐羌。／易登人。乎伐羌。	B32 貞：在北事（使）有隻羌。／{壬戌卜□}貞：在北事（使）亡其隻羌。／{王占曰：其自東有來。} B415 丙申卜賓貞：兔隻羌。其至于鬲。／貞：兔隻☒于鬲。 Y8422 □戌卜賓貞：足隻羌。

說明

由辭例可知，本坑賓組並無明確指稱對羌進行「征伐」的卜辭，缺乏「圍羌」、「戋羌」、「追羌」甚至稱「羌方」的紀錄，不過仍多有關於商王派遣人員獲羌、羌人逃逸的記載，從以上辭例來看商朝與其必常發生軍事上的衝突。坑外卜辭則多見徵用數千人以上部隊對其征伐的紀錄。[49]

傳統以來多認為商代「羌」、「羌方」並非如巴方、亘方般特指某一個獨立方國或氏族，而是一個廣泛的指稱，其中以陳夢家的說法較具條理，陳氏認為對羌方應理解為一流動的游牧民族，「羌」即「姜」是他們的種姓，並以為與已覆滅的夏朝具有同族關係；[50] 從祭祀類卜辭屢見「用羌」、「蚊羌」而不見用、**蚊**特指的某方來看，本書同意陳說，認為應以「民族」的

---

[49] 徵用對羌方作戰人數可達萬人，見合 39902（庫 310），而商人對伐羌戰後的獻俘禮十分重視，多少也可窺見殷商與羌族的衝突關係，相關可參于省吾：〈釋逆羌〉，《雙劍誃殷契駢枝三編》（北京市：中華書局，2009 年 7 月）、蔡哲茂：〈逆羌考〉，《大陸雜誌》第五十二卷第六期（臺北市：藝文印書館，1979 年 6 月）。

[50] 陳說見《殷虛卜辭綜述》，頁 276-282。

層次來看待商代的羌較為適宜，[51] 而其中特指的「羌方」應該是武丁當時羌人在殷西的聚居集中地，此地理位置恐怕不會直至殷末都固定不移；此外陳氏提出與夏人的關係仍應暫存疑。

進一步來談，關於自古以來羌人與中原華夏文明產生的互動、摩擦與融合，王明珂近年作了深入論述，他指出秦漢以前所謂的羌，其實是中原華夏對西方異族的通稱，並透過族群邊緣理論分析羌文化與族群之邊界受到上古的華夏文明影響，以及中古時期漢藏雙方文明的擠壓，不斷的變遷、西移，而他們所從事的生活模式（半農半牧──→游牧）乃在這一連串影響下逐漸改變，而非原本即以游牧維生。[52] 其觀點精闢，值得治古史者參考。

四　唐

YH127坑賓組直接相關資料

過渡 2 類
B57　貞：正（征）唐。／弗其正（征）唐。

說明

張秉權曾引陳槃〈春秋大事表列國爵姓及存滅表譔述〉中提到「大夏」的四個地望，認為唐邑最可能在今山西夏縣一帶，其說頗為合理。[53]

此條「正」字在此疑非祭名，應作「征」用，如此則本條辭例為僅見的對唐作戰之記載。用作氏族地名的唐，在卜辭中有農業活動，如乙 498＋乙 501：「己□卜古貞：▉（艾）在唐彔」；有田獵活動，如合 10998 反：「□□卜帚貞：王狩唐。若」；亦有營造活動，如丙三二一：「己卯卜爭貞：王乍邑，帝若。我从之唐」、英 1105 正：「貞：乍大邑于唐土」等，是一

---

[51] 祭祀上同樣的現象亦可見於鬼方、周方，辭例很多，但我們不會見到有某辭占卜的是「用巴」、「蚊亘」等，這很可能顯示了鬼方、周方在商人的眼中同樣也是以「民族」的高度來呈現，而非僅限於「氏族」的層次。

[52] 王明珂：《羌在漢藏之間》（北京市：中華書局，2008 年 5 月）；有關古代羌人生活形態的轉變，可另參氏著：《游牧者的抉擇》（桂林市：廣西師範大學出版社，2008 年 12 月）。

[53] 張說見《甲骨文字詁林》第四冊，頁 3524-3525。

個鄰近大邑商且與其關係密切的地點。習見的「唐子」或即此地領主。

五　戈方

YH127 坑賓組直接相關資料

過渡 2 類
B540　貞：王✿（遭）戈人。／貞：王弗✿（遭）戈人。

說明

　　饒宗頤以為戈乃古夏國，即《左傳》哀十二年「宋鄭之間有隙地，其一邑曰戈」所指；鍾柏生認為戈地應在殷西，即黃河、三塗（嵩縣西南）之間，其所根據為《史記・夏本紀》所載「戈氏」為夏后氏族裔之一，以及《逸周書・度邑》「有夏之居」在河南，除此之外文獻上似別無所據。按，日本《甲骨學》雜誌所刊〈書道博物館藏甲骨文字〉1,34-2 有辭例云：「貞：乎戈人𡪡鼁」，李學勤曾指出此「鼁」地位於商西田獵地「盂」區域內，鄰近盂地；商王命令戈人𡪡田於鼁，則戈人根據地亦應處於商西。[54] 1970 年在湖南寧鄉縣黃材鎮出土有「戈」族徽銘文的商卣一具，盛有玉器三百多件，不知與此戈族是否有關。[55]

　　丙一一九有「[乙]未卜㪤貞：羍戈」，根據字距判斷，「羍」字似屬後來補刻，原詞應作「戈羍」。合 6939 有「☐戈羍亘。𢾀（𢾀）」，合 10713 亦有「[甲]寅卜王☐𢎮乎戈羍」，而丙一一九亦載雀對亘方的攻擊，則此處所「羍」的應是亘方。而丙五四〇是占卜商王出行郊野，是否遭遇戈族人眾之事，雖然從字面上無法確知卜問底層因素為何，但有可能和軍事活動有關，故茲錄於此。[56]

---

[54] 李學勤：〈殷代地理簡論〉，《李學勤早期文集》，頁 43。

[55] 饒說見於《甲骨文字詁林》第三冊，頁 2309；鍾說見於《殷商卜辭地理論叢》，頁 208。「戈卣」資料轉引自李學勤：〈盤龍城與商朝的南土〉，《新出土青銅器研究》（北京市：文物出版社，1990 年）。

[56] 劉釗曾指出「戈人、朿人皆殷之步卒」，而非特定一氏族，然透過上引辭例「✿（遭）戈人」來看，此意見似有可商。其說見〈卜辭所見殷代的軍事活動〉，頁 90-91。

六 允（係）

YH127 坑賓組直接相關資料

過渡 2 類
Y6011＋Y6027＋Y6046＋Y6048＋Y6052＋Y6054＋Y6479＋Y6550＋Y6555＋Y8141＋ YB5719　乙卯卜古貞：乎龏𢔶在東允（係）。

說明

　　本條是商王呼令「龏」去對東方的「允」進行「𢔶」的軍事行動。此允字恰好位於裂處，拼合後作「▉」形，為係字無疑。卜辭中習見做為俘虜的「係」，許多學者曾對此提出意見；不過本條辭例顯示商朝對在東方的係人進行攻擊，原因是否是這些俘虜作了反抗，就不得而知了。

七 蠱羅

YH127 坑賓組直接相關資料

過渡 2 類
B83　癸丑卜㱿貞：旨𢦚（翦）𡊍蠱□／旨弗其𢦚（翦）𡊍蠱[羅]。／{王占曰：𢦚（翦）隹庚。不隹庚，叀（惟）丙。}
Y5395　乙卯卜爭貞：旨𢦚（翦）羅。／貞：旨弗其𢦚（翦）羅。／{王占曰：吉。𢦚（翦）☒}
B141　庚申卜爭貞：旨其伐有蠱羅。／旨弗其伐有蠱羅。／{[王占曰]：吉。其伐隹丁。}

說明

　　前二辭文例近似，僅干支前後相差二日，應是當時同卜一事。丙一四一謂「伐」，可能事在稍前，只是不知多久前，不能擅為排序。

　　「有蠱羅」者，嚴一萍以為指某種「淫厲之鬼」，[57] 實欠缺卜辭內在聯繫之證明；魏慈德認為「羅」為氏族名，而「有蠱」應視作災禍詞。[58] 按，卜辭中作為災禍義之「有田（憂）」、「有求（咎）」、「有𡆥（艱）」等詞一律置於句末，沒有見到置於句中、受詞之前者；且若以「有蠱」修飾「羅」，

---

[57] 嚴一萍：《殷契徵醫》上冊（臺北：自印線裝本），頁 29。
[58] 魏慈德：《殷墟 YH127 坑甲骨卜辭研究》，頁 221。

亦應能在卜辭中找到「亡蠱」＋「羅」的用法，但目前沒有見到類似用法，故本書認為與其將「有蠱羅」看做「在戋羅的過程中會不會有災禍」，不如參考征伐「基方缶」亦可省稱為「缶」的情形，將「有蠱」視為名詞詞頭虛詞＋氏族名，並以「羅」為私名或許更有可能性。鍾柏生即認為此處的蠱應視作族名或方國名。[59]

八 𣲖、夼

YH127 坑賓組直接相關資料

過渡 1 類	典型賓一類
Y2262+ 丁巳卜瞉貞：叀（惟）☑敦--- ☑昜隹(柏)敦。／☑昜隹□敦。	B511 以夼首(?)。

說明

　　對「夼」的征伐有在賓組中一系列，其字體據黃天樹認為屬於典型的賓一類，不過崎川隆認為應該從貞人及細部字體的差異上作區別，另歸入「過渡類」之中；本書認為崎川氏的觀點是較細膩可從的。

　　「夼」有從水者作「𣲖」，其水旁亦有加「又」旁如「🖾」（合 7033）「🖾」（合 7035），使之接近「支」形，不過都是指的同一個氏族。本坑賓組僅見上引二例，字體分類上皆屬賓組早期，丙五一一為丙五一〇的反面，該辭頗為漫漶，筆者釋讀多次定其辭如此；若可信，則可能是一則占卜是否以夼首領的頭顱作某種用途的記載，值得注意。

九 祭方

YH127 坑賓組直接相關資料

典型賓一類
Y5317 壬辰卜瞉貞：雀戋（翦）祭。／壬辰卜瞉貞：雀弗其戋（翦）祭。三月。

---

[59] 鍾說見於《甲骨文字詁林》第三冊，頁 2646。

說明

胡厚宣認為卜辭「祭」是管城的祭國；陳夢家存疑，表示卜辭之祭至少在殷代晚期似屬殷國範圍以內；島邦男以為地當在殷西；饒宗頤指出《春秋釋例》中所謂陳留長垣縣北祭城與卜辭祭方或有關係；鄭杰祥以為在今鄭州市東北，即春秋祭國所在地。[60]

透過字體、記事刻辭「雀入三」以及記載雀的比較，可發現本版與乙4693極可能是同一時間貢入並於稍早時間使用的此版事類大約發生在征亘戰爭前期，當年二～四月間。

拾貳　YH127坑賓組主要四系列戰事

一　對基方缶、𢆶、不（权）的戰爭

	干支	辭例	備註
十二月	辛卯 28	辛卯卜：王敦𢆶。受又。十二月。（H20530）	
	壬子 49	壬子卜㱿□□戋（翦）𢆶。／壬子卜㱿貞：☑弗其戋（翦）𢆶。／王占曰：吉。戋（翦）。／旬又三日甲子。允戋（翦）。十二月。（B558）	
	壬子 49	壬子卜爭貞：自今日我戋𢆶。／貞：自五日我弗其戋𢆶。（B1）	
	癸丑 50	癸丑卜爭貞：自今至于丁巳我戋𢆶。王占曰：丁巳我毋其戋（翦），于來甲子戋（翦）。旬㞢一日癸亥，車弗戋（翦）；之夕向甲子，允戋（翦）。／癸丑卜爭貞：自今至于丁巳我弗其戋𢆶。（B1）	
一月	戊午 55	戊午卜㱿：我𡨄𢆶。戋（翦）。一月。 戊午卜㱿貞：我其乎𡨄𢆶。戋（翦）。（B124）	
	己未 56	己未卜㱿貞：缶其喬我旅。／己未卜㱿貞：缶不我喬旅。 己未卜㱿貞：缶其來見。一月。／己未卜㱿貞：缶不其來見王。（B124）	
	丙寅 03	丙寅卜爭：乎龍敦侯專求权。（B1）	

60 胡說見氏著〈卜辭中所見之殷代農業〉，《甲骨學商史論叢》二集上冊，頁36-37。陳說見《殷墟卜辭綜述》，頁288；島說見《殷墟卜辭研究》，頁801；饒見《甲骨文字詁林》第一冊，頁899；鄭說見《商代地理概論》，頁226。

三月	丁巳 54	丁巳卜王貞：雀弗其[卒]缶。	
	庚申 57	庚申卜爭貞□[雀] (?)隻◿（Y4402＋Y5196＋Y5147＋Y5206＋Y4464）	
	庚申 57	庚申卜王貞：余伐不。／庚申卜王貞：余昜伐不。 庚申卜王貞：余伐不。三月／庚□卜王貞：余昜伐不。（B1）	
	庚申 57	□[庚]申卜[王]貞：[雀]隻缶／雀弗其隻缶。	
	癸亥 60	癸亥卜䧁貞：我使𢦏缶。／癸亥卜䧁貞：我使毌其𢦏缶。	
	癸亥 60	癸亥卜䧁貞：翌乙丑多臣𢦏缶。／翌乙丑多臣弗其𢦏缶。	
	乙丑 02	乙丑卜䧁貞：子商弗其隻先。（B1）	
四月	甲戌 11	甲戌卜䧁貞：雀以（比?）子商徒基方。克◿（Y906＋Y1116＋Y1119＋Y1153＋Y1233＋Y1655＋Y1871＋Y1892＋Y1958＋Y1992＋Y1999＋Y2440＋Y3479＋Y3511＋Y3514＋Y4885＋Y5582＋Y5591＋Y5593＋Y5760＋Y5765＋Y5790＋Y7981＋Y8093＋Y8163＋YB0862＋YB1683＋YB2054＋YB3228）	
	乙亥 12	乙亥卜䧁貞：雀有乍𡆥（憂）。／乙亥卜䧁貞：雀亡乍𡆥（憂）。	
	乙亥 12	乙亥卜內貞：今乙亥子商𡴀（趞）基方。弗其𢦏（翦）。／乙亥□□貞◿𢦏（翦）◿（Y5349）	
	辛巳 18	辛巳卜爭貞：基方□戎。	
	癸未 20	癸未卜內貞：子商𢦏（翦）基方缶。／癸未卜內貞：子商弗其𢦏（翦）基方缶。（B171）	
	辛卯 28	辛卯卜䧁貞：刃（勿）鼄基方缶乍𡎚（墉）。子商𢦏（翦）。	
	辛卯 28	辛卯卜䧁貞：鼄基方缶乍𡎚（墉）。不求。弗罟。四月。一二／辛卯卜䧁貞：鼄基方缶乍𡎚（墉）。其求◿四月。（Y906＋Y1116＋Y1119＋Y1153＋Y1233＋Y1655＋Y1871＋Y1892＋Y1958＋Y1992＋Y1999＋Y2440＋Y3479＋Y3511＋Y3514＋Y4885＋Y5582＋Y5591＋Y5593＋Y5760＋Y5765＋Y5790＋Y7981＋Y8093＋Y8163＋YB0862＋YB1683＋YB2054＋YB3228）	
五月	辛丑 38	辛丑卜䧁貞：今日子商其𡴀基方缶。𢦏（翦）。五月。／辛丑卜䧁貞：今日子商其𡴀基方缶。弗其𢦏（翦）。（B302）	
	壬寅 39	壬寅卜䧁貞：尊雀。更（惟）𤗉（啚）𡴀基方。／壬寅卜䧁貞：子商不𨒅𢦏（翦）基方。／貞：自今壬寅至于甲辰。子商𢦏（翦）基方。／壬寅卜䧁貞：自今至于甲辰子商弗其𢦏（翦）基方。五月。	

	壬寅 39	壬寅卜㱿貞：曰子商𠂤癸敦。五月。／曰子商于乙敦。	
		貞：曰子商至于有丁（圍?）。乍火。𢦎（翦）。／易曰子商至于有丁（圍?）。乍火。𢦎（翦）。	
	甲辰 41	甲辰卜㱿貞：翌乙巳曰子商敦。至于丁未𢦎（翦）。（B302）	
七月	甲寅 51	甲寅卜㱿：乎子汏酒缶于𠃬。／甲寅卜㱿：易乎子汏酒缶于𠃬。于商酒缶。（B309）隻缶。用。（B310）	

二　對亘、旲、𤞤（獂）的戰爭

	干支	辭例	備註
六月	甲申 21	甲申卜王貞：余征獂。六月。（B307）	
	丁未 44	丁未□王貞：余隻獂。六月。（B211＝B306）	
七月	戊午 55	貞：我𢦎（翦）枫。／弗其𢦎（翦）枫。／貞：我弗其𢦎（翦）獂。其枫。（B259＝B621） 我𢦎（翦）□令□敦𢦎（翦）獂。不其𢦎（翦）。（B260＝B622） 戊午卜爭貞：亶（㐭）𢦎（翦）獂。／貞：弗其𢦎（翦）獂。（B304）	
	戊午 55	戊午卜㱿貞：雀追亘𠃬／戊午卜㱿貞：雀追亘。有隻。（B304）	
	己未 56	｛己未卜王｝貞：亘不葉隹執。／貞：亘其葉隹執。（B304）	
	甲子 01	｛甲子卜㱿｝貞：亘隻。（B259＝B621）	
	庚午 07	庚午卜爭貞：亘夆。／庚午卜爭貞：亘不其夆。（B304）	
	壬申 09	壬申卜㱿貞：亘戎其𢦎（翦）我。／壬申卜㱿貞：亘戎不我𢦎（翦）。七月。（B211）	
	癸酉 10	癸酉卜㱿貞：亯亡在戎。／癸酉卜㱿貞：亯由。（B211）	
八月	辛巳 18	辛巳卜㱿貞：雀取亘我。／辛巳卜㱿貞：雀弗其取亘我。	
	辛巳 18	辛巳卜㱿貞：乎雀伐旲。／辛巳卜㱿貞：易乎雀伐旲。（B119）	
	壬午 19	壬午卜㱿貞：亘允其𢦎（翦）鼓。八月。／壬午卜㱿貞：亘弗𢦎（翦）鼓。（B177）	
	乙酉 22	乙亥卜：王敦旲。伐（殺）。／旬一日乙酉王伐（殺）。（H33078）	
九月	丁巳 54	｛丁巳卜㱿｝貞：犬追亘。有及。／犬追亘。亡其及。（B261）	

十二月	壬寅39	□亥□敵□我□隹**𢦏**亘。／□我□其□**𢦏**亘。 □□□敵貞：乎雀**衒**伐亘。（B485）	
	癸卯40	癸卯卜敵貞：乎雀**衒**伐亘。**𠦪**（**翦**）。十二月。／**昜**乎雀**衒**伐亘。 弗其**𠦪**（**翦**）。／**昜**□雀□（B249）	
三月	己亥36	己亥卜爭貞：令弗其隻執亘。	根據
	辛丑38	辛丑卜敵貞：戉不其隻亘。／隻。	Y5317
	乙巳42	乙巳卜爭貞：雀隻亘。／乙巳卜爭貞：雀弗其隻亘。	置此
	辛亥48	辛亥卜敵□雀□隻亘。（Y4693）	
五月	癸卯40	{癸卯卜敵}貞：我用**哭**孚。（B197）	

三　對巴、人（夷）、龍方、下厃的戰爭

	干支	辭例	備註
五月	庚寅27	庚寅卜賓貞：今早王其步伐人（夷）。／庚寅卜賓貞：今早王**昜**步 伐人（夷）。／{王占曰：吉。更（惟）其伐。其弗伐不吉。}（B276）	
	辛卯28	辛卯卜賓貞：沚**馘**啟巴。王**昜**更（惟）之比。／辛卯卜賓貞：沚 **馘**啟巴。王更（惟）之比。五月。／{王占曰：吉。沚**馘**□}（B276） 貞：王令帚好比侯告伐[人]（夷）□／貞：王**昜**□帚好比侯□ （Y2948＋Y2950）	
	--	王□侯告比。（B510）	
	--	貞：王比沚**馘**伐巴。／王**昜**比沚**馘**伐巴。（B26）	
六月	--	貞：王更（惟）尸（夷）正。／王**昜**隹尸（夷）。（B55）	
	壬子49	壬子□敵貞：今**𡇞**□[**昜**]沚**馘**□／壬子卜敵貞：今**𡇞**王更（惟）□ （B375）	
	--	貞：王更（惟）侯告比征人（夷）。六月／貞：王**昜**隹侯告比。（B27）	
	癸丑50	癸丑卜亘貞：王更（惟）望乘从（比）伐下厃。（B159）	
	癸丑50	癸丑卜亘貞：王更（惟）望乘比伐下厃。／{王**昜**比望乘伐□}（B311）	
	癸丑50	癸丑卜亘貞：王从奚伐巴。（B159）	
	癸丑50	癸丑卜亘貞：王比奚伐巴方□／{王**昜**比奚伐□}（B311） 貞：王更（惟）沚**馘**比伐□□／貞：王**昜**比沚**馘**伐巴方。（B22） 貞：沚**馘**啟巴。王比。／貞：王**昜**卒比。（B275）	

	乙卯 52	乙卯卜轂貞：王比望乘伐下厄，受屮又。／乙卯卜轂貞：王昜比望乘伐下厄，弗其受又。（B22）	
	丙辰 53	丙辰卜爭貞：沚聝啟。王比。帝若。受（授）我又（祐）。／貞：沚聝啟。王昜比。帝弗若。不我其受（授）又（祐）。／{王占曰：吉。帝其受（授）余又（祐）。}（B409）	
	--	貞：王昜（勿）比沚聝。／貞：王叀（惟）沚聝啟比。（B603）	
	--	貞：王叀（惟）侯告比。／昜隹侯告。（B275）	
	--	☑侯告征人（夷）。／昜比侯告☑／{王占曰☐比侯告。}（B603）	
	辛酉 58	辛酉卜轂貞：今🜍王比望乘伐下厄，受屮又。／辛酉卜轂貞：今🜍王昜比望乘□下厄，弗□受屮又。 辛酉卜轂貞：王叀（惟）□聝☑／辛酉卜轂貞：王昜叀（惟）聝比。（B12至20）	
	辛酉 58	辛酉卜爭貞：王比望乘伐下厄。／[辛]酉卜爭貞：王昜隹望乘比。（B24） 貞：王叀（惟）人（夷）以正。／貞：王[昜隹]人（夷）正。	
	--	☑王隹龍方伐。／王昜隹龍方伐。（B24） 王叀（惟）人（夷）正（征）。／昜隹人（夷）正（征）。	
	--	王叀（惟）龍方伐。／昜隹龍方伐。（Y3797）	
	辛未 08	{辛未卜賓}☑令比沚聝伐巴方。受有又。／貞：王昜隹帚好比沚聝伐巴方。弗其受有又。（B313）	
	辛未 08	辛未卜爭貞：帚好其比沚聝伐巴方。王自東🜔（深）伐。戎麿（陷）于帚好立（位）。／貞：帚好其□沚聝伐巴方。王[昜]（勿）自東🜔（深）伐。戎麿（陷）于帚好立（位）。（Y2948＋Y2950）	
	癸酉 10	{癸酉卜亙}□工比興方□下厄。／貞□□比興方伐下厄。（B319）	
十月	甲午 31	甲午卜賓貞：沚聝啟。王比伐巴方。受有又。／甲午卜賓貞：沚聝啟。王昜（勿）比。弗其受有又。十月。 （Y2464＋Y2537＋Y2820＋Y3627＋Y6865＋Y6935＋YB2065）	
	丙申 33	丙申卜轂貞：聝冉□王乎比伐巴☑／丙申卜轂貞：聝冉冊。王昜乎比伐巴☑（B315）	
	乙巳 42	乙巳卜爭貞：巴方其昌（敗）。／貞：巴方不其昌（敗）。 （Y2213＋Y6903＋Y8171）	

四　對角、脽、戈方、薛、莞（冒）的戰爭

	干支	辭例	備註
十一月	丁未44	丁未卜爭貞：畣各化亡田（憂）。十一月。／貞：畣各化其有田（憂）。（Y3422）	
十二月	甲寅51	甲寅卜內貞：畣各化戋（翦）角。／☑弗其戋（翦）角。（Y2910＋Y5585＋Y6489）	
	丙辰53	丙□卜古貞：畣化各受有又。／□辰卜古貞：畣各□弗其受又。十二月。／三旬有三日戊子。卒。戋（翦）戈方（Y2031＋Y2268＋Y2503＋Y7155＋YB1700＋YB2244＋YB6211＋YB6254）	
	丙辰53	丙辰卜賓貞：畣各化戋（翦）舁。／貞：畣各化弗其戋（翦）舁。／｛王占曰：更（惟）[既]。｝（B67＝B627）貞：旨弗其伐勝（薛）伯罍。／☑罍。	
	辛酉58	辛酉卜古貞：旨戋（翦）□伯罍。／貞：旨弗其□□伯□／｛王占曰：戋（翦）。隹☑引戋（翦）。（Y5253）	
	辛酉58	辛酉卜賓貞：畣各化戋（翦）舁。／貞：畣各化弗其戋（翦）舁。（B69）	
	辛酉58	辛酉卜敵貞：畣各化戋（翦）舁（角）。／敵貞：畣各化弗其戋（翦）舁（角）。／｛王占曰：更（惟）既。｝（B139＝B317）	
	辛酉58	舁脽。／貞：畣各化弗戋（翦）。／辛酉卜賓□□各化戋（翦）舁暨脽。／貞：畣各化弗其戋（翦）。／｛王占曰：更（惟）既。隹乙見丁。丁☑｝（B273）	
	壬戌59	壬戌卜爭貞：旨伐奇（薛），戋（翦）。／貞：弗其戋（翦）。貞：収（廾）人乎伐奇（薛）。／昜乎伐奇（薛）。／｛王占曰：吉。我允其來。｝（B41）	
	壬戌59	壬戌卜爭貞：旨伐奇戋（翦）。／昜乎伐奇。（B229＝B498）	
	乙丑02	[乙]丑卜賓貞：舁（角）其戋（翦）畣各化。／☑舁（角）弗戋（翦）畣各化。／｛王占曰：更（惟）亡戎。｝（Y7150）	
	辛未08	辛未卜賓貞：旨戋（翦）奇。／貞：旨弗其戋（翦）罍。（B413）□□卜敵貞：乎伐□／貞：昜乎伐奇。（Y3129＋Y3200＋Y3236＋Y3526＋Y3812＋Y4028＋Y4031＋Y4039＋YB3783）	
十三月	丙戌23	貞：王亡害。／王占曰：更（惟）既。／三日戊子允既。戋（翦）戈方。（B134）	

	戊子 25	王占曰：吉。𢦏（翦）。／之日允𢦏（翦）𢦏方。十三月（B273）	
	己丑 26	己丑卜㱿貞：今早王[往]伐𢀛方。受有又。十三月。／己丑卜㱿貞：今早王叀（惟）□[方]征。受有又。（Y2809＋Y3264＋YB1836）	
	庚寅 27	庚寅卜㱿貞：𠂤化各𢦏（翦）角脽。／貞：𠂤化各弗其𢦏（翦）。／｛王占曰：叀（惟）既。｝（B134） ▨貞：𠂤各化𢦏（翦）角眔（暨）脽。（Y7846） □午卜㱿貞：王伐𢀛。帝受我又。△月	
	壬寅 39	壬寅卜爭貞：今𡆥王伐𢀛方。受有又。十三月（H6543）	
一月		𠂤各化弗其𢦏（翦）角。（B508）	

第二節　祭祀對象分類研究

　　本書將在此節當中，分出六個主要範圍，對本坑賓組祭祀對象的辭例作一整體性的梳理，並配合對各主要祭祀方式的提出，試圖在列舉充分辭例的同時能夠結合本書對它們的理解，提供較具學術價值的分析、論述與疑問；由於以「賓組」字體作為取擇範疇，故此節所論並不限於傳統所謂「第一期卜辭」，亦涉及到少數祖庚、祖甲之辭例。[61]

　　長久以來，囿於卜辭往往以省略的形式記錄貞問內容，[62] 甲骨學界對祭祀方式（祭名、祭法）的研究，在細部觀點的差異一直都存在，也就是說，關於究竟如何才能有效分析各「祭法」的內在特質與彼此間的涵攝關係，是困擾許多學者的問題。宋鎮豪、劉源在其著《甲骨學殷商史研究》的第八章中提到：

> 此外，目前學術界也盛行以所謂「祭名」區分卜辭中各種祭祀的習慣，如見到「屮」即稱屮祭，見到「酓」即稱酓祭，見到「祤（禦）」即稱禦祭等等。這種作法在學術研究過程中約定俗成，能帶來一些方便，但也有很不嚴格的一面。首先，祭名這個詞的內涵一直以來沒有清晰的界定，往往與用牲法、祭法、祭儀等概念混用。嚴格來說，祭名應指祭祀動詞，但祭祀動詞有著不同的含意，分別反映著祭祀動機、儀式內容等方面的信息，且多個祭祀動詞經常並見於一條卜辭之中，從這個角度說，用祭名來區分、命名祭祀活動是極不合理的。其次，以祭名區分祭祀，不是根據祭祀的本質特點進行真正意義上概況或總結，而是零碎的命名工作，無助於祭祀儀式內容

---

[61] 由於傳統五期劃分法較不注重字體所標誌的類型學意義，研究商代祭祀者往往容易因之受到研究上的限制，如吳俊德：《殷卜辭先王稱謂綜論》（臺北市：里仁書局，2011 年 3 月），此書內容詳瞻深入，論述完整，不過主要秉持傳統五期觀點立論，並主張歷組卜辭在後的觀念，可能多少會對結論產生影響；此外此書中常將王卜辭與非王卜辭混同而論，或值得商榷。

[62] 這是主要導致研究產生歧異的緣故，其他尚有誤讀卜辭、釋字錯誤、辭例太少導致判斷過於武斷等等因素，都是學者欲深入研究商代祭法所必須面臨的先天障礙。

的考察等進一步的研究工作。所以，這種不符合卜辭所見祭祀的特點的馬虎作法很不可取。[63]

此說乃根據卜辭現實立論，有其理論價值，其所指出關於命名之不合理，正是卜辭敘事特色給學者所帶來的難處。以下便略舉數例關於難以認定與嚴格判定此類祭祀動詞的例子，以資申論。例如有關「㞢祭」的部分，通常在本坑賓組卜辭「㞢」中皆用為主要祭祀方式，不過有時在句中有其他主要祭祀方式同時存在時，「㞢」的用法判斷便令人頗為困擾，如：

（一）貞：御帚好于父乙。𠬝宰㞢南。冊十宰。十㞋。南十。／□易冊父乙十㞋。十宰。南十。（丙五四八）

（二）己□卜㱿貞：御帚好于父□𠬝羊㞢豕。冊□宰。／貞：易冊父乙五宰。己卯卜㱿貞：御帚好于父乙。𠬝羊㞢豕。冊十宰。／易冊□乙□宰。（乙 1033＋乙 2759＋乙 2802＋乙 2999＋乙 3007＋乙 3383＋乙 3494＋乙 7304＋乙 7350＋乙 7578＋乙 7655＋乙 7913＋乙補 0412＋乙補 1094＋乙補 2022＋乙補 3118＋乙補 3121＋乙補 6559）

（三）燎父乙三豕。㞢十伐。卯十牛。（丙四〇一）

諸如此類，這時若無同文例或類似文例的卜辭可供比對，則不同學者之間往往將產生解釋上的歧異。花東 228（H3:662）有：

（四）甲申卜：叀（惟）小歲。𢼀于祖甲。用。一牛／甲申：叀（惟）大歲。㞢于祖甲。不用。

一般來說，「𢼀」作為用牲法而非主要祭祀方式是被學者所公認的，而此例中的前者指可能在較小規模的歲祭中採取𢼀一牛的方法，後者貞問是否大規模歲祭，用㞢的方法，並省略了牲名。可見此對貞二辭「𢼀」、「㞢」二者的語意層次也是具有爭議的。

又例如一些習見作為用牲法的專用字，在少數時候單獨書寫時，這類卜辭即使參考類似文例，也往往不易與主要祭祀方式作釐清，如：

（五）辛亥卜王貞：冊父乙百宰。十一月。（丙一一四）

雖然可以合理地推測此條卜辭，或許是省略了「㞢」、「燎」、「酒」、「御」任一主要祭法未書寫，仍將「冊」視為「用牲法」；不過，如果當時確實罕見地將「冊」上升至主要祭祀方式的位階，進獻父乙百宰呢？必須承認，

---

[63] 宋鎮豪、劉源：《甲骨學殷商史研究》，頁 332。

數千年後的我們是沒有足夠能力肯定如何才是完全正確的釋讀方式的。

由此可見，意欲深入研究商代祭祀確有其困難度。不過，相信未來藉由綴合工作的持續推進，辭例逐漸完備，對這類商代祭祀方式相關問題的研究必定能得到令人欣喜的突破。另外在此順便一提，前面宋書引文中所謂「這種不符合卜辭所見祭祀的特點的馬虎作法很不可取」的說法，似不必然如此，畢竟學術工作是層累地向前推進，前修未密則後出轉精，若沒有前輩學者留下的研究心血，今日吾人面對浩瀚學海勢必加倍辛苦，無論前賢成果如何，終應以肯定的心態來處理、修正之，以共同獲得更高的學術價值。

由於本書研究主軸並非專論祭祀卜辭，故下面的討論將以對象為綱，以方法為目，在「祭法」的分類上不深入析分，主要仍以傳統觀點取其辭例。不過參酌近年研究，稍作修正處有二，其一是將傳統所用「祭名」、「祭法」等較籠統的用法改以較中性的「祭祀方式」稱之，以彰顯其指稱上的科學性；其二是盡量藉由語序、語法、詞性的不同，分別出同辭例中「主要祭祀方式」與其他次要方式的區別，本書認為絕大部分的祭祀辭例中，即使祭祀對象為複數，其主要祭祀方式應只有一個，其他同辭同用的方式或為次要的配合祭祀，或為用牲方式，應該力求區別。以下便開始本節論述。

壹　帝、四方

一　帝

商代的「帝」歷來討論極多，此議題所牽涉的層面很廣，尤其是其所具有之「至上神」的概念相當重要。陳夢家認為卜辭上帝有很大的權威，是管理自然與下國的主宰，他列舉出大量的卜辭實例作例證；高明則指出「商王對待這位主宰宇宙的神靈，只能敬謹聽命，用自己的虔誠信仰和隆重享祭換取帝的保佑。」裘錫圭引伸郭沫若的觀點，認為商王強調「帝」既是至上神，也是宗祖神，商王正由於他是「帝」的嫡系後代，所以才有

統治天下的權力；這些都是十分精闢的意見。[64]

就 YH127 賓組卜辭而言，記載「帝」降下災禍、施予護祐、影響城邑，以及影響年成農穫，其例極多，以下略舉數例：

（一）戊申卜爭貞：帝其降我艱。一月／戊申卜爭貞：帝不我降艱。（丙六七）

（二）辛丑卜𣪊貞：帝若王。／貞：帝弗若王。（丙二三七）

（三）丙辰卜爭貞：沚�啟。王比。帝若。受（授）我又（祐）。／貞：沚�啟。王弜比。帝弗若。不我其受（授）又（祐）。／{王占曰：吉。帝其受（授）余又（祐）。}（丙四〇九）

（四）□□卜賓貞：帝其乍王𡆥（憂）。／癸卯卜爭貞：帝弗乍王𡆥（憂）。（乙3119＋乙4526＋乙4584＋乙8195＋乙補2620＋乙補2629＋乙補2631＋乙補2746＋乙補3039＋乙補5106＋乙補6771＋乙補6774＋乙補6992）

這些是卜問「帝」是否降禍、致福予我的例子，佔了較多的比例。

（五）丙辰卜𣪊貞：帝隹其冬（終）茲邑。／貞：帝弗冬（終）茲邑。（丙七一）

（六）貞：帝疾唐邑。／貞：帝弗疾唐邑。（丙一〇八）

（七）壬子卜爭貞：我其乍邑。帝弗左（右）。若。三月。
　　癸丑卜爭貞：弜乍邑。帝若。癸丑卜爭貞：我宅茲邑。大賓。帝若。
　　三月／癸丑卜爭貞：帝弗若。（丙一四七）

（八）癸巳卜賓：帝毋其既入邑摧。（乙5241）

這些例子則顯示了「帝」對城邑所具有的禍壞威能。

（九）貞：翌癸卯帝其令風。／翌癸卯帝不令風。夕雀（陰）。（丙一一七）

（十）自今庚子□于甲辰。帝令雨。／至甲辰。帝不其令雨。（丙三八一）

（十一）{庚辰卜□}貞：隹帝害我年。二月／貞：不隹帝害我年。／{王占曰：不隹帝害。隹由。}（乙7456）

令風、雨的能力，顯示「帝」有其影響農成的力量，在商人心中它是可「害我年」的。

從上引諸例以及整體賓組卜辭中來看，「帝」作為一個神靈來說，是特別令商人畏懼敬從的，它具有廣泛的威能，能對風、雨、城邑、農成、

---

[64] 陳說見《殷墟卜辭綜述》，頁562；高說見《甲骨文字詁林》第二冊，頁1085-1086；裘說見氏著：〈關於商代的宗族組織與貴族和平民兩個階級的初步研究〉，《古代文史研究新探》（南京市：江蘇古籍出版社，2000年1月），頁300。

戰役產生影響，而不僅限於個人。本坑所見的其他例子中，絕大部分的祖先神、自然神都只對個人產生影響，極少數如乙4559：

（十二）貞：隹父乙害牛。／[貞]不隹父乙害牛。

這是對牲牛作害；乙820＋乙823＋乙920＋乙1236＋乙1638＋乙補299＋乙補694＋乙補976＋乙補977＋乙補978＋乙補1225：

（十三）庚申卜永貞：河害雨。十一月／貞：河弗害雨。庚申卜永貞：岳害雨。／庚申卜□貞：岳弗□雨。

這是河與岳「害雨」的記載，不過他們沒有對戰役、城邑產生禍害的能力。由此可見，「帝」在商代，至少在武丁時期乃是商人心目中最具權能的一個神靈。

　　不過，雖然它有如此崇高的地位，在卜辭中卻難得一見對其進行一般常見祭祀的紀錄。本坑賓組卜辭中可見與祭祀「帝」有關的紀錄僅見以下此條：

（十四）貞：咸賓于帝。／貞：咸不賓于帝。

　　　　貞：大□賓于帝。／貞：大甲不賓于帝。

　　　　貞：下乙□于帝。／貞：下乙不賓于帝。（丙三九）

「賓」有臨、配義，此處所占問的是對咸、大甲與下乙是否可以與帝同樣的規格（或相近的位置）來作祭祀；這只能算是廣義的祭祀卜辭，不過也顯示了商人的很可能將「帝」視為祭祀的對象之一。近來林宏明綴合一組甲骨，文字如下：

（十五）□□卜：其萃（禱）年于帝☒（合33330＋合34147）

此組綴合甲骨皆為善齋所藏（善9068＋善1229），幾乎確定了商人祭祀對象包含「帝」，胡厚宣所謂「但求雨求年，就要禱告先祖，求先祖在帝左右從旁再轉請上帝，而絕不直接向上帝行之」的說法恐怕不確；[65] 不過囿於仍有殘文，這個問題要完全解決仍尚待更多辭例出現才能獲得突破。[66]

---

[65] 胡厚宣：〈殷卜辭中的上帝和王帝（下）〉，《歷史研究》第十期（1959年）。

[66] 此新綴見林宏明：〈甲骨新綴第126例〉，2010年10月9日發表於中國社科院先秦史研究室網站：www.xianqin.org/blog/archives/2092.html；此綴合對商代祭祀「上帝」問題有所貢獻，然尚殘斷，仍需求得新綴以利學界使用，見劉源、常玉芝於該頁面下的留言。

對帝祭祀用牲與其他相關列表

	授祐	呼令風雨	影響城邑
神靈威能	B114,B409,Y1399+,Y2809+, Y3787+	B529, B117, B307（此處用為求雨）, B381,	Y5241,B71, B73,B93, B326,B108, B147,B199, B214, B321, Y653+,
	若（有若）	降孽艱咎	其他相關
	B237,B93, B147,B199, B212,B213, B219,B321, B605, Y1036+	Y1707+,B235, B67,Y4830+, Y5194,B371, B496,B537, Y655+,Y4379+,Y3119+,	B521（令誅）, Y4832（帝官）, Y7456（害年）, Y1033+（肇疾）

二　四方

卜辭中習見對「四方」進行祭祀活動，由於商人認知中四方與「帝」的關係較為特別，胡厚宣指出：

> 殷人把自然現象中的風雲雷雨虹霓，都看成是一種神靈。帝在天上，為總的神靈，風雲雷雨虹霓在帝左右，其受命令驅使，而來自四方。所以又把四方也認為都有一種神靈。[67]

其說可從。因此本書將之置於一類中，以利討論。[68]

對四方的祭祀，有以㯱祭進行的，如下：

（一）㯱于西南帝介，卯。／昜㯱西南。（丙四七）

（二）戊戌卜內[貞]：乎雀方㯱一牛。／戊戌卜內貞：㯱三牛。（丙一七一）

（三）㯱于東。／昜㯱于東。

　　貞：㯱于西北。／昜㯱于西北。

　　貞：㯱于南。／昜㯱于南。（乙4733）

關於「㯱」，饒宗頤曾指出該字所從「束」象束絲狀，為「幾」的本字，

---

[67] 胡厚宣：〈釋殷代求年於四方與四方風的祭祀〉，《復旦學報》第一期（1956年）

[68] 此外如齋木哲郎便曾以神話學與史學觀點提出「帝」是商人至上神，而「方」是其他四方部族神，彼此間具有上下關係的看法；見氏著：〈「方帝考」補〉，《殷都學刊》第四期（1990年）。

楷定應作「絨」，這從「棘」字束旁無作「糸」者以及卜辭「戎」字从戈不从戌等事實看來其說似難信；張秉權則根據辭例確認此字性質與柴燎等字相近，與祭祀有關；目前對其性質仍未有定論。[69] 第一例是卜問是否棘祭西南「帝介」，用「卯」的用牲法來進行；此「帝介」應從裘錫圭釋為文獻中的「嫡庶」，[70] 蔡哲茂先生進一步指出：

> 棘于西南可能就在宦的西南祭祀，祭祀的對象則為嫡、庶。同版卜辭有旁系的羌甲、南庚，也有直系的祖乙，卜辭帝介所指的可能就是直系或旁系的先王，帝介並舉正可為裘說之佐證。[71]

在「宦」此建築單位中對特定方向進行祭祀行為，顯然是四方崇拜的某種體現。第二例則卜問呼令雀行棘祭於「方」，其用牲之數量。

除此之外，對四方的祭祀亦有以**帝祭**進行的，這部分佔的比例較大，如下：

（四）方帝。／弜方帝。（丙一〇七＝丙五〇三）

（五）貞：方帝一羌二犬。卯一牛。／貞：弜方帝。（丙一二二）

（六）方帝羌。卯牛。／弜方帝。（丙四四〇）

（七）□方帝三羌。（乙 683＋乙 4932）

（八）己巳卜賓貞：帝于西。／貞：弜帝于西。（乙 2252＋乙 2282＋乙 2399
　　　＋乙 2401＋乙 3565＋乙 6767＋乙補 1859＋乙補 3094＋乙補 6103）

（九）戊申卜㱿貞：方帝。燎于土（社）兇（稷）［㣴］。卯上甲。（丙四三一）

（十）弜乎雀帝于西。（乙 5329）

胡厚宣認為，此類的「帝」都指的是文獻中的「帝（禘）祭」，是一種「王者禘其祖之所自出」的隆重大祭，並指出以上諸辭的「方帝」，應皆讀為「帝于方」，非獨指某方位，實指四方而言。島邦男、于省吾亦秉持此說立論，指出方帝即帝方之倒文，為「帝于方」之省。[72]

　　「帝（禘）祭」在性質上應該如同上述，是一種相當隆重的大型祭典，

---

[69] 饒、張說見《甲骨文字詁林》第三冊，頁 2420-2421。

[70] 裘錫圭：〈關於商代的宗族組織與貴族和平民兩個階級的初步研究〉，頁 296-303。

[71] 蔡哲茂：《論卜辭中所見商代宗法》（日本：東京大學東洋史學博士論文，1991 年。指導教授：松丸道雄），頁 220。

[72] 胡說見：〈釋殷代求年於四方與四方風的祭祀〉；島說見：《殷墟卜辭研究》上冊，頁370-371；于說見：《甲骨文字釋林》，頁 184-187。

不過此類「方帝」是否原來皆屬「帝于方」的倒裝語法，則有待商榷。沈培透過已確認之倒裝語序以及否定詞位置與此類方帝辭例進行比較，發現讀為「帝于方」的不合理處；並指出「**方燎、方告與方帝的結構應當是相同的，方燎的否定形式也是否定詞（弜）＋方燎**」，整合辭例後，表示：

> 「方帝」之辭的方是動詞，方帝可能就是「按『方』的方式進行帝祭」的意思（大概因為這樣祭祀實際上就是對各方進行祭祀，所以「方帝」句從不出現對象賓語。）（底線為引者所加）卜辭類似的用法有「𢀛用」等辭，「𢀛用」是「按𢀛的方式用」的意思。因此「方帝」不能看做「帝方」的「倒文」。[73]

其說透過語法分析立論，顯然合於卜辭現實，較為可信；不過其中提到「方」為動詞屬性，細體會該詞用法後頗感不類，尤其「方燎、方告、方帝」三者類同，若「方」作動詞似乎在語感上不甚合理。沈說所引「𢀛用」一辭，近來有學者深入研究，提出當讀為「皆用」，表示「率、悉、所有」的意涵，[74] 這樣看來方帝之「方」可能也應如同「𢀛」字用法，視作修飾「帝」的副詞較妥。

　　第六辭「方帝羌」，指「方帝一羌」，由於沒有後綴修飾（參第五、七辭「一羌二犬」、「三羌」），故此處加以省略數目。從第八、九辭來看，帝祭四方可配合對自然神（社、稷）的燎祭以及對祖先神（上甲）的用牲同時進行，從卜辭上較難以分辨何者的祭祀位階更高。

　　按，卜辭中對四方多以帝祭進行祭祀，是否有其緣故？本書認為至少有兩個線索可供思考，即是可能和殷人心目中「上帝與四方」，以及「帝祭本身與上帝」的特殊關係有密切關係。學界對此二議題早已多所討論，前者可見前引胡厚宣的說法最具代表性，而後者帝祭與上帝關係究竟為何，則由於辭例較少，目前仍缺乏可信的結論；本書在此提供一條學者新說，林宏明於2010年12月綴合一組甲骨，綴合後的卜辭為：

---

[73] 沈培：《殷墟甲骨卜辭語序研究》（臺北市：文津出版社，1992年11月），頁72-75。

[74] 陳劍：〈甲骨文舊釋「𣊫」和「𣊫」的兩個字及金文「𤔥」字新釋〉，《甲骨金文考釋論集》，頁177-233。

（十一）貞：于帝令降帝（禘）。

〔合 14177（京 429、善 634、續存上 482）＋掇三 331〕[75]

這是一組典賓卜辭，從甲骨位置上看來，本辭末字後似已無殘文，全文在貞問關於「帝」命令「降帝」的事件。後一帝字作 ，是習見作為禘祭用法的「帝」字異體分工類型，[76] 可見這裡可能表示「降下禘祭」此種如同「帝降𦣞（憂）」的用法，或是表示「降臨參與禘祭」的意思，從「令」字看來，前者較有可能；這條卜辭顯示了上帝與帝祭之間明顯的密切關連。但值得注意的是，此辭「于」字在此位置的用法很少見，可能是當作介詞，標誌命辭焦點的「帝」，若如此，則「降帝（禘）」不一定僅限於上帝才能行使，而是一種其他某些神靈亦能夠施展的權能。

另外，亦有以「燎」的方式對四方作祭祀之例：

（十二）貞：燎東西。南。卯黃（小）牛。／燎于東西。㞢伐。卯南。黃牛。（丙二二一）

此辭卜問燎祭東、西方，是燎「南」[77] 並卯剖黃（小）牛好，還是燎「伐」，並卯剖「南」與黃牛好。這是本坑賓組僅見以燎祭祭祀四方的辭例，之所以不稱「方燎」，大概也是與「方」包含了四方觀念而此處僅對東、西施祭有關。

對四方祭祀相關列表

		搭配祭祀／用牲方式／用牲數量		
		卯	伐	未誌明
主要祭祀方式	帝	一羌二犬。（B122） 羌。（B440）		卯一牛。（B122） 卯牛。（B440） 三羌。（Y683＋Y4932）
	燎	卯黃(小)牛。／卯南。黃牛。（B221）	伐。（B221）	南。（B221）
	㪟			一牛／三牛。（B171）

---

[75] 此新綴見林宏明：〈甲骨新綴第 154 例〉，發表於中國社科院先秦史研究室網站：http://www.xianqin.org/blog/archives/2183.html（2010 年 12 月 10 日）。

[76] 孫俊：《殷墟甲骨文賓組卜辭用字情況的初步考察》，頁 13-16；本組綴合亦展現出罕見的同版同辭同字異構現象，值得關注。

[77] 卜辭中用作牲名的「南」，本書根據檢查乙 4694 原版文字以及辭例釋讀，認為應以唐蘭釋之為「穀」類農作物的說法最為合理，較不可能指「畜子」、「小豚」；請參見本書第二章丙二二一的相關說明。

貳 先公

一 帝嚳、契

傳世文獻中記載商人始祖有帝嚳與契，在卜辭中究竟可與哪位神明對位，歷來爭議甚多，蔡哲茂先生根據高鴻縉的意見，進一步指出契就是卜辭中的「㝅」字，而王國維認為卜辭中的高祖夒是帝嚳也是可信的。「㝅」大概就是高祖夒之子。他認為：

> 卜辭中的「㝅」根據它的用法可分為兩種，一為動詞讀為「戛」字，其義文例多作攻擊之義，另一為受燎祭及禱禾的對象，又經常與河、岳，及先公示壬名號並列，而又可作為「告龝」的對象。由於它和「高夒」同見於一版，可知他並非高祖夒。由聲韻關係可知「戛」與「契」音近，說他是帝嚳之子，即「契」，也就比較可信。由出土的戰國文獻與傳世文獻比較可知契就是傳說中的少暤。若文獻上的帝嚳就是高祖夒的話，那麼高祖夒與契的關係很可能就是父子。由於卜辭上他和「夒」同樣在「又（右）宗」受祀，可見他們父子二人的地位一樣重要，他為殷人的始祖即文獻上的「契」，也就可以成立了。[78]

其意見擥理前賢舊說，並申論得當，合理可從。不過就YH127坑卜辭來看，筆者在其中並無發現有祭祀夒（嚳）或㝅（契）的辭例，這一點與時代性重疊的歷組卜辭以及較後期的賓三類卜辭十分不同，[79] 其中是否有未知因素導致此種差異的出現，頗值得探討。

---

[78] 蔡哲茂：〈說殷人的始祖——「㝅」（契）〉，本書初稿曾於國立政治大學主辦之「高明教授百歲冥誕紀念學術研討會」（臺北市：國立政治大學，2008年10月4-5日）宣讀。

[79] 可參看《屯南》52、492，《合集》6303、14380、30299、33228、34179等，例多不煩列舉。

二　王亥

　　王亥是著名的商代先公，其事蹟載於《山海經》、《竹書紀年》、《楚辭》與《世本》之中，埋沈已久，從甲骨文被發現之後才逐漸被學者所耙梳整理而出。[80] 就本坑所見，王亥具有禍害商王的能力，如：

（一）己未卜爭貞：王亥咎我。／貞：王亥不我咎。（丙三）

（二）隹王亥。／不隹。（丙三四九）

商王也會對他進行祈求：

（三）于王亥求我（宜）。／易于王☐（丙四四〇）

對他的祭祀，常見的的有**棘祭及燎祭**：

（四）貞：棘王亥十牛。（丙二二三＝丙四四二）

（五）來辛亥燎于王亥五十牛。／五十牛于王亥。（丙一一七）

（六）丙戌卜嗀貞：燎王亥圭。／貞：易圭。燎十牛。（丙一〇〇）

（七）甲申卜爭貞：燎于王亥。其琡。／甲申卜爭貞：易琡。
　　　　　貞：燎于王亥十牛。／貞：易十牛。（丙一一二）

此處可以清楚見到，對他的燎祭，可以玉器為祭物，亦可以牛為祭牲；「琡」字舊釋「璋」，本書依陳劍釋。按，丙一〇〇與丙一一二字體上屬過渡 2 類，干支僅隔一日，文例極近，且各有占卜田獵事（狩、焚），應為同時所卜；如此則可繫聯兩版的記事刻辭「乇入五」、「奠來二」，凡屬之皆可繫聯時間。

其他祭祀方式還有**酒祭**，如：

（八）辛未卜嗀：今來甲戌酒王亥。（丙一一六）

（九）貞：酒王亥。（丙一一七）

（十）癸卯卜爭貞：下乙其有鼎（正）。／王占曰：有鼎（正）。[上]隹大
　　　　示。王亥亦助。／☐酒明雨。伐☐雨。咸伐亦☐蚑卯。鳥（倏）大
　　　　啟。易。（丙五六二）

（十一）☐酒王亥。（乙 1654＋乙 1697）

丙五六二「☐酒明雨」，表示是施行酒祭的情形。在殷人的實際操作中，酒祭與屮祭屬於同樣等級的祭祀方式，卜辭中習見「屮伐」←→「酒伐」、「屮升伐（歲）」←→「酒升歲」的辭例（見粹 154 至 165），且此二祭可

---

80 關於最早對王亥進行討論的學者論述，可參看日‧內藤虎次郎：〈王亥〉，《藝文雜誌》（東京，1916 年）；王國維：〈殷卜辭中所見先公先王考〉，頁 212-214。

分先後，如合 1162：

（十二）貞：业報于上甲。先酒。

此條貞問业祭是否先於酒祭。既然能有先後的選擇，表示其位階應該是相同的。

關於酒祭施行的相關細節，近來朱鳳瀚的研究綜合修正前人觀點，並歸納指出：

> 綜上述，酚字讀酉音，以酉與彡會意，以彡示從酉中傾下的酒液。如此，當酚作為祭名使用時，如非作假借字使，即應該是指一種傾酒的祭儀。[81]

其說當可從。

此外還有**业祭**：

（十三）业于王亥。（丙一一六）

（十四）翌辛亥业于王亥四十牛。（丙一一七）

試從上引丙一一六、一一七上的選貞情形以及「酒祭」中的說明來看，已知「业」、「酒」在武丁時期是位階相同的兩種祭祀法，二者在卜辭語法中皆可接用牲語與祭牲名，後面還能夠看到許多類似的例子。

此外還有**祊祭**：

（十五）辛未卜瞉：王叀（惟）业匚（報）。酒于王亥。（丙一一六）

「匚」在卜辭中若用為祭法，即文獻中的「祊」、「報」祭，可獨用，亦可與「业」、「酒」、「雈」配合進行，獨用則表示單獨施行報祭，而「业匚（報）」應該表示的是與业祭結合施行的概念，在此例中「酒」作為「匚（報）」的下位祭法；卜辭中還有許多「我匚」、「朕匚」等辭例，這裡的匚是以本義「盛主器」呈現，且擴大意涵，指有宗廟內盛主器具的祖先神。[82]

[81] 朱鳳瀚：〈論酚祭〉，《古文字研究》第二十四輯（北京市：中華書局，2002年7月）

[82] 關於匚的釋讀及相關探討羅振玉、傅斯年、唐蘭、陳夢家、孫海波、李孝定等人皆有說，可參《甲骨文字詁林》第三冊，頁2184-2191。

對王亥祭祀用牲與其他相關列表

<table>
<tr>
<td rowspan="2" colspan="2"></td>
<td colspan="2" align="center">搭配祭祀／用牲方式／用牲數量</td>
</tr>
<tr>
<td align="center">燎</td>
<td align="center">未誌明</td>
</tr>
<tr>
<td rowspan="6">主要祭祀方式</td>
<td>屮</td>
<td></td>
<td>四十牛。（B117）</td>
</tr>
<tr>
<td rowspan="2">燎</td>
<td>圭。／十牛。（B100）</td>
<td rowspan="2"></td>
</tr>
<tr>
<td>璈。／十牛。（B112）</td>
</tr>
<tr>
<td>敕</td>
<td></td>
<td>十牛。（B223＝B442）</td>
</tr>
<tr>
<td>燎</td>
<td>五十牛。（B117）</td>
<td></td>
</tr>
<tr>
<td rowspan="2">神靈威能</td>
<td align="center">降孽艱咎</td>
<td align="center">其他相關</td>
<td></td>
</tr>
<tr>
<td>B3,B349,</td>
<td>B440（求宜）</td>
<td></td>
</tr>
</table>

三　上甲

　　《史記》中除了即位世序外，並無對上甲（微）有太多記載，不過在戰國時代以前，關於此先公的記載甚多，如同對王亥的「再發現」，王國維在〈殷卜辭中所見先公先王考〉一文內亦將卜辭中的上甲與《山海經》、《魯語》、《孔叢子》的記載作聯繫，釋出其字並理清了前後世序問題。[83]近來《清華簡》出土，其中〈保訓〉一篇亦存有關於上甲微求「中」的典故，可以參考。

在卜辭中，上甲會給商王帶來禍咎：

（一）上甲咎王。／上甲弗咎王。（丙三一二）

（二）癸巳卜㱿貞：上甲害王。／貞：上甲弗害王。（乙 5014＋乙 5267）

如同「帝」一般，祂也有「授祐」的能力，商王也會對其作祈告的動作：

（三）{乙巳卜□} 貞：秦（禱）于上甲。受我又。／易秦（禱）于上甲。
　　　不我其⊿。（乙 3325）

（四）告于上甲眔（暨）咸。／易告。（乙 3797）

以下列舉本坑關於上甲的祭祀辭例，首先是最常見對其進行**屮祭**的卜辭：

（五）翌乙酉屮伐自咸，若。／翌乙酉屮伐于五示：上甲、咸、大丁、大
　　　甲、祖乙。（丙四一）

（六）{甲辰卜□}貞：屮于上甲三宰告我匚（報）羍（達）。／貞：一宰
　　　于上甲告我匚（報）羍（達）。／十豩于上甲。（丙一一四）

（七）☑于上甲一牛。／☑屮。
　　　翌甲辰于上甲一牛。／貞：宰于上甲☑（丙五三一）

（八）{丙戌卜𣪝}來甲午屮伐上甲十。（丙二三三＝丙三三〇）

（九）屮于上甲。／易于上甲。
　　　貞：屮于大甲。伐十又五。／翌甲寅屮伐于大甲。／甲寅☑（丙二
　　　三五）

（十）貞：今辛屮于上甲。／今辛亥易屮于上甲。／今辛屮于上甲。用。
　　　（丙二五九＝丙六二一）

（十一）屮于上甲十伐。卯十宰。／上甲□十伐又五。卯小宰。／{乙未
　　　　卜𣪝}貞：廿伐上甲。卯十小宰。（丙三二四＝丙六一七）

（十二）貞：屮伐于上甲十有五。卯十小宰。豩一(?)。／貞：屮伐于咸。
　　　　／{三日癸未。屮𢻻（異）日于上甲。}（丙三八一）

（十三）庚戌卜賓貞：來甲寅屮于上甲五牛。／貞：來甲寅屮于上甲三牛。
　　　　{辛酉□}屮于上甲十伐。卯十豩。（乙2275＋乙2307＋乙2478
　　　　＋乙2487＋乙3024＋乙3025＋乙3036＋乙8368＋乙補1759＋乙
　　　　補1800＋乙補2684＋乙補2866＋乙補3255＋乙補6340）

屮祭所用的祭牲，有人牲「伐」，可以多至二十人，有牛、豩、宰、小宰
等。[84]從上引丙四一可以看到，上甲列名於賓組時期「五示」之首，此「五
示」之末是祖乙，即丙三〇四所載同文的下乙，類似文例可見丙四五：

（十四）壬寅卜𣪝貞：興方以羌用。自上甲至下乙。

這裡的「自上甲至下乙」應亦五示，此例也顯示出這些屮祭卜辭所用的
「伐」，其中羌人所佔的數量應不少。[85]

　　此外，有以**燎祭**對上甲進行祭祀：

---

[84] 本書認為祭祀卜辭中的此類「伐」，絕大多數應視作被用作祭牲的人，身份可能來自
　　戰俘、奴隸等。賓組習見「屮升伐」，屯4558有「王其升執于☑」，可見伐、執的性質
　　是很相同的。

[85] 以「五示」涵括上甲、大乙、大丁、大甲、祖乙的用法原僅見於賓組卜辭，最近新出一
　　批師組卜辭甲骨材料亦見相同用法，參劉一曼等：〈殷墟近出刻辭甲骨選釋〉，《考古學
　　集刊》第十八集（2010年），頁220；該版選釋甲骨片號為《村中南》319。

（十五）癸亥卜骰貞：燎上甲三牛。屮伐十□卯酘□七月。／｛□占曰：
　　　　其燎上甲。｝（丙四〇七＝丙六三一）

（十六）貞：燎于上甲于河十牛。（乙685）

在丙四〇七的例子中，燎祭應是主要祭祀主題，「屮伐」成為了下位祭法。
而乙685的語法格式較特殊，清楚地揭示了祭祀對象乃是上甲而非「河」，
後者應為施祭之場所，這給學者如何去正確分析釋讀眾多的「燎于河」卜
辭帶來了啟示。

　　在屮祭以外，還有對其作奉（禱）祭的例子：[86]

（十七）｛乙巳卜□｝貞：奉（禱）于上甲。受我又。／易奉（禱）于上
　　　　甲。不我其⊘（乙3325）

（十八）奉（禱）雨于上甲。宰。（丙一一七）

（十九）奉（禱）于上甲、咸、大丁、大甲、下乙。（丙三〇四）

奉（禱）在賓組卜辭中主要祈求目的有三，即禱雨、禱年、禱生，但大部
分省略掉了祈求目的的敘辭；從丙三〇四同版另有卜雨卜辭的情形來看，
或許該辭對五示禱祭也是為了祈雨所卜。

　　此外，如同丙四一中將上甲列於眾神靈之一，丙四三一所載在「帝祭」
四方的主要祭祀中，社、稷與上甲皆受到祭享：

（二十）戊申卜骰貞：方帝燎于土（社）兇（稷）［彔］。卯上甲。

　　　　｛壬子卜賓｝貞：來甲寅屮于上甲。十牛。（丙四三一）

在此例中上甲是獲得以「卯」的祭祀／用牲法來祭拜，頗為少見。

對上甲祭祀用牲與其他相關列表

		搭配祭祀／用牲方式／用牲數量		
		伐	卯	未誌明
主要祭祀方式	屮	伐。（B41） 伐十。（B233＝B330） 伐十又五。（B235） 十伐。／十伐又五。／廿伐。 （B324＝B617）	十宰。／小宰。 ／十小宰。（B324 ＝B617） 十小宰。酘一 (?)。（B381）	三宰。／一宰。／十酘。（B114） 一牛。／⊘屮。 一牛。／宰。（B531） 五牛。／三牛。（Y2275＋） 十牛。（B431）

---

[86] 奉字釋「禱」是目前為止較為通用的說法，參冀小軍：〈說甲骨金文中表祈求義的奉字
　　──兼談奉字在金文車飾名稱中的用法〉，《湖北大學學報》哲社版第1期（1991年），
　　頁35-44。

伐十有五。／（B381） 十伐。（Y2275＋） 伐十□（B407＝B631）	十犾。（Y2275＋） 犾□（B407＝B631）	
奉		窜。（B117）
蚊		
蚊 牛（Y721+）		
燎		
燎 三牛。（B407＝B631）　十牛。（Y685）		

	授祐	予令風雨	降孽艱咎
神靈 **威能**	Y3325	B117	B312
	行害致憂		
	Y5014+		

四　三報二示

在上甲微後，大乙湯之前的五代先公，《史記・殷本紀》記載為「報丁、報乙、報丙、主壬、主癸」這樣一個次序，對此繼位順序歷來無異詞，前人多僅對其稱「報」、「主」（即示）有所討論。[87] 自從甲骨文字出土，有商一代得以昭明，《史記》對上古史記載的可信度因而重獲信任，其中王國維所作〈殷卜辭中所見先公先王考〉、〈殷卜辭中所見先公先王續考〉便將卜辭中所載世系與〈殷本紀〉進行比較，發現絕大部分太史公所記載的皆與卜辭吻合，不過其中三報二示部分，卜辭所示乃「報乙、報丙、報丁、示壬、示癸」之序，首見王氏所綴《後》上 8-14＋《戩》1-10，此版後來董作賓加綴，錄於郭沫若《卜辭通纂》（《粹》112，即合 32384），與〈殷本紀〉小異；這是值得注意的部分。[88]

[87] 如瀧川資言便整理梁玉繩、崔述等人的說法，對此問題加以討論，見氏著：《史記會注考證》（臺北市：唐山出版社，2007 年 9 月），頁 49。

[88] 王國維對此版所做的綴合為早期研究商王世系之推進提供了重要資料，見〈殷卜辭中所見先公先王續考〉，《觀堂集林》，頁 224-225；近年林宏明新綴一組歷組骨版，可能與合 32384 為同文卜辭，其中出現大戊與「父」的稱謂，都是合 32384 所未見的，具有重要意義，見氏著：〈從一條新綴的卜辭看歷組卜辭的時代〉，《古文字研究》二十五輯（北京市：中華書局，2004 年 10 月）。

　　然而從本坑賓組卜辭之中看，僅能見到對示壬的祭祀記載，其餘報示則未見，整體辭例很少，這也是坑內外賓組卜辭中可查見的共同現象，第一期甲骨對三報二示的祭祀絕大部分見於歷組卜辭。在此對示壬的祭祀以**𡇈祭**為主，少數為了攘除疾病的目的以**御祭**進行。辭例如下：

（一）𡇈于示壬。（丙一一四）

（二）𡇈于𡇈示。／易𡇈。（丙一八四）

（三）壬辰卜㱿：𡇈于示壬宰。／𡇈于示壬二牛。（丙二〇三）

（四）壬子卜賓：𡇈于示壬。正。（丙四三一）

（五）御王目于姃□宰。／于示壬。／貞：于咸。／于姃己。（丙五九九）

在本坑中，對示壬的𡇈祭用牲有二牛、宰等選擇，從坑外賓組卜辭來看亦大略如此，至多是「宰有一牛」（合 14912）。對它的祭祀轉向豐富，如同其他報示一樣，是在二、三期卜辭中開始產生的變化。

對示壬祭祀用牲與其他相關列表

		搭配祭祀／用牲方式／用牲數量
		未誌明
主要祭祀方式	𡇈	宰。／二牛。（B203）
神靈威能		癒疾／使疾
	B599	

五　季、王𚠤（矢）

　　《楚辭・天問》有「該秉季德」與「恆秉季德」的記載，王國維據「季」、「該」（王亥）、「恆」（王亙）皆見於卜辭的事實來推斷，此「季」當即《史記・殷本紀》中排序在王亥之前的先公「冥」。[89] 不過陳夢家對此意見曾提出異議，他認為〈殷本紀〉的「冥」應該與〈天問〉的「昏」是同一人，其排序在王亥以前但非冥。[90] 而王𚠤（矢），柳詒徵以為「王吳」；郭沫若從柳說，從疊韻關係引伸推論認為是先公「曹圉」；饒宗頤認為即後世文

---

[89] 王國維：〈殷卜辭中所見先公先王考〉，《觀堂集林》，頁 212。

[90] 陳夢家：《殷墟卜辭綜述》，頁 354。

獻中的閎伯，為商之先。[91]

　　此二者在卜辭中皆為祭祀對象，而應分別對應至〈殷本紀〉中的哪一位祖神，目前仍然眾說紛紜，未有定論，學者對前者屬為殷「先公」的身份已具共識，不過對後者王🕺（矢）身份仍有爭議；以下先分別列舉本坑所見辭例：

（一）貞：屮于季。（乙 528＋乙 554＋乙 680＋乙補 179＋乙補 254）

（二）己丑卜亙□屮伐于季□三。卯六牂。／貞：屮季☒（乙 3684＋乙 3721＋乙 3754＋乙補 3414＋乙補 3350）

可以見到這裡都是對「季」施行**屮祭**，其中人牲可以到三人，羊牲是六頭公羊，用卯剖的方式做為屮祭的牲品；坑外賓組有以犬為祭品的例子，見合 14716。另外，「季」可以降禍害王：

（三）辛亥卜古貞：季弗咎王。（乙 2596）

顯示了它的威能。接下來是王🕺（矢）的辭例：

（四）壬辰卜骰貞：于王🕺（矢）。

　　　屮王🕺（矢）伐一。卯宰。／屮王🕺（矢）伐三。卯宰。／屮王🕺（矢）伐五。卯宰。（乙 5317）

（五）貞□丙□酒王🕺（矢）。／允酒。（丙五一五）

本坑僅見兩例祭祀王🕺的例子，且未見其降禍的記載。前者字體是典型賓一類，後者為過渡 2 類，分別占卜以**屮祭**與**酒祭**對其進行祭祀，其中屮祭搭配的祭牲是人與宰，各以伐和卯的方式進行用牲儀式。坑外甲骨有對王🕺進行**㞢祭**、酒祭的例子，㞢祭的祭牲是宰，見合 1825、14128 正。

　　除了柳、郭二氏之外，島邦男也將王🕺和王亥、王恆歸入一類，視作高祖神。將王🕺歸為高祖神或殷先公的這種說法是主流觀點，不過近來蔡哲茂先生提出一種新說，由於和「季」不同，在文獻中沒有可與王🕺相合的先公，且透過某些「王某」的稱謂具有親屬關連性等特點來分析，他指出：

> 由前所述「王某」是殷王室內的族長，即「多生」（百姓）之一員，那麼卜辭上的「王矢」極可能是已故王族內的多生之一，大概其生前也有卓越之功績，故被殷王室所祭祀，並非殷人之如王亥、王恆

等之遠祖，也非小國或稱王的異性君長，這樣解釋可能比較合理。[92]

此說乃根據王𡥼所受祭祀現象與「王某」和商王具有極近之血緣關係來立論，詮釋上別開生面，可做為學者進一步研究之重要參考；不過舊說亦有其理，本書仍置之於此節，以便檢閱。

對季祭祀用牲與其他相關列表

		搭配祭祀／用牲方式／用牲數量		
		伐	卯	未誌明
主要祭祀方式	屮	伐□三。（Y3684＋）	六牡。（Y3684＋）	
神靈威能		降孽艱咎		
		Y2596		

對王𡥼祭祀用牲與其他相關列表

		搭配祭祀／用牲方式／用牲數量		
		伐	卯	未誌明
主要祭祀方式	屮	伐一。／伐三。／伐五。（Y5317）	宰。（Y5317）	

參　先王

一　大乙（咸、成、唐）

大乙湯是文獻中帶領商人擊敗夏族，建立殷王朝的開國君主，古今對其的記載十分豐富，在此不需贅述。從卜辭中看，其稱呼有大乙、天乙、

---

[92] 蔡哲茂：〈商代稱王問題的檢討──甲骨文某王與王某身份的分析〉，《歷史博物館館刊》3.3（1993 年 7 月），頁 72。

成、咸等，[93] 自組、歷組與出組以後卜辭中多稱「大乙」，而在賓組之中則主要記以「咸」，少數稱唐、成，未見以日名稱之，這是此二類在先王稱謂上的一個顯著稱別。[94] 商人對此位開國先王非常敬重，對他的祭祀典禮、用牲都是很隆重的，有單獨使用五十羌人以祭（合 26908）、有以百羌百宰自大乙順祀者（合 300）、有特別以白牛進獻者（乙 3336＋乙補 3183），從這些辭例中商人對大乙的尊崇，可見一斑。以下列舉YH127 坑賓組可見對其祭祀之記載，首先是**出祭**：

（一）出于咸。（丙一一五）

（二）辛亥卜爭貞：今來乙卯出于咸十牛。（丙二一一＝丙三〇六）

（三）出于咸三十伐。／□十□出□宰。（丙五一〇）

（四）翌乙酉出伐自咸，若。／翌乙酉出伐于五示：上甲、咸、大丁、大甲、祖乙。（丙四一）

（五）{癸酉卜□} 貞：翌乙亥出于唐三伐三宰。（丙二〇六）

（六）弜出于咸。（丙三四九）

（七）貞：出伐于上甲十有五。卯十小宰。戠一（?）。／貞：出伐于咸。／{三日癸未。出戠（異）日于上甲。}（丙三八一）

（八）壬戌卜爭貞：翌乙丑出伐于唐。用。／貞：翌乙丑弜龠出伐于唐。（乙 753）

（九）{乙丑□} 貞：今日出于咸三羊。（乙 2275＋乙 2307＋乙 2478＋乙 2487＋乙 3024＋乙 3025＋乙 3036＋乙 8368＋乙補 1759＋乙補 1800 ＋乙補 2684＋乙補 2866＋乙補 3255＋乙補 6340）

由上引諸例可知，通常商人是對大乙單獨進行祭祀，不過將其合於其他先公先王，如丙四一的「五示」同時進行祭祀的情形也不少見。丙三八一則由其驗辭上透露了在辛巳日時，先行占卜來日對上甲與大乙的祭祀，是否可行；還沒到預計出祭上甲的甲日與大乙的乙日，便在癸未日發生了關於「日」的異象。

---

[93] 學界一般根據陳夢家的說法，認為卜辭指稱大乙的「成」字有從丁作（丁或訛作口）、從一短豎作的兩種刻法，凡從口作皆為「咸」字；事實上不管從丁從口，指稱大乙的該字都應釋為「咸」，不可與「成」字混淆，見張秉權：《殷虛文字丙編》上輯（一），頁 67-69；蔡哲茂：〈論殷卜辭中的「」字為成湯之「成」——兼論「」「」為咸字說〉，《中央研究院歷史語言研究所集刊》第七十七集第一份（2006 年）

[94] 參《殷虛甲骨刻辭類纂》下冊，頁 1374-1382。

此外是對大乙的**燎祭**：

（十）貞：燎于咸屰。／貞：弜燎于咸屰。（丙四一九）

（十一）□燎一白牛于唐。出南。（乙 3336＋乙補 3183）

丙四一九「咸屰」，讀為「次」，指的是大乙的「神主位次」。[95]乙 3336＋
乙補 3183 此條不知是否殘去「出」字，若無，則可歸此處的「燎」於主
要祭祀方式中。

此外是對大乙的**御祭**：

（十二）御王目于妣□宰。／于示壬。／貞：于咸。／于妣己。（丙五九九）

此外是對大乙的**酒祭**：

（十三）貞：翌乙未酒咸。／翌□未□咸宰用。（丙一一七）

（十四）黍酒咸。（丙三二五＝丙六一八）

（十五）戊戌卜𠭰貞：弜隹咸先酒。（乙 1386＋乙 1877＋乙 1904＋乙 2183
＋乙 2362＋乙 2808＋乙 7267＋乙 7295＋乙 7895＋乙 7991＋乙
8060＋乙 8155＋乙補 1872＋乙補 3033）

丙三二五記載以黍製的旨酒對大乙進行祭祀。

此外是對大乙的**告祭**：

（十六）自咸告。至于□丁。／弜自咸告。
告于上甲眔（暨）咸。／弜告。（乙 3797）

此辭表示，是否自大乙開始行告祭，到某日名為丁（應為祖丁，若為大丁，
兩者間相承無他者，應用「眔（暨）」）的先王為止；或是只對上甲、大乙
行告祭。

此外是對大乙的**𣏟祭**：

（十七）貞：𣏟于咸。（丙一五九）

此外是**禱祭**：

（十八）耒（禱）于上甲、咸、大丁、大甲、下乙。（丙三○四）

此外是**登祭**與**𡬺（禡）祭**：

（十九）貞：翌乙丑亦𡬺（禡）于唐。用。（乙 753）

（二十）{庚申卜內} 貞：其㞢（登）牛𡬺（禡）于唐。（乙 6723）

「𡬺」，是一種習見於田獵卜辭中的祭祀動詞，詹鄞鑫已充分論證它就是

文獻中的「貉」祭，異文又作「禡」，指的是一種用戰爭或田獵所擒獲的戰利品（動物與人）來祭祀神靈的儀式。[96] 此祭法可單獨舉行，見例十九、合 15918、屯 3036、屯 1054 等，亦可結合其他主要祭祀方式共同進行，如例二十，同「登」祭進行、合 27339 同「祼」祭進行、合 11484 同「屮」祭進行等等。

在例二十中，商王貞問是否進行登牛的祭祀，並以禡祭將此牛進獻給大乙；「𠬝」為登字異體，在卜辭中用法與其大致相同，而此處所用的牛，則有可能是野生捕獲的。屯 629 有辭云：「其𥅺尞。／弜𥅺尞。」可能指的是否將這類獵物陳列之，以進行下一步的祭祀；其中𥅺字一般釋作「區」，裘錫圭最近指出：

> 我認為「匸」當象室屋（象橫剖面，「宀」則象縱剖面）、庭院或其他可儲物、待（呆）人之處。「乚」是其省形，《說文》對此二字的解釋稍涉虛玄，似有問題。……不過，「乚」除了是「匸」的省形外，也許又可以用來表示可起隱蔽作用的曲隅、角落，所以又有「隱」音，待考。[97]

如此看來，「𥅺尞」所表示的或許是離開野外後，在室內（不論露天與否）陳列獵牲，所進行的禡祭。

此外是**取祭**：

（二一）貞：乎取。／乎于唐。（乙 3172＋乙 7472）

本辭位置上相對，從其反面貞問「屮祖丁」事來看，此處「乎于唐」疑省略「屮」，應該視為選貞較合理，乃選擇以取祭或屮祭來祭祀大乙。「取」，郭沫若、陳夢家認為即「𣂰」，應讀為「橚」，指的是一種燔柴之祭；于省吾進一步以為「應讀作**取**而通作橚」，並指出取與燎同以燔柴為祭卻有先後之別，並在用牲有無很不一致，是其大別。[98]

本坑賓組卜辭中尚有商王親自演奏，以取悅大乙的記載：

---

[96] 詹鄞鑫：〈釋甲骨文「禡」字〉，《華夏考──鑫文字訓詁論集》（北京市：中華書局，2006 年 12 月），頁 355-361。

[97] 裘錫圭：〈釋「𡢟」〉，《古文字研究》第二十八輯，頁 27。

[98] 諸說見《甲骨文字詁林》第一冊，頁 648-652。

（二二）甲午卜㱿貞：王奏茲玉。咸左。／甲午卜㱿貞：王奏茲玉。咸弗
　　　左。（丙一三九＝丙三一七）

在另外一例中，「咸」作「唐」，不過全辭稍殘：

（二三）☒奏玉☐唐☒若。（乙 2922）

對大乙祭祀用牲與其他相關列表

<table>
<tr><td colspan="2" rowspan="2"></td><td colspan="6">搭配祭祀／用牲方式／用牲數量</td></tr>
<tr><td>伐</td><td>卯</td><td>燎</td><td>用</td><td>登</td><td>未誌明</td></tr>
<tr><td rowspan="5">主要祭祀方式</td><td>㞢</td><td>伐（Y753）　伐（B41）
三伐（B206）　伐十
有五（B381）　三十
伐／宰（B510）</td><td>十小宰。羖
一　　　（?）
（B381）</td><td></td><td></td><td></td><td>三羊（Y2275＋）
三宰（B206）
十牛（B211＝
B306）</td></tr>
<tr><td>酒</td><td></td><td></td><td></td><td>宰（B117）</td><td></td><td></td></tr>
<tr><td>御</td><td></td><td></td><td></td><td></td><td></td><td>宰（B599）</td></tr>
<tr><td>燎</td><td></td><td></td><td>一白牛
（Y3336
＋）</td><td></td><td></td><td></td></tr>
<tr><td>𡙕</td><td></td><td></td><td></td><td></td><td>牛（Y6723）</td><td></td></tr>
<tr><td rowspan="2">神靈威能</td><td colspan="7">授祐／左</td></tr>
<tr><td colspan="7">B41, B139＝B317, Y1197＋, Y2922,</td></tr>
</table>

二　大丁

　　本坑中關於大丁的祭祀記載較少，《史記·殷本紀》記載其未立而卒，[99]
不過在甲骨之中確有其祭祀名位，見前引合 32384 等。大多數卜辭記載其
位序都在大甲之前，然而較特別的是有少部分辭例將其置於大甲之後，見
合 300、14396 等，張秉權據之指出即使出土材料有補足古史遺缺之功效，

也宜多加審慎處理，不必驟加定論。[100] 以下便是全部的辭例，有**坐祭**、**酒祭與禱祭**三類：

（一）翌乙酉坐伐自咸，若。／翌乙酉坐伐于五示：上甲、咸、大丁、大甲、祖乙。（丙四一）

（二）貞：翌丁酉延坐于大丁。／翌丁酉易坐于大丁。（丙一一七）

（三）翌丁亥酒大丁。／易酒大丁。（丙一二一）

（四）桒（禱）于上甲、咸、大丁、大甲、下乙。（丙三〇四）

對大丁祭祀用牲與其他相關列表

		搭配祭祀／用牲方式／用牲數量		
		伐		
主要祭祀方式	坐	伐（B41）		
神靈威能		行害致憂	授祐／左	
		B245,	Y1197+	

三　大甲、外丙

《史記・殷本紀》記載，大丁之後，其弟外丙、中壬陸續即位，但皆短促（三年、四年）而卒，於是大丁之子、成湯的長孫大甲即位。這段世系與卜辭記載的大乙──大丁──大甲──外丙──大庚順序不合，學者已多言之。[101] 據記載，大甲曾遭受老臣伊尹流放：

> 帝太甲元年，伊尹作〈伊訓〉、作〈肆命〉、作〈徂后〉。帝太甲既立三年，不明暴虐，不遵湯法，亂德。於是伊尹放之於桐宮三年。伊尹攝行政當國，以朝諸侯。[102]

不過，目前我們從卜辭當中看不出任何可能跟此事有關的跡象，若要根據

---

[100] 張秉權：《甲骨文與甲骨學》，頁353-354。

[101] 可參陳夢家：《殷墟卜辭綜述》，頁333-344；張秉權：《甲骨文與甲骨學》，頁352-354；島邦男：《殷墟卜辭研究》，頁125-168。

[102] 漢・司馬遷著、日・瀧川資言考證：《史記會注考證》，頁52。

現有材料對此多加申論，必須十分謹慎。

《古本竹書記年》載「外丙勝，即位居亳」；[103] 本坑賓組卜辭關於外丙的祭祀僅有一例，中壬則未見於坑內外任何甲骨，[104] 後者亦無威能降害的紀錄。外丙的辭例如下：

（一）貞：屮于卜（外）丙。一伐。／｛屮伐于卜（外）丙。屮宰。｝／
　　　｛王占曰：［吉］。二伐。｝（丙四一三）

此辭貞問對於屮祭外丙，其用牲是以「伐」一人，或是以宰（特殊圈養的羊）好；商王得出結論是屮祭為吉，但用牲要加至二伐。從此例中可以看出對外丙的祭祀規模是相當小的，坑外甲骨同樣也顯現如此現象；合 22066 載御祭外丙以一牛，可以參考。

對外丙祭祀用牲與其他相關列表

		搭配祭祀／用牲方式／用牲數量		
		伐		
主要祭祀方式	屮	一伐、二伐、宰（B233＝B330）		
神靈		降孽艱咎	行害致憂	
威能		Y5247	Y6715+	

以下是本坑關於大甲的祭祀記載，首先是**屮祭**：

（二）癸亥卜王：屮大甲。十二月。（乙4718）

（三）｛乙卯卜□｝來甲申屮于大甲。（丙一九七）

（四）貞：屮于大甲。（丙二〇一）

（五）屮于大甲。祖乙。祖辛。叀（惟）新南。（乙4694）

（六）翌乙酉屮伐自咸，若。／翌乙酉屮伐于五示：上甲、咸、大丁、大甲、祖乙。（丙四一）

此外是**燎祭**：

（七）燎于大甲三豭三☒（丙二二三＝丙四四二）

---

[103] 王國維輯校：《古本竹書紀年輯校・今本竹書紀年疏證》（臺北市：藝文印書館，1974 年 4 月），頁 7。以下凡引《竹書》者皆出自此版本，不另作註。

[104] 董作賓以為卜辭「南壬」即此文獻中的中壬，見氏著：《甲骨學六十年》（臺北市：藝文出版社，1965 年）。

（八）叀（惟）大甲先。／于庚子燎。（乙1386＋乙1877＋乙1904＋乙
　　　2183＋乙2362＋乙2808＋乙7267＋乙7295＋乙7895＋乙7991＋
　　　乙8060＋乙8155＋乙補1872＋乙補3033）

在乙1386＋的例子中，同版有「戊戌卜㱿貞：昜（勿）隹咸先酒」，故此
條也有可能是酒祭，不過根據卜辭位置判斷，筆者仍暫將之視為燎祭的一
部份。

此外是**酒祭**：

（九）丙午卜爭貞：來甲寅酒大甲。／｛九日甲寅。不酒，雨。｝（丙二
　　　〇七）

（十）癸卯卜㱿：翌甲辰酒大甲。／貞：甲辰昜酒大甲。（丙一一七）

（十一）辛巳卜㱿貞：酒我匚（報）大甲祖乙十伐十宰。（丙二三三＝丙
　　　　三三〇）

（十二）｛庚申卜〔爭〕｝貞：來□子酒大甲。／來〔甲〕子昜酒大甲。／五
　　　　日甲子允酒。有阝（異）于東。（乙3334＋乙3347＋乙3974＋乙
　　　　補3751）

（十三）壬辰卜㱿貞：來甲寅酒大〔甲〕。二旬又□日〔允〕酒。雨。七月。
　　　　（乙4913＋乙5182＋乙5704＋乙6147＋乙補4251＋乙補4376
　　　　＋乙補4396＋乙補5226）

以上諸例除了丙二三三是集體祭祀以外，其他單獨對大甲的祭祀都嚴格規
範在甲日進行，從卜辭關切下雨與否的情況可以觀察到酒祭當在室外露天
場域進行。

　　　乙3334＋乙3347＋乙3974＋乙補3751記載了該甲子日可以進行酒
祭（其「允」在此應釋為「得以、能夠」，乙1344＋乙7146為同時所卜），
東方（疑指天空）發生了某種異象。而丙二三三所貞問的，是對「我匚
（報）、大甲、祖乙進行酒祭，「我匚（報）」又可稱「王匚（報）」、「朕匚
（報）」，可能指的是在大甲之前，包含上甲、三報、大乙（卜辭中有咸匚）、
大丁的多位祖先神；至於其詳細所指對象為何，仍待探究。

此外是**禱祭**：

（十四）癸卯卜王：羍（禱）于大甲。（丙一二四）

（十五）貞：羍（禱）年于大甲十宰。祖乙十宰。（丙一一七）

（十六）羍（禱）于上甲、咸、大丁、大甲、下乙。（丙三〇四）

丙一一七同祭大甲、祖乙，丙三〇四此五示大甲、下乙（祖乙）亦並列，

上引丙二三三＝丙三三〇也特別將二者並祭，其在眾多先王之中的特別地位令人關注。

此外，本例疑為省略了「告」：

（十七）貞□莞于大甲。／貞：［昜］莞方于大甲。（乙 6686）

「告某方」的辭例習見，可參《類纂》上冊二五〇頁。按，綜觀整體辭例，本書認為祭祀卜辭中的「告」應視為某種特指的祭祀方式，或是單純表達「告知」的意涵，隨後配合其他祀禮作祭拜，必須根據卜辭個別不同的情況加以判斷，本條應不用於祭祀方面。饒宗頤認為告即「祰」，說文指「告祭」，並依《通典》、《大戴禮記・遷廟》指出是一種告宗廟有關巡狩、遷廟、征伐諸大事的祭禮；周國正認為告祭能與其他主要祭祀（如出祭）作「配祀」；[105] 他們意見都很值得參考，不過所引的辭例有一些似乎不應該視作祭名，而應以「告知」義釋讀，如周氏所引粹一四八（即合 33347）「其告水入于上甲」，則應釋為「向上甲祭告『水入』這件事（未書所用祭法）」。

通常執行對先祖「告」的人選即商王本人，不過在少數情形下存在著呼令他人「告」的現象，如：

（十八）庚子卜賓貞：其令般又（友）商告［于］□

貞：般［又］（友）商［告于］祖乙。（合 4671）

（十九）乙酉貞：其令彗告于□（合 32916＋《明後》2452＝合補 10516）

與本坑賓組其他專門祭祀方式的呼令執行者為婦好、子某、雀等高位者來比較，這裡呼令執行者顯然與商王關係是較為疏遠的，此現象或可為「告」並非特指祭祀方式作個旁證。[106]

除此之外，還有向大甲丐求昇與的例子：

（十八）貞：王其丐于大甲。昇。／□大甲不其昇。（乙 881＋乙 1214＋乙 2025＋乙 7257＋乙 8330＋乙補 1695＋乙補 1696）

此處求大甲昇予的事物，可能和「帝」、大乙所授之祐屬於相同性質。

---

[105] 饒、周說見《甲骨文字詁林》第一冊，頁 686-689。

[106] 此二辭例引自趙鵬：〈讀契札記一則〉，首發於復旦大學出土文獻與古文字研究中心網站 http://www.guwenzi.com/SrcShow.asp?Src_ID=1378（2011 年 1 月 13 日）

對大甲祭祀用牲與其他相關列表

		搭配祭祀／用牲方式／用牲數量		
		伐	燎	未誌明
主要祭祀方式	出	伐（B41）		新南（Y4694）
	燎		三羖三☒（B223 ＝B442）	
	禱			十宰（B117）
	酒	十伐（B233＝B330）		十宰（B233＝B330）
神靈威能		授祐／左	若（有若）	
		Y1197+，	B336	

四　大庚

大庚是大甲之子，〈殷本紀〉載在其中前有一王「沃丁」即位，不過不見於卜辭。《古本竹書紀年》在沃丁之後是「小庚」，載「小庚辨即位。居亳」與《史記》、卜辭異，當是大庚之訛。本坑關於大庚的祭祀辭例很少，僅見兩條，且無施降威能的展現；如下所示：

（一）丁亥卜㲻貞：翌庚寅出于大庚。（丙二〇七）

（二）☒乎酒大庚。（乙4571＋乙4739＋乙4782＋乙4900＋乙5775反）

第一例是習見的貞問于庚日出祭大庚的卜辭，第二例是酒祭，該組正面有「酒[兄]□御于父乙及□伐。出宰」，或許與本條相關，若然則是酒祭、御祭、出祭結合／同時（混合）施行的例子。

五　小甲、大戊、雍己 [107]

據〈殷本紀〉，大庚死後傳位順序是小甲——雍己——太（大）戊，

---

[107] 歷來學者多根據《史記・殷本紀》將此先王名讀作「雍己」，事實上甲骨此「☒、☒」字應讀為「營」，「雍」字甲文實從隹☒聲，見何樹環：〈說「營」〉，《第九屆中國文字學全國學術研討會論文集》（臺北市：1998年3月），頁99-115；本書楷定方面仍依舊說，以利參考。

三者皆大庚之子，屬於兄終弟及，不過卜辭所見順序則為小甲──太（大）戊──雍己，[108] 此現象值得注意。關於小甲，雖然不是直系先王，卜辭卻列入直系祀表，《世表》以其為大庚弟，與大部分說法不同；雍己位序則傳世、出土有出入，合 32385＋合 35277 有世系卜辭將雍己置於中丁之前，這都是須待更多資料出土才能釐清的問題。[109] 本坑中未見對小甲、雍己的祭祀、威能之相關記載。而就大戊而言，其祭祀辭例僅有二條，其餘未見施降威能；祭祀辭例如下：

（二）丁巳卜賓：出于大戊。／出于黃尹四牛。（乙 4682）

（三）貞：翌丁巳酒祖乙。戊午酒大［戊］。易日。（乙 2275＋乙 2307＋乙 2478＋乙 2487＋乙 3024＋乙 3025＋乙 3036＋乙 8368＋乙補 1759 ＋乙補 1800＋乙補 2684＋乙補 2866＋乙補 3255＋乙補 6340）反

第一例省去「四牛」，第二例較特別，乃在一辭中貞問兩個主題，也就是卜問在丁巳日酒祭祖乙以及戊午日酒祭大戊，是否都會放晴。此例也再次說明酒祭地點必在室外，頗受雨勢干擾的特色。

六 中丁、卜（外）壬、河亶甲 [110]

《古本竹書》載：

仲丁即位。元年。自亳遷于囂。／征于藍夷。

外壬居囂。

河亶甲整即位。自囂遷于相。／征藍夷。再征班方。

〈殷本紀〉載此三王皆為大戊之子，中丁傳弟外壬，外壬傳弟河亶甲，彼此間為兄終弟及，河亶甲再傳子祖乙，事實上從卜辭上看這是有問題的。透過合祭卜辭、配妣數目的詳細分析，裘錫圭近來在陳夢家、許進雄、

---

108 可參陳夢家：《殷墟卜辭綜述》，頁 376-377。

109 合 32385＋合 35277 為裘錫圭所綴，其認為此條記有雍己、中丁順序之辭為習刻，似可商，載氏著：〈甲骨綴合拾遺〉，《古文字論集》，頁 236、239。

110 文獻所載「河亶甲」在甲骨世序中對應的是「𣴎」（或作𣴎、𣴎），其甲字上方獨立的奇字，學者早期多認為是象兩戈相對之形，可釋「戔」；裘錫圭特別指出，此字所從非戈，而是「秘」，不可釋為戔，至於該字究竟為何仍待研究，見氏著：〈釋「秘」〉，《古文字論集》，頁 21-22。

林宏明等學者的研究基礎上進一步申論中丁為河亶甲、祖乙父輩,河亶甲為祖乙之兄的意見,顯然較為貼近事實,可參看。[111]此三者介於使殷商復興的大戊與祖乙之間,且後二者連續以旁系身份即位,在卜辭中受享祭的隆重程度較低,在本坑賓組卜辭之間罕見三者的祭祀記錄,少數如中丁僅見於集體祭祀中,如:

（一）出于咸。大丁。大甲。大庚。大戊。中丁。祖乙。祖辛。祖丁。一牛。卯（蚊?）羊。（丙一一七）

其他亦無威能之展現,頗為特別,故將此三先王合記於此。

七　祖乙

　　祖乙為中丁之子,河亶甲之弟,在〈殷本紀〉之中對祖乙的記載僅有「帝祖乙立,殷復興。巫賢任職」寥寥數語,《古本竹書》則記載「祖乙滕即位,是為中宗,居庇」,是知祖乙有「中宗」此一尊稱。不過《尚書・無逸》中談到的「殷王中宗」,偽孔傳以為即大戊,不另說明,而孔穎達疏從之,[112] 自此以大戊為殷中宗的說法佔據了傳統國學界很長的一段時間,直到王國維根據卜辭中屢見「中宗」、「中宗祖乙」的事實,並配合古本竹書的記載,確定了《偽孔傳》為誤,而《古本竹書紀年》為真,才訂正了此一古史錯誤;[113] 其說精確,已成共識。

　　從祖乙開始,往下先王的稱謂始加上「祖」、「父」等親屬稱謂,一方面是避免在祖乙之前稱「祖」容易導致混淆,一方面也顯示了祖乙對商王室的獨特性。而卜辭中祖乙又稱「高祖乙」[114]、「下乙」,後者是和大乙、小乙相對的稱呼,由於文獻中不見「下乙」之名,故早期學者往往對之存

---

[111] 裘錫圭:〈《醉古集》第207組綴合的歷組合祭卜辭補說〉,《古文字研究》第29輯（北京市:中華書局,2012年10月）。

[112] 清・阮元編:《十三經注疏・尚書》（臺北市:藝文印書館,1993年9月）,頁240。

[113] 王國維:〈殷卜辭中所見先公先王續考〉,《觀堂集林》,頁227。

[114] 關於高祖乙,絕大部分見於歷組卜辭,一般咸以為即指祖乙,尤其裘錫圭在〈論殷墟卜辭「多毓」之「毓」〉一文中已精闢地剖析「毓祖乙」與「高祖乙」之間關係,指出後者為祖辛之父祖乙無疑;然近來仍有異說,見吳俊德:《殷卜辭先王稱謂綜論》,頁41-43,其以為高祖乙當指大乙。這涉及歷組卜辭是否提前的問題,仍值探討;不過本書認為仍當以祖乙為是。

疑，其實胡厚宣已針對此問題通盤討論，透過大量辭例分析指出卜辭的下乙即祖乙；其說合理可從。[115] 而本書前面討論上甲的部分已論及此現象，如丙四一載：

（一）翌乙酉屮伐自咸，若。／翌乙酉屮伐于五示：上甲、咸、大丁、大甲、祖乙。

上甲列名於賓組時期「五示」之首，此「五示」之末是祖乙，比較丙四五、丙三〇四所載：

（二）壬寅卜㪤貞：興方以羌用。自上甲至下乙。

（三）奉（禱）于上甲、咸、大丁、大甲、下乙。

丙四五的「自上甲至下乙」或即五示，可見二者相同。[116] 總之，祖乙就是下乙應已無疑義。

　　本坑中關於祖乙（下乙）的祭祀辭例極多，不過未見以「燎祭」對其進行祭祀的紀錄。以下便列略舉所見相關辭例展開討論。首先是**屮祭**：

（四）翌乙酉屮伐自咸，若。／翌乙酉屮伐于五示：上甲、咸、大丁、大甲、祖乙。（丙四一）

（五）貞：徝（循）屮于祖乙。／易徝（循）屮于祖乙。（丙五二）

（六）貞：屮匚（報）于祖乙□不隹𡆥（憂）／屮于祖乙☑（丙六四）

（七）貞：屮祖乙十伐。卯三牛。（丙一〇二）

（八）屮于下乙十牛。（丙一一五）

（九）壬戌卜㪤貞：屮于祖□／屮于祖乙五宰。／三宰。
　　　屮一牛□祖乙。／叀（惟）伐酒于祖乙。（丙一二〇）

（十）癸卯卜王：屮于祖乙二牛。用。（丙一二四）

（十一）甲午卜㪤貞：翌乙未屮于祖乙。／貞：翌乙未［易］屮于祖乙。（丙一二六）

（十二）{甲辰卜㪤}翌乙巳屮祖乙宰屮［牝］／貞：易屮牝。叀（惟）牡。（丙一三九）

---

[115] 胡厚宣：〈卜辭下乙說〉，《甲骨文商史論叢初集》下冊，頁 391-416。

[116] 關於「五示」，在不同時期、類組卜辭間，五示的內涵也有變化，並非一成不變，例如二期的合 22911：「己丑卜大貞：于五示告。丁。祖乙。祖辛。羌甲。祖辛」包含武丁、小乙至祖辛，就與本書所引典型賓一、過渡 2 類的認知不同，必須注意。不過 YH127 坑卜辭時代性極近，類組彼此關係亦密切，丙四一、四五、三〇四的辭例對比應該還是有其可信度的。

（十三）乙巳卜𣪏貞：㞢于祖乙一牛。用。（丙一七七）

（十四）翌乙巳㞢祖乙。（丙一九七）

（十五）辛酉卜爭貞：今日㞢于下乙一牛。酉十宰。刅（勿）。／貞：㞢
　　　　于下乙宰。酉十刅（勿）宰。／㞢下乙一牛。（丙三〇四）

（十六）貞：㞢于下乙。／𧊸辛㞢于下乙。（丙三一二）

（十七）于來乙卯㞢祖乙。（丙一九八）

（十八）于祖乙㞢兕。／𧊸㞢于祖乙。（丙三四九）

（十九）﹛癸未卜賓﹜㞢于祖乙宰。正。／叀（惟）癸未用。
　　　　㞢于下乙。／𧊸㞢。／祖乙。（丙三八一）

（二十）貞：㞢二宰于祖乙。
　　　　☑酉十宰☑十祖乙。（丙五四七）

（二一）☑貞：祖乙于尋㞢。／𧊸于尋㞢。（乙1384＋乙2417＋2431＋乙
　　　　4227＋7028＋乙7647＋乙7665＋乙7676＋乙補1994＋乙補2011）

（二二）﹛甲午卜☑﹜翌乙未　于下乙一牛。用。（乙1386＋乙1877＋乙
　　　　1904＋乙2183＋乙2362＋乙2808＋乙7267＋乙7295＋乙7895
　　　　＋乙7991＋乙8060＋乙8155＋乙補1872＋乙補3033）

（二三）貞：祖乙于尋㞢。／𧊸于尋㞢。（乙3290）

（二四）㞢于大甲。祖乙。祖辛。叀（惟）新南。（乙4694）

（二五）乙巳卜賓貞：㞢于祖乙二南☑（乙7483）

可以觀察到，㞢祭祖乙所用祭牲有牛、羊、人、農物，也有較少見的兕牛。
乙3290與（乙1384+乙2417+2431＋乙4227＋7028+乙7647＋乙7665＋
乙7676+乙補1994＋乙補2011）此兩版所記「祖乙于尋㞢」，「尋」字在
此用為「重」，指第複數次的㞢祭，[117] 同樣用法有丙三三二「于尋司」、
乙2619＋「于尋御子／𧊸于尋御子」等。

此外是**酒祭**，也有很多的辭例：

（二六）己丑卜賓貞：翌乙未黍登于祖乙。／王占曰：有咎，不其雨。／
　　　　六日甲午夕月有食。乙未酒。（丙五七）

（二七）㞢一牛□祖乙。／叀（惟）伐酒于祖乙。（丙一二〇）

（二八）乙卯卜𣪏貞：來乙亥酒下乙。十伐有五，卯十宰。二旬㞢一日乙
　　　　亥，不酒，雨。／𧊸䚦隹乙亥酒下乙。十伐有五，卯十宰。（丙一
　　　　九七）

---

117 參李學勤：〈續釋「尋」字〉，《故宮博物院院刊》第六期，總92期（北京市，2000年）。

（二九）丙申卜敵貞：來乙巳酒下乙。／王占曰：酒隹有咎。其有戠（異）。
　　　　／｛乙巳夕有戠（異）于西。｝／乙巳酒，明雨，伐既雨，咸伐
　　　　亦雨。蚊卯，鳥星（倏晴）。（丙二○七）

（三○）丙申卜敵貞：來乙巳酒下乙。／王占曰：酒隹有咎。其有戠（異）。
　　　　／｛乙巳夕有戠（異）于西。｝／乙巳，明雨，伐既雨，咸伐亦
　　　　雨。蚊，鳥星（倏晴）。（丙二○九）

（二三）辛巳卜敵貞：酒我匚（報）大甲祖乙十伐十宰。（丙二三三＝丙
　　　　三三○）

（三一）貞：登黍于祖乙。／昜于□乙。（丙四四五）

（三二）癸卯卜爭貞：下乙其有鼎（正）。／王占曰：有鼎（正）。［上］
　　　　隹大示。王亥亦▨（助）。／□酒明雨。伐□雨。咸伐亦□蚊卯。
　　　　鳥（倏）大啟。昜。（丙五六二）

（三三）來乙酉酒登祖乙。／來▨（乙 1384＋乙 2417＋2431＋乙 4227＋
　　　　7028＋乙 7647＋乙 7665＋乙 7676＋乙補 1994＋乙補 2011）反

（三四）丁酉卜爭貞：來乙巳酒下乙。（乙 1386＋乙 1877＋乙 1904＋乙
　　　　2183＋乙 2362＋乙 2808＋乙 7267＋乙 7295＋乙 7895＋乙 7991
　　　　＋乙 8060＋乙 8155＋乙補 1872＋乙補 3033）

（三五）▨下乙百伐。乙巳允酒。昜日。（乙 2179＋乙 5411）

（三六）貞：翌丁巳酒祖乙。戊午酒大［戊］。昜日。（乙 2275＋乙 2307
　　　　＋乙 2478＋乙 2487＋乙 3024＋乙 3025＋乙 3036＋乙 8368＋乙
　　　　補 1759＋乙補 1800＋乙補 2684＋乙補 2866＋乙補 3255＋乙補
　　　　6340）反

（三七）壬辰卜敵貞：翌乙未酒下乙。（乙 4368＋乙 4391）

（三八）貞：于來乙酉酒下乙。／昜于來乙酉酒下乙。（乙 4422＋乙 4462
　　　　＋乙 5685＋乙 6285＋乙補 5398）

從丙五七看來，「翌乙未黍登」和「乙未酒」表達同一意涵，指登奉黍米
釀製的旨酒來祭祀祖乙，即（乙 1384+乙 2417+2431＋乙 4227＋7028+乙
7647＋乙 7665＋乙 7676+乙補 1994＋乙補 2011）反的「酒登祖乙」，從此
角度來看丙四四五「登黍于祖乙」，亦指酒祭無疑。

　　丙二○七、二○九是同文卜辭，從丙五六二的驗辭內容以及丙申與癸
卯在同一旬的現象判斷，此三版關係密切，當是貞問同一事（或相關之
事）。從三版內容來看，卜辭貞問酒祭往往省略了其中用牲的一些細節，

如伐、蚑、卯等等，且進獻對象亦包含甚廣，值得注意。

此外是**御祭**：

（三九）乙亥卜賓貞：合𝌆桒（禱）。御于祖乙。

乙亥卜賓貞：御于祖乙三牛。／貞：五牛。／貞：十牛。（丙五四六）

（四〇）貞：于祖乙御王𡆥于祖乙。／貞：弜御𡆥于祖乙。（乙690＋乙1098＋乙1099＋乙1244＋乙補851）

（四一）尋[御]祖乙。（乙696）

（四二）貞：王其大御于祖乙／貞：王弜御于祖乙。（乙3380）

御王𡆥，指對商王進行禳御「𡆥」疾之祭，「𡆥」字象肩胛骨上有鑽鑿之形，在卜疾卜辭中習見，可能是借其音表示某種疾病。丙五四六結合「桒」與「御」兩種祭祀，並會合𝌆共同進行，辭例較為複雜；饒宗頤讀此辭為「合邕大御于祖乙」，解「合」為「祫」祭。

按，「桒」非大字，「𝌆」亦屬人名，即「𦥻」，只是此處刻作歷組類型的字體，並非邕字，此由文例比對可清楚看出。「合𝌆桒」，即指會同𝌆進行禱祭，並共御于祖乙之意，「合」在卜辭中目前僅見用作「會合」意，如合3297「王曰侯豹往。余不爾其合」等，由此可知饒氏釋文、解字兩誤。[118] 乙696「尋御」，指重行御祭，類似辭例見前引乙3290。

此外是**禱祭**：

（四三）貞：桒（禱）年于大甲十宰。祖乙十宰。（丙一一七）

（四四）貞：桒（禱）于祖乙五牛□十⊿（丙二二一）

（四五）丁未卜㱿貞：⊿日桒（禱）于⊿祖乙⊿辛一[牛]⊿（丙二四九）

（四六）桒（禱）于上甲、咸、大丁、大甲、下乙。（丙三〇四）

（四七）乙亥卜賓貞：合𝌆桒（禱）。御于祖乙。（丙五四六）

（四八）貞：桒（禱）于祖乙。（乙3212）

此外是**祼祭**：

（四九）丁巳卜賓貞：祼于祖乙。告王𡆥。／貞：弜歬祼于祖乙告𡆥。

屮祖乙。告王𡆥。／弜　祼祖乙。（丙九八）

由此例可以瞭解到祼祭與屮祭可以是同價的用法，分別作為主要祭祀方

---

[118] 饒說見《甲骨文字詁林》第一冊，頁730。「𦥻」字在賓、歷組中產生異體現象，同樣現象可參裘錫圭：〈論「歷組卜辭」的時代〉，頁287-289，有列表可參考。

式；「𢎪㞢祼」，應該表示不要㞢祭，也不要祼祭的意涵。

此外是**乇祭**：

（五〇）丙子卜賓貞：乇（磔）于祖乙四牛。（丙五四六）

「乇」字與「力」字易混，張秉權〈考證〉即將此辭釋作「劦于祖乙」，誤。此條是本坑少見的乇祭二例之一，另一例為丙五六六「乇。寧憂」。「乇」字應從于省吾釋，讀為「磔」，亦指割裂祭牲肢體的一種祭法；[119] 力（劦）祭本坑亦僅見於丙二二〇。而「乇」或從口，花東 241（H3：713）有辭云：「乙巳卜：于既𧊒舌。迺𧊒㲃一祖乙。用」，疑是乇字名動相因之一例。

此外是**𢦏祭**：

（五一）貞：王㞢𢦏祖乙。若。／不若。／王占曰：吉。其㞢。（丙一四四）

（五二）丙寅卜亘貞：王𢦏多屯。若于下上。／貞：王𢦏多屯。若于下乙。（乙 4119＋乙 4125＋乙補 3859）

「𢦏」，或作「㦰」，是一種與「伐」相似的用牲法，可作為主要祭法「㞢」的用牲方式，丙一四四即屬此種用法，此用法屢見名動相因之例，如被「伐」者可謂之「伐」，被「𢦏」者可謂之「𢦏」，見合 21538「御小辛三牢。又（㞢）𢦏二」等辭例。[120] 不過乙 4119＋乙 4125＋乙補 3859「王𢦏多屯」的用法不與其他主要祭法配合，或此處即用為主要祭法，類似文例的丙一四一、五二三皆如此，故本書錄之以供參考。

其中祭祀對象「下上」卜辭多見，從其對貞辭例「若于下乙」來看，該下「乙」字應為「上」，疑此處為誤刻。

此外是**同祭**：

（五三）同祖乙。（丙三三）

此例不知是主要祭名或是用牲法，卜辭中「同牛」、「同羊」習見，同可能讀為「興」；此辭可能即是此類辭例之省略。

亦有辭中省略祭法，致使用例不明者：

（五四）壬寅卜㱿貞：興方以羌用。自上甲至下乙。（丙四五）

（五五）貞：卅伐下乙。／𢎪卅下乙。（乙 721＋乙 5495＋乙 6408）

此二例的用羌、伐可能是在酒祭中施行的。

---

[119] 于說見《甲骨文字詁林》第四冊，頁 3307-3308。

[120] 參《甲骨文字詁林》第四冊 3153 條文末按語的討論，頁 3190。按，賓組卜辭中「奚」字附加「戌」附件作為用牲法／祭法，獨體使用則作人、氏族名。

此外，有卜問祖乙是否「正」的辭例：

（五六）貞：正祖乙。／｛王占曰：吉。正。｝（丙二二一）

（五七）癸卯卜爭貞：下乙其有鼎（當）。／王占曰：有鼎（當）。［上］
　　　　隹大示。王亥亦𘀳（助）。／□酒明雨。伐□雨。咸伐亦□蚊卯。
　　　　鳥（倏）大啟。易。（丙五六二）

丙二二一反面有辭云「今乙巳易（勿）告于庚。／今乙巳告于庚」，癸卯、
乙巳差二日，且前面已論丙五六二此事與丙二〇七、二〇九的貞問相關，
驗辭是乙巳日的紀錄；且丙二二一的「正」，讀為「當」，作「適當」意用，
此種用法的正字學者已多論及；而丙五六二「有鼎／亡鼎」，即「有當／
亡當」，鼎讀為「當」。[121] 故此二條丙二二一、五六二所貞問亦應一事，
也可作為下乙＝祖乙的一證。

此外，有以樂舞對祖乙行祭者：

（五八）貞：奏祖乙。／易奏祖乙。（丙二八五）

這裡以樂禮進行祭祀，不知採用哪類的主要樂器，沒有說明。

在這些例子以外，亦有對祖乙「告」以表達情況、意願者：

（五九）辛未卜㱿貞：寍（慜）告于祖乙。／辛未卜㱿貞：易寍（慜）告
　　　　于祖乙。（丙一五五）

（六〇）貞：告于祖乙。／易告于祖。（丙二〇五）

（六一）貞：王告于祖乙。／易告于祖［乙］（乙 3145＋乙 8134）

（六二）丁未卜爭貞：王告于祖乙。（乙 3561）

這些例子都省略了祭告的事由以及配合的祭法。丙一五五「寍告」，寍用於
動詞之前的辭例亦見合 15122、18606，陳劍根據李家浩、史傑鵬等學者意
見，論證「寍」字應該讀為「慜」，意為「速」；其說論證充足可從。不過
卜辭中另有速字，同樣用為修飾動詞的遲速義，多用在表示「疾行」義上，
如合 296、28011、29084 等，修釋「往」、「于」、「至」、「來」、「入」等移
動動詞，未見使用在祭祀動詞上的例子，這種同一／相近概念卻運用不同

---

[121] 見李學勤：〈續論西周甲骨〉，《中國語文研究》第七輯（香港：中文大學中國文化研
究所，1985 年）；劉釗：〈卜辭「雨不正」考釋〉，《古文字考釋叢稿》，頁 71-78；張
玉金：〈殷墟甲骨「正」字釋義〉，《語言科學》第 3 卷第 4 期（2004 年 7 月）鼎讀為
當，見本書第二章「丙一二」註釋。

的字語來表達，或許不同的使用語境便是導致此類個別運用的主要原因。[122]

對祖乙（下乙）祭祀用牲與其他相關列表

		搭配祭祀／用牲方式／用牲數量					
		伐	卯	毛	羧	曹	未誌明
主要祭祀方式	屮	一牛（B120） 伐（B41） 十伐（B102）	三牛（B202）		羧（B144）	十宰（物）（B304） 十宰（B547）	一牛（Y1386＋）　一牛／宰（B304）　一牛（B177）　二牛（B124）　宰（B381） 宰（牝／牡）（B139）　二宰（B547）　五宰／三宰／一牛（B120）　十牛（B115） 兕（B349）　新南（Y4694） 二南（Y7483）
	酒	伐（B562） 伐（B230） 伐（B207） 伐（B20） 十伐（B233＝B330） 十伐屮五（B197） （Y721＋）	卯（B562） 卯（B207） 卯（B209） 十宰（B197） （Y721＋）				十宰（B233＝B330）
	御						三牛／五牛／十牛（B546）
	禱						十宰（B117） 五牛□十／（B221） 一[牛]／（B249）
	毛			四牛（B546）			
	羧				多屯（Y4119＋）		
	不明						羌（B45）

---

122 陳說見氏著：〈釋「琮」及相關諸字〉，《甲骨金文考釋論集》，頁 273-308；卜辭「速」字考證，可參見蔡哲茂：〈釋殷卜辭的「速」字〉相關討論。

	瘉疾／使疾	行害致憂	入王夢
神靈	B98,Y690+,Y4194	B176,B161=B394, B332, B483,	B203
威能	若（有若）	降孽艱咎	授祐／左
	B427, Y4119+	B41,B544, Y5395	B311, Y1047+

八　祖辛

　　祖辛是祖乙之子，在本坑中對其的祭祀記錄如同其父，也是相當繁多，以下便略舉其中較重要的辭例作討論。首先是业祭：

（一）貞：业祖辛五伐，卯三宰。（丙二七）

（二）｛辛□卜敵｝翌辛丑业祖辛。（丙一九七）

（三）翌辛卯业于祖辛。

　　　　翌辛业于祖辛一牛。／貞：业于祖辛三宰。（丙二〇三）

（四）貞：翌辛卯业于祖辛。（丙二〇七）

（五）貞：翌辛酉业于祖辛宰。／叀（惟）小宰。（丙二四二＝丙六二四）

（六）貞：业于祖辛。

　　　　貞：十□于祖辛。／昜十反于祖辛。

　　　　貞：四反于祖辛。／昜四反于祖辛。（丙二五一＝丙三三四）

（七）业于祖辛剅。南。（丙四〇〇）

（八）业祖辛三伐。（丙四〇八＝丙六三二）

（九）貞：翌辛亥业祖辛。（丙五〇九）

（十）翌辛蚊(?)业祖辛。（乙673＋乙710）

（十一）乙亥卜賓貞：业伐于祖辛。（乙1987＋乙2120＋乙2223＋乙2272＋乙2301＋乙2370＋乙2382＋乙2435＋乙2612＋乙2620＋乙2807＋乙6812＋乙6832＋乙6874＋乙6890＋乙6930＋乙7047＋乙7278＋乙7292＋乙7293＋乙7408＋乙7506＋乙8191＋乙補0552＋乙補0554＋乙補0910＋乙補1705＋乙補1804＋乙補2166＋乙補2201＋乙補2208＋乙補3269＋乙補4889＋乙補5632＋乙補5895＋乙補6004＋乙補6216＋乙補6923＋乙補6959＋乙補7080）

（十二）貞：禱于祖辛。／翌癸丑业祖辛四十牡。（乙3216）

（十三）业于大甲。祖乙。祖辛。叀（惟）新南。（乙4694）

（十四）｛癸卯卜□｝翌甲辰业祖辛。／翌甲辰昜业祖辛。（乙7852）

丙二五一＝丙三三四，首先卜問是否對祖辛行业祭，同版的「四反／十反」

貞問應該就是確定對之行出祭後，接下來選定人牲的數量了。「及」，指人牲，其意義涵蓋較廣，可以概括指稱羌、夷等各異族俘虜。而乙 3216 是一組選貞，卜問是對祖辛施行禱祭好，還是出祭好，其祭牲皆為四十頭公牛，此處僅記錄於一辭中。

此外是**燎祭**：

（十五）貞：祖辛燎南。王[豕]（?）。／貞：不[更（惟）燎]□。（丙五二二）
此辭應讀作「燎祖辛。南」

此外是**酒祭**：

（十六）乙未卜爭貞：來辛亥酒雚凵（報）于祖辛。／來辛亥更（惟）雚凵
　　　　（報）酒于祖辛。（丙一二〇）
此辭討論見雚祭部分。

此外是**祊祭**：

（十七）乙未卜爭貞：來辛亥酒雚凵（報）于祖辛。／來辛亥更（惟）雚凵
　　　　（報）酒于祖辛。（丙一二〇）
此辭討論見雚祭部分。

此外是**御祭**：

（十八）丙寅卜賓貞：于祖辛御。（丙五一）

（十九）御于祖辛。（丙九七）

（二十）御肘于祖□／彊于祖辛御。（丙一六一＝丙三九四）

（二一）貞：御疾身于祖辛。／□彊御疾身于祖辛。／｛王占曰：其于□
　　　　乙□｝（乙 4875＋乙 4877＋乙 4908＋乙 5366＋乙 5894＋乙 6344
　　　　＋乙 6462＋乙補 2564＋乙補 5463）

此外是**雚祭**：

（二二）乙未卜爭貞：來辛亥酒雚凵（報）于祖辛。／來辛亥更（惟）雚凵
　　　　（報）酒于祖辛。（丙一二〇）

在此例選貞中，「雚凵」二字結合結構皆不動，可能表示了二者彼此間順序上的不變，也就是本例貞問要先行酒祭再行雚祭、祊祭，抑或先行雚祊再施酒祭之意；「凵」在此可能作為「雚」的助成／下位祭法。「雚」，舊釋多以為觀看之觀，陳劍根據常玉芝的看法，指出此類「酒雚」之雚，可能也是某種祀典名。[123]

---

[123] 陳劍：〈殷墟卜辭的分期分類對甲骨文字考釋的重要性〉，《甲骨金文考釋論集》，頁

此外是**禱祭**：

（二三）貞：羍（禱）于祖辛。／昜羍（禱）于祖辛。（丙四八五）

（二四）貞：羍（禱）于祖辛。／翌癸丑屮祖辛四十牡。（乙3216）

乙3216是一組選貞，討論見前。

此外是**祝祭**：

（二五）貞：祝于祖辛。（乙7750）

卜辭祝字，羅振玉認為象灌酒於神前以及手下拜形；商承祚認為象跪於神前而灌酒貌；郭沫若指出象跪而有所禱告貌；林政華認為習見「冊祝」連文，知「祝」是以冊祝告於神前的一種禮節。[124] 從許多關於「祝」的辭例都能夠作為祭祀動詞獨立使用，並配合祭牲對神靈作某種禱求，丙一八二中的祝祭亦與御祭等級相同，因此本書在此將「祝」視作一種主要祭祀方式來看待。

此外是**禓祭**：

（二六）☒馭（禓）于祖辛。（乙3016＋乙3199＋乙3207＋乙補3747）

此處未說明祭牲，可能也是以田獵所獲來進獻給祖辛。

此外是省略了主要祭名的辭例：

（二七）今日蚊牛于祖辛。／于翌辛蚊牛祖辛。（丙四八五）

（二八）{癸酉卜}□冊[羊?]☒一百☒祖辛☒（乙2275＋乙2307＋乙2478 ＋乙2487＋乙3024＋乙3025＋乙3036＋乙8368＋乙補1759＋乙補1800＋乙補2684＋乙補2866＋乙補3255＋乙補6340）

（二九）{庚戌卜}貞：翌辛亥于祖辛一牛。（乙6703）

在這些例子以外，亦有對祖乙「告」以表達情況、意願者：

（三〇）貞：昜蘆告于祖辛。／貞：昜告于祖辛。（丙二二九＝丙四九八）

（三一）貞：昜告于祖辛。（乙8315）

此外還有從祖辛開始，進行逆祀的紀錄：

（三二）貞：于祖辛屶。（乙2275＋乙2307＋乙2478＋乙2487＋乙3024 ＋乙3025＋乙3036＋乙8368＋乙補1759＋乙補1800＋乙補2684 ＋乙補2866＋乙補3255＋乙補6340）

關於祖辛的祭祀辭例，有一組較為特別，可與其他相關的辭例作比

383-384。

[124] 諸說見《甲骨文字詁林》第一冊，頁345-349。

較。這裡先舉其他辭例的部分：

（三三）丙寅卜□貞：父乙賓于祖乙。／父乙不賓于祖乙。一二三四五／
　　　　{王占□賓隹易日。}／{王占曰：父乙賓于□}（丙三三八）

（三四）貞：咸賓于帝。／貞：咸不賓于帝。
　　　　貞：大□賓于帝。／貞：大甲不賓于帝。
　　　　貞：下乙□于帝。／貞：下乙不賓于帝。
　　　　甲辰卜骰貞：下乙賓于咸。／貞：下乙不賓于咸。（丙三九）

「賓」字在此處的用法，是表示配享、從享的意思，[125] 丙三三八該辭貞問父乙是否能夠配享與祖乙的祭祀之中，丙三九則貞問大乙、大甲、祖乙是否能夠配享於對上帝的祭祀之中。而類似的辭例也可以在祭祀祖辛的部分見到：

（三五）貞：祖辛宿于父乙。／{□申卜亘}貞：祖辛不宿于父乙。／{□
　　　　占曰：祖辛不宿于父乙。}（丙二二五）

值得注意的是，前引「某賓于某」的辭例中，「前某」與「後某」的關係是小──大／後──前，而此處「某宿於某」，則是大──小／前──後，祖辛屬於小乙的曾祖輩。這裡不可能指以祖辛配享於小乙，因為這樣一來便違背了正常宗法觀念，因此此處的「宿」，疑和合 5356 的「王宿師」、合 27805「王其尋牢佛。其宿」相同，用作「止」義，引伸表示對祖辛的祭祀程度不止／低於對小乙的程度；相關細節仍待深入探討。

對祖辛祭祀用牲與其他相關列表

		搭配祭祀／用牲方式／用牲數量			
		伐	蚑	卯	未誌明
主要祭祀方式	屮	伐（Y1987＋）三伐（B408＝B632）五伐（B27）		三宰（B27）	新南（Y4694）　四十牡（Y3216）　剢・南（B400）宰／小宰（B242＝B624）　一牛／三宰（B203）十艮／四艮（B251＝B334）　豕（Y5313+）
	燎				南（B522）
	禱				四十牡（Y3216）
	不明		牛（B485）		一牛（Y6703）羊?]百（Y2275＋）

	降孽艱咎	行害致憂	授祐／左
神靈 威能	Y902+, B411, B544	B161=B394, Y4334+	Y1047+
	若（有若）	癒疾／使疾	
	B521	Y4875+, B161=B394,	

九　羌甲

　　羌甲是祖乙之子，祖辛之弟，《古本竹書》記載作「開甲」。歷來學界對其和祖辛的親屬關係作了較多研究。[126] 雖然屬於旁系，但他在本坑賓組卜辭中卻享有一定程度的祭祀典儀，比之前的直系先王如大庚、大戊以及之後時代緊密的「三介父」還多，頗值深究，相關探討可參後文「陽甲」部分。以下列舉本坑所見祭祀辭例，首先是**屮祭**部分：

（一）貞：屮羌甲。（丙一六六）

（二）貞：翌庚辰卒亦屮羌甲。（丙二四一＝丙六二三）

（三）貞：今屮于羌甲。／□于南庚。（丙二六九）

（四）夕屮羌甲。／易夕屮羌甲。（丙四一三）

（五）甲午卜賓貞：今日屮于[羌]甲一牛。／甲午卜賓貞：屮于妣甲一牛。
　　　正。／｛用｝（乙 3424）

（六）丁亥卜：易屮于羌甲侯[任]。（乙 3453＋乙 5574＋乙 8369）

（七）庚午卜：于羌甲。（乙 4718）

此外是**御祭**：

（八）于羌甲御圖。／易于羌甲御。（丙四七）

（九）壬辰卜韋貞：御□羌甲。（丙一六一＝丙三九四）

（十）貞：于羌甲御。克徒（除）疾。（丙二四三）

（十一）貞：于羌甲御。／易于羌甲御。（丙二五一＝丙三三四）

（十二）貞：于羌甲御。／貞：易于羌甲御。（丙四三六）

（十三）貞：御王圖于羌甲。（乙 842＋乙補 1180）

---

[126] 如姚孝遂、肖丁認為羌甲不可能是祖辛之弟；張光直認為羌甲很可能是祖辛之子而祖丁之父；張秉權從直系的祭祀制度來看，認為羌甲應非祖辛之子、祖丁之父。各說分別見《小屯南地甲骨考釋》（北京市：中華書局，1985 年 8 月），頁 51；〈商王廟號新考〉，《中國青銅時代》（臺北市：聯經出版社，1983 年），頁 162；《丙編》考釋，頁 460-461。

（十四）貞：御王囗于羌囗。克蜎囗／弗其克蜎。弌（待）。／囗更（惟）
　　　　弌（待）。（乙 1156＋乙 1931＋乙 2093＋乙 2128＋乙 2129＋乙 2176
　　　　＋乙 2197＋乙 2198＋乙 2366＋乙 6885＋乙 6891＋乙 6907＋乙
　　　　7563＋乙 7962＋乙補 1626＋乙補 1697＋乙補 1776＋乙補 1782＋
　　　　乙補 2191＋乙補 2199＋乙補 2204＋乙補 2615＋乙補 4432＋乙補
　　　　4444＋乙補 5257＋乙補 5964＋乙補 5984＋乙補 6139）

（十五）｛乙亥卜囗｝貞：于羌甲御。祼酉十囗十伐。小往囗蜎囗／｛王
　　　　占曰：吉。｝（乙 2296＋乙 2578）

第十五例「于羌甲御。祼酉十囗十伐」，應表示對羌甲主要以御祭為主，
配合祼祭，以「酉」、「伐」等用牲法展開祭祀儀式。

對羌甲祭祀用牲與其他相關列表

		搭配祭祀／用牲方式／用牲數量		
		伐	酉	未誌明
主要祭祀方式	屮			一牛（Y3424） 侯[任]（Y3453＋）
	御	十伐（Y2296＋）	十囗（Y2296＋）	
神靈威能		行害致憂		癒疾／使疾
		B149, B161＝B394, B43, B607		B47,B243,Y842+,Y1156＋

十　祖丁

　　祖丁是祖辛之子，羌甲之姪，武丁的祖父。相關祭祀辭例不少，下面
便略舉本坑所見，首先是**屮祭**部分：

（一）今日昜酓屮祖丁宰。（丙一二〇）

（二）翌丁酉屮于祖丁。（丙一九七）

（三）翌丁昜屮祖丁。／祖丁。（丙一九八）

（四）貞：今日屮于祖丁。／昜屮祖丁。（丙二〇一）

（五）王隹屮祖丁。（丙二二四）

（六）貞：屮于祖丁。／昜屮于祖丁。（丙二五二＝丙三三五）

（七）屮于祖丁。／昜屮于祖丁。（丙三八四）

（八）丁巳卜爭貞：王其屮。曰祖丁。克。／王其屮。曰祖丁。允克蜎（蠲）。／｛☒克蜎（蠲）。｝（丙四五七）

（九）乙屮于祖丁。／弜乙屮于祖丁。（丙五一○）

（十）癸亥卜敵貞：屮于祖丁。／□□卜敵□弜屮☒（丙六○五）

（十一）貞：弜屮于祖丁。（乙4788＋乙4767＋乙6121＋乙4477＋乙4906＋乙5013＋乙補3501＋乙補7107）

此外是對其**御祭**的辭例：

（十二）癸亥卜敵貞：御于祖丁。（丙三二）

（十三）壬子卜古貞：御于祖丁。／貞：弜于祖丁御。（丙四三六）

（十四）貞：有疾身。御于祖丁。（丙五○八）

（十五）貞：于祖丁御。／貞：弜于祖丁御。（乙1963＋乙2115＋乙2184＋乙2304＋乙2329＋乙2590＋乙3313＋乙3314＋乙3535＋乙7357＋乙7551＋乙7589＋乙8039＋乙補1767）

此外是對其**酒祭**的辭例：

（十六）乙丑卜敵貞：酒子同（興）于祖丁。五宰。／乙丑卜敵貞：先酒子同（興）父乙。三宰。（丙三三六）

（十七）貞：祖丁罍父乙☒／☒害王。（丙三八三）

丙三三六此辭貞問先為子同向父乙舉行酒祭好（三宰），還是直接為子同向祖丁舉行酒祭好（五宰）；是一組選貞。例十七「祖丁罍」在此處疑與酒祭有關。

此外是對其祭告的辭例：

（十八）貞：弜［告］(?)祖丁□。／☒［告］(?)祖☒（丙五二六）

（十九）貞：告于祖丁。／弜龠告于祖丁。（乙2045＋乙6476）

（二十）丁巳卜敵貞：告凵于祖。歲祼。（丙九八）

例二十，這裡的祭祀對象僅稱「祖」，應該與稱父乙為「父」同例，指稱的就是祖丁。而且此辭少見地採取歲祭，並結合祼祭，對王困擾的「凵」進行攘除，頗值注意。

此外是未註明主要祭祀方式以及其他相關的辭例：

（二一）酉祖丁十伐十宰。／弜酉祖丁。（丙三二）

（二二）☒辛祖丁一牛。卯羊。（丙一一七）

（二三）丁酉卜敵貞：今日用五宰祖丁。／丁酉卜敵貞：弜用五宰祖丁。（丙四五二）

對祖丁祭祀用牲與其他相關列表

		\\ 搭配祭祀／用牲方式／用牲數量		
		卯	曾	未誌明
主要祭祀方式	屮酒			宰（B120）
				五宰（B336）
	不明	羊（B117）	十伐十宰（B32）	一牛（B117）
				五宰（B452）

	降孽艱咎	行害致憂	影響年成
神靈威能	B411，	B420,B217,B460=B616, B541, Y4385	B161=B394，
	若（有若）	授祐／左	癒疾／使疾
	B139＝B 317	B429	B508, B457

十一　南庚

　　南庚是羌甲之子，輩份上屬於祖丁的堂兄弟，《古本竹書》載：「南庚更。自庇遷于奄」。其祭祀辭例不少，略列如下，首先是**屮祭**部分：

（一）貞：今屮于羌甲。／□于南庚。（丙二六九）

（二）㞢屮于南庚。（丙五〇八）

（三）今庚午屮于南☒（乙 571＋乙補 1547）

（四）屮于南庚。／㞢屮。（乙 3344）

此外是**御祭**部分：

（五）御☒南庚。／㞢于南庚。（丙四七）

（六）丙辰卜亘貞：御身□南庚☒（丙一五九）

（七）丁酉卜賓貞：疾身。于南庚御。／貞☒于☒[御]☒（乙 687＋乙補 293＋乙補 296＋乙補 315）

（八）貞：御南庚㕛七。／貞：勿御南□[七]㕛。（乙 7631＋乙補 614＋乙補 766）

此外是**祝祭**的部分：

（九）貞：王祝三[南]于南庚。曰之。（丙五四六）

此外是未註明主要祭祀方式以及相關的祭祀辭例：

（十）南庚助父乙害王。／貞：南庚弗助父乙害王。（丙三八三）

（十一）庚申卜古貞：㝢嚮蚊于南庚宰。用。／｛王占曰：吉。｝（丙四
　　　　九二）

（十二）貞：㿝于南庚。／㝢㿝。（乙4514）

例十二「㿝」字，在此作為某種祭祀行為，其意義不明。

對南庚祭祀用牲與其他相關列表

		搭配祭祀／用牲方式／用牲數量	
		蚊	未誌明
主要祭祀方式	御		及七（Y7631＋YB614＋YB766）
	祝		三[南]（B546）
	不明	宰（B492）	
神靈威能		行害致憂	癒疾／使疾
		B43,B265,B149,B161＝B394, B607	Y4511+, Y687+, B47 ,B159

十二　陽甲

　　陽甲，卜辭中作魯甲，裘錫圭根據世系以及古音的比對指出即文獻中
的陽甲，其說已成定論。[127] 在本坑賓組卜辭中與其相關的祭祀辭例極少，
直接指稱的僅有二例如下：

（一）御于父甲／☐父庚／☐父辛☐宰☐卯宰（乙7911＋乙8130＋乙補
　　　6595）反

（二）｛甲[戌]卜賓｝貞：㞢于魯（陽）甲。父庚。父辛。一牛。／貞：㝢
　　　㞢于魯（陽）甲。父庚。父辛。一牛。（乙7767）

涵括指稱的有二例：

（三）㞢于三父一伐。卯宰。（丙三二五＝丙六一八）

（四）貞：御于三父三伐。／☐于三父三伐。（乙4630＋乙4687＋乙4480）

另外僅有二辭分別貞問是否害王（丙一九七）、以及是否使疾（乙2739＋
乙3140＋乙8068），照理說陽甲屬於武丁父執輩，兩人時代應該頗有重疊，

127　裘錫圭：〈殷墟卜辭所見石甲兔甲即陽甲說〉，《古文字論集》，頁231。

對其的祭祀應該較多才是，為何在本坑賓組卜辭中罕見其蹤跡？此現象頗值得注意；蔡哲茂先生曾透過對卜辭宗法、世系與稱謂等一系列研究，指出：

> 小乙要傳位予武丁，顯然面臨兩個問題，其一是陽甲的之子，具有嫡長子的身份，也比武丁更有繼承權。其二是南庚之子，其父、祖兩代也當過王，羌甲、南庚的後代似乎也有王位的繼承權，故史上雖簡單的說：「帝小乙崩，子帝武丁立。」但王位繼承不可避免的必然有所紛爭。
>
> 由於商代的王位的繼承有父傳子，有兄傳弟，也有傳兄之子（侄），各種現象關於商代王位的繼承制度的討論自王國維的〈殷周制度論〉之後，論說者眾，莫衷一是。但晚近幾乎可以肯定的是傳弟是傳子的輔助辦法，也就是說商代應該是有宗法的。嫡長繼承的辦法並不是周代所特有的。所以小乙應傳位陽甲之子才對，但卻傳位自己的兒子武丁，必然引起繼承的爭奪。[128]

其說並結合一、二期卜辭中大量對羌甲、南庚隆重祭祀的紀錄，推測武丁或有曾與羌甲後人聯手獲取王位之可能。這個說法給本坑缺乏祭祀陽甲辭例的現象提供了很好的思考空間。

十三　盤庚

　　盤庚是祖丁之子，《尚書・盤庚》三篇記載他排除萬難，率領商人離開舊地，遷徙到洹水南的殷新都，允為一代英主。在輩份上，盤庚是武丁的叔伯一輩，本坑賓組卜辭中多以父庚稱之。其相關祭祀辭例不多，皆列舉於下，首先是**屮祭**的部分：

（一）貞：屮犬于父庚，卯羊。（丙十二至丙二十，成套）

（二）屮父庚。（丙三二五＝丙六一八）

---

[128] 蔡哲茂：〈武丁王位繼承之謎——從殷卜辭的特殊現象來做探討〉未刊稿，曾宣讀於中央研究院歷史語言研究所講論會（2008 年 9 月 15 日）、中國社會科學院歷史研究所（2008 年 9 月 17 日）。

（三）貞：出イ（升）于父庚宰。／貞：叧☐父庚宰。（丙三六〇）

（四）貞：出于父庚。／貞：叧出于父庚。（丙四〇七＝丙六三一）

（五）出于三父一伐。卯宰。（丙三二五＝丙六一八）

（六）{甲[戌]卜賓}貞：出于魯（陽）甲。父庚。父辛。一牛。／貞：叧
　　　出于魯（陽）甲。父庚。父辛。一牛。（乙7767）

丙三六〇「出イ」，指的是以イ（升）祭來配合主要祭祀方式「出祭」，對
盤庚作進獻的行為。關於「イ」祭，陳邦福、李孝定、饒宗頤以為即「升」
字，饒氏且進一步指出與訓「進」之「烝」有關，是一種「全牲體而升之」
的祭法。[129] 按，此字究竟應與文獻中何者對應仍待深入研究，本書暫依
其說釋為「升」。

此外是**御祭**的部分：

（七）丁巳卜爭：疾足（除？）。御于父庚。
　　　疾足（除？）。叧讀御于父辛。／叧御于父辛。（丙五四一）

（八）御于父甲／☐父庚／☐父辛☐辛☐卯宰（乙7911＋乙8130＋乙補
　　　6595）反

（九）貞：御于三父三伐。／☐于三父三伐。（乙4630＋乙4687＋乙4480）

例八，此處貞問是否對父甲（陽甲）、父庚（盤庚）、父辛（小辛）進行御
祭，此三者在卜辭中習見合稱，作「三父」或「三介父」，如例五、八所示；
到了祖庚祖甲第二期時，也可以稱他們三人為「三祖」。祭祀卜辭中多見此
三位先王一起受祀，見前引「陽甲」條，顯然區別於直系的小乙（父乙）。

此外是未註明主要祭祀方式的辭例：

（十）曾父庚十良十宰十南。（丙四〇八＝丙六三二）

（十一）叧（勿）蓋于父庚。（乙3117＋乙3345反）

（十二）于父庚。／{丙寅卜賓}：叧于父庚。（乙721＋乙5495＋乙6408）

丙四〇八此條卜辭參考正面釋文，推測應該省略的主要祭法是出祭，「曾」
在此作為用牲法。

---

[129] 陳、李、饒說見《甲骨文字詁林》第四冊，頁3398-3400。

對盤庚祭祀用牲與其他相關列表

		搭配祭祀／用牲方式／用牲數量			
		卯	曹	伐	未誌明
主要祭祀方式	生	羊（B12 至 B20）	十设十宰十南（B408＝B632）		宰（B360）生犬（B12 至 B20）
	御	宰（Y7911＋）反宰（B325＝B618）		一伐（B325＝B618）三伐（Y4630＋）	宰（Y7911＋）反
神靈威能		行害致憂	降孽艱咎		癒疾／使疾
		Y6724, B197, B325＝B618	B448,B553		B541

十四 小辛（父辛）

《史記・殷本紀》載：「帝盤庚崩，弟小辛立，是為帝小辛。帝小辛立，殷復衰。百姓思盤庚，乃作盤庚三篇」，[130] 可知傳位至小辛，殷商又進入了一個衰退期。關於小辛（父辛）的相關祭祀卜辭很少，以下全數列舉：

（一）生于三父一伐。卯宰。（丙三二五＝丙六一八）

（二）于父甲。／于父辛。（丙五四〇）

（三）疾足（除?）。易龋御于父辛。／易御于父辛。（丙五四一）

（四）貞：御于三父三伐。／☒于三父三伐。（乙 4630＋乙 4687＋乙 4480）

（五）庚午卜：于父辛。／☒（乙 4718）

（六）｛甲[戌]卜賓｝貞：生于昝（陽）甲。父庚。父辛。一牛。／貞：易生于昝（陽）甲。父庚。父辛。一牛。（乙 7767）

可以看出，如同陽甲一般，小辛的祭祀少見單獨進行，通常也是歸於「三父」之一，或列舉陽甲、盤庚、小辛三者作選貞，如同丙五四一同樣貞問御于父庚等；這是較特別的部分。

---

130 漢・司馬遷著、日・瀧川資言考證：《史記會注考證》，頁 54。

對小辛祭祀用牲與其他相關列表

		搭配祭祀／用牲方式／用牲數量	
		伐	卯
主要祭祀方式	㞢	一伐（B325＝B618）	宰（B325＝B618）
	御	三伐（Y4630＋）	
神靈威能		行害致憂	降孽艱咎	
		B197, B437, Y4516	B553	

十五　小乙（父乙、父）

　　小乙是武丁的生父，賓組卜辭中稱父乙，或直稱「父」，對其祭祀記載極多，以下便略舉相關重要辭例加以討論，首先是**㞢祭**部分：

（一）甲辰卜㱿貞：翌乙巳㞢于父乙宰。用。（丙三九）

（二）｛乙未卜㱿｝㞢于父乙。（丙一〇六＝丙五〇二）

（三）貞：㞢于父乙。（丙一一三）

（四）甲辰卜㱿貞：㞢宰于父乙。（丙二〇五）

（五）乙巳卜賓貞：祼于父乙。／乙巳卜賓貞：㝥辛㞢祼于父乙。

　　　　貞：今日㞢于父乙一牛。／貞：今日㞢于父乙宰。（丙二一七）

（六）貞：㞢于父乙。／㝥𩛥于父乙。（丙二二三＝丙四四二）

（七）翌乙未㞢于父乙一牛。／二牛。／叀（惟）小宰。（丙三二四＝丙六一七）

（八）壬寅卜㱿貞：㞢于父乙宰。曰刃（勿）卯。鼎（當）。／貞：㝥㞢于父乙宰。子㹱旬。（丙三四〇）

（九）貞：㞢彳（升）南于父乙。／㞢☒（丙三四九）

（十）貞：㞢于父乙牢。／㝥㞢☒（丙四〇七＝丙六三一）

（十一）｛壬申卜賓｝貞：來乙亥㞢嘼于父乙。用。（乙7422＋乙7498）

（十二）貞☒好㞢叐于父乙。（乙7862＋乙7901＋乙補6657）

丙二一七的「祼于父乙」需配合對貞來看，則知是「㞢祼于父乙」的省略，此處是以㞢祭為主要祭法，而以祼祭作搭配。丙三四〇「旬」字，疑為「蜎」字缺刻，此事與丙二〇五、丙四六七、乙1512＋乙1593＋乙補1335＋乙補1347＋乙補1376＋乙補1538所載有關，值得注意。

　　例九貞問是否以㞢祭為主要祭祀方式而搭配彳（升）的用法，處理「南」

此祭物對父乙進行祭祀。例十一的「𠙺」，位置上看可能作為次要祭法、用牲法或祭牲，以後者為長；可能和習見的「多屯」有關。

此外是**酒祭**的部分：

（十三）乙丑卜䚦貞：酒子同于祖丁。五宰。／乙丑卜䚦貞：先酒子同父乙。三宰。（丙三三六）

此辭顯現出酒祭祖先時，小乙與祖丁的祭享存在一定程度的差異。

此外是**燎祭**的部分：

（十四）燎父乙三豕。出十伐。卯十牛。（丙四〇一）

這裡的燎祭作為主要祭祀方式，且配合出祭同時進行。

此外是**御祭**的辭例：

（十五）貞：御[于]父乙。／昜御于父乙。（丙五〇）

（十六）壬辰卜䚦貞：乎子賓御有母于父乙，𤘓宰。曹𣪘三，𤔔五，宰。
／貞：乎子賓御有母于父乙，𤘓小宰。曹𣪘三，𤔔五，宰。
貞：乎帚𤘓于父乙宰。曹三宰，出𣪘。（丙一八二）

（十七）御父乙。（丙一九七）

（十八）貞：乎子賓卯父乙。曹𣪘𤔔。卯宰。／乎子賓卯父乙。／貞：昜乎子賓卯父乙。（丙二五一＝丙三三四）

（十九）于父乙御一牛。蜎（蠲）。／王占曰：吉。（丙二五二＝丙三三五）

（二十）貞：御帚好于父乙。𤘓宰出南。曹十宰。十𣪘。南十。／□昜曹父乙十𣪘。十宰。南十。（丙五四八）

（二一）己□卜䚦貞：御帚好于父□𤘓羊出豕。曹□宰。／貞：昜曹父乙五宰。
己卯卜䚦貞：御帚好于父乙。𤘓羊出豕。曹十宰。／昜曹□乙□宰。
（乙1033＋乙2759＋乙2802＋乙2999＋乙3007＋乙3383＋乙3494＋乙7304＋乙7350＋乙7578＋乙7655＋乙7913＋乙補0412＋乙補1094＋乙補2022＋乙補3118＋乙補3121＋乙補6559）

（二二）貞：御狀于父。曹羌。（乙1512＋乙1593＋乙補1335＋乙補1347＋乙補1376＋乙補1538）

（二三）{□[巳]卜賓}貞：御子𤔔于父乙。／{王占：吉。其御。}（乙3401）

（二四）癸未卜䚦貞：[至]于商。酒[兄]□御于父乙𣪘□伐。出宰。（乙4571＋乙4739＋乙4782＋乙4900＋乙5775）

關於父乙御祭的辭例很多，顯示他在武丁心中是一位適宜進行攘除災禍儀式的主要對象。例二四似乎是同時進行酒、御、出三種祭法。

　　丙二五一有「𢆶」字，唐蘭以為「色」字，訓「卲」、「絕」，如同「亂」字有正反義，李孝定從唐訓「卲」，以為釋「絕」未當；《詁林》按語則以為二訓均欠妥，此字作為祭祀對象，其餘待考。[131] 按此字在丙二五一中用為祭祀方式，在合35174中可見作為祭祀對象之辭例（燎羊廿于𢆶，花東亦習見「妻友𢆶」人物），有兩種用法；由於在本坑中用例僅此見，且其用法似與御祭有關，姑置此以待深探。關於本條為何會呼令子賓來御祭武丁的生父，請見本書第三章乙1388＋乙1971＋乙2246＋乙3902＋乙補6052的相關討論。

此外是**裸祭**的辭例：

（二五）｛辛未卜賓｝貞：于父乙賓乍禵。／𢱭于父乙賓。（丙二一九）

（二六）裸于父乙。／裸▨（乙721＋乙5495＋乙6408）

此外是對父乙**祝祭**的辭例：

（二六）翌乙未乎子賓祝父，𡆥（血）小宰。酉反三，𤔲五，宰。求蜎正。
　　　　（丙一八二）

本條辭例與例十六同版。「𡆥」字連紹名釋「血」，認為是一種血祭，裘錫圭說從之，並加深入分析指出該字若用為用牲法，或可釋為「烹」；本書暫依舊釋。[132] 此用牲法在本坑中僅用於小乙以及少數先妣，較為特別。

此外是祈告於父乙的辭例：

（二七）貞：王其▨屮告父。正。（丙三一一）

（二八）告王𤔲于▨／𢱭告于父乙。（丙三四九）

（二九）貞：𢱭甾告于父乙。（乙6265）

此外是勹求於父乙的辭例：

（三〇）于父乙求，屮勹。／𢱭于父乙求，屮勹。（丙五一）

此外是以樂舞取悅小乙的辭例：

（三一）｛乙卯卜亘｝貞：[𢱭]甾用反舞于父乙。／｛王占曰：吉。其用。｝
　　　　（丙五一三）

此外是未註明主要祭祀方式或相關的辭例：

（三二）登父乙十羌。／𢱭登。（丙三三）

---

[131] 三說見《甲骨文字詁林》第一冊，頁437-438。

[132] 裘錫圭：〈釋殷虛卜辭中的𡆥、𡇬等字〉，《第二屆國際中國古文字學研討會論文集》（香港：香港中文大學中國語言及文學系，1993年10月）。

（三三）辛亥卜王貞：酓父乙百宰。十一月。（丙一一四）

（三四）癸酉卜㱿貞：父乙之賓。自羌甲至于父辛㝬父乙。／癸酉卜㱿貞：
自羌甲□于□辛□〔父乙〕。／｛王占曰：吉。｝（丙二二七）

（三五）貞：父乙卯媚。／貞：父乙弗卯媚。（丙三一一）

（三六）貞：王彔父乙賓。／弜（勿）彔父乙賓。／｛王占曰：吉。其彔。｝
（丙三四九）

（三七）｛壬寅卜古｝□唐子嬰父乙。／□唐子□嬰父乙。／｛王占曰：
吉。嬰□｝（丙五一九）

（三八）㿱（血）蚊父乙。羊。（乙 2619＋乙 2988＋乙 7820＋乙 8046＋乙
8122＋乙 8430＋乙 8457＋乙補 2372＋乙補 2390＋乙補 2811＋乙
補 5389＋乙補 6919）

例三六，「王彔父乙賓」，彔字未見釋，《詁林》以為是某種祭名。按，觀
察此句結構，「彔」當作為修飾雙賓語「父乙賓」的謂語使用，而「父乙
賓」有兩種可能意涵，其一可能與「父乙賓于祖乙。／父乙不賓于祖乙」
（丙三三八）、「下乙賓于咸。／貞：下乙不賓于咸」（丙三九）等作為配
享的用法相近，只是省略了「被配享」的對象；其二則將「賓」作為祭祀
父乙之特別場所，如「于父乙賓乍禳。／弜于父乙賓。」（丙二一九）的
用法。從這兩種角度來看，「彔」或許皆帶有「參與」一類的意涵；不過
由於辭例太少，其具體意義尚待研究。

對小乙祭祀用牲與其他相關列表

		搭配祭祀／用牲方式／用牲數量						
		伐	卯	登	血	酓	蚊	未誌明
主要祭祀方式	出	豕（Y1033＋）十伐（B401）	宰（丙三四〇）			五宰（Y1033＋）十宰（Y1033＋）		宰（Y4571＋）(B217)(B205)、(B39) 牢（B407） 南（B548）、(B349) 及（B182）、（Y7862＋） 告（Y7422＋）一牛／二牛／叀小宰（B324）、(B217)
	燎		十牛（B401）					三豕（B401）
	酒							五宰／三宰（B336）
	御	□伐（Y4571＋）	宰（B251＝B334）		羊（Y1033＋）宰（B548） 宰／小宰（B182）	羌（Y1512＋）十宰。十及。南十（B548）及森（B251＝B334）及 三，森五，宰／三宰（B182）		及（Y4571＋）一牛（B252＝B335）
	祝				小宰（B182）	及三，森五，宰（B182）		小宰（B182）
	升							南（B349）
	不明			十羌（B33）	羊（Y2619＋）	百宰（B114）	羊（Y2619＋）	

	降孽艱咎	行害致憂	癒疾／使疾
神靈威能	B197, B437, B356, B415, Y3401	Y6235, B32, B53,B163, B239,B297, B383,B448,B461,B546,B594,Y4516,Y4363+,Y4559, B420, Y2693, Y8278, Y3344	Y7183,B462, Y2910+,Y4511 +,Y3402,B349
	入夢	其他相關	
	B415	Y528+, B550, Y928+, Y3394, B114, B552	

肆　女性先祖

　　除了對男性先公先王進行祭祀以外，卜辭中對女性先祖的祭祀也頗為
豐富。陳夢家指出：

> 商人致祭先王的配偶，其稱上一代為母如母甲，稱上二代或二代以
> 上為妣或高妣，如妣己、高妣己。其稱先王的配偶關係則曰「妻」、
> 「妾」、「母」和「奭」。[133]

其說除了少數字釋上的爭議以外，大概都是可信的，[134] 就「妣」來說，
郭沫若曾表示「有妣名者為王統之直系，其屬於旁系者則無之」，明義士
有相同論述，此可視為定論。[135] 而另一方面，透過一些同時記錄男女配
偶先祖的辭例，學者得以推知各時代之間指稱的「妣某」、「母某」應該屬
於哪一位先公先王的配偶；經過長期的研究，目前學界對此問題已達成共
識，本書在此不另作申論。以下便分別列舉YH127 坑賓組卜辭中可見有
關祭祀女性先祖的辭例，展開討論。

---

[133] 陳夢家：《殷墟卜辭綜述》，頁 379。

[134] 例如卜辭之中「妻」、「妾」二字是否是異體字，二者意涵與後世用法的差別，以及「奭」
的身份問題等等，目前都仍舊存在著爭議。

[135] 郭說見氏著：《卜辭通纂》序（北京市：科學出版社，1983 年 6 月），頁 10；明說見
氏著：《甲骨研究》重印手寫本（濟南市：齊魯書社，1996 年 2 月），頁 70。

一 妣甲

根據坑外二期周祭卜辭、五期周祭卜辭中相關辭例的對比，武丁前各先王之配偶廟號作「甲」者，有示癸、外丙以及祖辛，本坑賓組卜辭中所祭祀的妣甲大概大部分都是祖辛之配。相關辭例不多，盡舉如下，首先錄**屮祭**的部分：

（一）屮于妣甲。十戶。／五戶。／六戶。（丙一八七）

（二）甲午卜賓貞：今日屮于［羌］甲一牛。／甲午卜賓貞：屮于妣甲一牛。正。／｛用｝（乙3424）

（三）甲子卜賓貞：乍屮于妣甲。正。／貞：屮妣甲小宰。用。／｛王占曰：余毋冓若茲卜。不其隹小宰屮。求（咎）余。｝（乙7310）

（四）貞：屮于妣甲**夆**戶。卯宰。／貞：昜𥄕用。（乙7750）

例二在甲日進行選擇羌甲或是妣甲屮祭的對貞，兩者時代性雖相同（妣甲應為羌甲之嫂輩）但並非配偶，這裡僅因日名相同遂同舉選祭，顯示出賓組卜辭在進行祭祀的過程仍帶有相對的隨意性。

值得注意的是例三，首先貞問「乍屮」判斷是否舉行屮祭，接下來貞問以小宰屮祭是否得當；「乍屮」一詞顯示出上古漢語名動相因的性質，「屮」在此作為名詞，其例罕見。

其次是**御祭**的部分：

（五）貞：御于妣甲。（乙4282＋乙4284＋乙4957＋乙補3675）

（六）于妣甲御。／昜于妣甲。（乙4419＋乙4543＋乙4738＋乙5524＋乙5748＋乙補5245）

（七）☒甲御。／昜于妣甲御。（乙4476）

（八）貞：于妣甲☐／昜于妣甲御。（乙5319＋乙5919＋乙5923＋乙5942）

（九）于妣甲御☒。（乙8165）

在本坑賓組卜辭中，御祭的施祭對象大部分是女性先祖，近來張玉金曾針對此祭祀方式做較為總括的討論，他綜合前人說法，指出在前人三種主要意見之中，御祭主要作為祓除、攘除不祥事物用途的看法最為合理，本書從之。他並透過對御祭辭例時代性（師組至黃組）的觀察，表示：

> 卜辭中對御祭記載的減少，應反應殷人御祭舉行次數的減少。而舉行次數的減少可能反映出殷人對舉行御祭作用認識的變化。可能是

實踐使殷人意識到，不祥的事來臨後，舉行御祭也不起作用，所以乾脆就少舉行，以致於不舉行。[136]

其說頗具啟發性。其次是未誌明主要祭祀方式以及殘損不明的部分：

（十）貞：曹妣甲☒／☒曹妣甲及☒（乙6960＋乙7059）

對妣甲祭祀用牲與其他相關列表

		搭配祭祀／用牲方式／用牲數量		
		卯	曹	未誌明
主要祭祀方式	㞢	宰（Y7750）		㞠及（Y7750） 十及／五及／六及（B187） 小宰（Y7310）　　一牛（Y3424）
	不明		及（Y6960＋）	
神靈威能		行害致憂	癒疾／使疾	
		B483	Y8165	

二　妣庚

本坑賓組卜辭記載先王之配稱為妣庚者，有示壬、羌甲、祖乙、祖丁四者，除了少數辭例特別書名為「示壬妻／妾妣庚」之外，羌甲是旁系，祖乙配妣庚通常稱作「高妣庚」（本坑未見此用例），其餘大部分的妣庚辭例應當指的都是祖丁之配，其位序相當於武丁的祖母一輩。

關於祭祀妣庚的辭例很多，而且用牲數亦不少，卜辭中通常伴隨「妣己」一同貞問；妣己亦是祖丁之配，這可能顯示了武丁對此二妣具有某種較特別的感情。以下略舉重要辭例，首先是㞢祭部分：

（一）㞢及于妣庚㞠。／易㞢及于妣庚。

　　　宰牭。／易。（丙四七）

（二）戊午卜：㞢妣庚。（丙九○）

（三）{壬[申]卜賓}貞：㞢于示壬妻妣庚宰。隹刄（勿）牡。（丙二○五）

136 張玉金：〈釋甲骨文中的「御」〉，《古文字研究》第二十四輯（北京市：中華書局，2002年7月），頁74。

（四）翌丁屮于妣庚。／昜屮于妣庚。（丙三六四）

（五）屮反于妣庚。／昜屮反于妣庚。（丙四七二）

（六）屮妣庚🌸。／昜🌸。（丙五四〇）

（七）貞：屮妣庚。有𠂤。／其屮于妣庚。亡其𠂤。（乙751）

（八）☒屮于妣庚。一🌸。／二🌸。／三🌸。／四🌸。／五🌸。／昜五🌸。（乙
　　　1320＋乙2473＋乙7804＋乙7806＋乙8139＋反乙補91＋乙補6493）

（九）｛辛亥｝貞：屮于妣庚十🌸。／昜屮于妣庚。

　　　｛辛亥｝昜　于妣庚十🌸。昜盖屮十🌸（乙6703）

對多妣的祭祀與對男性先祖祭祀最大的差別，除了祭祀方式較為單純、數
量規模較小之外，在於使用人牲的方式上，不見「伐」的運用。「屮伐」
的型態不見於對任何女性先祖的祭祀，取而代之的是用「反」，其單位為
「🌸」。[137] 透過比較一般祭祀先公先王的卜辭可以知道，「🌸」在女性先
祖的祭祀之中與「伐」用法非常近似，可能就是人牲的另一種樣態呈現。
由於「伐」字具備名動相因的特質，本書認為「🌸」應該也是指稱那些被
捕捉作為祭牲的反（俘虜），因為以「🌸」的方式被殺死，故可以之為稱，
並透過一些處理使其成為可供祭祀的牲物。

其次是**御祭**的部分：

（十）御于妣庚。曹反十［🌸］又五。（丙二〇六）

（十一）屯御于妣庚☒／昜屯于妣庚一羌。弗☒（丙二五二＝丙三三五）

（十二）御于妣庚🌸。／昜🌸。（丙四一三）

（十三）御于妣庚十🌸。／御于妣庚☒🌸。（丙四六七）

（十四）戊午☒☒貞：尋☒于妣庚。／戊午卜𠬞貞：昜尋御于妣庚。（乙
　　　　4228＋乙4236＋乙7838＋乙8292＋乙補2093＋乙補6878）

（十五）于妣庚御。／昜于妣庚御。（乙7144）

例十一「屯」字，用法疑與「己卯卜：子用我𡚷，若，弜屯奴用，侃。舞
商。／屯奴𡚷。不用」（花東130）、「乙未卜：今日其屯用林于濕（隰）田，

---

[137] 如同「伐」的使用模式，「🌸」在坑內外所有可見辭例之中幾乎都用在女性先祖的祭祀
　　　上，參《類纂》上冊，頁100-102；不過其中有組辭例是用於父乙，分別為丙一八二、
　　　二五一，兩組卜辭都是貞問子賓御祭父乙之事（丙二五一御字缺筆），同版可繫聯干支
　　　在同一旬，應該是同一事。本書認為此二版除了祭祀父乙以外，皆大量出現對各先
　　　妣的祭祀，表示當時使用「🌸」的數量應當較多，或許因此對父乙祭祀遂加入「🌸」
　　　充作眾多牲物之一。

有[正]」（屯 3004）相同，表示「純、全」義，起修飾「御祭」之作用。[138]

其次是**燎祭**的部分：

（十六）燎妣庚三宰。／隹三□屮☒（丙二五二＝丙三三五）

其次是**禱祭**的部分：

（十七）貞：衛（衛）于妣己。／于妣庚。

　　　　[㝬]奉（禱）]妣己☒衛（衛）☒（丙五五六）

（十八）㝬奉（禱）于妣庚。（乙 2626＋乙 3101＋乙 7448＋乙補 2213）

其次是對妣庚祈告的部分：

（十九）癸未卜㱿貞：告于妣己眔（暨）妣庚。／貞：㝬告于妣己眔（暨）妣庚。（丙三九二）

（二十）{辛巳卜賓}貞：亡舌于㞢。酒复祐（循）。／貞：亡舌叀（惟）羊用。告于妣庚。（乙 3299）

（二一）貞：告于妣庚。／㝬告于妣庚。（乙 4282＋乙 4284＋乙 4957＋乙補 3675）

其次是未誌明主要祭祀方式以及殘損不明的部分：

（二二）貞：冊于□庚酉。／㝬酉妣庚冊。

　　　　戊辰卜爭貞：蚊羌自妣庚。／貞：蚊羌自高妣己。／{王占曰：其自高妣己。}（丙三六〇）

（二三）于高妣己眔（暨）妣庚。／㝬于☒己☒（丙三六三）

（二四）貞：酉妣庚十伐。卯十宰。（乙 751）

例二二此處「高妣己眔（暨）妣庚」，屬於祖乙之配，見下面討論。

對妣庚祭祀用牲與其他相關列表

		搭配祭祀／用牲方式／用牲數量				
		燎	酉	蚊	卯	未誌明
主要	㞢				十宰 （Y751）	🌿／宰判(B47)　　尸(B472) 🌿(B450)　一🌿／二🌿／三 🌿／四🌿／五🌿（Y1320＋） 十🌿（Y6703）　宰。刃牡

---

[138] 相關討論可參姚萱：《殷墟花園莊東地甲骨卜辭的初步研究》（北京市：線裝書局，2006 年 10 月），頁 89；蔡哲茂：〈花東卜辭「白屯」釋義〉，《第十八屆中國文字學國際學術研討會論文集》（臺北縣：輔仁大學中文系、中國文字學會，2007 年 5 月），頁 151-152。

祭祀方式				(B205) 羊（Y5247）
	御	反十[㸚]又五（B206）		㸚（B413）　十㸚（B467） 一羊（B252）
	燎	三宰（B252）		
	不明	冊（B360）　十反（Y751）　五㸚。 ／三㸚（Y5247）	羌（B360）	
神靈威能	行害致憂		癒疾／使疾	其他相關
	Y7797		Y3066	Y3299

三　妣己

　　武丁前各先王之配偶廟號作「己」者，有中丁、祖乙以及祖丁，由於賓組中另有指稱祖乙之配的「高妣己」，可知這裡的妣己應該都是指祖丁的配偶而言；可能在這些辭例之中有少數屬於中丁之配妣己，不過在缺乏文字證明之前還是將這類的妣己視為祖丁之配為佳。

　　從世系上看來，妣己屬於武丁的祖母輩，二者時代應有相及，不過應該在武丁即位商王以前便已死去。相關辭例較多，略舉如下，首先錄**出祭**的部分：

（一）出反妣己敫。／昜出妣己（丙五七）

（二）貞：出于妣己反㸚。／昜出反于妣己。
　　　　出妾于妣己。（丙二三三＝丙三三〇）

（三）☐出于妣己☐南。卯牪（物）。（丙三四〇）

（四）出于亞妣己。一反。敫十。（丙三四九）

妣己在賓組卜辭中偶而又稱為「亞妣己」，丙三四九是本坑僅見的辭例。按「亞」有「次」義，學者已多言之，[139] 這是相對於祖乙之配妣己而言的，由於此版記載出祭／敫（禱）祭祖乙之事，未及祖丁，卻祭妣己，推測是為了別異此妣己並非祖乙之配，遂加「亞」字以明之。

---

[139] 見《甲骨文字詁林》第四冊，頁2898-2905，陳夢家、按語說。

其次是**御祭**的部分：

（五）于妣己［御］／弜于妣□（丙四）

（六）乙酉□賓貞：御于妣己▨／御于妣己▨（丙三六二）

（七）貞：于妣己御子賓。／貞：弜于妣己御子賓。（丙四○七＝丙六三一）

（八）戊寅卜𣪊貞：于妣己御。（丙四三四）

（九）御冏于妣己。／弜御冏于妣己。（丙四五七）

（十）貞：御于妣己屮反。（丙四六七）

（十一）御王目于妣□宰。／于示王。／貞：于咸。／于妣己。（丙五九九）

（十二）貞：御于妣己。／弜御于妣己。（乙5406）

其次是**禱祭**的部分：

（十三）貞：𩁹（衛）于妣己。／于妣庚。

　　　　　［弜蓁（禱）］妣己▨𩁹（衛）▨（丙五五六）

其次是**祼祭**的部分：

（十四）貞：祼于妣己。酚反。卯宰。我［日］酒。（乙8585）

這裡略對祼祭作些說明。卜辭中「祼」字大部分作𠊾、𥙵、𥛚等形，本坑賓組皆作此形，不過後期其他組類中可見𥛟、𥛞等，亦用為祼。雖然王國維早已根據上下文意與文獻的對照，指出𠊾字「雖不可釋，但意為祼」的正確觀點，然而長期以來學界多根據羅振玉之舊說，將之釋為「福」，並據之將「福」的古義同祭祀方式聯繫起來，得出有異於文獻的結論；賈連敏透過整理大量資料，細緻地分析出「祼」字的相關問題，駁斥釋「福」說之謬誤，重新梳理王國維、郭沫若、屈萬里、黃盛璋等人的說法，指出祼字的確切意涵以及用法，是一種酒祭，即以酒器「瓚」挹鬯酒而祭；並大致討論了𥙵、𥛚二形的差異、演變以及「瓚」之形制。其說論證詳盡，很能說明問題，進一步使祼祭的釋讀成為定論。[140]

其次是**燎祭**的部分：

（十五）貞：燎十牛。／弜燎妣己。／己。（乙4937＋乙4938＋乙4939
　　　　＋乙補4638＋乙補4717）

---

[140] 此處所引王國維等學者說法，俱見引於賈連敏：〈古文字中的「祼」和「瓚」及相關問題〉，《華夏考古》第三期（1998年），頁96-112。關於𠊾、𥛚二形所從「瓚」之差異，除了賈氏所推測的時代性不同所導致以外，可能也與組類的不同以及同一大類中不同刻手的習慣有關，如合30926與合26954同屬何類，但前者作𥛟而後者作𥛞，值得注意。

其次是對妣己祈告的部分：

（十六）癸未卜㱿貞：告于妣己眔（暨）妣庚。／貞：勿告于妣己眔（暨）
　　　　妣庚。（丙三九二）

賓組卜辭中妣己與妣庚常於一辭中選貞，見後文「妣庚」部分。

其次是未誌明主要祭祀方式以及殘損不明的部分：

（十七）于□己□／勿于妣己。（丙二五一＝丙三三四）

對妣己祭祀用牲與其他相關列表

		搭配祭祀／用牲方式／用牲數量				
		胹	㲋	卯	燎	未誌明
主要祭祀方式	业		㲋十（B349） 㲋（B57）	刏（物）（B340）		伇（B467）、（B57） 伇（B349）　伇羍／妾（B233）　南（B340）
	御					宰（B599） 伇（B467）
	燎				十牛（Y4937＋）	
	祼	伇（Y8585）		宰（Y8585）		

	降孽艱咎	行害致憂	瘗疾／使疾
神靈威能	B462	B483, Y2493+, Y4476+,B126, B221,Y5347	Y2097, B599, B457, B462
	入王夢		
	Y7797, Y4385+, Y1235		

四　高妣己

　　相對於妣己／亞妣己，高妣己其稱「高」乃是相對於「毓」的觀念，
殷人將世次早於「毓」的先祖稱為「高」，而「毓」所涵蓋的世代範圍應
包括了曾祖、祖父、父輩這三代。[141] 高妣己為祖乙之配，屬於祖丁的祖

---

[141] 參裘錫圭：〈論殷墟卜辭「多毓」之「毓」〉，《中國商文化國際學術討論會論文集》（北
京市：中國大百科全書出版社，1998年）。

輩，故歸入「高」的範疇中；或有認為高妣己應按「順序」指稱中丁之配的意見，[142] 從賓組卜辭罕見對中丁的祭祀辭例以及武丁對祖乙廟號為庚的配偶同樣稱為「高妣庚」、稱謂上「高」始於高祖（曾祖之父）輩等現象來看，其說難信。

以下列舉相關祭祀辭例，首先是**御祭**的部分：

（一）疾身，御高妣己，蜎。（丙二七）

（二）貞：于高妣己御。／弜于高妣己御。（丙四三四）

（三）貞：御于高己。／弜于高妣己御。（乙 5319＋乙 5919＋乙 5923＋乙 5942）

（四）貞：于高妣己御。／貞：弜于高妣己御。（乙 7144）

本坑卜辭絕大部分屬於對其進行御祭以攘疾的辭例，另見乙 3430「屮于高妣己」一例，罕見其他祭法，亦無祭牲的紀錄。而合 33 有屮祭的紀錄，合 710 有燎祭的紀錄，亦有用牲，這是與坑外卜辭稍有不同之處。

其次是未誌明主要祭祀方式以及殘損不明的部分：

（五）于高妣己。／弜于。（丙五七）

（六）于高妣己。（丙二三九）

（七）貞：冊于□庚曹。／弜曹妣庚冊。

戊辰卜爭貞：**蚊羌**自妣庚。／貞：**蚊羌**自高妣己。／{王占曰：其自高妣己。}（丙三六〇）

（八）于高妣己眔（暨）妣庚。／弜于□己□（丙三六三）

（九）于高妣己。／弜于高妣己。（丙四五七）

（十）于高妣己。（乙 2626＋乙 3101＋乙 7448＋乙補 2213）

例七、八「于高妣己眔（暨）妣庚」的「妣庚」，或應指高妣庚，此處由於連文故省略了類名「高妣」之高。[143] 而從文例與上引例一至四的比較看來，這些辭例應該也都是關於御祭的貞問，只是在文字上作了省略。

---

[142] 張宇衛：《甲骨文武丁時期王卜辭與非王卜辭之祭祀研究》（臺南市：成功大學中文所碩士論文，2007 年 6 月），頁 33。按，對於女性先妣的祭祀辭例判讀，應該同時參照其可能對應的男性配偶先王辭例作為比較；若以為其配的男性先王辭例罕見，而此女性先妣確有相對眾多的辭例，除了少數的可能以外是沒有理由形成這種現象的，此時應慎重考慮二者對應的合理性。

[143] 相關省略文例的探討可參李旼姈：《甲骨文例研究》（臺北市：臺灣古籍出版社，2003 年 6 月），頁 392-402。

五 妣癸

武丁時期卜辭世系，妣癸是中丁之配，然祭祀妣癸的辭例顯然多於中丁罕見的祭祀辭例，因此有理由推測此妣癸或許是祖乙之後，除了三介父以外任一先王之配。以下列舉辭例，首先是**出祭**部分：

（一）出于妣癸。／□于□（丙四七六）

其次是**御祭**的部分：

（二）壬戌卜古貞：御疾黃?于妣癸。一二／貞：昜御于妣癸。／｛王占
　　　曰：下上害余。隹丙。｝（乙4540）

（三）御王□于妣癸。／昜御王□于妣癸。（乙7781）

乙4540疾「黃」，疑指某種腹部疾病，請參見本書第三章乙4540（R44630）的「相關說明」。

其次是**酒祭**的部分：

（四）今□淋□／貞：昜酓酒妣癸。正。（乙4119＋乙4125＋乙補3859）

其次是未誌明主要祭祀方式以及殘損不明的部分：

（五）□帝□(?)于妣癸及淋。／□昜□帝于□癸□
　　　□帝于妣癸及淋。卯宰。（丙一八三）

（六）貞□妣癸□五及□（乙696）

對妣癸祭祀用牲與其他相關列表

		搭配祭祀／用牲方式／用牲數量			
		伐	卯	燎	未誌明
主要祭祀方式	酒				（Y4119＋）
	不明		宰（B183）		及淋（B183） 五及（Y696）
神靈威能		降孽艱咎		行害致憂	癒疾／使疾
		B413, Y1987+		B413, B457	Y7781, Y4540

六 其他多妣

前面列舉的是YH127坑賓組卜辭中辭例較多的先妣，這裡則對其他

稍作補充。首先是妣辛，僅見丙二〇四一辭例，如下：

（一）㞢妣辛一宰。

再來是妣壬，亦僅見丙六〇七一辭例，如下：

（二）㞢于妣壬。

據祀譜，前者為大甲之配，後者則大庚、大戊、祖辛皆有配曰辛。

此外，本坑賓組尚有多妣、有妣等稱謂，辭例如下：

（三）丙午卜敵貞：三羌多妣。（丙二〇九）

（四）☑㞥䭫御身于多妣。（乙 7373）

（五）御賓于有妣。／㞥賓于有妣。（丙二〇一）

（六）貞：御于有妣。十□（丙四二三）

（七）貞：乎子賓祼于有妣。鼎。有蝎。／貞：㞥乎子賓祼于有妣。亡其
蝎。／﹛王占曰：吉。其㞢[貞](?)。﹜（乙 1388＋乙 1971＋乙 2246
＋乙 3902＋乙補 6052）

所謂有妣，「有」字應視為名詞詞頭，這類所謂的有妣皆與子賓有關，可
參見前文「小乙・御祭」部分的討論。

七　母庚

母庚是武丁之父小乙的配偶，在所有賓組卜辭眾多對「母某」進行祭
祀的辭例當中，母庚的辭例便佔了較大一部份，就本坑而言亦不例外。二
期卜辭之中也有「母庚」稱謂，此當是指武丁之配，與此處無關。以下列
舉其辭例，首先是**㞢祭**部分：

（一）㞢于母庚。（丙四二）

（二）㞢于母庚。／㞥㞢母庚。（丙一一三）

（三）㞢于母庚。／㞥㞢☑（丙一九九）

（四）貞：□㞢母庚。（丙二四四）

（五）貞：㞢母庚。毋害王。（丙五二一）

（六）㞥㞢。／五犬于母庚。／六犬。／七犬。（丙五二二）

從卜辭內容上來看，疑例五與例六的「㞥㞢」是正反互足的關係。

其次是**御祭**的部分：

（七）貞：御于父甲。／于母庚御。（丙二九七）

（八）貞：御䇓于母庚。／貞：于母己御䇓。（丙三六二）

（九）于母庚御帝。／易御于母庚。（乙 3204＋乙 3303＋乙 8107）

（十）御子賓。更（惟）牛。／卲母庚。曰［宰］御□／王占曰：不吉。（乙 3388）

對母庚祭祀用牲與其他相關列表

		搭配祭祀／用牲方式／用牲數量		
		未誌明		
主要祭祀方式	屮	五犬／六犬／七犬（B522）		
	御	牛／［宰］（Y3388）		
神靈威能		行害致憂	其他相關	
		B521, B257, B297	B248,	

八 其他多母

本坑賓組除了母庚以外，亦有見到對「母丙」、「母己」的祭祀卜辭，此二者在祀譜上皆未見，可能是陽甲、盤庚、小辛、小乙任一父輩先王日名為己、丙之配。關於母丙的辭例有兩條，如下：

（一）□［申］卜爭貞：御子狀于母丙。兇麀。酓小宰。屮皮女。／貞：易眉用兇麀。酓小宰。屮皮女于母丙。（丙五一二）

（二）屮于母丙。（乙 3813＋乙 4065）

丙五一二的子狀常見於賓組卜辭之中，關於進行攘除疾病的御祭也常施行，祭祀對象有父乙與娥，或許子狀即與他們具有較深的血緣關係。

關於母己的辭例僅有一條，如下：

（三）屮母己□𥄕 □宰。（丙二七）

至於其他的辭例，尚有以下兩條：

（四）貞：御帝好于母□（丙二五五）

（五）貞：王珥（聽）隹母告。（乙 5317）

前者殘缺，後者則是貞問關於「王聽」的疾病是否要進行祈告「母」的動作；這裡僅稱母，可能所指稱的也是母庚。

九　蜎甲

　　關於蜎甲，陳夢家釋為「巴甲」。並以為「可能是小甲、河亶甲」；《詁林》按語認為：

> 「贏甲」不見於周祀譜，但應是「祖」而不是「神」。因為除「帝」以外，可以為「咎」者只有「先祖先妣」。《合集》七九五正曾稱「贏甲咎婦」。[144]

舊釋「巴、贏、龍」之「🐛」字當釋「蜎」，已見學者論述。[145] 今按，此先祖多被視作某男性先王，然亦無確切證據，現本書綜合YH127坑內外辭例，經過分析，分析認為蜎甲較為可能是一位日名為「甲」的先妣。先引辭例如下：

（一）于蜎甲御帚。／既曹蜎甲。反。（丙五一三）

（二）貞：御妊于□甲。／昜䄆于蜎甲。（丙五一四）

（三）尋御帚于蜎甲。／昜尋御☑（丙二四二＝丙六二四）

（四）貞：祼于父甲。／□祼于蜎甲。（丙三九二）

（五）于蜎甲。／昜于蜎甲。（丙六〇二）

（六）□□卜㱿□御帚好于蜎甲。小[宰]。屮妾。（乙7040）

這是本坑賓組可見的資料，首先可以從中瞭解到，商王關切的某婦或某女性（如婦好），若需要攘疾，會為其向蜎甲進行御祭。此行為絕大多見於女性先祖的祭祀，[146] 例如為帚媟攘疾的御祭，是向「庚」（母庚）進行的：

（七）丙子卜㱿貞：御帚媟□庚。曹十宰。／丙子卜㱿貞：昜御帚媟于庚十宰。（乙3251＋乙3359＋乙3490＋乙6761＋乙7353＋乙7371＋乙補1839＋乙補1841＋乙補2830＋乙補2953＋乙補5883）

同版有「曹母庚三宰。／昜（勿）曹三宰」的選貞，可證此庚是為母庚。而為帚妍攘疾的御祭，也是向「庚」（母庚）進行的：

（八）戊寅卜賓貞：御帚妍于母庚。（合2725正＝外6）

---

[144] 竝陳說，見《甲骨文字詁林》第四冊，頁3535-3536。

[145] 參吳匡、蔡哲茂：〈釋肙（蜎）〉，載周鳳五、林素清編：《古文字學論文集》（臺北市：國立編譯館，1999年）。

[146] 少數關於御婦好的辭例是向父乙行御祭的，這可能和武丁、其配偶與父乙關係較為緊密有關。

（九）甲寅卜嗀貞：御帚妌于母庚。（合 2726 正＝珠 371）

為某帚攘疾的御祭，則向「有妻」進行：

（十）辛亥卜亙貞：御帚于有妻。／弜（勿）御帚于有妻。（丙一五五）

為霝妃攘疾的御祭，則向妣癸、蜎甲進行：

（十一）貞：于妣癸御霝妃。（合 2864＝歷拓 7578）

（十二）貞：御霝妃于蜎□。（合 2865＝拾 3.7）

這些都是很好的例子，可供進一步思考。

第二，透過分析（六）內容，可見對蜎甲以「小宰」作御祭牲畜，並結合屮祭以「妾」作為人牲進獻，而此類「屮妾／女」僅見於祭祀女性先人的辭例，如丙二三三「屮妾于妣己」、丙四〇〇「屮伐妾蔑（媚）／卅妾蔑（媚）」、丙五一二「屮反女于母丙」、合 27040「王其屮母戊一妾☑／二妾」、合 678「王屮母丙。女☑」、合 32176「屮反妣己一女。妣庚一女」等等，可證能夠以「妾」作牲物的蜎甲，的確具有較大的可能性屬於女性先祖。

以上的說法，來自本書整理相關辭例後所獲得的心得，可惜關於蜎甲的直接辭例仍嫌不足，無法全方位地討論其各項問題，不過透過對少數可見辭例的觀察，筆者認為以蜎甲為女性先祖的觀點，還是有其可信度的。

伍 舊臣及其他親屬神靈

一 伊尹

關於伊尹（黃尹）的事蹟，歷來討論及研究的成果極多，在卜辭中的呈現也相當豐富，不過都集中在祭祀對象這一塊。本書對伊尹相關問題不擬深入探討，這裡僅列舉其辭例，以供參考；首先是**屮祭**部分：

（一）屮犬于黃奭。卯三牛。／弜屮犬☑（丙一六七）

（二）丁巳卜賓：屮于大戊。／屮于黃尹四牛。

丁巳卜內：屮于黃尹宰。／丁巳卜內：屮于黃尹三牛。六月。（乙 4682）

這兩條是本坑僅見關於伊尹的過渡 1 類祭祀辭例，從這時代較早的兩條資料看來，屮祭是較多對伊尹施行的祭祀方式，目前未見運用㮨祭在此組類

的例子。

（三）出羌于黃尹。／勿出羌于黃尹。（丙二四○）

（四）▨黃尹▨出伐于穴▨正。王[正]／勿出。／勿出[五](?)伐。（丙三一二）

（五）{戊午卜□} 貞：出于黃尹十伐。十牛。／貞：勿出于黃尹。（丙五五五）

（六）出于黃尹五伐□牛□／勿出于黃□（丙五五六）

（七）壬子卜㱿貞：出于黃尹。／貞：出于黃尹。（乙 3288）

（八）貞：出于□尹▨（乙 6371＋乙補 5299）

其次是𣑭**祭**的部分：

（九）翌庚申𣑭于黃奭。（丙七三）

（十）丙申卜爭：翌戊戌𣑭于黃奭。／翌戊戌勿𣑭于黃奭。（丙七五）

（十一）𣑭于黃奭。／𣑭于黃▨（乙 2275＋乙 2307＋乙 2478＋乙 2487＋乙 3024＋乙 3025＋乙 3036＋乙 8368＋乙補 1759＋乙補 1800＋乙補 2684＋乙補 2866＋乙補 3255＋乙補 6340）反

（十二）𣑭于黃奭。（乙 5317）

這裡施行𣑭祭，對象皆稱黃奭；關於「奭」，早期學者多認為和先妣先母稱「奭」用法相同，指某種特殊身份的「配偶」。[147] 近來學者指出透過進一步分析推衍陳夢家說，指出「奭」字在此可能讀為「傅」，指輔佐商王的師傅；頗值深探。[148]

其次是**燎祭**的部分：

（十三）庚申卜㱿貞：燎于兇（稷）。／貞：于黃奭燎。／{王占曰：己雨。}（丙一二二）

（十四）癸未卜：燎黃尹一豭一羊。卯二牛。𠕋五十牛。（丙一七七）

從（十四）的祭祀情形來看，「一豭一羊二牛」分別以燎與卯的方式作祭祀處理，應該都是宰殺的用牲法，不過這裡接續的是「𠕋五十牛」，既然前句已言用「卯」來處理牲牛，推測此處對五十牛作「𠕋」的用牲方式，不會取其性命，而是以某種方式在牠們身上或整體留下改變，以別一般宰殺的方法。

其次是**酒祭**的部分：

---

[147] 參陳夢家、郭沫若、唐蘭、于省吾諸說，見《甲骨文字詁林》第一冊，頁 241-255。

[148] 參蔡哲茂：〈伊尹傳說的研究〉，《中國神話與傳說學術研討會論文集》（上冊）（1996 年 3 月），頁 243-275。又見氏著：〈殷卜辭伊尹䵼示考——兼論它示〉，《中央研究院歷史語言研究所集刊》第五十八本四分（1987 年）。

（十五）貞：酒黃尹。／昜卒黃尹。哉（待）。（丙三四二）

其次，是辭例殘缺或其他相關部分：

（十六）卅牛于黃尹。（丙一八四）

（十七）貞：于黃。（丙二六九）

（十八）貞：于□尹十□／昜于黃□（丙四四七）

對伊尹祭祀用牲與其他相關列表

		搭配祭祀／用牲方式／用牲數量				
		伐	曹	卯	燎	未誌明
主要祭祀方式	屮	[五](?)伐（B312） 五伐（B556） 十伐（B555）		三 牛 （B167）		□牛（B556） 十牛（B555） 四牛／宰／三牛（Y4682） 羌（丙二四〇）犬（B167）
	燎		五 十 牛 （B177）	二 牛 （B177）	一 貎 一 羊 （B177）	
	不明					卅牛（B184）
神靈 威能		降孽艱咎		行害致憂		
		B105,B312,Y6842+,B235,		B205,Y2941+,B261		

二 薆（媚）

關於「薆」，在卜辭中寫作𣪘、𥄲等形，本坑賓組之中所間皆為對其單獨祭祀的辭例，如下：

（一）{丙子卜𣪘}貞：王屮匸（報）于薆。隹之屮心。／貞：不隹之屮心。（丙一三九＝丙三一七）

（二）屮于薆。（丙一八四）

（三）昜龠屮于薆。／昜屮于薆。王不□（丙二四二＝丙六二四）

（四）貞：屮伐妾媚。

　　　卅妾媚。（丙四〇〇）

不過，坑外甲骨中可見到此人和伊尹合祭的辭例，如下：

（五）己亥卜，貞：屮伐于黃伊，亦屮于孃。（合970＝前1-52-3）

（六）其又孃暨伊尹。（合30451＝甲883）

關於此人身份，如同對伊尹的研究一般，歷來學者也下了不少工夫，《詁林》按語認同陳夢家以為「殷人之舊臣」說，成為了為一般之共識。[149] 蔡哲茂先生則更進一步推測，此人或即文獻中的「妹喜」：

> 如果說「孃」是伊尹的配偶，也就是和伊尹比而亡夏的妹喜，她和伊尹因有功於商而一齊受殷人之祭（卜辭常見殷先王又與先妣一起合祭），那就非常合理。因為妹喜的妹既是名（古人多單名），在古籍上妹又可寫作莬（通孃）如《逸周書・王會》「姑妹」，《國語・越語》作「姑莬」，……卜辭的「妹」既可讀作「莬」，二者作否定詞用法相同，那麼和伊尹合祭的「莤」讀成「妹」指的是「妹喜」就可能性相當大。而且卜辭未見伊尹和他人合祭，亦未見莬與他人合祭。如此說成立，不僅伊尹為湯作諜以覆亡夏朝確為史實，妹喜此一原本為夏桀伐有施而成為他的元妃的人物確實存在，在商之前確有一個夏王朝也就可以無庸置疑了。[150]

其說有理，可供學界作進一步研究之參考。

對莬（媚）祭祀用牲與其他相關列表

		搭配祭祀／用牲方式／用牲數量	
		伐	未誌明
主要祭祀方式	㞢	妾／卅妾（B400）	心（B139＝B317）
神靈威能		癒疾／使疾	
		Y643+, Y3424	

三　咸戊、學戊、盡戊

關於卜辭中某「戊」性質的討論，由於可與《離騷》、《史記》等傳世文獻作一定的比較，因此早已引起學者的興趣。陳夢家引王國維：「今卜辭無巫咸，有咸戊，疑今文當作咸戊，〈書序〉作咸乂四篇亦當作咸戊四

篇，猶序言作臣扈作伊陟也。」並進一步指出，如類比「伊尹」先私名後官名的結構來看，「咸、學、盡、陟」可能皆屬私名，而「戊」作為官名，或與「巫」字在字形字音上有關；其說目前也是學界較為人熟知的意見，頗為有見。

　　YH127坑賓組甲骨中關於「某戊」等人物的相關祭祀刻辭不多，僅以下數條，分別列述之：

（一）貞：虫于學戊。／昜禼虫于學戊。（丙一〇二）

（二）虫犬于咸戊。／學戊。（丙一九八）

（三）貞：虫學戊。（丙五五三）

（四）虫于學戊。／昜虫。

　　　　貞：虫咸戊。／昜虫。（乙753）

（五）咸戊☐／昜☐（乙4130＋乙5397）反

可見全都是虫祭的例子。「盡戊」無祭祀辭例，只有一條降咎的卜辭：

（六）盡戊求（咎）王。／盡戊弗求（咎）王。（丙五二五）

咸戊、學戊也有類似辭例：

（七）貞：隹學戊。／貞：不隹學戊。

　　　　貞：隹咸戊。／不隹咸戊。（丙四三）

（八）咸戊害王。／咸戊弗害王。（丙五五四）

咸戊、學戊二者多同見一版，罕見與盡戊共同出現選貞的例子。

　　本書在此稍作補充，關於YH127坑賓組中的「某戊」，可另外提供一條參考材料：

（九）王占曰：茲鬼。▨（鬼）戊貞。／五旬有一日庚申桑（爽）。▨（誅）。

　　　（乙4130＋乙5397）

這條占辭「茲鬼」應與「茲鬼卜」同類，指的是該卜帶有不吉的意涵。至於此「鬼戊」大概和習見的咸戊（亦見於本版反面）、學戊、盡戊、乙3443的戊媚等相同，是當時可以主持祭祀活動的一類人物，在本版可見他亦能夠擔任貞人。較深入的討論，請參本書第三章（乙4130＋乙5397）的「相關說明」。

四　二珏（玉）

　　在本坑之中對「二珏」的祭祀僅見一條：

（一）丁□□〔爭〕貞□于二珏（玉）。屮五人。卯十牛。／五人。卯五牛
于二珏（玉）。／十人。卯十牛。（丙四二五）

關於此二珏作為祭祀對象，曹錦炎已說明的很清楚，他並且指出「二珏」很可能與合 14588、24852 的「珏」相同，表示的都是「大甲師珏」，也就是擔任過「大甲師」此官職的某位舊臣；他並據《竹書紀年》推測大甲復辟後，伊尹被殺，隨後立其二子伊陟、伊奮，這兩者或許與卜辭「二珏」有關，須待研究。[151]

五　兄戊

關於兄戊的祭祀辭例，本坑中僅見一條：

（一）屮于兄戊。（丙一六二＝丙三九五）

坑外合 17378、17379 可見「夢兄戊」的記載；此人未見於文獻，大約是與武丁血緣較為接近的一位死去兄輩。

六　兄丁

以下是關於兄丁的祭祀辭例：

（一）屮兄丁。

（二）于有賓屮兄。／于上屮兄。（乙 5797＋乙 5814）

本坑辭例多見貞問兄丁是否「害」，以及王夢見兄丁等。學者或指出此兄輩與母庚的親緣關係，可以參考。

七　子𣫻（目）

關於子𣫻的祭祀辭例，本坑中見三條：

（一）貞：屮于𣫻十人。／屮于𣫻卅人。（乙 5317）

（二）貞：于𣫻。（乙 790＋乙 910＋乙 2186＋乙 4347＋乙 5874＋乙 6131
＋乙 8556＋乙 8603＋乙補 508＋乙補 5028）

---

[151] 曹錦炎：〈說「大甲師珏」〉，《紀念殷墟甲骨文發現一百週年國際學術研討會論文集》（北京市：社會科學文獻出版社，2003 年 3 月）。按，卜辭中亦見「帝五玉臣」，前人多釋為「五工臣」，恐非碻詁，頗疑「五玉臣」與「二珏」有關，尚待研究。

（三）弜龠出于目。／弜于目。（丙二〇六）

在這裡，顯然子目是作為祭祀對象。前兩條卜辭在時代上屬於典型賓一類，丙二〇六屬於過渡 2 類。而同屬於過渡 2 類之中，又有三條卜辭與子目相關：

（四）貞：子目亦毓。隹臣。／貞：子目亦毓。不其臣。／｛王占曰：吉。其隹臣。｝（丙四五九＝丙六一五）

（五）庚午卜賓貞：子目🖾（娩）妨。／貞：子目🖾（娩）。不其妨。／王占曰：隹茲勿妨。（乙3069）

（六）戊午卜𣪏貞：子🖾妨。／□□□𣪏貞：子目🖾。不其妨。／王占□隹丁🖾。（乙1154＋乙1666＋乙2402＋乙2414＋乙2421＋乙2627＋乙2638＋乙2712＋乙4074＋乙4234＋乙6803＋乙7185＋乙7241＋乙8073＋乙補0815＋乙補3763＋乙補6635）

在典型典賓類中，有一條與其相關：

（七）辛酉卜𠄠貞：[子]目□疾◿／貞：子[目]其□疾□隹害。（丙三九二）

在例（四）（五）（六）之中的子目（目）仍然存活著，並且可知其身份為女性多子，不是商王之配；例（七）的子目陷入病疾；而特別的是，在典型賓一類的（一）（二）紀錄中，此「目」顯然並非生者，如此情況使分期認知產生了矛盾。眾所周知，透過系統性地分析YH127坑賓組卜辭，會得到典型賓一類在時代上大體上略早於過渡 2 類、典型典賓的結論，[152] 而本例中典型賓一類涵蓋到「目」作為受祭對象；過渡 2 類上至子目生育之事，下至其死；典型典賓類上限可推至子目病疾之時，似乎此組分類模式對子目的時代界限頗不易釐清，這體現出兩種可能性：即此三分類所相互涵蓋的時間範圍實較一般認知為廣得多，以致於純就文字字體上的分類將產生此類矛盾；或者，此批辭例中的「目」、「目」，並非一人。

卜辭中有稱「目」的山，在歷一類卜辭中逕以「目」稱之，在自歷間類、無名組卜辭中以「𥄉」稱之，以往被認為不存在於賓組卜辭之中。王子揚根據辭例比對與祭祀用法，指出：

> 聯繫賓組卜辭人名"子目"之"目"可以寫作"目"情況，可以證明賓組卜辭中的祭祀對象"目"就是其他類組卜辭的"目山"之"目"。賓

組卜辭用加"口"的"冒"來表示"目山"之"目",可能有意跟用於
"眼目"之"目"相區別。綜上,賓組卜辭受祭對象"冒"跟歷組一類
的山名"目"以及歷間類、無名組卜辭的"冒"是同一個神名,皆表示
"目山"之{目}。[153]

筆者認為,雖然王說對女性多子「子目」與稱目的山名祭祀辭例未做細微
的辨別,例如二者可通用「冒」的現象,以及例（一）（二）（三）亦有指
的是子目的可能性等問題外,仍相當值得學者參考。

八　唐子

唐子屢見於賓組卜辭,皆作為祭祀之對象。丙五一九有辭云:
（一）貞：唐☒／貞：唐子伐☒
或被認為是唐子生存在武丁時期的例證之一,其實從（合 972＝掇 1-490）:
（二）貞：于唐子伐。
來看,可知（一）應省略了「于」或「屮于」,仍應視為祭祀類刻辭。以
下列舉本坑可見相關祭祀辭例:
（三）屮于唐子。伐。（丙一〇六＝丙五〇二）
（四）屮于唐子。／昜屮。（丙二三〇＝丙四九九）
（五）☒屮于[唐](?)子。（乙 602）
從商王對其施行祭祀,且同版亦往往對父乙、上甲等先祖行祭的現象來
看,唐子或與商王室有某種血緣關係,值得注意。

九　多介

「介」在卜辭中與「帝（嫡）」相對,有「副」意,指稱旁系的先王、
先人。本坑多見祭祀「多介子」的辭例,據裘錫圭指出,此類的多介子大
概和賓組中另一稱謂「多介兄」是相同的概念,指的是旁系的諸從兄。[154]

---

[153] 王子揚：《甲骨文字類組差異現象研究》,頁 92。

[154] 裘錫圭：〈關於商代的宗族組織與貴族和平民兩個階級的初步研究〉,《古代文史研究
新探》,頁 300-301。

這類先人也具有降災的能力，如：

（一）貞：多介𥃪。／介𥃪。（丙九八）

（二）貞：隹多介。／不隹多介。（乙 6820）

相關祭祀辭例如下：

（三）𡉈羊于多介。／昜𡉈于多介。（丙四四七）

（四）于父乙多介子。／𡉈犬于父辛多介子。（丙二九三）

（五）貞：𡉈于多介母。／昜𡉈。（丙四二二）

（六）𡉈于四介子。（丙四八四）

（七）昜𡉈于多介☐（乙 893＋乙補 335＋乙補 391）

（八）☐羊𡉈于多介[犬]。（乙 1111＋乙 1046＋乙 1960＋乙 2331＋乙 7592
　　＋乙 7593＋乙 7720＋乙 7725＋乙 7726＋乙 7728＋乙 7865＋乙 7960
　　＋乙補 6728）

其中（五）祭祀對象是旁系諸庶配；（六）的「四介子」所指可能與「父
乙／父辛多介子」有關，仍待探討。

陸　其他相關祭祀對象

一　社

　　王國維最早考證出卜辭中作為祭祀對象的「土」，應當讀為「社」，指
一種相對於內祀先祖的「外祭」，其說有理。[155] 不過後來王氏改變看法，
認為此類「土」字或即指先公「相土」，並非「社」字；則有待商榷。[156] 本
書認為所有卜辭中作為祭祀對象的「土」都應該釋作「社」，與文獻中的
「郊社」是相同概念，材料中對「社」、「稷」、「郊」的祭祀往往同版互見；
李學勤曾指出：

---

[155] 關於卜辭祭祀方面的內外祀概念，最早即由王國維所提出，後來島邦男將殷王室的祭
　　祀分為兩大類：「對先王先妣的五祀」、「對上帝、自然神、高祖神、先臣神的外祭」，
　　其實核心觀念相同無殊；綜合論述可參宋鎮豪、劉源：《甲骨學殷商史研究》，頁
　　330-331。

[156] 例如孫海波便徵引傅斯年意見，認為「相土之土，亦為邦社之攝。邦社相土，實即一
　　事。」相關正反說法可參《甲骨文字詁林》第二冊，頁 1180-1191。

郊，依照禮家的傳統說法，即指圜丘，是用以祭天的所在，因位於國之南郊故名。社，則是用以祭地的，因而和郊聯稱。文獻常見「郊社」，例如《禮記・仲尼燕居》……郊社的祭祀，是祀典中最重要的。[157]

其說合理可從。以下列舉本坑所見相關辭例：

（一）甲寅卜貞：燎于屮土（社）。（丙八六）

（二）｛甲午卜爭｝貞：燎于土（社）。（丙一〇六＝丙五〇二）

（三）燎于土（社）。方帝。（丙二〇一）

（四）戊申卜㱿貞：方帝燎于土（社）兇（稷）［彔］。卯上甲。（丙四三一）

（五）甲辰卜爭：翌乙巳燎于土（社）牛。

燎于土（社）叀（惟）羊。屮豚。（乙 4733）

（六）癸未卜爭貞：燎于社。奉（禱）于岳。（乙 7779）

可以觀察到，對社的祭祀在本坑中皆以燎祭的方式來進行，且可配合帝（禘）、奉（禱），同時對不同對象作祭祀。

二　兇（稷）

兇字在卜辭中被用作神名，[158] 其構形為 （合 14662）、（合 14677）、（合 14679）等形。一直以來，對於此字應當與傳世文獻中哪位神祇聯繫起來，是件困擾學界已久的公案。近來由於戰國文字出土，連劭名將秦簡《日書》上的「稷辰」與文獻上的「叢辰」聯繫在一起，認為殷卜辭的「兇」即指叢神。[159] 而蔡哲茂先生更進一步，綜合前人說法，發揮劉桓觀點，加以申論「兇」實則文獻中的「稷」，往往與「社」連言，其云：

如果《左傳》蔡墨所說的「周棄亦為稷，自商以來祀之」之說可靠，則卜辭的「」，指的稷神或許就是周棄。卜辭亳土（社）（稷）、

---

[157] 李學勤：〈釋「郊」〉，《文史》第 36 輯（1992 年）。

[158] 該字從丁山釋「兇」，見氏著：《中國古代宗教與神話考》（香港：龍門聯合書局，1961 年），頁 39。

[159] 連劭名：〈甲骨刻辭叢考〉，《古文字研究》第 18 輯（北京市：中華書局，1992 年），頁 62。

河、岳，經常在一齊受祀，社為土神，稷為穀神，河為河神即河伯，岳為山神，後代建邦立國，必立社稷，故社稷轉為國家之代稱。[160]

其說可從。以下列舉本坑所見辭例：

（一）貞：燎于河。（丙一〇四）

（二）庚申卜㱿貞：燎于兇（稷）。／貞：于黃奭燎。／{王占曰：己雨。}（丙一二二）

（三）貞：燎于兇（稷）。／燎于兇（稷）一牛。／叀（惟）小宰。／宰。／易燎于兇（稷）。（丙一八四）

（四）丁未卜王：燎于兇（稷）。

戊申卜㱿貞：方帝燎于土（社）兇（稷）［彔］。卯上甲。（丙四三一）

（五）易燎于兇（稷）。／{王占曰：吉。隹若。}（乙2856）

（六）庚戌卜㱿：翌辛亥燎于［兇］（稷）。／燎于🔔。二月（乙4966＋乙5577＋乙補3664）

（七）貞：屮于兇（稷）。／易屮于兇（稷）。（乙5318）

透過辭例可以看到，與祭祀「社」相同，對「兇（稷）」的祭祀也是以燎祭作為主要的施行方式，屮祭僅見乙5318的一例，這顯然有其獨特的宗教意涵存在。

三　河

河在卜辭中不止作為地名使用，同樣也作為祭祀對象，歷來學者對之討論相當豐富，主要是將之歸類為「殷先公」以及「自然神」兩種不同屬類，現今學界多傾向後者，本書從之。[161] 本坑中相關辭例甚多，下面盡量列舉，首先是**屮祭**的部分：

（一）屮于河我女。（丙一一七）

（二）庚戌卜㱿貞：于河屮匚（報）。／庚戌卜㱿貞：易于河屮匚（報）。

---

[160] 參吳匡、蔡哲茂：〈釋稷〉，《殷墟甲骨文發現九十周年國際學術討論會》（安陽，1989年）；進一步探討另可參蔡哲茂：〈從戰國簡牘的「稷」字論殷卜辭的「兇」即是「稷」〉，《2007年中國簡帛學國際論壇論文集》（臺北市：國立臺灣大學，2007年11月）。

[161] 參陳夢家、李學勤、李孝定等人諸說，見《甲骨文字詁林》第二冊，頁1281-1291。于省吾及《詁林》編者等認為「河」仍應解釋為高祖之名，從眾多辭例比對釋讀上來看，恐非。

三月。（丙一二二）

（三）﹛辛亥卜賓﹜貞：出于河。／易出于河。（丙三四二）

（四）貞：于河出匚（報）。（丙五四七）

（五）☐出于［河］（乙 2275＋乙 2307＋乙 2478＋乙 2487＋乙 3024＋乙 3025＋乙 3036＋乙 8368＋乙補 1759＋乙補 1800＋乙補 2684＋乙補 2866＋乙補 3255＋乙補 6340）反

（六）貞：易🔥（深）出于河。（乙 8077）

例（六）「🔥出于河」，可作三種解釋，其一是省略了「令」字，乃以「🔥」為人名；其二是「深出于河」；其三是「探出于河」，後二者的「🔥」皆作修飾出祭的副詞使用，確切意涵仍待進一步研究。[162]

此外是**酒祭**的部分：

（七）貞：酒于河。匚（報）。

貞：乎雀酒于河五十☐／易五十牛于河。／酒河卅牛以我女。（丙一一七）

（八）庚酒河。／易庚酒河。（丙一九九）

（九）☐酉卜［㱿］貞☐卅牛。／☐☐卜☐貞☐于河五十牛。

貞：酒于河十牛。／廿牛。（丙四二五）

（十）貞：易乎雀酒于河。五十牛。（丙四三一）

（十一）己亥卜內：翌辛丑乎雀酒河☐／翌辛丑乎雀酒河卅☐／己亥卜☐辛☐乎☐酒☐廿／☐酒☐（丙五三一）

（十二）［戊］子卜爭貞：翌辛卯酒河。燎☐／貞：翌辛卯易酾酒河。（乙 1061＋乙 1989＋乙 2858＋乙 3055＋乙 3393＋乙 4128＋乙 4646＋乙 7616＋乙 7690＋乙 7743＋乙補 555＋乙補 3000）

（十三）貞：尋酒河。燎三牛。沈三牛。卯☐（乙 2489）

（十四）貞☐辛☐酒河☐三牛☐三牛（乙 4136＋乙 4137）

例（七）「酒河卅牛以我女」，「以」在此似應讀為「與」，「我女」指人牲，全辭可釋作「對河進行的酒祭，以三十頭牛與我地貢來的女子作祭祀牲品，是否得宜？」例（一）的「出于河我女」也應如此釋讀。

而例（十三）該辭顯示在此次「尋酒」[163]的過程中，採取了燎、沈、

---

[162] 參蔡哲茂：〈釋「🔥」「🪔」〉，《故宮學術季刊》5.3（臺北市：故宮博物院，1988 年）。

[163] 這裡的「尋」表示「重、再」義，見前文「祖乙」項「祖乙于尋出」注。

卯三種手段來完成祭祀，此類的例子如乙5313+乙5681「☑貞□辛酉酒河。沈宰。燎宰」等，頗為常見，表現出至少對「河」祭而言，「酒祭」的概念中往往包含了其他複數的祭祀方式，其詞義位階相對是較高的。

此外是**燎祭**的部分：

（十五）癸卯卜嗀：屮于河三羌。卯三牛。燎一牛。／癸卯卜嗀：燎河一
　　　　牛。屮三羌。卯三牛。（丙一二四）

（十六）乙丑卜貞：燎于河。／易燎于河。（丙二四二＝丙六二四）

（十七）燎五（?）牛于河。（丙三一二）

（十八）貞：旨河燎于蚰（融）。有雨。／貞：乎舞于蚰（融）。（丙四三一）

（十九）貞：令御燎于河。／易令御燎。（乙650＋乙698＋乙2705＋乙
　　　　5445）

　　　　霄（令?）御燎于河。（乙650＋乙698＋乙2705＋乙5445）反

（二十）易乎燎于河。（乙790＋乙910＋乙2186＋乙4347＋乙5874＋乙
　　　　6131＋乙8556＋乙8603＋乙補508＋乙補5028）

（二一）壬申卜嗀貞：燎于河。五月。（乙2371＋乙7504＋乙補6335）

（二二）貞：其燎于河。／貞：易卒燎于河。（乙3222）

例（十五）是正反對貞，卜問對河的祭祀，是要採取屮祭，抑或採取燎祭作主要祭祀方式。而例（十八）是商王呼令旨在「河」此地點燎祭，祭祀對象是「蚰（融）」，在此處「河」並非指稱神靈，必須加以分辨。

此外是**㨆祭**的部分：

（二三）亡其雨。／□㨆河。（丙二三〇＝丙四九九）

此外是**取祭**的部分：

（二四）貞：取河。／貞：易取河。（乙2773＋乙2775＋乙2778＋乙2779
　　　　＋乙2780＋乙2783）

此外是**禱祭**的部分：

（二五）貞：㞷（禱）于河以一牛示。／貞☑河。易以一牛示。／{王占
　　　　曰：其雨。／甲巳（子?）雨。}（乙5941＋乙6824＋乙7284＋
　　　　乙補5997）

此外是對河演奏樂舞的辭例：

（二六）乙巳卜賓貞：舞河☑／貞：易舞河。亡其雨。（乙2531＋乙3895
　　　　＋乙3899＋乙6823＋乙6857＋乙7034＋乙7088＋乙補0534＋
　　　　乙補0565＋乙補0773＋乙補1743＋乙補2135＋乙補3026＋乙

補 5861＋乙補 6995＋乙補 7184）

（二七）貞：舞河☒（乙 7173）

此類對河、岳所做的樂舞行為，從目前卜辭內容看來絕大部分都是與祈雨有關，與《周禮・地官》中記載的舞師，〈春官〉記載的樂師、司巫等人所從事活動有一脈相承的文化聯繫。如〈地官・舞師〉：

> 舞師掌教兵舞，帥而舞山川之祭祀；教帗舞，帥而舞社稷之祭祀；教羽舞，帥而舞四方之祭祀；教皇舞，帥而舞旱暵之事。[164]

其樂舞對象是山川社稷，並與旱暵求雨關係密切，可與殷墟卜辭顯示的商人祭祀行為作很有價值的比較研究。此外是省略主要祭祀方式以及相關的辭例：

（二八）甲午卜爭：于河。／甲午卜爭：于河。（丙二〇三）

（二九）于河。／于河。（丙二二四）

（三〇）貞：乎往于河。不若。（丙二二七）

（三一）（戊）子卜□貞：王令河。沈三牛。燎三牛。卯五牛。／□□卜殼
　　　　□王令河。二月。／王占曰：丁其雨。／九日丁酉允雨。／｛丁。
　　　　王亦占曰：其亦雨。／之夕允雨。｝（丙五三三）

（三二）貞：王其往雈（觀）河。不若。／☒雈（觀）河［若］☒（乙 761
　　　　＋乙 1284＋乙 1719＋乙補 1473＋乙補 1465＋乙補 1458＋乙補
　　　　1482＋乙補 1485＋乙補 1468＋乙補 1494）

（三三）庚寅卜爭貞：我其祀于河。（乙 1054+乙 2587+乙補 3993+乙補 5915）

（三四）貞：叀（惟）河隹祀。（乙 2912＋乙 3778＋乙 3779＋乙 5638＋
　　　　乙 6526＋乙補 3427）

例（二八）、（二九）、（三一）所省略可能非　即酒，而以酒祭的可能性大。至於例（三四）的「祀」，通常在卜辭中皆用為指涉範圍較廣的祭祀概念，習見的「王曰祀」，表示應理解為商王命令臣下舉行祭祀，可參裘錫圭說。[165]

---

[164] 《十三經注疏・周禮》，頁 190。

[165] 裘錫圭：〈關於殷墟卜辭中所謂「廿祀」和「廿司」〉，《文物》第十二期（1999 年）。

對河祭祀用牲與其他相關列表

<table>
<tr><td colspan="2" rowspan="2"></td><td colspan="4">搭配祭祀／用牲方式／用牲數量</td></tr>
<tr><td>沈</td><td>卯</td><td>燎</td><td>未誌明</td></tr>
<tr><td rowspan="10">主要祭祀方式</td><td>屮</td><td></td><td>三牛（B124）</td><td>一牛（B124）</td><td>三羌（B124）</td></tr>
<tr><td rowspan="2">燎</td><td></td><td>三牛（B124）</td><td>五(?)牛（B312）</td><td rowspan="2">三羌（B124）</td></tr>
<tr><td></td><td></td><td>一牛（B124）</td></tr>
<tr><td rowspan="4">酒</td><td rowspan="2">三牛（Y2489）
宰（Y5313＋）</td><td rowspan="2"></td><td rowspan="2">三牛（Y2489）
宰（Y5313＋）</td><td>三牛（Y4136＋）　　□廿（B531）</td></tr>
<tr><td>五十牛（B431）</td></tr>
<tr><td></td><td></td><td></td><td>十牛／廿牛／卅牛／五十牛（B425）</td></tr>
<tr><td></td><td></td><td></td><td>五十牛／卅牛／我女（B117）</td></tr>
<tr><td>禱</td><td></td><td></td><td></td><td>一牛（Y5941＋）</td></tr>
<tr><td>不明</td><td>三牛（B533）</td><td>五牛（B533）</td><td>三牛（B533）</td><td></td></tr>
<tr><td rowspan="4">神靈威能</td><td colspan="2">降孽艱咎</td><td colspan="2">行害致憂</td><td>予令風雨</td></tr>
<tr><td colspan="2">Y5406, Y1987</td><td colspan="2">B203,</td><td>Y820+</td></tr>
<tr><td colspan="2">授祐／左</td><td colspan="2"></td><td></td></tr>
<tr><td colspan="2">Y3343</td><td colspan="2"></td><td></td></tr>
</table>

四 岳

　　早期，孫詒讓即已釋此字為岳，他指出《說文·山部》「嶽」古文作𡶓，與甲骨此字構形相同。並云：

> 甲文岳字屢見作𡴲又作𡴻作𡴻，下即从古文山，而上則象其高峻峭與ㄩ形相邇，蓋於山上更為ㄩ山再成重象之形，正以形容其高。許書古文亦即此字，而變丫為ㄇ有類橫弓，則失其本形矣。

其說碻不可移，後來葉玉森、屈萬里、李孝定諸學者從之，特別是屈萬里的〈岳義稽古〉已透過深入的分析充分申論其說；不過孫氏在《契文舉例》中提到岳字，認為可能就是河南嵩山的說法，則仍待商榷。

　　其他相關意見亦極多，羅振玉認為此字當釋「羔」，唐蘭、商承祚、孫海波、楊樹達從之；金祖同以為是先公「昭明」二字合文；郭沫若認為

是「華」，詹鄞鑫從之，並重新申論以為即華山，自遠古始形成中華民族象徵之一；丁山釋「告」；于省吾以為即殷先公「冥」，陳夢家從之；本書認為從眾多辭例、字形的觀察中，以及常與「河」、「社」同祭的現象來看，釋岳之說還是較為可信的。[166]

近來美國堪薩斯大學魏克彬根據春秋時期侯馬與溫縣盟書中記載的一個祭祀對象「△公」（△作 🌿、🌿、🌿、🌿、🌿、🌿、🌿 等形），又可寫作「獄公」（以嶽假岳），並透過詳盡辭例、字體比對，指出△當即岳字無疑，表示「岳公」是晉國人民所崇拜的一種山神；其說精闢可從，而甲骨此字在賓組中作 ⛰、⛰、⛰、⛰、⛰，其構形與△字極為接近，下半部皆從山，上半部則象左右兩彎曲物相交，而盟書文字僅有部分訛變，無疑可視為同一個字，此亦可作為商代此祭祀對象當釋岳之有力佐證。[167]

以下便列舉本坑所見辭例，首先是**燎祭**的部分：

（一）戊寅卜古貞：燎岳☒（丙二三九）

（二）己丑卜㱿貞：燎于岳。／貞☐燎☐[岳]五月。（乙 4641）

其次是**取祭**的部分：

（三）☒貞：取岳。有雨。／☒取。亡其雨。／｛王占曰：其雨。／☒今日庚雨。｝（丙五三五）

（四）貞：取岳。（丙五九九）

　　　[取]岳宰。（丙六〇〇）

（五）貞：取岳。有从。／㫄取岳。亡其从。（乙 3238＋乙 3373＋乙 3498＋乙 3887＋乙 3893＋乙 3924＋乙 3954＋乙 4145＋乙 4186＋乙 4188＋乙補 3926）

（六）☒取岳，舞。有雨。（乙 6011＋乙 6027＋乙 6046＋乙 6048＋乙 6052＋乙 6054＋乙 6479＋乙 6550＋乙 6555＋乙 8141＋乙補 5719＋乙補 5337）

顯然此處的取祭是為了求雨而進行的。關於「取」祭，前輩學者已有很好的意見，陳夢家根據郭沫若觀點分析，認為「取」是「橇」的假借，是一種積薪燔柴的祭法；于省吾進一步申論，在溝通「取」、「橇」二字的通假

---

[166] 以上諸說皆載於《甲骨文字詁林》第二冊，頁 1210-1221；詹鄞鑫說見氏著：〈華夏考〉，《華夏考——詹鄞鑫文字訓詁論集》，頁 315-324。

[167] 參魏克彬：〈侯馬與溫縣盟書中的「岳公」〉，《文物》第 8 輯（北京市：文物出版社，2010 年），頁 76-83。

關係後，指出：

> 總之，甲骨文的取字用為祭名時，應讀作熙而通作櫔，櫔為燔柴之
> 祭。甲骨文的燎祭次數超過取祭許多倍。前引陳說已指出取與燎有
> 先後之別，並且，取祭不言用牲，而燎祭則多言用牲，是其大別。[168]

　　按，除了用牲與否之別外，燎祭亦往往與「舞」相對，如丙四三一有
「旨河燎于蚰。有雨。／乎舞于蚰」的對貞。「舞」與求雨息息相關，辭
例甚夥，且卜辭燎祭未見「舞」，於可見祭祀辭例中只出現在「取」祭之
間，例（六）的「☑取岳，舞」顯示在取祭的過程中，「舞」扮演了一個
重要角色，當時為求雨水，而於燔柴焰光下進行某些舞蹈以娛神的盛況，
可以想見；合16008、屯2906都有相同的辭例，可參看。
此外是**禱祭**的部分：
（七）貞：禱星（生）于岳。（乙1384＋乙2417＋2431＋乙4227＋7028
　　　＋乙7647＋乙7665＋乙7676＋乙補1994＋乙補2011）
（八）癸巳卜亘貞：祀岳。葬（禱）。來歲受年。／貞：來歲不受其年。（乙6881）
（九）癸未卜爭貞：燎于社。葬（禱）于岳。（乙7779）
例（七）的「禱星」，星在此讀為「生」，指祈求商王子嗣而言，並非祈求
長命之意。[169] 而乙6881可以清楚看到，「祀」作為祭祀相關用語，通常
不應視作主要祭祀方式，其意義涵蓋較廣，必須注意。
此外是對岳演奏樂舞的辭例：
（十）舞岳。虫。／㝱舞岳。（丙一五七）
（十一）貞：舞岳有雨。／貞：岳亡其雨。（丙一九九）
（十二）㝱舞岳。（丙四六九）
此外是省略主要祭祀方式以及相關的辭例：
（十三）□□卜☑其□我（宜）于岳。有雨。／貞：其求我（宜）于河。
　　　　有雨。其求我（宜）于岳。亡其雨。／☑（宜）于河。亡其雨。
　　　　（乙1987＋乙2120＋乙2223＋乙2272＋乙2301＋乙2370＋乙2382
　　　　＋乙2435＋乙2612＋乙2620＋乙2807＋乙6812＋乙6832＋乙6874
　　　　＋乙6890＋乙6930＋乙7047＋乙7278＋乙7292＋乙7293＋乙7408

---

[168] 陳、于說俱載《甲骨文字詁林》第一冊，頁650。

[169] 嚴格來說，此處的「生」亦具有讀為天候「晴」之可能性，尚待進一步探討。

＋乙 7506＋乙 8191＋乙補 0552＋乙補 0554＋乙補 0910＋乙補 1705
＋乙補 1804＋乙補 2166＋乙補 2201＋乙補 2208＋乙補 3269＋乙補
4889＋乙補 5632＋乙補 5895＋乙補 6004＋乙補 6216＋乙補 6923＋
乙補 6959＋乙補 7080）

此條的「求我」，應與卜辭習見「求戎我」相同，應讀為「求某宜」為當；在此「亡雨」是商王不願見到的，故此處卜問的應該是「求年宜」的相關問題。

對岳祭祀用牲與其他相關列表

		搭配祭祀／用牲方式／用牲數量	
		未誌明	舞
主要祭祀方式	取	宰（B600）	（Y6011＋）
神靈威能		行害致憂	予令風雨
		Y5271	Y820＋,乙 3238＋

五　其他相關

以下列舉的是本坑中賓組辭例較少的祭祀對象／地點，其中部分難以清楚分辨究竟屬於祭祀對象還是祭祀「地點」，尚待更多辭例出土提供比較才有望進一步釐清。

蚰（融）

（一）貞：旨河燎于蚰（融）。有雨。／貞：乎舞于蚰（融）。（丙四三一）
（二）燎于蚰叀（惟）羊。出豚。
　　　燎于蚰一豚。（乙 4733）
關於第一則，參前文（三）「河」的討論。

云

（三）己丑卜爭貞：亦乎雀燎于云，。／貞：㞷乎雀燎于云，。
　　（乙 5317）
與「山」類似，卜辭中作為祭祀對象的「云」（雲），多見「數目＋云」之

形式，如「四云」（合 40866，《彙》383）、「五云」（屯 651）、「六云」（合 33273，《彙》4）等；商人視雲具有自然神靈之力並加以祭祀，而從屯 651 的內容「叀岳先酒，迺酒五云。有雨」來看，祭祀雲的目的應在求雨。本例中「云」僅單稱，可能是本坑賓組特色，上舉三版皆屬歷組。

圉

（四）貞：王出圉。若。／貞：王 圉。不若。（丙五一三）

從合 766「癸未卜亘貞：王出殴，若／王出殴，不若」、合 6477「貞王出取，若／王出取，不若」、合 7426 反「貞王出戙，不若」、合 19771「乙丑卜，王出三奚于父乙」等辭例來看，本辭例較有可能是商王以圉內圈禁之牢徒進行出祭的貞問，而非以「圉」為祭祀對象。卜辭中習見「某圉」，如學圉（合 138）、弘圉（合 6057）、㸚圉（英 540）等，其中有羌人服勞役，並時有逃跑之事，見合 584 反甲、合 5988、5989。合 584 反甲占辭有「八日庚子，戈奉羌□人，蚊有圉二人」，合 1066 反「羌戎蚊圉一人」，陳劍引述裘錫圭舊稿認為是「因奴隸逃亡或暴動而致該監獄有人被殺死」，[170] 似可信；他並指出合 584 反的「有」應讀為「厥」，做代詞用，則與丙五一三本辭用法不同，值得注意。

洱

（五）炊于洱。／易炊于洱。（丙一六七）

「炊」字實从犬，《摹釋總集》、《合集釋文》、《校釋總集》均楷定作「㪉」，誤。陳劍於〈試說甲骨文的「殺」字〉一文中亦指出此點，並認為這是「蚊犬」的專字或合文，顯然正確；不過此文論證「蚊」系列字可釋為「殺」，似有待商榷。

𣥂

（六）貞：燎于𣥂☒（乙 8177）

此字或為「鼓」字省體，參乙 906+、乙 8177 討論，如此這裡可能表示燎祭之地點而言。

---

[170] 陳劍：〈試說甲骨文的「殺」字〉，《古文字研究》第 29 輯，頁 12。

九山

（七）于九☒／旯于九山燎。（丙一八五）

坑外卜辭亦見對「二山」、「五山」、「十山」的祭祀辭例，如合 30393「其
禱年于二山（合文）」、合 33233「燎十山」、合 34168＋輔 105「屮于五山」
等，另從合 30456 有「☒其遍屮于小山，又大雨」的辭例看來，此類的「數
目＋山」可能即表示複數的「小山」而言。王子揚認為：

> 當時有固定的 "二山"、"五山"、"九山"、"十山" 等祭祀組
> 合，而且還要遍祭境內不知名的 "小山"，這種祭山求雨的行為在
> 商代當是非常流行的。……從前面列舉的祭山求雨卜辭看，殷商境
> 內的名山應該有一些，不少於十個，這一點由 "十山" 可以看得很
> 清楚。[171]

他的看法顯然是正確的。

秘

（八）屮于秘。／□屮□秘。（丙四八三）

斳

（九）貞：燎于［斳］三示(?)用。／王占曰：吉☒（丙五九四）
（十）御囧于斳。／旯于斳御囧。（乙 8165）

（十一）庚戌卜㱿：翌辛亥燎于［兕］（稷）。／燎于。二月
　　　　［壬］子卜賓：旯燎于。／燎于。（乙 4966＋乙 5577＋乙補 3664）

此字在賓組中一般寫作「澅」，大部分也是作為祭祀的一個地點，如合
14361 的屮祭、合 14363 的禘祭等等。而此辭中寫成省略水旁與手足狀，
可以視作典型賓一類的一個特色。

---

[171] 王子揚：《甲骨文字形類組差異現象研究》（北京市：首都師範大學文學院博士論文，
　　2011 年。指導教授：黃天樹），頁 89。

第三節　傷疾事件分類研究

　　卜辭反映的是商人面對當時諸多現象的各種作為，更是今人瞭解上古社會的最佳資料。由於疾病傷患是人所共去，不願意遭遇卻又無法預測的事物，因此卜辭中記載有豐富的相關貞問，且這些資料都是研究醫療史的寶貴資料，歷來早有許多學者參與探討；[172] 近年來由於考古學的發達，考古學界亦開始對此面向展開深入研究，形成可喜的學科整合。[173] 本節根據YH127坑賓組卜辭中所見對各種疾病的貞問，依類作分析，並依直接相關與間接相關將辭例分為二類，也就是「各式傷疾」與「相關主題」，展開進一步討論。

壹　各式傷疾

一　疾齒

　　由於衛生條件的限制，牙齒疾病對商人的影響可以想見是相當嚴重的，卜辭中屢見對齒疾的相關貞問，可見商王及相關諸人頗受其困擾。毛燮均、顏誾曾針對一九五〇至一九五三年於河南安陽與輝縣出土的數十組殷人顎骨、牙齒標本進行分析，獲得當時族群牙齒健康狀態的寶貴資料，

---

[172] 關於歷來甲骨學者對殷人商疾的研究成果，主要有胡厚宣：〈殷人疾病考〉，《甲骨學商史論叢初集》、陳世輝：〈殷人疾病補考〉，《中華文史論叢》第四輯（上海市：上海古籍出版社，1963年）、嚴一萍：《殷絜徵醫》（臺北市：藝文印書館，1980年）、徐錫台：〈殷墟出土的一些病類卜辭考釋〉，《殷都學刊》第一期（1985）、彭邦炯：《甲骨文醫學資料釋文考辨與研究》（北京市：人民衛生出版社，2008年2月）等。

[173] 早在二十世紀中期便有學者嘗試以考古學方法對此課題著手研究，如毛燮均、顏誾等，見下註；不過之後長期缺乏類似成果出現。近來原海兵對殷墟人骨所做研究便開始重新涉及傷疾的探討，在其論文第四章中便專門關注此一範疇，不過由於標本材質限制，僅限於對骨骼與牙齒傷疾兩方面作探討，雖有侷限仍深具意義，參氏著：《殷墟中小墓人骨的綜合研究》（長春市：吉林大學文學院博士論文，2010年6月。指導教授：朱泓）。

並得到「牙周病是男性高於女性，齲病是女性高於男性」的結論；[174] 接下來二人透過分析資料，更進一步指出雖然相較於現代人，殷人罹患齲齒（即蛀牙）的比例相對少很多，但是罹患牙周病的比例卻是極高，這可能與研究對象的身份階層有關。除此之外，亦在樣本當中發現當時類似剔牙的痕跡，這也顯示了殷人已對牙齒的保健有一定的重視。[175]

以下列出全部相關辭例。

（一）貞：祝以之疾齒鼎。蝸。

　　　疾齒蝸。／不其蝸。（丙一二至二〇，成套卜辭）

（二）{丁巳卜賓}疾齒隹有害。／疾齒不隹有害。（丙二三九）

（三）貞：有疾齒。隹有由。／貞：有疾齒。不隹有由。（乙 2609＋乙 2655＋乙 4009＋乙 5944＋乙 6037＋乙 6936＋乙 8224＋乙補 1702＋乙補 7126）

（四）帝好弗疾齒。（乙 3164＋乙 3979）

（五）弜于甲御帝孃齲。（乙 3390＋乙 3661）

（六）貞：疾齒。／貞：疾齒不。

　　　{庚辰卜觳}貞：疾齒隹南。／貞：疾齒不隹南。（乙 4511＋乙 4512＋乙補 4651＋乙補 4668＋乙補 4670）

（七）有疾齒。隹蠱虐。／不隹蠱。（乙 7310）

例（五）中的「齲」，從聞一多釋，楊樹達亦同，此說已成定論；[176] 由此字可窺見古人認為齒疾與害蟲「蛀」牙脫離不了關係。且其用例甚少，似乎專門用來指稱「齲齒」之疾，結合文首毛、顏論文的分析結果來看，若此字之肇造確實是由古人觀察到牙齒蛀洞而來，則在此類「齲」辭之外的大部分「疾齒」辭例可能都是牙周病的一種反映。

　　例（六）「疾齒隹南」，之「南」，應指「南庚」，這對比同版「隹□□

---

[174] 毛燮均、顏誾：〈安陽輝縣殷代人牙的研究報告〉，載楊希枚編：《安陽殷墟頭骨研究》（北京市：文物出版社，1985 年），頁 119-123；原載《古脊椎動物與古人類》一卷二期（1959 年）。

[175] 毛燮均、顏誾：〈安陽輝縣殷代人牙的研究報告（續）〉，《安陽殷墟頭骨研究》，頁 124-131。

[176] 聞、楊說見《甲骨文字詁林》第三冊，頁 2150-2151。《詁林》按語從于省吾說，仍釋為「齲」；按，此字所從非「它」，應從裘錫圭釋為「虫」，見氏著：〈釋虫〉，《古文字論集》，頁 11-16。

害。／隹父乙害」可以看很清楚。[177] 例（七）貞問商王有齒疾，是否是「蠱虐」所致。「虐」字裘錫圭亦已指出「似有利害、加重一類意思，可能與屬義近」，[178] 其說可從，則全辭可釋為「王有齒疾，是否是／不是『蠱』所加重的？」

按，「蠱」字若用為災禍疾病意，諸家多延伸《說文》古訓：「腹中蟲也。《春秋傳》曰：『皿蟲為蠱。』晦淫之所生也。梟桀死之鬼亦為蠱。从蟲从皿。皿，物之用也」，或認為指「熱毒惡氣、妖邪之氣」（白玉崢），或認為指「謂聚蟲於皿，能造蠱毒」（《詁林》按語），[179] 所表示的都是屬於民俗學範疇，一種與巫術有關的神秘現象。事實上商人也認為受到「蠱」，將會連帶產生災禍，如合17183「貞：有災。不隹蠱」。其究竟與後世認知與「毒」有關的蠱有無關係，目前仍不得而知，推敲文意，僅能推測其可能具有「詛咒」之意涵，且根據現有辭例，可知都是由女性先祖／鬼神對生者施行的，如：

（八）貞：王𣪊隹媚（蔑）蠱。王𣪊☒蠱。（乙643＋乙5006＋乙5042＋乙5088＋乙補4534＋乙補4759）

（九）乙卯卜永貞：隹母丙害。／貞：不隹母丙害。
　　　貞：母丙允有蠱。／貞：母丙亡蠱。／｛王占曰：母丙有蠱。于☒｝
　　　（丙二六七）

此現象可能對進一步瞭解「蠱」的古義有啟示作用。

二　疾目

雙目是人類感官最直接與外界接觸的一扇窗口，任何關於眼睛的疾害都令人感到威脅。以下便是關於本坑賓組中商王眼疾全部辭例：

（一）貞：王其疾目。／貞：王弗疾目。（丙一〇六＝丙五〇二）

（二）貞：王目蜎（蠋）。（丙二〇一）

（三）王［目］隹有害。／貞：不隹有害。（丙三三三）

---

[177] 彭邦炯認為此例中的南指方位：「但南方炎熱，是『雕題黑齒』人所住之地。……乃卜問疾齒可否造成黑齒。黑齒蓋指腐蝕變色的蛀牙，或將南方黑齒人視為致牙病的神靈。」則不可據。參氏著：《甲骨文醫學資料釋文考辨與研究》，頁202-203。

[178] 裘錫圭：〈釋「虐」〉，《古文字論集》，頁47。

[179] 二說俱見《甲骨文字詁林》第三冊，頁2646-2647。

（四）御王目于妣□宰。／于示王。／貞：于咸。／于妣己。（丙五九九）

（五）貞：有疾目。蜎。／貞：有疾目。不其蜎。／﹛王占曰：吉。蜎。﹜
　　　（乙 770＋乙 925＋乙 937＋乙 939＋乙 960＋乙 1492＋乙 1501＋
　　　乙補 475＋乙補 688＋乙補 690＋乙補 693）

（六）有疾目。其延。／有疾目。不延。（乙 2810＋乙 3438）

（七）隹□害王目。（乙 6727）

可以見到，商王對眼疾頗為關切，會透過對先祖的御祭以求攘除病痛；只是囿於資料性質，目前仍無從知道其「疾目」的嚴重程度究竟為何。在《丙編》中另有一辭例常被誤讀為商王眼疾，實際上並非如此：

（八）貞：目其𢽟（瘳）疾。／貞：目不𢽟（瘳）疾。（丙一四二）

從語法上看來，此例中的「目」應指人物「子目」，而非指眼睛。[180] 至於「𢽟」字，字形作𢽟，或作𢽟，舊釋作「祟」、「帚」等，於該字所從「求」不合。蔡哲茂先生認為此字從𠂤求聲，在卜辭中多用與疾病有關，其云：

> 文獻上的「球」可作「璆」，又武威出土漢代醫學木牘 080 號所用藥物有「秦膠」，即《神農本草經》之「秦艽」，膠為幽部透母，艽、求為幽部群母，𢽟和疾病有關連，那麼𢽟讀成膠，是不成問題。[181]

其說受島邦男〈甲骨文字同義舉例〉一文啟示，依循「𢽟字字義與「㝬」字相當，也應該是表達疾癒的一個字」如此的思路作進一步分析，其結論是目前較可信從的。

三　疾聽

「耶」字，于省吾總結前人說法釋為「聽」，已成定論。[182] 本坑賓組該字多作從耳從二口，少數僅從一口作耶（丙二六三），另不見卜問坑

180　李宗焜認為據「司禮義規則」，「目其𢽟」乃是一件商王不願見到的事情，與「其疾目」類同。見氏著：〈從甲骨文看商代的疾病與醫療〉，《中央研究院歷史語言研究所集刊》第七十二本第二份，頁 345-347。

181　蔡哲茂：〈釋殷卜辭𢽟字的一種用法〉，《古文字研究》第 23 輯（北京市：中華書局，2002 年）。

182　于省吾：〈釋耶、𦔻〉，《甲骨文字釋林》，頁 83-87。

外習見的「耳鳴」、「疾耳」辭例，這可能屬於組類特色。關於商王疾聽的辭例甚多，略舉於下：

（一）聑（聽）凶（憂）。／｛王占曰：吉。弜隹凶（憂）。｝（丙二三九）

（二）王聑（聽）隹有害。／不隹有害。（丙二四一＝丙六二三）

（三）王聑（聽）弜骱（孽）。／王聑（聽）骱（孽）。（丙二六三）

（四）聑（聽）有不若。／□不若。（丙三四二）

（五）王聑（聽）隹□凶（憂）。乙亥酒∅（丙三五〇）

（六）｛庚戌卜爭｝貞：王聑（聽）隹凶（憂）。／貞：王聑（聽）不隹凶（憂）。（丙三五八）

（七）貞：王聑（聽）隹[有]□／貞：[王]聑（聽）不有害。（乙542＋乙544＋乙547＋乙590）

（八）貞：王聑（聽）隹凶（憂）／貞：王聑（聽）不隹凶（憂）。／王占曰：[吉]不隹凶（憂）。（乙593）

（九）□聑（聽）□咎。／貞：王聑（聽）不隹有咎。（乙2364＋乙3935）

（十）乙未卜：王聑（聽）隹祖乙。／乙未卜：王聑（聽）不隹祖乙。（乙4194）

（十一）貞：王聑（聽）隹母告。（乙5317）

所謂「有害」、「不若」、「骱（孽）」、「有咎」等，都是表示不好的負面意涵。例（三）「弜（勿）骱（孽）。／骱（孽）」對貞，表達出占卜者主觀期盼商王的「聽」不會／不想要受損害，值得注意。[183]

另外，例（十一）必須與同版他辭同觀，即「貞：翌庚寅王告。／｛戊子卜設｝貞：王于甲午告」，三者在性質上具有連續性，商王先貞問確定告祭對象為「母」，再來貞問告祭的時間，所要「告」的重點在疾聽；此「母」字另可讀為「女、毋」，從刻辭位置以及文意上來判斷，讀為「母」是較合適的選擇。

四　疾身

關於「身」字在疾病卜辭中所代表的意涵，歷來諸家說法大體可分為三類，一是以為身字象「腹」形，疾身表示一種腹病，此說以胡厚宣為代

---

[183] 相關探討可參見沈培：〈商代占卜中命辭的表述方式與人我關係的體現〉，《古文字與古代史》第二輯（臺北市：中研院史語所，民國98年12月）

表；一是以為象婦人妊娠之貌，以腹中有子形之，此說以李孝定、高明為代表；一是認為身字包括整個軀幹部分，不單指腹部。李宗焜透過辭例分析，已證明第一說為是；[184] 舊謂有身指有孕，觀諸「王疾身」（合 822 正＝乙 7797）[185] 的辭例已提供最好反證，而「身」在疾病卜辭中的用法殆為腹疾無疑。由於辭例較多，以下盡量略舉以供討論。

（一）疾身，御高妣己，蜎。（丙二七）

（二）乙巳卜𣪊貞：屮□身。蜎（蠲）／乙巳卜𣪊貞：屮疾身。不其蜎（蠲）。（丙九六）

（三）丙辰卜亘貞：御身□南庚☒（丙一五九）

（四）貞：有疾身。隹有害。（丙二五一＝丙三三四）

（五）貞：有疾身。其㝅（瘳）疾。／貞：有疾身。弗㝅（瘳）疾。／{王占曰：吉。}（丙三四七）

（六）{癸卯卜𣪊} 貞：帚好其征（延）有疾。
　　　貞：有疾身。御于祖丁。（丙五〇八）

（七）貞：疾身隹害。（丙五二五）

（八）丁酉卜賓貞：疾身。于南庚御。／貞☒于☒［御］☒（乙 687＋乙補 293＋乙補 296＋乙補 315）

（九）貞：身不隹妣己害。（乙 2097）

（十）貞：疒（疾）身。蜎（蠲）。（乙 2340＋乙 7253＋乙補 1601）

（十一）貞：御身于妣☒（乙 3378）

（十二）{□子卜𣪊} 貞：帚☒有疾。／貞：帚好［弗］疾（疾身?）。隹有害。（乙 4098）

（十三）貞：御疾身于祖辛。／□易御疾身于祖辛。／{王占曰：其于□乙☒}（乙 4875＋乙 4877＋乙 4908＋乙 5366＋乙 5894＋乙 6344＋乙 6462＋乙補 2564＋乙補 5463）

（十四）☒易𥄂御身于多妣。（乙 7373）

例（五）「㝅（瘳）疾」已見前面討論。例（七）的疾身屬於合文，相同情況見合 13711（後下 11-8），李宗焜指出此合文尚可見於合 13671、合

---

[184] 諸說俱見《甲骨文字詁林》第一冊，頁 35-37；李宗焜：〈從甲骨文看商代的疾病與醫療〉，頁 363-366。

[185] 本版拓本「身」字在新版《乙編》中極為不清，而合集拓本取自舊版《乙編》，較為清楚。

13672，裘錫圭以為此字可能是疒身之疒的專字，或疒身二字合文。[186]

　　《詁林》按語指出「疾身之占纍見，而從未有指婦而言者，其非指孕妊甚明。」[187] 按，「有身」、「疾身」非指妊娠已見前述，而謂「從未有指婦」則未必，如本書例（十二）「帚好[弗]疾(疾身?)」，此處該字較為漫漶，但目驗結果仍應看做「疒身」的合文；而例（六）「帚好其征（延）有疾」，從位置上來看，可能與「有疾身。御于祖丁」是同屬一事，前面提到的合13711（後下 11-8）亦載「貞：帚好不征（延）疾身」，與丙五二五疑有關，顯然也證明了「疾身」也會發生在婦人身上。不過大體來看，大部分的辭例還是以商王為主體，卜問武丁的腹疾為主。例（十）的「𤶇」為疾字的異體分工。

五　疾肩

　　賓組肩字作𩨀、𩨀等形，歷來諸家所釋各不同，大體上有釋「骨」而讀為「遊」、「戲」、「禍」，以及釋「凡」而讀為「盤」、「同」、「犯」等意見，[188] 各說皆有部分道理而未達其旨。後來吳匡首先釋出此字為肩，他指出：

> 卜辭中屢見𩨀𩨀𩨀𩨀字……等形，唐蘭釋作卣，讀為咎或尤。金甲文自有卣字，與此迥異，其非毋待細辨。郭沫若、陳夢家釋作冎（骨）。金甲文亦有冎字，作冎象死後地下脛骨狼藉之形。……釋冎固非，然郭陳二氏以字象肩甲骨形，則確不可易，字自為肩。
>
> 說文：「肩，髆也。從肉象形。肩，俗肩從戶。」又「髆，肩甲也，從骨專聲。」肩與骨同，肉皆後增。所謂象形者，指𩫽、𩫽而言。按石鼓鴞字作𪃾。明公簋𩫽字作𩫽。古鉨公孫肩肩字作肩，戶字金甲

---

[186] 李說見〈從甲骨文看商代的疾病與醫療〉，頁 364。裘說見〈甲骨文中重文和合文重複偏旁的省略〉，《古文字論集》，頁 145。

[187] 見《甲骨文字詁林》第一冊，頁 37。

[188] 前三說分別以郭沫若、唐蘭、饒宗頤為代表，後三說分別以劉桓、李孝定、林小安為代表。除林文見氏著：〈殷墟卜辭「𩨀凡屮疾」考辨〉，《揖芬集》，頁 223 之外，諸說俱可檢於《甲骨文字詁林》第三冊，頁 2152-2173。

文作日日日。肩字所以從之𠂤、𠂤其由來可尋矣。[189]

裘錫圭亦根據徐寶貴的意見（當時未刊），做出同樣的結論：

> 《說文》說「肩」字「從肉，象形」，石鼓文「鵯」字「肩」旁象
> 形部分的寫法，與甲骨文中象牛肩胛骨的寫作𢎘𢎘等形的字相似，
> 應即由此字訛變而成，所以「甲骨文此字（引者按：即我們所說的
> 「𢎘」字）有可能就是『肩』字的象形文。」此說可從。賓組卜辭
> 數言「疾𢎘」（參看《類纂》1179 頁），上引（31）即其一例，釋為
> 「疾肩」，文義允愜。賓組骨臼刻辭和歷組骨面刻辭中指稱卜用之
> 骨的「𢎘」字（參看《類纂》835 頁），釋為「肩」也是合理的。[190]

從上面看來，目前卜辭此字釋為「肩」應該已無太大疑義，貞問「疾肩」
應該指的就是與肩膀（從肩字象胛骨來看，可能包括一部份的後背）相關
的病痛。本坑相關的辭例不多，盡舉於下：

（一）貞：王肩蜎（蠲）。／王肩不其蜎（蠲）。（丙八三）

（二）貞：〔肩〕隹咎。／貞：〔肩〕不隹咎。（丙一八〇）

（三）庚戌卜亘貞：王其疾肩。／庚戌卜亘貞：王弗疾肩。／王占曰：弜
　　　疾。（丙二五一＝丙三三四）

（四）壬寅卜：王有疾肩。〔蜎〕（蠲）。／☒疾〔蜎〕（丙二九七）

（五）｛庚午卜賓｝貞：有疾肩。隹☒／貞：疾肩。不隹害。（乙 3864）

（六）貞：有疾肩。隹害。／貞：不隹害。（乙 3865）

例（三）貞問主題在「其疾／弗疾」之間，是商王無法以主觀干涉的事實。
而觀察卜兆後，商王表示「弜疾」，則顯然透露出主觀不希望疾肩一種想
望。而例（五）、（六）為正反相承卜辭，但非互足關係。

---

[189] 吳匡：〈釋肩〉，未刊稿，其意見已見引用於蔡哲茂：〈殷卜辭「伊尹𪓌示」考──兼論
它示〉，《中央研究院歷史語言研究所集刊》第五八本第四份（1987 年），頁 771、〈說
甲骨文「莽」字及其相關問題〉《第二屆國際中國古文字學研討會論文集續編》，頁 119。

[190] 裘錫圭：〈說「�凡有疾」〉，《故宮博物院院刊》2000.1：6。徐寶貴：《石鼓文整理與
研究》（北京市：中華書局，2008 年），頁 833-834。

六 疾囚

歷來關於此字的考釋甚多，唐蘭認為即「卣」字，「王囚其**虎**」或讀為「留」，「御囚于父乙」則用為人名；楊樹達釋為「齒」；金祖同以為「曾」字；陳夢家釋為「點」，讀為「墨」；饒宗頤釋為「**困**」，用作災禍則讀為「迷」；李孝定、張秉權、白玉崢、鍾柏生皆認為乃「骨」的象形或異構，鍾氏進一步指出可讀為「榾」或「猾」，端看用法而異；周國正暫釋為「禍」。[191] 其習見於本坑賓組中，辭例極多，以下略舉部分以說明之：

（一）于羌甲御囚。／易于羌甲御。（丙四七）

（二）癸卯卜爭貞：王令三百射。弗告［十］示。王囚隹之。／貞：王囚不隹之弗告三百射。（丙八三）

（三）貞：□夢□□乎余御囚。／貞：王有夢。不隹乎余囚。

貞：王其疾囚。（丙九六）

（四）丁巳卜賓貞：祼于祖乙。告王囚。／貞：易眔祼于祖乙告囚。（丙九八）

（五）貞：囚虎。亡由。／貞：囚［易］隹☒（丙二二二）

（六）｛丙戌卜□｝貞：王囚隹有害。／貞：王囚不隹有害。（丙二六五）

（七）戊子卜㱿貞：王囚蜎（蠲）。（丙四〇三）

（八）貞：叀（惟）父乙囚王。／貞：不叀（惟）父乙囚王。／｛☒曰：隹父乙。｝貞：王囚隹蠱。／貞：王囚不隹蠱。（丙四一五）

（九）御囚于妣己。／易御囚于妣己。（丙四五七）

（十）貞：隹妣己咎王囚。／貞：不隹妣己咎王。（丙四六二）

（十一）☒［御］王囚☒宰☒（丙五四七）

（十二）貞：王囚隹媚（蔑）蠱。王囚☒蠱。（乙 643＋乙 5006＋乙 5042＋乙 5088＋乙補 4534＋乙補 4759）

（十三）貞：于祖乙御王囚于祖乙。／貞：易御囚于祖乙。（乙 690＋乙 1098＋乙 1099＋乙 1244＋乙補 851）

（十四）貞：御王囚于羌甲。（乙 842＋乙補 1180）

（十五）貞：御王囚于羌□。克蜎□／弗其克蜎。弋（待）。／☒叀（惟）弋（待）。（乙 1156＋乙 1931＋乙 2093＋乙 2128＋乙 2129＋乙 2176＋乙 2197＋乙 2198＋乙 2366＋乙 6885＋乙 6891＋乙 6907＋乙 7563＋乙 7962＋乙補 1626＋乙補 1697＋乙補 1776＋乙補 1782＋

---

[191] 諸說俱見《甲骨文字詁林》第三冊，頁 2152-2158。唐說引辭例「**虎**」字，即本書例（五）「虎」字。

乙補 2191＋乙補 2199＋乙補 2204＋乙補 2615＋乙補 4432＋乙補 4444＋乙補 5257＋乙補 5964＋乙補 5984＋乙補 6139）

（十六）貞：▨霽▨／貞：▨霽亡▨（乙 2814＋乙 3701＋乙補 2179）

（十七）▨王▨隹有［由］。（乙 3500）

（十八）貞：姒□有克▨／貞：姒□亡其克▨

▨王。自▨癸巳▨隹有由。（乙 3823）

（十九）壬辰卜賓貞：疒（疾）▨。克。／貞：疒（疾）▨。弗其克。（乙 4712＋乙 4714＋乙 4426＋乙 4498＋乙 4617＋乙 4881＋乙 6005＋乙 5700＋乙補 4305＋乙補 4660）

（二十）貞：王▨異其疾。不蝸。／貞：弗□▨蝸。（乙 6819）

（二一）壬寅卜㱿貞：王▨隹父乙害。（乙 7183）

（二二）御▨于斳。／㞢于斳御▨。---于姒甲御▨。（乙 8165）

（二三）貞：有▨。蝸（蠋）。（乙 8289）

（二四）乙巳卜賓貞：今夕▨不靁。（乙 8414＋乙補 2807＋乙補 6939）

目前學界對此字究竟代表人體的什麼部位仍未有共識，本書在此僅提出一些想法供參考。前人釋此字作卣、齒、曾、囷、骨等，其中以釋「骨」影響較大，然從前一小節對「肩」字的釋讀來看，這些說法都是很有問題的。

　　此字字形上作▨、▨、▨等形，分明從「肩」，若去除字中的點劃則與肩字無異；郭沫若很早就提出類似觀點，其云：

　　　　當是黑之初文，象卜骨以火灼處呈黑也。字有作▨者，即牛膊骨之象形。臼象骨臼上有點者，示臼上有刻辭也。凡曾與卜骨接觸者，一見即可知此字與骨之施鑿面相似，而其面之顯著印象，則灼處之黑也。璽文作▨，下從赤，上端猶存其遺意。[192]

後來此說似未受到重視，其實他指出該字象肩胛骨貌至碻無誤，不過其認知▨字中點劃為「灼痕」，進而釋之作「黑」反而引伸太甚，尤其現在學者已經知道古文字中的「黑」另有他形。因此若此字點劃並非表示「灼黑」義，則應該如何看待？本書認為，就該字主要用為疾病相關概念來看，點劃很可能表示了一種指示病痛（或傷處）的意涵，此飾筆用法與「出女→

---

[192] 郭沫若：〈釋元黃〉，引自前注唐說；另載於《郭沫若全集・文學篇》第十五卷（北京市：人民文學出版社，1982 年），頁 332。

「🔲母」、「大大→大夫」、「糸糸→索索」的分化頗為類似，[193] 如此便為原始肩字加入了「疾病」的概念，而🔲字意涵即無須他求，乃是疾病相關的「肩」字專門寫法。

從句型分析上而言，前面「疾肩」小節所引辭例與本小節辭例可作下列比對：

A. 「貞：王肩蜎（蠲）。／王肩不其蜎（蠲）」，「貞：王🔲蜎。／王🔲不其蜎」（乙 7911+）

B. 「貞：[肩]隹咎。／貞：[肩]不隹咎」、「貞：隹妣己咎王🔲。／貞：不隹妣己咎王」（丙四六二）

C. 「庚戌卜亙貞：王其疾肩。／庚戌卜亙貞：王弗疾肩」、「貞：王其疾🔲」（丙九六）

D. 「貞：有疾肩。隹☒／貞：疾肩。不隹害」、「{丙戌卜☐} 貞：王🔲隹有害。／貞：王🔲不隹有害」（丙二六五）

可以看出二者之間句法型態是十分相似的，其中🔲與疾肩在卜者眼中都是先祖神靈所「咎」、都期盼其痊癒，也都會導致「害」。而在同版互見的關係上，亦有很清楚的例子，如丙八三「貞：王肩蜎（蠲）。／王肩不其蜎（蠲）」屬於對貞，而同版位置同在上半部的「癸卯卜爭貞：王令三百射。弗告[十]示。王🔲隹之。／貞：王🔲不隹之。弗告三百射」，亦屬對貞，二者似同卜一事。

又如丙二五一：「庚戌卜亙貞：王其疾肩。／庚戌卜亙貞：王弗疾肩。／王占曰：昜疾」，此條反面相對位置是「王☒🔲☒／貞：王🔲☒至(?)☒」，雖漫漶但仍可目驗，顯然二者關係密切。

從另一方面來看，例（十六）、（二四），有「🔲霉」、「今夕🔲不霾」的紀錄，霉、霾二字皆從雨，可能是氣候引起病痛的一種反映，或許與習見的風濕性肩膀關節疾病有關；前者陳夢家讀為「點雨疾」，由於釋肩已為大部分學者所接受，知釋「點」不可信，誤析「霉」為二字；而乙 8352 有「貞：今夕🔲。其霾」，與例（二四）形成對貞，很可能是一版所折，

劉釗指出，此類的飾筆構形最初兩者應都為一字，後來才由於比較集中地用於一義而呈現分化的狀態。不過🔲字的情況稍微不同，其加飾筆的目的較近於「異體分工」。
劉說見氏著：《古文字構形學》（福州市：福建人民出版社，2006 年 1 月），頁 27-28。

因此也可從此二辭「其／不」的用法判斷出，事實上卜者是期盼「不⿱雨龜」的情形發生的。

經過上面的分析，這裡再提供一個觀察：前小節的辭例中，稱「疾＋肩」者佔了三分之二強，而本坑中關於「冎」的辭例約有四十條，共僅一條有「疾＋冎」（丙九六）的形式，絕大部分僅以一「冎」字表示其傷痛。若前文的論述可以成立，則此語法現象乃充分說明了「冎」字確實兼具「疾肩」二字意涵，應該如同前面裘錫圭所指出的、一般，視作「疾肩」的專字較妥。[194]

七　疾肱

卜辭肱字作、、形，早期部分學者釋之為「肘」，如趙誠、陳漢平以及《詁林》按語；事實上此字由其指示符號位置，以及《說文》「厷」字篆體，當從于省吾釋「肱」，裘錫圭、陳劍後來分別補充說明，目前已成定論。[195] 以下是全部辭例：

（一）御肱于祖□／㠯于祖辛御。（丙一六一＝丙三九四）

（二）{庚午卜㱿} 王肱隹有害。

　　　乎ㄐ肱。（丙二〇一）

（三）貞：王肱蜎（蠲）。／貞：王肱不□蜎（蠲）。（丙三八三）

（四）貞：有疾肱。以小臣(?)御于□。（乙 7488）

例（二）貞問商王肘疾是否為害，並另外占問「（ㄐ）肱」的問題，可知商王會呼令人為其「ㄐ」傷痛的肱臂，趙誠指出：

---

[194] 冎字在卜辭中另有一種用法是作為祭牲「犬」的修飾語，如「貞：㞢于母冎犬。三羊。三豕▨卯▨」（合 2585）、「甲申卜賓貞：燎于東。三豕。三羊。冎犬。卯黃牛」（合 14314）等，其例甚多，亦有作「冎一犬」（英 1250 正）者，丙九七「燎冎」可能也屬此事。或以為是一種用牲法，從整體辭例來觀察似不然；陳夢家曾謂「冎犬」或即「黑犬」，亦不待辯。頗疑此類「冎」當讀為「豜」，《說文》：「豜，三歲豕。肩相及者也。」段注「齊風〈還〉曰：並驅從兩肩兮。傳云：獸三歲曰肩。」肩、豜二字上古音并屬見母元部平聲，可能冎在卜辭中的此類用法即作為牲畜年歲的指稱；仍待考。

[195] 趙、陳、于說俱見《甲骨文字詁林》第一冊，頁 885-886；裘說見氏著：《文字學概要》（北京市：商務印書館，1988 年 8 月），頁 121；陳劍說見氏著：〈釋西周金文中的「厷」字〉，《甲骨金文考釋論集》，頁 237-238。

甲骨文的 **ò**，象兩物相互糾結，有纏繞、糾纏之意，卜辭即用此義，為動詞。……（乎ㄐ肘）意為王的肘有疾，呼用物纏繞其肘。用物纏肘，似為治療。[196]

認為「ㄐ肱」屬於某種治療行為的觀點，范毓周曾指出，所謂ㄐ肘「當是臂骨與臑骨相接處需作糾結或勾合之治療。如果此說無誤，則商代後期已有治療骨骼損傷或脫臼的骨科醫術」 此二說其實涵義相近，皆釋此處的「ㄐ」作糾結、纏合義，從卜辭文意上判斷，應該是離事實不遠的。不過二氏皆釋此處「肱」字作肘，細觀此條中該字作 **ʃ**、**ʃ**，雖無指示符號，不過顯然較著重於全臂的寫意，且並未在轉折之肘部標誌指事符號，似仍應釋肱為妥；宋鎮豪認為「ㄐ肱，ㄐ似有治療扶正之意」，[197] 即以此處之「**ʃ**」為肱。

例（四）「以小臣(?)御于□」，顯然是以小臣為牲物御祭某先祖，以攘除肱疾。此「臣」字刻寫較特別，疑為誤刻。

八 疾足（脛、踝）

關於足部的傷病，本坑中記錄不多，且未見單純稱「疾足」之辭例，相關者僅有以下二例：

（一）貞：疾足（脛）蝸（躝）▨／貞：疾足▨（乙 1187＋乙 7711）
（二）貞：有疾足（踝），隹父乙害。（乙 2910＋乙 5585＋乙 6489＋乙 8298＋乙補 2571 倒）

前者作 **▨**，後者作 **▨**，分別是以側視、俯視的角度做的構形，前者指示足脛部，而後者著重於腳踝部，此處根據部位關連皆歸入疾足的部分。

另有舊以為亦屬疾足的兩例：

（三）丁巳卜爭：疾徙（除）。御于父庚。
　　　疾徙（除）。㞢繭御于父辛。／㞢御于父辛。（丙五四一）
（四）乙未卜古貞：姒庚蝸（躝）王疾。／乙未卜㱿貞：姒庚蝸（躝）王

---

[196] 趙說、按語俱見《甲骨文字詁林》第四冊，頁 3412。

[197] 范說見氏著：〈《殷人疾病補考》辨正〉，《東南文化》第三期（1998）；宋說見氏著：〈商代的疾患醫療與衛生保健〉，頁 11。范文中亦對「肘」、「肱」二字作了進一步辨正，對釐清傳統中臂、肘、肱之認定做出一定貢獻。

疾。／{王占曰：有正。徒（除）[疾]☒ }（乙 3066）

此字作 🧍、🧍 等形，與 🧍、🧍「徒」字部件上下調換，為異體分工，當讀為「除」，表示疾病痊癒的一種用法，這從例（四）占辭反映痊癒的情形可以看得很清楚。[198] 並非指疾足而言，應分別觀之。

九　疾膝

乙 5839 有關於膝部傷疾的辭例：

（一）貞：𠬝于父乙告疾🧍（膝）。（乙 5839）

此辭位於左甲橋下端連接左後甲處，據位置與語意，當有另一辭與之對貞或選貞，不過目前無法看到。根據🧍字的構形來看，在人形的膝部以指事符號圈出部位，應即表示膝部意念無疑。李宗焜認為合 13695：

（二）貞：有疾🧍，隹父乙害。

疑其中「🧍」字為倒書，可能表示膝部傷疾。[199] 按此條即前面「八、**疾足**」所引例二（合 13695 甲乙誤綴，參本書釋文乙 2910 詞條相關說明），本書認為無論由俯視、側視的角度來判斷，其指事符號應皆指示踝部，明確的膝部表義可見例一；李說或可商榷。

十　疾口、疾舌

本坑卜辭中關於口部疾病的辭例很少，以下是全部辭例：

（一）疾舌☒／疾舌。不隹娥（艱）。（丙二七四）

（二）貞：疾口。不有害。（丙三九二）

（三）辛未卜賓貞：王口隹[蝎]。／王占曰：吉。[見]（乙 5270）

從字面上看來，這些辭例應當都與口腔疾病有關，宋鎮豪指出疾口：「似指口腔炎症、嚼咽困難或構音障礙之類的疾患」，指疾舌：「指舌患，如舌

---

[198] 🧍、🧍二形實為一字異體，參李旼玲，《甲骨文字構形研究》，第二章「甲骨文字基本特徵與考釋」，頁 15。「🧍疾」指「除疾」，見蔡哲茂：〈釋殷卜辭「徒」字的一種用法〉，《故宮學術季刊》26.2（2008）。本書此處乙 3066 正反辭例以及「疾自」辭例的乙 6385 可作蔡文補充。

[199] 李宗焜：〈從甲骨文看商代的疾病與醫療〉，頁 359。

緣炎症紅腫水疱之類」，[200] 皆合理可從。

　　其中例（一）的「舌」字，頗為漫漶，李宗焜摹之作「𦧵」，表示「𦧵字不識。從辭例理解，應是指身體某部位有了疾患。」[201] 按細審拓本與實物，此二字應摹作𦧵，應從口作，可能與舌疾有關，或可能就是舌字異體，故本書置之於此。宋鎮豪表示：「𦧵字從言從凡，疑言辭障礙或腦中風之類」，[202] 蓋亦將「口」視為「凡」，並據以聯繫「風」的疾疫概念也，從字形上看似有商榷空間。

　　此外，本坑有「𧌖」字：

（四）☑其𧌖。／☑其𧌖。（乙 5771＋乙 6009＋乙 6073）

李宗焜表示：

> 饒先生另指出甲骨文的「𧌖」字「從舌從蚰，隸定宜作𧌖，乃動詞，或祗之繁形。」此字《類纂》752 號摹有𧌖、𧌖二形，蟲身變成一直線，字形嚴重變形，姚孝遂據此誤摹的字形而有「此亦當是『龠』字之異體」的說法。我們在前面談到𦔻字時，曾拿𧌖參看，認為它很可能跟耳疾有關；從字形來看，字也可能跟舌疾有關。可惜卜辭太殘無法驗證。[203]

檢查此字從舌從二虫，確當與舌疾有關，李說可從。

十一　疾自

　　賓組「自」字表示人鼻，然而當時「鼻」字亦已出現，見合 1098、8189，「濞」字見合 8357 等，不過皆用為地名，「畀」作聲符用。[204] 關於疾「自」辭例僅一見，如下：

（一）貞：有疾自。隹有害。／貞：有疾自。不隹有害。／｛王占曰：吉。其［徒］（除）。｝／｛王臣占曰：［徒（?）]（除）途首。若。｝（乙 6385）

---

[200] 宋鎮豪：〈商代的疾患醫療與衛生保健〉，《歷史研究》第 2 期（2004 年），頁 6-7。

[201] 李宗焜：〈從甲骨文看商代的疾病與醫療〉，頁 369。

[202] 宋鎮豪：〈商代的疾患醫療與衛生保健〉，頁 9。

[203] 李宗焜：〈從甲骨文看商代的疾病與醫療〉，頁 352。

[204] 裘錫圭：〈「畀」字補釋〉，《古文字論集》，頁 90-98。

此組辭例的命、占組合是根據正反互足位置判斷的，命辭之後首先是王占，「臣」再占，屬於雙重占辭形式。「徒」有治癒義已見前述，則此「途首」當與病痛的安治有關；此「途」字確從「余」，不知是否與其他習見從「𠦑」者用法有別。

十二　疾心

　　裘錫圭曾指出合 12、合 18384 的「王心𠰠」，與《左傳》所載楚武王「心蕩」相同，指的都是「心臟的一種不正常現象」。[205]　本坑卜辭中檢得一辭例，如下：

（一）多屯。王心若。（丙二九四）

按，此辭位於反面，其正面對應位置有「貞：隹斬。／不隹斬」，斬為祭祀對象，辭例見丙五〇五「㞢于斬」、丙五九四「燎于斬」等，疑與本條有關，乃先卜問祭祀之對象。「多屯」是習見被用作祭祀的牲物，此辭省略祭名與用牲法，貞問以多屯作為祭牲，是否可令商王「心若」，可能亦與某種心疾有關。

十三　疾𣎳

（一）貞：□其𣎳。／貞：□弗𣎳。（乙 4119＋乙 4125＋乙補 3859）
（二）□占曰：𣎳▨🦴（孈）▨（乙 4119＋乙 4125＋乙補 3859）反

此字作🦴、🦴形，整版三字皆從「不」，本書將之楷定作𣎳。此字罕見討論，《甲骨文字詁林》、《甲骨文字形表》皆未收入；從字形結構上看，很可能也是一種指稱某部位傷病的專字，字從「不」，可能表示了傷病部位或名稱的音讀。囿於辭例殘缺，仍應待考。

　　乙 6274 首甲有「疾不其可御」一辭，「疾不」二字可分讀，亦有合讀為「𣎳」的可能。

---

[205] 裘錫圭：〈殷墟甲骨文考釋四篇〉，載李學勤、祝敏申編：《海上論叢》第二輯（上海市：復旦大學出版社，1998 年），頁 8-10。

十四　疾瘧

（一）丁卯卜爭貞：有瘧。蜎（蠲）。／貞：有瘧。不其蜎（蠲）。（丙二
　　九五）

此字從疾從木作█形，胡厚宣認為宜以會意解其字形結構，此象一人臥病
床上，以火艾炙之以治病；高嶋謙一則認為單就此字仍不足以證明當時即
有灸的治療方式存在，仍應存疑。[206]

　　若從另一角度來看，本書認為此字與上例█字同類，很可能同樣以偏
旁附件作為聲符使用；而該「疾」字作█，所從人形腹部突出如「身」字，
按「木」字上古音明母屋部入聲，复字並母覺部入聲，腹字幫母覺部入聲，
明、並、幫三母同歸重唇，屋、覺二部旁轉，且有相通例，[207] 頗疑此「木」
旁即以此作標誌其傷病部位用，也就構成「疾腹」專用字。此推論供學者
參考。

貳　相關主題

一　未註明疾病部位者

　　由於卜辭本身書寫特色，多見省略形式，疾病相關的眾多辭例中有很
多是沒有註明傷疾部位者，由於辭例太多故略舉於下：

（一）王占曰：鳳其出更（惟）丁。丁不出，鳳其有疾，弗其同（興）。（丙
　　二九）

（二）子商有疾。（丙三三）

（三）□寅卜古貞：█（尻）其有疾。／貞：█（尻）亡疾。（丙一七五）

（四）庚申卜爭貞：帚好不延有疾。／□帚好其延█疾。（丙一八九）

---

[206] 胡厚宣：〈論殷人治療疾病的方法〉，《中原文物》第四輯（1984）。Ken-ichi Takashima
　　and Paul L-M. Serruys. *Studies of Fascicle Three of Inscription from the Yin Ruins Volume
　　II*《殷墟文字丙編研究》下冊,p441。

[207] 上古音採自李珍華、周長楫：《漢字古今音表》（北京市：中華書局，1999 年 1 月），
　　頁 19、21、22。屋覺二部相通例可參王輝：《古文字通假字典》（北京市：中華書局，
　　2008 年 2 月），頁 318。

（五）貞：王疾。／不。（丙二二二）

（六）癸亥卜賓□亡疾。／貞：其有疾。（丙三四五）

（七）乙夕有疾。隹有由。／乙夕有疾。不隹有由。（丙三五六）

（八）{壬申卜賓}貞：雋其有疾。／貞：雋□（丙四五　　○）

（九）戊子卜亘貞：有疾隹有害。（乙1353＋乙2141＋乙7840＋乙補1853
　　　＋乙補1947）

（十）{庚子卜□}□亥天□亡疾。（乙1974＋乙7436）

（十一）貞：王疾隹大示。／□王疾不隹大示。（乙2298＋乙4468＋乙
　　　　4597＋乙4725＋乙7617＋乙8304＋乙補3459＋乙補6353＋乙
　　　　補6476）

（十二）丙戌卜亘貞：子∮（尻）其有疾。／□子∮（尻）□疾。（乙2672
　　　　＋乙5451＋乙5633＋乙5694＋乙6120＋乙6140）

（十三）□貞：疾人。隹父甲害。／貞：有疾人，不隹父甲□（乙2739
　　　　＋乙3140＋乙8068）

（十四）貞：視［老］（?）亡疾。（乙3710）

（十五）貞：賈亡疾。（乙3756）

（十六）貞：帚□有疾。／好［弗］□有害。（乙4098）

（十七）貞：弜其有疾。／貞：弜亡疾。／王占曰：弜其有疾。叀（惟）
　　　　丙。不庚。／二旬有七日庚申桑（喪）。🀄（誅）。
　　　　乙巳卜㱿貞：弜亡疾。九月。（乙4130＋乙5397）

（十八）貞：子商亡疾。六月。／貞：子商其有疾。（乙4937＋乙4938
　　　　＋乙4939＋乙補4638＋乙補4717）

（十九）貞：僆其有疾。／貞：僆□疾。
　　　　亶（啚）其有疾。／貞：［亶］（啚）亡疾。（乙7817＋乙補1846）

這類辭例之所以未載有詳細的傷病部位，很大一部份原因是因為貞問的對
象大多為商王以外的他人，如子商、啚、僆、弜、帚好等，這些都是表示
商王對其關切的貞問，很可能由於卜者無法明瞭其詳細病痛故卜辭中便沒
有相應的紀錄。其中例（三）「∮（尻）其有疾」，有些學者認為與臀疾有
關，事實上與例（十二）比較，即知「尻」指子尻，是一位多子族族長。

　　　關於例（十三）「疾人」，李宗焜反駁《摹釋總集》所釋人為「妝」的
意見，指出：

　　　　人既象側立之形，「疾人」當是人有疾，「人」泛指全身，也許是全

身不舒服，但沒有特別指明是那個部位有毛病。[208]

李氏釋「人」是對的，不過此條「疾人」辭例罕見，若沒有其他辭例可比較，恐無法確認疾病卜辭中「人」泛指全身的說法是否正確。按，在卜辭中，「人」皆用為指稱複數人群或特定人種的概念，很少有例外，例如「登人三千」（合6168）、「使人往于唐」（合5544）、「取黃丁人」（合22）、「萬人歸」（合21651）、「燎白人」（合1039）等，由此看來若此辭的疾「人」指個人全身，似有不類；這裡的疾「人」，或許與習見之「眾」、「眾人」有關，表示在周遭複數人群之中產生了某種「疾」，因而引起商王的關切，為之貞問；可備一說。

除此之外，例（十七）的相關問題也頗受學者重視，關於本書的釋讀可參本書第三章（R44619），有進一步說明。

二 肩同有疾

賓組卜辭中的「肩同有疾」是與傷疾相關的一個套語，長期以來由於「肩同」二字釋讀上的歧異，導致學界對其認識不一，進而影響到對該詞的正確理解，有「維同有疾」、「禍風有疾」、「骨痛有疾」、「禍凡有疾」諸說，不一而足。[209] 前面討論「疾肩」部分，已論及吳匡與徐寶貴的意見對「肩」字正確釋讀所做的貢獻，裘錫圭〈說「日凡有疾」〉一文大略釐清了此辭的涵意與作用，尤其指出肩字應從古訓釋「克」，表示「能夠」，是相當具有價值的意見，不過其中所謂「凡」當訓「同」，「肩同有疾」表示臣下分擔王疾的觀點則似有可商。蔡哲茂先生在〈殷卜辭「肩凡有疾」解〉一文中總結眾說，並對裘說有所修正，其結論云：

> 殷卜辭的「肩凡有疾」，意義分別來說：「肩」，是象牛的肩胛骨之形，釋成「肩」，裘先生訓為「克」，是正確的。「凡」字的另一體，作「凡」其下從「廾」，也可直接寫成「興」，此字應為「興」的異

---

[208] 李宗焜：〈從甲骨文看商代的疾病與醫療〉，頁361。

[209] 參蔡哲茂：〈殷卜辭「肩凡有疾」解〉文中徵引，載《屈萬里先生百歲誕辰國際學術研討會論文集》（臺北市：國家圖書館、中研院史語所、臺大中文系編印，2006年12月），頁393-394。

> 體。興則訓作「起」。裘先生曾指出本書所引 3 卜問婦好「肩凡有疾」與「弗其肩凡有疾」對貞，而所引 4 之「王固曰：吉，肩凡」是屬於它們的占辭，以婦好「肩凡有疾」為吉，可見「肩凡有疾」一定是好的事情。……武丁卜辭常見婦好、子不、子、雀、子漁、子妖、、皐或子妥等人被卜問是否「肩凡有疾」，然他們在卜辭中顯示的地位都屬於殷王身邊的重臣，不可能常常要去分擔王的疾病。而卜問他們的患病是否會好轉，這才是較為合理的解釋。[210]

若不論釋「凡」的正確性，從字體釋讀、辭例用法等方面來看，他所提出「克（能夠）興（起、治癒）有疾（某種疾病狀況）」的看法，目前看來應該是較為合理的一種解釋。[211] 以下列舉全部相關辭例：

（一）貞：肩同有□／貞：弗其肩。（丙一五六）

（二）{癸丑卜賓}貞：（據?）弗其肩同　疾。／⧄肩□[㞢疾]。／{王占曰：吉。（據?）肩同。}（丙二一二）

（三）貞：帚好肩同有疾。／貞：帚弗其肩同有疾。／{王占曰：吉。肩同。}（丙二五一＝丙三三四）

（四）子求肩同。／子求弗其同。
子亶肩同有疾。／子亶弗其同。（丙三一一）

（五）戠弗其肩同有疾。（丙四二〇）

（六）貞：子妖肩同有疾。／⧄子妖弗其肩同有疾。／王占曰⧄子⧄（丙四六七）

（七）壬午卜融貞：帚肩同。（丙五一三）

（八）貞：帚好其[同有]疾。／⧄好弗⧄同有[疾]。（丙五四九）

---

[210] 蔡哲茂：〈殷卜辭「肩凡有疾」解〉，《屈萬里先生百歲誕辰國際學術研討會論文集》，頁 409-410。

[211] 裘說事實上很快有了修正，觀點轉與蔡說接近；王子揚指出：「裘錫圭先生起初認為“肩凡有疾”為“肩同有疾”，就是能分擔王疾的意思（參看《說“口凡有疾”》，載《故宮博物院院刊》2000 年第 1 期）。後來很快放棄該說，認為“興”可以省去上部雙手，也可以全部省去只作“凡”，“凡”是“興”的省體。“肩凡有疾”應該讀為“肩興有疾”。裘先生後來的意見轉引自沈培先生《殷墟花園莊東地甲骨“𠂤”字用為“登”證說》，載《中國文字學報》第一輯，第 52 頁，商務印書館，2006 年。」參見王子揚：〈甲骨文舊釋“凡”之字絕大多數當釋為“同”——兼談“凡”、“同”之別〉，發表於上海復旦大學出土文獻與古文字研究中心網站。

（九）子妾肩同。（乙1154＋乙1666＋乙2402＋乙2414＋乙2421＋乙2627
　　　＋乙2638＋乙2712＋乙4074＋乙4234＋乙6803＋乙7185＋乙7241
　　　＋乙8073＋乙補0815＋乙補3763＋乙補6635）

（十）己卯卜賓貞：子狀肩同。（乙2367＋乙2721＋乙6931＋乙7637＋
　　　乙補5994＋乙補6388）

（十一）辛卯卜爭貞：子美肩同有疾。／貞：子美弗其肩同有疾。（乙2531
　　　　＋乙3895＋乙3899＋乙6823＋乙6857＋乙7034＋乙7088＋乙補
　　　　0534＋乙補0565＋乙補0773＋乙補1743＋乙補2135＋乙補3026
　　　　＋乙補5861＋乙補6995＋乙補7184）

（十二）貞：翌己亥帚好肩▨／｛王占曰：［肩］同▨｝（乙2935）

（十三）丙寅▨丁卯言（享）▨十月。／▨言（享）不其肩同。／允不。
　　　　／｛▨言（享）其▨［卯］▨▨（婚）。十月。｝（乙4195＋乙4200
　　　　＋乙4247）

（十四）貞：奠［肩］同▨／奠弗其同有疾。（乙4419＋乙4543＋乙4738
　　　　＋乙5524＋乙5748＋乙補5245）

（十五）貞：肩同□疾。／▨肩同有疾。（乙5000＋乙5166＋乙6474＋乙
　　　　補4163）反

觀察所有辭例可以發現，其中絕大部分是對於商王身邊臣子親屬所做的貞
問，帶有關切性質，與上小節「未註明疾病部位者」的辭例類似，不過兩
者之間有明顯的差別，「未註明疾病部位者」以及其他註明部位的傷疾辭
例多屬於正反對貞形式，也就是卜問「有（某）疾／亡疾」的有無句型；
而「肩同有疾」辭例所表達的則是確定已有某種傷疾後，商王對其能否痊
癒的一種期盼，兩者有時段性的不同。

　　近來，首都師範大學王子揚透過比對大量辭例、用法後指出，卜辭中
大部分原釋為「凡」之字，皆應改釋為「同」，其說合理可信，在談到本
類肩同有疾的辭例時，他進一步指出：

　　　　我們初步認為，甲骨金文中過去所謂的「凡＊」不僅僅在「肩凡＊
　　　　有疾」一語中是「興」之簡省，當釋為「同」，甲骨卜辭絕大多數
　　　　的「凡＊」都是「同」字，或為「興」之簡省。所以，前面指出的
　　　　「凡＊」字形體特點，實際上是「同」的書寫特徵，非常重要，這
　　　　是我們辨認甲骨卜辭以及金文中的「同」字的根本依據。……每一

時期的「凡」字都跟同時期的「同」字區分顯著，其區分手段各有不同。商代甲骨文「同」字左右豎筆對稱，要麼全部筆直等長，要麼全部外向彎曲且等長，其取象是桶類物品，或認為竹筒，亦是。而「凡」字左右豎筆不對稱，左側豎筆筆直且短，右側豎筆外向彎曲且長，其取象於側立之盤盤。周代金文情形大致與甲骨文同。戰國時代秦國文字「凡」與「同」之別明顯，其道理與商周同；而楚系文字「同」、「凡」區別更為顯著，其區別手段靠右側斜筆上有無左向撇筆。

有了這個認識，我們再回過頭看甲骨文舊釋「凡」的形體，確實絕大多數當為「同」字，而舊釋「机」、「奻」的字當改釋為「桐」、「娳」。過去學界不相信釋「𦥑」（𦥑）為「同」的意見，就是沒有看到「凡」、「同」二字形體的細微差別。[212]

其說認為「同」字在此仍應讀為「興」，指疾病能否興起痊癒，事實上證據充分地溝通了裘、蔡二說，為此類卜辭作了很好的說解。

三　𡆥（殙）

　　此字在卜辭中用作死亡的一種指稱，歷來各家多說，本書在此無法細加討論；近年陳劍透過細緻的比對分析，並透過張政烺〈釋「因蘊」〉一文之啟發，[213] 總結指出：

總之，根據卜辭寫作 𡆥 的「囚*」（𥁕）字只見於時代較晚的卜辭，寫作 𦥑 或 𡆥 的「囚」字則只見於早期卜辭的現象，再通過對有關卜辭的重新解釋，完全可以肯定「囚」與「囚*」（𥁕）當是一字異體。早期卜辭中「囚*」（𥁕）偶而用為「蘊藏」的「蘊」，大多數則應

---

[212]　王子揚：〈甲骨文舊釋“凡”之字絕大多數當釋為“同”──兼談“凡”、“同”之別〉，收入氏著：《甲骨文字形類組差異現象研究》，頁 170-201；本書「丙編釋文」丙二八已引及，並有申論，可參看。

[213]　張政烺：〈釋「因蘊」〉，《張政烺文史論集》（北京市：中華書局，2004 年 4 月），頁 665-675。

讀為古書裡的「昏」或「殙」，意為「暴死」。[214]

此說較舊說更為合理有徵，今從之。以下列舉本坑可見所有相關辭例：

（一）□狀不☒（殙）。十月。／貞：狀其☒（殙）。（丙二〇五）

（二）貞：子☒不☒（殙）。／子☒其☒（殙）。（丙二九六）

（三）有保☒（殙）。／亡保其☒（殙）。（丙三〇五）

（四）丙申卜㱿貞：帚好身。弗以帚☒（殙）。／貞：帚身。其以帚☒（殙）。
（丙三四〇）

（五）貞：畕其☒（殙）。／畕不☒（殙）。（乙534反）

（六）貞：足允☒（殙）。（乙574）

（七）壬申卜賓貞：畕不☒（殙）。／壬申卜賓貞：畕□有☒（殙）。（乙
1482＋乙1491＋乙1611＋乙1646＋乙1773＋乙8277）

（八）□其☒（殙）。／貞：不☒（殙）。（乙1896＋乙2225＋乙2226＋乙
2354＋乙2656）

（九）吕其☒（殙）。／吕不☒（殙）。（乙3343）

（十）丁卯卜賓貞：乳不☒（殙）。／貞：乳其☒（殙）。／王占□
貞：允其☒（殙）。／貞□[不]□／王占曰□☒（殙）。（乙3385
＋乙3405）

（十一）戊辰□爭□允其☒（殙）。／貞：允不☒（殙）。／王占□昜☒（殙）。
貞：乳其☒（殙）。／乳不☒（殙）。（乙4697＋乙5477＋乙5505
＋乙6127＋乙6181＋乙6186＋乙補275＋乙補5512＋乙補5716）

（十二）己巳卜㱿貞：允不☒（殙）。／己巳卜㱿貞：允其□／王占曰：
吉。昜☒（殙）。
貞：乳不☒（殙）。／貞：乳其☒（殙）。／{王□□吉。}（丙
四三八）

（十三）貞：祖丁若。小子<u>畐</u>（殙）。／祖丁弗若。小子<u>畐</u>（殙）。
貞：小子有<u>畐</u>（殙）。／貞：小子亡<u>畐</u>（殙）。（乙3422）

（十四）丙寅□丁卯言（享）□十月。／□言（享）不其肩同。／允不。
／{□言（享）其□[卯]□☒（殙）。十月。}（乙4195＋乙4200
＋乙4247）

（十五）壬寅卜㱿貞：帚好☒（娩）不其妨。／王占曰：乳不妨。其妨不
吉。于☒若茲迺☒（殙）。／{□旬有[三]日甲[寅]□妨□}（乙4729）

[214] 陳劍：〈殷墟卜辭的分期分類對甲骨文字考釋的重要性〉，《甲骨金文考釋論集》，頁436。

（十六）｛丙戌卜內｝貞：不🔲（殂）。／貞：其🔲（殂）。（乙 7797）

例（十）、（十一）、（十二）三版乃連三日同卜一事，已經學者指出；[215] 不過使用龜版的尺寸與鑽鑿、書寫字體皆有異。值得注意的是，此類「殂」類卜辭雖不一定代表人物的死亡，卻也是表示相關現象的重要線索，也就是說若能夠確認某條「殂」卜辭人物確實死去，則該人物存活期間的所有辭例將得到一時間上的底限，而與之同版的其他事類辭例同樣也能得到一個較明確的時間定點。已有許多學者進行過相關的研究，相信本坑中的資料亦應足以提供深入探討。

　　以上即為相關傷疾事類討論。仔細分析各類記載，可以發現其中很大一部份與骨骼傷疾具有或深或淺之關係，這或許顯示就商人而言，身體各部位的骨疾乃屬常見的疾病，且應為當時人帶來不少困擾。原海兵在分析殷墟人骨標本時，便觀察到相關現象，分門別類地列舉出「骨骼損傷」、「骨骼的非特異性感染」、「足骨跪踞面的統計與分析」、「骨骼上的骨腫瘤」、「先天性骨關節疾病」等小節，就觀測數據一一分析，很有參考價值。[216] 至於個別辭例的檢索，請參見本書附錄「YH127 坑賓組傷疾（含「夢」）相關事類表」，已有全面的整理。

---

215 參蔡哲茂：〈《殷墟文字乙編》新綴第三十一則（修訂）〉，發表於社科院歷史所「先秦史網站」http://www.xianqin.org/blog/archives/721.html，2009 年 1 月 6 日。

216 原海兵：《殷墟中小墓人骨的綜合研究》，頁 69-91。

第五章

YH127坑賓組腹甲尺寸、鑽鑿與貢入記事研究

有別於前章對卜辭內容的系統耙梳，本章試圖在卜辭一般性內容外，作另一種學術眼光之整理分析。當中筆者主要從三個面向著手，也就是尺寸比例、鑽鑿佈局以及記事刻辭此三範疇，深入探討本坑賓組字甲在歷史記事型態以外的型態與相關問題，試圖對本書主題作另一層面的關照，最後對腹甲習見的一種人工刮痕稍做探討。各節並附有相關表格，以便學者檢閱。

第一節　YH127坑龜腹甲尺寸分析與比例還原

壹　尺寸分析

一如所有涉及古文物的相關研究，甲骨學除了講求對文字作深入探討之外，其所在的物質本身也具有相當重要的研究價值，因為近代學術不若民國早期以前的傳統金石學，僅對文字部分賦予主要關注，現在透過考古學的發達，對古文物在文字以外的探討越來越受到矚目。這種學術趨勢體現在古文字與古代史學身上，最早可由史語所起初展開殷墟挖掘發生困境，傅斯年與董作賓兩人表現出的不同態度見到端倪：

> 傅斯年給董作賓的回信相當值得注意，那是一種新史學眼光的展示。董先生悲觀地說：「觀以上情形，弟甚覺現在工作之無謂，不但每日獲得之失望，使精神大受打擊，且勞民傷財，亦大不值得。……試想發掘已卅六坑，而得甲骨文字者，不過六、七處，且有僅此三數片者，有為發掘數四之殘坑者，有把握者不及全工五分之一，豈敢大膽做去？」但傅斯年卻樂觀地答覆：「連得兩書一電，快愉無極，我們研

究所弄到現在，只有我兄此一成績。……但即如兄弟第二信所言，得一骨骼，得一骨場，此實寶貝，若所得一徑尺有字大龜，乃未必是新知識也。此兄已可自解矣。我等此次工作目的，求文字其次，求得地下知識其上也。蓋文字固極可貴，然文字未必包新知識。」[1]

王汎森並指出，對比後來加入領導殷墟挖掘的李濟，認為文字以外的出土古物足實「觀之令人眼忙」，並強調應對無字甲骨進行科學性的分析，不可以副品視之。確實反映了兩種學術眼光之更迭。[2]

從二十世紀早中期至今，關於龜甲性質的各式討論雖然不算太多，卻也各自具有一定的學術價值，其實早在第二次殷墟挖掘時，董作賓便已注意到了龜甲尺寸比例的若干問題，不過僅是將習見的一般安陽田龜尺寸與當時新獲大龜四版作簡單比較。[3] 同時秉志曾針對安陽田龜標本作了最早的整體生物性型態分析，並提出若干關於此龜在商代可能的來源問題。[4] 而早期學者，例如明義士也曾根據秉氏的分析對甲骨尺寸稍作記述；[5] 但一般而言，尚未有學術論著專門全面討論此種尺寸問題。

鑑於目前尚未有學者對本坑龜甲在尺寸型態上作大規模的整理，[6] 為了掌握進一步研究的重要基本資料，本書透過對《丙編》所收全部的龜腹甲以及《乙編》所收部分的龜腹甲進行整理，一一對之測量長寬，選擇標本以「完整」為最主要標準，若殘缺不全則依比例還原換算回原尺寸，見後文討論。

這裡必須對龜腹甲的長寬略作說明，測量「長度」較無問題，也就是自首甲頂端至尾甲末端的總長。而「寬度」部分，考量到殷人有整治龜甲

---

[1] 王汎森：〈什麼可以成為歷史證據——近代中國新舊史料觀點的衝突〉，《中國近代思想與學術的系譜》，頁 179-180。

[2] 同前注，頁 180-183。

[3] 董作賓：〈大龜四版考釋〉，載《安陽發掘報告》第三期，中央研究院歷史語言研究所專刊之 1，（1931 年），頁 440-441。

[4] 秉志：〈河南安陽之龜殼〉，載《安陽發掘報告》第三期，頁 443-446。

[5] 明義士：《甲骨研究》，頁 1-4。

[6] 史語所「數位典藏資料庫」在大部分甲骨檢索結果下，皆列有所謂「尺寸（量測）」欄，內載該版之長寬。根據本人配合實物比對，發現此尺寸之記載與實際型態差距稍大，細度上容有精進之空間，故本書在此僅依作參考。

的習慣，無論貢入整龜、腹甲或背甲皆經過整治始得用作占卜，就腹甲而言，左右甲橋部分往往經過修整，但是修整程度有大有小，並不一致，通常是大龜小修、小龜大修，總之必經過整理，如此一來若欲測量腹甲的「寬度」，往往會受到其甲橋變化不定的尺寸影響而無法得出合理的測度。職是之故，本書對腹甲寬度的認定不延伸至甲橋，僅限於左右前、後甲與甲橋傾斜交界處的邊緣，這樣會有兩個明顯的優點：首先是以此為界線標準，則腹甲長寬比例趨近固定，大約在 2：1 左右，顯示出以此為寬度的合理性；其次是縮限寬度取材範圍，大部分甲橋破損或僅剩前、後甲的腹甲也能夠進行測量，一定程度上提高了測量取材的數目。這裡是龜腹甲長、寬取界示意圖：

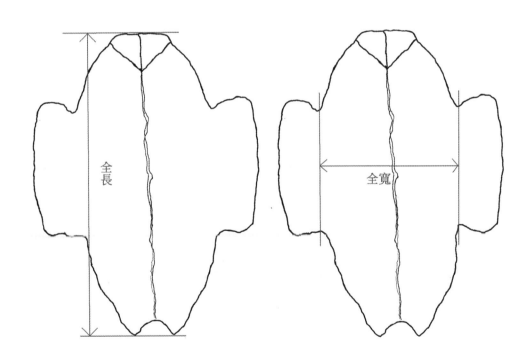

以下便按照《丙編》、《乙編》號碼排序，將龜腹甲尺寸列表整理如下：[7]

編號	尺寸（cm）	編號	尺寸（cm）
丙 1	30.1X14	丙 302	26.7 X12.1
丙 4	27.7X12	丙 304	29.1 X13.3
丙 5	29.7X13.3	丙 306	31.8 X14.2
丙 11	16.5X7.5	丙 307	20.9 X9.8
丙 12	31X13.1	丙 309	31 X12.8
丙 14	30.7X13.5	丙 311	34.2 X15.2
丙 16	31X13.3	丙 313	29.8 X13
丙 18	31X13	丙 316	19X9.5
丙 20	31X13	丙 319	29.1X13.2
丙 22	28.4X12.5	丙 321	28.5X13
丙 24	28X12.8	丙 323	25.3X11.5
丙 25	31X13.5	丙 326	27X12.4
丙 26	26.2X12.5	丙 328	30.6X13.7
丙 28	17.4X8.6	丙 330	29.3X12.5
丙 30	18.5X8.7	丙 332	32.7X15.2
丙 32	31.1X14.5	丙 334	32.2X14.4
丙 34	27X11.6	丙 336	28.8X13
丙 35	27X11.7	丙 338	27.4X11
丙 36	28.5X13.3	丙 340	27.6X11.4
丙 37	29X13.5	丙 342	31X14
丙 38＝丙 385	27.5X12.4	丙 344	30.1X13.4

---

[7] 本表以《丙編》為主，囿於檢驗實物之客觀限制，《乙編》未完全收錄。

丙 39	28X12.1	丙 345	30X13.1
丙 41	29.5X14	丙 347	21.6X10.9
丙 43	20.1X9.3	丙 349	34.7X15.6
丙 46	23X11.1	丙 351	22.7X10.6
丙 47	28X13	丙 352	17.4X8.8
丙 49＝丙 629	30.5X12.8	丙 353	16.5X8.6
丙 51	33.1X14.4	丙 354	21.2X10.5
丙 53	28X12.3	丙 356	17X8.4
丙 55＝丙 625	28X12.5	丙 358	18.1X8.9
丙 57	30.5X13.4	丙 360	19.9X9.5
丙 59	17X8.6	丙 362	18.5X8.8
丙 61	27X12.6	丙 364	20.1X9.1
丙 63	22.4X11	丙 366	18.6X9
丙 67＝丙 627	30X13.5	丙 368	18.1X8.8
丙 69	18.2X8.8	丙 370	20.5X9.3
丙 71	16X8.3	丙 371	18.5X8.5
丙 73	19X9.2	丙 373	19.3X8.5
丙 75	18X8.4	丙 375	20X9.8
丙 76	26X11.6	丙 377	18.8X8.6
丙 78	29.8X12.9	丙 379	29.9X13.6
丙 81	21X10.7	丙 381	31.5X14.4
丙 83	29.5X13.6	丙 386	29.7X12.8
丙 85	18.7X8.6	丙 388	18.6X8.6
丙 87	29.5X12.5	丙 390	30X15
丙 88	27.5X12.4	丙 392	28.6X13

丙 90	31X13.5	丙 398	24.5X11.5
丙 93	16.5X7.8	丙 400	30.7X13.5
丙 94	11.7X6.1	丙 402	16.1X8.5
丙 97	35.5X15.5	丙 403	19.2X9
丙 99	29X12.6	丙 405	15.3X7.6
丙 101	30X12	丙 407	31X14
丙 103	28.4X12.2	丙 409	32.5X14.2
丙 105	20.2X9.5	丙 411	27.2X12.5
丙 106＝丙 502	23.4X11	丙 413	32.5X14.4
丙 109	20.2X10.5	丙 415	29.7X14
丙 111	21.3X11.3	丙 417	25.2X10.8
丙 112	29X12	丙 419	30.6X14.4
丙 114	31.5X15	丙 421	31.6X13.5
丙 116	23.9X11.5	丙 423	27.4X12.5
丙 118	34.5X14.4	丙 427	21.4X10.6
丙 121	30X12.6	丙 429	23.9X10.8
丙 123	29X13.5	丙 431	28.1X13.2
丙 125	31X13.2	丙 436	28.6X13
丙 127	29.4X13.5	丙 438	28.8X13.5
丙 129	26.8X11.7	丙 442	30.1X12.8
丙 130	16.1X8	丙 446	29X13.6
丙 133	27X11.5	丙 448	24.5X11
丙 135	28.5X12.9	丙 450	30.5X13.2
丙 137	20.2X8.9	丙 452	29.8X13.5
丙 139＝丙 317	27X11.6	丙 454	27.8X12.8

丙 140	28X11.6	丙 455＝丙 617	23X10.2
丙 142	30X12	丙 457	22X10.2
丙 144	26X12.5	丙 459＝丙 615	19.1X9.2
丙 146	20X10.5	丙 462	24.32X9.8
丙 148	32X14	丙 463	29.2X13.8
丙 150	29X13.6	丙 464＝丙 619	17X8.8
丙 152	19.7X9.2	丙 466	?X8.5
丙 154	22.5X10.2	丙 469	16.5X7
丙 156	32X14.4	丙 471	20X?
丙 158	22X10.6	丙 473	26.6X11.1
丙 160	33.5X14.5	丙 475	29.8X?
丙 161＝丙 394	22.5X11	丙 479	17.4X8.6
丙 164	20X9.2	丙 481	?X 13
丙 166	30X13	丙 483	18.5X8.6
丙 168	20X9.1	丙 485	30.6X13.2
丙 170	24X11.4	丙 487	29.3X12.6
丙 171	22.5X10	丙 489	27.7X?
丙 173	26.6X13	丙 491	17X8.2
丙 174	24.5X11	丙 492	17.2X8.2
丙 175	18X 8.9	丙 496	29.5X13.4
丙 177	26X11.4	丙 498	28X12
丙 178	18.5X8.8	丙 500	15X7.5
丙 180	19.2X9.5	丙 504	29X12.2
丙 182	30.8X14.5	丙 508	30X13
丙 184	43.7X23.6	丙 510	26.7X13.5

丙 185	16.2 X7.5	丙 513	32X15
丙 186	14.8 X7.3	丙 515	26.1X12.8
丙 187	23.5 X10.5	丙 517	27.2X12.4
丙 189	13.1 X6	丙 519	28X12.7
丙 190	17 X8.5	丙 521	29X13.5
丙 191	18 X8.3	丙 523	30.3X14.2
丙 193	18.5 X8.6	丙 525	30X14
丙 195	17 X7.4	丙 527	24.5X11.4
丙 197	32.2 X13.7	丙 529	23.5X10.8
丙 199	31.5 X14	丙 532	25.8X12
丙 201	30.7 X13.5	丙 533	19.4X8.6
丙 203	27.9 X12.5	丙 535	22X10.4
丙 205	26.6 X13.2	丙 537	26.5X11.8
丙 207	29.7 X12.7	丙 538	19.1X9.3
丙 209	27.1 X12.6	丙 540	19.5X9.5
丙 212	26.7X12	丙 542	18X9.5
丙 214	30X13	丙 544	29.8X14.5
丙 216	28.6 X13.4	丙 546	31.5X14.2
丙 217	30.1 X12.6	丙 548	21.5X10.5
丙 219	27.2X12.5	丙 550	30.4X12.8
丙 221	31.6X14.4	丙 552	18X9.4
丙 223	29.4X12.8	丙 553	22.5X11.2
丙 225	20.7X9.5	丙 554	24.7X11.5
丙 227	29.4 X14	丙 555	28.6X11.8
丙 233	28.3 X13	丙 557	21.7X11.4

丙 235	29.6 X12.1	丙 558	31X13.3
丙 237	28.3 X11.9	丙 559	19.1X9.6
丙 239＋丙 494	31X14.2	丙 560	18.7X9
丙 241	32.5 X14.4	丙 562	29X?
丙 245	26.6X12.2	丙 564	29.3X13.4
丙 251	31.7 X15	丙 566	18.8X9
丙 255	19.5 X8.7	丙 568	25.4X10.2
丙 257	29.4X12.8	丙 570	27.3X13.2
丙 259	30.5 X13.3	丙 572	27.3X13
丙 261	29.6 X13.4	丙 578	17X9
丙 263	27.4 X12.4	丙 580	16X8
丙 264	26.5 X12.3	丙 581	18X8.5
丙 265	22 X10.5	丙 583	15X7
丙 267	17 X8.6	丙 585	17.2X8.2
丙 269	28.3 X13.2	丙 587	15.3X7.7
丙 271＝丙 396	28.5 X12.7	丙 589	15X7.1
丙 273	29.5 X13.2	丙 591	28.8X13
丙 275	29.4 X12.2	丙 593	24.8X11
丙 276	27.7 X12.4	丙 595	17.2X7.7
丙 278	17.4 X8.1	丙 597	32.8X?
丙 280	17.7 X8.8	丙 599	29X12.5
丙 285	31 X13.4	丙 601	25.5X12
丙 286	16.2 X7.9	丙 603	28.5X13.5
丙 288	15.5 X7.5	丙 605	30.8X13.8
丙 289	29 .1X13.2	丙 621	30.4X13.5

丙 291	29 X12	丙 623	33X13.2
丙 297	31.5X13.5	丙 631	30.8X13.6
丙 298	29.5 X12.8		
丙 299	28.3 X12.3		
丙 300	20.5 X10.8		

《乙編》尺寸（cm）			
乙 510	21.1X10.4	乙 4695	21.5X10.5
乙 721＋	29.4X13.3	乙 4718	30.2X13.2
乙 749	19.3X9.1	乙 4734	16.5X7.8
乙 754	21.3X10.4	乙 4833	17.5X8.4
乙 775＋乙 965	33X?	乙 5253	19X9
乙 792＋乙 1583	17.3X?	乙 5270	20X10.1
乙 865	14.7X7.2	乙 5307	30.4X 13.6
乙 868	20.5X9.7	乙 5317	29.3X12.8
乙 1053	17.1X8	乙 5329	28.3X12.7
乙 1045＋	25X11.2	乙 5347	27.4 X 12.5
乙 1054＋	30X14	乙 5395	27.9X12.4
乙 1672＋	21.4X9	乙 5402	16.8X8.4
乙 1896＋	18.5X8.6	乙 5404	28.5X13.1
乙 2683	14.1X6.6	乙 5407	18.1X8.8
乙 2907	18.1X9.2	乙 5794＋乙 6546	16.7X8.3
乙 2956＋	19X8.4	乙 6384 反非 6385	16.4X8.4
乙 3090	16X8.3	乙 6395	22X9.7
乙 3129＋	29X12.5	乙 6423	16.6X8.1

乙 3213	27X12	乙 6685	16.3X8.3
乙 3282	21X9.2	乙 6751	28.3X12.4
乙 3287	16.2X7.5	乙 6704	17X8.6
乙 3289	18.5X8.5	乙 6724	18.5X9.3
乙 3290	22X9.7	乙 6736	17.3X8.3
乙 3334＋	24.1X11.5	乙 6749	15.8X7.7
乙 3336＋乙補 3183	22.9X10.5	乙 6820	22.1X10
乙 3343	31X14	乙 6882	15.7X7
乙 3348＋	31.4X14	乙 6961＋乙 7059 反	13.5X7.1
乙 3387	21.8 X 13.5	乙 6966	18X8.8
乙 3389	24.5X11.5	乙 7041	19.7X9.8
乙 3401	21.3X10.3	乙 7050	16.7X8.7
乙 3404	21.9X10.5	乙 7122	17.6X8.3
乙 3422	31.3X16	乙 7127	15X6.9
乙 3424	29.3X13	乙 7151	17.3X8.5
乙 3426	22X10.8	乙 7153	17.6X8.2
乙 3431	15X7.4	乙 7289	17.3X8.6
乙 3443	28.3X13.8	乙 7310	17.1X7.9
乙 3471	29.5X13.4	乙 7313	16.7X8.3
乙 3477	20X9.5	乙 7337	18.7X9.1
乙 3662	30X?	乙 7361	15.7X7.5
乙 3787＋	29.5X14	乙 7385 反	15.4X7.4
乙 3797	31.4X14.6	乙 7457	18.1X9.3
乙 3809	22X10	乙 7491	16.7X7.8
乙 3813＋乙 4065	23.5X10.6	乙 7747	19.6X10

乙 3864	21.2X10.5	乙 7750 反	19.7X9.5
乙 4055＋	32.6X14	乙 7763	15X8
乙 4130＋乙 5397	30.4X13.3	乙 7767	29.4X12.8
乙 4119＋	31.3X14.6	乙 7770	17.3X8.5
乙 4293	31.1X15.2	乙 7772	18.8X9.1
乙 4511＋	20.3X10.2	乙 7773 反	16.7X8.2
乙 4513	20.4X9.5	乙 7782	17X8.3
乙 4538	30X14	乙 7798	20X9.6
乙 4540	22X10.1	乙7817＋乙補1846	20.4X10.3
乙 4605	16.5X7.9	乙 7862＋	16.7X8.4
乙 4693	29.5X13	乙 8765	26.8X11.3

由本表可知，本坑龜腹甲的尺寸長度，大略小可短至十公分上下，大可長至四十四公分上下，其顯著差距頗值注意。必須指出的是，由於甲骨多所殘斷，其中許多數字乃根據本書建立的「比例還原」原則而得出的，故存在一定的出入空間。因此下面便對比例還原的部分稍作討論。

貳　比例還原

　　由於在研究本坑龜甲的過程中，往往會碰到由於甲骨過於殘缺破損，而無法正確、合理地推算原龜尺寸大小的情形。一般而言，若沒有可供綴合的更大版面作參考，此類殘碎的甲骨往往較受忽略，不被視作有效的計算標本。但基於考古類型學中，對古物「尺寸」所蘊含之研究價值的重視，以及掌握對原始尺寸的正確推估將有利於後續安置、分類與綴合等等因素，透過殘存尚未綴合的部位來推算原始大小，應是現今甲骨學者所應理解並掌握的重要研究工具之一。

　　在長期實地接觸甲骨實物的觀察下，本人發現在大部分情況中，能夠

根據經驗，將某些殘損的部位尺寸「逆推」出此龜完整的約略大小。起初僅能根據尾甲的長寬作推算，後來進行嘗試，發現另外三組部位的個別尺寸亦與全甲形成固定相對比例，從檢驗甲骨綴合正確性以及還原出土考古實物的角度來看，此發現應具有其價值。事實上在體質人類學中早已有類似理論並經檢驗使用於考古標本，是考古學界檢定人類遺骸原貌的重要工具，[8] 也是筆者對龜腹甲進行還原的概念之理論基礎，足資進一步實際整理研究。

故本小節即從現有資料著手，首先將《乙》、《丙》兩編中較完整無缺的龜腹甲挑選五十版，一一測量其原長，[9] 並針對：
①下半甲（後甲＋尾甲）長度、②上半甲（首甲＋前甲）長度、③尾甲長度、④尾甲左右寬度、⑤中舌縫（千里路）至甲橋齒縫單側寬度等五個尺寸進行測量，[10] 圖示如下：

---

[8] 相關論文如胡佩儒、趙志遠：〈由胸骨長度估算中國北方成年人身高的回歸方程〉，《人類學學報》第 6 卷第 2 期（1987 年 5 月），可參。

[9] 本書比例還原只以龜腹甲「長度」為推算材料，而不採其「寬度」，這是因為殷墟龜腹甲絕大多數皆經整治，而整治的一個重點在於甲橋的修剪，因此在一般狀況下，一個占卜用的龜腹甲其所謂「寬度」往往並非其原寬，且由於整治方式的不同，不同屬類之龜甲其甲橋修剪的多寡長短亦存在不同。若學者僅根據某殘甲，幾乎是無法判斷該原龜甲橋整治情形為何，故本節僅對「長度」進行比例還原。

[10] 我們曾經加入中甲長寬度、千里路中段（中點至中甲下端）等尺寸與原長進行比例還原，發現這些部位尺寸和原長的比例變動太大，並不適合作為比例還原的推算材料。

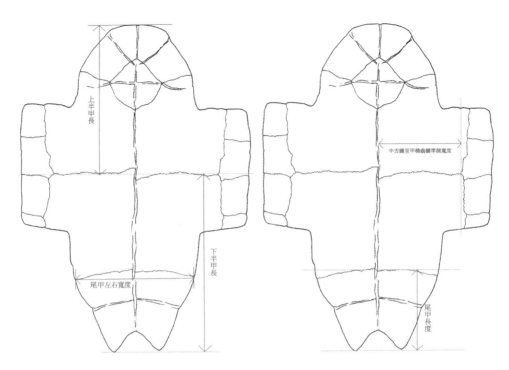

與原龜長度相除得到比例參數，最後綜合資料，個別觀察所得五項參數與原長具有一相對穩定的比例關係，並作必要的分析探討。

一　下半甲長度

版號				版號				版號		
丙一	原長 30.2 cm	比例參數	丙三	原長 28 cm	比例參數	丙五	原長 30cm	比例參數
	部位 16.4 cm	1.84		部位 15 cm	1.87		部位 16.2cm	1.85
丙八	原長 21cm	比例參數	丙一六	原長 31.4cm	比例參數	丙二六	原長 26.1cm	比例參數
	部位 11cm	1.91		部位 17cm	1.85		部位 13.6cm	1.92
丙三二	原長 30.9cm	比例參數	丙三九	原長 28cm	比例參數	丙四一	原長 29.5cm	比例參數
	部位 17cm	1.82		部位 15.1cm	1.85		部位 16.5cm	1.79
丙六一	原長 27.6cm	比例參數	丙六三	原長 22.4cm	比例參數	丙七八	原長 30cm	比例參數
	部位 15cm	1.84		部位 12.2cm	1.84		部位 15.9cm	1.89
丙八六	原長 30cm	比例參數	丙八八	原長 27.7cm	比例參數	丙九〇	原長 30.8cm	比例參數
	部位 16.4cm	1.83		部位 15.2cm	1.82		部位 16.4cm	1.88
丙九九	原長 29cm	比例參數	丙一〇四	原長 20.4cm	比例參數	丙一一〇	原長 21.4cm	比例參數
	部位 16.4cm	1.7683		部位 11.1cm	1.84		部位 11cm	1.9454
丙一二六	原長 29.4cm	比例參數	版號	原長 27.3cm	比例參數	丙一三四	原長 28.7cm	比例參數

	部位 16.5cm	1.7818	丙一三二	部位 14.8cm	1.8446		部位 15.5cm	1.852
丙一五一	原長 19.5cm 部位 10.5cm	比例參數 1.857	丙一七一	原長 22.5cm 部11.9位cm	比例參數 1.891	丙一八七	原長 23.7cm 部位 12.6cm	比例參數 1.881
丙一八九	原長 13.2cm 部位 7.2cm	比例參數 1.8333	丙一九一	原長 18cm 部位 9.8cm	比例參數 1.8367	丙一九三	原長 18.5cm 部位 9.9cm	比例參數 1.8686
丙一九五	原長 16.9cm 部位 9.2cm	比例參數 1.87	丙一九七	原長 32.1cm 部位 17.5cm	比例參數 1.83	丙二六九	原長 28.5cm 部位 15.6cm	比例參數 1.83
丙二七三	原長 29.5cm 部位 16cm	比例參數 1.84	丙三〇二	原長 27cm 部位 14.1cm	比例參數 1.91	丙三一一	原長 27.7cm 部位 14.6cm	比例參數 1.9
丙三二一	原長 28.6cm 部位 15.2cm	比例參數 1.88	丙三三〇	原長 29.3cm 部位 15.6cm	比例參數 1.88	乙 749	原長 19.3cm 部位 10.6cm	比例參數 1.82
乙 865	原長 14.7cm 部位 8.1cm	比例參數 1.81	乙 3401	原長 21.3cm 部位 11.3cm	比例參數 1.88	乙 3422	原長 31.3cm 部位 17cm	比例參數 1.84
乙 3471	原長 29.5cm 部位 15.8cm	比例參數 1.87	乙 3864	原長 21.2cm 部位 11.3cm	比例參數 1.88	乙 4540	原長 22cm 部位 11.5cm	比例參數 1.91
乙 4718	原長 30.2cm 部位 16.4cm	比例參數 1.84	乙 5317	原長 29.3cm 部位 16.1cm	比例參數 1.82	乙 5395	原長 27.9cm 部位 15.4cm	比例參數 1.81
乙 6751	原長 28.3cm 部位 15.8cm	比例參數 1.79	乙 7310	原長 17.1cm 部位 9.3cm	比例參數 1.84	乙 7360	原長 15.7cm 部位 8.3cm	比例參數 1.89
乙 7767	原長 29.4cm 部位 16cm	比例參數 1.84	乙 8765	原長 26.8cm 部位 14.6cm	比例參數 1.84			

二 上半甲長度

丙一	原長 30.2cm 部位 13.8cm	比例參數 2.19	丙三	原長 28cm 部位 13cm	比例參數 2.15	丙五	原長 30cm 部位 13.8cm	比例參數 2.17
丙八	原長 21cm 部位 10cm	比例參數 2.10	丙一六	原長 31.4cm 部位 14.4cm	比例參數 2.18	丙二六	原長 26.1cm 部位 12.5cm	比例參數 2.09
丙三二	原長 30.9cm 部位 13.9cm	比例參數 2.22	丙三九	原長 28cm 部位 12.9cm	比例參數 2.17	丙四一	原長 29.5cm 部位 13cm	比例參數 2.27
丙六一	原長 27.6cm 部位 12.6cm	比例參數 2.19	丙六三	原長 22.4cm 部位 10.2cm	比例參數 2.20	丙七八	原長 30cm 部位 14.1cm	比例參數 2.13
丙八六	原長 30cm	比例參數	丙八八	原長 27.7cm	比例參數	丙九〇	原長 30.8cm	比例參數

	部位 13.6cm	2.21		部位 12.5cm	2.22		部位 14.4cm	2.14
丙九九	原長 29cm	比例參數 2.3016	丙一〇四	原長 20.4cm	比例參數 2.1935	丙一一〇	原長 21.4cm	比例參數 2.0776
	部位 12.6cm			部位 9.3cm			部位 10.3cm	
丙一二六	原長 29.4cm	比例參數 2.2790	版號 丙一三二	原長 27.3cm	比例參數 2.184	丙一三四	原長 28.7cm	比例參數 2.191
	部位 12.9cm			部位 12.5cm			部位 13.1cm	
丙一五一	原長 19.5cm	比例參數 2.216	丙一七一	原長 22.5cm	比例參數 2.1429	丙一八七	原長 23.7cm	比例參數 2.1545
	部位 8.8cm			部位 10.5cm			部位 11cm	
丙一八九	原長 13.2cm	比例參數 2.2	丙一九一	原長 18cm	比例參數 2.1951	丙一九三	原長 18.5cm	比例參數 2.15
	部位 6cm			部位 8.2cm			部位 8.6cm	
丙一九五	原長 16.9cm	比例參數 2.19	丙一九七	原長 32.1cm	比例參數 2.20	丙二六九	原長 28.5cm	比例參數 2.21
	部位 7.7cm			部位 14.6cm			部位 12.9cm	
丙二七三	原長 29.5cm	比例參數 2.19	丙三〇二	原長 27cm	比例參數 2.09	丙三一一	原長 27.7cm	比例參數 2.11
	部位 13.5cm			部位 12.9cm			部位 13.1cm	
丙三二一	原長 28.6cm	比例參數 2.13	丙三三〇	原長 29.3cm	比例參數 2.14	乙 749	原長 19.3cm	比例參數 2.22
	部位 13.4cm			部位 13.7cm			部位 8.7cm	
乙 865	原長 14.7cm	比例參數 2.23	乙 3401	原長 21.3cm	比例參數 2.15	乙 3422	原長 31.3cm	比例參數 2.19
	部位 6.6cm			部位 9.9cm			部位 14.3cm	
乙 3471	原長 29.5cm	比例參數 2.15	乙 3864	原長 21.2cm	比例參數 2.14	乙 4540	原長 22cm	比例參數 2.1
	部位 13.7cm			部位 9.9cm			部位 10.5cm	
乙 4718	原長 30.2cm	比例參數 2.19	乙 5317	原長 29.3cm	比例參數 2.22	乙 5395	原長 27.9cm	比例參數 2.23
	部位 13.8cm			部位 13.2cm			部位 12.5cm	
乙 6751	原長 28.3cm	比例參數 2.26	乙 7310	原長 17.1cm	比例參數 2.19	乙 7360	原長 15.7cm	比例參數 2.12
	部位 12.5cm			部位 7.8cm			部位 7.4cm	
乙 7767	原長 29.4cm	比例參數 2.19	乙 8765	原長 26.8cm	比例參數 2.20			比例參數
	部位 13.4cm			部位 12.2cm				

三　尾甲長度

丙一	原長 30.2 cm	比例參數 4.38	丙三	原長 28cm	比例參數 4.12	丙五	原長 30cm	比例參數 4.23
	部位 6.9cm			部位 6.8cm			部位 7.1cm	
丙八	原長 21cm	比例參數 4.04	丙一六	原長 31.4cm	比例參數 4.08	丙二六	原長 26.1cm	比例參數 3.95
	部位 5.2cm			部位 7.7cm			部位 6.6cm	
丙三二	原長 30.9cm	比例參數	丙三九	原長 28cm	比例參數	丙四一	原長 29.5cm	比例參數

	部位 7.2cm	4.29		部位 6.9cm	4.06		部位 7.4cm	3.99
丙六一	原長 27.6cm	比例參數	丙六三	原長 22.4cm	比例參數	丙七八	原長 30cm	比例參數
	部位 6.5cm	4.25		部位 5.5cm	4.07		部位 6.9cm	4.35
丙八六	原長 30cm	比例參數	丙八八	原長 27.7cm	比例參數	丙九○	原長 30.8cm	比例參數
	部位 7.5cm	4.00		部位 6.6cm	4.20		部位 7cm	4.40
丙九九	原長 29cm	比例參數	丙一○四	原長 20.4cm	比例參數	丙一一○	原長 21.4cm	比例參數
	部位 7.4cm	3.918		部位 5.4cm	3.7777		部位 5.4cm	3.9629
丙一二六	原長 29.4cm	比例參數	版號 丙一三二	原長 27.3cm	比例參數	丙一三四	原長 28.7cm	比例參數
	部位 7.4cm	3.9730		部位 7cm	3.9		部位 6.7cm	4.284
丙一五一	原長 19.5cm	比例參數	丙一七一	原長 22.5cm	比例參數	丙一八七	原長 23.7cm	比例參數
	部位 5.5cm	3.545		部位 5.7cm	3.947		部位 5.7cm	4.1578
丙一八九	原長 13.2cm	比例參數	丙一九一	原長 18cm	比例參數	丙一九三	原長 18.5cm	比例參數
	部位 3.3cm	4		部位 4.7cm	3.8297		部位 5cm	3.7
丙一九五	原長 16.9cm	比例參數	丙一九七	原長 32.1cm	比例參數	丙二六九	原長 28.5cm	比例參數
	部位 4.2cm	4.02		部位 8cm	4.01		部位 6.9cm	4.13
丙二七三	原長 29.5cm	比例參數	丙三○二	原長 27cm	比例參數	丙三一一	原長 27.7cm	比例參數
	部位 6.6cm	4.47		部位 6.4cm	4.22		部位 6.5cm	4.26
丙三二一	原長 28.6cm	比例參數	丙三三○	原長 29.3cm	比例參數	乙 749	原長 19.3cm	比例參數
	部位 6.8cm	4.21		部位 6.9cm	4.25		部位 5.1cm	3.78
乙 865	原長 14.7cm	比例參數	乙 3401	原長 21.3cm	比例參數	乙 3422	原長 31.3cm	比例參數
	部位 3.8cm	3.87		部位 5.5cm	3.87		部位 8.1cm	3.86
乙 3471	原長 29.5cm	比例參數	乙 3864	原長 21.2cm	比例參數	乙 4540	原長 22cm	比例參數
	部位 7.2cm	4.10		部位 5.2cm	4.08		部位 5.5cm	4
乙 4718	原長 30.2cm	比例參數	乙 5317	原長 29.3cm	比例參數	乙 5395	原長 27.9cm	比例參數
	部位 7.4cm	4.08		部位 7.6cm	3.85		部位 6.7cm	4.16
乙 6751	原長 28.3cm	比例參數	乙 7310	原長 17.1cm	比例參數	乙 7360	原長 15.7cm	比例參數
	部位 6.8cm	4.16		部位 4.5cm	3.8		部位 3.7cm	4.24
乙 7767	原長 29.4cm	比例參數	乙 8765	原長 26.8cm	比例參數			比例參數
	部位 7.2cm	4.08		部位 6.6cm	4.06			

四　單側中舌縫長度至甲橋齒縫

	原長/部位	比例參數		原長/部位	比例參數		原長/部位	比例參數
丙一	原長 30.2cm / 部位 8.5cm	3.55	丙三	原長 28 cm / 部位 7.1 cm	3.94	丙五	原長 30cm / 部位 7.3cm	4.11
丙八	原長 21cm / 部位 5.7cm	3.68	丙一六	原長 31.4cm / 部位 8.1cm	3.88	丙二六	原長 26.1cm / 部位 7.1cm	3.68
丙三二	原長 30.9cm / 部位 8.3cm	3.72	丙三九	原長 28cm / 部位 7cm	4.00	丙四一	原長 29.5cm / 部位 8.1cm	3.64
丙六一	原長 27.6cm / 部位 7.3cm	3.78	丙六三	原長 22.4cm / 部位 6.2cm	3.61	丙七八	原長 30cm / 部位 7.6cm	3.95
丙八六	原長 30cm / 部位 8.1cm	3.70	丙八八	原長 27.7cm / 部位 7.5cm	3.69	丙九〇	原長 30.8cm / 部位 8cm	3.85
丙九九	原長 29cm / 部位 7.7cm	3.7662	丙一〇四	原長 20.4cm / 部位 5.7cm	3.5789	丙一一〇	原長 21.4cm / 部位 6.1cm	3.5082
丙一二六	原長 29.4cm / 部位 7.4cm	3.9730	版號 丙一三二	原長 27.3cm / 部位 7cm	3.9	丙一三四	原長 28.7cm / 部位 7.6cm	3.776
丙一五一	原長 19.5cm / 部位 --cm	比例參數	丙一七一	原長 22.5cm / 部位 --cm	比例參數	丙一八七	原長 23.7cm / 部位 6.1cm	比例參數
丙一八九	原長 13.2cm / 部位 3.4cm	3.8823	丙一九一	原長 18cm / 部位 --cm	比例參數	丙一九三	原長 18.5cm / 部位 --cm	比例參數
丙一九五	原長 16.9cm / 部位 --cm	比例參數	丙一九七	原長 32.1cm / 部位 7.8cm	4.12	丙二六九	原長 28.5cm / 部位 7.3cm	3.90
丙二七三	原長 29.5cm / 部位 7.7cm	3.83	丙三〇二	原長 27cm / 部位 6.7cm	4.03	丙三一一	原長 27.7cm / 部位 7.3cm	3.79
丙三二一	原長 28.6cm / 部位 7.5cm	3.81	丙三三〇	原長 29.3cm / 部位 7.8cm	3.76	乙749	原長 19.3cm / 部位 5.2cm	3.71
乙865	原長 14.7cm / 部位 3.9cm	3.77	乙3401	原長 21.3cm / 部位 5.7cm	3.74	乙3422	原長 31.3cm / 部位 8.6cm	3.64
乙3471	原長 29.5cm / 部位 7.7cm	3.83	乙3864	原長 21.2cm / 部位 5.6cm	3.78	乙4540	原長 22cm / 部位 5.7cm	3.9
乙4718	原長 30.2cm / 部位 7.8cm	3.87	乙5317	原長 29.3cm / 部位 3.91cm	比例參數	乙5395	原長 27.9cm / 部位 6.3cm	4.43
乙6751	原長 28.3cm	比例參數	乙7310	原長 17.1cm	比例參數	乙7360	原長 15.7cm	比例參數

	部位 7.3cm	3.88		部位 4.1cm	4.17		部位 4.3cm	3.65
乙 7767	原長 29.4cm / 部位 7.3cm	比例參數 4.03	乙 8765	原長 26.8cm / 部位 6.9cm	比例參數 3.88			比例參數

五 尾甲寬度

編號	尺寸	比例參數	編號	尺寸	比例參數	編號	尺寸	比例參數
丙一	原長 30.2cm / 部位 11.2cm	2.70	丙三	原長 28cm / 部位 11.3cm	2.48	丙五	原長 30cm / 部位 11.7cm	2.56
丙八	原長 21cm / 部位 8.5cm	2.47	丙一六	原長 31.4cm / 部位 11.9cm	2.64	丙二六	原長 26.1cm / 部位 11.4cm	2.29
丙三二	原長 30.9cm / 部位 12.2cm	2.53	丙三九	原長 28cm / 部位 10.8cm	2.59	丙四一	原長 29.5cm / 部位 11.9cm	2.48
丙六一	原長 27.6cm / 部位 10.3cm	2.68	丙六三	原長 22.4cm / 部位 9.2cm	2.43	丙七八	原長 30cm / 部位 11.6cm	2.59
丙八六	原長 30cm / 部位 11.3cm	2.65	丙八八	原長 27.7cm / 部位 11.2cm	2.47	丙九〇	原長 30.8cm / 部位 12.3cm	2.50
丙九九	原長 29cm / 部位 7.7cm	2.5893	丙一〇四	原長 20.4cm / 部位 8.6cm	2.3721	丙一一〇	原長 21.4cm / 部位 9.4cm	2.2766
丙一二六	原長 29.4cm / 部位 11.9cm	2.4706	版號 丙一三二	原長 27.3cm / 部位 10cm	2.73	丙一三四	原長 28.7cm / 部位 11.9cm	2.412
丙一五一	原長 19.5cm / 部位 8.6cm	2.267	丙一七一	原長 22.5cm / 部位 8.6cm	2.616	丙一八七	原長 23.7cm / 部位 9.7cm	2.4432
丙一八九	原長 13.2cm / 部位 5.5cm	2.4	丙一九一	原長 18cm / 部位 7.3cm	2.4657	丙一九三	原長 18.5cm / 部位 7.2cm	2.57
丙一九五	原長 16.9cm / 部位 6.5cm	2.6	丙一九七	原長 32.1cm / 部位 12.2cm	2.63	丙二六九	原長 28.5cm / 部位 11.4cm	2.50
丙二七三	原長 29.5cm / 部位 11cm	2.68	丙三〇二	原長 27cm / 部位 10.3cm	2.62	丙三一一	原長 27.7cm / 部位 10.3cm	2.69
丙三二一	原長 28.6cm / 部位 11.2cm	2.55	丙三三〇	原長 29.3cm / 部位 11.4cm	2.57	乙 749	原長 19.3cm / 部位 7.6cm	2.54
乙 865	原長 14.7cm / 部位 5.6cm	2.63	乙 3401	原長 21.3cm / 部位 9.3cm	2.30	乙 3422	原長 31.3cm / 部位 13.5cm	2.32
乙 3471	原長 29.5cm	比例參數	乙 3864	原長 21.2cm	比例參數	乙 4540	原長 22cm	比例參數

	部位 11.6cm	2.54		部位 8.9cm	2.38		部位 8.3cm	2.65
乙 4718	原長 30.2cm	比例參數	乙 5317	原長 29.3cm	比例參數	乙 5395	原長 27.9cm	比例參數
	部位 12.1cm	2.5		部位 11.7cm	2.50		部位 10.7cm	2.61
乙 6751	原長 28.3cm	比例參數	乙 7310	原長 17.1cm	比例參數	乙 7360	原長 15.7cm	比例參數
	部位 11.1cm	2.55		部位 7.1cm	2.41		部位 5.7cm	2.75
乙 7767	原長 29.4cm	比例參數	乙 8765	原長 26.8cm	比例參數			比例參數
	部位 11.7cm	2.51		部位 10.5cm	2.55			

在取得五項標準於五十版整龜長度上的相對比例後，以第一項「下半甲長度」為例，試以去頭尾法，將所有比例參數捨去最高、最低各一條，以四十八條數據求平均數，所得為一點八一；再以同樣方式計算其餘四項參數，則可得到此五項比例參數如下：

	下半甲長度	上半甲長度	尾甲長度	單側中舌縫長度至甲橋齒縫	尾甲寬度
部位比例	1.81	2.18	4.06	3.82	2.52

從整體個別部位的比例來看這五項總比例參數，可發現彼此之間的數據差異並不大，也就是說此五部位相對於整甲的比例都是較為穩定的，這是龜腹甲生物性質的一個固定型態。不過前面已經提到，其他諸如中甲、千里路中段，甚至首甲中段長度，其相對於全甲比例乃不甚固定，不同龜甲之間偏差較大，則是必須加以注意的。

關於甲骨比例還原的問題目前尚少人進行探討，前面提過，透過此一方式除了能夠獲得諸多殘甲復原後的完整尺寸資訊外，對龜腹甲綴合的合理性也提供了一有效的驗證工具，以下便分別從正、反兩面舉出能夠以本方式進行驗證的幾條例子供參考。

（一）丙二四九＋丙四八五

鄭慧生在其著作《甲骨卜辭研究》中有「甲骨綴合八法舉例」一節，其中第十六例是合 6948＋合 6949（即丙二四九＋丙四八五），乃試將龜腹

甲上、下兩半作綴合。此二版缺乏連接點，故作者表示僅是透過辭例以及字體的相近將之聯繫起來，自己亦抱持懷疑。[11]

從辭例（壬寅癸卯隔日、十二月、對亘方戰事、禱祭先祖）與字體（皆屬典型賓一類）上來看，二版確有其綴合的理由在；而觀其尺寸，上半甲丙二四九長度 13.8cm（左甲橋反面可確定中齒縫高度），下半甲丙四八五尾甲寬 12.2cm，尾甲長 7cm，其比例還原全長分別是前者 30.1cm，後者 30.2、28.5，兩組數據相距頗近，本書認為據此則丙二四九、丙四八五有可能是一版所析，鄭氏推測是有其可信度的。

（二）丙二九六

丙二九六新加綴乙 990（反）＋乙 1377＋乙 2652＋乙 7902＋乙補 848 ＋乙補 980＋乙補 1138＋乙補 1227，其中乙 2652 為張秉權綴合，其厚薄、顏色、辭例與互綴他版稍異，現運用比例還原方式將乙 2652 與原來丙二九六（合 17079）作比對，取乙 2652 的「尾甲寬度 11.4cm」、「尾甲長度 6.8cm」以及丙二九六的「上半甲長度 14.6cm」進行比例還原，可得前二者分別還原全長為 28.7、27.6，而後者還原全長為 31.8，顯然與前二者出入稍大，故可作為此組誤綴的重要依證。

（三）乙 5612＋乙 5640

此組遙綴是蔡哲茂先生所提出的，[12] 根據在於「兩片蟲蝕痕跡類似，大小比例相同」，不過由於漫漶太甚，辭例上缺少參證。這裡提到大小比例相同，事實上在左、右後甲殘缺的情況下是無法完全肯定的，且藉由本書參數，上半部的乙 5640 尺寸還原整甲長為 25.2cm，而下半部的乙 5612 尺寸還原整甲長為 29.9cm（尾甲寬）、29.1cm（尾甲長），上下差異太大，表示此二片為一版所析的可能性是較低的，必須設法找到中間缺少的環節才有利進一步確認此遙綴的成立。

除了此三例之外，運用比例還原方式能夠檢驗的綴合還有很多，本書

---

[11] 鄭慧生：《甲骨卜辭研究》（開封市：河南大學出版社，1998 年 4 月），頁 249。

[12] 發表於社科院歷史所「先秦史網站」 http://www.xianqin.org/blog/archives/1577.html， 2007 年 9 月 21 日。

不能在此一一列舉，而且在龜甲上進行回歸公式的研究尚初起步，缺漏、未注意的細節一定不少，希望未來學者能在實際運用中獲得更多實證，並持續改善此項工作。

第二節　YH127 坑賓組字甲鑽鑿型態與排列佈局

壹　鑽鑿型態

關於商代甲骨鑽鑿問題的研究，由於與文字刻辭較無直接關係，以及多處於甲骨反面的此二因素影響，歷來較不受學者所重視。而關於此方面的探討，以許進雄所著《甲骨上鑽鑿型態的研究》一書為近數十年來的代表著作，此書是根據他的博士論文《骨卜技術與卜辭斷代》（Scapula mantic Techniques and Periodic Classification）加以新獲的材料改寫的，也是其自一九七〇年發表於《中國文字》第三七期的〈鑽鑿對卜辭斷代的重要性〉以後一連串有關鑽鑿問題的初步研究總結。[13]

透過對印刷品及實物的觀察，許氏透過傳統五期斷代的觀點，將各期甲骨鑽鑿的型態分門別類作了整理與歸納，其中與 YH127 坑賓組卜辭相關的是他對所謂「第一期甲骨」的鑽鑿所做的小結，他認為一期鑽鑿型態大都屬於「正常形——單獨的長鑿」，並指出：

> 總結以上六項的示例，第一期甲同骨上的長鑿型態可以說是相當一致的。其絕大多數的鑿長在一・五到二公分之間。超過二公分的鑿長以在骨上的為多，這與所有五期的骨上長鑿平均比同期甲上的長些的情形是一致的。此期骨上的以筆直肩，尖針狀突出頭部的為常，偶有微曲肩或平圓頭的；甲上的幾乎只有筆直肩，尖針狀突出頭部一種式樣了。此期都挖刻得很整飭，內壁也很光滑。很可能是用 V 形的刻刀反覆平推挖磨而成。……總而言之，這一期給人一種謹慎、專心挖刻的印象，這是他期所沒有的。

雖然許氏的研究範圍取材並未涉及 YH127 坑，[14] 然其觀點反映在本坑賓

---

13 簡介引自氏著：《甲骨上鑽鑿型態的研究》中序（臺北市：藝文印書館，1979 年 3 月），頁 1。

14 其取材範圍涉及《殷虛文字甲編》、京都大學人文科學研究所藏、安大略博物館藏明

組甲骨的鑽鑿型態上，其實大體近似，「整飭」、「規律」的修治方式確實令人印象深刻，惟其所謂「甲上的幾乎只有筆直肩」，或許是由於其研究範圍限於拓本而無法目驗本坑實物的緣故，就本人目驗結果來看絕大多數鑽鑿皆應歸屬所謂的「曲肩」或「微曲肩」，這是必須稍作提及的。而在許氏之後，近來周忠兵對鑽鑿的研究亦不遺餘力，他綜合前人各家學說，對鑽鑿型態作了更細緻的探討，其成果體現於博士論文《卡內基博物館所藏甲骨的整理與研究》之中，並透過專節〈甲骨鑽鑿型態研究〉進行更深入的分析。[15]

本書透過實際目驗，對本坑大部分甲骨的鑽鑿作了觀察，在分類體例上藉由周忠兵承繼許進雄研究成果，進一步整理的型態概念再稍作處理析分，去除本坑賓組未見到的「單獨的小圓鑽」、「小圓鑽包攝長鑿」兩類型，並去除長鑿「尖狀突出」的特色因素後，將本坑賓組刻辭甲骨鑽鑿所見類型分為五類：

「Z1」弧肩尖圓頭、「Z2」弧肩平圓頭、「Z3」直肩尖圓頭、「Z4」直肩平圓頭、「Z5」直肩三角頭，並配合觀察圓鑿之有（a）無（b），[16] 針對各版在本書第二、三章中「鑽鑿型態」前欄加以記錄。

此種鑽鑿型態的分類概念，在各個大分期中較能觀察出不同處，而在同一時期例如賓組大類之中的差異就很小了，這現象恐怕與實際施行鑽鑿者之身分脫不了關係，方稚松在細緻分析五種記事刻辭的各特質後，曾指出：

> 至於鑽鑿是在整治機構還是占卜機構完成，考慮到記事刻辭有被鑽鑿打破之例及當時也存在隨占隨鑿之現象，我們認為還是應理解為

義士甲骨、安大略博物館藏懷特甲骨、卡內基及大英博物館藏庫方二氏甲骨，及劍橋大學所藏金璋甲骨。

[15] 周忠兵：《卡內基博物館所藏甲骨的整理與研究》（長春市：吉林大學古籍研究所博士論文，2009 年 6 月，指導教授：林澐）。

[16] 長鑿的「尖狀突出」，許進雄稱之作「尖針狀突出」，習見於本坑鑽鑿，但在大部分的情況下，由於用刀方式的不同、經過燒灼後的破裂等因素，此種尖狀突出很容易和所謂的「三角頭」、「平圓頭」混淆，過於常見，因此不利於用作分類本坑賓組的一種標準。而許氏認為第一期長鑿皆屬於「直肩」類型，觀察本坑情況，本書認為可嚴格歸為直肩者還是太少，大部分仍帶有一定弧度，這可能是 YH127 坑賓組鑽鑿的一個特色。

在占卜機構內完成為妥，也就是說鑽鑿是在龜骨「示」或「乞」來之後完成的。[17]

其說可信，由此便能夠進一步思考：當時從數十種不同來源貢入的甲骨，進入商王室，先由整治機構進行處理。以賓組卜辭為例，此類整治機構分別有帚井、帚丙、帚妌、帚杞、帚娘、帚羊、帚好、妻、叔、匿等人負責，可以想見若於此階段進行鑽鑿工作，很可能會出現各種顯著不同的鑽鑿型態，不僅長寬，甚至深度、位置恐怕都會產生很不一致的現象。方氏認為這些人主持的整治機構主要處理的是一些鋸磨刮削的加工，進一步的鑽鑿還是在貞人主持的占卜機構中才完成的；本書認為雖然貞人數量不少，但是觀察賓組文字細部類別不多，且有整體之主風格，知契刻者人數應該較少，且似乎具有某種師徒傳承之現象，由此可以判斷在此種占卜機構下的鑽鑿，無論人員或技術，應該也是較為單純的。

透過整理，本書發現其中絕大部分的長鑿型態確實雷同，作「弧肩尖圓頭」並兼攝圓鑿類型，標誌為「Z1a」。此類型佔整體賓組比例大約九成以上，無怪乎許氏認為「第一期甲同骨上的長鑿型態可以說是相當一致的」；[18] 其意見是正確的。從另一方面看，透過此型態的整理也能發覺據以分期的某些不合理處，如乙5241，此版為典型賓一類鞋底形背甲，中鑽孔。且鑽鑿可見「直肩三角頭」（最下）及「弧肩尖圓頭」、「直肩尖圓頭」等長鑿形式同時出現；而（乙1320＋乙2473＋乙7804＋乙7806＋乙8139＋反乙補91＋乙補6493）此組屬於過渡2類，鑽鑿也是「直肩三角頭」、「弧肩尖圓頭」、「直肩尖圓頭」同時共版，故知由此類鑽鑿型態無法很好進一步細分本坑賓組卜辭之類別。

除此之外，同時並存「弧肩」、「直肩」鑽鑿特色的有乙5224、（乙2982＋乙4050）、（乙3054＋乙3095＋乙3622）、（乙3206＋乙4601）、乙5301、乙5406、乙6684、乙6686、（乙3605＋乙4059）、乙7126、乙7771、乙7773、乙3756、乙3822、（乙4334＋乙5132＋乙8604＋乙補4872）、（乙4783＋乙4899＋乙4904＋乙4946＋乙6089）等版，數量不少，其中分類

[17] 方稚松：《殷墟甲骨文五種記事刻辭研究》，頁183。

[18] 許進雄：《甲骨上鑽鑿型態的研究》，頁8。

有過渡 1 類、過渡 2 類、典型賓一類，顯示此種鑽鑿型態的出現應與賓組的分期關係並不是十分密切；另外，在圓鑿形式上，若由圓鑿之有無作為一個分類的標準也應小心，例如（乙 4830＋乙 4861＋乙 5065＋乙補 4918）、（乙 2672＋乙 5451＋乙 5633＋乙 5694＋乙 6120＋乙 6140）、乙 4604 等組，其鑽鑿中的小圓鑿或有或無，並沒有一致性，這些都是若欲根據鑽鑿型態來深入分析甲骨所必須注意的。

貳　排列佈局

如前所述，前人學者對鑽鑿的各種類型已做出十分詳盡的分析，本小節在此試從另一種角度，也就是排列佈局上，來探討關於鑽鑿所具有的其他學術線索。

所謂鑽鑿的排列佈局，所指的是複數鑽鑿在腹甲反面特定部位形成的一種固定型態。如前所述，由於此型態與貢入後商王室占卜機構的處理關係密切，[19] 推測同類型的鑽鑿排列佈局反映了該批尺寸相近的腹甲具有高度同質性，本書相信對比相同型態的排列佈局有助於聯繫異版之間的關連，也就是時間區段的重疊。由於本坑賓組卜甲規格化鑽鑿佈局所帶來的方便，本書的方法是採取腹甲的單側「後甲」反面鑽鑿之排列佈局，將其由直排數量、橫排數量分別定其類型；舉例而言，某版後甲反面鑽鑿的豎行左右共二、橫列上下共三，則以「2-3」記錄其類型。以下便列數圖以明之：

---

[19] 不同進貢者貢入的腹甲，若尺寸相似，會被以同樣方式處理出相同的鑽鑿排列佈局，例如「雀入二百五十」的乙 6384、6422 等，與「夌來四十」的乙 6736 等，由於尺寸相同，同樣被處理為 2-3 的鑽鑿格局；其例甚多，不煩類舉。由於處理的時間已在「示」、「乞」之後，比起貢入當時要更接近契刻卜辭時，理論上若能在辭例上找到這些甲骨卜辭的近似例，則鑽鑿排列佈局便能成為其時間高度重疊的有力佐證。

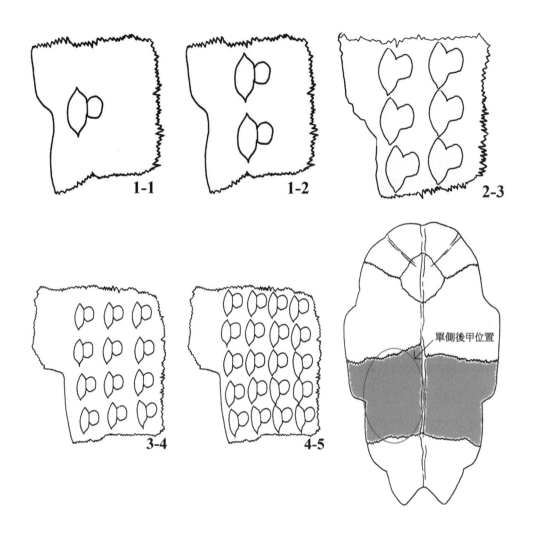

之所以選擇後甲部位作為觀察對象，其理由有三：

一

　　相對於前甲受到中甲、首甲位置的制約影響，導致鑽鑿數目變化較大，不易確立佈局型態，後甲的鑽鑿在行列上通常形成方陣的型態，直接可記錄為 N-N 的形式，較為符合考古類型的紀錄要求。

二

　　相對於全甲而言，由於本坑甲骨較多屬於殘損的狀態，而後甲或者單獨存在、或者單獨存在但殘損、或者依附於其他部位殘損之全甲，若能以後甲部位為準鎖定分析，並藉以推溯全甲鑽鑿佈局，顯然能夠得到較多的標本數量。

三

　　第二理由成立的條件，是單獨透過後甲能夠推溯全甲之佈局，而這從本坑整體腹甲的鑽鑿佈局型態來看並無疑義，腹甲的鑽鑿排列佈局確實與全甲高度相應，可窺見當時整治者有意識、依循某種規矩的態度；這是第三個理由。

　　本書從這三個理由出發，選擇後甲鑽鑿排列佈局作為甲骨型態上的一個新參照標的。必須注意的是，討論異版間的鑽鑿排列佈局問題，在辭例之外，尚必須同時配合觀察尺寸的大小是否相近來作判斷，才能得到較可信的結論；因為大體而言，整治甲骨時的鑽鑿排列佈局必定會依龜版大小而作不同的安排，這不僅是一期卜甲的特色，也都體現在殷墟各期卜甲上，無論王室或非王室卜甲皆然。我們不可能在尺寸為 15cmX7cm 的腹甲上見到 4-6 的鑽鑿排列，同樣也不會在 30cmX14cm 的腹甲上見到 1-1 的鑽鑿排列，但是很可能會在 15cmX7cm 以及 25X12cm 的兩版上同時見到 1-2 的鑽鑿佈局，此時如果研究者忽略了尺寸差異的因素，僅根據鑽鑿排列作聯繫，便可能會得到不精確的結論。

　　此處略舉一例，說明鑽鑿的排列佈局能作為聯繫不同版之間時間關係的橋樑。例如丙四三一以及丙四三六，前者字體分類為典型賓一類，後者為過渡 2 類，由於殘缺的緣故，無法觀察其貢入記事的詳細情形，亦未見學者指出此二版關連性的看法，似乎彼此不存在關連性；事實上根據干支（前者丁未、戊申、壬子，後者庚戌、壬子丙辰，二者大部分同旬）、辭例（二者卜問與求雨有關；前者有「旨河燎于蚰（融）。有雨」，後者有「瓏隹其有出自之／｛王占曰：見雨。｝」）兩大因素，可判斷二版屬於同時的可能性是很大的；現觀察其鑽鑿，兩者鑽鑿排列佈局相同，皆屬於 3-5 類型，且尺寸方面前者 28.1cmX13.2cm，後者 28.6cmX13cm，大小一致，故可推測此二版時間高度重疊，很可能就是同一進貢者所進的腹甲，或非同者所進，但至少同時整治並用來書寫。

　　另外，佈局類型中尚有一類的排列呈現較不規矩的「中空」型態，也就是腹甲四周圍繞鑽鑿，而中間部分刻意空出位置，如下二圖所示：

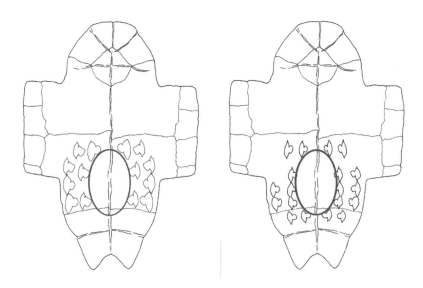

根據本書標準，此類特殊的鑽鑿佈局出現在 2-2、2-3、3-2、3-3、3-4、3-5 等類型中，特別集中於 3-3、3-4 兩形，其不施鑽鑿於甲中央的情形亦體現於前甲、尾甲，應該是整治者刻意所為。由於其佈局特色不容忽視，本書在表列中個別以「◎」標誌之。

事實上在後甲之外，作者觀察到在「首甲＋中甲」上呈現的鑽鑿排列佈局，似亦反映了分類的某些特色，不過不如後甲上的如此明顯；限於篇幅，本書不擬加以申論。以下便列出《丙編》、《乙編》所載本坑賓組腹甲鑽鑿佈局排列表，以直行數量為綱目，以利研究者進一步運用。[20]

1-1 型態		
版號	尺寸（cm）	分類
丙 28	17.4X8.5	1-1
丙 30	18.5X8.6	1-1
丙 75	18X8.4	1-1
乙 4540	22X10.1	1-1

---

[20] 此表涵蓋《丙編》所有賓組卜甲以及部分《乙編》賓組卜甲，其中有少部分破損者本書透過第二齒縫、第三齒縫與千里路位置比對判斷原佈局，但破損太甚者一律不予紀錄，以免有誤。

1-2 型態		
版號	尺寸（cm）	分類
丙 10	16.5X7.5	1-2
丙 34	27X11.6	1-2
丙 35	27X11.7	1-2
丙 36	28.5X13.3	1-2
丙 37	29X13.5	1-2
丙 38＝丙 385	27.5X12.4	1-2
丙 55＝丙 625	28X12.5	1-2
丙 59	17X8.6	1-2
丙 69	18.2X8.8	1-2
丙 71	16X8.3	1-2
丙 73	19X9.2	1-2
丙 76	26X11.6	1-2
丙 81	21X10.7	1-2
丙 85	18.7X8.6	1-2
丙 88	27.5X12.4	1-2
丙 94	11.7X6.1	1-2
丙 130	16.1X8	1-2
丙 174	24.5X11	1-2
丙 185	16.2 X7.5	1-2
丙 186	14.8 X7.3	1-2
丙 189	13.1 X6	1-2
丙 190	17 X8.5	1-2

丙 191	18 X8.3	1-2
丙 193	18.5 X8.6	1-2
丙 195	17 X7.4	1-2
丙 255	19.5 X8.7	1-2
丙 278	17.4 X8.1	1-2（3）
丙 286	16.2 X7.9	1-2
丙 288	15.5 X7.5	1-2
丙 340	27.6X11.4	1-2
丙 344	30.1X13.4	1-2
丙 353	16.5X8.6	1-2
丙 354	21.2X10.5	1-2
丙 358	18.1X8.9	1-2
丙 364	20.1X9.1	1-2
丙 366	18.6X9	1-2
丙 368	18.1X8.8	1-2
丙 370	20.5X9.3	1-2
丙 371	18.5X8.5	1-2
丙 402	16.1X8.5	1-2
丙 405	15.3X7.6	1-2
丙 463	29.2X13.8	1-2
丙 464＝丙 619	17X8.8	1-2
丙 466	?X8.5	1-2
丙 469	16.5X7	1-2
丙 479	17.4X8.6	1-2
丙 483	18.5X8.6	1-2

丙 492	17.2X8.2	1-2
丙 500	15X7.5	1-2
丙 533	19.4X8.6	1-2(3）
丙 542	18X9.5	1-2
丙 568	25.4X10.2	1-2
丙 570	27.3X13.2	1-2
丙 580	16X8	1-2
丙 583	15X7	1-2
丙 587	15.3X7.7	1-2
丙 589	15X7.1	1-2
乙 754	21.3X10.4	1-2
乙 792＋乙 1583	17.3X?	1-2
乙 865	14.7X7.2	1-2
乙 1052	17.1X8	1-2
乙 2683	14.1X6.6	1-2
乙 3090	16X8.3	1-2
乙 3287	16.2X7.5	1-2
乙 3288	18.5X8.5	1-2
乙 3389	24.5X11.5	1-2
乙 3431	15X7.4	1-2
乙 5794＋乙 6546	16.7X8.3	1-2
乙 6748	15.8X7.7	1-2
乙 6881	15.7X7	1-2
乙 6960＋乙 7059	13.5X7.1	1-2
乙 6966	18X8.8	1-2

乙 7126	15X6.9	1-2
乙 7288	17.3X8.6	1-2
乙 7310	16.8X7.9	1-3
乙 7312	16.7X8.3	1-3
乙 7336	18.7X9.1	1-2
乙 7360	14.3X7.1	1-3
乙 7385	15.4X7.4	1-3
乙 7748	15.5X7.6	1-3
乙 7762	15X8	1-3

2-2 型態		
版號	尺寸（cm）	分類
丙 233	28.3 X13	2-2
丙 302	26.7 X12.1	2-2
乙 3471	29.5X13.4	2（1）-2◎

2-3 型態		
版號	尺寸（cm）	分類
丙 43	20.1X9.3	2-3
丙 93	16.5X7.8	2-3
丙 100	30X12	2-3（4）◎
丙 102	28.4X12.2	2-3（4）◎
丙 104	20.2X9.5	2-3
丙 108	20.2X10.5	2-3
丙 137	20.2X8.9	2-3

丙 139＝丙 317	27X11.6	2-3◎
丙 161＝丙 394	22.5X11	2-3
丙 163	20X9.2	2-3
丙 167	20X9.1	2-3
丙 171	22.5X10	2-3
丙 175	18.8X8.9	2-3
丙 177	26X11.4	2-3
丙 178	18.5X8.8	2-3
丙 180	19.2X9.5	2-3
丙 267	17 X8.6	2-3
丙 271＝丙 396	28.5 X12.7	2-3（2）◎
丙 280	17.7 X8.8	2-3
丙 307	20.9 X9.8	2-3
丙 316	19X9.5	2-3
丙 338	27.4X11	2-3
丙 352	17.4X8.8	2-3
丙 356	17X8.4	2-3
丙 360	19.9X9.5	2-3◎
丙 362	18.5X8.8	2-3
丙 373	19.3X8.5	2-3
丙 375	20X 9.8	2-3◎
丙 377	18.8X8.6	2-3
丙 379	29.9X13.6	2-3◎
丙 388	18.6X8.6	2-3
丙 403	19.2X9	2-3

丙 429	23.9X10.8	2-3
丙 457	22X10.2	2-3
丙 459＝丙 615	19.1X9.2	2-3
丙 471	20X？	2-3
丙 491	17X8.2	2-3
丙 529	23.5X10.8	2-3
丙 535	22X10.4	2-3
丙 538	19.1X9.3	2-3
丙 540	19.5X9.5	2-3
丙 552	18X9.4	2-3
丙 553	22.5X11.2	2-3
丙 555	28.6X11.8	2-3◎
丙 559	19.1X9.6	2-3
丙 560	18.7X9	2-3
丙 564	29.3X13.4	2-3◎
丙 566	18.8X9	2-3
丙 578	17X9	2-3
丙 581	18X8.5	2-3
丙 585	17.2X8.2	2-3
丙 593	24.8X11	2-3
乙 510	21.1X10.4	2-3
乙 749	19.3X9.1	2-3
乙 790＋乙 6131	殘	2-3
乙 842＋乙補 1180	30.4X？	2-3
乙 867	20.5X9.7	2-3

乙 1672＋	21.4X9	2-3
乙 1896＋	18.5X8.6	2-3
乙 2907	18.1X9.2	2-3
乙 2956＋	19X8.4	2-3
乙 3290	22X9.7	2-3
乙 3401	21.3X10.3	2-3
乙 3476	20X9.5	2-3
乙 4511＋	20.3X10.2	2-3
乙 4604	16.5X7.9	2-3◎
乙 4695	21.5X10.5	2-3
乙 4733	16.5X7.8	2-3
乙 4832	17.5X8.4	2-3
乙 5269	20X10.1	2-3
乙 5253	19X9	2-3
乙 5401	16.8X8.4	2-3
乙 5406	18.1X8.8	2-3
乙 6384	16.4X8.4	2-3
乙 6422	16.6X8.1	2-3
乙 6685	16.3X8.3	2-3
乙 6703	17X8.6	2-3◎
乙 6735	17.3X8.3	2-3
乙 7041	19.7X9.8	2-3
乙 7049	16.7X8.7	2-3
乙 7122	17.6X8.3	2-3
乙 7150	17.3X8.5	2-3

乙 7152	17.6X8.2	2-3
乙 7490	16.7X7.8	2-3
乙 7769	17.3X8.5	2-3
乙 7771	18.8X9.1	2-3
乙 7781	17X8.3	2-3
乙 7797	20X9.6	2-3
乙 7862＋	16.7X8.4	2-3

2-4 型態		
版號	尺寸（cm）	分類
丙 45	23X11.1	2-4
丙 63	22.4X11	2-4
丙 106＝丙 502	23.4X11	2-4
丙 110	21.3X11.3	2-4
丙 145	20X10.5	2-4
丙 151	19.7X9.2	2-4
丙 153	22.5X10.2	2-4
丙 157	22X10.6	2-4
丙 187	23.5 X10.5	2-4
丙 205	26.6 X13.2	2-4
丙 265	22 X10.5	2-4
丙 300	20.5 X10.8	2-4
丙 351	22.7X10.6	2-4
丙 427	21.6X10.6	2-4
丙 448	24.5X11	2-4

丙 455＝丙 617	23X10.2	2-4
丙 462	24.32X9.8	2-4
丙 548	21.5X10.5	2-4
丙 557	21.7X11.4	2-4
乙 3282	21X9.2	2-4
乙 3336＋乙補 3183	22.9X10.5	2-4
乙 3387	21.8 X 13.5	2-4
乙 3403	21.9X10.5	2-4
乙 3426	22X10.8	2-4
乙 3809	22X10	2-4
乙 3813＋乙 4065	23.5X10.6	2-4
乙 3864	21.2X10.5	2-4
乙 4513	20.4X9.5	2-4

2-5 型態		
版號	尺寸（cm）	分類
丙 98	29X12.6	2-5
乙 3424	29.3X13	2-5 ◎
乙 5395	27.9X12.4	2-5

3-2 型態		
版號	尺寸（cm）	分類
丙 22	28.4X12.5	3（2）-2◎
丙 78	29.8X12.9	3-2（3）◎
乙 8165	26.8X11.3	3（2）-2◎

3-3 型態		
版號	尺寸（cm）	分類
丙 5	29.7X13.3	3-3（4）◎
丙 112	29X12	3-3（4）◎
丙 122	29X13.5	3-3（4）◎
丙 128	26.8X11.7	3-3（4）◎
丙 132	27X11.5	3-3（4）◎
丙 207	29.7 X12.7	3-3◎
丙 209	27.1 X12.6	3-3◎
丙 217	30.1 X12.6	3-3◎
丙 298	29.5 X12.8	3-3◎
丙 417	25.2X10.8	3-3◎
丙 423	27.6X12.5	3-3
丙 489	27.7X?	3-3◎
乙 6751	28.3X12.4	3-3◎

3-4 型態		
版號	尺寸（cm）	分類
丙 12	31X13.1	3-4◎
丙 14	30.7X13.5	3-4◎
丙 16	31X13.3	3-4◎
丙 18	31X13	3-4◎
丙 20	31X13	3-4◎
丙 24	28X12.8	3-4◎

丙 25	31X13.5	3-4
丙 26	26.2X12.5	3-4
丙 39	28X12.1	3-4◎
丙 47	28X13	3-4◎
丙 57	30.5X13.4	3-4◎
丙 141	30X12	3-4（5）◎
丙 169	24X11.4	3-4
丙 182	30.8X14.5	3-4（5）◎
丙 216	28.6 X13.4	3-4
丙 275	29.4 X12.2	3-4◎
丙 291	29 X12	3-4◎
丙 323	25.3X11.5	3-4
丙 347	21.6X10.9	3-4
丙 411	27.4X12.5	3-4◎
丙 510	26.7X13.5	3-4
丙 515	26.1X12.8	3-4
丙 527	24.5X11.4	3-4
丙 537	26.5X11.8	3-4
丙 554	24.7X11.5	3-4
丙 601	25.5X12	3-4
乙 751	27.2X12.6	3-4◎
乙 1045＋	25X11.2	3-4
乙 3212	27X12	3-4◎
乙 3334＋	24.1X11.5	3-4
乙 4718	30.2X13.2	3-4

| 乙 5247 | 27.5X12.2 | 3-4◎ |
| 乙 7817＋乙補 1846 | 20.4X10.3 | 3-4? |

3-5 型態		
版號	尺寸（cm）	分類
丙 1	30.1X14	3-5
丙 3	27.7X12	3-5
丙 41	29.5X14	3-5
丙 61	27X12.6	3-5
丙 83	29.5X13.6	3-5
丙 87	29.5X12.5	3-5
丙 90	31X13.5	3-5
丙 117	21.4X14	3-5
丙 120	30X12.6	3-5
丙 124	31X13.2	3-5
丙 165	30X13	3-5
丙 203	27.9 X12.5	3-5
丙 235	29.6 X12.1	3-5
丙 237	28.3 X11.9	3-5
丙 239＋丙 494	31X14.2	3-5
丙 241	32.5 X14.4	3-5
丙 257	29.4X12.8	3-5
丙 261	29.6 X13.4	3-5
丙 263	27.4 X12.4	3-5
丙 264	26.5 X12.3	3-5

丙 269	28.3 X13.2	3-5◎
丙 276	27.7 X12.4	3-5
丙 296	31.5X13.5	3-5
丙 299	28.3 X12.3	3-5
丙 304	29.1 X13.3	3-5
丙 345	30X13.1	3-5
丙 390	30X15	3-5
丙 392	28.6X13	3-5
丙 398	24.5X11.5	3-5
丙 421	31.6X13.5	3-5
丙 431	28.1X13.2	3-5
丙 436	28.6X13	3-5
丙 442	30.1X12.8	3-5
丙 452	29.8X13.5	3-5
丙 485	30.6X13.2	3-5
丙 498	28X12	3-5◎排列略不規則
丙 504	29X12.2	3-5
丙 517	27.2X12.4	3-5
丙 519	28X12.7	3-5
乙 775＋乙 965	33X?	3-5
乙 4130＋乙 5397	30.4X13.3	3-5
乙 5329	28.3X12.7	3-5（6）
乙 5347	27.4 X 12.5	3-5◎
乙 7767	29.4X12.8	3-5◎

3-6 型態		
版號	尺寸（cm）	分類
丙 32	31.1X14.5	3-6
丙 49＝丙 629	30.5X12.8	3-6
丙 51	33.1X14.4	3-6
丙 53	28X12.3	3-6
丙 67＝丙 627	30X13.5	3-6
丙 114	31.5X15	3-5（6）
丙 117	34.2X14.4	3-5（6）
丙 126	29.4X13.5	3-6
丙 134	28.5X12.9	3-6
丙 143	26X12.5	3-6
丙 147	32X14	3-6
丙 149	29X13.6	3-6
丙 155	32X14.4	3-6
丙 172	26.6X13	3-6
丙 197	32.2 X13.7	3-6
丙 199	31.5 X14	3-6
丙 201	30.7 X13.5	3-6
丙 227	29.4 X14	3-6
丙 251＝丙 334	31.7 X14.5	3-6
丙 259＝丙 621	30.5 X13.3	3-6
丙 273	29.5 X13.2	3-6
丙 284	31 X13.4	3-6
丙 306	31.8 X14.2	3-6

丙 309	31 X12.8	3-6
丙 313	29.8 X13	3-6
丙 319	29.1X13.2	3-6
丙 321	28.5X13	3-6
丙 326	27X12.4	3-6
丙 328	30.6X13.7	3-6
丙 332	32.7X15.2	3-6
丙 342	31X14	3-6
丙 381	31.5X14.4	3-6
丙 400	30.7X13.5	3-6
丙 407＝丙 631	31X14	3-6
丙 409	32.5X14.2	3-6
丙 413	32.5X14.4	3-6
丙 415	29.7X14	3-6
丙 438	28.8X13.5	3-6
丙 446	29X13.6	3-6
丙 487	29.3X12.6	3-6
丙 496	29.5X13.4	3-6
丙 508	30X13	3-6
丙 521	29X13.5	3-6
丙 525	30X14	3-6
丙 544	29.8X14.5	3-6
丙 546	31.5X14.2	3-6
丙 591	28.8X13	3-6
丙 597	32.8X?	3-6

丙 603	28.5X13.5	3-6
丙 605	30.8X13.8	3-6
乙 721＋乙 6408	29.4X13.3	3-6
乙 3343	31X14	3-6
乙 3348＋	31.4X14	3-6
乙 3422	31.3X16	3-6
乙 3443	28.3X13.8	3-6
乙 3787＋	29.5X14	3-6
乙 3797	31.4X14.6	3-6
乙 4119＋	31.3X14.6	3-6
乙 4293	31.1X15.2	3-6
乙 4538	30X14	3-6
乙 4693	29.5X13	3-6
乙 5307	30.4X 13.6	3-6
乙 5317	29.3X12.8	3-6

3-7 型態		
版號	尺寸（cm）	分類
丙 96	35.7X15.5	3-7
丙 311	34.2 X15.2	3-7
丙 450	30.5X13.2	3-7
R44564	31.6X 13	3-7

四行以上型態		
版號	尺寸（cm）	分類

丙 159	33.5X14.5	4（3）-7
丙 184	43.7X23.6	5-5（6）
丙 349	34.7X15.6	4-7
丙 413	32.3X14.4	4-4
丙 513	32X15	4-6
丙 523	30.3X14.2	4-6
乙 4055＋	32.6X14	4-6

最後必須指出的是，與傳統對個別鑽鑿型態的分析相同，本書所指出的排列佈局分析方式對整體甲骨學的分類而言，起的是一種輔助研究的作用，也就是在主要的字體、字跡、字排、記事刻辭等文字辨識因素之外，配合甲骨尺寸、種屬、甚至出土坑位等非文字因素所做的協助工作。希望此方法能做為學者進行深入研究的一份新工具，有利於對鑽鑿以及甲骨分類做出進一步分析。

第三節　貢入記事刻辭分類研究

在此節中，筆者首先將研究焦點移向記事刻辭，透過對本坑記事刻辭中的「貢入龜甲記事刻辭」之整理，對其中具有的一些內在聯繫關係作觀察，進行較深入的探討。

關於記事刻辭的相關問題，歷來學者如董作賓、郭沫若、唐蘭、胡厚宣、陳夢家、張秉權、柳東春等人，都曾對其做過專門研究，[21] 眾學者的成果推進整體甲骨學發展甚大，也使得記事刻辭之價值更加彰顯。近來方稚松著《殷墟甲骨文五種記事刻辭研究》專書，以最新的學術態度與研究方法從事深入整理，除了為百年來記事刻辭之研究作了總結以外，亦提出不少具創見的觀點，為吾人的進一步學習提供不少研究上的方便。[22]

在此本書需對YH127坑賓組的記事刻辭略作討論。在前人的認識中，從賓一類開始，甲尾刻辭的形式便十分罕見，此時到賓組晚期所採用的記事形式多是甲橋刻辭為主。方稚松引李學勤、彭裕商文指出：

> 小字類盛行甲尾刻辭，甲橋刻辭僅發現一例（《屯南》4515）。除本類卜辭而外，甲尾刻辭僅見於𠂤賓間組和𠂤歷間組，後二者都存在於武丁中期偏早。到了典型的賓組卜辭，甲尾刻辭已被甲橋刻辭所替代，並又出現了骨𠂤刻辭。……𠂤賓間常見的是甲尾刻辭，並開始出現甲橋刻辭（《合集》585），但極少見，其形式作「某入」，仍同於甲尾刻辭。賓組一A類以後甲尾刻辭消失，常見的是甲橋刻辭，

---

[21] 見董作賓：〈帚矛說——骨𠂤刻辭的研究〉，《董作賓先生全集》甲編第2冊；郭沫若：〈骨𠂤刻辭之一考察〉，《郭沫若全集・考古編》第一卷；唐蘭：〈關於「尾右甲」卜辭——董作賓氏典冊即龜版說之商榷〉，《國學季刊》第五卷第三期（1935年）、胡厚宣：〈武丁時五種記事刻辭考〉，《甲骨學商史論叢初集（外一種）》（石家莊市：河北教育出版社，2002年11月）；陳夢家：《殷墟卜辭綜述》，頁176-185；張秉權：〈甲橋刻辭探微〉，《漢學研究》第2卷2期（1984年）；柳東春：《殷墟甲骨文記事刻辭研究》（臺北市：臺灣大學中文所碩士論文，1989年6月。指導教授：金祥恆）。

[22] 方稚松：《殷墟甲骨文五種記事刻辭研究》（北京市：線裝書局，2009年12月）；本書為方氏同名之博士論文增補而成（北京市：首都師範大學博士論文，2007年6月。指導教授：黃天樹）。

其形式也較甲尾刻辭有了變化，在入來的後面加上了數目字，可見甲橋刻辭由甲尾刻辭發展而來並逐步代替了後者。[23]

這種現象反映在 YH127 坑這批腹甲上的情況也雷同，顯示的很可能與當時占卜機構、貞人的改變有關。但是改變的過程中，賓組的尾甲記事型態也仍保留下來，只是極罕見；本書透過綜整得到數例如下：

（一）良廿。（左尾甲反面，乙 3222 反＝乙 3223）

（二）賓。（右尾甲反面，乙 3605＋乙 4059 反）

（三）賓。（左尾甲正面，乙 2285）

第二例亦見方書附表，其中例（三）處於腹甲正面，漫漶較為難以辨識。由於這三個例子成數太少，僅能誌於此供參考。因此本書所採取的材料絕大多數都是甲橋記事刻辭，並且以其中的「貢入龜甲記事刻辭」為討論的中心。

這類所謂的「貢入龜甲記事刻辭」，多呈現「某（人名／氏族名）＋入（來／以）＋數量」的句法形式，學者對其內涵討論甚詳，這裡不再贅述。本書之所以據之以分析，乃認同「記有同一貢入者，貢入同數量」此類記事刻辭的龜甲及其卜辭，其時間性理應較近，且大體上比較其他不同記事的異版之間較可能具有內在關連性的說法。方稚松亦曾對相關議題稍作探討，不過並未展開全面的討論；[24] 本書雖亦無法對每一組記事辭例都進行研究，但透過實際整理，確實發覺能夠從中勾稽出一些具有價值的關連性問題，因此根據本坑賓組資料草成此節，提供學者研究參考，其中論述有涉及龜版之尺寸、鑽鑿等數據，請參考本章第一、二節。

本小節採取的資料彙集標準，主要以「貢入數量相同且貢入用字（入、來、以等）相同」，以及「貢入數量相同、貢入用字不同，但同屬字體類型大類」兩概念為主。許多根據辭例比對可能相關，且甲橋記事刻辭貢入者相同、「入來」動詞亦同者，但囿於所入數量殘斷不明，若強加歸納恐會產生若干問題，以下需略加說明：

少數殘缺辭例若「入」量少，則本書試以同文例補完之，例如丙二五

---

[23] 李學勤、彭裕商：《殷墟甲骨分期研究》，頁 85、127。

[24] 方稚松：《殷墟甲骨文五種記事刻辭研究》，頁 211-214；此小節為「同一批貢納物上卜辭之間的關係」，內容著重於成套卜辭，惜於其他部分涉及較少。

一＝丙三三四左甲橋反面殘去入者名，僅餘「□入二在高」；按此型式的記事刻辭在本坑中有二，即「賈入二在高」、「畫入二在高」，其中「畫入二在高」已有兩組，見丙九六、乙2743；而「賈入二在高」僅見一版，即乙4291，且此二版皆屬典型賓一類，這裡便根據上述理由推知丙二五一殘去的應即「賈」字。不過此類補完的標準宜窄不宜寬，例如丙一二〇、丙三〇七屬「雀入卅」記事，時間差距應不大，前者記九月，後者六月，可知是三個月內的相關事類；而殘去貢入者的辭例中有「□入卅」者兩版，即丙四六九、五〇八。根據前兩者字體屬於典型賓一類而後兩者屬於過渡2類，且前組丙三〇七記「甲申卜王貞：余征𤞐。六月」屬於本坑早期戰事，而後組丙五〇八記「㠱各化弗其戔（翦）弄（角）」屬於本坑後期戰事，知二組應不相關，本書便避免將此類辭例作補充。以下揀選十二組貢入記事，個別討論之，節末併附相關總表，以利檢索。

壹　貢入記事分類研究

一　雀來（入）三

【著錄版號】
A. 乙4693／B. 乙5317
【各版分類】
皆屬典型賓一
【尺寸鑽鑿】
A. 29.5X13；3-6／B. 29.3X12.8；3-6
【事類比較】

　　A版記事為「[雀]來三」，B版記事為「雀入三」，稍有不同，卻是賓組稍早同時期所占，這由字體、尺寸、鑽鑿佈局、事類、干支等因素可以清楚瞭解。

A版相關辭例：

（一）辛亥卜㱿□雀□隻亘。

　　　辛丑卜㱿貞：戈不其隻亘。／隻。

　　　貞：雀戔（翦）戈㘡。

☑隻執亘。／己亥卜爭貞：令弗其隻執亘。

B 版相關辭例：

（二）［辛］卯卜爭貞：翌壬令雀。

　　　壬辰卜㱿貞：雀𢦏（翦）祭。／壬辰卜㱿貞：雀弗其𢦏（翦）祭。
　　　三月。

　　　壬辰卜㱿：雀弗其𢦏（翦）祭。三月。／｛□□卜爭｝☑𢦏（翦）。
　　　三月。

二版皆載關於雀的征戰記錄，例（二）是征「祭方」的卜辭，時序在三月壬辰，按此役與征「亘方」相關，可排入雀征亘方譜的三、四月之交，已見前章第一節「參、對亘、㘱的戰爭」討論。從干支來看，二版主要干支相重，但以 B 版稍早，出入亦在十日之內；尺寸上來說，二版大小幾乎完全相同，由此可見其關係之密切。

二　我來十

【著錄版號】

A. 丙三三二／B. 丙三七九／C. 丙五一三／D.乙 3390＋／E.乙 8315

【各版分類】

A.典型賓一／B.過渡 2 類／C.賓一大類／D.過渡 2 類／E.典型賓一

【尺寸鑽鑿】

A. 32.7X15.2；3-6／B. 29.9X13.6；2-3◎／C. 32X15；4-6／D.不明／E.不明

【事類比較】

此類中載有月份的辭例分別是：

（一）丙子卜古貞：今十一月不其雨（丙三七九）

（二）丁未卜㱿貞：☑受年。／貞：☑不其受年。三月（丙三三二）

由於 A 版丙三三二字體與 B、C 有別，且月份（三月）無法與 B 版（十一月）相合，且 D、E 兩版由於殘遂太甚，無法分類，故這裡僅能對 B、C 二版作分析。

　　丙三七九、丙五一三字體相近，其貢入同為「我來十」，署辭同為「㱿」，在事類上，前者載：

（三）｛乙酉卜爭｝貞：𤉲來舟。／𤉲不其來舟。

這是貞問關於獻入舟船的卜辭，同樣的，在後者亦有相關事類：

（四）貞：羊畀舟。／｛王占曰：吉。羊其畀。｝

兩者可能相關，這從日期上看得出來，丙三七九的時間從十一月丙子涵蓋到翌旬的乙酉日，共九天；而丙五一三所載干支是由乙卯→辛未→壬午，同樣與前者時間重疊，值得注意。且「畀／來舟」事類性質相同，亦較少見，於此二版出現，字體相近、干支相重、記事刻辭全同，可推知當是同時之事。據此，則能夠將 C 版的事類劃歸入十一月時間段中，有利於整體排譜的進行。

三 袁（攝）入五十

【著錄版號】

A. 丙一六一＝丙三九四／B. 丙五六六

【各版分類】

A. 過渡 2 類／B. 過渡 2 類

【尺寸鑽鑿】

A. 22.5X11；2-3／B. 18.8X9；2-3

【事類比較】

　　二版除了尺寸相近、鑽鑿同類形、同時貢入外，A 版干支在庚申至壬辰之間，B 版干支為丙午，與庚申同旬，且二版右甲橋反面貞人署辭皆為「賓」，賓字刻法雷同，可見二版使用時間應重疊。

四 彙入廿

【著錄版號】

A. 乙 3403／B. 乙 3813＋／C. 乙 3864

【各版分類】

A. 賓一大類／B. 過渡 2 類／C. 過渡 2 類

【尺寸鑽鑿】

A. 21.9X10.5；2-4／B. 22.5X10.6；2-4／C. 21.2X10.5；2-4

【事類比較】

　　從龜版尺寸與鑽鑿來看，他們都是十分相近的，顯示從貢入至整治方

式都具一致性，A 版與 B 版同卜「鼻𠂤／鼻不其𠂤」事，從語法上「其」字用法看來，商王不希望見到鼻「不𠂤」的情況發生。而 B 版「求奠目（臣）」疑與「／奠𠂤」有關。另外從干支看，A、B 二版有同一旬干支己卯、庚辰，C 版有鄰旬干支庚午，可能是同一時間稍早占問的。

五　乩入五

【著錄版號】
A. 丙一〇〇／B. 丙五六四
【各版分類】
A. 過渡 2 類／B. 師賓間（非典型 B）
【尺寸鑽鑿】
A. 30X12；2-3（4）　◎／B. 29.3X13.4；2-3◎
【事類比較】
　　經由比較，可以發現此二版在尺寸上幾乎相同，鑽鑿也同樣採取特殊中空型態的 2-3 類型，顯示其彼此之間時間高度重疊；且 A 版載有丁亥日「狩寧」事，張秉權在考證中指出與 B 版丁亥「焚寧」同指一事，同樣記錄商王某次田獵的貞問，是可信的。張政烺認為：「耕田和打獵本來是兩回事，在焚山燒澤這一點上統一了，許多獵區終於不免變成農田」，裘錫圭對之亦有詳細的考證，已見第二章丙一〇一相關說明。

　　除此之外，還能夠透過事類的相似，將 A、B 與另外二版作聯繫，即丙一一二、丙四四二（即丙二二三）。丙一一二的相關刻辭如下：
（一）甲申卜爭貞：燎于王亥。其狄。／甲申卜爭貞：弜（勿）狄。
（二）貞：燎于王亥十牛。／貞：弜（勿）十牛。
（三）貞：弜（勿）醋三牛。／貞：燎十牛。
（四）翌戊子焚于西。
丙四四二（即丙二二三）的相關刻辭如下：
（一）貞：翌丁卯奏舞。有雨。／翌丁卯弜（勿）。亡其雨。／｛王占曰：隹丁▢｝
（二）貞：柬王亥十牛。
蔡哲茂先生整理各版關係後，認為：

《丙》112片有「甲申卜，爭貞：燎于王亥其琡」及「甲申卜，爭貞：
𢎥琡」的對貞，又有「貞：燎于王亥十牛」及「貞：𢎥十牛」的對貞，
此片和《丙》100「丙戌卜，㱿貞：燎王亥圭」及「貞：𢎥圭，燎十
牛」此兩版記載內容含有燎祭的對象，是殷人遠祖的王亥，又用十牛，
同時占卜用玉器「琡」或用「圭」，這可以促使我們理解對王亥的祭
祀占卜同用十牛，但到底是用「琡」還是「圭」則有所猶豫。由干支
甲申與丙戌可知正好是三天內發生的事，應是對同一件事的占卜。此
二片內容的關係還有一個旁證，即《丙》112有「貞：求」，《丙》100
有「先得」，甲骨文中「求」與「得」往往前後呼應，有因果關係，[25]
而《丙》442與《丙》100中關於舞的記載也可能有關。因為它的內
容也一樣有「戠柬王亥十牛」，很可能未得吉兆，故之後第二天甲申改
用燎王亥十牛，又加上用玉器的琡，而且「翌丁卯奏舞雨」之事也可
能與「王其舞。若」指同一件事，所以從《丙》442、《丙》112、《丙》
100來看，所記載的干支發生的事情的順序應是：丁卯——癸未——
甲申——丙戌——丁亥——戊子——丙午。[26]

其說可從，筆者在此亦補充一點旁證：丙一一二「翌戊子焚于西」由
於對比辭例不足，早期無法確知屬於農業或是田獵的「焚」，現在已知丙一
一二、丙四四二（即丙二二三）與丙一〇〇時間高度相關，則能夠加入丙
五六四作繫聯，前面提到丙一〇〇丁亥「狩寧」與丙五六五丁亥「焚寧」
同指一事，而丁亥、戊子相鄰，顯見此丙一一二「翌戊子焚于西」應該也
是田獵活動；另外，此五版雖然貢入者不盡相同，但在尺寸、鑽鑿型態上
幾乎一致，[27] 似乎也顯示出相同時期卜者在挑選上的刻意性。

六 壴（鼓）入十

【著錄版號】

A. 丙三二六 ／B. 丙三四七 ／C. 乙4514（乙4513反）

---

[25] 詳見裘錫圭，〈釋「求」〉，《古文字論集》（北京市：中華書局，1992年），頁59-69。
[26] 蔡說引自承擔國科會計畫：〈「YH127坑甲骨綴合與排譜研究」半年報告〉（2010年）
[27] 詳參本書第五章第二節鑽鑿類型表。

【各版分類】

A. 典型賓一類／B. 過渡 2 類／C. 過渡 2 類

【尺寸鑽鑿】

A. 27X12.4；3-6／B. 21.6X10.9；3-4／C. 20.4X9.5；2-4

【事類比較】

觀察此三版，可以發現 B、C 二版在事類上較為相關，C 版貞問「[隹之]毋祉（循）。／王占曰：祉（循）」，所循為何並未寫出，而在 B 版中則記有「貞：祉（循）黃。／王占曰：于甲祉（循）戔」，與 C 版所記可能是同一件事的前後貞卜。另外在干支上，B 版有甲寅、乙卯、丙寅連續十餘天內的貞問，而 C 版有己巳的干支，與丙寅在同一旬，也是時間相鄰的例證。

至於 A 版雖然貢入條件相同，但版面較大、字體不同，事類上也沒有可供直接繫聯者，只能做為參考。

七　賈入二

【著錄版號】

A. 乙 6751 ／B. 乙 1054＋

【各版分類】

A. 過渡 2 類／B. 過渡 2 類

【尺寸鑽鑿】

A. 28.3X12.4；3-3◎／B. 約 30X14；不明

【事類比較】

從首甲寬度看來，二版尺寸相類，但 B 版太殘，無法得知確切尺寸與鑽鑿資料。其中 A 版正面有兩條釋文：

辛丑卜賓貞：翌壬寅其雨。／｛王占曰：隹翌庚。｝

貞：翌壬辰不其雨。／｛壬辰允不雨。風。｝

此二辭處於相對位置，彼此干支無涉，但前者「丑」、「寅」二字有刮削痕，疑原辭作「辛**卯**卜賓貞：翌壬**辰**其雨」，本與後者形成對貞，後來因故（可能是新起一占但版面有限）改此二字，遂得一新辭。這種安排刻辭的手法

十分罕見。今觀 B 版干支為庚寅，正是辛卯前一日，且二版多卜問關於降雨的氣候問題，由此看來二版的刻寫時間也是相當接近的。

B 版在庚寅日卜問「我其祀于河」，是商王口吻的紀錄，此種「（某種祭祀方式）＋于河」辭例中的「河」有時指的是「地點」，如丙四三一：「貞：旨河燎于蚰（融）。有雨。／貞：乎舞于蚰（融）」，類似用例亦見丙五一三：「貞：王出圍。若。／貞：王出圍。不若」，表示的是在「圍」進行出祭。而 A 版在下一日辛卯即卜問「王往征（延）魚。若。／辛卯卜㱿貞：王弜（勿）征（延）魚。不若」，記錄了商王漁獵的事件；若確實肯定此二版時間性相同，頗疑此二辭在性質上關係密切；姑誌於此。

八 雀入二百五十

【著錄版號】

A. 丙一九五／B. 丙三五四／C. 丙三五六／D. 丙三五八／E. 丙三六八／F. 丙三七三／G. 丙三七五／H. 丙三八八／I. 丙四五九＝丙六一五／J. 丙五三八／K. 丙五七八／L. 丙五八五／M. 乙660／N. 乙792＋／O. 乙2956＋／P. 乙3288／Q. 乙6384＋／R. 乙6422／S. 乙5794＋／T. 乙6703／U. 乙7122／V. 乙3732＋／W. 乙7490／X. 乙753／Y. 乙4419＋／Z. 乙4712＋／a. 乙5004／b. 乙4540

【各版分類】

A—a：過渡 2 類／b.賓一大類

【尺寸鑽鑿】

A. 17 X7.4；1-2／B. 21.2X10.5；1-2／C. 17X8.4；2-3／D. 18.1X8.9；1-2／E. 18.1X8.8；1-2／F. 19.3X8.5；2-3／G. 20X 9.8；2-3◎／H. 18.6X8.6；2-3／I. 19.1X9.2；2-3／J. 19.1X9.3；2-3／K. 17X9；2-3／L. 17.2X8.2；2-3／M. 不明；不明／N. 17.3X?；1-2／O. 19X8.4；2-3／P. 18.5X8.5；1-2／Q. 16.4X8.4；2-3／R. 16.6X8.1；2-3／S. 16.7X8.3；1-2／T. 17X8.6；2-3◎／U. 17.6X8.3；2-3／V. 17.6X8.2；2-3／W. 16.7X7.8；2-3／X. 21.3X10.4；1-2／Y. 不明；不明／Z. 不明；不明／a. 不明；不明／b. 22X10.1；1-1

【事類比較】

「雀入二百五十」此批甲骨為學者所熟知，全部出自於 YH127 坑當中，除去少數太過殘斷缺乏學術價值的碎片外，本書在此收羅了絕大部分的辭例，列舉如上。以下分為幾個部分討論其特色。

（一）尺寸

觀察此批甲骨大小，除了較特別的 b 版（乙 4541）尺寸最大（22X10.1）外，其餘可見的樣本差異很小，長度大多落在 17cm—20cm 之間，少數有 21cm 長、16cm 短；至於寬度則以 8cm 上下為主，若採取截去數據頭尾的方式求平均值，可得這批甲骨長寬約在 19cmX9cm 上下。其中並無大龜或特別小者，顯示出它們在尺寸上大小的一致性，可能在雀貢出之前便經過了一番選擇。

（二）鑽鑿

此批腹甲鑽鑿形式除了 b 版一例外，呈現的是主要兩類排列佈局：1-2 與 2-3。前者共有八組，後者共有十五組，並無例外；關於為何雀所貢入此二百五十版會有這兩類整治型態，本書認為可能與商王室中整治者（諸婦、小臣）的不同有關，而與時期的不同無太大關連性。

（三）受年卜辭

目前可見的所有相關辭例中，僅有丙三六八：

1. 癸巳卜爭貞：今一月雨。／癸巳卜爭貞：今一月不其雨。／王占曰□
   丙雨。／旬壬寅雨。甲辰翌雨。／｛己酉雨。辛亥亦雨。｝

以及乙 6422：

2. 辛巳卜爭貞：㠱不其受年。（二月）
   貞：旬（荀）不其受年。二月。

僅這兩例載有月份，林宏明曾對丙三六八例（一）做過說明，表示透過正反

互足的觀念，能夠為此一月補足癸巳→壬寅→甲辰→己酉→辛亥的干支，[28]也就是說這個一月至少包含癸巳至辛亥此十八天，尚具有約十天的前後流用天數。而本書認為綜合來看，記有「雀入二百五十」的卜辭彼此時間長度應該不至於超過一年，也就是說上二例中的一、二月應該是同年中相鄰的，這從二月辛巳的干支位置也可以作為旁證。

此處先討論第二例也就是受年的辭例。聯繫此「受年」事類，在雀入二百五十相關卜辭中可得乙2956＋乙7672＋乙補5324：

3. 庚辰卜亘貞：啇（禼）受年。／貞：啇（禼）不其受年。／｛王占曰：啇（禼）穧隹[不其]（？）魯。隹良見。｝

以及丙三七三：

4. ｛辛巳卜賓｝貞：𡘋不其受年。／｛貞：𡘋受年。／王占曰▢年。｝
   ｛辛巳卜賓｝貞：𡦽不其受年。／｛貞：𡦽受年。／王占曰▢年。｝

前者於庚辰所占，與辛巳鄰日，後者亦為辛巳，很可能都是同時二日內所占；可惜此二版沒有其他辭例可供繫聯。另外在不屬於「雀入二百五十」的其他卜辭中，亦有相關的事類，如乙5279：

5. 庚辰卜賓貞：求雨我（宜）。[得]▢二月。／▢求雨我（宜）。弗其得。貞：旬（筍）受年。／貞：旬（筍）不其受年。／王占曰：旬（筍）其受年。其▢（此條位於反面）

同樣是二月庚辰，亦貞問「旬」受年之事，已可以同文例視之。另外還有一條相關辭例較為重要，在乙7456：

6. ｛庚辰卜▢｝貞：隹帝害我年。二月／貞：不隹帝害我年。／｛王占曰：不隹帝害。隹由。｝

同樣是二月庚辰，很可能也是同時卜同事，不過這裡強調的是卜問是否上帝「害我年」，隱約透露出當時陷入荒年的現實。

（四）伐「角」卜辭

丙三五四反面記有雀入二百五十，其正面辭云：

7. 辛亥卜賓貞：𡦽各化以王係。／辛亥卜賓貞：𡦽各化弗其以王係。／｛王占曰：吉。以。｝

本類中記有峀各化的辭例僅此一見，不過此類外的乙 7288 內容與之相關：

8. 辛亥卜內貞：今一月峀各化其有至。／｛王占曰：今[一]月其有至。｝

｛辛亥卜爭｝貞：峀各化其于生二月有至。／｛至隹女。其于生二月昆。｝

觀察干支與月份以及貞問內容，可以推測此辭不僅與例（七）相關，更可歸入上述貞問受年的一月日譜之中。此二版鑽鑿形式亦皆屬 1-2 類；這裡（辛亥日）的貞問重點有二：首先是卜問峀各化是否到來的問題；再來是關於峀各化到來後，是否帶來俘虜給商王的問題。二辭存有其內在邏輯性。

至於此處帶來的俘虜身份為何？必須聯繫到峀各化相關的征伐卜辭進行分析。YH127 坑中關於峀各化的征伐僅見對「角」、「隹」與「戈方」的活動，事實上例（七）、（八）也的確是此事件之一環，詳細可參前章第一節「捌、對角、隹、戈方的戰爭」，此處不再贅述；此事件持續數月，目前可見是從十一月至一月，顯然到了一月便大致告一段落，商王才對峀各化的歸來進行貞問，而這些「係」的身份大概不脫這三個氏族、方國的人民或貴族。

既然瞭解乙 7288 的時間與此事件高度相關，由於此版記事刻辭為「賈入七十」，筆者觀察到同樣屬於此批入貢的丙三六六，有載辭云：

9. 庚寅卜𣪪貞：朵以角女。／庚寅卜𣪪貞：朵弗其角女。

按，乙 7288 的一月辛亥在一月日譜中已居後旬，且乙 6422 亦載二月辛巳，據此推斷這個庚寅日以歸入二月較為合理。從此辭事類配合上文討論來看，可瞭解到此時角方戰敗，其族屬女子亦不免被擄入商廷之命運。

（五）關於乙 4541

b 版（乙 4540）在字體上是唯一不屬於過渡 2 類的卜辭，其「御」、「疾」等字有坑外特徵，故其分類歸入賓一大類；且尺寸最大，長至 22cm；鑽鑿上也不同主要兩種類型，呈現 1-1 的排列，頗為特別；所載卜辭亦罕見，其云：

10. 壬戌卜古貞：御疾黃？于妣癸。一二／貞：昜（勿）御于妣癸。／｛王占曰：下上害余。隹丙。｝

此「黃」字，一卜之辭作，二卜之辭作，前者字腹中物作倒「臣」字，後者作缺右上出頭之「口」；在此應與腹疾有關，但不能肯定；近來陳年福、

劉桓、李宗焜皆有說,確切意涵仍待考。由這些因素看來,此版或許是在此批卜甲中特別挑選出來的,有其較特別之用意。

九 㞢入二在🀍

【著錄版號】
A. 丙六五╱B. 丙二九六
【各版分類】
A. 過渡 2 類╱B. 過渡 2 類
【尺寸鑽鑿】
A. 背甲 ╱B. 31.5X13.5;3-5
【事類比較】

　　就「㞢入二在🀍」記事刻辭來看,此二版應屬同時同人貢入,B 版屬於大尺寸腹甲,A 版雖然尺寸更長近 40cm,不過應考慮入背甲弧度的因素,頗疑二版原本即一龜之析。

　　在事類方面,兩版缺乏明顯相關,尤其丙二九七缺乏干支可供繫聯。不過仍有以下數條值得考慮:

(一)壬申卜㱿貞:帝令雨。╱｛貞:帝不其令雨。｝
　　　貞:及今二月雷。╱｛王占曰:帝隹今二月令雷。其隹丙不吉。習。
　　　隹庚其□吉。｝(丙六五)
(二)貞:其鳳(風)。╱◫不□鳳(風)。(丙二九七)
關於風、雷、雨的貞問,性質上可能有關連。另外有以下二辭:
(三)[庚]午卜㱿貞:乎戈(肇)王女。來。(丙六六)
(四)貞:其有來。╱貞:亡其來。(丙二九七)
二條各自於該版都是孤辭,或許應該將之聯繫起來思考。

　　丙六五已經載明該版時間應該聯繫至二月份及其前後,則丙二九六亦應歸入此時間段,不過張秉權後來所做新綴補入乙 2652 一版(尾甲部分),其載有八月之記事,如此看來此二版的時間便產生了衝突;然而經過實際檢驗,乙 2652 厚薄、顏色、辭例與大小比例與互綴他版不合,已確認為誤綴。史語所數位典藏系統仍顯示此誤綴結果,應予注意。

　　丙六五除了近乎完整的背甲材質是其特色之外,關於其上朱書、墨書

的明顯留存一直以來都是學者討論的重點，從早期董作賓做過的討論、摹本，張秉權亦有相關討論，近來蔡哲茂先生著文，專門討論本版事類與朱墨書，並重新摹出一圖；[29] 筆者亦曾針對本版做過兩次的目驗，摹本修訂數次。這裡必須指出，這種運用豐富朱墨書的情形即使在本坑甲骨身上也是較少見的，而此特色亦充分展現於丙二九六。丙二九六多字為先墨書、後契刻，往往有書而未刻之例。如乙補 1227 反「隹」字下側有「吉其」二字、乙 1337「母庚」下側有「🝀（血）」字，皆墨書未刻。而乙 7902「貞隹」之「隹」字覆刻於墨書「王」字之上，顯示當時刻手若先以墨、朱筆書寫「底稿」後，有時未必會完全照著契刻，可能偶有臨時改換用字之現象。而此現象同樣亦出現於丙六五，如「王占曰帝隹」，「隹」字覆蓋墨書為「其」，可以識別；新綴之乙補 358（357 反）有「今二月」朱書，亦未刻。這種同樣著重於朱墨書的情形使丙六五、丙二九六容易識別，可以作為二版關係密切的一個證據。

十　我來卅

【著錄版號】
A. 丙四一／B. 乙 3129＋
【各版分類】
A. 過渡 2 類／B. 過渡 2 類
【尺寸鑽鑿】
A. 29.5X14；3-5／B. 29X12.5；不明
【事類比較】
此二版大小相同，事類相近，其中「伐峀」的戰爭卜辭主要辭例如下：
（一）貞：扱（卄）人乎伐峀（薛）。／昜（勿）乎伐峀（薛）。
（二）壬戌卜爭貞：旨伐峀（薛），弐（翦）。／貞：弗其弐（翦）。／｛王占曰：吉。弐（翦）。隹甲不隹丁。｝

---

29 董文見〈武丁十甲〉，收於嚴一萍：〈夫子不朽〉，《中國文字》第 38 期；張文見《丙編》上輯（一），丙六五考證；蔡文見氏著：〈史語所藏一版復原完整龜背甲的新研究——《丙》65＋《乙補》357＋《乙補》4950〉，《紀念王懿榮發現甲骨文 110 周年國際學術研討會》（北京市：社會科學文獻出版社，2009 年 8 月）。

此二條為丙四一辭例，乙 3129＋辭例如下：

（三）□□卜𣪴貞：乎伐□／貞：弜（勿）乎伐畣。

（四）貞：弗其嘥（翦）。

應該是同一件事；在確切日期上，同版有「庚辰卜內貞：乎㘝☑」辭例，可聯繫至丙四一「丙子卜𣪴貞：今來羌率用」、「戊寅卜古貞：我永」，皆屬同旬，可正其時間性之近；相關討論見前章第一節「玖、對薛的戰爭」。

十一　我以千

【著錄版號】

A. 丙二六七／B. 乙 1052／C. 乙 2683／D. 乙 3431／E. 乙 5056＋／F. 乙 6685／G. 乙 6860／H. 乙 6966

【各版分類】

皆屬過渡 2 類

【尺寸鑽鑿】

A. 17 X8.6；2-3／B. 17.1X8；1-2／C. 14.1X6.6；1-2／D. 15X7.4；1-2／E. 不明／F.16.3X8.3；2-3／G. 不明／H. 18X8.8；1-2

【事類比較】

目前可見載「我以千」記事的腹甲共八版，皆出自本坑，其中七版記載訊息較詳，G 版僅剩碎片。觀察此數版辭例，會發現他們共同的特徵有二，首先是辭例較少，大部分僅有一、兩條卜辭，這使得若欲透過辭例進行內容上的繫聯變得較困難；其二，則是這些載有「我以千」記事的腹甲，一律載有關於整治機構的記事刻辭，這現象在整體 YH127 坑腹甲當中是很罕見的，下面列舉以明之：

（一）我以千／帚井示百／𣪴（丙二六七反）

（二）我以千／帚丙示百／𣪴（乙 2683 反）

（三）我以千／帚井示四十（乙 3431 反）

（四）□以千／☑四十（乙 5056＋反）

（五）我以千／帚井示四十／賓（乙 6966 反）

（六）我以千／帚井示二百／𣪴（乙 6685 反）

（七）我以千／帚井示卅（乙 1052 反）

目前至少就可見有五次整治處理，分別為「帚井示百」、「帚丙示百」、「帚

井示四十」、「帚井示二百」、「帚井示卅」，總共是四百七十版龜甲的紀錄。

　　而這千版腹甲隨著各批整治的機構不同，可能因此送入占卜機構，進行貞問使用的時間也隨之不同，因此較難以繫聯其時間關係。至於為何所見每一版皆載有整治機構記事刻辭，本書推測此現象可能與此批龜甲龐大的數量有關，或許因此特別重視整治機構的處理；詳情尚待進一步研究釐清。

十二　周入十

【著錄版號】

A. 丙二七三／B. 乙 5307／C. 乙 2672＋

【各版分類】

皆屬過渡 2 類

【尺寸鑽鑿】

A. 29.5 X13.2；3-6／B. 30.4X 13.6；3-6／C.殘

【事類比較】

完整載有「周入十」刻辭的是乙 2672＋（＝R29762），此版綴合片數較多，綴合後其中有兩辭：「癸未卜內貞：有／亡其至自東」、「丙戌卜亙貞：子𠂤（尻）其有／□疾」，在人物與干支、貞人上可與乙 5307 聯繫，乙 5307 共有「癸未卜內貞：我受／不受黍年」、「貞：祖丁蝠（？）／□蝠（？）𠂤（尻）」兩辭，由此看來此二版很可能同時，所卜之事類同。而丙二七三記事刻辭為「周入□」，正面釋文亦載「貞：我不其受年」，其尺寸與乙 5307 極近，鑽鑿型態亦全同，是知此三版之間事類關係應十分密切。

貳 YH127坑記事刻辭整理總表

總表中 B 表示《丙編》，Y 表示《乙編》，版號後加「＋」表示有新綴；第一部份「貞人收儲署辭」版號皆表示反面號碼，「貢入記事」、「整治記事」版號表示正面號碼。以下分三部分表列之。

貞人收儲署辭			
	賓一大類	過渡2類	
𢀖	B2,B514,Y542＋反,Y690＋反,	B11,B27,B44,B62,B64,B66,B156,B226,B268,B279,B312,B329,B348,B380,B393,B404,B410,B416,B422,B428,B449,B524,B592,Y736＋反,Y761＋反,Y1354＋反,Y2683反,Y1320＋反,Y5098＋反,Y3307反,Y3292＋反,Y6686,Y6735反,Y7040反,Y7798,Y4511＋反,Y3213,Y4220＋反,Y4388,Y4750,Y1790,Y1894＋反,Y3813＋反,Y3477,Y4539,Y4954	
	賓一大類	典型賓一	過渡2類
爭	Y637＋反,Y733＋反,Y3404,Y4385＋反,Y7036,	B252＝B335,Y1357＋反,Y4833	B50,B52,B97,B152,B158,B170,B179,B200,B228,B244,B281,B285,B314,B320,B424,B437,B516,B545,B547 ,B549,B551,B604,B606,Y770＋反, Y1399＋反,Y1672反,Y2285反,Y2626＋反,Y2672＋反,Y3804＋反, Y3379反,Y3410,Y7311,Y7782,Y3865,Y868,Y6820, Y5319＋反,Y7489,
	典型賓一	過渡2類	
賓	Y7184	B206,B162＝B395,B361,B378,B567,Y6966反,Y3605＋反,Y5899,	
	典型典賓		
亘	Y4605		

貢入記事			
	賓一大類	典型賓一	過渡 2 類
奠	B104 奠來五在襄。 B112 奠來二。 B336 奠入五。	B3 奠☐ B132 奠來十。 B269 奠來四在襄。Y5347 奠入十	B69 奠來十。 B88 奠來五。B128 奠來十。 B157 奠☐ B193 奠來十。B271＝B396 奠來一在☐B291 奠來五。 B550 奠☐Y630＋奠☐Y1386＋奠入二。 Y3422 奠入二。 Y3809 奠來十。Y5406 奠入廿。 Y6881 奠來十。在声（鹿）。Y7772 奠入廿。
	賓一大類	典型賓一	過渡 2 類
畫	Y3550 畫☐	B223 畫來十。 B417 麦（畫）來☐	B83 畫來☐B96 畫入二在高。 B108 畫乞四十。 B134 畫來廿。B145 畫入三。B245 畫來廿。B282 畫入二。 B284 麦（畫）入廿。 B405 麦（畫）入。 B568 麦（畫）來☐ B574 麦（畫）來☐ Y1673＋畫來☐ Y2743 畫入二在高。 Y5319＋麦（畫）入十。 Y7483 麦（畫）來☐。 Y7651 麦（畫）入乞四十。
	過渡 1 類	賓一大類	典型賓一
雀	B90 雀入☐ B167 雀入鼋五百。	B137[雀]（?）入五十。 Y4733 雀入百五十。 Y5578＋[雀]入五十。 Y4540 雀入二百五十。	B71 雀入百五十。 B73 雀入百五十。 B120 雀入卅。B307 雀入卅。 Y4693[雀]來三。 Y5317 雀入三。 Y4966＋雀入百☐
	過渡 2 類		
雀	B195 雀入二百五十。 B354 雀入二百五十。 B356 雀☐☐百五十。 B358 雀入二百五十。 B362 [雀]入☐ B368 雀入二百五十。 B373 雀入二百五十。 B375 雀入二百五十。 B388 雀入二百五十。B459＝B615 雀入二百五十。B538 雀入二百五十。B578 雀入二百☐ B585 雀入二百五十。Y660[雀]（?）入二百☐ Y753 雀入二百五十。Y792＋雀入二百五十。 Y2956＋雀入二百五十。Y3288 雀入二百五十。Y6384＋雀入二百五十。Y6422 雀入二百五十。 Y5794＋雀入二百五十。Y6703 雀入二百五十。Y7122 雀入二百五十。Y3732＋雀入二百五十。 Y7490 雀入二百五十。 Y4419＋雀入二百五十。 Y4712＋雀入二百五十。 Y5004 [雀]入二百☐。Y7049 雀入二百五十		
	過渡 2 類		
隹	Y812 隹入十		

易	典型賓一			過渡2類
	B5 易入廿			B68 易入十

	過渡1類	賓一大類	典型賓一	過渡2類
我	B124 我來十 B302 我[廿]	B513 我來十 Y2824＋我以□ Y3798 我廿先	B332 我來 Y8315[我]入十	B22 我入□ B41 我來卅 B267 我以千 B379 我來[十] B415□以自我。廿 Y1052 我以千 Y2683 我以千 Y2693 我來四十 Y3129＋我來卅 Y3390＋我來十 Y3431 我以千 Y4937＋我[黽]五十 Y6686 我以千 Y6966 我以千

各	過渡2類
	B12、20各入二在[?]成套卜辭

[?]	過渡2類
	B65[?]入二在[声] Y2596 [?]入五 B296 [?]入二在[声] B546 [?]入一 Y7126[?]入五十

夫	典型賓一
	B413 夫入二在[声]（鹿）。另有一版曾見殘片

	賓一大類	典型賓一	過渡2類
賈	B102 賈入□	B98 賈入□ Y4291[賈]入二在高	B43 賈入十 B153 賈入□ B191 賈□十 B280 賈□ B340 賈入四 B364 賈入七十 B366 賈入七十 B411 賈入十。 Y751 賈入三 Y1054＋賈入二 Y3476 賈[來]十 Y4516 賈入三 Y4538 賈入一 Y4954 賈入十 Y5253 賈來六。 Y6751 賈入二 Y7336 賈入廿 Y7767 賈入

	賓一大類	過渡2類
般	Y7187 般入二	B126 般入四。B313 般入十 Y1399＋般入十

	賓一大類	典型賓一	過渡2類
壴 （鼓）	Y3265 正壴入四十。	B326 壴入十 B345 壴來□	B199 壴入二 B328 壴入五十 B347 壴入十 B452 壴入廿 B515 壴入一 Y1061＋壴入[廿] Y4220＋壴入□ Y4381＋壴入 Y4514 壴入十

喜	過渡2類
	B381 喜入五

逆	過渡2類
	B45 逆入十

文	過渡2類
	Y6819 文入十

良	**賓一大類**	**過渡 2 類**
	Y1334＋良入三在甘	B205 良子弘入五　Y3222 良廿
凵（贊）	**過渡 2 類**	
	B219凵以五☐	
臣	**過渡 2 類**	
	B32 臣大入一　B607 小臣入二　Y1088＋臣[入]	
豕	**過渡 2 類**	
	B57 豕入☐	
唐	**典型賓一**	**過渡 2 類**
	B55[唐]來十。	B603 唐☐　Y3216 唐來三十。　Y5098＋唐來☐ Y4473＋反唐來四十。　Y721＋唐入十。
戔	**過渡 2 類**	
	B63 戔來十。　B360 戔來四十。　Y6735 戔來四十。　Y7797 戔☐　Y2773＋戔來八。	
㦰	**師賓間類**	**過渡 2 類**
	Y2485＋㦰來二。	B155㦰來五。
㲽	**過渡 2 類**	
	Y1235＋ 㲽來十。	
視	**過渡 2 類**	
	B94 [視]入九以。	
見	**過渡 2 類**	
	Y731 見入三。	
袁	**典型賓一**	**過渡 2 類**
	Y1357＋袁☐。	B161＝B394 袁（擐）入五十。　B566 袁（擐）入五十。
卂	**過渡 2 類**	
	B564 卂入五。　B100 卂入五。	
老	**過渡 2 類**	
	B151 老以五十。　B225 老以五十。　Y2097 老入三。　Y3212☐（老?）入[四]。	
古	**典型賓一**	**過渡 2 類**
	Y4832 自古乞[百]（?）卅。	Y6795 自古乞百四十。
戈	**過渡 2 類**	
	Y5269 戈口入十。	
庚	**過渡 2 類**	
	B141 庚入十。　B349[庚]入一。　Y924＋庚入十。	

盧	**賓一大類**		**過渡 2 類**
	B163 盧入百廿。　B580 盧入二百五十。 Y542＋庿（盧）入□　Y4385＋庿（盧）入□		B178 盧入百。 Y776 反庿（盧）入百。
商	**過渡 2 類**		
	B591 商入。		
子商	**賓一大類**		**典型賓一**
	Y7036 子商入一。		B198 子商入。
周	**過渡 2 類**		
	B273 周入□Y2672＋周入十。		
永	**過渡 2 類**		
	B377 泳（永）入十。		
東	**過渡 2 類**		
	Y6748 東入[二]百▨		
敖	**過渡 2 類**		
	Y7862＋敖以五十。　Y2964＋敖以五十。　Y4731 敖以□。		
心	**過渡 2 類**		
	B392 心▨		
膺	**賓一大類**		
	B419 膺入二。		
㩻（摧）	**過渡 2 類**		
	Y7040㩻（摧）入。		
皋	**典型賓一**		
	B429皋入□		
圉（擒）	**賓一大類**	**過渡 2 類**	
	Y8392[圉]入二。	Y5086 圉▨　Y2997＋圉▨　Y8077圉來十。 Y3426圉入四十。Y4695圉入四十。	
兔	**過渡 2 類**		
	B517 兔（鼠?）以四十。		
彔	**賓一大類**	**過渡 2 類**	
	Y3403彔入廿。	Y3813＋彔入廿。　Y3864彔入廿。	
絴	**過渡 2 類**		
	Y4511＋絴入五。		
龍	**過渡 1 類**		

	B529 龍。　Y2224＋龍取⊿	
㲋	**過渡 2 類**	
	Y1320＋㲋入三。　Y4483 㲋入十。	
畕	**賓一大類**	**過渡 2 類**
	Y510畕入⊿　Y7686畕入十。	B525畕入一。　Y7769畕入百廿。
厄	**賓一大類**	
	Y637＋厄[化]入三在𢀛。	
𡿩	**賓一大類**	
	Y7195𡿩入三。	
亘	**過渡 2 類**	
	Y770＋亘入一。	
牧	**過渡 2 類**	
	Y1894＋牧入十在漁。	
𢦏	**過渡 2 類**	
	Y926𢦏入十。	
行	**過渡 2 類**	
	Y7310 行取[‖]五。	
𣂁	**典型賓一**	
	Y5545𣂁入二。	
左又	**過渡 2 類**	
	Y6569 左入[二]（?）。	
竝	**過渡 2 類**	
	Y3385＋竝入十。　Y5049 竝入十。	
衝	**典型典賓**	
	Y4604衝入十。	
帚好	**過渡 2 類**	
	Y7781 帚好入五十。　Y4697＋帚好入五。	

	典型賓一	**過渡 2 類**
某入	B139＝B317□來四。 B251＝B334□入二在高。 B262 □自力?入十 Y6274□入四十。	B39⊿廿。　B319□入廿。　B415□以自我。廿。 B427□入[十]。　B448⊿入三。　B469□入卅。B508 □入卅。　B601□入二。　Y3407□入五十。Y5056 ＋□以千。　Y3292＋⊿五十。　Y6960＋百三十□ Y8278□入十。　Y3119＋乙未[㕚]示。入二。 Y6405□入十。

	整治記事		
帚娘	過渡 2 類		
	B61 帚娘示三。　B280 帚娘來。　B409 帚娘來。		
帚妣	**典型賓一**	**過渡 2 類**	
	Y5395 帚妣□	B83 帚妣。 B134 [帚] 妣來。 Y7150 帚妣來□ Y3129＋ 帚妣來。	
帚閉丙	過渡 2 類		典型典賓
	B94 帚丙示四。　B377 帚閉示。　Y2683 帚丙示百。　Y7040閉示十。 Y4511＋帚閉示。		Y4604閉示。
帚羊	過渡 2 類		
	B126 帚羊。　 B479 帚妍☑　 Y1197＋妍示。　 Y2956＋帚羊來[十]。		
帚妍	過渡 2 類		
	B155 帚妍來。　 B267 帚井示百。　 B360 帚井□三。　 B392 帚井示十。 Y1052 帚井示卅。　 Y3431 帚井示四十。　 Y5269 帚井示五。　 Y6686 帚井示二百。 Y6966 帚井示四十。　 Y7310 帚井□		
帚杞	過渡 2 類		
	B212 帚杞來。　 Y1894＋帚 ゟ （杞?）　 Y3426 杞示八。		
妾	過渡 2 類		
	B362妾（婊?）[示]□		
帚好	過渡 2 類		
	B205□好示五。		
帚某	過渡 2 類		
	B405 帚□示[屯]。　 Y1320＋帚□示十。　 Y7126 帚[良]（杞?）示十。　 Y7797[帚]來。		
噩	賓一大類		
	Y510噩☑		
尗	過渡 2 類		
	Y3119＋乙未[尗]示。入二。		
不知名	過渡 2 類		
	Y5056＋☑四十。		

第四節　首甲人為刮痕現象略探

在實際觀察甲骨實物的過程中，常會注意到部分的龜腹甲，在首甲部分帶有左右對稱的帶弧度圈狀痕跡，此痕跡開口朝上，約略形成半圓形（以下以A類代稱）或銳角形（以下以B類代稱），位在第一齒縫與盾紋之上。透過觀察實物，可以知道這種刮痕是人工造成，留存清晰推刮順向紋路，而非自然形成；參見下圖：[30]

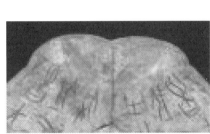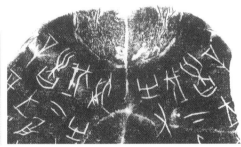

丙十二（R43989），拓影採乙 7348

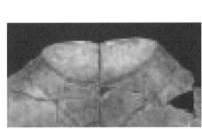

丙二〇一（R44355），拓影採乙 2844

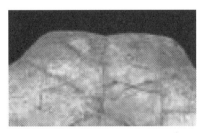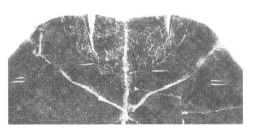

丙二一九（R44364），拓影採乙 2036

---

[30] 就本坑腹甲而言，具有此類刮痕的樣本大約佔有三分之一到四分之一的比例，大部分呈現 A 形輪廓，僅少部分呈現 B 形；這點與花東腹甲相反。本小節各彩照均引自史語所考古資料數位典藏資料庫：http://archeodata.sinica.edu.tw/allindex.html；本小節於修訂後將另文發表。

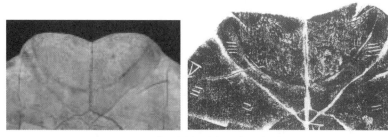

丙二三七（R44370），拓影採乙 5786

此四例均做半圓 A 類刮磨，其痕跡清晰可見。而刮成 B 類的刮痕在本坑中較少見，如下所示：

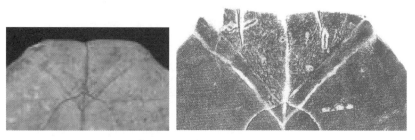

丙三（R43987），拓影採乙 5403

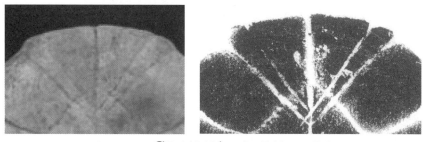

丙一三 ○（R44318），拓影採乙 6865

花東甲骨中大約六成左右的樣本具有此類刮痕，絕大多數都是 B 類，例如：

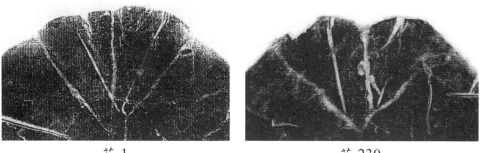

花 1　　　　　　　　　　　　花 230

B 類刮圈雖然角度類型與 A 類稍有不同，但顯然根本性質無異，都可視為同一種人為加工。藉由觀察其型態可以清楚的發現，這種刮痕圍繞首甲中縫，開口朝上，下方的轉折處呈半圓或銳角形，在龜版上形成上端一處封閉的區域。這裡以上引丙二三七作圖示：

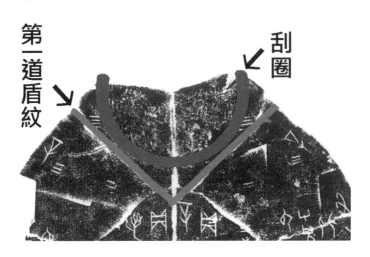

可以看到，刮圈以中齒縫為對稱標準，且與第一盾紋互不相涉。此種刮削現象未見舊說引述，一直未受到學者注意，近來孫亞冰對一組龜首甲的成功綴合，是透過她所指出「首甲上端有一道彎曲的痕跡」左右相連所做的判斷，乃目前學界可知最深入的觀察；[31] 本文以下便進一步加以討論。[32]一般來說，由於位置的差別，觀察者不會將其與第一道盾紋混淆，而在絕大部分的情況下，首甲的刻辭會避開此處，不會刻入刮痕包含的範圍中，甚至有刻意以刮痕為刻辭上界的情形，即使兆語、序數皆然。如下所示：

---

[31] 孫文見：〈《殷墟甲骨輯佚》綴合第三則──糾正《合集》誤綴一版〉第一組，發表於中國社科院歷史研究所「先秦史研究室」網站（2008 年 11 月 26 日）圖版見下引「《殷墟甲骨輯佚》3＋《前》6.11.5」。

[32] 對於卜用龜甲獸骨進行刮削，應歸入占卜前整治工作的範疇中，較完整的相關論述可參陳夢家：《殷虛卜辭綜述》（北京市：中華書局，2004 年 4 月），第一章第三節；張秉權：《甲骨文與甲骨學》（臺北市：國立編譯館，1988 年 9 月），第四章第二節；方稚松：《殷墟甲骨文五種記事刻辭研究》（北京市：線裝書局，2009 年 12 月），第三章。不過包括此三書的相關論述均無這類龜首刮圈的探討。

丙二　　（〇反44359），拓影採乙6672　丙十四（R43990），拓影採乙2700

《殷墟甲骨輯佚》3＋《前》6.11.5

從此三例刻辭能自由刻寫在第一盾紋、第一齒縫上，但卻不侵入龜首刮圈，沿圈刻寫的這種情形來看，至少能夠肯定契刻者乃有意識地以刮圈作為書寫版面上方界限，此現象幾可視為通例。[33]

其次，此刮痕在文字契刻之前便已存在，以丙二〇九為例，從卜辭「丙、求、既」等字跡刻於刮痕之上可以看的很明白，類似情況由實物上可以清楚地觀察到。這或可視作商人先行處理貢龜的一種整治習慣，學者已根據考古發現與文字證據，指出甲骨的加工整治時間點應在收到四方貢來的全龜後，貞卜之前，地點當在殷王都，其說可信。[34] 由此來看，刮圈亦為整治機構所施行。

這種整治方式不僅施於龜首刮圈，觀察本坑龜腹甲，可以發現沿著中

---

[33] 在筆者檢查本坑所有具龜首刮圈的近百例中，僅發現一例有卜辭刻入刮圈之中，就是丙三〇七（合6928），此版有「帝令／帝令隹凤」的對貞卜辭，其二辭「帝」字均刻入刮圈中，頗為奇特。

[34] 方稚松：《殷墟甲骨文五種記事刻辭研究》（北京市：線裝書局，2009年12月），頁148-161。

縫（千里路）、上中下五道盾紋往往伴隨著人工刮痕。這裡列舉兩版為例：

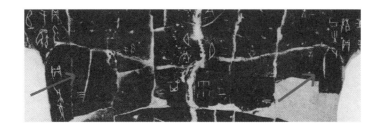

這是丙三的第四盾紋，除了順著自然橫向盾紋刮削外，較特別的是在箭頭指向處刀鋒一轉，在左右向下各刮出一條刮痕，由於一般腹甲沒有這種豎向的所謂盾紋，故引起筆者注意，也觀察到其痕中留存的刀痕，確為人工無誤。

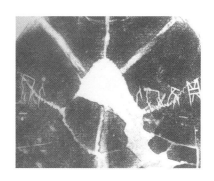

這是丙一九一的第一道盾紋與千里路，僅由拓片便可看出其盾紋的明顯，事實上這是透過刻意刮削所致，在盾紋中可以清楚觀察到人為順向刮痕；此版在其他盾紋方面沒有做處理，而千里路的刮削是一筆直下，這從刮痕經過第二、第三齒縫毫無間斷可知。類似的例子非常多，絕非本節所能充分探討，這裡僅能由龜首刮圈現象，連帶略談盾紋的類似情況而已。

　　據觀察經驗，並非全部的腹甲都有刮削盾紋，若有往往也限於部分盾紋，即使同一條盾紋也未必會刮削到底，如大部分大龜的第三道盾紋若有刮削，通常僅到連接甲橋的部位為止，不會連甲橋盾紋也一併整治。值得注意的是，腹甲左右側的卜辭位置似乎並不是依天然中齒縫為標準，而是以人工整治的千里路刮痕為相對界限，其例多見，如丙二〇一：

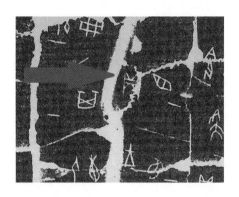

右側卜辭「貞」字雖超過了中齒縫，但未越盾紋。由此看來，這種沿天然盾紋施行的人工刮痕，可能也與龜首刮圈一般，起著若干規範字排行款的作用。

　　最後提出一點，刮圈包含的範圍均未經磨光，目前尚未見到有特意處理者，其表面之粗糙往往與龜版其他部分形成強烈對比，拓本即可清楚看到，如上引的丙十二、十四等例皆是。一般而言，沒有刮圈的樣本在龜首通常有磨光，即使是腹甲反面，部分刻字的版面也會稍做處理，使其不致太過粗糙，不知為何整治者獨漏龜首刮圈包含的該處，導致其色澤與整版往往有異，是否是整治過程中為了處理邊緣的平整所致，還是有其他因素，目前已不得而知。

　　由上述現象看來，商代卜用龜腹甲龜首刻圈應具有其特定意義，可能單純作為刻辭的上邊界使用，對字排進行規範，以求美觀；或與去除新鮮龜版膠質有關；也或許有其他未知意涵，然而囿於去古已遠，我們無法確切指出正解究竟為何，不過從一些考古材料來判斷，或許能夠給此問題帶來不同面向的啟示。一九六三年，江蘇邳縣大墩子遺址出土了兩具完整龜甲，內涵石子若干，其腹甲各具有特殊刮痕：

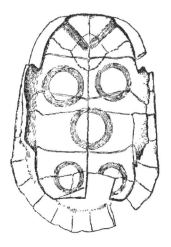 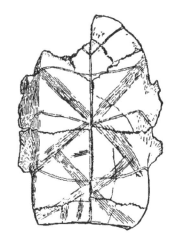

大 M44：13　　　　　　　大 M44：26

大墩子遺址是新石器時代劉林類型的文化遺存，出土了許多重要文物，根據整理者的意見，這些龜甲上的交叉刮痕可能是綁繩索留下的痕跡，圈形刮痕則可能是某種飾品的磨痕。[35]

整理者提出的綁繩意見乃出自對背甲部分穿孔的觀察，然而仔細觀察背、腹甲相對位置，實難以將腹甲交叉痕跡與背甲孔洞作空間上的聯繫，並且所謂綁繩是否能夠在龜甲上留下磨痕，首先是個問題；即使可以造成如此深刻的磨損，背甲也應有相對應的磨痕，畢竟這是兩組完整未析分的龜殼，我們觀察所附的背甲考古線圖，顯然也沒有類似的痕跡。再來，大M44：13 所謂繩索綁痕僅有 v 形，與現實綁束狀態不合，大 M44：26 左甲橋處也有直豎刮痕，其寬度大於一般繩索，據之推擬的綁束方式似頗乖舛，這就顯示了所謂綁繩事實上是不存在的。

筆者認為，從上述分析以及出土未見任何可與圈形刮痕對位的圓形「飾品」來看，這兩組龜甲的腹甲痕跡，顯然以人為刮削造成較為可能。這種現象與殷墟龜腹甲類似，尤其是大 M44：13 沿首甲第一盾紋所施的刮痕與商人整治方式幾無差別，可見上古時期龜甲的刮削整治似存在某種文化傳承，此時期尚未產生真正意義上的文字，故其成因與規範行款無關。從此類刮痕具備的對稱性以及圖像性來思考，其中是否具有某種宗教性色彩或其他意義？未來學者或應由持續出土的考古證據中找尋問題的真正解答。

---

[35]　南京博物院（尹煥章等）：〈江蘇邳縣四戶鎮大墩子遺址探掘報告〉，《考古學報》1964:2。

第六章

結語

　　長久以來，YH127 坑甲骨被視為早期中國最具代表性的科學挖掘成果，不僅是因為挖掘方式科學、出土狀況完整，主要還是由於其蘊藏甲骨數量巨大，提供給當時——乃至於現代——的學者一批珍貴且豐富的上古研究資產，其價值可謂無可估量。

　　從字體分類上來看，本坑中可歸於廣義的賓組刻辭部分佔的比例大約在九成上下，若以相對嚴格的角度來觀察，能劃歸入傳統「賓一」、「典賓」二類的比例應也有八成左右，可見賓組刻辭在其中數量上占有絕對的多數，甚至在一定意義上來說，研究本坑甲骨，很大程度上與賓組刻辭的專門研究是大量重疊的，此一事實表示出甲骨學者若欲進行相關研究，理應同時關注、處理這兩個互為表裡的學術議題，才能更有效地得到有價值的學術成果。

　　本書主題即在於此，試圖從字體區分為出發點，進一步對本坑賓組卜辭作較為全面性的梳理；前面五章的討論中已作了許多嘗試，以下便歸納總結，舉出本書透過此研究所得主要的成果為何。

一　藉由鉤稽史實，釐清 YH127 坑甲骨損壞之過程

　　自一九三七年對日戰爭伊始，長達數十年的時間中多次的被迫遷移，導致此批珍貴古物遭受到程度不定的破壞，直接地影響學者對其綜合整理與研究。歷來對這段歷史多散見於各處記載，本書在此將相關資料彙整，為還原此重要過程原貌做出初步的嘗試。

二　參酌相關論著，確認本坑賓組字體與坑外之異同

　　和其他系統、時期的組類一樣，賓組刻辭的各種特徵於不同時期、事類、坑層之間或多或少會呈現細微的差異。在 YH127 坑中，賓組刻辭之字體類型大體上以崎川隆氏指出之「過渡 2 類」佔最大一部份，是目前可

見整體賓組刻辭中另具特色的一個大類；不過崎川氏在其論著中相關討論稍少，本書則在此部分補充資料，從幾個方面進行觀察並提出意見，對舊說亦稍有修正，以明確本坑賓組字體獨特性之所在。

三　藉由實際目驗，提高新作釋文與摹寫之學術價值

第二、三章中進行了對《丙編》全部、《乙編》大部分賓組刻辭的釋文、修訂。此工作之推進奠基於筆者借蔡哲茂師國科會計畫之便，得入史語所庫房親自目驗甲骨實物的契機。前面已經提到，本書先對《丙編》作直接摹寫，再與甲骨原版進行校對改定，故所做釋文皆已經過核檢實物至少一次，大部分目驗兩次，少部分三次以上。透過這項過程，本書改正、修訂許多值得商榷的舊釋，也辨識出不少因為拓本不清而舊漏、缺釋的辭例，詳見第二章、第三章中各則之「相關說明」。

四　透過整理排譜，補充前人對本坑刻辭時代聯繫之認識

在第四章第一節中，「戰爭卜辭」是主要討論對象，由於此類卜辭常存在的一事多卜以及記錄月份之性質，學者習以此類相關辭例進行分析，並已有許多據其排出曆譜的研究發表，近來尤以劉學順、魏慈德二氏獲得成果最具代表性。本書乃根據前人舊說之基礎，進一步對本坑主要數項戰事的時間、歷程作了討論、分析與推擬，所得結論與前人觀點或有出入，然皆俱互補之功，相信足以提供學者作為往後深入探討殷曆及相關排譜的有效參考。

五　進行分類考察，對瞭解殷商文化型態取得更進一步的成果

在第四章的「祭祀對象分類研究」、「疾病事件分類研究」二小節中，本書盡量收齊辭例，逐項探討相關問題，力求藉由充分辭例的掌握，能夠較為客觀地釐清當時上古族群文化、個人生活層面的若干真實面貌；其中前節對商人祭祀方式以及鬼神觀念著墨較多，後者則牽涉個人疾病／醫療史的面向。此外，藉由第五章「甲橋刻辭分類研究」的考察，除了對當時

貢取制度能獲得更多瞭解，亦可觀察到關於方國關係的變遷線索等內涵，這些都是具有相當價值的上古史材料。

六　關切尺寸鑽鑿，獲取刻辭文字以外的甲骨學相關知識

這是第五章前二節內容所具有之價值，本書首先實際測量部分 YH127 坑龜甲尺寸，加以記錄；並由於殘甲過多，不利於研究者推擬原龜面貌，且妨礙綴合的進行，本書選擇部位，製作比例參數，藉由殘甲可知的尺寸配合比例參數運算，逆推可得到原龜較為可信的原始尺寸，此法為筆者首創，提供學界作為一有效之學術工具。第二節則是在傳統關注個別單一鑽鑿型態的研究類型之下，接受《花東》甲骨編纂者注意鑽鑿排列的啟發，針對本坑腹甲作了類似的分析，得出幾項筆者新設之不同類型，應有助於研究者對古代卜甲鑽鑿問題作細部的參考。

以上即為本書所獲成果之總結，不足之處甚多，尚祈師友前賢惠予指正批評，是為至幸。

參考文獻

以下書目以作者姓氏筆劃為序作整理，同一作者專著在前單篇論文在後，並根據發表年代另行排序。此外古籍原典置於前，外國作者書目安排在最末，以利檢索。

一　古籍

王國維輯校：《古本竹書紀年輯校・今本竹書紀年疏證》（臺北市：藝文印書館，1974 年 4 月）

清・阮元編：《十三經注疏》（臺北市：藝文印書館，1993 年 9 月）

漢・司馬遷著、日・瀧川資言編：《史記會注考證》（臺北市：唐山出版社，2007 年 9 月）

二劃

丁山

　《中國古代宗教與神話考》（香港：龍門聯合書局，1961 年）

三劃

于省吾主編

　《甲骨文字詁林》（北京市：中華書局，1999 年 12 月）

于省吾

　《甲骨文字釋林》（北京市：中華書局，1999 年 11 月）

　〈釋逆羌〉，《雙劍誃殷契駢枝三編》（北京市：中華書局，2009 年 7 月）

四劃

王國維

　《觀堂集林》（石家莊市：河北教育出版社，2003 年 11 月）

王初慶

　《曙青文字論叢》（臺北市：洪葉文化事業公司出版社，2009 年 3 月）

王明珂

《羌在漢藏之間》（北京市：中華書局，2008 年 5 月）

《游牧者的抉擇》（桂林市：廣西師範大學出版社，2008 年 12 月）

王汎森

〈什麼可以成為歷史證據——近代中國新舊史料觀點的衝突〉，《中國近代思想與學術的系譜》（臺北市：聯經出版社，2005 年 11 月）

王宇信、楊升南編

《甲骨學一百年》（北京市：社會科學文獻出版社，1999 年 9 月）

王宇信

〈武丁期戰爭卜辭分期的嘗試〉，《甲骨文與殷商史》第三輯（上海市：上海古籍出版社，1991 年）

王萍、官曼莉

《杭立武先生訪問記錄》（臺北市：中研院近史所，1990 年 6 月）

王子揚

《甲骨文字形類組差異現象研究》（北京市：首都師範大學文學院博士論文，2011 年。指導教授：黃天樹）

中國社科院歷史研究所

《甲骨文合集補編》（北京市：語文出版社，1999 年 7 月）

中國社科院考古研究所

《殷墟的發現與研究》（北京市：中國社會科學院考古研究所，2001 年 2 月）

尹煥章等

〈江蘇邳縣四戶鎮大墩子遺址探掘報告〉，《考古學報》第二期（1964 年）

方稚松

《殷墟甲骨文五種記事刻辭研究》（北京市：線裝書局，2009 年 12 月）

〈甲骨文字考釋四則〉，《紀念王懿榮發現甲骨文 110 周年國際學術研討會》（北京市：社會科學文獻出版社，2009 年 8 月）

五劃

石璋如

《遺址的發現與發掘・丁編》上，中國考古報告集之二（臺北市：中央研究院歷史語言研究所，民國 81 年）

〈兩片迷途歸宗的字甲〉，《大陸雜誌》第 72 卷 6 期（臺北市：大陸雜誌社，1986 年 2 月）

〈殷墟地上建築復原第八例兼論乙十一後期及其有關基墟與 YH251、330 卜辭〉,《歷史語言研究所集刊》第七十本第四份（1999 年 12 月）

六劃

朱鳳瀚

〈論酌祭〉,《古文字研究》第二十四輯（北京市：中華書局，2002 年 7 月）

七劃

李濟

《安陽》（石家莊市：河北教育出版社，2001 年 5 月）

李孝定

《逝者如斯》（臺北市：東大圖書，民國 85 年 4 月）

〈我與史語所〉,《新學術之路——中央研究院歷史語言研究所七十周年紀念文集》下冊（臺北市：中研院史語所，1998 年 6 月）

李學勤、彭裕商

《殷墟甲骨分期研究》（上海市：上海古籍出版社，1996 年 12 月）

李學勤

《當代學者自選文庫・李學勤卷》（合肥市：安徽教育出版社，1999 年 5 月）

《李學勤早期文集》（石家莊市：河北教育出版社，2008 年 1 月）

〈論殷墟卜辭的「星」〉,《鄭州大學學報》第四期（1981 年）

〈續論西周甲骨〉,《中國語文研究》第七輯（香港：中文大學中國文化研究所，1985 年）

〈釋「郊」〉,《文史》第 36 輯（1992 年）

〈甲骨文同辭同字異構例〉,《江漢考古》第一期（2000 年）

〈續釋「尋」字〉,《故宮博物院院刊》第六期，總 92 期（北京市，2000 年）

〈甲骨學的七個課題〉,《中國古代文明十講》（上海市：復旦大學出版社，2004 年 2 月）

〈釋「改」〉,《中國古代文明》（上海市：華東師範大學出版社，2005 年 4 月）

〈殷商至周初的㲋與㲋臣〉,《殷都學刊》第三期（安陽：2008）

〈《堯典》與甲骨卜辭的嘆詞「俞」〉,《湖南大學學報社科版》第 22 卷第 3 期（2008 年 5 月）

李達良

《龜版文例研究》（香港：中文大學聯合書院中文系，1972 年 7 月）

李宗焜

〈從甲骨文看商代的疾病與醫療〉，《中央研究院歷史語言研究所集刊》第七十二本第二份（2001 年 6 月）

〈沚戛的軍事活動與敵友關係〉，《古文字與古代史》第二輯（臺北市：中央研究院歷史語言研究所，2009 年 12 月）

李珍華、周長楫

《漢字古今音表》（北京市：中華書局，1999 年 1 月）

李旼姈

《甲骨文例研究》（臺北市：臺灣古籍出版社，2003 年 6 月）

宋鎮豪、劉源

《甲骨學殷商史研究》（福州市：福建人民出版社，2006 年 3 月）

宋鎮豪

〈商代軍事制度研究〉，《陝西歷史博物館館刊》（西安市：三秦出版社，1995 年）

宋雅萍

《殷墟 YH127 坑背甲刻辭研究》（臺北市：政治大學中文所碩士論文，2008 年 5 月。指導教授：蔡哲茂、林宏明）

〈說甲骨文、金文的「敢」字〉，《2010 年出土文獻研究視野與方法研討會論文集》（臺北市：政治大學中文系，2010 年 6 月）

沈培

《殷墟甲骨卜辭語序研究》（臺北市：文津出版社，1992 年 11 月）

〈商代占卜中命辭的表述方式與人我關係的體現〉，《古文字與古代史》第二輯（臺北市：中研院史語所，2009 年 12 月）

那志良

〈復員後的故宮博物院〉，《傳記文學》第三十八卷第二期（臺北市：傳記文學出版社，1981 年 2 月）

何樹環

《西周對外經略研究》（臺北市：花木蘭文化出版社，2010 年 9 月）

〈說「營」〉，《第九屆中國文字學全國學術研討會論文集》（臺北市：1998 年 3 月 21 日）

何會

　　《殷墟賓組卜辭正反相承例研究》（北京市：首都師範大學文學院碩士論文，
　　2009 年。指導教授：黃天樹）

八劃

屈萬里

　　《殷虛文字甲編考釋・序》（臺北市：中央研究院歷史語言研究所，1992 年 3
　　月）

林素清

　　〈古文字學的省思〉，《學術史與方法學的省思》（臺北市：中研院史語所，2000
　　年 12 月）

林澐

　　〈甲骨文中的商代方國聯盟〉，《林澐學術文集》（北京市：中國大百科全書出
　　版社，1998 年 12 月）

林宏明

　　《醉古集——甲骨的綴合與研究》（臺北市：臺灣書房，2008 年 9 月）

　　〈從一條新綴的卜辭看歷組卜辭的時代〉，《古文字研究》二十五輯（北京市：
　　中華書局，2004 年 10 月）

　　〈「正反互足例」對釋讀卜辭的重要性〉，《第八屆中國訓詁學全國學術研討會
　　論文集》（新竹市：玄奘大學，2007 年 5 月）

　　〈甲骨新綴第卅二～卅四例〉第卅四例，發表於大陸社科院歷史所「先秦
　　史網站」http://www.xianqin.org/blog/archives/1720.html（2009 年 10 月 22 日）

　　〈黃組「卜」字兆支方向對甲骨研究的意義〉，待刊，已宣讀於政治大學中文
　　系經常性學術討論會，2010 年 11 月 26 日。

　　〈甲骨新綴第 154 例〉，發表於中國社科院先秦史研究室網站：

　　http://www.xianqin.org/blog/archives/2183.html（2010 年 12 月 10 日）

林小安

　　〈殷武丁臣屬征伐與行祭考〉，《甲骨文與殷商史》第二輯（上海市：上海古
　　籍出版社，1986 年 6 月）

周忠兵

　　《卡內基博物館所藏甲骨的整理與研究》（長春市：吉林大學古籍研究所博士

論文，2009 年 6 月，指導教授：林澐）

〈甲骨文中幾個從"⊥（牡）"字的考辨〉，《中國文字研究》第七輯（2006 年 9 月）

〈釋甲骨文中的「餗」〉，《古文字研究》第 29 輯（北京市：中華書局，2012 年 10 月）

吳匡、蔡師哲茂

〈釋稷〉，《殷墟甲骨文發現九十周年國際學術討論會》（安陽，1989 年）

〈釋昌（蜎）〉，載周鳳五、林素清編：《古文字學論文集》（臺北市：國立編譯館，1999 年）

吳俊德

《殷卜辭先王稱謂綜論》（臺北市：里仁書局，2011 年 3 月）

秉志

〈河南安陽之龜殼〉，載《安陽發掘報告》第三期，中央研究院歷史語言研究所專刊之 1，（1931 年）

九劃

胡厚宣主編

《甲骨文合集釋文》（北京市：中國社會科學出版社，1999 年 8 月）

《甲骨文合集材料來源表》（北京市：中國社會科學出版社，1999 年 8 月）

胡厚宣

《五十年甲骨文發現的總結》（上海市：商務印書館，1951 年 3 月）

〈卜辭中所見之殷代農業〉，《甲骨學商史論叢》二集上冊（成都市：齊魯大學國學研究所，1945 年 3 月）

〈釋殷代求年於四方與四方風的祭祀〉，《復旦學報》第一期（1956 年）

〈殷卜辭中的上帝和王帝〉，《歷史研究》第十期（1959 年）

〈戰後殷虛出土的新大龜七版〉，1947 年 2 月至 4 月上海《中央日報・文物周刊》二十二至三十一期

〈紀念殷墟甲骨文 90 周年，想到 127 坑〉，《文物天地》第六期（1989 年）

姚孝遂、肖丁

《小屯南地甲骨考釋》（北京市：中華書局，1985 年 8 月）

《殷墟甲骨刻辭摹釋總集》全二冊（北京市：中華書局，1988 年 2 月）

《殷墟甲骨刻辭類纂》全三冊（北京市：中華書局，1989 年 1 月）

姚萱

《殷墟花園莊東地甲骨卜辭的初步研究》（北京市：線裝書局，2006 年 10 月）

范毓周

〈殷代武丁時期的戰爭〉，《甲骨文與殷商史》第三輯（上海市：上海古籍出版社，1991 年）

洪颺：

《古文字考釋通假關係研究》（福州市：福建人民出版社，2008 年 9 月）

十劃

唐蘭

《天壤閣甲骨文存考釋》（北京市：輔仁大學，1939 年）

黃天樹

《黃天樹古文字論集》（北京市：學苑出版社，2006 年 8 月）

《殷墟王卜辭的分類與斷代》簡體版（北京市：科學出版社，2007 年 10 月）

《甲骨拼合集》（北京市：學苑出版社，2010 年 8 月）

夏商周斷代專家組

《夏商周斷代工程 1996-2000 年階段成果報告（簡本）》（北京市：世界圖書出版公司，2000 年 10 月）

徐自學

〈南京與甲骨文〉，《紀念殷墟 127 甲骨坑南京室內發掘 70 周年論文集》（北京市：文物出版社，2008 年 10 月）

康香閣

〈再訪李學勤先生——治學經歷（1955—1976）〉，《邯鄲學院學報》第 20 卷第 1 期，2010 年 3 月

孫俊

《殷墟甲骨文賓組卜辭用字情況的初步考察》（北京市：北京大學中國文學系碩士論文，2005 年 5 月。指導教授：沈培）

孫俊、趙鵬

〈「艱」字補釋〉，《甲骨文與殷商史》新二輯（上海市：上海古籍出版社，2011 年 11 月）

十一劃

張光直

　《中國青銅時代》（臺北市：聯經出版社，1983 年）

張秉權

　《殷墟文字丙編》上輯（一）（臺北市：中央研究院歷史語言研究所，1957 年）；
　上輯（二），1959 年；中輯（一），1962 年；中輯（二），1965 年；下輯（一），
　1967 年；下輯（二），1972 年。

　《甲骨文與甲骨學》（臺北市：國立編譯館，1988 年 9 月）

　〈小屯殷虛出土龜甲上所粘附的紡織品〉，《中央研究院國際漢學會議論文集
　——慶祝中華民國七十周年・歷史考古組》上冊（1981 年 10 月 10 日）

　〈學習甲骨文的日子〉，《新學術之路——中央研究院歷史語言研究所七十周
　年紀念文集》下冊（臺北市：中研院史語所，1998 年 6 月）

　〈卜辭畚各化說〉，《歷史語言研究所集刊》第 29 本（1999 年 12 月）

張政烺

　《張政烺文史論集》（北京市：中華書局，2004 年 4 月）

　《張政烺文集・甲骨金文與商周史研究》（北京市：中華書局，2012 年 4 月）

　〈我在史語所的十年〉，《新學術之路——中央研究院歷史語言研究所七十
　周年紀念文集》下冊（臺北市：中研院史語所，1998 年 6 月）

張世超

　《殷墟甲骨字跡研究——皀組卜辭篇》（長春市：東北師範大學出版，2002 年
　11 月）

張玉金

　《甲骨文虛詞辭典》（北京市：中華書局，1994 年 3 月）

　〈釋甲骨文中的「御」〉，《古文字研究》第二十四輯（北京市：中華書局，2002
　年 7 月）

　〈殷墟甲骨「正」字釋義〉，《語言科學》第 3 卷第 4 期（2004 年 7 月）

張亞初

　〈殷墟都城與山西方國考略〉，《古文字研究》第十輯（北京市：中華書局，
　1983 年）

張之傑

〈甲骨文牛字解〉,《科學史通訊》第十八期（臺北市：國際科學史與科學哲學聯合會科學史組中華民國委員會出版，1998 年）

張惟捷

〈論甲骨、金文中「巫」字〉,《輔仁大學中研所學刊》第二十輯（2008 年 10 月）

〈試論卜辭中用作憂患義之「齒」字〉,發表於重慶西南大學主辦：「第一屆全國博士生學術論壇・甲骨金文組」（2009 年 11 月 1 日）

〈賓組卜辭文字「異體分工」現象再探〉,《第二十二屆中國文字學國際學術發表會論文集》（臺中市：逢甲大學中文系，2011 年 4 月 29 日）

〈古文字「黿」、「𣆚」、「𡢋」、「甶」論辨〉,《北市大語文學報》第九期（2012 年 12 月）

陳存恭、陳仲玉、任育德

《石璋如先生訪問紀錄》（臺北市：中央研究院近代史研究所，2002 年 4 月）

陳仲玉

〈史語所遷南港的第一倉庫〉,《新學術之路——中央研究院歷史語言研究所七十周年紀念文集》下冊（臺北市：中研院史語所，1998 年 6 月）

陳夢家

《殷墟卜辭綜述》（北京市：中華書局，2004 年 4 月）

《西周銅器斷代》上冊（北京市：中華書局，2004 年 4 月）

〈甲骨斷代學〉,《燕京學報》（1951 年）

陳煒湛

〈讀契札記〉第九則,載《2004 年安陽殷商文明國際學術研討會論文集》（北京市：社會科學出版社，2004 年 9 月）

陳劍

《甲骨金文考釋論集》（北京市：線裝書局，2007 年 4 月）

〈說殷墟甲骨文中的「玉戚」〉,《中央研究院歷史語言研究所集刊》第七十八本第二分（2007 年 6 月）

〈甲骨金文舊釋「𩫖」之字及相關諸字新釋〉,《出土文獻與古文字研究》第二輯（上海市：復旦大學出版社，2008 年 8 月）

〈試說甲骨文的「殺」字〉,《古文字研究》第 29 輯（北京市：中華書局，2012 年 10 月）

陳斯鵬、石小力、蘇清芳

《新見金文字編》（福州市：福建人民出版社，2012 年 5 月）

郭若愚、曾毅公、李學勤

《殷虛文字綴合》（北京市：科學出版社，1955 年 4 月）

郭沫若主編、胡厚宣總編

《甲骨文合集》（北京市：中華書局，1979 年-1982 年 12 月）中華書局 2001
年再版

郭沫若

《甲骨研究》重印手寫本（濟南市：齊魯書社，1996 年 2 月）

梁思永、高去尋

《侯家莊第二本・1001 號大墓》上冊（臺北市：中研院史語所，1962 年）

曹錦炎

〈說「大甲朕珏」〉，《紀念殷墟甲骨文發現一百週年國際學術研討會論文集》
（北京市：社會科學文獻出版社，2003 年 3 月）

曹錦炎、沈建華

《甲骨文校釋總集》全二十卷（上海市：上海辭書出版社，2006 年 12 月）

許進雄

《甲骨上鑽鑿型態的研究》（臺北市：藝文印書館，1979 年 3 月）

常耀華

《殷墟甲骨非王卜辭研究》（北京市：線裝書局，2006 年 11 月）

十二劃

傅斯年

〈本所發掘安陽殷墟之經過──敬告河南人士及他地人士之關心文化學術事
業者〉，《傅斯年全集》第三卷（長沙市：湖南教育出版社，2003 年 9 月）

彭裕商

《殷墟甲骨斷代》（成都市：四川大學博士論文，1988 年。指導教授：徐中舒；
北京市：中國社會科學出版社出版，1994 年。）

彭邦炯

《甲骨文醫學資料釋文考辨與研究》（北京市：人民衛生出版社，2008 年 2 月）

喻遂生

〈甲骨文的詞頭「有」〉，《甲金語言文字研究論集》（成都市：巴蜀書社，2002
年 12 月）

十三劃

董作賓、嚴一萍

《甲骨學六十年》（臺北市：藝文印書館，1965 年）

董作賓

《董作賓先生全集》（臺北市：藝文印書館，1977 年）

《殷墟文字乙編・序》（臺北市：中央研究院歷史語言研究所，1994 年 6 月）

〈大龜四版考釋〉，載《安陽發掘報告》第三期，中央研究院歷史語言研究所專刊之 1，（1931 年）

〈甲骨文斷代研究例〉，《中央研究院歷史語言研究所專刊之五十附冊》（臺北市：中研院史語所，1965 年重刊）

裘錫圭

《文字學概要》（北京市：商務印書館，1988 年 8 月）

《古文字論集》（北京市：中華書局，1992 年 8 月）

〈釋殷卜辭中的卒與褍〉，《中原文物》1990 年第三期

〈推動古文字學發展的當務之急〉，《甲骨學與資訊科學學術研討會論文集》（台南市：成功大學，1992 年 4 月）

〈說殷墟卜辭的「奠」——試論商人處置服屬者的一種方法〉，《中央研究院歷史語言研究所集刊》第六十四本第三分（1993 年）

〈釋殷虛卜辭中的「兊」、「堂」等字〉，《第二屆國際中國古文字學研討會論文集》（香港：香港中文大學中國語言及文學系，1993 年 10 月）

〈從文字學角度看殷墟甲骨文的複雜性〉，載《韓國淑明女子大學校創學九十周年紀念國際甲骨學學術討論會論文集》（韓國首爾：淑明女子大學中國學研究所，1996 年 8 月）

〈殷虛甲骨文研究概況〉，《文史叢稿——上古思想、民俗與古文字學史》（上海市：上海遠東出版社，1996 年 10 月）

〈關於殷墟卜辭中所謂「廿祀」和「廿司」〉，《文物》第十二期（1999 年）

〈談談殷墟甲骨卜辭中的「于」〉，載余靄芹、柯蔚南主編：《羅杰瑞先生七秩晉三壽慶論文集》（香港：中文大學中國文化研究所吳多泰中國語文研究中心，2010 年）

〈釋「陵」〉，《古文字研究》第二十八輯（北京市：中華書局，2010 年 10 月）

〈甲骨卜辭中關於俘虜和奴隸逃亡的史料〉,《裘錫圭學術文集》第五冊（上海市：復旦大學出版社，2012 年 6 月）

〈《醉古集》第 207 組綴合的歷組合祭卜辭補說〉,《古文字研究》第 29 輯（北京市：中華書局，2012 年 10 月）

鄒衡

《夏商周考古學論文集》（北京市：文物出版社，1980 年 10 月）

雷煥章

〈兕試釋〉,《中國文字》新八期（臺北市：藝文印書館，1983 年 10 月）

楊鍾健、劉東生

〈安陽殷墟之哺乳動物群補遺〉,《中國考古學報》第四冊，1949 年 12 月

楊升南

〈略論商代的軍隊〉,《甲骨探史錄》（北京市：三聯書局，1982 年）

楊安

〈「助」、「更」考辨〉,《中國文字》新三十七期（臺北市：藝文印書館，2011年 12 月）

葛亮

《甲骨文田獵動詞研究》（上海市：復旦大學碩士論文，2010 年 7 月。指導教授：陳劍）

賈連敏

〈古文字中的「裸」和「瓚」及相關問題〉,《華夏考古》第三期（1998 年）

詹鄞鑫

〈釋甲骨文「禡」字〉,《華夏考——詹鄞鑫文字訓詁論集》（北京市：中華書局，2006 年 12 月）

董蓮池

〈沫司徒疑簋「𨑩」、「𠵯」釋「徙」、釋「圖」說平議〉,《中國文字研究》第一輯（鄭州市：華東師大中國文字研究與應用中心主編，總第十輯，2008 年）

董珊

〈試論殷墟卜辭之"周"為金文中的妘姓之凋族〉,《陝西：鳳鳴岐山——周文化國際學術研討會論文》（2009 年 4 月）

十四劃

趙鵬

《殷墟甲骨文人名與斷代的初步研究》（北京市：線裝書局，2008 年 7 月）

〈《殷虛文字丙編》釋文校補十則〉，發表於社科院歷史所先秦史研究室網站，http://www.xianqin.org/blog/archives/1485.html（2009 年 5 月 15 日）

〈《乙編》3471 中兩條卜辭釋文〉，發表於復旦大學出土文獻與古文字研究中心網站，http://www.guwenzi.com/SrcShow.asp?Src_ID=910（2009 年 9 月 16 日）

〈讀契箚記五則〉，發表於上海復旦大學出土文獻與古文字研究中心網站，http://www.guwenzi.com/SrcShow.asp?Src_ID=1207（2010 年 7 月 5 日）

齊航福

《殷墟甲骨文賓語相關問題研究》（北京市：首都師範大學博士論文，指導教授：黃天樹。2010 年）

連劭名

〈甲骨刻辭叢考〉，《古文字研究》第 18 輯（北京市：中華書局，1992 年）

十五劃

德日進、楊鍾健

《安陽殷墟之哺乳動物群》，《中國古生物誌》丙種第十二號第一冊，國立北平研究院地質學研究所，1936 年 6 月

蔡師哲茂

《甲骨綴合集》（臺北市：樂學書局，1999 年 9 月）

《甲骨綴合續集》（臺北市：文津出版社，2004 年 8 月）

《甲骨綴合彙編》（臺北縣：花木蘭出版社，2011 年 3 月）

〈逆羌考〉，《大陸雜誌》第五十二卷第六期（臺北市：藝文印書館，1979 年 6 月）

〈甲骨綴合新編及新編補幾個問題之商榷後記〉，《書目季刊》15 卷第 2 期（1981 年）

〈釋「𤖕」「𤕌」〉，《故宮學術季刊》5.3（臺北市：故宮博物院，1988 年）

〈論《尚書・無逸》：「其在祖甲，不義惟王」之祖甲指太甲〉，《甲骨文發現一百周年學術研討會論文集》（臺北市：中央研究院歷史語言研究所、臺灣師範大學，1988 年 5 月）

〈說𢍱〉，《第四屆中國文字學全國學術研討會論文集》（臺北市：大安出版社，1993 年 5 月）

〈商代稱王問題的檢討——甲骨文某王與王某身份的分析〉,《歷史博物館館刊》3.3（1993 年 7 月）

〈釋殷卜辭的「速」字〉,《第五屆中國文字學學術研討會論文集》（臺北市,1994 年）

〈伊尹傳說的研究〉,《中國神話與傳說學術研討會論文集》（上冊）（1996 年 3 月）

〈釋殷卜辭ⴾ字的一種用法〉,載《新世紀中國古文字學會國際學術研討會論文集》（合肥市：2000 年 7 月）

〈殷卜辭"暫雨"試釋〉,《2004 年安陽殷商文明國際學術研討會論文集》（北京市：社會科學文獻出版社,2004 年 9 月）

〈論殷卜辭中的「ᵁ」字為成湯之「成」——兼論「ᵁ」「ᵁ」為咸字說〉,《中央研究院歷史語言研究所集刊》第七十七集第一份（2006 年）

〈釋殷卜辭「徒」字的一種用法〉,載《國立故宮博物院學術季刊》26 卷 2 期冬季號（臺北市：故宮博物院出版,2006 年）

〈花東卜辭「白屯」釋義〉,《第十八屆中國文字學國際學術研討會論文集》（臺北縣：輔仁大學中文系、中國文字學會,2007 年 5 月）

〈甲骨新綴二十五則〉,《中國文字學會第四屆學術年會論文集》（西安市：陝西師範大學,2007 年 8 月）

〈從戰國簡牘的「稷」字論殷卜辭的「兇」即是「稷」〉,《2007 年中國簡帛學國際論壇論文集》（臺北市：國立臺灣大學,2007 年 11 月）

〈武丁王位繼承之謎——從殷卜辭的特殊現象來做探討〉未刊稿,曾宣讀於中央研究院歷史語言研究所講論會（2008 年 9 月 15 日）、中國社會科學院歷史研究所（2008 年 9 月 17 日）

〈說殷人的始祖——「戠」（契）〉,本書初稿曾於國立政治大學主辦之「高明教授百歲冥誕紀念學術研討會」（臺北市：國立政治大學,2008 年 10 月 4-5 日）宣讀。

〈讀契札記十則〉,《2008 年全球視野下的中國文字研究國際研討會論文集》（上海市：華東師範大學,2008 年 11 月）

〈史語所藏一版復原完整龜背甲的新研究——《丙》65+《乙補》357+《乙補》4950〉,《孔德成先生學術與薪傳研討會論文集》（臺北市：臺灣大學文學院,

2009 年 12 月）

〈漢字別義偏旁的形成——以甲骨文从「雨」字偏旁為例〉，載《甲骨文與文化記憶世界論壇會議用論文集》（臺北市：中研院史語所，2010 年 8 月，未出版）

劉學順

《YH127 坑賓組卜辭研究》（中國社會科學院歷史研究所博士論文，1998 年 5 月。指導教授：胡厚宣、李學勤、齊文心）

劉一曼、郭振祿、溫明榮

〈考古發掘與卜辭斷代〉，《考古》第 6 期（北京市：科學出版社，1986 年）

劉一曼 等

〈殷墟近出刻辭甲骨選釋〉，《考古學集刊》第十八集（2010 年）

劉釗：

《古文字考釋叢稿》（長沙市：岳麓書攝，2005 年 7 月）

《古文字構形學》（福州市：福建人民出版社，2006 年 1 月）

〈卜辭所見商代的軍事活動〉，載《古文字研究》第十六輯（1989.9）

劉桓

〈釋甲骨文𩫖字〉，《甲骨集史》（北京市：中華書局，2008 年 10 月）

蔣玉斌

〈甲骨文獻整理(兩種)〉，《古籍整理研究學刊》2003.3

〈說殷墟卜辭的特殊敘辭〉，《2010 年中華甲骨文學會創會 20 週年慶學術研討會論文集》（臺中，1990 年 10 月）

鄭杰祥

《商代地理概論》（鄭州市：中州古籍出版社，1994 年 6 月）

鄭慧生

《甲骨卜辭研究》（開封市：河南大學出版社，1998 年 4 月）

十六劃

冀小軍

〈說甲骨金文中表祈求義的奉字——兼談奉字在金文車飾名稱中的用法〉，《湖北大學學報》哲社版第 1 期（1991 年）

十七劃

鍾柏生

《殷商卜辭地理論叢》（臺北市：藝文印書館，1989 年 9 月）

《殷虛文字乙編補遺》（臺北市：中央研究院歷史語言研究所，1995 年 5 月）

〈卜辭中所見殷代的軍政之一——戰爭啟動的過程及其準備工作〉，《中國文字》新十四期（臺北市：藝文印書館，1991 年）

十八劃

魏慈德

《殷墟 YH127 坑甲骨卜辭研究》（臺北市：政治大學中文所博士論文，2001 年。指導教授：蔡哲茂）

〈說卜辭「某芻于某」的句式〉《東華漢學》（花蓮市：東華大學中文系，2003 年）

二十劃

嚴一萍

《殷虛第十三次發掘所得卜甲綴合集》（臺北市：藝文印書館，1989 年 6 月）

《甲骨綴合新編》（臺北市：藝文印書館，1991 年）

饒宗頤

《饒宗頤・新出土文獻論證》（上海市：上海古籍出版社，2005 年 9 月）

〈卜辭中之危方與興方〉，《徐中舒先生百年誕辰紀念文集》（成都市：巴蜀書社，1998 年）

〈說沚與戠與沚戠〉，《故宮博物院院刊》（2000 年第 6 期）

〈談三重法證據——十干與立主〉，《饒宗頤二十世紀學術文集・卷 1・史溯》（臺北市：新文豐出版社，2003 年）

二　外國作者

日・內藤虎次郎

〈王亥〉，《藝文雜誌》（東京，1916 年）

日・貝塚茂樹、伊藤道治

〈甲骨文斷代研究法的再檢討——以董氏的文武丁時代之卜辭為中心〉，京都大學《東方學報》第 23 冊（1953）

日・島邦男著，濮茅左、顧偉良譯

　　《殷墟卜辭研究》（上海市：上海古籍出版社，2006 年 8 月）

日・高嶋謙一

　　《殷虛文字丙編通檢》（臺北市：中央研究院歷史語言研究所，1985 年 12 月）

　　Ken-ichi Takashima and Paul L-M. Serruys. *Studies of Fascicle Three of Inscription from the Yin Ruins Volume I,II*《殷墟文字丙編研究》上下冊(Taipei: Institiute of History and Philology, Academia Sinica, 2010)

日・崎川隆

　　《賓組甲骨文字字體分類研究》（長春市：吉林大學古籍研究所博士論文，2009 年。指導教授：吳振武）

　　〈「字排特徵」的觀察對殷墟甲骨文字體分類研究的重要性〉，《古文字研究》第二十八輯（北京市：中華書局，2010 年 10 月）

美・司禮義（Paul L-M. Serruys）

　　"Towards A Grammar of the Language of the Shang Bone Inscription"〈關於商代卜辭語言的語法〉，《中央研究院國際漢學會議論文集・語言文字組》（臺北市：中央研究院，1981 年）

美・夏含夷（Edward L. Shaughnessy）

　　《古史異觀》（上海市：上海古籍出版社，2005 年 11 月）

　　〈殷墟卜辭的微細斷代法——以武丁時代的一次戰役為例〉，《甲骨文發現一百週年學術研討會》（臺北市：中研院史語所，1999 年 5 月）

加・明義士（James Mellon Menzies）

　　《甲骨研究》（濟南市：齊魯書社，1996 年）重刊

附錄

附錄一：YH127 坑賓組人物氏族地名表

　　本表為本書研究過程中所得之人物相關資料，由於卜辭人物稱謂的分析歷來以繁擾著稱，今不對人物私名、氏族名、地點、泛稱等再作細分，按照《甲骨文字詁林》（《摹釋總集》、《刻辭類纂》同）部首安排順序，列舉辭例如下。

　　其中少數文字《詁林》等歸部不合理之處逕作改歸，如「卯」字與「而」、「虹」等字本歸「于」部，「屮」字本歸「用」部，今皆據字形關係改歸「川」部。另外如「卩」分出「卂」，以利檢索。

	⼈		
		過渡 2 類	
眾	B22 丁巳卜㱿貞：王教眾伐于𡿧（冒）方，受出又。		
	B492 丙戌卜賓貞：令眾黍。受有□／｛王占曰：吉。受年。｝		
人、邑人	**典型賓一類**	**過渡 2 類**	
	B177 乎我人先于彎。	B41 貞：収（廾）人乎伐𦆻（薛）。／｛王占曰：吉。我允其來。｝	
	B333 貞：乎邑人出□羊牛。	B214 戊戌卜爭貞：帝祑（疾）兹邑。／｛王▨有來艇（孽）□[邑]人屒（振）▨｝　　B383 貞：史（使）人于夒（畫）。	
		B546 貞：乎取酒𧈪人眔（暨）夫以。／｛王占曰：吉。｝	
尸（夷）、夷方	**典型賓一類**	**過渡 2 類**	
	B55 貞：王叀侯告比征人。六月	B24 貞：王叀尸㕜正。　　B27 貞：王叀尸正。　　B276 庚寅卜賓貞：今早王其步伐人。／｛王占曰：吉。叀其伐。其弗伐不吉。｝　　B603 ▨侯告征人。／｛王占曰□比侯告。｝　　Y2948＋ 貞：王令帚好比侯告伐[人]▨　　Y1512＋ 貞：翌乙未率𧈪尸。Y3797 王叀人正（征）。	

子何	典型賓一類	過渡 2 類	
	B255　貞：令ᇦ允子何。	B568~B577 何其以羌。　　Y3471 何屮（贊）王事(?)。	
		Y736＋ 乎取何鈚。／易乎取何[鈚]。　乙1354＋ 令般受何羌	

子尻	過渡 2 類		
	B175　□寅卜古貞：ᔕ（尻）其有疾。		
	B605　庚戌卜亘貞：王乎取我夾在尻畠。若于雺。／王占曰：[吉]。若。		
	Y2672＋ 丙戌卜亘貞：子ᔕ（尻）其有疾。		

尻	過渡 2 類		
	B96　貞：今般取于尻。王用若。		

ᔕ	典型賓一		
	B487　己未卜爭貞：ᔕ （齊?）亡田（憂）。		

弔	過渡 2 類		
	B65　貞：王易往㠱（次）弔。		

老	賓一大類	過渡 2 類	
	Y3710　貞：祝[老](?)亡疾。	B152 老以五十。　　B226 老以五十。	
		Y2097 老入三。　　Y3213 □（老?）入[四]。	

兆	典型師賓間類	賓一大類	過渡 2 類
	Y4817＋ 丁卯卜：乍宀于兆。／易乍宀于兆。四月。---乎帝奏于兆宅。／	B172 貞：兆以。	B496　□帝其降散（摧）在沘（兆）。／｛王占曰：吉□｝
		Y7943 貞：涉帝于東[兆]□一牛。／□易燎。	Y3290　□兆耤在十二月。受有年。Y7490 乎陕ᔕ（代）兆。
		Y8151　□乎耤于向北兆。不□	Y3767＋反 令[沘]（兆）比□

ᔕ	典型賓一類		
	B304　己未卜ᔕ：令ᔕ往沚。　　Y5329 貞：叀ᔕ令脫有疾。		

ᔕ 莞方	過渡 2 類		
	B22　丁巳卜ᔕ貞：王教眾伐于莞方，受屮又。　　Y2809＋ 己丑卜ᔕ貞：今早王[往]伐莞方。受有又。　　Y6686 貞□莞于大甲。		

元	賓一大類		
	B585　□元于東。		

兒	過渡 2 類		
	Y3216 辛亥卜ᔕ貞：屮兒□[告]于父乙。／貞：父乙亡其[告]。／｛王占曰：隹□蛊（害）。｝		

莧	過渡 2 類
	B271＝B396 雍芻于莧。（典賓類中亦見侵商，見合 6062＋合補 6438）

敖、敖侯專	過渡 1 類	典型賓一類	過渡 2 類
	B1 丙寅卜爭：乎蜎（蠲）敖侯專求𠬪。	Y3172＋ ▨[敖]受▨	Y7862＋ 敖以五十。 Y4732 敖以□。 Y2964＋ 敖以五十。

髟、髟伯	典型賓一類	過渡 2 類
	B481 甲申卜亘貞：㞢髟。王衛（衛）。---㞢髟。王易衛（衛）。	B53 甲申卜亘貞：㞢髟▨ Y775＋ 丙子卜亘貞：王㞢報于庚。白髟（老?）[用]▨ Y2127＋ 貞：乎取髟伯。 Y4667 戊寅卜內貞：乎髟(?)任▨

并	典型賓一類	過渡 2 類
	Y3429 ▨田于并。	Y4934＋ 己亥卜賓貞：奠望人并。

𡧊	典型賓一類
	B510 ｛壬子卜爭｝𡧊乎取羌。以。

㑥	賓一大類
	Y3762＋ 㑥隹有疾。

𡎸	賓一大類
	Y2907 戊辰卜爭貞：𡎸亡囚（憂）。甶（贊）王事。

髭	過渡 2 類
	B2 丁酉卜㱿貞：我亡𠂤（髭）。 B293 立髭為史（事）。其奠。 Y872＋ 令髭𠬞（廾）多女（母）。

旨	典型賓一類	過渡 2 類
	B5 庚子卜爭貞：西使旨亡憂。贊。／｛王占曰：其惟丁[引]翦。｝ B413 辛未卜賓貞：旨翦𡗜。---貞：旨弗其翦𡆥。 B431 貞：旨河燎于蚰。有雨。／	B41 壬戌卜爭貞：旨伐𢀛，翦。／｛王占曰：吉。𢦏（翦）。隹甲不隹丁。｝ B83 癸丑卜㱿貞：旨翦㞢蠱□／｛王占曰：翦隹庚。不隹庚，叀丙。｝ B100 丙午卜□貞：引□疒□𠷎自旨。 B134 乙丑卜古貞：旨弗其翦。／｛王占曰：叀既。｝ B141 庚申卜爭貞：旨其伐有蠱。羅。／｛[王占曰]：吉。其伐隹丁。｝ B199 旨以。 B212 己未□□貞：旨□千。若于帝。又。／｛[王]□□吉□旨𢓊□㬰若□帝▨｝ B229＝B498 壬戌卜爭貞：旨伐𢀛。翦。 B463 □乎旨往于河。有从雨。B525 ▨徒㞢任𤕦罘唐。若。 Y532＋ ▨[旨]▨啟。若。／｛王占曰：隹多馬□｝---▨令旨。 Y5253

	貞：乎舞于 蚰。	貞：旨弗其伐 朕伯 𢍰。---辛酉卜古貞：旨 𢍰□伯 𢍰。/｛王占曰：
	Y5395 乙卯卜爭	𢍰。隹□引 𢍰。｝　Y3079+ [辛]酉卜內貞：旨其伐。/｛王占
	貞：旨 𢍰羅。/｛王	曰□｝　　Y7085+ □未卜 㱿貞：曰旨其 出伐□　Y5651+
	占曰：吉。 𢍰□｝	□[乎]旨□---貞：勿 收旨□　Y1054+ 庚寅卜爭貞：旨征 妻。
		/｛王占曰□｝　　Y4424+丁亥卜 㱿貞：王曰旨來 奠。若。

大	**典型賓一類**		
	B201 ｛丁卯卜□｝貞： 卓以大。---乎取大。/令逆取大。以。			

夫	**典型賓一類**		
	B413 貞：王求牛于夫。			
	B414 叀（惟）[夫]人乎取羊。/賈隹于求。---夫入二在 庐（鹿）。　Y3334+ 乎良□夫。			

立	**過渡 2 類**		
	B96 易乎立 㐭。　B97 王夢[示]立立[示十]。　Y3385+反 立入十。			

子汏	**過渡 1 類**	**典型賓一類**	**過渡 2 類**
	B309 甲寅卜 㱿：乎子	B117 翌乙卯子汏酒。---	B601 貞：汏 伇。　B606 癸酉貞：
	汏酒缶于 𠃨。/---壬申	貞：乎子汏祝一牛[于]	子汏逐鹿。隻。/王占曰：兹[隻]。
	卜 㱿：翌乙亥子汏其	父甲。	Y1156+ 貞：湔汏啟。隹之來。
	來。		Y3108+ 丁亥卜 㱿貞：乎 印比韋取汏臣。

子狀	**典型賓一類**		**過渡 2 類**
	B198 于娥御 狀。　B269 貞：王往于 狀。		B205 □ 狀不 㐭。十月。
	B467 貞：子 狀肩同有疾。/王占曰□子□		B340 貞：勿 出于父乙宰。子 狀旬。
	B512 □[申]卜爭貞：御子 狀于母丙。 山 㐬。		Y1512+ 貞：御 狀于父。 曹羌。
	曹小宰。 出 及女。		Y2367+ 己卯卜賓貞：子 狀肩同。

子美	**典型賓一類**	**過渡 2 類**
	Y2531+ 辛卯卜爭貞：子美肩同有疾。	Y3414 反 子美有害。

業	**賓一大類**
	Y4987+8282 子 業□/□ 業□

奚、 厹	**過渡 2 類**
	B157 甲辰卜 㱿貞：奚來白馬。/王占曰：吉。其來。
	B159 癸丑卜亘貞：王從奚伐巴。　　B160 王勿比奚□　　B311 癸丑卜亘貞：王
	比奚伐巴方□ Y1283+ 乙卯卜永貞：今 （朝）奚來□/｛王占曰：[吉]□｝
	Y4697+ 戊辰□爭□ 厹其 㐭。/王占□易 㐭。　　Y3385+ 貞：厹其 㐭。/王占曰□ 㐭。

朿	賓一大類	過渡 2 類
	B400 貞：弜令朿凵𢀛由取舟。不若。 Y4748 戊申卜賓：令朿取𠂤芻。 Y8033 貞：朿▨徝（循）▨	B66 朿入二在𢀛。 B156 令朿𢀛▨／□令朿𢀛。 B297 朿入二在𢀛。 B366 庚寅卜㱿貞：朿以角女。 B392 貞：朿卒 B547 朿入一。 Y2596 反 朿入五。 Y3005 貞：朿□角女。 Y5269 貞：朿弗其得。{王占曰：得。／得。} Y7127 朿入五十。 B156 令朿𢀛[䀠]。
去伯	過渡 2 類	
	Y4538 貞：乎去伯于𢀛。 Y4539 貞：[乎去] 収（廾）于㝵。	
蔡、蔡侯	典型賓一類	過渡 2 類
	B211=B306 己酉卜㱿貞：乎囲𡨄（蔡）侯。	B205 貞：乎取𡨄（蔡）臣ǁ。 Y6015＋ ▨[令]周取巫于𡨄（蔡）。 Y6966 甲寅卜爭貞：𢦏（摧）不𡍮（達）于𡨄（蔡）。---貞：𢦏（摧）弗其以。
黃	過渡 2 類	
	B348 貞：徝（循）黃。／王占曰：于甲徝（循）戔。	
𢇍	過渡 2 類	
	Y4516 乎𢇍同龍。	
亢	典型賓一類	過渡 2 類
	Y3334＋ [令亢往于𦘔（畫）。]	Y6819 貞：令亢目象。若。

子𠨧	過渡 1 類	
	B264 辛丑卜爭貞：取子𠨧。	
旡	過渡 2 類	
	B33 旡來。／不其來。	
印	賓一大類	
	Y6173＋ 壬申卜□貞▨／貞：印弗其▨	
若	過渡 2 類	
	B51 貞：令若歸。	
𣑭	過渡 2 類	
	Y6649 貞：乎𣑭（耤）可己賓。	
㞢	過渡 1 類	
	Y4718 ▨㞢以馬自㫃。十二月。／允以三丙。	

	賓一大類	典型賓一類	過渡 2 類		
卬	Y4997＋ 貞：卬☐伐☐	B607 乙酉卜賓貞：乎祈卬。若。--- 貞：乎祈卬。	B76 貞：卬亡憂。　B291 貞：卬亡憂。B523 貞：㕚卬。Y686＋ ☐卬出王事　Y3108＋ 丁亥卜㱿貞：乎卬比韋取汏臣。　Y3767＋ 丁亥卜㱿貞：卬以。有正。Y5589 貞：卬☐王事。Y5722＋ ☐卬出王事。十二月。		
昇		過渡 2 類				
	Y3299 {辛巳卜賓} 貞：亡舌于昇。廼复徝（循）。／貞：亡舌叀（惟）羊用。告于妣庚。					
令	典型賓一類		過渡 2 類			
	Y4693 己亥卜爭貞：令弗其隻執亘。		B235 辛亥卜㱿貞：令比弘。／貞：令暨弗其比弘。			
給	過渡 2 類					
	Y4130＋ 貞：給有疾。					
邑	賓一大類					
	B450 令弘比葉出（贊）王事。／{己丑卜賓} 貞：叀（惟）邑令比葉。B500 癸巳卜韋貞：行以有自（師）眔（暨）邑。／{王占曰：其以有☐}（疑非人名）					
兒（兒）	典型賓一類		過渡 2 類			
	B425 丁酉卜爭貞：兒（㮟）[隻]象。		B362 ☐[爭]貞：乎兒（㮟）人宅。			
襄	賓一大類			典型賓一類		
	B105 奠來五在襄。			B270 奠來四在襄。		
鬼	過渡 1 類	過渡 2 類				
	Y6684 己酉卜賓貞：鬼方易亡憂。Y865 乙巳卜賓貞：具隻羌。	B25 王弜比鬼。　B220 ☐☐☐[㱿]貞：夕鬼。王占曰☐B496 {甲子卜賓} ☐田（憂）。／貞：鬼其有田（憂）。／{王占曰：其有憂。上下若（有？）☐}Y3407 壬辰卜爭貞：隹鬼蚑。／{不[允](?)隹鬼眔周蚑。}Y7312 丁巳卜古貞：王伐不𡀔。／{王占曰：隹[甲](?)。兹鬼隹介。}				
鬼戊	過渡 2 類					
	Y4130＋ 王占曰：兹鬼。🖼（鬼）戊貞。／五旬有一日庚申桑（喪）。🖼（誅）。					

	非典型師賓間 B	賓一大類	過渡 2 類		
乳	B565 乳入五。	Y3008 ☐貞：乳亡疾天。其有☐	B101 乳入五。Y3385＋ 丁卯卜賓貞：乳不🄮（殗）。／王占☐　Y4697＋ 貞：乳其🄮（殗）。Y4276＋ ☐☐☐古貞：乳伯受☐		

<table>
<tr><td rowspan="2">卂伯</td><td colspan="2">過渡 2 類</td></tr>
<tr><td colspan="2">Y4276＋ □□□古貞：卂伯受⧄</td></tr>
<tr><td rowspan="2">⿰女卂</td><td colspan="2">過渡 2 類</td></tr>
<tr><td colspan="2">B271｛辛卯卜㱿｝弗其贊王事。／｛王占曰：隹其贊王事。隹其□𡍬（達）□⿰女卂。｝
B557 貞：⿰女戈以。有取</td></tr>
<tr><td rowspan="2">杋
（凧）</td><td colspan="2">典型賓一類</td></tr>
<tr><td colspan="2">B259＝B621 貞：我𢦏（翦）杋（凧）。／貞：我弗其𢦏（翦）⿰犭隻。其杋（凧）。
B261 丁卯卜爭貞：乎雀𡆥戎杋（凧）。九月。</td></tr>
<tr><td rowspan="2">鬥</td><td colspan="2">過渡 2 類</td></tr>
<tr><td colspan="2">B128 庚辰卜賓貞：朕芻于鬥。／貞：朕芻于丘剢。</td></tr>
<tr><td rowspan="2">次</td><td colspan="2">過渡 2 類</td></tr>
<tr><td colspan="2">B96 貞：乎登次入人。</td></tr>
<tr><td rowspan="2">巴方</td><td>典型賓一類</td><td>過渡 2 類</td></tr>
<tr><td>B275 貞：沚戓啟巴。王比。</td><td>B22 貞：王𢎘比沚戓伐巴方。 B25 貞：王比戓伐巴，帝受又。 B26 貞：王比沚戓伐巴。 B159 癸丑卜亘貞：王从奚伐巴。 B276 辛卯卜賓貞：沚戓啟巴。王叀之比。五月。／｛王占曰：吉。沚戓⧄｝ B311 癸丑卜亘貞：王比奚伐巴方⧄ B313 貞：王勿隹帚好比沚戓伐巴方。弗其受有又。 B315 丙申卜㱿貞：戓爯□王乎比伐巴⧄ B399 貞：王比沚戓伐巴方⧄／王占曰：吉⧄沚戓[伐]巴⧄ Y2948＋ 辛未卜爭貞：帚好其比沚戓伐巴方。王自東𡧊（探）伐。戎臽（陷）于帚好立（位）。 Y2213＋ 乙巳卜爭貞：巴方其𡆥。 Y2464＋ 甲午卜賓貞：沚戓啟。王𢎘比。弗其受有又。十月 Y4387＋ ⧄啟巴方。王匄于⧄ Y5187＋ □子卜爭□今𦩚（朝）王⧄[戓]伐巴⧄ Y3787＋ 貞：王叀（惟）沚戓比伐巴方。帝受我又。／｛王占曰：吉⧄若⧄｝</td></tr>
<tr><td colspan="3"></td></tr>
<tr><td rowspan="2">子媚</td><td colspan="2">過渡 2 類</td></tr>
<tr><td colspan="2">Y4381＋ □□卜賓貞：子媚⧄冥（娩）㚤。／｛⧄七日丁㚤⧄允⧄｝</td></tr>
<tr><td colspan="3"></td></tr>
</table>

多	賓一大類	典型賓一	過渡 2 類

<table>
<tr><td>子、某子</td><td>B552 丙戌卜爭貞：父乙朮多子。
Y7853＋貞：乎多子[逐](?)。隻隹。</td><td>B417 勿乎多子逐鹿。／{王占曰：不其隻。}
Y3334＋{戊午卜內}貞：多子隻鹿。</td><td>B43 貞：多子逐□陷。　B100 乎𢆶多子。　B311 貞：㞢复左[子]。王循于之益若。　B312 乎子往▨　Y1512＋ 丁未卜㱿貞：子□妾娩（娩）▨　Y2395＋ ▨逐鹿。隻。／勿乎多子逐鹿。　Y2906 王曰子𢍏。其隻。　Y3394 丁丑卜賓貞：父乙允朮多子。　Y3764 癸未卜㱿貞：多子隻𨾊。　Y7750 壬戌卜爭貞：叀王自往麕（陷鹿）。／貞：叀多子乎往。　Y3476 貞：多子逐[鹿]。𩑋（當）。Y8424 乙未卜㱿貞□牛易邑子眔（暨）左（又）子。</td></tr>
</table>

<table>
<tr><td rowspan="2">大、小子</td><td>過渡1類</td><td>過渡2類</td></tr>
<tr><td>B309 癸丑卜爭：复缶于大子。</td><td>Y3422 貞：祖丁若。小子𥁕。／祖丁弗若。小子𥁕。</td></tr>
<tr><td rowspan="2">𦥑（舉）</td><td colspan="2">過渡2類</td></tr>
<tr><td colspan="2">Y2803＋ 癸巳卜㱿貞：令𦥑（舉）𦍒（庠）三百射
Y2898＋ 貞：叀（惟）𦥑（舉）令𦍒（庠）射。</td></tr>
<tr><td rowspan="2">孚</td><td colspan="2">過渡2類</td></tr>
<tr><td colspan="2">Y4539 孚▨（㿝）[賓]有孚[省]。</td></tr>
<tr><td rowspan="2">𡈼</td><td colspan="2">過渡2類</td></tr>
<tr><td colspan="2">B106 貞：乎取𡈼伐。</td></tr>
</table>

<table>
<tr><td rowspan="2">臣、多臣、小臣</td><td>過渡1類</td><td>賓一大類</td><td>過渡2類</td></tr>
<tr><td>B90 戊午卜：小臣㚤。十月／戊午卜：小臣不其㚤。癸酉向甲戌。母□㚤。</td><td>B1 癸亥卜㱿貞：翌乙丑多臣伐缶。
Y2835 貞：小臣亡。
Y2813＋ ▨貞：乎[小]秎（乂）臣。</td><td>B33 臣大入一。　B608 小臣入二。　B243 癸丑卜亘貞：臣得。／王占曰：其得隹甲乙。　B248 𡴘□臣十。B459=B615 貞：子目亦毓。隹臣。／{王占曰：吉。其隹臣。}Y524＋ ▨臣執。{癸巳卜▨其執▨}　Y775＋ 臣𠦪（求）乎𢍰㞢𢀛。　Y1088＋ 臣[入]。　Y6414 □□□㱿：王以□臣正（征）▨　Y6948 貞：乎臣逆。　Y5855＋反 ▨子商臣▨王占▨　Y7488 貞：有疾肱。以小臣(?)御于□。　Y1156＋ 癸巳卜賓貞：臣𡴘。／王占曰：吉。其𡴘。隹乙丁。七日丁亥既𡴘。　Y696 丙子卜：勿乎比臣祉㞢𠕋卅邑。／{王占曰：吉。其庚𠕋。}Y4539 叀収奠臣。</td></tr>
</table>

[illegible]	典型賓一類	過渡 2 類
	Y510 [illegible]入⧄ Y7686 [illegible]入十。	B526 [illegible]入一。　Y534 反 貞：[illegible]其⍰。　Y1482＋ 壬申卜賓貞：[illegible]不⍰。　Y6300 壬寅卜古貞：方[illegible][亡]⧄　Y7769 [illegible]入百廿。

[illegible]	典型賓一類
	B185 庚午卜賓貞：𢦏以[illegible]芻。

子𦣻、冐、目	賓一大類	典型賓一類	過渡 2 類	典型典賓
	B400 ⧄冐燎⧄	Y790＋ 貞：于冐。 Y5317 貞：㞢于冐十人。	B206 勿[illegible]㞢于冐。B311 子𦣻肩同有疾。B459=B615 貞：子目亦毓。隹臣。　Y1154＋ 戊午卜㱿貞：子[illegible]㓜。／王占□隹丁[illegible]。 Y3238＋ 甲辰卜[爭]貞：子冐[illegible]㓜。隹卒　Y3069 庚午卜賓貞：子目[illegible]㓜。／王占曰：隹茲勿㓜。　Y4730 ⧄冐⧄[illegible]（辟）。　Y2614＋ □□卜㱿貞：子冐[illegible]㓜。	B392 辛酉卜亘貞：[子]冐□疾⧄

豎	典型賓一類
	B235 辛亥卜㱿貞：令比弘。／貞：令豎弗其比弘。

視	過渡 2 類
	B95 [視]入九以。

見	過渡 2 類
	B126 丙申卜古貞：乎見[illegible][illegible]芻。[illegible]（擒）。　Y731 見入三。

目	典型賓一類	過渡 2 類
	B261 貞：乎雀[圍]目。	B349 帝[于]目三牛。　Y3813＋ 令[illegible]（發）求奠目。

[illegible]	過渡 2 類
	貞：[illegible]⧄／{王占曰：吉⧄[illegible]。允[[illegible]]⧄}

望、望乘	賓一大類	典型賓一類	過渡 2 類
	Y4424＋ 丁亥卜㱿貞：王曰旨來奠。若。	Y4693 貞：望[illegible]若。啟雀。	B12-20 辛酉卜㱿貞：今早王比望乘伐下危，受㞢又。／{王□曰⧄其有戠（異）。其隹戊有戠（異）。不吉。}　B22 乙卯卜㱿貞：王比望乘伐下危，受㞢又。　B24 王隹望乘比。二告　B61 □□卜⧄[illegible]（朝）王勿□望乘比。　B145 ⧄貞：令望[illegible]歸。　B159 癸丑卜亘貞：王叀望乘比伐下危。　B160 王勿比奚⧄　B311 癸丑卜亘貞：王叀望乘比伐下危。　Y2948＋ 貞：王勿⧄乘比⧄　Y3797 貞：

		王比望乘伐下□　Y4783＋□蕭玆望厇（旨?）。
		Y4934＋　己亥卜賓貞：奠望人并。

姌	**過渡 2 類**	
	B122　貞：其氾于姌。　　Y3212　丁酉卜爭貞：乎甫秘于姌受有年。二月。／甫耤于姌受年。	

洦	**過渡 2 類**
	Y3299　貞：乎□[洦]□／不若。

帛	**典型賓一類**
	B56　乎雀往于帛。

昌	**過渡 2 類**
	Y2609＋　貞：昌其有田（憂）。

	賓一大類	**典型賓一類**	**過渡 2 類**
侯告	Y5612　侯告羌得。	B55　貞：王叀（惟）侯告比征人（夷）。六月　　B275　貞：王叀（惟）侯告比。B510　王□侯告比。	B603　□侯告征人（夷）。／{王占曰□比侯告。}　Y2948＋貞：王令帚好比侯告伐[人]（夷）□

告子	**過渡 2 類**	
	Y3426　貞：告子其田（憂）。／{王占曰：吉。亡田（憂）。}	

山（贊）	**過渡 2 類**	
	B220　山以五□　　B229＝B498　戊午卜內貞：若贊（贊若）。／王占曰：不其[御]（若?）。	

由、由	**賓一大類**
	B400　戊[辰](?)卜㱿貞：[令]㐱㕻[由]□舟。若□六□／貞：昜令㐱㕻由取舟。不若。

		過渡 1 類	**賓一大類**
缶、基方缶		B1　□[庚]申卜[王]貞：[雀]隻缶---癸亥卜㱿貞：我使翦缶　B124　己未卜㱿貞：缶其嗇我旅。己未卜㱿貞：缶其來見。一月　B171　癸未卜內貞：子商翦基方缶。　B302　辛丑卜㱿貞：今日子商其䍤基方缶。五月。---壬寅卜㱿貞：尊雀叀㝵䍤基方。---壬寅卜㱿貞：曰子商㞢癸敦。五月。／曰子商于乙敦。---貞：曰子商至于有丁（圍?）。乍	B1　癸亥卜㱿貞：翌乙丑多臣伐缶。　Y4848　□缶□我□王。三月。

火。翦。

B309 甲寅卜㱿：乎子汰酒缶于▢。---于商酒缶。　B310 隻缶。用。

Y906＋ 甲戌卜㱿貞：雀以子商徒基方。克▨---辛卯卜㱿貞：鼻基方缶乍墉。其求▨四月。　Y4402＋ 丁巳卜王貞：雀弗其[卒]缶。

Y5349 乙亥卜內貞：今乙亥子商逆基方。弗其翦。

	過渡1類	賓一大類		典型賓一類
田	B124 戊午卜㱿：我宰田。翦。一月。	B1 癸丑卜爭貞：自今至于丁巳我翦田。王占曰：丁巳我毋其翦，于來甲子翦）。旬出一日癸亥，車弗翦；之夕向甲子，允翦。		B558 壬子卜㱿▢▢翦田。／王占曰：吉。翦。／旬又三日甲子。允翦。十二月。

	賓一大類	過渡2類
甘	Y1334＋反 良入三在甘。 Y5612 [辛]丑卜▢貞：甘▨／｛王占曰：毓亞（逢）甘。｝	B217 壬▢卜內貞：甘▢得▢／｛王占曰：其[得]。｝ Y863＋ ▨[爭]貞：甘得。／｛王占曰▢得。｝

	過渡2類
子徙	B160 乎涉。／令子徙涉。　Y1016 貞：子衕▨

	賓一大類	典型賓一類	過渡2類
足	Y574 貞：足允?。	B120 丁丑卜賓貞：足隻羌。九月。	Y8422 ▢戌卜賓貞：足隻羌。 Y3331＋ 貞：叀（惟）足來羌用。

	典型賓一類
延	B259＝B621 其先延。／其先琼。／其先雀战（翦）。

	過渡2類
屶	Y8360 行弗其以屶女。

	典型賓一類	過渡2類
克	Y5356＋▨比克田。弗其出（贊）王事。六月	Y4695 貞：叀弘令比使克。　乙5332＋▨使克[田]▨

	典型賓一類
韋	Y5347 庚辰卜賓貞：乎取狄罽于韋。

<table>
<tr><td rowspan="2">使</td><td>過渡 1 類</td><td>賓一大類</td><td>典型賓一</td><td>過渡 2 類</td></tr>
<tr><td>B1 癸亥卜𣪘貞：我使𦏴缶。</td><td>Y3730 □□卜亘貞□東事（使）▨來。
Y7927＋ 貞：乎収（廾）牛。／王占曰：吉。其使。</td><td>B5 庚子卜爭貞：西使旨亡囚（憂）。𠙵（贊）。
Y1355＋ 王使人于沚。</td><td>B32 貞：在北事（使）有隻羌。／{王占曰：其自東有來。} B76,78 貞：方其𦏴我使。 B78 貞：我使工。 B153 貞：使[illegible]。 B350 乎[illegible]出。 B557 癸未卜古貞：黃尹保我事（使）。 Y867 貞：使。／{王占曰：亡[illegible]（朋?）。} Y4695 貞：叀弘令比使克。 乙5332＋▨使克[田]▨ Y7797 己未卜古貞：我三事使使人。</td></tr>
<tr><td rowspan="2">子[illegible]</td><td colspan="4">過渡 2 類</td></tr>
<tr><td colspan="4">B296 貞：子[illegible]不[illegible]。
Y3401 {□[巳]卜賓} 貞：御子[illegible]于父乙。／{王占：吉。其御。}</td></tr>
<tr><td rowspan="2">子妥</td><td>賓一大類</td><td>典型賓一類</td><td colspan="2">過渡 2 類</td></tr>
<tr><td>Y3000 ▨妥比[illegible]。</td><td>B304 貞：妥以羊。／妥以[illegible]。</td><td colspan="2">B149 甲子卜𣪘貞：妥以巫。／王占曰：不吉。其以齒。
B245 妥以。 B342 㠯令妥南。---妥以。
Y1154＋ 子妥肩同。</td></tr>
<tr><td rowspan="2">𠬝伯</td><td colspan="4">過渡 2 類</td></tr>
<tr><td colspan="4">B471 辛亥卜𣪘貞：王其乎収（廾）𠬝伯出牛。有正。</td></tr>
<tr><td rowspan="2">[illegible]（并）</td><td colspan="4">過渡 2 類</td></tr>
<tr><td colspan="4">B126 丙申卜古貞：乎見[illegible]并芻。[illegible]（擒）。 B392 貞：乎取并任于[illegible]。</td></tr>
<tr><td rowspan="2">𡨦（寢）</td><td colspan="4">賓一大類</td></tr>
<tr><td colspan="4">Y1417＋ 乙未卜古貞：[illegible]（工）畀𡨦。不▨</td></tr>
<tr><td rowspan="2">尹、多𦅫</td><td colspan="2">典型賓一類</td><td colspan="2">過渡 2 類</td></tr>
<tr><td colspan="2">B446 丙子卜賓貞：王▨往西▨／貞：王▨
Y5395 辛酉卜內貞：往西多𦅫其以王伐。</td><td colspan="2">B76,78 往西多𦅫[以]王伐。 B78 令尹乍大田。
Y867 {庚戌卜賓} 貞：王其有曰多尹。若。／{王占曰：若。}
Y4934＋ ▨三𦅫▨使▨王▨保▨
Y8311 {丁丑卜賓} 貞：奏𦅫。</td></tr>
<tr><td rowspan="2">㞢、㞢任</td><td colspan="4">過渡 2 類</td></tr>
<tr><td colspan="4">B525 ▨徒㞢任[illegible]眔（暨）唐。若。／貞：㠯令旨比[逆]徒㞢任[illegible]▨</td></tr>
</table>

	過渡 2 類
受	Y3809 {壬戌卜古}貞：受不其得。／{王占曰：吉。得。[若](?)／三日甲子。允☐}

	過渡 2 類
妥	Y1963＋ 貞：王夢隹妥。

	過渡 2 類
望	Y7040 壬寅卜古貞：永卒望。／貞：永弗其卒。

	過渡 2 類
左	Y6569 左入[二](?)。

	師賓間	典型賓一類	過渡 2 類
盅、盅各化	B86 戊戌卜☐☐盅☐	B139＝B317 盅各化翳舞。／{王占曰：叀既。} B269 盅各化亡憂。贊王事。 B275 令盅比术盅。／勿令盅比术盅 Y6513 貞：盅受年。	B67 盅各化翳舞。{王占曰：叀既。} B69 盅各化翳舞。 B76,78 盅各化受又。／{王占曰：隹戊翳。}---貞：盅各化亡憂。 B83 盅各化翳。 B134 盅化各翳舞隹。／{王占曰：叀既。} B136 盅各化亡憂。 B271＝B396 盅各化☐／{王占曰：隹其贊王事。隹其☐㠯☐訊。} B273☐各化翳舞暨雕。{王占曰：叀既。隹乙見丁。} B354 盅各化以王係。／{王占曰：吉。以。} B373 貞：盅不其受年。／{王占曰☐年。} B508 盅各化弗其翳舞。 Y532＋ 貞：化亡舌。／{王占曰：吉。亡舌。} Y1354＋ 盅各化戠（翳）角。／王占曰：隹乙。其隹甲引矣。 Y3053＋ 貞：王昜曰盅各化來复。 Y4051＋ 貞：乎化同☐ Y2910＋ 盅各化翳角。 Y6723 反 乎盅[舟]。 Y7150 舞其翳盅各化。／{王占曰：叀亡戎。}---貞：盅各化來。 Y7288 今一月盅各化其至。／{王占曰：今[一]月其有至。}---貞：盅各化其于生二月有至。／{至隹女。其于生二月見。} Y4992＋☐貞：盅☐亡疾。 Y7846☐貞：盅各化翳角眔雕。 Y8209 盅各化贊王事。七月。／{王占曰：其隹丁吉。庚。其隹甲有求（咎）。有出人?}} Y1987＋☐盅☐告妻。己亥☐ Y2031＋盅化各受有又。十二月。／三旬有三日戊子。卒。翳戠方。---貞：盅各化其有田。 Y3422 貞：盅各化翳角方。／{王占曰：叀既。}---貞：盅各化其有田。 Y7195 盅入三。

字	過渡 2 類
戠伯[illegible]	Y2948＋ 貞：王叀（惟）[illegible]（戠）伯龜比。伐□方⧄ Y7746 ｛丁未卜爭｝貞：戠任靁（霍）畀舟。

字	賓一大類
般	B172 戊申卜賓貞：[般]亡𡆥（憂）

字	典型賓一類
子妭（戴）	B307 ｛庚申卜爭｝叀（惟）子妭（戴）令西。／貞：叀（惟）王自往西。

字	典型賓一類	過渡 2 類
攸	Y3429 乎比攸武。	Y7746 ｛乙酉卜□｝貞：在攸田武其來告。／貞：茉爾其來告。

字	典型賓一類	過渡 2 類
㱿	Y1357＋ 戊戌卜爭貞：㱿其以齒。／｛王占曰：吉。｝	B178 辛丑卜賓貞：旃暨㱿以羌。 Y3212 戊戌卜㱿貞：旃眔（暨）㱿亡𡆥（憂）。

字	典型賓一類	過渡 2 類
易伯㚔	B55 辛亥卜㱿貞：王叀（惟）易伯㚔比。	B276 乎比𠬝㚔（㚔）。

字	過渡 2 類
暖	Y2872＋ 乙酉卜㱿貞：令暖[比兔]不⧄

字	過渡 2 類
明	B424 貞：王曰明。有咎 B492 貞：乎雷耤于明。 B605 貞：立明史（事）。 Y846＋己卯卜㱿貞：乎雷耤于明亯。不潛 Y2461＋ ⧄乎耤□明。 Y3290 ⧄雷耤在明。受有年。

字	過渡 1 類	過渡 2 類
旬（荀）	B167 貞：旬（荀）受年。	Y5279 反 貞：旬（荀）受年。／王占曰：旬（荀）其受年。其⧄ Y6422 貞：旬（荀）不其受年。二月。

	過渡 2 類
雷	B28、30 戊寅卜𣪊貞：雷其來。／{王占曰：雧其出，叀（惟）丁。／丁不出，[雧] 其有疾，弗其同（興）。} B492 貞：乎雷𥅆于明。 Y846＋己卯卜𣪊貞：乎 雷𥅆于明亯。不酒 Y3290 ☒雷𥅆在明。受有年。

	過渡 1 類	賓一大類	典型賓一類	過渡 2 類
四方土	Y5241 癸巳卜爭：東土受年。	Y4423＋☒北土受年。	B332 {丁未卜𣪊}貞：西土受年。	B278 甲午卜韋貞：西土受年。 B517 貞：☒不隹西土。 Y761＋ 貞：西土受年。Y3287 甲午卜𧗸貞：東土受年。 Y3409 甲午卜賓貞：西土受年。Y3925＋ 甲午卜中貞：北土受年。

	過渡 2 類
光	B421 王占曰：吉。茲曰追☐光。

	賓一大類	典型賓一類	過渡 2 類
陝（陝）	Y3691＋ 貞：王令陝（陝）步☒	B98 貞：生五月陝至。／{王占曰：吉。陝至。其隹辛。} Y1357＋ 貞：王令陝𤱿。若。／{允𤱿。}	B96 庚申卜古貞：王使人于陝。若／王占曰：吉。若。 B231 令陝。一貞：☐陝比妟侯歸。不☐。 Y3822＋ 庚申卜𣪊貞：陝（陝）弗其出（贊）王事。十二月。 Y5288＋貞：陝（陝）其☐（殙）。 Y7490 乎陝𠦪（代）兆。 Y8077 ☒𠦪（代）陝。不☐。

	過渡 2 類
水	Y3129＋ 貞：乎目于水。有來。／{王占曰：至。不隹☒}
子洙	過渡 2 類
	Y2619＋反 于尋御子。／勿于尋御子。---☒洙。／☒御☒洙☒ Y4749 ☒尋☐[子]洙。

	過渡 1 類	賓一大類	典型賓一類	過渡 2 類
河	B264 庚子卜㱿貞：令子商先涉羌于河。	B238 王比[⿰]涉延于[河]。 Y1417+反 貞：翌丁卯乎往于河。 B475 ｛己未卜□｝乎目于河。有來。／｛王占曰：其有。｝	Y2531＋ 乙巳卜賓貞：舞河□	B288 丙申卜亘貞：河屮（糾）㠱。 Y551＋ 勿至匚（報）于河。 Y685 貞：燎于上甲于河十牛。

	過渡 2 類
滴	Y7336 丁亥卜古貞：声𢎁于滴。／声不𢎁于滴。／｛王占曰：易𢎁。｝

	典型賓一類	過渡 2 類
⿰	B275 丙辰卜爭貞：叀（惟）◇令比⿰𡈼。---令𡈼比⿰𡈼。	Y4293 己卯卜古貞：⿰卒𡍩（達）㝬自㫃（廳）。／王占曰：其隹丙戌卒。有。尾。其隹辛家。□允既卒。

	典型賓一類	過渡 2 類
柵	B139＝B317 令戎徒卯。／叀（惟）柵令。	Y1088＋ 貞：令柵取雍㝬。 Y7767 戊戌卜爭貞：𾏺（柵）方勼射。隹我⿴（憂）。五月。

	過渡 2 類
郊	Y7797 于郊(?)若。

	賓一大類
楓	Y2912＋ 丁酉卜古貞：燎于楓。

	過渡 2 類
⿱（造）	B352 貞：帝于⿱（造）。

	典型賓一類	過渡 2 類
㰒（㰒）	B261 戊午賓貞：乎雀往于㰒。	B352 貞：乎象往于㰒。

	賓一大類	典型賓一類	過渡 2 類
枼	B450 令弘比枼屮王事。／｛己丑卜賓｝貞：叀（惟）邑令比枼。 Y539＋ □□卜□貞：枼京[受]□	B304 ｛己未卜王｝貞：亘不枼隹執。	Y770＋ 丙寅卜古貞：乎象同枼□[賈]□ Y2997＋ 貞：枼爾其告□ Y7746 ｛乙酉卜□｝貞：在攸田武其來告。／貞：枼爾其來告。 Y1963＋反 枼不其來。

	過渡 2 類
相	

	Y4695 貞：其有🔲（憂）。／貞：相亡🔲		

	典型賓一類
桑	B119 辛巳卜𣪊貞：乎雀敦桑。

	典型賓一類
林	B332 取女于林。

	師賓間大類	過渡 1 類	過渡 2 類
米、岙	B323 己巳卜：王隻在米兇。／允隻。	Y906＋ 壬辰卜𣪊貞：王先雀步于𣁽。	B159 貞：王往于岙京。---貞：王易步于岙京。

	典型賓一類
子求	B510 〔有釜（達）田于不。乎从求弘人。／易乎从求于不。〕

	過渡 2 類	
牛	B180 貞：牛由。	Y6399 貞：牛畀俑生（徒）🔲

	典型賓一類	過渡 2 類
逆	B201 乎取大。／令逆取大。以。	B525 貞：易令旨比[逆]徒出任𥰠🔲

	賓一大類	過渡 2 類
羊	B513 貞：羊畀舟。／〔王占曰：吉。羊其畀。〕	B545 貞：乍賓于羊。Y6753 丁亥卜亘貞：羊受年。

	過渡 2 類
絳	Y4511＋反 絳入五。

	過渡 2 類
羖（羞）	Y5026 〔丁卯卜賓〕貞：乎取羖（羞）芻。

	過渡 1 類	典型賓一類	過渡 2 類
羌、羌方	B264 庚子卜𣪊貞：令子商先涉羌	B120 丁丑卜賓貞：足隻羌。九月。 B259＝B621	B7 丙辰卜古貞：其蚊羌。 B32 貞：在北使有隻羌。／〔王占曰：其自東有來。〕 B41 丙子卜𣪊貞：今來羌率用。 B45 壬寅卜𣪊貞：興方以羌用。自上甲至下乙。 B106＝B502 甲午卜爭貞：翌乙未用羌。用。之日（陰）。／貞：翌乙未用羌。

于河。	戊午卜內貞：乎射弗羌。	B178 辛丑卜賓貞：旆暨殷以羌。三月。／允用羌。　B257 勿于翌甲辰用羌。　B415 丙申卜賓貞：兔隻羌。其至于鬲　Y3804＋ 貞：羌于東[涉人]　Y8422 □戌卜賓貞：足隻羌。

	過渡 1 類	典型賓一類
猵（獋）	B309 辛未卜爭貞：我戔（翦）猵。在寧。　Y1111＋ 癸卯卜賓貞：有獋梶。我爭。翦。	B211＝B306 丁未□王貞：余隻猵。六月。　B259＝B621 貞：我弗其翦猵。其梶（凩）。　B260＝B622 我翦□令□敦翦猵。不其翦。　B304 戊午卜爭貞：嘼翦猵。　B307 甲申卜王貞：余征猵。六月。

	典型賓一類	過渡 2 類
諸犬	B223＝B442 癸未卜賓貞：周禽犬延瀂（湄）。　B261 {丁巳卜殻}貞：犬追亘。有及。　Y5329 貞：乎犬琼省从南。---壬戌卜殻貞：乎多犬网鹿于蔡。八月。	B141 貞：其乎麥犬从北。　B144 隹之乎犬。B316 叀夷犬乎田。　Y5086 丙午卜韋貞：岀□犬由□／{王占曰：吉。父□}　Y5319＋ 辛卯□貞：今芚□／貞：今芚犬不其至。

	過渡 2 類
豙	B227 □豙不其來五十羌。／{五十其吉。／五十其不吉。巳（改）吉。}　B440 戊子卜內貞：豙及。　Y3127 貞：豙弗其隻。／{王占曰：[即□]}

	過渡 2 類
麑	Y1320＋ 麑入三。　Y4484 麑入十。　Y6011＋ 乙卯卜古貞：乎麑岀在東兂（係）。Y686＋ 束暨集得。

	典型賓一類
豩	Y4651＋ 辛卯卜爭貞：豩隻。

	典型賓一類
彖	B261 庚申卜殻貞：乎王族延从彖。

	典型賓一類	過渡 2 類
馬		

B201 貞：我馬有虐。隹[囗]（憂）。　B211=B306		B83 乎多馬逐鹿。隻。
甲戌卜㱿貞：我馬及戎。　Y3517 王乎馬		B229=B498 乙酉[囗]內貞：乎馬逐。[及]。
[取]崔[囗]　Y4589+ 壬子卜[囗]馬[逐][囗]/貞：		Y532+ [囗][旨][囗]啟。若。/{王
弗其隻。/王占曰：[隹][囗]/允隻。		占曰：隹多馬囗}

馬方	過渡 1 類	賓一大類
	B114 甲辰卜爭貞：我伐馬方。帝受我又。一月。	B112 王往馬。

象	過渡 2 類
	B231 令陝。---貞：囗陝比冕侯歸。不㞢。　B352 貞：乎象往于𣏟。
	Y770+ 丙寅卜古貞：乎象同枼[囗][賈][囗]　Y3390+ 貞：令象[囗]
	Y6819 貞：生月象至。---貞：令象大(?)目。若。/{王占曰：吉。}

為	過渡 2 類
	Y2275+ 取為。

據	過渡 2 類
	B212 {癸丑卜賓}貞：𤔥（據?）弗其肩同㞢疾。/{王占曰：吉。𤔥（據?）肩同。}

蒙	過渡 2 類
	B271=B396 雍芻于蒙。　Y2360+ {壬申卜}貞：方于蒙。

兔	過渡 1 類	過渡 2 類
	Y2262+ 甲子卜㱿：兔以囗（舌?）。允以。十一月/甲子卜㱿：兔弗其以囗（舌?）。	B110 丙戌卜韋貞：令役往于兔。　B170 貞：畀兔。/王占曰：吉。[其]囗兔。---曰兔來。　B328 {癸酉卜亘}貞：令兔歸求我。/{王占曰：吉。其令。}　B415 丙申卜賓貞：兔隻羌。其至于㫄。　B517 貞：兔（象?）㞢囗（報）。正。　B518 兔（鼠?）以四十。　Y628+反 兔兄衞（衛）入囗　Y629+ 貞：示兔嵒牛。　Y935+ {丁酉[囗]}貞：兔[囗]祖丁[囗]　Y1963+ 貞：其有來自兔(?)。　Y2360+ 貞：偁。叀（惟）兔乎比。　Y2872+ 乙酉卜㱿貞：令暊[比兔]不[囗]　Y3381 [囗]貞：兔以卅馬。允其㚔羌。/{王占曰：其隹丁㚔吉。其隹甲㕥吉。}　Y3767+ 囗王[囗]乍。令兔。不㞢。

纂	賓一大類	過渡 2 類
	Y3404 纂入廿。	Y3813+反 纂入廿。　Y3865 纂入廿。

<table>
<tr><td colspan="3" align="center">贅（字形）</td></tr>
</table>

子贅	過渡 2 類
	Y4280＋ ▨[贅]▨／辛卯卜爭貞：子贅不隹令。

贅	賓一大類		過渡 2 類
	B164 贅入百廿。　　B580 贅入三百五十。		B179 贅入百。
	Y542＋ 贅入□　　Y4385＋反 贅入□		Y776 反 贅入百。

虣（暴）侯	典型賓一類	過渡 2 類
	B186 貞：乎比虣（暴）侯。	B53 貞：乎比虣（暴）侯。

虍	過渡 1 類
	Y8013＋ □□□殼貞：示若王。七月。在虍。

<table>
<tr><td align="center">麇（字形）</td></tr>
</table>

麇	過渡 1 類
	B216 王其往逐霾□麇▨／王其往逐霾于麇。不其隻。

声（鹿）	賓一大類	典型賓一類	過渡 2 類
	Y636　　＋ ▨殼貞：王往于声自（師）。	B414 夫入二在声。	B66 条入二在声。　　B297 条入二在声。
		B488 壬戌卜殼貞：王声自（次）。	Y6881 反 在声。　　Y7336 丁亥卜古貞：声雙于滴。／{王占曰：勿雙。}　　Y3212 己亥卜内貞：王有石在声北。叀乍邑于之。／乍邑于声。
			Y3331＋ 貞：逐弱于茲声。

<table>
<tr><td align="center">鷹（字形）</td></tr>
</table>

鷹	過渡 2 類
	B96 王占曰：鷹其言辭。隹辛令。

鳥	過渡 2 類
	Y1052 乎取生弱于鳥。

隹	過渡 2 類
	B150 乎隹御事。　　Y811 隹入十。

敓（摧）	過渡 2 類
	B351 敓（摧）其入商。　　Y6966 甲寅卜爭貞：敓（摧）不坴（達）于蔡（蔡）。---貞：敓（摧）以生（徒?）于蔡（蔡）。　　Y7040 反 敓（摧）入。

	過渡 2 類	
雎	B134 庚寅卜𣪘貞：𡇯化各𦏾弜雎。／｛王占曰：叀既。｝　　　B273 ／弜雎。／貞：𡇯各化弗𦏾。／辛酉卜賓□□各化𦏾弜暨雎。／｛王占曰：叀既。隹乙見丁。丁／｝　　Y7846 ／貞：𡇯各化𦏾角累（暨）雎。	

	賓一大類	
𧆥	B420 𧆥入二。（此地亦為田獵地，見合 10196＋合 18338，林宏明綴）	

	典型賓一類	過渡 2 類
崔	Y3517 王乎馬[取]崔／　　Y5330 貞：乎往奠于崔。	B601 貞：収（廾）崔人。乎宅崔。

	典型賓一類	
雉	B3 己未卜𣪘貞：我于雉入𠂤（次）。	

	過渡 2 類	
陮	B126 丙辰卜爭貞：乎耤于陮。受有年。　　B282 乙卯卜賓貞：陮受年。	

	過渡 2 類	
集	Y686＋ 束暨集得。	

	過渡 2 類	
靃（霍）	Y7746 ｛丁未卜爭｝貞：鹹任靃（霍）𢌭舟。	

	過渡 2 類	
𩣑	B155 癸卯卜𣪘貞：乎弘往于𩣑。比❀。（速）。	

	賓一大類	
𪁪束	B521 貞：王入。于𪁪束（次）𢓊（循）。｛王占曰：吉。不于／｝	

	過渡 2 類	
雍	B47 貞：翌乙卯酒我雍伐于𡧛（廳）。／｛王占曰：魚酒惟有咎，亡□｝／乙卯允酒。明雥（陰）。---癸酉卜賓貞：翌乙亥酒雍伐于□／｛王占曰：魚酒惟有咎／｝ B141 貞：雍𦏪于秋。　　B271＝B396 雍𦏪于龜。---雍𦏪丁蒙。---雍𦏪丁莧---雍𦏪丁𧆥。 B311 貞：吕（雍）其受年。／｛王占曰：吉□受年。｝ Y1088＋ 貞：令册取雍𦏪。---丙[午]卜□貞：𢆉雍𦏪／貞：𠠫□雍𦏪。 Y5224 貞：𣁲（擇）雍𦏪。　　Y2726＋ 貞：叀（惟）戎乎取雍[𦏪]。／／戎乎。 Y3343 吕（雍）其[?]（殪）。---隹吕（雍）又（祐）。　　Y3389 貞：吕（雍）其魚妩。	

	過渡 2 類	
𧆥	B271＝B396 雍𦏪于𧆥。／𠠫于𧆥。	

	典型賓一類	
𤕫	B429 丁卯卜𣪘貞：𤕫妇有子。	

	典型	過渡 1 類	賓一大類	典型賓一類	過渡 2 類
雀	師賓間類	B1 □[庚]申卜[王]貞:[雀]隻缶　B91 雀入□　B168 雀入雟五百　B171 戊戌卜內[貞]:乎雀方棘一牛。---戊戌卜內乎雀棘于出日。于入日宰。　B302 壬寅卜㱿貞:尊雀叀宮𥷚基方。/壬寅卜㱿貞:子商不𤡔𤡔基方。/貞:自今壬寅至于甲辰。子商𤡔基方。	Y4733 雀入百五十。　Y5578+反 [雀]入五十。　Y4541 雀入二百五十。　Y1540+ 貞/雀□大	B56 乎雀往于帛。　B72 雀入百五十。　B117 貞:乎雀酒于河五十□　B119 辛巳卜㱿貞:乎雀敦桑。---辛巳卜㱿貞:乎雀敦壴。---辛巳卜㱿貞:雀取亘我。---辛巳卜㱿貞:乎雀伐㠱。　B121 乎人入(納)于雀。---曰雀取乎[人]□/易曰雀取。---雀入卅。　B249 癸卯卜㱿貞:乎雀𢍱伐亘。𤡔。十二月。　B259 =B621 其先雀𤡔。---雀克入	B196 雀二百五十。　B349 入雀□妾□　B355 雀入二百五十。　B357 雀□□百五十。　B359 雀□□百五十。　B363 [雀]入□　B369 雀入二百五十。　B374 雀入二百五十。　B376 雀入二百五十。　B389 雀入二百五十。　B460=B616 雀入二百五十。　B539 雀入二百五十。
	B87 雀亡冏。	B531 己亥卜內:翌辛丑乎雀酒河□　Y5349 乙亥卜㱿貞:雀有乍憂。　Y4402+ 丁巳卜王貞:雀弗其𡎚缶。　Y2262+ 丙辰卜㱿貞:曰雀來□　Y906+ 甲戌卜㱿貞:雀以子商徒基方。克□---壬辰卜㱿貞:王先雀步于𤎩。　Y1111+ □巳卜賓貞:雀[得]出我	Y5314 貞:雀肩同(興)。/雀不其肩同(興)。	各邑。---雀𤡔占。---曰雀勿伐---甲寅卜爭貞:曰雀來复。---貞:雀𢍱壴。　B261 戊午賓貞:乎雀往于𣚻。---甲子卜爭:雀弗其乎王族。---貞:乎雀[圍]目。---丁卯卜爭貞:乎雀𢍱戎枫。九月。　B263 癸酉卜㱿貞:雀叀今日妌(戎?)。　B304 戊午卜爭貞:乎雀𢍱戠。---戊午卜㱿貞:雀追亘□---貞:雀以咸。　B308 雀入卅。　B431 貞:勿乎雀酒于河。五十牛。　B485 {壬寅}貞:雀亡冏(憂)。---□□□㱿貞:乎雀𢍱伐亘。　Y4693 辛亥卜㱿□雀□隻亘。---貞:雀𢍱戎𡎚。---乙巳卜爭貞:雀隻亘。---貞:望𦰩若。	B579 雀入二百□　Y792+反 雀入二百五十。　Y2956+反 雀入二百五十。　Y3289 雀入二百五十。　Y3300 雀入二百五十。　Y6384+反 雀入二百五十。　Y6423 雀入二百五十。　Y5794+反 雀入二百五十。　Y6704 雀入二百五十。　Y7123 雀入二百五十。　Y3732+反 雀入二百五十。　Y7491 雀入二百五十。　Y754 雀入二百五十。　Y4419+ 雀入二百五十。　Y4712+反 雀入二百五十。

伐。---壬□卜□貞；令雀于□。 Y4718 戊辰卜:雀以象。---己巳卜:雀取馬。以。---己巳卜:雀以揉。	啟雀。---貞:雀以石係。 Y4694 [雀]來三。　Y5317 己丑卜爭貞:亦乎雀燎于云（犬?）。---[辛]卯卜爭貞:翌壬令雀。---乎雀用三牛。---壬辰卜㱿貞:雀戈祭。 Y5318 雀入三。ws Y5329 戊寅卜內:乎雀買。---勿乎雀帝于西。　Y5347 貞:雀不囗。二月　Y4651 + 沚䧹其啟雀。	Y3344 貞:雀出□□□ Y5005 [雀]入二百□。 Y5313+ 貞:雀肩同。 /雀不其肩同。	

漁	過渡 2 類		
	Y1894＋反 牧入十在漁。		

龐 (龐)	典型賓一類		過渡 2 類	
	B510 貞:于龐（鞶）☒ B66 貞:有収于龐（龐）。	B591 昜于龐（龐）。 Y4516 貞:龐。		

龔	賓一大類		典型賓一類	
	Y1392 貞:乎有龔☒（助）		B3 貞:王于龔[阜（次）]。 B224 于龔受以。	

	過渡 1 類	賓一大類	典型賓一類	過渡 2 類
龍、龍方	B115 貞:龍亡憂。 B530 龍。 Y2224＋反 龍取☒ B1 丙寅卜爭:乎龍。敫侯專求权。	Y4709 甲辰卜賓貞:同龍☒ Y5060 貞:同龍。不其受☒	B132 貞:龍亡不若。不羍（達）羌。/｛□占曰:吉。｝ B235 王从龍東咎（陷）。	B24 ☒王隹龍方伐。 B52 貞:乎龍以羌。 Y3797 王叀（惟）龍方伐。 Y4516 乎繼同龍。

瀧	典型賓一類		過渡 2 類	

B235	▨其▨[言]▨雨在瀧。／王：不雨在瀧。		Y4119＋反 ▨[瀧]隹害我。／▨不▨

（蛇形符號）

蚰 （融）	**典型師賓間類**		**過渡 1 類**
	B323 甲子卜王：不其隻鹿。／允隻十。蚰。二月。 Y3214 -丁未卜王：其逐在蚰鹿。隻。／允隻七。一月。		Y4683 庚戌卜㱿 貞：蚰害我。

蠱	**典型賓一類**		
	Y1974＋ 𢦔（肇）蠱黍。		

蠱、 羅	**賓一大類**	**典型賓一類**	**過渡 2 類**
	Y2857＋ ▨ 有蠱羉。／▨ 蠱羉。	B85 乙丑卜賓貞：蠱（蠱）以妍。 Y5395 乙卯卜爭貞：旨𢦔（翦）羅。／｛王占曰：吉。𢦔（翦）▨｝	B83 旨弗其𢦔（翦）出蠱[羅]。／｛王占曰：𢦔（翦）隹庚。不隹庚，更（惟）丙。｝ B141 庚申卜爭貞：旨其伐有蠱。羅。／｛[王占曰]：吉。其伐隹丁。｝ B589 貞：允隹蠱至。／｛王占曰：其來。／允來。｝ Y654 ▨蠱𥄖▨

蚊 （蛟）	**過渡 1 類**		
	B531 貞：[蚊]（蛟？）▨出▨		

萬	**過渡 1 類**	**賓一大類**	**過渡 2 類**
	Y3208＋ 壬午 卜：王其逐在萬 鹿。隻。允隻五。	Y4375＋ 貞：子商 弗其隻在萬鹿。	B159 貞：乎逐从萬。隻。／王占曰：其乎逐。隻。 B597 貞：令有萬出。 Y8075 乎子商从溝。有鹿。

（秋字符號）

蘁 （秋）	**過渡 2 類**	
	B141 貞：雍芻于蘁。 B271＝B396 雍芻于蘁。	

（卣字符號）

卣 蟲	**過渡 2 類**	
	B515 貞：乎卣比啇（啚）▨／貞：乎卣比啇（啚）。 Y3390＋ 貞：乎宅蟲。	

䪴	**過渡 2 類**	
	B156 令𡗞𠂤[䪴]。／□令𡗞𠂤。	

齰	**過渡 2 類**	
	B219 ▨若齰。／貞：帝弗若齰。	

褶	賓一大類
	Y969＋反 褶伯▱

	典型賓一類	過渡 2 類
弇（角）	B139＝B317 辛酉卜**殼**貞：**弇**各化翳角。／｛王占曰：叀既。｝	B67 丙辰卜賓貞：**弇**各化翳**弇**。／｛王占曰：叀[既]。｝　　B69 辛酉卜賓貞：**弇**各化翳**弇**。　　B134 庚寅卜**殼**貞：**弇**化各翳**弇**隹。／｛王占曰：叀既。｝　　B273 ▱**弇**雖。／貞：**弇**各化弗翳。／｛王占曰：叀既。隹乙見丁。丁▱｝　　B366 庚寅卜**殼**貞：**米**以角女。　　B508 **弇**各化弗其翳**弇**。　　Y2910＋ 甲寅卜內貞：**弇**各化翳角。　　Y3507 ▱其以角女▱　　Y7150 [乙]丑卜賓貞：**弇**其翳**弇**各化。／｛王占曰：叀（惟）亡戎。｝　　Y7846 ▱貞：**弇**各化翳角眔雖。　　Y3422 貞：**弇**各化翳角方。／｛王占曰：叀既。｝---貞：方其大即戎。

	過渡 1 類	賓一大類	典型賓一類	過渡 2 類
賈	B303 賈[肩]▱ Y3756	B103　賈入▱ Y3756 貞：賈亡疾。	B99 賈入▱ B117 甲午卜爭貞：賈其有憂。 B413 ｛壬申卜爭｝貞：賈**徝卩** B414 賈隹于求。 Y4291 [賈]入二在高。	B154 賈入▱　　B192 賈▱十。　　B281 賈▱ B341 賈入四。　B365 賈入七十。　　B367 賈入七十。　　B412 賈入十。　　Y657 ▱**弇**取賈。 Y752 賈入三。　　Y770＋ 丙寅卜古貞：乎象同**葉**▱[賈]▱　Y1054＋反 賈入二。 Y1320＋ 貞：乎**收**賈**皀**　　Y1320＋反 貞：王器。賈使王孚。　　Y4539 賈入一。　　Y4517 賈入三。　　Y4954 賈入十。　　Y5253 賈來六。 Y5341＋ 辛巳▱賓貞：賈▱憂。　　Y6752 賈入二。 Y7337 賈入廿。　Y7768 賈入。

	過渡 2 類
心	B393　心▱　　B407＝B631 ▱貞：帝于心。／▱帝▱心。

∧

	賓一大類	典型賓一類	過渡2類
宮	Y4195＋ 丙寅☐丁卯宮（享）☐十月。／{☐宮（享）其☐[卯] ☐[?]（殪）。十月。}		
衣		B223＝B442 貞：戠亡憂在衣。	Y811 貞：翌己巳步于衣。---貞：衣亡𢼎（肇）𠬪（擭）。
袁		Y1357＋反 袁☐。	B162＝B395 袁（擐）入五十。 B567 袁（擐）入五十。
向	Y8151 ☐乎耤于向北兆。不☐戎。	B211＝B306 癸酉卜𣀔貞：向亡在☐戎。／癸酉卜𣀔貞：向由。	B324＝B617 貞：于甲向隻。／于東。
啚（圖）	Y3159 ＋ 向（啚）☐[取]☐𣏟（知）☐	B304 戊午卜爭貞：啚𡠗𤞤	B126 貞：乎啚（啚）歸田。 B515 貞：乎卣比啚（啚）☐ B605 庚戌卜亙貞：王乎取我夾在尻啚。若于雪。／王占曰：[吉]。若。 Y2956＋ 庚辰卜亙貞：啚（啚）受年。／{王占曰：啚（啚）秲隹[不其](?)魯。隹良見。} Y3290 {乙卯卜𣀔}：令嫩（擇）比啚（啚）。 Y5269 ☐（从支之字）☐啚（啚）友。十月。 Y7817＋ 啚（啚）其有疾。
蕎		Y6235 貞：翌庚申王令隻鹿于蕎。／☐乎☐	B312 蕎亡其□ B324＝B617 蕎有鹿。 B525 ☐徒出任蕎眔（暨）唐。若。 Y3431 貞：乎逐在蕎鹿。隻。 Y7490 王其逐鹿于蕎。魯（當）。／{之日不[往]田[魯]（當）。} Y4913＋反 ☐𣀔☐蕎☐
高		B252＝B334 □入二在高。Y4291 [賈]入二在高。	B97 畫入二在高。 Y2743 畫入二在高。
竹		Y6350 王用竹。若。（師賓間大類）	Y7767 {貞：之日用。𣏟☐}／之日用。戊寅竹出𥅴。
敦	B599 乎舞于敦。	B201 己巳卜爭貞：方女于敦。 B326 貞：方女乎于敦。	B282 乙卯卜賓貞：敦受年。 B559 丁巳卜賓貞：王出。于敦。
余	賓一大類		

	B104 {庚申卜殸}貞：王自余入。／辛酉：王□自余入。	

嵒	過渡 1 類	典型賓一類
	Y2262＋□昜隹嵒敦。	B511 以嵒首(?)。

	賓一大類	典型賓一類	過渡 2 類
子賓	B475 隹娥害子賓。 B514 王夢北从[賓]。隹□／貞：不隹憂。／王占曰：吉。勿隹憂。	B251＝ B334 貞：乎子賓㲃父乙。酉殳卯宰。	B159 子賓出㦰□ B182 壬辰卜殸貞：乎子賓御出母于父乙，豆宰。酉殳三，嵒五，宰。──翌乙未乎子賓祝父，豆小宰。酉殳三，嵒五，宰。求蜎正。 B257 隹母庚害子賓。 B405 □午卜賓貞：翌丁未子賓其賓。昜日。十一月。 B407＝B631 己未卜亙貞：子賓有害──貞：于妣己御子賓。 B546 辛酉卜□父乙害子賓。／{王占曰：隹父乙害。} Y1388＋ 貞：乎子賓裸于有妣。鼎。有蜎。／{王占曰：吉。其出[貞](?)。} Y2964＋ 勿乎子賓裸□ Y3388 御子賓。叀牛。／卯母庚。曰[宰]御□ Y3422 王□乎入御事。／{王占曰：其隹子賓□} Y3471 子賓有害。 Y4250 □庚□子□／子賓不其出已□庚。[卯□若。

賓侯	過渡 2 類
	B189 丙申卜永貞：乎賓侯。

宁(寢)、宁	賓一大類	過渡 2 類
	Y6491＋ 貞：耉（達）錔自宿（寢）□其[得](?)。	B47 貞：翌乙卯酒我雝伐于宁（寢）。／{王占曰：魚酒惟有咎，亡□}乙卯允酒。明雀（陰）。 Y4293 己卯卜古貞：氺卒耉（達）錔自宁（寢）。／王占曰：其隹丙戌卒。有。尾。其隹辛家。／□允既卒。

賓	過渡 2 類
	B403 貞：王往走戈。至于賓剈。

隸	過渡 1 類	過渡 2 類
	B90 丁巳卜：弅多隸[于]㐱。	B75 貞：亙卒隸。

鼀	過渡 2 類
	Y926 鼀入十。

宕	過渡 1 類
	Y1111＋ 壬□卜□貞；令雀于□。／貞：昜令雀于宕。／壬申卜□貞□雀□

向	賓一大類			
	B238 王从[向]涉延（延）于[河]。／易延（延）于🔲。			

宋	過渡 2 類			
	Y3331＋反 貞□往宋。			

窞	過渡 2 類			
	Y721＋ 王从窞。			

◇

◇	典型賓一類			
	B275 丙辰卜爭貞：叀（惟）◇（齊）令比🔆🔳。／貞：易隹◇（齊）令比🔆🔳。			

🔆🔳	典型賓一			
◈◈	B487 己未卜爭貞：🔆 ◈◈（齊?）亡🔲（憂）。			

⌐⌐

	師賓間典型	過渡 1 類	賓一大類	典型賓一類	過渡 2 類
子商	B87 子商亡憂。	B171 癸未卜內貞：子商翦基方缶。---癸未卜內貞：子商有保。 B264 庚子卜㱿貞：令子商先涉羌于河。 B302 辛丑卜㱿貞：今日子商其𥎿基方缶。翦。五月。---壬寅卜㱿貞：子商不鉗翦基方。---曰子商于乙敦 ---貞：曰子商至于有丁（圍?）。乍火。翦。---甲辰卜㱿貞：翌乙巳曰子商敦。至于丁未翦。 Y5349 乙亥卜內貞：今乙亥子商𥎿基方。弗其翦。／乙亥□□貞□翦□ Y906＋ 甲戌卜㱿貞：雀以	B1 乙丑卜㱿貞：子商弗其隻先。 B552 丁亥卜內貞：子商亡🔲（斷）在🔲。 Y4375＋貞：子商弗其隻在萬鹿。 Y7036 子商入一。	B3 叀子商乎。 B198 ☒子商。 B307 {庚申卜爭}叀子㩼（戲）令西。／叀子商令。／貞：叀王自往西。 B429 貞：子商隻鹿。／不魯（當）。{王占曰：隻。} Y1384＋ 子商[集]☒ Y1355＋子商有害。 Y5395	B33 乎子商爵出祖。 B33 子商出疾。 B220 庚申：王夢☒子商屯☒ Y2340＋反 乎子商□鹿。 Y6676 ☒[夢]子商王☒ Y6949 子商[酺](?)祼。山□ Y4937＋ 貞：子商亡疾。六月。 Y5855＋反 ☒子商臣☒王占☒ Y5603 戊戌卜☒子商其乍☒ Y7422＋貞☒亥□商□于父 [乙]襄☒

	（比?）子商徒基方。克☐--- 辛卯卜骰貞：刅（勿）鼍基方缶乍☐（墉）。子商翳。		貞：翌乙亥桑乎子商蚊	Y8075 乎子商从溝。有鹿。　Y2275＋ 貞：子商㘴有由 Y4516 子商隻。---子商亡憂。

	典型師賓間類	過渡1類	典型賓一類	過渡2類
商	B87 辛卯卜骰貞：王入于商。	B309 于商酒缶。	B203 壬寅卜骰貞：不雨。隹兹商有乍憂。	B33 至商。　　B351 做（攫）其入商。　　B592 商入。Y6300 貞：乎商[㞢]☐／貞：勿乎商☐ Y4571＋ 癸未卜骰貞：[至]于商。酒[兄]☐御于父乙及☐伐。㞢宰。 Y3331＋ 丙戌卜賓貞：商其☐／貞：商莫（艱）。

	賓一大類	典型賓一類		
𡆥父壬	Y3621 貞：乎畀𡆥牛。	B607 ☐𡆥☐壬害王／貞：𡆥父壬弗害王。 Y3246＋ ☐☐卜爭貞：𡆥𠂤（師）亡☐（憂）。		

	過渡2類			
內	Y4103＋ 庚申卜古貞：王令內☐（疑為動詞）			

	過渡1類			
𡶡	B302 壬寅卜骰貞：曰子商𡶡癸敦。五月。／曰𡶡甲敦。／曰子商于乙敦。			

	過渡1類		典型賓一類	
丘商	B167 壬子卜骰：㫬于丘商。		B203 己丑卜骰貞：㫬于丘商。	

	過渡1類	賓一大類	典型賓一類	過渡2類
𠂤、𠂤	B309 甲寅卜骰：乎子汏酒缶于𠂤。	B238 昜延（延）于𠂤。	B120 貞：䖵于𠂤。	B191 己丑卜賓貞：隹𠂤人。Y924＋ 壬申卜骰貞☐艱。／貞：𠂤亡來艱。 Y4538 乎去伯于𠂤。

	過渡2類			
門	B427 貞：奏尹門。			

<table>
<tr><td colspan="2" style="text-align:center">□</td></tr>
</table>

	典型賓一類	過渡 2 類
韋	Y5347 庚辰卜賓貞：乎取**大**弜于韋。	Y3108＋ 丁亥卜**設**貞：乎**卬**比韋取汰臣。

<table>
<tr><td style="text-align:center">⊞</td></tr>
</table>

	典型賓一類	賓一大類	過渡 2 類
子甫	Y6513＋ 甲戌卜賓貞：甫受黍年。	Y2407＋ □子甫立。　Y6622 ⊿甫㞢⊿	Y3212 丁酉卜爭貞：乎甫秜于**姁**。受有年。／{王占曰□}---甫藉于**姁**。受年。　Y3652＋ 甫弗其受黍年。 Y5579＋ [甲]辰卜[亘](?)□[甫⊿／貞：甫弗其受黍[年]

	過渡 2 類
𦰩	Y3426 壬戌卜賓：𦰩其有⊞（憂）。壬戌卜賓貞：𦰩亡⊞（憂）。

	典型賓一類	過渡 2 類
周	B223=B442 癸未卜賓貞：周禽犬延**灅**（湄）。 Y5347 庚午卜賓貞：周𡠥𡨄。	B274 周入□　B444 丙辰卜賓貞：王叀（惟）周方征。 Y3407 壬辰卜爭貞：隹鬼**蚊**。／{不[允](?)隹鬼罘（暨）周**蚊**。} Y2672＋反 周入十。　Y7312 丁巳卜古貞：周以嫘。／貞：周弗以嫘。　Y6015＋ ⊿[令]周取巫于**箓**（蔡）。　Y7801＋ 貞：周以巫。

<table>
<tr><td style="text-align:center">⫸</td></tr>
</table>

	過渡 2 類
畬	B538 □畬隹有害。／□畬不隹有害。

<table>
<tr><td style="text-align:center">肩</td></tr>
</table>

	賓一大類	典型賓一類	過渡 2 類
肩	Y596 ⊿牛于肩。 Y3762＋ 肩毋其⊿ Y7927＋ ⊿允屮（贊）。率以肩弜。	B223=B442 貞：肩允其取女。 B487 貞：侯以肩弜。	Y2385反 貞：壬子𡣪（向）癸丑⊿夢肩。隹⊿／貞：壬子𡣪（向）癸丑⊿不隹[蠱](?)⊿ Y4582＋ 丙申卜**設**貞□□肩弜。／□申卜**設**貞：侯弗以肩弜。

<table>
<tr><td style="text-align:center">石</td></tr>
</table>

	典型賓一類
石	Y4693 貞：雀以石係。

碒	過渡 2 類		
	B141 王從[碒]☑		

己

	典型賓一類		過渡 2 類
亘	B119 辛巳卜骰貞：雀取亘我。　　B177 壬午卜骰貞：亘允其翦鼓。 八月。---兄丁害亘。　　B211=B306 壬申卜骰貞：亘戎其翦我。 B249 癸卯卜骰貞：乎雀衒伐亘。翦。十二月。／𥃷☑雀☑ B259=B621 {甲子卜骰} 貞：亘隻。　　B261 {丁巳卜骰} 貞：犬追亘。 有及。　　B304 戊午卜骰貞：雀追亘。有隻。---{己未卜王} 貞：亘不葉 隹執。---庚午卜爭貞：亘𡩡。　　B370 壬辰卜貞：亘亡𡥪 (憂)。三月。 B485 壬寅卜骰貞：𥃷乎雀衒伐亘。---☐亥☐骰☐我☐隹戓亘。 Y4693 己亥卜爭貞：令弗其隻執亘。---辛丑卜骰貞：戓不其隻亘。--- 乙巳卜爭貞：雀隻亘。---辛亥卜骰☐雀☐隻亘。		B75 貞：亘 𡩡隸。 Y770+反 亘 入一。 Y6112 ☐寅 ☐貞：亘 𡥑𡥑 （達）。

行

行、 衍	賓一大類	過渡 2 類	
	B500 癸巳卜韋貞：行以 有自（師）眾（暨）邑。	Y2793+ 貞：衒（行）☐以。／行弗☑／{王占曰：其以有☑ ☑} 　　Y7311 行取[‖]五。　　Y7385 貞：行以有自（師） ／{王占曰：其以有☑}眾（暨）有邑。　　Y8360 行弗其以𢀛女。	

役	過渡 2 類	
	B110 丙戌卜韋貞：令役往于兔。	

永 （泳）	過渡 2 類	
	B378 泳（永）入十。　　B546 貞：菁眾（暨）永隻鹿。／{王占曰：隻一。}／允隻。 Y7040 壬寅卜古貞：永𡩡望。　　Y7040 反 貞：[永] 𡩡	

衝	典型典賓類	
	Y4605 衝入十。	

戈

戈	過渡 1 類	過渡 2 類	
	Y4718 癸亥卜王：戈受年。十二月。	B525 取羊于戈。　　B540 王𢀛（遭）／弗遭戈人。	
武	過渡 2 類		

B106 乙未卜賓貞：以武䍽。　　B324＝B617 乎取武兄（祝）。	
Y2998 ▨武來告▨　　Y7746 ｛乙酉卜▢｝貞：在攸田武其來告。／貞：葉爾其來告。	

	典型賓一類	過渡 2 類
戎	B139＝B317 令戎徒卯。／叀（惟）柵令。	Y2726＋ 貞：叀（惟）戎乎取雍[䍽]。

	師賓間類	過渡 1 類	典型賓一類	過渡 2 類
戔	Y2485＋ 戔來二。	B167 貞：戔受年。	B177 ▨戔入不隹丁。 B413 乙巳卜古貞：弓䍽于戔。 Y6513＋ 戔受年。	B41 弓䍽于戔。　　B156 戔來五。 B390 貞▢戉于戔。　　B519 戊申卜賓 貞：奏步于戔。屮 Y6422 辛巳卜爭貞：戔不其受年。（二月） Y4795＋反 貞：往䍽于戔。　　Y3422 弓 䍽于戔。 Y6404 弓䍽于戔。

	過渡 2 類
惢	Y1235＋ 惢來十。

	過渡 2 類
戔	B64 戔來十。　　B348 貞：徝（循）黃。／王占曰：于甲徝（循）戔。 B361 戔來四十。　　Y6735 戔來四十。　　Y7798 戔▨　　Y2773＋ 戔來八。

	典型賓一類	過渡 2 類
戠	B185 庚午卜賓貞：戠以斝子䍽。	Y7312 丁巳卜古貞：戠[以]。

	過渡 2 類
夅	Y657 ▨夅取賈。

	典型賓一類	過渡 2 類
戉	Y4693 辛丑卜殼貞：戉不其隻亘。---貞：雀䍽戉㗊。	B390 貞▢戉于戔。

	過渡 2 類
戈方	B134 貞：王亡害。／王占曰：叀既。／三日戊子允既。䍽戈方。　　B273 王占曰： 吉。䍽。／之日允戈（䍽）戈方。十三月。　　B403 貞：王往走戈。至于賓剜。 Y2031＋ ▢辰卜古貞：𠂤各▢弗其受又。十二月。／三旬有三日戊子。卒。䍽戈方。

	賓一大類
聝	Y3176＋ 貞▢人。乎聝伐羌。／昜登人。乎伐羌。

	賓一大類	典型賓一類	過渡 2 類
沚 戜 、戜	Y4424＋丁亥卜 設貞：王曰旨來 奠。若。 Y4424＋ 貞：沚 戜啟。王比。 ---☑戜☑骨☑ 。／｛王占曰： 吉。其骨。｝ Y8299 ☑貞： 戜其來。 Y5672＋ 貞： 戜伐百人。	B211=B306 貞： 戜其取。 B223=B442 貞： 戜亡憂在衣(?)。 B275 貞：沚戜啟 巴。王比。 B304 丁巳□□ 貞：戜☑憂。--- 戊午卜爭貞：乎雀 弗戜。---己未卜 設：令𢀷往沚。 B332 戜不其 來。三月。 Y1355＋ 王使人 于沚。 Y4651＋ 甲申卜 爭貞：沚戜其啟 雀。---壬辰卜爭貞 □壴往沚。	B12-20 辛酉卜設貞☑／王昜比沚戜。　　B22 貞：王叀沚戜比伐□□　　B24 王叀沚戜比。 B25 貞：王比戜伐巴，帝受又。　　B26 貞： 王比沚戜伐巴。　　B28、30 戊寅卜設貞：沚戜 其來。／｛王占曰：戜其出，叀庚。其先戜至。｝ B32 癸丑卜爭貞：戜往來亡憂。／｛王占曰：亡 憂。　　B276 辛卯卜賓貞：沚戜啟巴。王勿叀 之比。五月。／｛王占曰：吉。沚戜☑｝ 　　B277 甲子卜賓：戜在茲示。若。　　B313 ☑ 令比沚戜伐巴方。受有又。　　B315 丙申卜設 貞：戜再□王乎比伐巴☑　　B375 壬子卜設 貞：今朝(朝)王叀☑　B383 ｛戊辰卜爭｝貞： 其有來婡(艱)自沚。　　B399 貞：王比沚戜伐 巴方☑B409 丙辰卜爭貞：沚戜啟。王比。帝若。 授我祐。／｛王占曰：吉。帝其授余祐。｝　　B463 丁酉卜設貞：沚戜再冊。王比。　　B603 貞： 王勿比沚戜。　　Y2948＋ 辛未卜爭貞：帚好其 比沚戜伐巴方。王自東探伐。戎陷于帚好位。 Y8165 丁未卜設貞：雋比𢀷戜[各](?)文。出(贊) 王事。以。　　Y2464＋ 甲午卜賓貞：沚戜啟。 王比伐巴方。受有又。十月 Y6370 乙巳卜設貞：我其出令戜奻(反?)用王。 Y3688＋ 壬戌□爭貞：沚戜其來☑　　Y5187＋ □子卜爭□今早于☑[戜]伐巴☑ Y1399＋ 貞：王勿比戜。帝若。---貞：戜再冊。王骨。 帝若。 Y696 丙子卜：勿乎比臣沚出曾卅邑。／｛王占 曰：吉。其庚曾。｝　　Y3797 王惟沚戜。　　Y3787 ＋ 貞：王叀沚戜比伐巴方。帝受我又。／｛王占 曰：吉☑若☑｝

	𠂤

	賓一大類	過渡 2 類
𠂤	Y637＋ 貞：我受畕年在𠂤。／｛王占曰：吉。｝---厄[化]入三在𠂤	B13 各入二在𠂤。　　B169□寅卜爭貞：今歲我不其受年在𠂤。十二月　Y1410 貞：乎宅𠂤丘

	過渡 2 類
𠃟	Y3099＋ 辛亥卜賓貞：𠃟屮（贊）王事／□其𠃟屮（贊）王事

	𠔉

	過渡 1 類	賓一大類	典型賓一類	過渡 2 類
㚔（薛）、薛伯𡆥	Y4718 □𢎥以馬自肝。十二月／允以三丙	Y2857＋ □有蠱𡆥。／□蠱𡆥	B413 辛未卜賓貞：旨戋（翦）㚔	B41 貞：収（廾）人乎伐薛。／｛王占曰：吉。我允其來｝---壬戌卜爭貞：旨伐薛，翦　B229＝B498 壬戌卜爭貞：旨伐㚔（㲼）。翦　Y5253 貞：旨弗其伐薛伯𡆥。---辛酉卜古貞：旨翦□伯𡆥／｛王占曰：翦。隹□引翦｝　Y3129＋ □卜㱿貞：乎伐□／貞：勿乎伐㚔

	𠇲

	典型賓一類
子不	B3 叀（惟）子不乎陷

	過渡 1 類	賓一大類	典型賓一類
不戔利	B1 丙寅卜爭：乎龍。敖侯專求収---庚申卜王貞：余伐不。三月---辛酉卜㱿：翌壬戌不至　B216 戔屮聞	Y1057＋ 貞：王往于利	B511 ｛壬寅卜余｝貞：乎不／｛有𡊬（達）｝田于不。乎从求弘人

	𠃌

	賓一大類	過渡 2 類
靳	B3 [于]靳　B505 □屮于靳	B293 貞：隹靳　B594 貞：燎于[靳]三示(?)用

	典型賓一類
㒸	B467 □貞□往□㒸。／翌戊申王狩□

斤卜	典型賓一類
	Y4748 戊申卜賓：令朿取斤卜芻

多箙	賓一大類	典型賓一類
	Y4208 ▨[収]（廾）多箙▨	B332 箙受年／不其受年

𠦝（速）	過渡 2 類
	B155 癸卯卜㱿貞：乎弘往于鼂。比𠦝。（速）

畀	過渡 2 類
	B555 己丑卜古貞：畀若

侯	典型賓一類	過渡 2 類
	B487 貞：侯以肩芻／允以	B145 貞：令侯▨　Y4582＋□申卜㱿貞：侯弗以肩芻 Y3462＋ 乙亥卜賓貞：侯甾（贊）王事

昜伯𤞷	典型賓一類	過渡 2 類
	B55 辛亥卜㱿貞：王叀（惟）昜伯𤞷比	B276 乎比𠬝𤞷（𤞷）

矣	典型師賓間類
	Y4817＋ 癸巳[卜]□矣𠂤（師）在玉／昜曰矣𠂤（師）在玉

𡂐（擇、釋）	過渡 2 類
	Y3290 ｛乙卯卜㱿｝：令𡂐（擇）比啚（啚）

弓	典型賓一類	過渡 2 類
	B413 乙巳卜古貞：弓芻于𢦔	B41 弓芻于𢦔　Y729 貞：昜葥令弓 Y3422 弓芻于𢦔　Y6404 弓芻于𢦔

弜	賓一大類
	Y3890 乎弜

⟍ (發)	過渡 2 類		
發	Y3813+ 令⟍（發）求奠目		

	典型賓一類		過渡 2 類
𡿪	B607 乙酉卜賓貞：乎𡿪卬。若		B293〔己酉卜爭〕貞：𡿪其有田
	Y3246+貞：𡿪其有田（憂）		Y6753 丁亥卜亘貞：𡿪受年
	B117 貞：𡿪祀今𥞤（秋）。／貞☐---𡿪		Y4130+ 貞：𡿪其有疾。／王占曰：𡿪其有
	賓---翌乙卯酒。子𡿪		疾。叀丙。不庚。／二旬有七日庚申喪。（誅）

弸	過渡 2 類		
	Y5255+ 〔乙丑卜爭〕貞：乎取弸任		

	過渡 1 類	典型賓一類	
狀	B1 貞：狀弗其屮（贊）王事	Y5347 庚辰卜賓貞：乎取狀芻于韋	

	賓一大類	典型賓一類	過渡 2 類
子弘	B450 令弘比葉屮（贊）王事	B235 辛亥卜㱿貞：令比弘。／貞：令暨弗其比弘 B510〔壬寅卜余〕貞：乎不。／〔有𡊍田于不。乎从求弘人	B108 昜隹弘令　B155 壬寅卜爭貞：弘屮王事。---癸卯卜㱿貞：乎弘往于𩵋。比 B206 良子弘入五 Y4695 貞：叀（惟）弘令比事（使）

引	過渡 2 類		
	B149 丙☐卜☐貞☐叀（惟）引乎田		

	賓一大類	典型賓一類	過渡 2 類
射	Y4283 ☐三百射乎☐	B259＝ B621 戊午卜內貞：乎射弗羌	B83 癸卯卜爭貞：王令三百射。弗告[十]示。王占隹之 Y2803+ 癸巳卜㱿貞：令舉（舉）盖（庠）三百射 Y7767 戊戌卜爭貞：𠦬（冊）方 射。隹我憂。五月 Y751 戠（登）射二百　Y4473+戊辰卜內貞：戠旁射。／昜戠旁射—貞：戠旁射三百。／昜戠（肇）旁射三百

	典型賓一類		
子溫	B139＝B317 貞：祖丁若小子溫		

| 寧 | 過渡 1 類 | 過渡 2 類 | |

	B309 辛未卜爭貞：我𢦏（翦）𤞞。在寧	B100 丙戌卜𣪘貞：翌丁亥我狩寧 B564 翌丁亥𠀠焚寧 B566 丙午卜古貞：才（宅）寧。𡆥（憂） Y3864 貞：■（寧?）雷／不其雷

盟	**典型賓一類**
	Y5317 貞：盟于涉𢓊

𡬝（鑄）	**典型賓一類**
	B413 庚寅卜賓貞：𡬝（鑄）及／｛王占曰：弗其及。□｝

𣪘	**過渡 2 類**
	Y6404 勿乎婞宅𣪘

壺	**過渡 2 類**
	Y7288 貞：令𣃔田于壺／𠀠令𣃔田于壺

	賓一大類	典型賓一類	過渡 2 類
子奠、多奠	B105 奠來五在襄 B113 奠來二 B337 奠入五 Y6583 貞：収（廾）牛于奠。 Y3403 奠𠬝（孚）。／｛王占曰：吉。▨[亡]▨｝	B4 奠▨ B133 奠來十 B211=B306 癸酉卜𣪘貞：令多奠衣（卒）爾墉 B270 奠來四在襄	B70 奠來十 B89 奠來五 B129 奠來十 B194 奠來十 B272＝B397 奠來一在□ B292 奠來五 B353 丙午卜賓貞：乎省牛于多奠。 B391 ▨奠取▨ Y2913＋反 奠來廿 B551 奠▨ Y630＋ 奠▨ Y1386＋反 奠入二 Y2836＋ 貞：奠得。Y5406 反 奠入廿 Y6723 反 奠入十 Y6881 反 奠來十 Y7772 奠入廿 Y3810 奠入十 Y3423 奠入二 Y4419＋ 貞：奠[肩]同▨／奠弗其同有疾。 Y7530 ▨[奠]于我 Y4280＋ 庚寅卜爭貞：子奠隹令／｛王占曰▨｝ Y2424＋ 戊申卜亘貞：大乎収（廾）牛多奠 Y3813＋ 令𢀛（發）求奠目 Y4539 貞：[乎去]収于奠。---叀収奠臣

㭊	**過渡 2 類**
	B174 貞：㭊肩元祉。／貞：㭊弗其肩元祉。一二三四五 B600 㭊己▨[亡]▨

	賓一大類	過渡 2 類
鬻		

B450 ｛壬申卜賓｝貞：鬶其有疾	Y8165 丁未卜㱿貞：雋比𣥝（次）戠[𠂤](?)文。屮（贊）王事。以

	典型賓一類	過渡 2 類
鬲	Y6273 乎▨（鬲?）	B415 丙申卜賓貞：兔隻羌。其至于鬲／貞：兔隻☑于鬲

	過渡 2 類
罕	B448 貞：甲用罕來羌／｛癸丑卜爭｝弜歬用罕來羌／｛王占曰：吉。｝

	過渡 2 類
食	B32 食來／不其來

	過渡 2 類
即	B398 己丑卜㱿貞：即以𢥺。其五百。隹六

	過渡 1 類	賓一大類	典型賓一類	過渡 2 類
壴（鼓）	Y906＋ 壬辰卜爭：𢀛以有取	Y3265 正 壴入四十	B116 丙子卜內貞：翌丁丑王步于壴　B119 辛巳卜㱿貞：乎雀敦壴　B177 壬午卜㱿貞：亘允其戋鼓　B249 辛亥卜㱿：鼓以　B259＝B621 貞：雀𠬝壴　B327 壴入十　B346 壴來☑　B510 鼓以狄　Y4651＋ 壬辰卜爭貞☐壴往沚	B200 壴入二　B299 乙巳卜內貞：壴亡憂　B329 壴入五十　B348 壴入十　B453 壴入廿　B516 壴入一　Y1061＋壴入[廿]　Y3767＋☐午卜爭貞：壴屮（贊）王事／貞☑事。☐月　Y4220＋反 壴入☐　Y4381＋反 壴入　Y4514 壴入十　Y7181＋☐午☑貞☑壴（鼓）☑尋。／勿乎壴☑　Y3331＋貞：叀壴來羌用

	過渡 2 類
喜	B382 喜入五　　Y2298＋反 喜入五

羕	賓一大類		典型賓一類
	Y3000 ▨妥比羕		B3 貞：羕弗其▨

羍、呇	賓一大類	典型賓一類	過渡2類
	B450 ▨羍亡其🦋來自南／允亡🦋 Y3403 羍卩。／莫卩。／｛王占曰：吉。▨[亡]▨｝	B201 ｛丁卯卜▨｝貞：羍以大。---乎取大。／羍弗其以 B255 貞：令呇允子何 B430 羍入▨	B546 乙亥卜賓貞：合。呇禱御于祖乙 Y2803＋ 貞：令羍🦋盖（庠）三百射 Y2898＋ 癸巳卜㱿貞：令羍盖（庠）射。---貞：令羍盖（庠）三百射 Y3813＋ 貞：羍不其卩（孚）

羍（擒）	賓一大類	典型賓一類	過渡2類
	Y8393 [羍]入二	B345 癸未卜亙貞：羍亡田 B510 貞：羍其來 Y1349＋ 丁亥卜賓貞：羍不其得舟	B379 ｛乙酉卜爭｝貞：羍來舟 Y924＋ 庚午卜爭貞：羍不其得舟 Y4953 貞：羍屮王事 Y5086反 羍▨ Y2997＋反 羍▨ Y6740 貞：羍來。亡害 Y5584＋ 羍受年 Y8078 羍來十 Y3427 羍入四十 Y4695 羍入四十

奂	典型賓一類	
	B119 辛巳卜㱿貞：乎雀伐奂	B197 ｛癸卯卜㱿｝貞：我用奂孚

冤	過渡2類
	B392 貞：乎取并任于冤

罻	典型賓一類
	B413 貞：旨弗其㦰（翦）罻

嫻	賓一大類
	Y4540 癸亥卜內貞：乎般比嫻。一二

子興	賓一大類	過渡2類
	B336 乙丑卜㱿貞：酒子同（興）于祖丁。五宰／乙丑卜㱿貞：先酒子同（興）父乙。三宰	B143 貞：興冉曹。乎歸
丹	過渡2類	

	Y3387 乎比丹伯		

	過渡 2 類
興方	B45 壬寅卜敵貞：興方以羌用。自上甲至下乙 B319 壬申卜□貞：興方來。隹□余在□／｛王占曰：其有戠（異）。其隹□吉。其◿｝---｛癸酉卜亘｝□王比興方□下厄

	過渡 2 類
旁	Y4473＋戊辰卜內貞：哉旁射／易哉旁射---貞：哉旁射三百。／易哉旁射三百

卣	

	典型賓一類
卣	B259＝B621 雀戈（翦）卣

	賓一大類	典型賓一類	過渡 2 類
唐	Y498＋ 己□卜古貞：（乂）在唐彖	B56 [唐]來十	B57 貞：征唐　B108 貞：帝疾唐邑　B316 ◿于唐 B321 己卯卜爭貞：王乍邑，帝若。我从之唐　B410 唐入十　B525 ◿徙屮任喬眔唐。若　B604 唐◿ Y3216 反 唐來三十　Y5098＋反 唐來□

	過渡 2 類
唐子	B519 ｛壬寅卜古｝◿唐子嬰父乙／｛王占曰：吉。嬰◿｝---／貞：唐子伐◿

	過渡 2 類
庚	B142 庚入十　B350 [庚]入一　Y924＋ 庚入十

	過渡 2 類
亞	B10 甲午卜隻（羅）貞：亞受年　B32 亞以來

	典型賓一類		過渡 2 類
琮	B259＝B621 其先琮。／其先雀翦　B485 乎琮（琮）。隻豕 Y5329 貞：乎犬琮省从南　Y1354＋令犬琮（琮）受何羌		B128 貞：琮往來亡憂

	過渡 2 類
澍	

琡	Y1156＋　貞：㴬汱啟。隹之來／毌隹啟之來---甲寅卜賓貞：其㴬▨	
㙓	**典型賓一類**	
	Y4693　貞：雀烖（冔）戈㙓	

呂（工）	**賓一大類**	**過渡 2 類**
	Y1417＋　乙未卜古貞：呂（工）畁叔。不▨	B583　丁酉卜亘貞：呂屮（贊）王事---貞：王曰呂來／｛王占曰：吉。其曰呂來。｝
	Y7927＋　▨喪工。／其喪工	Y4055＋　▨[乎]呂（工）往□丘。以

作冊	**過渡 2 類**
	B150　乍冊西

中（盾）	**過渡 2 類**	
	B550　貞：中（盾）再昍。卩（孚）▨	Y3331＋　🐛芻于盾

古	**典型賓一類**	**過渡 2 類**
	B414　古允來　　B512　貞：古受年	B342　貞：古來犬---古來馬
	Y4833　自古乞[百](?)卅	Y4312＋　□□卜𣪊▨乎古人▨／㫄乎古▨

專	**過渡 2 類**
	B126　貞：乎省專牛　　Y811　貞：乎乍圖于專

自、自女	**賓一大類**		**過渡 2 類**
	B521貞：王入。于麀束（次）徝（循）／于自女。／勿于自女／｛王占曰：吉。不于▨｝　　Y2433＋　貞：翌庚午㫄屮自▨伐		B542　乙未□□貞：王其歸。次于自女
	Y5257　乙亥卜▨𢼊以▨		
旂	**賓一大類**		**過渡 2 類**

<table>
<tr><td>、
旃</td><td>B464=B619 丁亥卜㱿貞：旃亡囚（憂）。甾（贊）王史（事）／｛王占曰：有[咎]｝</td><td>B178 辛丑卜賓貞：旃暨㱿以羌／貞：旃暨㱿不其以羌
Y7288 貞：令旃田于壺
Y3212 戊戌卜㱿貞：旃眔（暨）㱿亡囚（憂）</td></tr>
<tr><td rowspan="2">㫃</td><td colspan="2">典型賓一類</td></tr>
<tr><td colspan="2">B249 辛丑卜㱿貞：王夢㫃。隹又。（疑為人名）</td></tr>
<tr><td colspan="3"></td></tr>
<tr><td rowspan="2">野</td><td colspan="2">過渡 2 類</td></tr>
<tr><td colspan="2">B362 貞：御野于母庚／貞：于母己御野</td></tr>
<tr><td rowspan="2">扞</td><td colspan="2">賓一大類</td></tr>
<tr><td colspan="2">B400 ▨六于扞</td></tr>
<tr><td rowspan="2">單</td><td>典型賓一類</td><td>過渡 2 類</td></tr>
<tr><td>Y4679 癸巳卜賓：單以／單不其以羌</td><td>B325=B618 燎東單　Y3787＋ 庚辰卜爭貞：爰南單／｛王占曰：吉。其爰｝</td></tr>
<tr><td colspan="3"></td></tr>
<tr><td rowspan="2">𠂤
侯</td><td colspan="2">過渡 2 類</td></tr>
<tr><td colspan="2">B231 貞：□陕比𠂤侯歸。不𠷎／貞：叀象令比𠂤侯歸　Y7586 貞：令𠂤侯歸</td></tr>
<tr><td rowspan="2">疫
（疾）</td><td colspan="2">過渡 2 類</td></tr>
<tr><td colspan="2">B568-B574 癸未卜㱿貞：疫以羌　Y2444＋ 丁酉卜爭貞：乎娃疫亡[克]／貞：乎娃疫克　Y5001 ▨以伐百---貞：疫不[伐]百　B100 丙午卜□貞：引□疫□𦣻自旨。／貞□旨□自疫▨</td></tr>
<tr><td colspan="3"></td></tr>
<tr><td rowspan="2">乍</td><td>典型賓一類</td><td>過渡 2 類</td></tr>
<tr><td>B233＝B330 ｛戊子卜爭｝貞：乍其來</td><td>B40 貞：乍其來。茲蜎正</td></tr>
<tr><td colspan="3"></td></tr>
<tr><td></td><td>賓一大類｜典型賓一類</td><td>過渡 2 類</td></tr>
</table>

| 子畫 | Y636+ 畫來☒
Y2813+ 貞：
[妻]畫☒
Y3550 反 畫☒
Y4140 貞：妻畫
[來]☒ | B224 畫來十
B259＝B621
己巳卜爭：畫
乎來
B345 癸未卜
亘貞：貞：畫
有憂
B418 妻來☐
Y3334+
[令]⿰往于妻 | B81 ｛戊午卜殻｝貞：畫弗其來牛　B84 畫來☐
B97 畫入二在高　B108 畫乞四十　B135 畫來廿
B146 畫入三　B160 乎子畫涉／勿乎子畫涉
B246 畫來廿　B283 畫入二　B285 畫入廿
B299 戊午卜古貞：畫受年　B316 貞：今十三月畫
乎來　B383 貞：史（使）人于畫／☐史（使）[人]☒
B406 畫入　B569 畫來☐　B575 畫來☐　Y1673
+ 畫來☒　Y1987+ 己亥☒🀫☒告畫　Y2743
畫入二在高　Y4170 勿隹妻（畫）[令]☒　Y4711 ☒
翦。毋其曰畫來　Y5319+反畫入十　Y7166 ☒狩
畫。🀫／有虎。／辛☒（過渡三類）　Y7484 畫來
☐　Y7652 畫入乞四十　Y7797 貞：畫使人 |

文	過渡2類
	Y6820 文入十

	過渡1類	典型賓一類
、⻌	Y2262+ 丁巳卜殻貞：叀（惟）☒[敦]---☒昜隹🀫敦	B511 以🀫首(?)

奎	過渡2類
	Y4516 ☒奎　Y4517 乎般比奎力

冓	過渡1類	過渡2類
	B167 癸丑卜殻 貞：冓受年	B546 ｛丙午⌐殻｝貞：冓罘（暨）永不其隻鹿／｛王占曰：隻 一｝／允隻　Y4783+ ／☒乎冓😊望昏(旨?)

佛 （僃）	過渡1類	過渡2類
	Y6684 己酉卜賓貞：乎比丘佛	B67＝B627 貞：叀僃乎同丘　Y8165 貞：再以巫

儶	過渡2類
	B328 乙巳卜韋貞：乎儶[允](?)☒

僪	過渡2類
	Y7817+ 貞：僪其有疾

丂

万	過渡 2 類	
	Y5288＋ ［貞］：乎万☐	

睪	典型賓一類	過渡 2 類
	B165 丙午卜賓貞：睪	B509 示丁隹睪☐

兹	過渡 2 類			
	B567 兹卒／不卒			

方	典型賓一類	過渡 2 類		
	B201 己巳卜爭貞：方女于敦 B326 貞：方女乎于敦	B76,78 貞：方其翦我事（使）／｛王占曰：吉。隹其亡[工]言。更（惟）其祜（循）｝ B100 貞：方其☐我☐ Y2360＋ ｛壬申卜｝貞：方于蒙 Y6300 壬寅卜古貞：方臿[亡]☐ Y7360 己酉卜𣪊貞：方肩馬取。乎御事 Y3422 貞：方其大即戎／｛戎其隹庚[執]☐｝		

四方	師賓間大類	賓一大類	典型賓一類	過渡 2 類
	Y2485 辛巳卜韋貞：有來自西	B450 ☐𠦪亡其𤔲來自南／允亡𤔲 B585 ☐元于東 Y3731 于西有𣪊（異）☐ Y3762＋ ☐从北 Y8151 ☐乎耤于𠂤北兆。不☐	Y7283 貞：于西邑。 Y5395 辛酉卜內貞：往西多紳其以王伐。一二三 Y3334＋ ｛庚申卜[爭]｝貞：來☐子酒大甲／五日甲子允酒。有𢦔（異）于東	B348 貞：其有來嬉自西／王占曰：其☐來[嬉]自西 B351 貞：王往省☐／昜省南。不若 B550 ☐來嬉自西／｛王占☐｝ B554 田从北西／田从東 Y2948＋辛未卜爭貞：帚好其比沚𢦔伐巴方。王自東𢦔（探）伐。戎鷹于帚好立 Y683＋ ☐往省从北 Y3804＋ 貞：羌于東[涉人] Y2364＋ 貞：于南牧 Y2672＋ 癸未卜內貞：有至自東 Y3146＋ ☐方其[圍]在北☐ Y6708 丁巳卜賓貞：奏𡶫于東☐ Y6748 反 東入[二]百 ☐ Y5052＋ 貞：其有來自北 Y5584＋ 貞：我北田受年 Y6011＋ 乙卯卜古貞：乎兹𤔲在東允 Y3471 貞：有來自西 Y1156＋ 貞：王昜入于東

舟

舟	典型賓一類	

	B269 甲子卜𣂁貞：今夕舟至／今夕不至		
般	**賓一大類**	**典型賓一類**	**過渡 2 類**
	Y7188 般入二 Y4540 癸亥卜內貞：乎般比𤎒一二	B132 □寅卜貞：般亡不若。不�（達）羌一二三／其�（達）／｛王占曰□亡𡈼｝	B67 貞：乎般往田。不𢍰（造）鬼日 B96 B96 貞：今般取于尻。王用若　B127 般入四 B128 般往來亡憂／｛王占曰：亡憂｝　B130 戊午卜古貞：般往來亡憂　B160 其出令般　B314 般入十　B497 ⊿乎般以。來／王占曰：吉 Y1399＋反 般入十　Y6081 �令般⊿　Y4517 乎般比𡈼力　乙1354＋ 令般受何羌

	賓一大類
車	B599 于車舞

	典型賓一類
彎	B177 乎我人先于彎

	典型賓一類
子𤇮	B117 翌乙卯酒。子𤇮㔓

	過渡 2 類
瘷	Y739＋ 叀（惟）瘷（療）乎秘（待）

	過渡 2 類
丘𠚟	B128 庚辰卜賓貞：朕芻于𩰋／貞：朕芻于丘𠚟

	過渡 2 類
弔	B65 貞：王�往𣆪（次）弔。

下	**過渡 1 類**	**賓一大類**	**過渡 2 類**

| 厄、厄化 | Y6382 己酉卜設貞：厄方其有憂。 | Y637＋ 厄[化]入三在𠨞。 | B22 乙卯卜設貞：王比望乘伐下厄，受屮又。　　B12-20 辛酉卜設貞：今早王比望乘伐下厄，受屮又。／｛王□曰□其有戠（異）。其隹戊有戠（異）。不吉。｝　　B159 癸丑卜亘貞：王叀望乘比伐下厄。　　B311　癸丑卜亘貞：王叀望乘比伐下厄。　　B319　｛癸酉卜亘｝□王比興方□下厄。　　Y3797　貞：王比望乘伐下□／王勿比望乘伐。 |

多屯	非典型師賓間 B	賓一大類	典型賓一	過渡 2 類
	Y2876　反勿燎屯于[有]□	Y1051＋ 多屯下上□ Y2047＋ 貞：率蚊多屯。若。 Y5578＋ 不隹之屯。	B93　庚午卜內：屯乎步。八月。 B188　貞：卒[屯]。／王占曰：卒。	B156　貞：乎比卯取屯于□（𡨄(?)）。／貞：易乎比卯。　　B294　多屯。王心若。 B311　貞：多屯率□／易𥄗用。　　B523 貞：王㽙多屯。不有若于上下。／｛王占曰：吉。若。｝　　Y7128　貞：翌甲午用多屯。／｛癸巳卜爭：[冊]用。｝　　Y7797 貞：屯率[蚊]。王若。　　Y7422＋｛壬申卜賓｝貞：來乙亥屮𠴫于父乙。用。

祭	典型賓一類
	Y5317　壬辰卜設貞：雀𢧢（翦）祭。三月。

爾	典型賓一類	過渡 2 類
	B211=B306 癸酉卜設貞：令多奠衣（卒）爾墉。	Y2997＋　貞：葉爾其告□　　Y7746　｛乙酉卜□｝ 貞：在攸田武其來告。／貞：葉爾其來告。

霥、乙（㵸）	典型賓一類	過渡 2 類
	B332　丁未卜設貞：□受年。三月。	B605　庚戌卜亘貞：王乎取我夾在尻𡰪。若于霥。／王占曰：[吉]。若。　　Y6894＋ 庚辰卜設貞：王勿往省于乙（㵸）。

	賓一大類	典型賓一類	過渡 2 類	
良	Y1334＋反良入三在甘。	Y3334＋ 乎良□夫。／*易*乎良□往夫。	B206 良子弘入五。　　Y2956＋ 庚辰卜亘貞：囂（圖）受年。／｛王占曰：囂（圖）稀隹[不其](?)魯。隹良見。｝　Y3222 反 良廿。	

	過渡 1 類	過渡 2 類		
丘	Y6684 己酉卜賓貞：乎比丘佣。	B67 甲辰卜賓貞：乎同丘。---貞：叀（惟）佣乎同丘。 B421 貞：叙□爾于丘。　　B422 貞：乎宅丘。／王占曰：吉。 Y4055＋ □[乎] 呂（工）往□丘。以。		

	過渡 2 類
卯	B156 貞：乎比卯取屯于□（宿(?)）。

	過渡 2 類
丩糾	B288 丙申卜亘貞：河丩（糾）巍。　　Y3804＋ 由丩（糾）往□

	過渡 2 類
兮	Y3119＋ 王□于兮。／*易*往于兮。

	過渡 2 類
八‖	Y3523 □至。令于八（□出燎。／｛王占曰：亡其易。｝　　Y7311 行取[‖]五。

	典型賓一類	過渡 2 類
易	B6 易入廿。	B68 易入十。

	過渡 1 類	賓一大類	過渡 2 類
周弗、剌	Y2262＋ 丙辰卜殸：剌亡□（憂）。---丙辰卜爭：剌亡不若。十一月。	B172 貞：周弗亡□憂。Y8151 □弗□	Y1195＋ □周方弗其有□（憂）。／□周方弗亡□（憂）。

其他

	典型師賓間類	典型賓一類	過渡 2 類	
諸				

田、牧、衛、任	Y3453＋ 丁亥卜：旾屮 于羌甲侯 [任]。	B510 ｛壬寅卜 余｝貞：乎不。／ ｛有羍田于不。 乎从求弘人。 Y5356＋ ∠比克 田。弗其屮王事。 六月	B392 貞：乎取⺀任于兜。　 B525 ∠徒屮任䘭眔（暨）唐。若。　 B525 ∠徒屮任䘭眔（暨）唐。若。／貞：旾令旨比[逆]徒屮任䘭∠　乙628＋乙716（反）=乙補235＋乙716（正）　兔兄衛（衛）入□　Y1894＋反　牧入十在漁。　Y4667　戊寅卜內貞：乎髟(?)任∠　Y5255＋｛乙丑卜爭｝貞：乎取弜任。　Y5288＋｛壬申卜古｝貞：衎以夜（隸）。　Y6389□□卜賓貞：大甲保。／貞：咸保我田。　Y7746｛乙酉卜□｝貞：在攸田武其來告。／貞：葉爾其來告。

附錄二：YH127坑賓組女性人物表

帚（婦）		

	賓一大類	過渡2類
帚妌	B190 貞：帚妌毋其有子。Y1020 貞：帚妌娩。	B156 帚妌來。　B268 帚井示百。　B361 帚井□三。 B393 帚井示十。　Y3431 帚井示四十。　Y5270 帚井示五。　Y6686 帚井示二百。　Y6967 帚井示四十。 Y7311 帚井□　Y1053 帚井示卅。

	典型賓一類	過渡2類
帚媟	B467 ｛丁丑卜□｝ 貞：帚□妨。／帚媟□ Y3429 □女媟。王不𤎆。	B96 庚子卜㱿貞：帚媟娩妨。　B241＝B623 ｛甲子卜爭｝帚媟不其妨。　B243 乙亥卜古貞：帚媟娩妨。　B506 貞：帚媟娩。妨。 B515 丙戌卜爭貞：帚媟妨。　Y1556＋ 貞：[帚媟]彭。隹有𤔲（造）。　Y1676 貞：帚媟娩。不隹卒。　Y4282＋ 貞：帚媟娩□／□不其妨。　Y3251＋ 丙子卜㱿貞：御帚媟□庚。曹十宰。　Y4206＋ 辛亥□帚媟娩□／□亥卜□帚媟娩□其妨□　Y4993＋ □貞：媟□正□王。

	賓一大類	典型賓一類	過渡2類
帚好	B189 庚申卜爭貞：帚好不延有疾。 B513 貞：帚好蜎。---蜎甲咎帚。 B514 貞：隹辥司害帚好。	B139＝B317 乙未卜㱿貞：其有𡴹帚好㜽。　B249 壬寅卜㱿貞：帚好娩妨。 B251＝B334 貞：帚好肩凡有疾。 B252＝B335 貞：□好蜎（𧏗）□　B255 貞：御帚好于母□ Y4098 貞：帚□有疾。／好[弗]□有害。---｛□子卜㱿｝貞：帚疾（疾身?)隹□	B206 □好示五。　B226 貞：乎帚好出□。 B245 戊辰卜㱿貞：帚好娩妨。　B247 甲申卜㱿貞：帚好娩妨。　B253 貞：帚好[子]蜎。 B297 不隹母庚害帚好。 B313 貞：王昜隹帚好比沚馘伐巴方。弗其受有又。 B340 丙申卜㱿貞：帚好身。弗以帚□。　B384 乎帚好食(令?)□　B415 貞：帚好夢。不隹父乙。 B508 ｛癸卯卜㱿｝貞：御帚好于父乙。𡚲宰出南。曹十宰。十𠬝南十。　B549 貞：帚好其[凡有]疾。 Y2948＋ 辛未卜爭貞：帚好其比沚馘伐巴方。王自東𢼸伐。戎陷于帚好位。---貞：王令帚好比侯告伐夷□　Y4729 壬寅卜㱿貞：帚好娩不其妨。

<table>
<tr><td></td><td></td><td></td><td>Y5086 貞：乎帚好出[帚]▨　Y2935 貞：翌己亥帚好肩▨　Y3164＋ 帚好弗疾齒。　Y3598 帚好隹□害。　Y7040 □□卜𣪘□御帚好于蝟甲。小[宰]。出妾。　Y7040 反 御帚于蝟甲。　Y7782 帚好入五十。　Y7862＋ 貞▨好出𠬝于父乙。</td></tr>
</table>

<table>
<tr><td rowspan="2">帚妏</td><td>賓一大類</td><td>典型賓一類</td><td>過渡 2 類</td></tr>
<tr><td>Y4424＋ ▨妏▨</td><td>Y5396 帚妏□</td><td>B135 [帚]妏來。　B257 辛未卜𣪘貞：帚妏娩妨。　Y2910＋反 隹之乎往。[令]帚妏來。　Y3129＋ 帚妏來。　Y7150 反 帚妏來□</td></tr>
</table>

<table>
<tr><td rowspan="2">帚媄</td><td>賓一大類</td><td>典型賓一類</td><td>過渡 2 類</td></tr>
<tr><td>Y4418＋反 媄▨</td><td>B480 帚媄▨</td><td>B127 帚羊。　B349 貞：帚媄娩妨。　Y1065＋ 帚媄娩妨。　Y928＋反 ▨羊娩隹▨　Y1197＋反 媄示。　Y2956＋ 帚羊來[十]。　Y1963＋ 媄降。　Y3129＋ 帚媄來</td></tr>
</table>

<table>
<tr><td rowspan="2">帚丙</td><td>過渡 2 類</td><td>典型典賓類</td></tr>
<tr><td>B95 帚丙示四。　B378 帚𠕻示。　Y2683 帚丙示百。　Y7040 反 𠕻示十。　Y4511＋反 帚𠕻示。　Y2275＋ 取𠕻。</td><td>Y4605 𠕻示。</td></tr>
</table>

<table>
<tr><td rowspan="2">帚娘</td><td>賓一大類</td><td>過渡 2 類</td></tr>
<tr><td>Y2296＋反 王占曰：吉。𢎪疾帚[娘]▨</td><td>B62 帚娘示三。　B281 帚娘來。　B410 帚娘來。　Y7126 反 帚[良](杞?)示十。</td></tr>
</table>

<table>
<tr><td rowspan="2">帚杞</td><td>賓一大類</td><td>典型賓一類</td><td>過渡 2 類</td></tr>
<tr><td>Y4532＋ ▨王夢杞。隹杞□</td><td>B6 帚杞來。</td><td>B68 ▨帚杞▨　B213 帚杞來。　B516 帚杞▨　Y1894＋ 帚 □（杞？）示　Y3427 杞示八。　Y6715 庚辰卜爭：帚杞來。</td></tr>
</table>

<table>
<tr><td rowspan="2">諸帚</td><td>典型師賓間類</td><td>賓一大類</td><td>過渡 2 類</td></tr>
<tr><td>Y4817＋乎帚奏于兆宅。</td><td>Y4418＋ 辛巳卜賓貞：隹▨／▨貞：帚妯▨／▨帚妯▨</td><td>B182 貞：乎帚□于父乙宰。冊三宰，出𠬝。　B219 □（□?）御帚▨　B239 貞：帚曰。　B242＝B624 尋御帚于蝟甲。　B248 帚[亡]不若。　B347 貞：帚□娩妨。　B406 帚□示[屯]。　B457 貞：帚有□（賓）。　Y1320＋ 帚□示十。　Y4630＋ ▨娩妨。七月　Y5255＋｛丁巳卜賓｝貞：帚□有子。　Y3390＋勿于甲御帚孃鷉。　Y6723 反 [婡](?)　Y7798 [帚]來。</td></tr>
</table>

女				
	過渡1類	賓一大類	典型賓一類	過渡2類
諸女	B264 辛卯卜爭：乎取奠女子。	B514 貞：御妊于□甲。 Y3762＋肩女（毌）其▨ Y4204＋姘其來。 Y4450＋叀姤蔑。有[雨]。	B120 貞：𡚸于[illegible]。 B201 己巳卜爭貞：方女于敦。 B223=B442 貞：囚（肩）允其取女。 B259＝B621 貞：不其戠妹。 B326 貞：方女乎于敦。 B332 娟受年。---取女于林。 B429 丁卯卜𣪕貞：[illegible]娟有子。	B66 [庚]午卜古貞：乎戠王女。來。 B157 貞：今丙戌蔑姤。有从雨。 B340 己亥卜爭貞：在娟田有正雨。 B342 貞：𡚸乎取白馬。以。---𡚸其來。 B363 娄（婞?）[示]□ B366 庚寅卜𣪕貞：[illegible]以角女。 B381 丁酉卜𣪕貞：我受甫耤在娟年。三月。---□酉□賓貞：娟受年。 B390 甲戌□賓□在娟田雚（觀）□。 B392 貞：今日汝不其娩。 B557 貞：妭以。有取。 Y532＋ 娃亡囚。 Y2444＋ 丁酉卜爭貞：乎娃㾗亡[克]／乎娃㾗克。 Y872＋ 令髭収多女。 Y1512＋ 丁未卜𣪕貞：子□妾娩▨ Y3431 己丑卜賓貞：妗有子。 Y7312 丁巳卜古貞：周以嫀。 Y6791 ▨化㚰(姞)▨ Y8360 行弗其以[illegible]女。 Y4381＋ □□卜賓貞：子媚▨娩妫。 Y3389 貞：吕其魚妩。一二三四 Y4119＋反 □占曰：[illegible]▨[illegible]（嫲）▨ Y1540＋甲辰卜𣪕貞：戠我妹。 Y6404 乎婞宅㲋。
	賓一大類			過渡2類
司	B514 貞：隹龏司害帚好。			Y736＋ 貞：我[illegible]司蚑羌。若。 Y2830 貞：司亡囚。

附錄三：YH127 坑賓組傷疾（含「夢」）相關事類表

以下為本書整理相關辭例所得傷疾與占夢之成果，茲製表以供參考。

	賓一大類	過渡 2 類
疾齒、齲	Y5771＋ ▨ 其齲。	B12~20 貞：祝以之疾齒鼎，蛃。　B239〔丁巳卜賓〕疾齒隹有害。　Y2609＋ 貞：有疾齒。隹有由。　Y3164＋ 帚好弗疾齒。　Y3390＋ 易于甲御帚孃齲。　Y7310 有疾齒。隹蠱。虐。　Y4511＋〔庚辰卜㱿〕貞：疾齒隹南。

	賓一大類	典型賓一類	過渡 2 類
疾目	B599 御王目于妣□宰。	B201 貞：王目蛃（𡆥）。　B333 王[目]隹有害。　Y2810＋ 有疾目。其延。	B106=B502 貞：王其疾目。　B142 貞：目其求（瘳）疾。　Y770＋ 貞：有疾目。蛃。 Y6727 隹□害王目。

	非典型師賓間 C	賓一大類	典型賓一類	過渡 2 類
疾聽	Y4194 乙未卜：王聽隹祖乙。	B209 丙午卜㱿貞：王聽隹囧。　Y542＋ 貞：[王]聽不有害。　Y733 ＋ 貞：王聽隹囧。	B201 貞：王聽隹囧。　B263 王聽易肵（孽）　Y5317 貞：王耶隹母告。	B110 王聽隹▨　B239 聽囧。　B241＝B623 王聽隹有害。　B342 耶（聽）有不若。　B350 王聽隹□囧（憂）。乙亥酒▨　Y593 貞：王耶隹囧　B358〔庚戌卜爭〕貞：王聽隹囧。　B436 貞：䢔隹其有出自之。（疑為耳疾）　Y2364＋ 貞：王聽不隹有咎。　Y4119＋反 王耶（聽）隹囧。

	賓一大類	典型賓一類	過渡 2 類
疾身	B473 疾身。隹有害。　Y687＋ 丁	B251＝B334 貞：有疾身。隹有害。	B27 疾身，御高妣己，蛃。　B96 乙巳卜㱿貞：出□身。蛃　B159 丙辰卜亘貞：御身□南庚▨　B347 貞：有疾身。其求（瘳）疾。　B508 貞：

	酉卜賓貞：疾身。于南庚御。 Y3378 貞：御身于姒□	B447 乎[御]身。若。 Y4098 貞：帚好[弗]疾(疾身?)。隹有害。	有疾身。御于祖丁。 B525 貞：疾身隹害。 Y2340＋ 貞：疾身。蛔己害。 Y4875＋ 貞：御疾身于祖辛。 Y7310 甲子卜殼貞：疾卽(殷?)不延。 Y4122＋ □卽(殷?)亡□ Y7373 □昜䧹御身于多姒。 Y8075 昜㱿（疾）身。 Y4538 御身。

	典型賓一類	**過渡2類**	
疾肩	B251 庚戌卜亘貞：王其疾肩。	B83 貞：王肩蛔。 B180 貞：[肩]隹咎。 B297 壬寅卜：王有疾肩。 Y3864 {庚午卜賓}貞：有疾肩。隹□ Y3865 貞：有疾肩。隹害。	

	賓一大類	**典型賓一類**	**過渡2類**
疾 冎	Y690＋ 貞：于祖乙御王冎于祖乙。 Y2814＋ 貞：冎霾□ Y3638＋ 王冎。隹有害王。 Y8414＋ 乙巳卜賓貞：今夕冎不靁。	B98 丁巳卜殼貞：告冎于祖歲裸。 B235 貞：王冎允隹有害。 B252＝B335 貞：王冎□至(?)□ B265 {丙戌卜□}貞：王冎隹有害。 Y7183 壬寅卜殼貞：王冎隹父乙害。	B32 貞：王冎蛔。 B47 于羌甲御冎。 B47 御冎南庚。 B83 癸卯卜爭貞：王令三百射。弗告[十]示。王隹之。 B96 貞：王其疾冎。 B97 翌辛丑昜隹燎冎。 B169 貞：不冎。 B222 貞：冎虐。亡由。 B349 告王冎于□ 乙643＋ 貞：王冎隹媚蠱。 B403 戊子卜殼貞：王冎蛔。 B411 工冎□ B415 貞：叀父乙冎王。 B457 御冎于姒己。 B462 貞：隹姒己咎王冎。 B525 □昜冎□ B547 □[御]王冎□辛□ Y842＋ 貞：御王冎于羌甲。 Y8165 御冎于靳。---于姒甲御冎。 Y3500 □王冎隹有[由]。 Y7781 御王冎于姒癸。 Y6819 貞：王冎異其疾。不蛔。 Y6820 貞：御王冎。 Y3823□王。自□癸巳冎隹有由。 Y8289 貞：有冎。蛔。 Y4483 貞：王冎[亡]由。 Y7911＋ 貞：王冎蛔。 Y1156＋ 貞：御王冎于羌□。克蛔□／弗其克蛔。待。

	典型賓一類	**過渡2類**	
疾肱	B201 {庚午卜殼}王肱隹有害。／乎屮肱。	B161＝B394 御肱于祖□ B383 貞：王肱蛔。 Y7488 貞：有疾肱。以小臣(?)御于□。	

	典型賓一類	**過渡2類**	
疾舌	Y3811 丁亥卜亘貞：王舌餝（攉）(?)。于□	B274 疾舌□／疾舌。不隹娸（艱）。	

疾自	過渡 2 類
	Y6385 貞：有疾自。隹有害。／貞：有疾自。不隹有害。

疾口	過渡 2 類
	B392 貞：疾口。不有害。　　Y5269 反 辛未卜賓貞：王口隹[蜎]。

疾足	過渡 2 類
	Y1187＋ 貞：疾脛蜎（躑）▨／貞：疾脛▨　　Y2910＋ 貞：有疾足（踝）。／不隹父乙害。

疾膝	過渡 2 類
	Y5839 貞：易于父乙告疾 ▨（膝）。

疾心	過渡 2 類
	B294 多屯。王心若。

疾天	賓一大類
	Y3008 ▨貞：虱亡疾天。其有▨

疾痲	過渡 2 類
	Y4119＋ 貞：□其痲。　　Y4119＋反 □占曰：痲▨（嫩）▨

疾痳	過渡 2 類
	B295 丁卯卜爭貞：有痳。蜎。

虐	典型賓一類	過渡 2 類
	B201 貞：我馬有虐。隹▨。	Y5589 貞：今夕其虐。　　Y1894＋ 戊申卜穀貞：其有虎（虐）。

	賓一大類	典型賓一類	過渡 2 類
有某傷疾	B189 庚申卜爭貞:帚好不延有疾。B450 ｛壬申卜賓｝貞：雋其有疾。B513 貞：帚好蜎。Y3710 貞：視[老]	B307 丙戌卜爭貞：王出心。正。B345 貞：其有疾。B446 乎子□同□蜎。B457 王其出。曰祖丁。允克蜎。B467 ▨今日疾蜎。Y1974＋ ｛庚	B29 王占曰：爵其出虫丁。丁不出，爵其有疾，弗其同。B33 子商有疾。　B40 貞乍其來。茲蜎正。B175 □寅卜古貞：尻其有疾。／貞：尻亡疾。B219 易御帚。蜎。　B222 貞：王疾。／不。B243 疾。／貞：王弗疾。　B285 貞：王易疾。B356 乙夕有疾。隹有由。B436 ｛丙辰卜爭｝貞：不其蜎。B508 ｛癸卯卜穀｝貞：帚好其延有疾。---貞：有疾身。御于祖丁。　Y1033＋ 貞：隹帝肇王疾。Y1353＋ 戊子卜亘貞：有疾隹有害。　Y1388＋ 貞：乎子賓裸于有姒。鼎。有蜎。　Y2240＋ 貞：不隹下上肇王疾。／貞：不隹多姒▨　Y2298＋ 貞：王疾隹大示。　Y2609＋ 辛卜王貞：蜎。

	亡疾。 Y3756 貞：賈亡 疾。	子卜▨｝ ▨亥 天▨亡疾。 Y4098 貞：帚 □有疾。	Y2672＋ 丙戌卜亙貞：子尻其有疾。　　　Y2739＋ 貞：有疾人，不隹父甲□　　Y3402 貞：疾隹□乙害。 Y3605＋ ▨庚克蜎王疾。　　Y4130＋ 乙巳卜㱿 貞：斺亡疾。九月。　　　Y4937＋ 貞：子商亡疾。 六月。　　Y7789 □酉卜㱿貞：疾□隹羞。　　Y7817 ＋ 貞：偁其有疾。---喜其有疾。

	典型賓一類	過渡 2 類
徒疾 出疾	Y3066 乙未卜㱿貞：姎庚 蜎（躐）王疾。／｛王占曰： 有正。徒（除）[疾▨｝	B243 貞：于羌甲御。克徒（除）疾。　 B541 丁巳卜爭： 疾足（除?）。御于父庚。　　Y3804＋ 貞：隹出疾。／｛▨ 出疾。／有由。糾。往出▨｝

	賓一大類	典型賓一類	過渡 2 類
肩同 有疾	B420 戡弗其 肩同有疾。 B513 壬午卜 㱿貞：帚肩同。 Y4195＋ ▨ 亶不其肩同。	B251＝B334 帚 好肩同有疾。 B467 貞：子妖肩 同有疾。 Y2531＋ 辛卯卜爭 貞：子美肩同有疾。	B156 貞：肩同有□　 B212 ｛癸丑卜賓｝貞：據 弗其肩同出疾。　 B311 子求肩同。／子旹肩同有 疾。　 B549 貞：帚好其[同有]疾。　 Y2367＋ 己 卯卜賓貞：子妖肩同。　　 Y2935 貞：翌己亥帚好 肩▨／｛王占曰：[肩]同▨｝　 Y5000＋反 貞： 肩同□疾。　 Y4419＋ 奠[肩]同▨　 Y1154＋ 子 妥肩同。　 Y5313＋ 貞：雀肩同。

	賓一大類	典型賓 一類	過渡 2 類
? 殂	Y574 貞：足 允?。 Y4195＋｛▨ 亶（享）其 ▨[卯 ▨?。十 月。｝	B305 有 保?。	B205 □妖不?。十月。　　 B296 貞：子?不?。 B340 丙申卜㱿貞：帚好身。弗以帚?。 Y1896＋ ▨其?。 Y3385＋ 丁卯卜賓貞：乩不?。---貞：允其?。　 Y1482 ＋ 壬申卜賓貞：噩不?。　　 Y4697＋ 戊辰□爭□允 （奚）其?。---貞：乩其?。 Y4729 壬寅卜㱿貞：帚好?不其妙。于?若茲硒? Y5288＋貞：陜（陝）其?。　 Y7797 ｛丙戌卜內｝貞：不?。 Y3422 貞：祖丁若。小子𥁰。　　 Y3343 吕（雍）其?

	過渡 1 類	賓一大類	典型賓一類	過渡 2 類
夢				

B124 己未卜𡧊貞:王夢血。隹田。 Y4718 癸亥卜王:余夢咸。隹之。	B102 戊午卜賓貞:王夢我妣。 B104 王夢不隹田。 B400 王有夢。不隹害。 B514 王夢北从[賓]。隹□ Y4385+ 王夢隹妣己。 Y4532+ □王夢杞。隹杞□	B201 {戊辰卜爭}王有夢。隹田。 B203 己丑卜𡧊貞:王夢隹祖乙。 B249 辛丑卜𡧊貞:王夢㱃。隹又。 B479 壬戌卜爭貞:王夢隹田。 B505 □王夢□ Y790+ 貞:王夢不隹田。 Y5318 王夢□。	B51 貞:王夢惟田。　B52 貞:王[夢]祖□□余御隹∅　B88 丙申卜爭貞:王夢隹田。　B96 乙丑卜𡧊貞:甲子向乙丑,王夢牧石纍,不隹田。---貞:王有夢。不隹乎余囧　B97 王夢不隹有田。---王夢[示]竝立[示十]。　B100 丁亥卜爭貞:王夢隹齒。　B106=B502 貞:王夢隹田。　B111 貞:王夢琡。隹田。　B212 貞:王夢隹大甲。　B349 王夢隹田。　B393 王夢其∅　B407=B631 貞:王夢裸。隹田。　B411 戊午卜𡧊貞:王有夢。其有田。　B415 貞:帚好夢。不隹父乙。　B452 甲寅□爭貞:王夢隹田。　B516 貞:王夢集。其隹□[戊申](?)吉。　B517 貞:王夢不隹有左。---貞:王夢隹若。　Y2385反 貞:壬子向癸丑∅夢肩。隹∅　Y1235 妣己不隹入我王夢。　Y3475 壬戌卜古貞:王夢隹之。　Y2342 貞:王夢不隹田。　Y5224 貞:王夢啟。隹田。　Y6371+ {壬戌卜賓}貞:王夢隹田。　Y7150 庚午卜古貞:王夢隹𡧊(摧)。　Y7771 貞:王夢隹田。　Y7797 貞:王夢。隹妣己害。　Y6676 ∅[夢]子商∅王∅ Y3129+貞:王夢不隹田。　Y1963+ 貞:王夢隹受。 Y736+ 戊申卜賓貞:□夢隹田。/貞:王夢不隹田。/{王固曰:吉∅}

附錄四：《殷虛文字丙編》自重表

本表為參考蔡哲茂先生發表於先秦史網站的同名表格，稍作簡化整理所得。[1]其中稍作修正，例如新增第 21、24、29 條，並在備註欄加上綴合號，以便參考。

	原號	重號	備註
1	38	385	（合 9524）；加綴無號碎甲
2	49	629	（合 1656 正）；加綴乙 2501
3	50	630	（合 1656 反）
4	55	625	（合 6460 正）；加綴乙補 6889＋乙補 404
5	56	626	（合 6460 反）
6	67	627	（合 10170 正）；加綴乙 7872
7	68	628	（合 10170 反）
8	78	386	（合 9472 正）；加綴乙補 2205＋無號碎甲
9	79	387	（合 9472 反）
10	106	502	（合 456 正）；加綴乙 3327＋乙 6928
11	107	503	（合 456 反）
12	139	317	（合 6653 正）；加綴乙 2311
13	140	318	（合 6653 反）
14	161	394	（合 1772 正）；加綴乙 1968＋乙 1969＋乙 1970＋乙 1973＋乙 7492＋乙補 1656
15	162	395	（合 1772 反）
16	211	306	（合 6943）；加綴乙 2915＋13.0.13632＋無號碎甲
17	221＋546	221＋546	（合 14315＋合 1076）；林宏明綴合此兩版
18	223＋289	442	（合 14755 正）

---

[1] 參見蔡哲茂：〈《殷虛文字丙編》自重表〉，發表於大陸社科院歷史所「先秦史網站」http://www.xianqin.org/blog/archives/1184.html，2009 年 2 月 16 日

19	224＋290	443	（合 14755 反）
20	229	498	（合 947 正）；加綴乙 1027＋乙 2874＋乙 6821＋乙 7427＋乙 7485＋乙 7626＋乙 8147
21	230	499	（合 947 反）
22	231	298	（合 944＋合 3291）；此甲為丙 231 屬上半，下半以丙 298 加綴，合一後仍稱丙 298
23	233	330	（合 904 正）；加綴乙 1031＋乙 3153＋乙補 2898＋乙補 6516＋乙補 6668
24	234	331	（合 904 反）
25	239	494	（合 13647＋合 2373）；二版無重片，互綴而成新一版
26	241	623	（合 1773 正）；加綴乙 3881＋乙 3883＋乙補 2784
27	242	624	（合 1773 反）
28	251	334	（合 709 正）；加綴乙 738＋乙 1056＋乙 1337＋乙 1364＋乙 2054＋乙 2145＋乙 2316＋乙 2334＋乙 7070＋乙 7099＋乙 7212＋乙補 386＋乙補 536＋乙補 558＋乙補 560＋乙補 1063＋乙補 1106＋乙補 1790＋乙補 6108
29	252	335	（合 709 反）
30	259	621	（合 7076）；加綴乙 6670＋無號碎甲
31	271	396	（合 150 正）；加綴乙 1927＋乙 2101＋乙 7168＋乙補 504＋乙補 1623
32	272	397	（合 150 反）
33	324＋455	617	（合 893 正）
34	325＋456	618	（合 893 反）
35	407	631	（合 905 正）；加綴乙 8185＋乙補 6257
36	408	632	（合 905 反）
37	459	615	（合 3201 正）；加綴乙 1168＋乙 1743＋無號碎甲
38	460	616	（合 3201 反）
39	464	619	（合 5446 正）；加綴乙 487
40	465	620	（合 5446 反）

後記

　　本書的前身是筆者博士論文，在經過一年半的修改補充，以及略去下冊圖版之後，所呈現出來的便是現在的面貌，由於面目改變較多，書名也做了變動。從 2008 年 7 月我開始進入史語所庫房接觸甲骨實物起，至今已滿五年，即使已開始了博士後研究工作，仍舊保持每週至少一日待在庫房中，就是希望能夠持續提昇自我對甲骨的熟悉度與各層面之認識，並獲取更多成果。而本書的出版，可視作這段期間學習成果的總結。

　　能有此幸運之契機端賴業師蔡哲茂研究員的幫助，他引領筆者進入學術殿堂，提供能夠親自接觸實物的極佳研究環境，並在繁忙教研工作之餘，不吝點撥學生，無論是學術抑或生活上的各種議題，蔡師均樂於與我們分享意見，且以身作則，體現學者皓首窮經，有為有守的人格典範；筆者首先必須在此對蔡師表示感激以及最高的敬意。

　　關於本書的許多論點與細節，同門林宏明教授、魏慈德教授、宋雅萍、陳逸文、古育安、黃庭頎、謝博霖均曾給予指教，尤其林教授是筆者口試委員之一，魏教授博士論文是本書主要參考材料之一，我從他們身上獲得很多啟發，在此謹致謝忱。

　　海內外前輩學友方面，香港中文大學沈培教授，復旦大學陳劍教授，中國社科院歷史所趙鵬研究員，吉林大學崎川隆教授，西南大學李發教授，首都師範大學甲骨文研究中心王子揚、莫伯峰、李愛輝，復旦大學謝明文，上海博物館葛亮，臺灣大學張宇衞，皆曾撥空給予本書許多指導，在此表達最深的謝意。

　　本書的內容與中研院史語所庫房作業息息相關，庫房工作人員林玉雲、楊德禎、施汝瑛、丁瑞茂，提供大量的研究支援，若沒有他們專業的協助與體諒，本書勢必無法順利完成，在此一併致謝。

　　內人洪潔貞，操持家務，照養兩個女兒，使我可以專心在教研工作上無後顧之憂；我的父母支持我在學術這條「錢少事多離家遠」的路上走來，從無埋怨並多予支持，在這裡向他們致上深深的謝意。

　　最後，要感謝的是中央研究院歷史語言研究所的開創者，包括傅斯年、董作賓、李濟、梁思永、石璋如等前賢，尤其是傅先生於 1928 年選

定殷墟進行挖掘的卓越判斷，流澤至今。若無當年的動心起念，就不會有這批珍貴的文物出土，如此中國近代史學的面貌將大大改觀，當然本書的寫作也就成為了不可能。這雖是歷史的偶然流轉，卻也可視作因緣的必然，撫今追昔，吾人做為後輩，當永懷感念。

二〇一三年六月十三日
寫於臺北南港

國家圖書館出版品預行編目(CIP)資料

殷墟 YH127 坑賓組甲骨新研 / 張惟捷著.
-- 初版. -- 臺北市 : 萬卷樓,
2013.08
面 ; 公分. --（出土文獻注釋譯注叢刊）
ISBN 978-957-739-812-3(平裝)

1.甲骨文 2.研究考訂

792.2　　　　　　　　102016318

殷墟 YH127 坑賓組甲骨新研

2013 年 8 月 初版 平裝

ISBN 978-957-739-812-3　　　　　　　　定價：新台幣 1000 元

作　　　者	張惟捷	出　版　者	萬卷樓圖書股份有限公司
發 行 人	陳滿銘	編輯部地址	106 臺北市羅斯福路二段 41 號 9 樓之 4
總 編 輯	陳滿銘	電話	02-23216565
副總編輯	張晏瑞	傳真	02-23218698
編　　編	吳家嘉	電郵	editor@wanjuan.com.tw
編　　輯	游依玲	發行所地址	106 臺北市羅斯福路二段 41 號 6 樓之 3
封面設計	斐類設計	電話	02-23216565
	工作室	傳真	02-23944113
		印　刷　者	百通科技股份有限公司

新聞局出版事業登記證局版臺業字第 5655 號

網 路 書 店　　www.wanjuan.com.tw
劃 撥 帳 號　　15624015